여러분의 합격을 응원하

해커스소방의 특별 혜택!

FREE **소방학개론 특강**

해커스소방(fire.Hackers.com) 접속 후 로그인 ▶ 상단의 [무료강좌 → 소방 무료강의] 클릭하여 이용

 해커스소방 온라인 단과강의 **20% 할인쿠폰**

4225248D2CA9DD22

해커스소방(fire.Hackers.com) 접속 후 로그인 ▶ 상단의 [내강의실] 클릭 ▶
좌측의 [인강 → 결제관리 → 쿠폰 확인] 클릭 ▶ 위 쿠폰번호 입력 후 이용

* 등록 후 7일간 사용 가능(ID당 1회에 한해 등록 가능)

해커스소방 무제한 수강상품[패스] **5만원 할인쿠폰**

62F94C83C87F28GE

해커스소방(fire.Hackers.com) 접속 후 로그인 ▶ 상단의 [내강의실] 클릭 ▶
좌측의 [인강 → 결제관리 → 쿠폰 확인] 클릭 ▶ 위 쿠폰번호 입력 후 이용

* 등록 후 7일간 사용 가능(ID당 1회에 한해 등록 가능)

쿠폰 이용 관련 문의 **1588-4055**

단기 합격을 위한
해커스소방 커리큘럼

입문

탄탄한 기본기와 핵심 개념 완성!

누구나 이해하기 쉬운 개념 설명과 풍부한 예시로 부담없이 쌩기초 다지기

TIP 베이스가 있다면 **기본 단계**부터!

▼

기본+심화

필수 개념 학습으로 이론 완성!

반드시 알아야 할 기본 개념과 문제풀이 전략을 학습하고
심화 개념 학습으로 고득점을 위한 응용력 다지기

▼

**기출+예상
문제풀이**

문제풀이로 집중 학습하고 실력 업그레이드!

기출문제의 유형과 출제 의도를 이해하고 최신 출제 경향을 반영한
예상문제를 풀어보며 본인의 취약영역을 파악 및 보완하기

▼

동형문제풀이

동형모의고사로 실전력 강화!

실제 시험과 같은 형태의 실전모의고사를 풀어보며 실전감각 극대화

▼

최종 마무리

시험 직전 실전 시뮬레이션!

각 과목별 시험에 출제되는 내용들을 최종 점검하며 실전 완성

PASS

* 커리큘럼 및 세부 일정은 상이할 수 있으며,
자세한 사항은 해커스소방 사이트에서 확인하세요.

단계별 교재 확인 및
수강신청은 여기서!

fire.Hackers.com

해커스소방

김정희
소방학개론 단원별 기출문제집

해커스소방

김정희

약력

고려대학교 공학석사
고려대학교 공학박사 과정
미국 워싱턴 주립대학 MIS과정 수료

현 | 해커스소방 소방학개론, 소방관계법규 강의
현 | 충청소방학교 강의
현 | 한국화재소방학회 건축도시방재분과 의원
현 | 한국화재소방학회 정회원
현 | 대한건축학회 정회원
전 | 국제대학교, 호서대학교, 목원대학교 강의
전 | 에듀윌, 에듀피디, 아모르이그잼, 윌비스 강의
전 | 국가공무원학원, 종로소방학원, 대전제일고시학원 강의

저서

해커스소방 김정희 소방학개론 기본서
해커스소방 김정희 소방관계법규 기본서
해커스소방 김정희 소방학개론 핵심정리+OX문제
해커스소방 김정희 소방관계법규 핵심정리+OX문제
해커스소방 김정희 소방관계법규 3단 비교 빈칸노트
해커스소방 김정희 소방학개론 단원별 기출문제집
해커스소방 김정희 소방관계법규 단원별 기출문제집
해커스소방 김정희 소방학개론 단원별 실전문제집
해커스소방 김정희 소방관계법규 단원별 실전문제집
해커스소방 김정희 소방학개론 실전동형모의고사
해커스소방 김정희 소방관계법규 실전동형모의고사

소방공무원 시험 합격을 위한 필수 단원별 기출문제집

소방공무원 공부, 어떻게 시작해야 할까?

기출문제는 소방학개론의 방대한 양을 효율적으로 학습하기 위한 가장 좋은 수단입니다. 최신 기출문제를 학습하면서 반복 출제되는 이론과 유형 등을 파악하고, 스스로 학습의 범위와 방향을 명확하게 설정할 수 있으며 더 나아가 문제해결 능력까지 향상시킬 수 있습니다.

『해커스소방 김정희 소방학개론 단원별 기출문제집』은 최신 출제경향을 완벽하게 분석하여 수험생 여러분들이 학습의 기본이 되는 기출문제를 효과적으로 학습할 수 있도록 다음과 같은 특징들을 가지고 있습니다.

첫째, 최근 출제 경향을 분석하여 방대한 기출문제를 단원별로 엄선하여 구성하였습니다.
소방공무원 공채·경채 기출문제가 공개된 이후부터 소방공무원 시험은 급격한 난이도의 상승과 함께 새로운 유형의 문제가 꾸준히 출제되고 있습니다. 경향을 분석하고, 분석한 결과를 토대로 과거에 누적된 방대한 양의 기출문제 및 기출복원문제 중 출제가능성이 높은 문제만을 선별하여 단원별로 재구성하였습니다. 이를 통해 앞으로의 출제경향에 선제적으로 대응할 수 있도록 하였습니다.

둘째, 문제 풀이 과정에서 이론까지 복습할 수 있도록 상세한 해설을 수록하였습니다.
정답 지문에 대한 해설뿐만 아니라 정답 외 지문에 대한 해설 및 관련 개념까지 상세하게 제시하였습니다. 정답의 근거와 오답 포인트까지 알려주는 상세한 해설을 통해 모든 선지를 완벽하게 이해할 수 있으며 이를 통해 본인의 취약점을 파악하여 빠르게 이론을 복습하는 효과를 얻을 수 있습니다.

셋째, 단원별 문제 풀이 후 실전 대비를 위한 13회분의 연도별 기출문제를 수록하였습니다.
실제 시험이 어떻게 출제되는지 파악하고 연습할 수 있도록 최신 연도별 기출문제 13회분을 수록하였습니다. 학습 말미에 연도별로 구성된 기출문제를 풀어봄으로써 실전감각을 익히고 시간 안배 등 실전을 미리 경험해볼 수 있습니다.

더불어, 소방공무원 시험 전문 사이트인 해커스소방(fire.Hackers.com)에서 교재 학습 중 궁금한 점을 나누고 다양한 무료 학습 자료를 함께 이용하여 학습 효과를 극대화할 수 있습니다.

부디 『해커스소방 김정희 소방학개론 단원별 기출문제집』과 함께 소방공무원 소방학개론 시험의 고득점을 달성하고 합격을 향해 한걸음 더 나아가시기를 바랍니다.

김정희

목차

목차

PART 9 재난관리론

부록 소방학개론 연도별 기출문제

약점 보완 해설집[책속의 책]

이 책의 구성

✅ 문제해결 능력 향상을 위한 단계별 구성

STEP 01 기출문제로 문제해결 능력 키우기

누적된 방대한 양의 기출문제 중 출제가능성이 높은 문제를 선별하여 단원별로 배치하고 이를 POINT별로 정리하여 학습 부담을 줄일 수 있도록 구성하였습니다. 또한 반복하여 출제되는 문제는 빈출문제, 출제경향을 반영한 기출변형 문제로 재구성하여 수록함으로써 주요 개념들이 반복·응용되어 재차 출제되는 소방공무원 소방학개론 시험 출제경향에 적극적인 대비가 가능합니다.

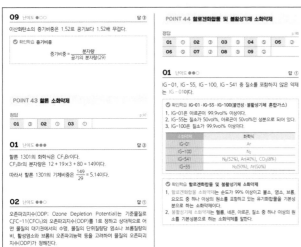

STEP 02 상세한 해설을 통해 다시 한 번 이론 학습하기

기출문제 풀이가 곧 이론 복습 및 개념 완성으로 이어질 수 있도록 모든 문제에 상세한 해설을 수록하였습니다. 학습에 도움이 되는 관련 이론과 주요 법령 등을 통해 시험에서 묻는 핵심 개념들이 무엇인지 확인하고, 학습한 내용을 다시 한 번 복습할 수 있습니다. 또한 기출문제의 난이도를 분석하여 수험생의 학습 수준을 자가 진단할 수 있도록 단원별 기출문제는 상·중·하로, 연도별 기출문제는 5점 척도로 세분화하여 문제의 난이도를 확인하고 학습 방향을 설정할 수 있도록 하였습니다.

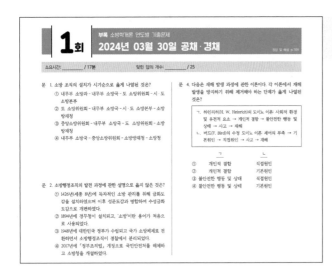

STEP 03 연도별 기출문제를 통해 실전 감각 높이기

소방공무원 시험에서 소방학개론의 중요도가 높아지면서 시험의 난이도가 상승하고 변별력 있는 문제가 다수 출제될 것으로 예상됩니다. 따라서 학습 마무리 단계에서 소방학개론 시험의 최신 출제경향 파악 및 문제풀이 연습을 할 수 있도록 최근 7개년의 연도별 기출문제 13회분을 수록하였습니다. 단원별로 구성된 문제를 학습한 후 연도별 기출문제를 풀어보면서 소방학개론 시험에 대한 이해도를 높이고, 실전감각을 키울 수 있습니다.

☑ 정답의 근거와 오답의 원인, 관련이론까지 짚어주는 정답 및 해설

PART **3**	**화재론**

CHAPTER 1 화재의 개요

POINT 22 화재의 분류

정답   p.56

01	④	02	④	03	③	04	②	05	③
06	④	07	①	08	③	09	④	10	③
11	②								

01 난이도 ●●○   답 ④

금속화재는 D급 화재로 나트륨, 칼륨 등의 금속가연물의 화재로서 <u>주수</u>
<u>소화가 불가능</u>하며, 질식소화를 주로 한다.

☑ 확인학습 가연물에 따른 화재의 구분

구분	A급	B급	C급	D급	E급
화재 종류	일반화재	유류화재	전기화재	금속화재	가스화재
표시색	백색	황색	청색	무색	황색
연기색	백색	검은색	–	–	–

04 난이도 ●○○   답 ②

일반화재에 해당하는 것은 ㄴ이다.

| 선지분석 |
ㄱ. [×] 통전 중인 배전반에서 불이 난 경우: 전기화재
ㄷ. [×] 실외 난로가 넘어지면서 새어 나온 석유에 불이 붙은 경우:
  유류화재
ㄹ. [×] 실험실 시험대 위 나트륨 분말에서 불이 난 경우: 금속화재

☑ 확인학습 전기화재(C급 화재)

1. 전기화재는 전류가 흐르는 전기장비와 관련된 화재이다.
2. 전기화재의 발생원인으로는 단락(합선), 전기스파크, 과전류, 접속부
  과열, 지락, 낙뢰, 누전, 열적경과, 절연불량 등이 있다.
3. 전기화재는 할로겐화합물 소화약제, 분말소화약제 또는 이산화탄소
  와 같은 비전도성 소화약제를 사용하여 진압할 수 있다.

☑ 확인학습 유류화재(B급 화재)

1. 유류화재는 가솔린, 등유 등과 같은 인화성 액체(제4류 위험물)의
  화재이다. 그 외에 오일, 라커, 페인트 등과 같은 가연성 액체와 관련
  된 화재도 포함된다.
2. 연소 후 재를 남기지 않으며, 연소열이 크고 인화성이 좋기 때문에
  일반화재보다 위험하다.
3. 포를 이용한 질식소화가 효과적이다.

---

1. 빠른 정답 확인

- 각 POINT에 수록된
  모든 문제의 정답을
  표로 정리
- 쉽고 빠르게 정답 확인

2. 상세한 해설

- 이론을 다시 한 번 복습
  할 수 있는 자세한 해설
- 오답 지문의 원인과
  함정 요인을 확인할
  수 있는 선지분석

3. 확인학습

- 문제와 관련된 핵심
  개념이나 알아두면
  좋은 배경이론 등을
  제시
- 주요 개념을 다양한
  시각에서 폭넓게 학습

4. 문항별 난이도 제시

- 각 문항별 난이도를
  통해 스스로 현재 실력
  파악 가능
- 단원별 기출문제 대비
  연도별 기출문제는 보다
  난이도를 세분화하여
  제시

학습 플랜

효율적인 학습을 위하여 DAY별 권장 학습 분량을 제시하였으며, 이를 바탕으로 본인의 학습 진도나 수준에 따라 분량을 조절해 가며 학습하기 바랍니다. 또한 학습한 날은 표 우측의 각 회독 부분에 형광펜이나 색연필 등으로 표시하며 채워나가기 바랍니다.

* 1회독 때에는 40일 학습 플랜을, 2, 3회독 때에는 14일 학습 플랜을 활용하시면 좋습니다.

40일 플랜	14일 플랜	학습 플랜	1회독	2회독	3회독
DAY 1	DAY 1	POINT 01-05	DAY 1	DAY 1	DAY 1
DAY 2		POINT 06-07	DAY 2		
DAY 3	DAY 2	POINT 08-10	DAY 3	DAY 2	DAY 2
DAY 4		POINT 11-12	DAY 4		
DAY 5		POINT 13-17	DAY 5		
DAY 6	DAY 3	POINT 18-21	DAY 6	DAY 3	DAY 3
DAY 7		POINT 22-24	DAY 7		
DAY 8		POINT 25-27	DAY 8		
DAY 9	DAY 4	POINT 28-33	DAY 9	DAY 4	DAY 4
DAY 10		POINT 34-37	DAY 10		
DAY 11		POINT 38-40	DAY 11		
DAY 12	DAY 5	POINT 41-44	DAY 12	DAY 5	DAY 5
DAY 13		POINT 45-47	DAY 13		
DAY 14		POINT 48-49	DAY 14		
DAY 15	DAY 6	POINT 50-52	DAY 15	DAY 6	DAY 6
DAY 16		POINT 53-55	DAY 16		
DAY 17		POINT 56-58	DAY 17		
DAY 18	DAY 7	POINT 59-62	DAY 18	DAY 7	DAY 7
DAY 19		POINT 63-64	DAY 19		
DAY 20		POINT 65-66	DAY 20		

▌1회독 때에는 '내가 학습한 이론이 주로 이러한 형식의 문제로 출제되는구나!'를 익힌다는 생각으로 접근하는 것이 좋습니다.

▌2회독 때에는 실전과 동일한 마음으로 기출문제를 풀어보는 단계입니다. 단순히 문제를 풀어보는 것에 그치지 않고, 각각의 지문이 왜 옳은지, 옳지 않다면 어느 부분이 잘못되었는지를 꼼꼼히 따져가며 학습하기 바랍니다.

▌3회독 때에는 기출문제를 출제자의 시선으로 바라보고, 이를 변형하여 학습하는 연습이 필요합니다. 즉, 기출지문을 중심으로 이론 학습의 범위를 넓혀나가며 학습을 완성하기 바랍니다.

40일 플랜	14일 플랜	학습 플랜	1회독	2회독	3회독
DAY 21		POINT 67-69	DAY 21		
DAY 22	DAY 8	POINT 70-72	DAY 22	DAY 8	DAY 8
DAY 23		POINT 73-79	DAY 23		
DAY 24		POINT 80-83	DAY 24		
DAY 25	DAY 9	연도별 기출문제 1회	DAY 25	DAY 9	DAY 9
DAY 26		연도별 기출문제 2회	DAY 26		
DAY 27		연도별 기출문제 3회	DAY 27		
DAY 28	DAY 10	연도별 기출문제 4회	DAY 28	DAY 10	DAY 10
DAY 29		연도별 기출문제 5회	DAY 29		
DAY 30	DAY 11	연도별 기출문제 6회	DAY 30	DAY 11	DAY 11
DAY 31		연도별 기출문제 7회	DAY 31		
DAY 32		연도별 기출문제 8회	DAY 32		
DAY 33	DAY 12	연도별 기출문제 9회	DAY 33	DAY 12	DAY 12
DAY 34		연도별 기출문제 10회	DAY 34		
DAY 35		연도별 기출문제 11회	DAY 35		
DAY 36	DAY 13	연도별 기출문제 12회	DAY 36	DAY 13	DAY 13
DAY 37		연도별 기출문제 13회	DAY 37		
DAY 38		PART 1-3 복습	DAY 38		
DAY 39	DAY 14	PART 4-6 복습	DAY 39	DAY 14	DAY 14
DAY 40		PART 7-9 복습	DAY 40		

PART 1 연소론

01 ☐☐☐
19. 간부

연소에 관한 설명으로 옳지 않은 것은?

① 연소는 빛과 열의 발생을 수반하는 급격한 산화 반응이다.
② 연소의 3요소는 가연물, 산소공급원 및 점화원이다.
③ 수소 기체는 아세틸렌 기체보다 연소범위가 더 넓다.
④ 가연물의 인화점이 낮을수록 연소 위험성이 커진다.
⑤ 열분해에 의해 산소를 발생하면서 연소하는 현상은 자기연소이다.

03 ☐☐☐
빈출문제

연소의 3요소로 옳은 것은?

① 가연물, 산소, 순조로운 연쇄반응
② 가연물, 수소, 점화원
③ 가연물, 산소공급원, 점화원
④ 가연물, 산소공급원, 아르곤

02 ☐☐☐
20. 공채·경채

연소에 대한 설명으로 옳지 않은 것은?

① 액체가연물의 인화점은 액면에서 증발된 증기의 농도가 연소하한계에 도달하여 점화되는 최저온도이다.
② 연소하한계가 낮고 연소범위가 넓을수록 가연성 가스의 연소위험성이 증가한다.
③ 액체가연물의 연소점은 점화된 이후 점화원을 제거하여도 자발적으로 연소가 지속되는 최저온도이다.
④ 파라핀계 탄화수소화합물의 경우 탄소수가 적을수록 발화점이 낮아진다.

04 ☐☐☐
빈출문제

연소란 가연성 물질이 공기 중의 산소와 결합하여 빛과 열을 발하는 급격한 산화반응이다. 다음 중 연소의 3요소에 해당하지 않는 것은?

① 활성화에너지
② 불연성 물질
③ 조연성 물질
④ 가연성 고체

01 ☐☐☐

23. 간부

가연성물질이 되기 쉬운 조건에 해당하지 않는 것은?

① 열전도도 값이 작아야 한다.
② 연쇄반응을 일으킬 수 있어야 한다.
③ 활성화에너지가 크고 발열량이 작아야 한다.
④ 조연성 가스인 산소와의 결합력이 커야 한다.
⑤ 산소와 접촉할 수 있는 표면적이 커야 한다.

04 ☐☐☐

빈출문제

연소에 관한 설명으로 옳지 않은 것은?

① 연소의 4요소는 가연물, 산소공급원, 점화원 및 순조로운 연쇄반응을 말한다.
② 연소의 3요소란 가연물, 산소공급원, 점화원을 말한다.
③ 연소란 빛과 열을 발하는 급격한 산화반응이다.
④ 산소는 가연성 물질로서 그 양이 많을수록 연소를 활성화시킨다.

02 ☐☐☐

19. 간부

가연물의 되기 위한 조건으로 옳지 않은 것은?

① 열전도율이 높을 것
② 활성화 에너지가 작을 것
③ 산화가 잘되며 발열량이 높을 것
④ 연쇄반응이 일어나기 쉬운 물질일 것
⑤ 산소와의 친화력이 높으며 표면적이 넓을 것

05 ☐☐☐

22. 간부

다음 중 불연성 물질에 해당하지 않는 것은?

① He(헬륨)
② CO_2(이산화탄소)
③ P_2O_5(오산화인)
④ HCN(시안화수소)
⑤ SO_3(삼산화황)

03 ☐☐☐

16. 공채

연소이론에서 가연물의 구비 조건으로 옳지 않은 것은?

① 산소친화력이 높아야 한다.
② 발열량이 높아야 한다.
③ 열전도율이 높아야 한다.
④ 활성화에너지 값이 작아야 한다.

01 ☐☐☐　　　　　　　　　　　21. 간부

자연발화에 대한 설명으로 옳지 않은 것은?

① 열축적이 용이할수록 자연발화가 쉽다.
② 열전도율이 높을수록 자연발화가 쉽다.
③ 발열량이 큰 물질일수록 자연발화가 쉽다.
④ 주위 온도가 높을수록 자연발화가 쉽다.
⑤ 표면적이 넓을수록 자연발화가 쉽다.

03 ☐☐☐　　　　　　　　　　　23. 간부

열에너지원의 종류에서 화학열로 옳은 것만을 <보기>에서 있는 대로 고른 것은?

<표>
<보기>	
ㄱ. 분해열	ㄴ. 연소열
ㄷ. 압축열	ㄹ. 산화열

① ㄹ
② ㄱ, ㄴ
③ ㄷ, ㄹ
④ ㄱ, ㄴ, ㄹ
⑤ ㄱ, ㄴ, ㄷ, ㄹ

02 ☐☐☐　　　　　　　　　　　16. 간부

다음 중 자연발화에 대한 설명으로 옳지 않은 것은?

① 발열량이 클수록 열축적이 잘 이루어져 자연발화가 용이하다.
② 자연발화의 원인이 되는 열원으로 산화열, 분해열, 중합열, 발효열 등이 있다.
③ 주위온도가 높을수록 반응속도가 빨라 열의 발생이 증가하여 자연발화를 촉진시킨다.
④ 공기의 유통이 안 될수록 열축적이 용이하여 자연발화하기 쉽다.
⑤ 열전도율이 작아야 하고, 비표면적이 작을수록 자연발화가 용이하다.

04 ☐☐☐　　　　　　　　　17. 상반기 공채

자연발화를 일으키는 열원의 종류로 옳지 않은 것은?

① 분해열
② 산화열
③ 흡착열
④ 융해열

05 ☐☐☐

빈출문제

다음 중 연소이론에 대한 설명으로 옳지 않은 것은?

① 정전기는 두 마찰물질의 대전서열이 멀수록, 마찰정도가 심할수록 발생이 잘 된다.

② 정전기 방지대책으로는 접지시설을 갖추고 상대습도는 70% 이하로 유지한다.

③ 습도 유지는 자연발화하는 가연물질에서 촉매작용을 하므로 습도가 높은 곳을 피하여 저장한다.

④ 자연발화의 방지 방법으로 저장실의 온도를 낮게 하며 실내 수납 시 열축적이 용이하지 않도록 하는 것이 있다.

06 ☐☐☐

19. 간부

자연발화 방지방법에 대한 설명으로 옳지 않은 것은?

① 공기의 유통을 방지한다.

② 황린은 물속에 저장한다.

③ 저장실의 온도를 낮게 유지한다.

④ 열의 축적이 용이하지 않도록 한다.

⑤ 발열반응에 정촉매작용을 하는 물질을 피하여야 한다.

07 ☐☐☐

18. 하반기 공채

자연발화가 되기 쉬운 가연물의 조건으로 옳은 것은?

① 발열량이 적다.

② 표면적이 작다.

③ 열전도율이 낮다.

④ 주위 온도가 낮다.

01 □□□
22. 간부

정전기 예방대책으로 옳은 것만을 <보기>에서 있는 대로 고른 것은?

<보기>
ㄱ. 공기를 이온화한다.
ㄴ. 전기전도성이 큰 물체를 사용한다.
ㄷ. 접촉하는 전기의 전위차를 크게 한다.

① ㄱ
② ㄷ
③ ㄱ, ㄴ
④ ㄴ, ㄷ
⑤ ㄱ, ㄴ, ㄷ

02 □□□
빈출문제

다음 중 연소이론에서 가연물의 점화원으로 가장 적당하지 않은 것은?

① 분해열
② 기화열
③ 압축열
④ 저항열

03 □□□
15. 통합

다음 중 정전기 방지를 위한 예방대책으로 옳지 않은 것은?

① 공기의 상대습도를 70% 이상으로 한다.
② 정전기 발생이 우려되는 장소에 접지시설을 설치한다.
③ 공기를 이온화하여 정전기 발생을 예방한다.
④ 전기의 저항이 큰 물질은 대전이 용이하므로 부도체 물질을 사용한다.

04 □□□
빈출문제

다음 중 정전기 대전 방지대책으로 옳지 않은 것은?

① 공기를 이온화한다.
② 상대습도를 70% 이상으로 한다.
③ 접지시설을 한다.
④ 피뢰설비를 한다.

POINT
05
CHAPTER 1 연소
최소산소농도
정답 및 해설 p.4

PART 1

해커스소방 김정희 소방학개론 단원별 기출문제집

01 □□□
21. 공채·경채

최소산소농도(MOC; Minimum Oxygen Concentration)에 대한 설명으로 옳지 않은 것은?

① 연소상한계에 의해 최소산소농도가 결정된다.
② 연소할 때 화염이 전파되는 데 필요한 임계산소농도를 말한다.
③ 완전연소반응식의 산소 몰수에 의해 최소산소농도가 결정된다.
④ 프로판(C_3H_8) 1몰(mol)이 완전연소하는 데 필요한 최소산소농도는 10.5%이다.

02 □□□
23. 간부

에틸알코올(C_2H_5OH)의 최소산소농도(MOC)는? (단, 에틸알코올의 연소범위는 4.3 ~ 19vol%이며, 완전연소생성물은 CO_2와 H_2O이다)

① 8.6
② 10.8
③ 12.9
④ 15.1
⑤ 17.2

03 □□□
23. 공채·경채

가연성 혼합기의 최소발화(점화)에너지(MIE; Minimum Ignition Energy)에 영향을 주는 요인에 관한 설명으로 옳지 않은 것은?

① 온도가 상승하면 최소발화에너지는 작아진다.
② 압력이 상승하면 최소발화에너지는 작아진다.
③ 열전도율이 낮아지면 최소발화에너지는 커진다.
④ 화학양론비 부근에서 최소발화에너지는 최저가 된다.

04 □□□
17. 하반기 공채

다음 중 최소발화에너지(MIE; Minimun Ignition Energy)에 대한 설명으로 옳지 않은 것은?

① 온도가 높아지면 분자 간의 운동이 활발해지므로 최소발화에너지가 감소한다.
② 압력이 높아지면 분자 간 거리가 가까워지므로 최소발화에너지가 감소한다.
③ 열전도율이 높으면 최소발화에너지가 감소한다.
④ 가연성 가스의 조성이 화학양론적 농도 부근일 경우 최소발화에너지가 최저가 된다.

05 □□□
16. 간부

가연성 가스를 점화하기 위한 최소발화에너지는 물질의 종류, 혼합기의 온도 및 압력에 따라 변화한다. 최소발화에너지에 대한 설명으로 옳지 않은 것은?

① 통상 최소발화에너지(MIE)는 매우 적으므로 J의 1/1,000인 mJ의 단위를 사용한다.
② 최소발화에너지는 연소속도가 클수록 작아진다.
③ 최소발화에너지는 온도와 압력이 상승하면 작아진다.
④ 가연물은 연소범위가 넓을수록, 연소범위 하한계가 작을수록 위험하다.
⑤ 최소발화에너지는 가연성 가스의 조성이 화학양론적 조성 부근일 경우 최대가 된다.

01 □□□ 　　　　　　　　　　　　　20. 간부

연소범위에 대한 설명으로 옳지 않은 것은?

① 산소농도가 높아지면 연소범위가 넓어진다.
② 불활성 가스의 농도가 높아지면 연소범위가 좁아진다.
③ 가연성 가스의 온도가 높아지면 연소범위는 넓어진다.
④ 가연성 가스의 압력이 높아지면 연소범위는 좁아진다.
⑤ 일산화탄소(CO)는 압력이 높아지면 연소범위가 좁아진다.

02 □□□ 　　　　　　　　　　　　　　빈출문제

다음의 가연성 기체 중에서 연소범위가 가장 넓은 것은?

① 일산화탄소
② 프로판
③ 메탄
④ 암모니아

03 □□□ 　　　　　　　　　　　　　14. 통합

가연성 가스의 연소범위에 영향을 미치는 인자에 관한 설명으로 가장 옳지 않은 것은?

① 압력이 높아지면 연소범위가 넓어진다.
② 산소가 공급되면 연소범위가 넓어진다.
③ 불활성기체를 첨가하면 연소범위가 넓어진다.
④ 온도가 높아지면 연소범위는 넓어진다.

04 □□□ 　　　　　　　　　　　　　24. 간부

공기 중 가연성 가스의 연소범위에 관한 내용이다. 다음 중 위험도가 가장 높은 가연성 가스는? (단, 위험도는 가연성 가스의 위험한 정도를 나타내는 척도이다)

가연성 가스	연소범위(vol%)
A	3 ~ 12.5
B	4 ~ 75
C	5 ~ 15
D	1.2 ~ 44
E	2.5 ~ 81

① A 　　　　　　　　② B
③ C 　　　　　　　　④ D
⑤ E

05 ☐☐☐
빈출문제

다음 중 가연성 가스의 연소범위에 대한 설명으로 옳지 않은 것은?

① 가연성 가스가 공기와 혼합하여 연소반응을 일으킬 수 있는 적정한 농도범위이다.
② 공기 중 연소에 필요한 혼합가스의 농도이다.
③ 압력의 변화에 따라 연소범위는 변하지 않는다.
④ 일반적으로 가연성 기체는 압력이 높으면 연소범위가 넓어진다.

06 ☐☐☐
24. 공채·경채

다음의 가연성 가스(A, B, C) 중 위험도가 낮은 것에서 높은 순서로 옳게 나열한 것은?

> A: 연소하한계 = 2vol%, 연소상한계 = 22vol%
> B: 연소하한계 = 4vol%, 연소상한계 = 75vol%
> C: 연소하한계 = 1vol%, 연소상한계 = 44vol%

① A, B, C
② A, C, B
③ B, A, C
④ C, B, A

07 ☐☐☐
23. 간부

다음 중 위험도(H) 값이 가장 큰 것은? (단, 1기압, 25℃ 공기 중의 연소범위를 기준으로 한다)

① 수소
② 메탄
③ 아세틸렌
④ 이황화탄소
⑤ 산화에틸렌

08 ☐☐☐
20. 공채·경채

다음의 가연성 가스 중 위험도가 가장 큰 물질은? (단, 연소범위는 메탄 5 ~ 15%, 에탄 3 ~ 12.4%, 프로판 2.1 ~ 9.5%, 부탄 1.8 ~ 8.4%이다)

① 메탄
② 에탄
③ 프로판
④ 부탄

09 ☐☐☐
19. 간부

표준 상태에서 공기 중 가연물의 위험도가 높은 순으로 나열된 것은?

가연물	ㄱ	ㄴ	ㄷ	ㄹ
연소범위(%)	4 ~ 16	3 ~ 33	1 ~ 14	6 ~ 36

① ㄴ > ㄹ > ㄱ > ㄷ
② ㄴ > ㄹ > ㄷ > ㄱ
③ ㄷ > ㄴ > ㄱ > ㄹ
④ ㄷ > ㄴ > ㄹ > ㄱ
⑤ ㄹ > ㄴ > ㄱ > ㄷ

10 ☐☐☐
빈출문제

다음 중 연소범위의 특성으로 옳지 않은 것은?

① 연소범위에 따른 위험도가 높아지면 위험성은 높아진다.
② 연소범위 상한계 값이 높을수록 위험성은 증가한다.
③ 연소범위 하한계 값이 높을수록 위험성은 증가한다.
④ 연소범위가 넓을수록 위험성은 증가한다.

11 ▢▢▢

다음 연소가스의 연소범위를 나타낸 것이다. 연소가스의 위험도가 높은 순서대로 배열한 것은?

| A: 5 ~ 15(vol)% |
| B: 15 ~ 75(vol)% |
| C: 10 ~ 40(vol)% |

① A - B - C
② B - C - A
③ B - A - C
④ A - C - B
⑤ C - A - B

12 ▢▢▢

연소범위에 관한 설명으로 옳은 것만을 <보기>에서 있는 대로 고른 것은?

<보기>
ㄱ. 연소범위는 물질이 연소하기 위한 물적 조건과 관련이 크다.
ㄴ. 온도가 높아지면 연소범위는 넓어진다.
ㄷ. 일산화탄소는 압력이 증가하면 연소범위가 넓어진다.
ㄹ. 불활성기체가 첨가되면 연소범위가 좁아진다.

① ㄱ, ㄹ
② ㄱ, ㄴ, ㄷ
③ ㄱ, ㄴ, ㄹ
④ ㄴ, ㄷ, ㄹ
⑤ ㄱ, ㄴ, ㄷ, ㄹ

13 ▢▢▢

다음 조건에 따라 계산한 혼합기체의 연소하한계는?

- 르샤틀리에 공식을 이용한다.
- 혼합기체의 부피비율은 A기체 60%, B기체 30%, C기체 10% 이다.
- 연소하한계는 A기체 3.0%, B기체 1.5%, C기체 1.0%이다.

① 1.0%
② 1.5%
③ 2.0%
④ 2.5%
⑤ 3.0%

14 ▢▢▢

<보기>에서 공기 중 연소범위가 가장 넓은 것(ㄱ)과 위험도가 가장 낮은 것(ㄴ)을 순서대로 나열한 것은?

<보기>
수소, 아세틸렌, 메탄, 프로판

	ㄱ	ㄴ
①	수소	메탄
②	수소	아세틸렌
③	아세틸렌	메탄
④	아세틸렌	프로판
⑤	아세틸렌	아세틸렌

POINT
07

CHAPTER 1 연소

인화점 등

정답 및 해설 p.7

PART 1

해커스소방 김정희 소방학개론 단원별 기출문제집

01 ☐☐☐
24. 공채·경채

가연물의 발화온도와 발화에너지에 관한 설명으로 옳은 것은?

① 점화원에 의해서 가연물이 발화하기 시작하는 최저 온도를 발화점(Ignition point)이라고 한다.
② 점화원을 제거해도 자력으로 연소를 지속할 수 있는 최저온도를 연소점(Fire point)이라고 한다.
③ 가연물의 최소발화에너지가 클수록 더 위험하다.
④ 가연물의 연소점은 발화점보다 높다.

02 ☐☐☐
19. 공채·경채

가연성 액체의 인화점에 대한 설명으로 옳은 것은?

① 증기가 연소범위의 하한계에 이르러 점화되는 최저온도
② 증기가 발생하기 시작하는 최저온도
③ 물질이 자체의 열만으로 착화하는 최저온도
④ 발생한 화염이 지속적으로 연소하는 최저온도

03 ☐☐☐
23. 간부

ㄱ~ㅁ의 물질을 인화점이 낮은 것부터 높은 순으로 옳게 나열한 것은?

ㄱ. 아세톤	ㄴ. 글리세린
ㄷ. 이황화탄소	ㄹ. 메틸알코올
ㅁ. 디에틸에테르	

① ㄱ - ㅁ - ㄷ - ㄴ - ㄹ
② ㄷ - ㄱ - ㅁ - ㄴ - ㄹ
③ ㄷ - ㅁ - ㄱ - ㄹ - ㄴ
④ ㅁ - ㄱ - ㄷ - ㄹ - ㄴ
⑤ ㅁ - ㄷ - ㄱ - ㄹ - ㄴ

04 ☐☐☐
17. 간부

연소점(Fire point)에 대한 설명으로 옳은 것은?

① 인화성 액체 물질의 위험성을 평가하는 척도로 쓰이며, 「위험물안전관리법」에서 석유류를 분류하는 기준으로도 사용한다.
② 외부로부터 에너지를 받아서 착화가 가능한 가연물질의 최저온도를 말한다.
③ 외부로부터의 직접적인 점화에너지의 공급 없이 물질자체가 스스로 착화가 되는 최저온도이다.
④ 가연물에 점화원을 제거한 후에도 계속적인 연소를 일으킬 수 있는 온도이다.
⑤ 고체의 연소점은 물질에 따라 차이가 있지만, 액체는 인화점과 연소점이 같다.

05 ☐☐☐
13. 전북

다음 중 발화점에 대한 설명으로 가장 옳은 것은?

① 물질이 외부의 점화원 접촉 시 연소를 시작할 수 있는 최저 온도이다.
② 증기가 연소범위의 하한계에 이르러 점화되는 최저온도이다.
③ 물질이 외부의 점화원 접촉 없이 연소를 시작할 수 있는 최저온도이다.
④ 인화점 이후 점화원 제거 후에도 지속적인 연소작용을 일으킬 수 있는 최저온도이다.

06 ☐☐☐

그림에서 'A'에 대한 설명으로 옳지 않은 것은?

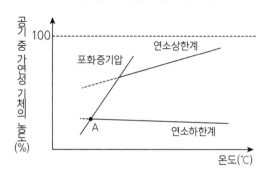

① 외부에너지에 의해 발화하기 시작하는 최저연소온도이다.
② 물질적 조건과 에너지 조건이 만나는 최저연소온도이다.
③ 화학양론비(stoichiometric ratio)에서의 최저연소온도이다.
④ 가연성 혼합기를 형성하는 최저연소온도이다.

07 ☐☐☐

가연성 물질의 화재 위험성에 대한 설명으로 옳은 것은?

① 비열, 연소열, 비점이 작거나 낮을수록 위험하다.
② 증발열, 연소열, 연소속도가 크거나 빠를수록 위험하다.
③ 표면장력, 인화점, 발화점이 작거나 낮을수록 위험하다.
④ 비중, 압력, 융점이 크거나 높을수록 위험하다.

08 ☐☐☐

발화점 및 최소발화에너지(MIE; Minimum Ignition Energy)에 관한 설명으로 옳지 않은 것은?

① 발화점은 발화 지연시간, 압력, 산소농도, 촉매물질 등의 영향을 받는다.
② 파라핀계 탄화수소는 분자량이 클수록 발화온도가 높아진다.
③ 최소발화에너지는 가연성 혼합기를 발화시키는데 필요한 최저에너지를 말한다.
④ 압력이 상승하면 최소발화에너지는 작아진다.
⑤ 발화점이 낮을수록 발화의 위험성은 커진다.

09 ☐☐☐

가연물은 고체, 액체 및 기체의 물질이 있다. 일반적으로 가연성 액체의 위험도 분류 기준은 무엇인가?

① 위험도
② 연소점
③ 인화점
④ 발화점

10 ☐☐☐

다음 중 가연성 물질들의 인화점을 낮은 것에서 높은 순서대로 옳게 나열한 것은?

① 벤젠 < 톨루엔 < 휘발유 < 등유 < 글리세린
② 벤젠 < 휘발유 < 톨루엔 < 글리세린 < 등유
③ 휘발유 < 벤젠 < 등유 < 톨루엔 < 글리세린
④ 휘발유 < 벤젠 < 톨루엔 < 등유 < 글리세린
⑤ 휘발유 < 벤젠 < 톨루엔 < 글리세린 < 등유

12 ☐☐☐

연소의 조건으로서 온도가 낮은 것에서 높은 순서대로 옳은 것은?

① 인화점 – 연소점 – 발화점
② 연소점 – 인화점 – 발화점
③ 발화점 – 연소점 – 인화점
④ 인화점 – 발화점 – 연소점

11 ☐☐☐

다음 중 발화점에 대한 설명으로 옳은 것은?

① 착화원이 없는 상태에서 가연성 물질 자체의 열로서 공기 또는 산소 중에서 가열하였을 때 발화되는 최저온도이다.
② 열역학에서 액체와 기체의 상평형이 정의될 수 있는 한계 온도, 즉 액화가 가능한 최고의 온도를 말한다.
③ 가연성 액체의 위험성 판단 기준으로 이용한다.
④ 인화점 이후 점화원 제거 후에도 연소가 지속될 수 있는 온도이다.

13 ☐☐☐

다음 중 발화점이 낮아지는 조건이 아닌 것은?

① 산소와 친화력이 좋을수록 발화점이 낮아진다.
② 분자구조가 복잡할수록 발화점이 낮아진다.
③ 열전도율이 클수록 발화점이 낮아진다.
④ 압력·화학적 활성도가 클수록 발화점이 낮아진다.

01 ☐☐☐
24. 공채·경채

연소에 관한 설명으로 옳은 것은?

① 작열연소: 화염이 없는 표면연소이다.
② 분해연소: 유황(황)이나 나프탈렌이 열분해되면서 일어나는
   연소이다.
③ 증발연소: 액체에서만 발생하는 연소형태로서 액면에서 비등
   하는 기체에서 발생한다.
④ 자기연소: 제3류 위험물과 같이 물질 자체 내의 산소를 소모
   하는 연소로서 연소속도가 빠르다.

02 ☐☐☐
18. 간부

연소이론에서 가연성 물질인 고체의 연소형태에 대한 설명으로
가장 옳지 않은 것은?

① 숯, 코크스, 목탄 및 금속분은 열분해 반응에 의한 휘발성분
   이 표면에서 산소와 반응하여 연소한다.
② 목재, 석탄, 종이 및 플라스틱은 가열하면 열분해 반응을 일
   으키면서 생성된 가연성 증기와 공기가 혼합하여 연소한다.
③ 유황(황)과 나프탈렌은 가열하면 열분해를 일으키지 않고 증
   발하면서 증기와 공기가 혼합하여 연소한다.
④ 셀룰로이드 및 트리니트로톨루엔(트리나이트로톨루엔)은 분
   자 내에 산소를 가지고 있어 가열 시 열분해에 의해 가연성
   증기와 함께 산소를 발생하여 자신의 분자 속에 포함되어 있
   는 산소에 의해 연소한다.
⑤ 파라핀(양초)은 가열하면 융해되어 액체로 변하게 되고 지속
   적인 가열로 기화되면서 증기가 되어 공기와 혼합하여 연소
   한다.

03 ☐☐☐
24. 간부

고체 가연물의 연소 중 연소형태가 다른 것은?

① 목재
② 종이
③ 석탄
④ 파라핀
⑤ 합성수지

04 ☐☐☐
24. 간부

상온에서 고체 상태로 존재하는 가연물의 연소 형태에 해당하는
것만을 <보기>에서 고른 것은?

<보기>
ㄱ. 표면연소   ㄴ. 분무연소
ㄷ. 폭발연소   ㄹ. 자기연소
ㅁ. 예혼합연소

① ㄱ, ㄴ
② ㄱ, ㄹ
③ ㄴ, ㄷ
④ ㄴ, ㄹ
⑤ ㄹ, ㅁ

05 □□□

가연성 물질의 연소형태로 옳은 것은?

> ㄱ. 분해연소: 목재, 종이
> ㄴ. 확산연소: 나프탈렌, 황
> ㄷ. 표면연소: 코크스, 금속분
> ㄹ. 증발연소: 가솔린엔진, 분젠버너
> ㅁ. 자기연소: 질산에스테르류(질산에스터류), 니트로화합물류
>   (나이트로화합물류)

① ㄱ, ㄴ, ㄹ
② ㄱ, ㄷ, ㄹ
③ ㄱ, ㄷ, ㅁ
④ ㄴ, ㄹ, ㅁ
⑤ ㄷ, ㄹ, ㅁ

06 □□□

<보기>에서 표면연소에 해당하는 것을 옳게 고른 것은?

> **<보기>**
> ㄱ. 숯   ㄴ. 목탄
> ㄷ. 코크스   ㄹ. 플라스틱

① ㄱ, ㄴ, ㄷ
② ㄱ, ㄴ, ㄹ
③ ㄱ, ㄷ, ㄹ
④ ㄴ, ㄷ, ㄹ

07 □□□

가연성 가스를 공기 중에서 연소시키고자 할 때 공기 중의 산소 농도가 증가하면 발생되는 현상으로 옳은 것만을 모두 고른 것은?

> ㄱ. 연소속도가 빨라진다.
> ㄴ. 발화점이 높아진다.
> ㄷ. 화염의 온도가 높아진다.
> ㄹ. 폭발범위가 좁아진다.
> ㅁ. 점화에너지가 작아진다.

① ㄱ, ㄴ, ㄹ
② ㄱ, ㄷ, ㄹ
③ ㄱ, ㄷ, ㅁ
④ ㄴ, ㄷ, ㅁ

08 □□□

양초와 가장 유사한 연소형태로 옳은 것은?

① 목탄
② 나프탈렌
③ 히드라진(하이드라진) 유도체
④ 섬유

09 ☐☐☐

가연성 물질과 연소형태의 분류 중 옳지 않은 것은?

① 확산연소: 나프탈렌, 유황(황)
② 분해연소: 목재, 종이, 플라스틱
③ 표면연소: 코크스, 금속분, 목탄
④ 예혼합연소: 가솔린엔진, 분젠버너
⑤ 자기연소: 질산에스테르류(질산에스터류), 니트로화합물(나이트로화합물), 히드라진(하이드라진) 유도체

11 ☐☐☐

고체연료와 액체연료의 연소방법에 대한 설명으로 옳지 않은 것은?

① 고체연료의 분해연소란 목재, 종이, 섬유, 플라스틱 등과 같은 고체가연물에 충분한 열이 공급되면 복잡한 열분해 과정을 통하여 발생된 가연성 가스가 공기와 혼합되어 연소하는 형태를 말한다.
② 액체 연료의 가장 일반적인 연소 형태인 증발연소란 석유류, 알코올 등의 인화성 액체에서 발생한 가연성 증기가 공기와 혼합된 상태에서 연소하는 것이다.
③ 고체연료의 자기연소란 제5류 위험물로서 질산에스테르류(질산에스터류), 니트로화합물류(나이트로화합물류), 히드라진(하이드라진) 유도체 등과 같은 가연성 물질이면서 자체 내에 산소를 함유하고 있어 외부에서 열을 가하면 분해되어 가연성 기체와 산소를 발생하게 되므로 공기 중의 산소를 필요로 하지 않고 그 자체의 산소에 의해서 연소된다.
④ 고체연료의 증발연소란 그 물질 자체가 타는 것이 아니라 물질의 표면에서 증발한 가연성 증기와 공기 중의 산소가 결합하여 연소하는 것을 말한다.
⑤ 고체연료의 표면연소란 가연성 고체가 열분해하여 증발하지 않고 그 고체의 표면에서 산소와 반응하여 연소되는 현상으로 유황(황), 나프탈렌, 양초 등도 이 연소 형태에 속한다.

10 ☐☐☐

고체의 연소 중 연결이 옳지 않은 것은?

① 증발연소 - 파라핀, 양초
② 분해연소 - 종이, 석탄, 목재
③ 표면연소 - 목탄
④ 자기연소 - 코크스

12 ☐☐☐

다음 중 기체의 연소가 아닌 것은?

① 부분예혼합연소
② 확산연소
③ 분해연소
④ 예혼합연소

01 ☐☐☐   20. 간부

가스 연소 시 발생되는 이상현상에 대한 설명으로 옳지 않은 것은?

① 불완전연소란 공기의 공급량이 부족할 때 일산화탄소, 그을 음 등이 발생하는 현상이다.

② 연소소음이란 가연성 혼합가스의 연소속도나 분출속도가 대 단히 클 때 연소음 및 폭발음 등이 발생하는 현상이다.

③ 선화란 연료가스의 분출속도가 연소속도보다 빠를 때 불꽃 이 노즐에 정착되지 않고 떨어져서 연소하는 현상이다.

④ 역화란 기체 연료를 연소시킬 때 혼합가스의 압력이 비정상 적으로 높거나 혼합가스의 양이 너무 많을 때 발생되는 이상 연소현상이다.

⑤ 블로우오프란 선화상태에서 연료가스의 분출속도가 증가하 거나 공기의 유동이 강하여 불꽃이 노즐에서 정착되지 않고 떨어져서 꺼져버리는 현상이다.

02 ☐☐☐   23. 공채·경채

가연성 액체의 연소현상에 관한 설명으로 옳지 않은 것은?

① 가연성 액체의 연소와 관련된 온도는 발화점, 연소점, 인화점 순으로 높다.

② 인화점과 발화점이 가까운 액체일수록 재점화가 어렵고 냉 각에 의한 소화활동이 용이하다.

③ 인화점과 연소점의 차이는 외부 점화원을 제거했을 경우 화 염 전파의 지속성 여부에 따라 구분된다.

④ 연소반응은 열생성률(heat production rate)이 외부로의 열 손실률(heat loss rate)보다 큰 조건에서 지속된다.

03 ☐☐☐   빈출문제

연소 시 발생되는 현상 중 역화(Back fire)의 원인으로 옳지 않 은 것은?

① 혼합기의 연소속도보다 가스 분출속도가 큰 경우

② 가스의 공급량이 감소된 경우

③ 버너가 과열될 경우

④ 노즐의 부식 등으로 분출구멍이 커진 경우

04 ☐☐☐   18. 상반기 공채

연료가스의 분출속도가 연소속도보다 클 때, 주위 공기의 움직임 에 따라 불꽃이 노즐에서 정착하지 않고 떨어져 꺼지는 현상은?

① 불완전연소(Incomplete combustion)

② 리프팅(Lifting)

③ 블로우오프(Blow off)

④ 역화(Back fire)

05 ☐☐☐

빈출문제

역화현상의 원인에 대한 설명으로 옳지 않은 것은?

① 연소속도가 분출속도보다 느릴 때
② 혼합가스의 양이 적을 때
③ 노즐이 부식되어 분출구멍이 커질 때
④ 버너가 과열되었을 때

07 ☐☐☐

빈출문제

가연물의 연소 시 불완전연소가 발생될 수 있는 상황으로 가장 옳지 않은 것은?

① 공급되는 가연물에 비하여 공기의 공급량이 너무 많을 때
② 연소생성물의 배기가 불량할 때
③ 공급되는 가연물질의 양이 많을 때
④ 불꽃이 저온의 물체와 접촉하여 온도가 내려갈 때

06 ☐☐☐

24. 공채·경채

불완전연소에 관한 설명으로 옳지 않은 것은?

① 산소 과잉 상태에서 발생한다.
② 불꽃이 저온 물체와 접촉하여 온도가 내려갈 때 발생한다.
③ 일산화탄소, 그을음과 같은 연소생성물이 발생한다.
④ 연소실 내 배기가스의 배출이 불량할 때 발생한다.

08 ☐☐☐

22. 공채·경채

기체상 연료노즐에서의 연소에 대한 일반적인 설명으로 옳은 것을 있는 대로 모두 고른 것은?

ㄱ. 역화는 연료의 연소속도가 분출속도보다 빠를 때 불꽃이 연료노즐 속으로 빨려 들어가 연료노즐 속에서 연소하는 현상이다.
ㄴ. 선화는 불꽃이 연료노즐 위에 들뜨는 현상으로 연료노즐에서 연료기체의 연소속도가 분출속도보다 느릴 때 발생하는 현상이다.
ㄷ. 황염은 분출하는 기체연료와 공기의 화학양론비에서 공기량이 적을 때 발생한다.
ㄹ. 연료노즐에서 흐름이 난류(turbulent)인 경우, 확산연소에서 화염의 높이는 분출 속도에 비례한다.

---

① ㄱ, ㄴ
② ㄷ, ㄹ
③ ㄱ, ㄴ, ㄷ
④ ㄱ, ㄴ, ㄷ, ㄹ

01 ☐☐☐
23. 공채·경채

화재 시 연소생성물에 관한 설명으로 옳지 않은 것은?

① 황화수소는 썩은 달걀과 비슷한 냄새가 난다.
② 연기로 인한 빛의 감소를 나타내는 감광계수는 가시거리와 반비례한다.
③ 일산화탄소는 산소와 헤모글로빈의 결합을 방해하여 질식에 이르게 할 수 있다.
④ TLV(Threshold Limit Value)로 측정한 독성가스의 허용농도는 불화수소, 시안화수소, 암모니아, 포스겐 순으로 높다.

02 ☐☐☐
19. 공채·경채

다음 설명에 해당하는 연소가스는?

> 청산가스라고도 하며, 인체에 대량 흡입되면 헤모글로빈과 결합되지 않고도 질식을 유발할 수 있다.

① 암모니아(NH_3)
② 시안화수소(HCN)
③ 이산화황(SO_2)
④ 일산화탄소(CO)

03 ☐☐☐
21. 간부

가연물이 연소할 때 발생하는 독성가스에 대한 설명으로 옳지 않은 것은?

① 일산화탄소(CO)는 인체 내의 헤모글로빈과 결합하여 산소의 운반기능을 약화시켜 질식하게 한다.
② 시안화수소(HCN)는 질소성분을 가지고 있는 섬유류가 불완전연소할 때 발생하는 무색의 맹독성가스로서 청산가스라고도 불린다.
③ 염화수소(HCl)는 염소성분이 함유되어 있는 염화비닐수지, 전선 피복 등이 연소할 때 발생하며, 물에 녹아 염산이 된다.
④ 브롬화수소(브로민화수소)(HBr)는 방염수지류 등이 연소할 때 발생하며, 상온·상압에서 물에 잘 용해되지 않는다.
⑤ 아크로레인(CH_2CHCHO)은 석유제품·유지류 등이 연소할 때 발생하며, 공기와 접촉하면 아크릴산이 된다.

04 ☐☐☐
20. 간부

화재 시 발생하는 유독가스에 대한 설명으로 옳은 것은?

① 황화수소(H_2S): 질소 성분을 가지고 있는 합성수지, 동물의 털, 인조견 등의 섬유가 불완전연소할 때 발생하는 맹독성 가스로, 0.3%의 농도에서 즉시 사망할 수 있다.
② 암모니아(NH_3): 질소 함유물이 연소할 때 발생하고, 냉동시설의 냉매로 많이 쓰이고 있으므로 냉동창고 화재 시 누출 가능성이 크며, 독성의 허용농도는 25ppm이다.
③ 염화수소(HCl): 열가소성 수지인 폴리염화비닐(PVC), 수지류 등이 연소할 때 발생하는 연소생성물로서 발생량은 적지만 유독성이 큰 맹독성 가스이며, 독성의 허용농도는 10ppm이다.
④ 포스겐($COCl_2$): 폴리염화비닐(PVC)과 같이 염소가 함유된 수지류가 탈 때 주로 생성되는데 독성의 허용농도는 5ppm이며 향료, 염료, 의약, 농약 등의 제조에 이용되고 있고, 자극성이 아주 강해 눈과 호흡기에 영향을 준다.
⑤ 시안화수소(HCN): 황을 포함하고 있는 유기화합물이 불완전연소하면 발생하는데 계란 썩은 냄새가 나며, 0.2% 이상 농도에서 냄새 감각이 마비되고, 0.4~0.7%에서 1시간 이상 노출되면 현기증, 장기혼란의 증상과 호흡기의 통증이 일어난다.

05 ☐☐☐

18. 하반기 공채

다음과 관계있는 연소생성가스로 옳은 것은?

> 질소 함유물인 열경화성 수지 또는 나일론 등의 연소 시 발생하고, 냉동시설의 냉매로 많이 쓰이고 있으므로 냉동창고 화재 시 누출가능성이 크며, 허용농도는 25ppm이다.

① 포스겐(COCl₂)
② 암모니아(NH₃)
③ 일산화탄소(CO)
④ 시안화수소(HCN)

06 ☐☐☐

18. 상반기 공채

연소가스에 대한 설명 중 옳지 않은 것은?

① 포스겐은 PVC 등 염소를 함유한 가연물의 연소 시 발생하는 미량의 가스이다.
② 이산화질소는 질산셀룰로오스 등의 불완전연소 시 발생하는 적갈색을 띤 유독가스이다.
③ 황화수소는 털, 고무 등을 함유한 가연물의 불완전연소 시 발생하며 무색의 가스이다.
④ 염화수소는 석유제품, 유지류 등이 탈 때 발생하는 가스이며, 인체에 대한 허용농도는 0.1ppm이고 10ppm 이상의 농도에서는 거의 즉사할 수 있다.

07 ☐☐☐

17. 상반기 공채

연소생성물 중 발생하는 연소가스에 관한 설명으로 옳지 않은 것은?

① 염화수소는 폴리염화비닐 등과 같이 염소가 함유된 수지류가 탈 때 주로 생성되며 금속에 대한 강한 부식성이 있다.
② 시안화수소는 모직물 등의 불완전연소 시 발생하며 독성이 커서 인체에 치명적이다.
③ 일산화탄소는 가연물이 완전연소할 때 발생하는 것으로 유독성 기체이다.
④ 황화수소는 수소의 황화물로 악취를 가진 무색의 유독한 기체이다.

08 ☐☐☐

빈출문제

질소가 함유된 물질이 연소할 때 발생하며, 헤모글로빈과 결합하지 않고 사망에 이르게 하는 연소가스로 가장 옳은 것은?

① 시안화수소
② 일산화탄소
③ 이산화탄소
④ 염화수소

09 ☐☐☐

17. 간부

가연물의 연소 시 불완전연소에 의해 발생하며, 흡입하면 헤모글로빈과 결합하여 몸속의 산소운반을 방해하여 질식을 유발시키는 무색·무취의 연소가스는?

① 아황산가스(SO₂)
② 암모니아(NH₃)
③ 이산화질소(NO₂)
④ 이산화탄소(CO₂)
⑤ 일산화탄소(CO)

10 ☐☐☐

16. 간부

PVC 및 전선의 피복 등이 연소할 때 주로 발생하고 허용농도가 5ppm인 독성 가스이다. 특히 기도와 눈 등을 자극하며 금속에 대해 강한 부식성이 있는 물질은?

① HCN(시안화수소)
② NH₃(암모니아)
③ H₂S(황화수소)
④ HCl(염화수소)
⑤ CH₂CHCHO(아크로레인)

11 ☐☐☐

기출변형

다음 중 연소가스에 관한 내용으로 옳지 않은 것은?

① 불화수소는 합성수지인 불소수지가 연소할 때 발생하며 무색의 자극성 기체로 유독성이 강하다. 특히 물에 잘 녹고 부식성이 있으며, 인화성·폭발성 가스를 발생시킨다.
② 암모니아는 질소 함유물이 연소할 때 발생하는 연소생성물로 유독성이 있으며, 상온·상압에서 강한 자극성을 가진 무색의 기체로서 물에 용해되지 않는다.
③ 염화수소는 물에 녹아 염산이 되는 것으로 독성의 허용농도는 5ppm이고, 향료·염료·의약·농약 등의 제조에 이용되고 있으며, 부식성이 강하여 철근콘크리트 내의 철근을 녹슬게도 한다.
④ 아황산가스는 유황(황)이 함유되어 있는 물질인 중질유, 동물의 털, 고무 등이 연소할 때 발생하는 연소생성물로서 무색의 유독성이 있어 눈 및 호흡기의 점막을 상하게 한다.

12 ☐☐☐

기출변형

연소가스의 독성에 관한 설명 중 옳지 않은 것은?

① 이산화탄소의 TLV-TWA 기준 독성의 허용농도는 5천ppm이다.
② 일산화탄소의 TLV-TWA 기준 독성의 허용농도는 50ppm이다.
③ 암모니아의 TLV-TWA 기준 독성의 허용농도는 25ppm이다.
④ 「고압가스 안전관리법 시행규칙」상에서 독성 가스는 인체에 유해한 독성을 가진 가스로서 TLV-TWA를 기준으로 5천ppm 이하인 것을 독성가스로 분류한다.

13 ☐☐☐

빈출문제

다음 중 연소생성물에 대한 설명 중 옳지 않은 것은?

① 시안화수소는 동물 털의 불완전연소 시 또는 인조견 등의 직물류, 목재, 종이 등이 탈 때 발생한다.
② 이산화탄소는 비가연성 물질로서 연소가스 중 가장 많은 양을 가지고 있으며 인체 허용농도가 50ppm(g/m³)이다.
③ 독성가스인 암모니아는 냉동공장 등에서 온도를 낮추는 가스, 즉 냉동시설의 냉매로 사용된다.
④ 일산화탄소는 혈액 중 헤모글로빈과의 결합력이 산소보다 210배에 이르고 흡입하면 산소결핍상태가 된다.

01 □□□
20. 간부

건축물 화재 시 나타나는 중성대에 관한 설명으로 옳지 않은 것은?

① 건물 내부의 압력이 외부의 압력과 일치하는 수직적인 위치가 생기는데, 이 위치를 중성대라 한다.

② 중성대 상부는 기체가 실내에서 외부로 유출되고 중성대 하부는 외부에서 실내로 기체가 유입된다.

③ 중성대 상부는 열과 연기로부터 생존이 어려운 지역이고 중성대 하부는 신선한 공기로 인해 생존 가능성이 높은 지역이다.

④ 중성대 하부 개구부를 개방하면 공기가 유입되면서 연기가 외부로 배출되어 중성대가 위로 상승하고 중성대 하부 면적이 커져 소화활동이 용이하게 된다.

⑤ 현장 도착 시 하부 출입문으로 짙은 연기가 배출된다면 상부 개구부 개방을 강구하고, 하부 개구부에서 연기가 배출되고 있지 않다면 상부 개구부가 개방되어 있다고 판단한다.

02 □□□
21. 공채·경채

화재 시 발생하는 연기(Smoke)에 대한 설명으로 옳지 않은 것은?

① 연기의 수직 이동속도는 수평 이동속도보다 빠르다.

② 연기의 감광계수가 증가할수록 가시거리는 짧아진다.

③ 중성대는 실내화재 시 실내와 실외의 온도가 같은 면을 의미한다.

④ 굴뚝효과는 건축물의 내부와 외부의 온도차에 의해 내부의 더운 공기가 상승하는 현상이다.

03 □□□
18. 상반기 공채

연기에 대한 설명으로 옳은 것은?

① 건물 내·외의 온도차는 굴뚝효과에 영향을 주지 않는다.

② 연기에는 수증기, 연소가스 등과 같은 기체, 액체 성분은 있지만 고체와 같은 성분은 포함하지 않는다.

③ 연기는 수평방향으로의 유동속도보다 수직방향으로의 유동속도가 빠르다.

④ 연기의 농도가 진할수록 감광계수가 커지고, 가시거리도 증가한다.

04 □□□
19. 간부

건축물 내부 화재 시 발생하는 열과 연기의 특성에 대한 설명으로 옳지 않은 것은?

① 감광계수가 증가할수록 가시거리는 증가한다.

② 연기의 수직방향 유동속도는 수평방향보다 빠르다.

③ 굴뚝효과는 건축물의 내부와 외부의 온도차에 의해 발생할 수 있다.

④ 화재실 내부에서 중성대의 상부 압력은 실외 압력보다 높게 나타난다.

⑤ 열의 전달 방법 중 복사는 중간 매개체의 도움 없이 발생하는 전자파에 의한 에너지의 전달이다.

05 □□□

고층건축물에서 연기유동을 일으키는 요인을 모두 고른 것은?

> ㄱ. 부력효과
> ㄴ. 바람에 의한 압력차
> ㄷ. 굴뚝효과
> ㄹ. 공기조화설비의 영향

① ㄱ, ㄴ
② ㄱ, ㄷ
③ ㄴ, ㄷ, ㄹ
④ ㄱ, ㄴ, ㄷ, ㄹ

06 □□□

건물 화재 시 신선한 공기가 건물의 안쪽으로 들어오게 되고 상승한 연소가스와 연기 등은 위쪽에서 나가게 되며 이때 내·외부의 압력차가 0이 되는 곳이 형성된다. 이를 무엇이라 하는가?

① 숨은열(잠열)
② 중성대
③ 삼중점
④ 불연속선

07 □□□

화재 시 발생하는 연기에 대한 설명으로 옳지 않은 것은?

① 연기의 유동속도는 수평방향으로 0.5 ~ 1m/s이고, 수직방향으로 2 ~ 3m/s이다.
② 연료 중에 수소가 많으면 흑색연기, 탄소수가 많으면 백색연기로 변한다.
③ 연기는 다량의 유독가스를 함유하며, 연기는 고열이며 유동 확산이 빠르다.
④ 화재 시 연기는 처음에는 백색이며 시간이 흐를수록 흑색으로 변한다.
⑤ 연기의 조성은 연료의 성질과 연소조건에 의해 각기 다르며 액체의 입자는 수증기 외에 알데히드, 알코올 등의 탄화수소의 응고로 인한 타르분 등으로 구성되어 있다.

08 □□□

감광계수가 0.3이며 가시거리는 5m일 때에 대한 상황으로 옳은 것은?

① 건물 내부에 익숙한 사람이 피난할 때 약간 지장을 느낄 정도
② 연기감지기가 작동할 정도
③ 어두침침한 것을 느낄 정도
④ 화재 최성기 때의 농도로 유도등이 보이지 않는 정도

09 □□□

다음 중 연기의 유동과 관련하여 옳지 않은 것은?

① 중성대 위쪽으로 배연하는 것이 적당하다.
② 중성대는 외부의 압력과 내부의 압력이 같아 공기이동이 없는 지점을 말한다.
③ 초고층건축물의 화재 시 굴뚝효과에 의하여 수직방향의 연기 유동이 잘 발생한다.
④ 겨울철 또는 외부의 온도가 낮을 때 역굴뚝효과가 잘 발생한다.

10 ☐☐☐
빈출문제

다음 중 연기에 관하여 가장 옳지 않은 것은?

① 연기의 유동속도는 수평일 때 0.5 ~ 1m/s, 수직일 때 2 ~ 3m/s 이다.

② 연기는 공기보다 고온이기 때문에 일반적으로 천장 방향으로 상승한다.

③ 고층건물보다 저층건물에서 굴뚝효과에 의하여 연기의 유동이 잘 발생한다.

④ 외기가 건축물 내부의 공기보다 따뜻할 때에는 건축물 내부에서 하향으로 공기가 이동하며 이러한 하향 공기의 흐름을 역굴뚝효과라고 한다.

11 ☐☐☐
빈출문제

다음 중 빌딩 화재 시 발생하는 연기의 유동에 대하여 옳지 않은 것은?

① 빌딩 화재 시 온도가 상승하면서 공기의 부피는 커진다.

② 빌딩 화재 시 실내 공기의 온도는 상승하고 밀도는 증가한다.

③ 건물 내부의 더운 공기가 굴뚝과 같은 긴 수직통로 등을 통하여 빠르게 상승한다.

④ 건축물 상·하층의 내부와 외부 온도 및 압력차로 인하여 찬 공기가 하부에서 유입된다.

12 ☐☐☐
빈출문제

건축물 굴뚝효과의 크기에 직접적인 영향을 주는 요소로 옳지 않은 것은?

① 층의 높이

② 층의 면적

③ 화재실의 온도

④ 건축물 내·외의 온도차

13 ☐☐☐
빈출문제

건물 내 연기의 수직방향의 유동속도로 옳은 것은?

① 0.5 ~ 1.0m/s

② 2 ~ 3m/s

③ 5 ~ 10m/s

④ 10 ~ 15m/s

14 ☐☐☐
17. 하반기 공채

건물 화재 시 연기는 인명손실과 피난활동, 소방대의 활동에 가장 장애가 되는 요소이다. 연기 제어 방법으로 가장 옳지 않은 것은?

① 연소

② 희석

③ 배기

④ 차단

POINT 12 | CHAPTER 2 연소생성물 — 열의 전달 등

정답 및 해설 p.16

01 □□□
18. 하반기 공채

다음은 열의 전달 형태에 대한 설명이다. (   ) 안에 들어갈 내용으로 옳은 것은?

> 가. 일반적으로 화재의 초기단계에서 열의 전달은 (ㄱ)에 기인한다.
> 나. 화재 시 연기가 위로 향하는 것이나 화로(火爐)에 의해 실내의 공기가 따뜻해지는 것은 (ㄴ)에 의한 현상이다.

	ㄱ	ㄴ
①	전도	대류
②	복사	전도
③	전도	비화
④	대류	전도

02 □□□
18. 간부

대류(Convection)에 의한 열전달에 관한 일반적인 설명으로 옳은 것은?

① 대류는 열복사 수준이 낮은 화재초기 상태에서 중요한 현상으로 부력의 영향을 받는다.
② 대류에 의한 열전달은 전도에 비해 가연성 고체에서의 발화단계에서 영향이 크다.
③ 대류는 플래시오버 현상에서 가장 많은 영향을 미치는 열전달이다.
④ 고체 또는 정지 상태의 유체 내에서 매질을 통한 열전달을 말한다.
⑤ 대류의 열전달 열량은 온도차, 열전도도에 비례하고 물질의 두께에는 반비례한다.

03 □□□
13. 간부

스테판–볼츠만법칙에서 복사에너지는 열전달면적에 비례하고 절대온도 몇 승에 비례하는가?

① 2 ② 4
③ 5 ④ 7
⑤ 0

04 □□□
24. 공채·경채

가연성 가스 3종이 다음과 같이 혼합되어 있을 때 르샤틀리에(Le Chatelier)식에 따라 부피비로 계산된 혼합가스의 연소하한계[vol%]는?

> • 혼합가스 내 각 성분의 체적(V): $V_A = 20vol\%$, $V_B = 40vol\%$, $V_C = 40vol\%$
> • 각 성분의 연소하한계(L): $L_A = 4vol\%$, $L_B = 20vol\%$, $L_C = 10vol\%$

① 약 4.3
② 약 9.1
③ 약 11.0
④ 약 12.8

05 □□□
빈출문제

화재 시 불꽃이 직접 전달되지 않고 간접적으로 열기만 전달되는데 이 열이 가연물에 직선으로 흡수되어 그 표면온도가 발화점에 도달하면 연소가 시작된다. 이러한 현상으로 옳은 것은?

① 대류
② 전도
③ 복사
④ 비화

06 ▢▢▢
기출변형

연소의 색상과 온도로 옳지 않은 것은?

① 암적색: 700℃
② 휘적색: 950℃
③ 백적색: 1천100℃
④ 휘백색: 1천500℃

09 ▢▢▢
21. 공채·경채

연소속도에 영향을 미치는 요인을 모두 고른 것은?

> ㄱ. 가연성 물질의 종류
> ㄴ. 촉매의 존재 유무와 농도
> ㄷ. 공기 중 산소량
> ㄹ. 가연성 물질과 산화제의 당량비

① ㄱ, ㄴ
② ㄱ, ㄴ, ㄷ
③ ㄴ, ㄷ, ㄹ
④ ㄱ, ㄴ, ㄷ, ㄹ

07 ▢▢▢
16. 간부

전도(Conduction)의 열전달방식에서 단면적이 일정한 도체일 경우 열전달량의 설명으로 옳은 것은?

① 전열면적과 두께차에 비례하고 온도차에 반비례한다.
② 전열면적과 온도차에 반비례하고 두께차에 비례한다.
③ 전열면적에 비례하고 온도차와 두께차에 반비례한다.
④ 전열면적과 온도차에 비례하고 두께차에 반비례한다.
⑤ 전열면적에 반비례하고 온도차와 두께차에 비례한다.

10 ▢▢▢
17. 하반기 공채

다음 중 천장제트흐름(Ceiling jet flow)에 대한 설명으로 가장 옳지 않은 것은?

① 화재 플룸의 부력에 의하여 발생되며 천장면을 따라 빠르게 흐르는 기류이다.
② 화원의 크기와 위치 그리고 화원에서 천장까지의 높이에 영향을 받는다.
③ 스프링클러헤드와 화재감지기는 이 현상의 영향범위를 피하여 부착한다.
④ 흐름의 두께는 천장에서 화염까지 높이의 5~12% 내외 정도의 범위이다.

08 ▢▢▢
기출변형

물질과 열의 정의에 관한 설명으로 옳지 않은 것은?

① 비열은 단위질량의 물체 1g을 1℃ 올리는 데 필요한 열량과 물 1g의 온도를 1℃ 올리는 데 필요한 열량과의 비율을 말한다.
② 1Btu는 1lb의 물을 1°F 높이는 데 필요한 열량을 말한다.
③ 융점은 대기압하에서 고체가 용융하여 액체가 되는 온도를 말한다.
④ 현열은 온도의 변화를 수반하지 않고 상의 변화로 생성되는 에너지를 말한다.

11 ▢▢▢
22. 간부

복사열전달 현상에 관한 설명으로 옳은 것은?

① 열에너지가 전자기파의 형태로 전달되는 현상이다.
② 푸리에의 법칙을 따른다.
③ 열전달이 고체 또는 정지상태의 유체 내에서 매질을 통해 이루어진다.
④ 유체입자의 유동에 의해 열에너지가 전달되는 현상이다.
⑤ 진공상태에서는 복사열은 전달되지 않는다.

POINT 13
CHAPTER 3 소방화학
연소반응식

정답 및 해설 p.18

PART 1

해커스소방 김정희 소방학개론 단원별 기출문제집

01 □□□
21. 공채·경채

1기압, 20℃인 조건에서 메탄(CH_4) $2m^3$가 완전연소하는 데 필요한 산소 부피는 몇 m^3인가?

① 2
② 3
③ 4
④ 5

02 □□□
24. 간부

0℃, 1기압인 조건에서 프로페인(C_3H_8)의 완전연소 조성식으로부터 얻을 수 있는 내용으로 옳지 않은 것은? [단, 공기의 조성비는 질소(N_2) 79vol%, 산소(O_2) 21vol%이다]

① 프로페인 1mol이 완전연소하면 약 72g의 물이 생성된다.
② 프로페인 0.5mol이 완전연소하는 데 약 2.5mol의 산소가 필요하다.
③ 프로페인 44g이 완전연소하면 약 132g의 이산화탄소가 생성된다.
④ 프로페인 1mol이 완전연소하는 데 약 23.8mol의 공기가 필요하다.
⑤ 프로페인 0.5mol이 완전연소하는 데 필요한 공기 중 질소의 양은 약 18.8mol이다.

03 □□□
15. 간부

프로판(C_3H_8)이 산소와 결합하여 완전연소하였다. 이때 산소몰수는 얼마인가?

① 1
② 2
③ 3
④ 4
⑤ 5

04 □□□
빈출문제

프로판이 산소와 결합하여 완전연소한 반응식이다. 이때 연소반응식 중 a에 들어가야 할 숫자로 옳은 것은?

$$C_3H_8 + (a)O_2 \rightarrow (b)CO_2 + (c)H_2O$$

① 2
② 3
③ 5
④ 6

05 □□□
21. 간부

부탄(Butane)이 완전연소할 때의 연소반응식이다. a + b + c의 값은?

$$2C_4H_{10} + (a)O_2 \rightarrow (b)CO_2 + (c)H_2O$$

① 10
② 17
③ 24
④ 31
⑤ 36

06 ☐☐☐   19. 공채 · 경채

20℃, 1기압의 프로판(C_3H_8) 1m³를 완전연소시키는 데 필요한 20℃, 1기압의 산소 부피는 얼마인가?

① 1m³

② 3m³

③ 5m³

④ 7m³

07 ☐☐☐   18. 상반기 공채

마그네슘 24g이 완전연소하기 위해 필요한 이론산소량(g)은? (단, 마그네슘의 원자량은 24, 산소의 원자량은 16이다)

① 8

② 16

③ 24

④ 32

08 ☐☐☐   17. 상반기 공채

표준상태에서 공기 중 산소농도(부피비)가 21%일 때 메테인(CH_4)이 완전연소하는 데 필요한 이론공기량은 메테인(CH_4)이 차지하는 체적의 몇 배인가?

① 약 2배

② 약 2.5배

③ 약 7배

④ 약 9.5배

09 ☐☐☐   18. 상반기 공채

연소란 빛과 열을 동반하는 급격한 산화반응이다. 다음 중 산화반응이지만 연소라고 할 수 없는 것은?

① $C + O_2 \rightarrow CO_2$

② $2NH_3 + \dfrac{7}{2}O_2 \rightarrow 3H_2O + 2NO_2$

③ $N_2 + O_2 \rightarrow 2NO$

④ $2HCN + \dfrac{5}{2}O_2 \rightarrow 2CO_2 + H_2O + N_2$

10 ☐☐☐   22. 공채 · 경채

메틸알코올(CH_3OH)의 최소산소농도(MOC; Minimum Oxygen Concentration, %)로 옳은 것은? (단, CH_3OH의 연소 상한계는 37%, 연소범위의 상 · 하한 폭은 30%이다)

① 5.0

② 8.5

③ 10.5

④ 14.0

11 ☐☐☐   22. 공채 · 경채

800℃, 1기압에서 황(S) 1kg이 공기 중에서 완전 연소할 때 발생되는 이산화황의 발생량(m³)은? [단, 황(S)의 원자량은 32, 산소(O)의 원자량은 16이며, 이상기체로 가정한다]

① 2.00

② 2.35

③ 2.50

④ 2.75

01 □□□

13. 간부

실내화재 시 연소 등에 관한 이론에서 그 내용이 옳지 않은 것은?

① 실내화재의 불완전연소 시에 많은 양의 이산화탄소의 발생으로 공기 중 산소의 농도가 감소되는 현상이 발생될 수 있다.

② 화재 시 연기는 공기보다 고온이기 때문에 일반적으로 하부에서 상부로 상승한다.

③ 산화열과 분해열은 자연발화를 일으킬 수 있는 열원이다.

④ 소실 정도에서 반소란 30% 이상 70% 미만의 소실을 말한다.

⑤ 감광계수 0.1은 연기감지기가 작동할 수 있을 정도이다.

03 □□□

빈출문제

다음 중 연소이론에 대한 설명으로 옳지 않은 것은?

① 최소점화에너지가 작은 가연물일수록 위험하다.

② 가연성 가스의 폭발범위가 클수록 위험하다.

③ 가연물의 발화점이 낮을수록 위험하다.

④ 가연물의 인화점과 비중이 클수록 위험하다.

02 □□□

빈출문제

연소를 증대시키는 가연물의 특성 중 옳지 않은 것은?

① 온도, 압력, 열량, 연소속도가 클수록 위험하다.

② 열의 축적이 용이하고 가연물의 열전도율이 높을수록 위험하다.

③ 온도 또는 압력이 상승할 때 위험하다.

④ 인화점, 점성, 비점, 비중은 작을수록 위험하다.

04 □□□

18. 상반기 공채

0℃, 1atm인 완전히 밀폐된 지하공간에서 화재가 발생하였다. 화재로 인한 화재실의 온도는 400℃로 증가하였다. 화재로 인한 공기와 연기의 평균 분자량은 동일하며, 모두 이상기체로 거동하게 될 때 화재로 인한 화재실의 압력은 몇 배 증가하는가? (단, 소수점 둘째자리에서 반올림한다)

① 2.1

② 2.3

③ 2.5

④ 2.7

PART **2** 폭발론

01 ☐☐☐
20. 공채·경채

폭발에 대한 설명으로 옳지 않은 것은?

① 증기폭발은 폭발물질의 물리적 상태에 따른 분류 중 기상폭발에 해당한다.

② 폭굉은 연소반응으로 발생한 화염의 전파 속도가 음속보다 빠른 것을 말한다.

③ 블레비(BLEVE)는 액화가스저장탱크 등에서 외부열원에 의해 과열되어 급격한 압력 상승의 원인으로 파열되는 현상이며, 폭발의 분류 중 물리적 폭발에 해당한다.

④ 폭발은 물리적, 화학적 변화의 결과로 발생된 급격한 압력 상승에 의한 에너지가 외계로 전환되는 과정에서 파열, 폭음 등을 동반하는 현상을 말한다.

02 ☐☐☐
17. 간부

폭발에 대한 설명으로 옳지 않은 것은?

① 물리적 폭발은 물질의 상태가 변하거나 온도, 압력 등의 조건의 변화에 의한 폭발이다.

② 화학적 폭발은 화학반응의 결과로 압력이 발생하여 발생하는 폭발이다.

③ 폭발은 밀폐공간에서 급격한 압력상승으로 에너지가 외부로 전환되는 과정에서 파열, 후폭풍 및 폭음 등을 동반하는 현상을 말한다.

④ 폭발이 일어나기 위해서는 밀폐된 공간, 점화원 및 폭발범위와 같은 조건이 구비되어야 한다.

⑤ 압력상승 원인에 따른 폭발의 분류 중 물리적 폭발에는 가스폭발, 분무폭발 및 분진폭발이 해당된다.

03 ☐☐☐
21. 공채·경채

폭발에 대한 설명으로 옳지 않은 것은?

① 폭연은 폭굉보다 폭발압력이 낮다.

② 분해폭발은 산소에 관계없이 단독으로 발열 분해반응을 하는 물질에서 발생한다.

③ 물리적 폭발은 물질의 상태(기체, 액체, 고체)가 변하거나 온도, 압력 등 조건의 변화에 따라 발생한다.

④ 중합폭발은 가연성 액체의 무적(霧滴, Mist)이 일정 농도 이상으로 조연성 가스 중에 분산되어 있을 때 착화하여 발생한다.

04 ☐☐☐
22. 공채·경채

폭발에 대한 일반적인 설명으로 옳은 것은?

① 아세틸렌과 산화에틸렌은 분해폭발을 일으키기 쉬운 물질이다.

② 상온에서 탱크에 저장된 중유가 유출되면 자유공간 증기운 폭발이 일어난다.

③ 밀폐공간에서 조연성가스가 폭발범위를 형성하면 점화원에 의해 가스폭발이 일어난다.

④ 다량의 고온물질이 물속에 투입되었을 때 물의 갑작스러운 상변화에 의한 폭발현상을 반응폭주라 한다.

01 ☐☐☐

21. 간부

다음 중 화학적 폭발을 <보기>에서 있는 대로 고른 것은?

<보기>
ㄱ. 중합폭발   ㄴ. 수증기폭발
ㄷ. 산화폭발   ㄹ. 분해폭발

① ㄱ, ㄷ
② ㄷ, ㄹ
③ ㄱ, ㄴ, ㄹ
④ ㄱ, ㄷ, ㄹ
⑤ ㄴ, ㄷ, ㄹ

02 ☐☐☐

16. 간부

화학적 폭발에 대한 설명으로 관계 없는 것은?

① 분진폭발은 공기 중에 부유하고 있는 가연성 분진이 주체가 되는 폭발이다.
② 분해폭발은 산소에 관계없이 단독으로 발열 분해반응을 하는 물질에 의해서 발생하는 폭발이다.
③ 중합폭발은 단량체의 중축합반응에 따른 발열량에 의한 폭발로 대표적인 예로는 산화에틸렌, 시안화수소, 염화비닐 등이 있다.
④ 수증기폭발은 밀폐공간 속의 물이 급속히 기화하면서 많은 양의 수증기가 발생함으로써 증기압이 높아져 이것이 공간을 구획하고 있는 용기나 구조물의 내압을 초과하여 파열되는 현상이다.
⑤ 가스폭발은 가연성 가스가 폭발범위 내의 농도로 공기나 조연성 가스 중에 존재할 때 점화원에 의해 폭발하는 현상이다.

03 ☐☐☐

22. 간부

다음 중 화학적 폭발에 해당하지 않는 것은?

① 수증기폭발
② UVCE
③ 분해폭발
④ 분진폭발
⑤ 분무폭발

04 ☐☐☐

20. 간부

물질의 상변화에 의해 에너지 방출이 짧은 시간에 이루어지는 폭발에 해당하지 않는 것은?

① 분해폭발
② 압력폭발
③ 증기폭발
④ 금속선폭발
⑤ 고체상 전이폭발

01 ☐☐☐

24. 간부

폭발을 기상폭발과 응상폭발로 분류할 때, 폭발의 종류가 다른 것은?

① 분무폭발
② 분진폭발
③ 분해폭발
④ 증기운폭발
⑤ 증기폭발

02 ☐☐☐

20. 간부

기상폭발에 해당하는 현상으로 옳은 것은?

> ㄱ. 고체인 무정형 안티몬이 동일한 고상의 안티몬으로 전이할 때 발열함으로써 주위의 공기가 팽창하여 폭발한다.
> ㄴ. 가연성 가스와 조연성 가스가 일정 비율로 혼합된 가연성 혼합기는 발화원에 의해 착화되면 가스폭발을 일으킨다.
> ㄷ. 기체 분자가 분해할 때 발열하는 가스는 단일 성분의 가스라고 해도 발화원에 의해 착화되면 혼합가스와 같이 가스폭발을 일으킨다.
> ㄹ. 공기 중에 분출된 가연성 액체가 미세한 액적이 되어 무상으로 공기 중에 부유하고 있을 때 착화에너지가 주어지면 폭발이 발생한다.
> ㅁ. 보일러와 같이 고압의 포화수를 저장하고 있는 용기가 파손 등의 원인으로 동체의 일부분이 열리면 용기 내압이 급속히 하락되어 일부 액체가 급속히 기화하면서 증기압이 급상승하여 용기가 파괴된다.

① ㄱ, ㄴ, ㄷ
② ㄱ, ㄴ, ㄹ
③ ㄴ, ㄷ, ㄹ
④ ㄴ, ㄷ, ㅁ
⑤ ㄷ, ㄹ, ㅁ

03 ☐☐☐

빈출문제

다음 중 기상폭발이 아닌 것은?

① 분무폭발
② 분해폭발
③ 분진폭발
④ 증기폭발

04 ☐☐☐

18. 하반기 공채

다음 설명에 해당하는 것은?

> 가연성 고체의 미분이 공기 중에 부유하고 있을 때에 어떤 점화원에 의해 에너지가 주어지면 폭발하는 현상을 말한다.

① 가스폭발
② 분무폭발
③ 분해폭발
④ 분진폭발

05 □□□

응상폭발에 해당하는 것은?

① 저온의 액화가스가 상온의 물 위에 분출되었을 때와 같이 액상에서 기상으로 급격한 상변화에 의해 발생하는 폭발현상이다.

② 공기 중에 분출된 가연성 액체의 미세한 액적이 무상으로 되어 공기 중에 있을 때 점화원에 의해 착화되어 일어나는 폭발현상을 말한다.

③ 가연성 고체의 미분이 공기 중에 부유하고 있을 때에 착화원에 의해 발생하는 폭발현상을 말한다.

④ 공기나 산소가 섞이지 않더라도 가연성 가스 자체의 분해 반응열에 의해 발생하는 폭발현상이다.

⑤ 대기 중에 기화하기 쉬운 가연성 액체가 유출되어 가연성 혼합기체가 대량으로 형성되었을 때 점화원에 의해 착화되어 일어나는 폭발현상을 말한다.

06 □□□

응상폭발에 해당하는 것만을 <보기>에서 고른 것은?

<보기>		
ㄱ. 증기폭발	ㄴ. 분진폭발	ㄷ. 분해폭발
ㄹ. 전선폭발	ㅁ. 분무폭발	

① ㄱ, ㄴ

② ㄱ, ㄹ

③ ㄴ, ㄷ

④ ㄴ, ㄹ

⑤ ㄹ, ㅁ

07 □□□

응상폭발의 종류가 아닌 것은?

① 증기운폭발

② 증기폭발

③ 수증기폭발

④ 혼합위험에 의한 폭발

01 □□□
23. 공채·경채

폭연(Deflagration)과 폭굉(Detonation)에 관한 설명으로 옳은 것은?

① 예혼합가스의 초기압력이 높을수록 폭굉 유도거리가 길어진다.
② 화염전파속도는 폭연의 경우 음속보다 느리며, 폭굉의 경우 음속보다 빠르다.
③ 폭연은 폭굉으로 전이될 수 없으나 폭굉은 폭연으로 전이될 수 있다.
④ 폭연은 화염면에서 온도, 압력, 밀도의 변화가 불연속적으로 나타난다.

02 □□□
빈출문제

다음 중 폭발의 일반적인 분류로서 가장 옳지 않은 것은?

① 중합폭발: 염화비닐, 시안화수소
② 산화폭발: 히드라진(하이드라진) 유도체
③ 분해폭발: 아세틸렌, 산화에틸렌
④ 분진폭발: 금속분, 밀가루

03 □□□
24. 공채·경채

다음은 폭연에서 폭굉으로 전이되는 과정이다. (   ) 안에 들어갈 단계로 옳은 것은?

착화 → (ㄱ) → (ㄴ) → (ㄷ) → 폭굉파

	ㄱ	ㄴ	ㄷ
①	화염전파	압축파	충격파
②	화염전파	충격파	압축파
③	압축파	화염전파	충격파
④	압축파	충격파	화염전파

04 □□□
빈출문제

폭연에 대한 설명으로 옳은 것은?

① 화염의 전파속도는 음속보다 빠르다.
② 폭연은 폭굉과 달리 충격파를 형성한다.
③ 폭연은 열의 분자확산 반응물과 연소생성물의 난류 혼합에 의해 전파된다.
④ 폭연의 화염 전파속도는 1천m/s ~ 3천500m/s이다.

05 □□□
23. 간부

폭연(Deflagration)에 관한 설명으로 옳지 않은 것은?

① 충격파를 형성하지 않는다.
② 에너지 방출속도가 물질전달속도에 영향받지 않고 매우 빠르다.
③ 화염의 전파속도가 음속보다 느린 것을 말하며, 그 화염의 전파속도는 0.1 ~ 10m/sec 정도이다.
④ 반응 또는 화염면의 전파가 분자량이나 공기 등의 난류확산에 영향을 받는다.
⑤ 화염면에서 상대적으로 완만한 에너지 변화에 의해서 온도, 압력, 밀도 변화가 연속적으로 나타난다.

06 ▢▢▢

폭연에서 폭굉으로 발전할 때 거리가 짧아지는 조건으로 옳지 않은 것은?

① 관경이 넓을수록 짧아진다.
② 연소반응속도가 빠를수록 짧아진다.
③ 압력이 높을수록 짧아진다.
④ 관 속에 이물질이 있거나 관벽이 거칠수록 짧아진다.

07 ▢▢▢

폭굉(Detonation)에 관한 설명으로 옳지 않은 것은?

① 폭굉은 급격한 압력의 상승 또는 개방에 의해 가스가 격한 음을 내면서 팽창하는 현상이고, 화염의 전파속도는 약 0.1~10m/s이다.
② 압력이 높을수록 폭굉으로의 전이가 쉬운 조건이 된다.
③ 최초의 완만한 연소에서 격렬한 폭굉으로 발전하는 데 필요한 거리를 폭굉유도거리라 한다.
④ 폭굉유도거리가 짧아질수록 위험도는 커진다.
⑤ 관경이 가늘수록 폭굉유도거리는 짧아진다.

08 ▢▢▢

폭굉현상에 대한 일반적인 설명으로 옳지 않은 것은?

① 파면에서 온도와 압력 그리고 밀도가 불연속적으로 나타난다.
② 압력상승이 폭연의 경우보다 10배 또는 그 이상으로 크다.
③ 충격파는 음속보다 빠르게 전파된다.
④ 전파에 필요한 주된 에너지원은 연소열이다.
⑤ 폭굉 시의 온도상승은 열에 의한 전파보다 충격파의 압력에 기인한다.

09 ▢▢▢

다음 중 폭연과 폭굉에 대한 설명 중 옳은 것은?

① 폭굉은 화염면에서 상대적으로 완만한 에너지 변화에 의해서 온도, 압력, 밀도가 연속적이다.
② 폭연은 열에 의한 전파보다는 충격파에 의한 압력에 영향을 받는다.
③ 폭굉은 화염면의 전파가 물질의 분자량이나 공기의 난류확산에 영향을 받는다.
④ 폭연과 폭굉을 구분하는 기준은 화염의 전파속도이다.

10 ▢▢▢

폭굉(Detonation)에 대한 설명으로 옳은 것을 모두 고른 것은?

> ㄱ. 화염전파속도가 음속보다 빠르다.
> ㄴ. 충격파가 발생하지 않는다.
> ㄷ. 에너지 방출속도는 열 전달속도에 큰 영향을 받는다.
> ㄹ. 파면(화염면)에서 온도, 압력, 밀도가 불연속적으로 나타난다.
> ㅁ. 온도의 상승은 충격파의 압력에 기인한다.

① ㄴ
② ㄴ, ㄷ
③ ㄱ, ㄹ, ㅁ
④ ㄴ, ㄷ, ㄹ, ㅁ
⑤ ㄱ, ㄴ, ㄷ, ㄹ, ㅁ

11 ▢▢▢

폭굉 및 폭연에 관한 내용으로 옳지 않은 것은?

① 폭연과 폭굉은 생성에너지를 기준으로 나눈다.
② 폭연은 충격파가 아닌 열에 의해 이동한다.
③ 폭연은 화염의 전파속도가 폭굉보다 느리다.
④ 폭굉의 속도는 약 1천m/s 이상 ~ 3천500m/s 이하이다.

01 □□□
24. 공채 · 경채

블레비(BLEVE)에 관한 설명으로 옳지 않은 것은?

① 가연물이 비점 이상으로 가열될 때 발생한다.
② 저장탱크의 기계적 강도 이상의 압력이 형성될 때 발생한다.
③ 저장탱크 균열로 인한 액상, 기상의 동적 평형 상태가 유지된다.
④ 저장탱크의 외부 표면에 열전도성이 작은 물질로 단열조치하여 예방한다.

02 □□□
21. 공채 · 경채

블레비(BLEVE; Boiling Liquid Expanding Vapor Explosion) 현상의 특징으로 옳지 않은 것은?

① 액화가스 저장탱크에서 일어날 수 있다는 점에서는 증기운 폭발과 같다.
② 액화가스 저장탱크에서 물리적 폭발이 순간적으로 화학적 폭발로 이어지는 현상이다.
③ 블레비의 규모는 파열 시 액체의 기화량에는 차이가 있으나 탱크의 용량에 따른 차이는 없다.
④ 직접 열을 받은 부분이 액화가스 저장탱크의 인장 강도를 초과할 경우 기상부에 면하는 지점에서 파열하게 된다.

03 □□□
17. 하반기 공채

액화가스탱크에 외부에서 가해지는 열에 의해 액체가 비등하면서 내부의 압력이 상승하여 액화가스용기의 물리적 폭발이 발생하고 순간적으로 화학적 폭발로 이어지는 현상을 무엇이라고 하는가?

① 플래시오버
② 블레비 현상
③ 보일오버
④ 슬롭오버

04 □□□
17. 간부

BLEVE 현상이 발생하는 프로세스에 대한 설명으로 가장 옳지 않은 것은?

① BLEVE 현상은 외부 화재 발생 시 비등하는 액체가 팽창하여 용기가 파손되면서 분출하는 화학적 폭발현상이며, 이때 분출되는 가스가 폭발적으로 연소하는 물리적인 폭발이 이어질 수 있다.
② 액화가스탱크 등에서 외부에서 가해지는 열에 의하여 액체가 비등하면서 내부의 압력이 증가하여 용기가 파열되는 현상을 말한다.
③ 탱크가 계속 가열되면 용기 강도는 저하되고 내부 압력은 상승하여 어느 시점이 되면 저장탱크의 실제압력을 초과하게 되고 탱크가 파괴되어 급격한 폭발현상을 일으킨다.
④ BLEVE 현상에 영향을 주는 인자로는 저장된 물질의 종류와 형태, 저장용기의 재질, 주위의 온도와 압력상태 등이 있다.
⑤ 용기 내압강도 유지와 감압시스템 설치는 BLEVE 현상 방지에 도움이 된다.

05 □□□

23. 공채·경채

폭발에 관한 설명으로 옳은 것만을 <보기>에서 있는 대로 고른 것은?

<보기>
ㄱ. 증기폭발은 액체의 급속한 기화로 인해 체적이 팽창되어 발생하는 현상이다.
ㄴ. 가스폭발은 분진폭발보다 최소발화에너지가 크다.
ㄷ. 분해폭발은 공기나 산소와 섞이지 않더라도 가연성 가스 자체의 분해 반응열에 의해 폭발하는 현상이다.
ㄹ. 폭발(연소)범위는 초기온도 및 압력이 상승할수록 분자 간 유효충돌할 가능성이 높아지기 때문에 넓어진다.

① ㄱ, ㄴ
② ㄷ, ㄹ
③ ㄱ, ㄴ, ㄹ
④ ㄱ, ㄷ, ㄹ

07 □□□

빈출문제

블레비 현상에 대한 설명으로 가장 옳은 것은?

① 블레비 현상의 발생원인은 화학적 폭발이다.
② 밀폐된 공간에서 산소의 공급이 부족한 훈소상태에서 신선한 공기의 유입으로 인한 폭발이다.
③ 블레비 현상의 결과로 화학적 폭발이 발생할 수 있다.
④ 일반건축물에서 발생하는 최성기 직전에 발생하는 연소 확대 현상이다.

06 □□□

빈출문제

다음 중 BLEVE 현상의 설명으로 옳지 않은 것은?

① 가스 저장탱크 지역의 화재 발생 시 저장탱크가 가열되어 탱크 내 액체부분은 급격히 증발하고 가스부분은 온도상승과 비례하여 탱크 내 압력의 급격한 상승을 초래하게 된다.
② 저장탱크는 용기외부에 단열시공을 하고 고정식 살수설비를 설치한다. 저장탱크의 내압강도는 낮을수록 좋다.
③ 가연성 액체탱크가 가열되어 폭발하기 전에 냉각조치를 하지 않으면 폭발이 발생할 수 있다.
④ 탱크가 계속 가열되면 용기 강도는 저하되고 내부 압력은 상승하여 어느 시점이 되면 저장탱크의 설계압력을 초과하게 되고 탱크가 파괴되어 급격한 폭발현상을 일으킨다.

08 □□□

빈출문제

다음 중 BLEVE 현상에 관한 설명으로 옳지 않은 것은?

① 실내화재 발생 시 천장에 열과 가스가 축적되고, 두텁고 진한 연기가 천장 아래로 쌓이면서 최성기 직전의 급격한 착화 현상이다.
② 과열상태의 탱크에서 내부의 액화가스가 분출되어 착화되었을 때 폭발하는 현상이다.
③ 옥외의 가스 저장탱크지역의 화재 발생 시 저장탱크의 외부가 가열되어 탱크 내 액체부분은 급격히 증발하고 가스부분은 온도상승과 비례하여 탱크 내 압력의 급격한 상승을 초래하게 된다.
④ BLEVE 현상은 물리적 폭발이 순간적으로 화학적 폭발로 이어진다. 그 화학적 폭발의 결과로 파이어볼(Fire ball)이 발생하기도 한다.

01 ☐☐☐   24. 간부

분진폭발에 영향을 미치는 인자에 관한 설명으로 옳지 않은 것은?

① 분진의 발열량이 클수록, 휘발성분의 함유량이 많을수록 폭발하기 쉽다.

② 입자의 크기가 작고 밀도가 클수록 표면적이 크고 폭발이 용이해진다.

③ 열분해가 용이할수록, 기체 반응속도가 빠를수록 폭발하기 쉽다.

④ 알루미늄과 마그네슘 금속분진의 경우 분진 속 수분량이 증가하면 폭발성이 증가한다.

⑤ 평균 입경이 동일한 분진일 경우 분진의 형상에 따라 폭발성이 달라진다.

02 ☐☐☐   23. 공채 · 경채

분진폭발에 영향을 미치는 인자에 관한 설명으로 옳지 않은 것은?

① 분진의 발열량이 클수록 폭발하기 쉽다.

② 분진의 부유성이 클수록 폭발이 용이해진다.

③ 분진폭발은 분진의 입자직경에 영향을 받는다.

④ 분진의 단위체적당 표면적이 작아지면 폭발이 용이해진다.

03 ☐☐☐   15. 간부

분진폭발에 대한 설명으로 옳지 않은 것은?

① 분진입자가 미세할수록 폭발력이 크다.

② 가스폭발에 비해 분진폭발은 발생에너지와 발열량은 크고, 연쇄폭발(2차 폭발)이 일어나지 않는다.

③ 분진폭발은 가스폭발에 비해 연소속도와 초기폭발력은 비교적 작다.

④ 개방되어 있을 때는 폭발력이 감소된다.

⑤ 일반적으로 수분이 있을 때 폭발력은 감소한다.

04 ☐☐☐   13. 간부

다음 중 분진폭발에 대한 설명 중 옳지 않은 것은?

① 가연성 분진의 활성화에너지가 클수록 분진폭발이 잘 일어난다.

② 분진 내 수분은 부유성을 억제하여 일반적으로 폭발성을 감소시킨다.

③ 분진폭발은 가스폭발에 비하여 발생에너지가 크다.

④ 분진 입자와 밀도가 작을수록 비표면적이 커서 폭발성이 강하다.

⑤ 분진폭발이 발생될 수 있는 조건으로 가연성 미분상태이어야 한다.

05 ☐☐☐   기출변형

분진의 폭발성에 영향을 미치는 영향 인자에 관한 내용으로 옳지 않은 것은?

① 분진 속에 존재하는 수분량이 증가할수록 폭발성이 감소하게 된다.

② 평균 입자직경이 작고 밀도가 작을수록 폭발이 용이해진다.

③ 분진의 비표면적이 입자체적에 비하여 작아지면 폭발이 용이해진다.

④ 분진의 발열량이 클수록 폭발성이 크며 휘발성분의 함유량이 많을수록 폭발하기 쉽다.

06 ☐☐☐   빈출문제

다음 중 분진폭발의 일반적인 폭발조건으로 옳지 않은 것은?

① 분진입자의 크기는 76μm 이하이어야 한다.

② 공기 중에서 부유하고 있어야 한다.

③ 점화원이 존재하지 않아도 된다.

④ 가연성 물질이어야 한다.

01 ☐☐☐

18. 상반기 공채

다음에서 말하는 방폭구조는 무엇인가?

> ㄱ. (A) 방폭구조 - 전기설비 용기 내부에 공기, 질소, 탄산
> 가스 등의 보호가스를 대기압 이상으로 봉입(封入)하여 당
> 해 용기 내부에 가연성 가스 또는 증기가 침입하지 못하도
> 록 한 구조를 말한다.
> ㄴ. (B) 방폭구조 - 위험한 장소에서 사용되는 전기회로에서
> 정상 시 및 사고 시에 발생하는 전기불꽃 또는 열이 폭발
> 성 가스에 점화되지 않는 것이 점화시험 등에 의해 확인된
> 구조를 말한다.
> ㄷ. (C) 방폭구조 - 전기기기의 불꽃 또는 아크를 발생하는
> 부분을 기름(절연유) 속에 넣어, 유면상에 존재하는 가스
> 에 인화될 염려가 없도록 한 구조를 말한다.

	A	B	C
①	내압	안전증가	유입
②	압력	안전증가	본질안전
③	압력	본질안전	유입
④	내압	본질안전	안전증가

02 ☐☐☐

16. 충남

폭발등급 중 1등급인 것은?

① 아세틸렌
② 수소
③ 일산화탄소
④ 이황화탄소

03 ☐☐☐

22. 간부

다음 설명에 해당하는 방폭구조는?

> 정상시 및 사고시(단선, 단락, 지락 등)에 발생하는 전기불꽃,
> 아크 또는 고온에 의하여 폭발성 가스 또는 증기에 점화되지
> 않는 것이 점화시험 및 기타에 의하여 확인된 방폭구조

① 내압 방폭구조
② 압력 방폭구조
③ 안전증가 방폭구조
④ 유입 방폭구조
⑤ 본질안전 방폭구조

해커스소방 fire.Hackers.com

PART 3 화재론

01 ☐☐☐
19. 간부

가연물의 종류에 따른 화재별 특징으로 옳지 않은 것은?

① 일반화재는 보통화재라고도 하며, 화재 발생 시 주로 백색 연기가 생성되며 연소 후에는 재를 남긴다.

② 유류화재는 화재 시 일반화재보다 진행속도가 빠르고 주로 흑색 연기가 생성되며 연소 후에는 재를 남기지 않는다.

③ 전기화재는 C급 화재로서 통전 중인 전기시설물로부터 유도되며, 원인으로는 합선(단락), 과부하, 누전, 낙뢰 등이 있다.

④ 금속화재는 D급 화재로서 금속작업 시 열의 축적 등의 원인으로 발생하며, 건조사, 건조분말 등을 이용한 질식·피복효과와 물을 이용한 냉각효과를 이용해 소화한다.

⑤ 가스화재는 가스가 누설되어 공기와 일정 비율로 혼합된 상태에서 점화원에 착화되어 발생하며, 주된 소화방법은 밸브류 등을 잠그거나 차단시킴으로 인한 제거소화법이다.

02 ☐☐☐
20. 공채·경채

화재에 대한 옳은 설명을 모두 고른 것은?

> ㄱ. 낮은 산소분압에서 화재가 발생하였을 때 초기에 화염 없이 일어나는 연소를 훈소연소라 한다.
> ㄴ. 목조건축물 화재는 유류나 가스화재와는 달리 일반적으로 무염착화 없이 발염착화로 이어진다.
> ㄷ. A급 화재는 일반화재로 면화류, 합성수지 등의 가연물에 의한 화재를 말한다.
> ㄹ. 전소란 건물의 70% 이상이 소실된 화재를 말한다.

① ㄱ, ㄴ
② ㄷ, ㄹ
③ ㄱ, ㄴ, ㄷ
④ ㄱ, ㄷ, ㄹ

03 ☐☐☐
17. 상반기 공채

수동식 소화기의 화재유형에 따른 화재의 종류로 타당한 것은?

① 일반화재 - B급
② 유류화재 - A급
③ 전기화재 - C급
④ 금속화재 - E급

04 ☐☐☐
24. 공채·경채

일반화재에 해당하는 것만을 <보기>에서 있는 대로 고른 것은?

> <보기>
> ㄱ. 통전 중인 배전반에서 불이 난 경우
> ㄴ. 외출 시 전원이 차단된 콘센트에서 불이 난 경우
> ㄷ. 실외 난로가 넘어지면서 새어 나온 석유에 불이 붙은 경우
> ㄹ. 실험실 시험대 위 나트륨 분말에서 불이 난 경우

① ㄱ
② ㄴ
③ ㄴ, ㄹ
④ ㄱ, ㄷ, ㄹ

05 ☐☐☐

화재의 분류에 대한 설명으로 옳지 않은 것은?

① 화재의 분류는 가연물의 종류와 성상, 가상물의 종류 등에 따라 일반화재, 유류화재, 전기화재, 금속화재, 가스화재 등으로 구분된다.

② 일반화재는 산소와 친화력이 강한 물질에 의한 화재로 연소 후 재를 남길 수 있는 가연물의 화재를 말한다.

③ 유류화재는 화재 성장속도가 일반화재보다 느리며, 생성된 연기는 흑색으로 연소 후에는 재를 남긴다.

④ 전기화재는 그 형태가 아주 다양하며 원인규명이 상당히 어려운 화재로 주로 누전, 과전류, 합선 혹은 단락 등의 발화가 그 원인이다.

⑤ 금속화재는 물과 반응하여 수소 등 가연성 가스를 발생시키는 것이 대부분이며, 물이나 물을 포함한 소화약제를 사용하면 오히려 위험할 수 있다.

06 ☐☐☐

화재의 종류와 소화기 적응성을 표시한 색상은?

	일반화재	유류화재	전기화재
①	청색	백색	황색
②	황색	백색	황색
③	백색	청색	황색
④	백색	황색	청색

07 ☐☐☐

다음 중 화재의 급수에 따른 분류 기준은 무엇인가?

① 가연물의 종류
② 가연물의 인화점
③ 가연물의 발화점
④ 가연물의 연소점

08 ☐☐☐

전기화재(C급 화재) 및 주방화재(K급 화재)에 관한 설명으로 옳지 않은 것은?

① 주방화재의 가연물 중 하나인 식용유의 발화점은 비점보다 낮다.

② 도체 주위의 자기장 변화에 의해 발생된 유도전류는 전기화재의 점화원으로 작용할 수 있다.

③ 식용유로 인한 화재 시 유면상의 화염을 제거하면 복사열에 의한 기화를 차단하여 재발화를 방지할 수 있다.

④ 전기화재의 발생 원인 중 누전은 전류가 전선이나 기구에서 절연 불량 등의 원인으로 정해진 전로(배선) 밖으로 흐르는 현상이다.

09 ☐☐☐

17. 상반기 공채

전기화재의 직접적인 요인으로 가장 옳지 않은 것은?

① 누전
② 지락
③ 과전류
④ 역기전력

10 ☐☐☐

빈출문제

액체미립자가 주로 나오며 가연성 고체의 초기화재 시 불꽃이 발생하지 않고 분해생성물만 발생하는 연소현상은?

① 자기연소
② 분해연소
③ 훈소연소
④ 표면연소

11 ☐☐☐

빈출문제

불완전한 연소상태로서 불꽃이 없고 느린 연소이며 화재초기에 고체 가연물에서 많이 발생한다. 열축적이 계속되어 외부 공기가 갑자기 유입될 때는 급격한 연소가 일어날 수 있는 상태는?

① 화염연소
② 훈소
③ 표면연소
④ 내부연소

01 ☐☐☐
23. 공채·경채

그림은 구획실의 크기가 가로 10,000mm, 세로 8,000mm, 높이 3,000mm이며 가연물 A와 가연물 B가 놓여 있는 상태를 나타낸다. 다음과 같은 조건일 때 구획실의 화재하중[kg/m²]은? (단, 주어지지 않은 조건은 무시하고, 소수점 셋째 자리에서 반올림한다)

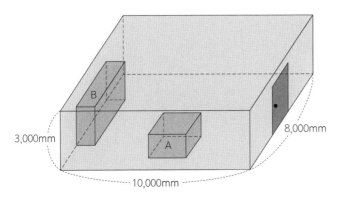

구분	단위발열량 [kcal/kg]	질량 [kg]
목재	4,500	–
가연물 A	2,000	200
가연물 B	9,000	100

① 1.20
② 2.41
③ 3.61
④ 7.22

02 ☐☐☐
20. 공채·경채

바닥면적이 200m²인 구획된 창고에 의류 1천kg, 고무 2천kg이 적재되어 있을 때 화재하중은 약 몇 kg/m²인가? (단, 의류, 고무, 목재의 단위발열량은 각각 5천kcal/kg, 9천kcal/kg, 4천500kcal/kg이고, 창고 내 의류 및 고무 외의 기타 가연물은 존재하지 않으며, 화재 시 완전연소로 가정한다)

① 15.56
② 20.56
③ 25.56
④ 30.56

03 ☐☐☐
21. 간부

화재하중을 산출하는 요소에 해당하지 않는 것은?

① 가연물의 배열상태
② 가연물의 질량
③ 가연물의 단위발열량
④ 목재의 단위발열량
⑤ 화재실의 바닥면적

04 ☐☐☐
20. 공채·경채

화재가혹도에 대한 설명으로 옳지 않은 것은?

① 화재가혹도란 화재 발생으로 당해 건물과 내부 수용재산등을 파괴하거나 손상을 입히는 정도를 말한다.
② 최고온도는 화재가혹도의 질적개념으로 화재강도와 관련이 있다.
③ 지속시간은 화재가혹도의 양적개념으로 화재하중과 관련이 있다.
④ 화재가혹도에 영향을 미치는 환기요소는 개구부 면적의 제곱근에 비례하고 개구부 높이에 비례한다.

05 ☐☐☐
20. 간부

화재용어에 대한 설명으로 옳지 않은 것은?

① 가연물의 비표면적이 클수록 화재강도는 증가한다.
② 화재실의 열방출률이 클수록 화재강도는 증가한다.
③ 화재강도와 화재하중이 클수록 화재가혹도는 높아진다.
④ 최고온도에서 연소시간이 지속될수록 화재가혹도는 높아진다.
⑤ 전체 가연물의 양(발열량)이 동일할 때 화재실의 바닥면적이 커지면 화재하중은 증가한다.

06 ☐☐☐ 19. 공채·경채

화재용어 중 화재실의 단위시간당 축적되는 열의 양을 의미하는 것은?

① 훈소
② 화재하중
③ 화재강도
④ 화재가혹도

07 ☐☐☐ 18. 상반기 공채

건물 내 수용재산 및 건물 자체에 손상이 생기는 정도는?

① 화재하중
② 화재강도
③ 화재가혹도
④ 위험도

08 ☐☐☐ 17. 하반기 공채

화재의 발생으로 건물 내 수용재산 및 건물 자체에 손상을 입히는 정도를 나타내는 용어로, '최고온도×연소(지속)시간'으로 화재심도라고도 하는 것은?

① 화재강도
② 탄화심도
③ 화재가혹도
④ 화재하중

09 ☐☐☐ 17. 상반기 공채

$10m^2$ 구획 내에 가연물이 고무 5kg만 존재할 때 화재하중은? (단, 단위발열량은 목재 4천500kcal/kg, 고무 9천kcal/kg이다)

① 1
② 2
③ 3
④ 4

10 ☐☐☐ 기출변형

다음 중 화재에 대한 용어설명으로 옳은 것은?

① 화재하중은 단위시간당 축적되는 열의 값이다.
② 압축강도는 단위면적당 건축구조물 콘크리트의 화재의 위험성을 말한다.
③ 화재강도는 단위면적당 가연물의 발열량을 목재의 발열량으로 환산한 것이다.
④ 화재가혹도는 건물에 재산 및 건물에 손상을 입히는 정도로, '최고온도×지속시간'이다.

11 ☐☐☐ 22. 공채·경채

화재가혹도(fire severity)에 대한 설명으로 옳지 않은 것은? (단, A는 개구부의 면적, H는 개구부의 높이이다)

① 화재가혹도의 크기는 화재강도와 화재하중의 영향을 받는다.
② 화재실의 최고온도와 지속시간은 화재가혹도를 판단하는 중요한 인자이다.
③ 화재실의 환기요소($A\sqrt{H}$)는 화재가혹도에 영향을 준다.
④ 화재가혹도는 화재실이나 화재구획의 단열성에 영향을 받지 않는다.

01 ☐☐☐

20. 간부

유류화재의 이상현상에 대한 설명으로 옳은 것은?

① 프로스오버(Froth over): 점성이 큰 뜨거운 유류 표면 아래에서 물이 끓을 때 화재를 수반하지 않고 유류가 넘치는 현상

② 슬롭오버(Slop over): 탱크 내의 유류가 50% 미만 저장된 경우, 화재로 인한 내부 압력 상승으로 탱크가 폭발하는 현상

③ 오일오버(Oil over): 중질유 탱크 화재 시 액면의 뜨거운 열파가 탱크 하부로 진달될 때, 탱크 하부에 존재하고 있던 에멀션(Emulsion) 상태의 물을 기화시켜 물의 급격한 부피 팽창으로 탱크 내의 유류가 분출하는 현상

④ 링파이어(Ring fire): 액화가스 저장탱크의 외부 화재로 탱크가 장시간 과열되면 내부 액화가스의 급격한 비등·팽창으로 탱크 내부 압력이 급격히 증가되고, 최종적으로 탱크의 설계 압력 초과로 탱크가 폭발하는 현상

⑤ 보일오버(Boil over): 중질유 탱크 내에 화재로 연소유의 표면 온도가 물의 비점 이상 상승했을 때, 물분무 또는 포(Foam) 소화약제를 뜨거운 연소유 표면에 방사하면 물이 수증기가 되면서 급격한 부피 팽창으로 연소유를 탱크 외부로 비산시키는 현상

02 ☐☐☐

18. 간부

위험물화재의 특수현상 중 슬롭오버(Slop over) 현상으로 옳은 것은?

① 점성이 큰 유류에 화재가 발생했을 때 소화용수의 유입에 의한 갑작스러운 부피 팽창으로 탱크 내의 유류가 끓어 넘치는 현상을 말한다.

② 저장탱크 속의 물이 점성을 가진 뜨거운 기름의 표면 아래에서 끓을 때 화재를 수반하지 않고 기름이 넘쳐흐르는 현상을 말한다.

③ 탱크 내의 유류가 50% 미만 저장된 경우, 화재로 인한 내부 압력상승으로 탱크가 폭발하는 현상을 말한다.

④ 화재플럼의 부력에 의하여 발생되며 천장면을 따라 빠르게 흐르는 기류이다.

⑤ 과열상태 액화가스 저장탱크가 증기폭발과 동시에 점화원에 의하여 가스폭발하는 현상을 말한다.

03 ☐☐☐

17. 간부

유류저장탱크 속의 물이 점성을 가진 뜨거운 기름의 표면 아래에서 끓을 때 화재를 수반하지 않고 기름이 넘쳐흐르는 현상은?

① 플래시오버(Flash over)
② 프로스오버(Froth over)
③ 오일오버(Oil over)
④ 보일오버(Boil over)
⑤ 슬롭오버(Slop over)

04 □□□

유류저장탱크 내 유류 표면에 화재 발생 시 뜨거운 열류층이 형성되고 그 열파가 장시간에 걸쳐 바닥까지 전달되어 하부의 물이 비점 이상으로 가열되면서 부피가 팽창해 저장된 유류가 탱크 외부로 분출되었다. 이에 해당하는 현상으로 옳은 것은?

① 보일오버(Boil over)
② 슬롭오버(Slop over)
③ 프로스오버(Froth over)
④ 오일오버(Oil over)

05 □□□

대기 중 대량의 가연성 액체유출에 의해 발생된 증기와 공기가 혼합되어 가연성 기체를 형성하여 폭발하는 현상은?

① 증기운폭발(UVCE)
② 오일오버(Oil over)
③ 슬롭오버(Slop over)
④ 보일오버(Boil over)

06 □□□

기름탱크가 1/2 이하로 충전되어 있고 화재로 인한 내부 압력상승으로 탱크가 파열되는 현상을 무엇이라 하는가?

① 슬롭오버(Slop over)
② 보일오버(Boil over)
③ 오일오버(Oil over)
④ 블레비(BLEVE) 현상

07 □□□

유류저장탱크의 화재 중 열류층을 형성, 화재의 진행과 더불어 열류층이 점차 탱크 바닥으로 도달해 탱크 저부에 물 또는 기름(에멀션)이 수증기로 변해 부피팽창에 의하여 유류의 갑작스러운 탱크 외부로의 분출을 발생시키는 현상은?

① 보일오버(Boil over)
② 슬롭오버(Slop over)
③ 오일오버(Oil over)
④ 프로스오버(Froth over)

08 □□□
빈출문제

중질유 탱크에 화재가 발생하면 액면 온도가 수백도로 올라가고 탱크 바닥에 물과 기름의 에멀션으로 존재할 때 물의 비등으로 탱크 내의 유류가 급격히 분출하는 현상을 무엇이라 하는가?

① 오일오버(Oil over)
② 슬롭오버(Slop over)
③ 프로스오버(Froth over)
④ 보일오버(Boil over)
⑤ 링파이어(Ring fire)

10 □□□
빈출문제

다음 <보기>에서 설명하는 위험물 화재의 특수현상으로 옳은 것은?

<보기>

물에 의해 탱크 내 유류가 넘치는 현상으로 고온에서도 끈끈한 점성을 유지하고 있는 고점도 중질유 유류가 저장탱크 속에 물과 섞여 들어가 있을 때, 또는 유류 표면 아래로 물이 유입되면서 물이 고점도 유류 아래에서 비등할 때, 기름과 섞여 있는 물이 갑자기 수증기화 되면서 탱크 내부에서 탱크 내의 일부 내용물을 넘치게 하는 현상으로서 직접적으로 화재를 발생시키지 않는다.

① 프로스오버(Froth over)
② 보일오버(Boil over)
③ 슬롭오버(Slop over)
④ 오일오버(Oil over)

09 □□□
18. 간부

다음 화재의 설명 중 옳은 것은?

① 점성을 가진 뜨거운 유류액 표면의 아래 부분에서 물이 비등할 경우 비등하는 물이 저장탱크 내의 유류를 화재를 수반하지 않고 외부로 넘쳐흐르게 하는 현상이다. 다른 현상에 비해 발생 횟수가 많으나 직접적으로 화재를 발생 시키지 않는 것을 오일오버라 한다.
② 제4류 위험물의 양이 내용적 1/2 이하로 충전되어 있을 때 화재로 인하여 저장탱크 내의 유류를 외부로 분출하면서 탱크가 파열되는 현상을 보일오버라 한다.
③ 대기 중 대량의 가연성 액체 유출에 의해 발생된 증기와 공기가 혼합되어 가연성 기체를 형성하여 폭발하는 현상을 프로스오버라 한다.
④ 석유류나 식용유의 표면에 물이 접촉될 때 물이 표면 온도에 의해 급격히 증발하여 비산하며 석유류·식용유와 함께 분출하는 현상을 슬롭오버라 한다.
⑤ 식용유화재에서 소화약제는 비누화작용을 하는 3종 분말 소화약제가 주로 사용된다.

11 □□□
기출변형

다음 설명 중 유류화재에 대한 설명으로 가장 옳은 것은?

① 프로스오버는 유류액 표면 온도가 물의 비점 이상으로 상승되고 소화용수 등이 뜨거운 유류액 표면에 유입하게 되면 물이 수증기화 되면서 갑작스러운 부피 팽창에 의해 유류가 탱크 외부로 분출되는 현상이다.
② 보일오버는 서로 다른 원유가 섞여있거나 중질유 탱크에서 오랜 시간 동안 화재와 함께 탱크 내 잔존기름이 바닥에 있는 물의 비등으로 탱크 밖으로 분출하는 현상이다.
③ 슬롭오버는 탱크의 벽면이 가열된 상태에서 포를 방출하는 경우 가열된 벽면부분에서 포가 열화되어 안정성이 저하된 상태에서 증발된 유류가스가 발포되어 있는 거품층을 뚫고 상승되어 유류가스에서 불이 붙는 현상이다.
④ 원유를 분별증류하면 끓는점이 높은 휘발유 성분이 먼저 분리되고 하부 쪽으로 갈수록 끓는점이 낮은 등유, 경유, 중유 순으로 분리된다.

01 ☐☐☐
24. 공채·경채

실내 일반화재 진행 과정에 관한 설명으로 옳은 것은?

① 화재 초기에는 실내 온도가 급격하게 상승하기 시작한다.

② 성장기에는 급속한 연소 진행으로 환기지배형 화재 양상이 나타난다.

③ 최성기에는 실내 화염이 최고조에 도달하나 실내 산소 부족으로 연소속도가 느려진다.

④ 감쇠기에는 화염의 급격한 소멸로 훈소 상태가 되어 백드래프트(Back draft)의 위험이 없다.

02 ☐☐☐
23. 공채·경채

화재 시 구획실에서 발생하는 현상에 관한 설명으로 옳은 것은?

① 개구부의 크기는 플래시오버 발생과 관련이 없다.

② 구획실의 창문과 문손잡이의 온도로 백드래프트의 발생 가능성을 예측할 수 없다.

③ 준불연성이나 불연성의 내장재를 사용할 경우 플래시오버 발생까지의 소요시간이 길어진다.

④ 구획실 내의 산소가 부족하여 훈소 상태에서 공기가 갑자기 다량 공급될 때 가연성 가스가 순간적으로 폭발하듯 발화하는 현상은 플래시오버이다.

03 ☐☐☐
빈출문제

다음 중 구획화재 시 플래시오버 진행단계 순서로 옳은 것은?

① 발화기 → 성장기 → 플래시오버 → 최성기 → 감쇠기

② 발화기 → 성장기 → 최성기 → 플래시오버 → 감쇠기

③ 성장기 → 발화기 → 최성기 → 플래시오버 → 감쇠기

④ 성장기 → 최성기 → 플래시오버 → 발화기 → 감쇠기

04 ☐☐☐
23. 공채·경채

구획실 화재에 관한 설명으로 옳지 않은 것은?

① 플래시오버 이후에는 연료지배형 화재보다 환기지배형 화재가 지배적이다.

② 환기가 잘되지 않으면 환기지배형 화재에서 연료지배형 화재로 바뀌며 연기 발생이 줄어든다.

③ 연료지배형 화재는 구획실 내 가연물의 연소에 필요한 산소가 충분히 공급되는 조건의 화재이다.

④ 성장기에는 천장 부분에서 축적된 뜨거운 가스층이 발화원으로부터 떨어져 있는 가연성 물질에 복사열을 공급하여 플래시오버를 초래할 수 있다.

05 ☐☐☐
21. 공채·경채

실내화재의 진행 과정을 설명한 내용으로 옳지 않은 것은?

① 발화기: 건물 내의 가구 등이 독립 연소하고 있으며 다른 동(棟)으로의 연소 위험은 없다.

② 성장기: 화재의 진행이 급속히 이루어지고 개구부에서는 검은 연기가 분출된다.

③ 최성기: 산소가 부족하여 연소되지 않은 가스가 다량 발생한다.

④ 감퇴기: 지붕이나 벽체, 대들보나 기둥도 무너져 떨어지고 열 발산율은 증가하기 시작한다.

06 □□□
17. 상반기 공채

다음 중 실내화재에서 최성기의 특성으로 옳지 않은 것은?

① 연기량이 감소되고 화염이 분출된다.
② 복사열로 인하여 인접건물에 연소확대 우려가 있다.
③ 검은색연기 농도가 진하고 초기보다 연기발생량이 많다.
④ 연소가 활발하고 내부에 화염이 가득 차있다.

07 □□□
기출변형

다음 중 구획화재에서 성장기에 대한 설명으로 옳은 것은?

① 화세는 최정점에 도달한 후 감퇴하기 시작한다.
② 주로 백색연기가 발생한다.
③ 열발산율은 감소하기 시작한다.
④ 화재의 진행 변화가 급속히 이루어지고 개구부에서는 검은 연기가 분출된다.

08 □□□
기출변형

구획된 건물 화재현상으로 환기인자에 대한 설명 중 옳은 것은?

① 개구부의 면적에 비례하고 개구부 높이의 제곱에 반비례한다.
② 개구부의 면적에 반비례하고, 개구부 높이에 비례한다.
③ 개구부 면적의 제곱근과 개구부 높이에 비례한다.
④ 개구부의 면적에 비례하고 개구부 높이의 제곱근에 비례한다.

09 □□□
빈출문제

다음 중 목조건축물 화재 진행과정을 순서대로 나열한 것은?

① 무염착화 - 발염착화 - 발화 - 최성기
② 발화 - 무염착화 - 발염착화 - 최성기
③ 발염착화 - 무염착화 - 최성기 - 발화
④ 발화 - 발염착화 - 무염착화 - 최성기

10 □□□
17. 간부

다음 건물화재에 관한 설명 중 옳지 않은 것은?

① 화재 성장기 단계에서는 실내에 있는 내장재에 착화하여 롤오버 등이 발생하며 개구부에 진한 흑색연기가 강하게 분출한다.
② 화재 초기 단계에서는 가연물이 열분해되어 가연성 가스가 발생하는 시기이다.
③ 목조건축물은 내화건축물과 비교하여 고온단기형의 특징이 있다.
④ 최성기 이후에 플래시오버 현상이 발생하고, 이후 최고온도에 이르는 시기가 된다.
⑤ 내화건축물은 목조건축물에 비해 저온장기형의 특징이 있다.

01 ☐☐☐ 　　　　　　　　　　　　　　　빈출문제

다음 중 내화조 건축물의 플래시오버 발생단계는 어디에 해당하는가?

① 최성기 직전 단계
② 감쇠기 말기 단계
③ 성장기 초기 단계
④ 화재 발생 초기 단계

02 ☐☐☐ 　　　　　　　　　　　　　　　빈출문제

실내화재에서 가연성 가스 농도가 증가하여 연소범위 내의 농도에 도달하면 곧 착화하여 화염에 덮이게 된다. 이후 강한 복사열에 의하여 실내 전체의 가연물이 급속히 가열 착화되어 실내 가연성 재료의 모든 표면이 불로 덮이는 현상을 무엇이라 하는가?

① 훈소화재
② 플래시오버(Flash over)
③ 슬롭오버(Slop over)
④ 백드래프트(Back draft)

03 ☐☐☐ 　　　　　　　　　　　　　　　17. 간부

구획화재에서 플래시오버(Flash over) 현상에 대한 설명으로 옳지 않은 것은?

① 플래시오버 현상은 건축물 실내화재에서 볼 수 있는 현상이다.
② 열전도율이 작은 내장재일수록 플래시오버 현상을 촉진시킬 수 있다.
③ 플래시오버 현상은 점화원의 위치와 크기, 가연물의 양과 성질, 개구부의 크기, 실내 마감재 등에 영향을 받는다.
④ 산소가 다량으로 유입되어 일어나는 현상으로 천장재보다 벽이 크게 영향을 받으며, 개구부의 크기가 작을수록 플래시오버 현상을 촉진시킨다.
⑤ 천장부근에 가연성 가스가 축적되어 폭발적으로 연소하는 현상이다.

04 ☐☐☐ 　　　　　　　　　　　　　　　기출변형

다음 중 내화조 건축물의 최성기 직전에 발생한 플래시오버(Flash over) 현상에 대한 설명으로 옳지 않은 것은?

① 실내화재 시 천장 부근에서 방출되는 복사열에 의하여 실내에 있는 모든 가연물이 분해되어 가연성 증기를 발생하게 됨으로써 실내 전체가 순간적으로 연소가 확대되는 현상이다.
② 일정 공간 안에 가연성 가스가 축적된 상태에서 폭발적으로 실내전체가 화염이 휩싸이는 화재현상으로 주로 최성기 직전에 발생된다.
③ 플래시오버는 화염이 확대되는 순발적인 연소확대 현상이라 한다.
④ 화재로 인하여 실내 상부 쪽으로 고온의 기체가 축적되고 온도가 높아져 기체가 팽창하고 산소가 부족한 건물 내에 갑자기 산소가 유입될 때 발생하는 현상이다.

05 ☐☐☐ 기출변형

실내건축물 화재에서 플래시오버(Flash over)에 대한 내용으로 옳지 않은 것은?

① 어느 순간 실내전체가 화염에 휩싸이는 순간적인 착화현상이 발생된다.
② 체류한 가스농도가 점차 증가하여 연소범위 내에서 착화하여 천장과 실전체가 화염이 휩싸인다.
③ 주로 플래시오버 이전에는 롤오버(Roll over) 현상이 있다.
④ 플래시오버는 주로 초기 · 종기 단계에서 발생된다.

07 ☐☐☐ 기출변형

실내건축물 화재에서 플래시오버(Flash over)의 영향인자로 옳지 않은 것은?

① 가연물의 종류와 건축물의 형태는 직접적인 영향을 주지는 않는다.
② 개구부가 작을수록 플래시오버 현상이 지연된다.
③ 화원의 크기가 클수록 플래시오버 현상이 빨라진다.
④ 내장재에 따라서 달라지며 천장높이가 낮을수록 더 빨라진다.

06 ☐☐☐ 빈출문제

다음 중 철근콘크리트 건축물에서 발생한 화재현장에서의 플래시오버(Flash over)에 대한 설명으로 옳지 않은 것은?

① 어느 시간 그 실내의 온도상승에 의해서 일시에 연소하여 화재의 진행을 순간적으로 실내전체에 확산시키는 현상이다.
② 실내의 가연물이 연소에 의해서 온도를 높이고 동시에 다량의 가연성 가스를 수반하는 연기를 방출한다.
③ 일반적으로 환기지배형 화재로부터 연료지배형 화재로 전이된다.
④ 플래시오버 시점에서 실내의 온도는 약 800 ~ 900℃가 된다.

08 ☐☐☐ 20. 간부

특수화재 현상 중 플래시오버(Flash over)와 롤오버(Roll over)에 대한 설명으로 옳지 않은 것은?

① 롤오버는 화염이 선단부에서 주변 공간으로 확대된다.
② 플래시오버는 화염이 순간적으로 공간 전체로 확대된다.
③ 플래시오버는 공간 내 전체 가연물에서 동시에 발화하는 현상이다.
④ 롤오버 시 발생되는 복사열은 플래시오버 시 발생되는 복사열보다 강하다.
⑤ 롤오버는 실의 상부에 있는 가연성 가스가 발화온도 이상에 도달했을 때 발화하는 현상이다.

01 ☐☐☐

21. 공채·경채

백드래프트(Back draft)에 대한 설명으로 옳은 것은?

① 불완전연소에 의해 발생된 일산화탄소가 가연물로 작용하여 폭발하는 현상이다.
② 화재 진압 시 지붕 등 상부를 개방하는 것보다 출입문을 먼저 개방하는 것이 효과적인 전술이다.
③ 밀폐된 실내에서 발생되는 현상으로, 출입문을 한 번에 완전히 개방하여 연기를 일순간에 배출해야 폭발력을 억제할 수 있다.
④ 연료지배형 화재가 진행되고 있는 공간에 산소가 일시적으로 다량 공급됨에 따라 가연성 가스가 폭발적으로 연소하는 현상이다.

03 ☐☐☐

기출변형

다음 중 백드래프트(Back draft) 현상에 대한 설명으로 옳지 않은 것은?

① 화재로 인하여 실내 상부 쪽으로 고온의 기체가 축적되고 온도가 높아짐에 따라 기체가 팽창하고 연소에 필요한 산소가 불충분한 상태이어야 한다.
② 갑자기 산소가 새로 유입될 때 화염이 폭풍을 동반하며 충격파의 생성으로 구조물을 파괴할 수 있다.
③ 산소가 결핍된 실내에 소방관이 소화활동이나 구조활동 중에 문을 갑자기 개방함으로써 외부의 신선한 공기 유입으로 발생할 수 있다.
④ 실내가 고온의 가스층으로 축적되는 것을 방지하기 위한 개구부의 환기 상태 유지와 불연성 가스의 상층부로의 빠른 축적은 백드래프트 현상을 촉진시킬 수 있다.

02 ☐☐☐

14. 공채

백드래프트(Back draft) 현상에 대한 설명 중 옳지 않은 것은?

① 백드래프트 현상으로 인하여 폭풍 또는 충격파를 수반하여 건물벽체의 파괴, 파이어볼의 형성 등이 발생하기도 한다.
② 백드래프트가 의심되는 공간은 상층부를 개방하여 환기를 시켜야 한다.
③ 백드래프트 현상의 발생조건으로는 밀폐된 공간에서 가연성 물질, 점화에너지 및 충분한 산소가 존재하여야 한다.
④ 실내화재에서 산소가 부족하고 밀폐된 공간에 갑자기 산소가 유입되어 발생하는 고열가스의 폭발현상이다.

04 ☐☐☐

24. 공채·경채

백드래프트(Back draft)의 발생 징후로 옳지 않은 것은?

① 유리창 안쪽에 타르와 유사한 물질이 흘러내려 얼룩진 경우
② 창문을 통해 보았을 때 건물 내에서 연기가 소용돌이치는 경우
③ 화염은 보이지 않지만 창문과 문손잡이가 뜨거운 경우
④ 균열된 틈이나 작은 구멍을 통하여 건물 밖으로 연기가 밀려 나오는 경우

05 ☐☐☐

빈출문제

백드래프트(Back draft) 징후에 대한 설명으로 옳지 않은 것은?

① 개방된 공간에서 훈소연소를 한다.
② 창문에 농연 검은색 액체의 응축물이 흘러내리거나 얼룩이 진 자국이 관찰된다.
③ 연기가 건물 내에서 빠르게 소용돌이치거나 건물 내로 되돌아가거나 맴도는 연기가 관찰된다.
④ 화염은 보이지 않으나 창문이나 문손잡이가 뜨겁다.

06 ☐☐☐

빈출문제

다음 중 백드래프트(Back draft)의 폭발이 일어나기 전 잠재적 징후로 옳지 않은 것은?

① 과도한 열의 축적
② 닫힌 문 주위에서 짙은 회황색으로 변하는 검은 연기의 발생
③ 개구부를 통하여 분출되는 화염
④ 창문에 농연의 응축물이 흘러내리거나 얼룩이 진 자국

07 ☐☐☐

빈출문제

실내건축물 화재에서 초기 단계 또는 최종 단계에서 불완전연소된 가연성 가스와 열의 축적과 적절하게 배연되지 않은 상태에서 산소가 결핍된 상황이 발생된다. 이때 소방관이 소화활동이나 구조활동 중에 문을 갑자기 개방함으로써 신선한 공기가 유입되어 실내의 화염이 폭발과 함께 분출하는 현상은?

① Back draft
② Flash over
③ UVCE
④ Fire ball

08 ☐☐☐

17. 상반기 공채

플래시오버(Flash over)와 백드래프트(Back draft)에 대한 설명으로 옳은 것은?

① 플래시오버 현상은 감퇴기에서 발생한다. 백드래프트 현상은 성장기에서 발생한다.
② 플래시오버 현상은 훈소연소 현상 다음에 발생한다. 백드래프트 현상은 롤오버 현상 다음에 발생한다.
③ 플래시오버 현상은 충격파가 발생하지 않는다. 백드래프트 현상의 결과는 충격파를 동반한다.
④ 플래시오버 현상의 악화원인은 공기의 공급이다. 백드래프트 현상의 악화원인은 열의 공급이다.

09 ☐☐☐

기출변형

다음 중 플래시오버(Flash over)와 백드래프트(Back draft)에 관한 설명 중 가장 옳은 것은?

① 백드래프트 현상이 발생하기 전에도 농연 및 벽면파괴 현상이 발생한다.
② 백드래프트 현상은 주로 최성기 단계에 발생한다.
③ 플래시오버 현상은 최성기 직전에 발생한다.
④ 플래시오버 현상은 개구부가 작을수록 그 상황이 빠르게 전개될 수 있다.

01 ☐☐☐

19. 공채·경채

연료지배형 화재와 환기지배형 화재에 대한 설명으로 옳지 않은 것은?

① 환기지배형 화재는 공기공급이 충분하지 않으므로 불완전연소가 심하다.

② 연료지배형 화재는 공기공급이 충분한 조건에서 발생한 화재가 일반적이다.

③ 연료지배형 화재는 주로 큰 창문이나 개방된 공간에서, 환기지배형 화재는 내화구조 및 콘크리트 지하층에서 발생하기 쉽다.

④ 일반적으로 플래시오버 전에는 환기지배형 화재가, 이후에는 연료지배형 화재가 지배적이다.

02 ☐☐☐

기출변형

다음 중 연소이론 및 화재이론에 관한 설명으로 옳지 않은 것은?

① 가연성 증기가 연소범위 하한계에 도달할 때의 온도를 인화점이라 한다면 연소점은 가열된 증기의 발생속도가 연소속도보다 빠를 때이다.

② 연소속도란 화염속도에서 미연소가스의 이동속도를 더한 값이다.

③ 반응물질 에너지의 합보다 생성물질 에너지의 합이 더 작게 나타나는 반응을 발열반응이라고 한다.

④ 플래시오버의 지연대책은 냉각 지연법, 배연 지연법, 공기차단 지연법이 있다.

03 ☐☐☐

기출변형

다음 중 구획된 건물 화재현상으로 환기지배형 화재의 영향요소가 아닌 것은?

① 건축물의 지하층 또는 대형창고 화재에서 환기지배형 화재의 특성을 보인다.

② 환기지배형 화재는 환기량에 비해 연료량이 충분하다.

③ 환기요소에 영향을 받아 실내의 공기부족으로 화염이 외부로 분출되기도 한다.

④ 개방된 공간으로 가연물의 양이 영향을 미친다.

04 ☐☐☐

24. 공채·경채

구획실 화재에 관한 설명으로 옳은 것은?

① 플래시오버(Flash over)는 최성기와 감쇠기 사이에서 발생하며 충격파를 수반한다.

② 굴뚝효과가 발생할 때는 개구부에 형성된 중성대 상부에서 공기가 유입되고, 중성대 하부에서 연기가 유출된다.

③ 연료지배형 화재는 환기지배형 화재보다 산소 공급이 원활하고 연소속도가 빠르다.

④ 화재플룸(Fire plume)은 실내 공기의 압력 차이로 가연성가스가 천장을 따라 화재가 발생하지 않은 복도 쪽으로 굴러다니는 것처럼 뿜어져 나오는 현상이다.

01 ☐☐☐
기출변형

목조건축물과 내화건축물의 화재성상에 대한 설명 중 옳지 않은 것은?

① 목조건축물 화재 시 최고온도는 약 1천100℃ 이상이다.
② 내화건축물의 화재성상은 목조건축물과 비교하여 저온장기형의 특징이 있다.
③ 내화건축물이 목조건축물보다 장시간 연소한다.
④ 내화건축물 화재의 실내화재온도가 목조건축물 화재보다 최고온도가 높다.

02 ☐☐☐
18. 간부

목조건축물의 일반적인 화재 진행과정으로 옳은 것은?

① 화재출화 – 무염착화 – 발화 – 화재원인 – 최성기
② 화재원인 – 무염착화 – 발염착화 – 발화 – 최성기
③ 무염착화 – 발염착화 – 화재원인 – 최성기 – 발화
④ 화재원인 – 발염착화 – 무염착화 – 최성기 – 발화
⑤ 무염착화 – 발염착화 – 화재원인 – 발화 – 최성기

03 ☐☐☐
24. 간부

목조건축물 화재의 진행 과정에 관한 설명 중 <보기>의 내용에 해당하는 것은?

<보기>
연기의 색이 백색에서 흑색으로 변하며, 개구부가 파괴되어 공기가 공급되면서 급격한 연소가 이루어져 연기가 개구부로 분출하게 된다.

① 화재의 원인에서 무염착화
② 무염착화에서 발염착화
③ 발염착화에서 발화
④ 발화에서 최성기
⑤ 최성기에서 연소낙하

04 ☐☐☐
기출변형

다음 중 구획된 철근콘크리트 건축물 화재현상으로 옳지 않은 것은?

① 화세가 약한 초기에는 산소량이 원활하므로 화재는 실내의 가연물에 의해 지배되는 연료지배형의 연소형태를 갖는다.
② 일반적으로 화재 초기 단계는 연료지배형 화재의 특성을 보이다가 플래시오버 현상 이후에는 환기지배형 화재의 특성을 보인다.
③ 지하층, 무창층 및 밀폐된 공간에서는 산소가 부족하고 환기가 좋지 않아 공기의 공급 상태에 지배되는 연료지배형 화재 특성을 보인다.
④ 연소속도는 환기요소에 비례한다.

01 □□□ 빈출문제

피난본능에서 말하는 인간의 본능으로 가장 옳지 않은 것은?

① 추종본능: 어두운 곳에서 밝은 불빛을 따라 행동하는 습성
② 퇴피본능: 반사적으로 화염과 연기 등의 위험으로부터 멀리 하려는 본능
③ 좌회본능: 오른손잡이는 좌측으로 행동하는 습성
④ 귀소본능: 무의식 중에 평상시 사용한 길, 원래 온 길을 가려 하는 본능

02 □□□ 기출변형

건축물의 피난계획에 대한 설명으로 옳은 것은?

① 피난동선은 길면 길수록 좋다.
② 모든 피난동선은 건물 중심부 한 곳으로 향하고 중심부에서 지면 등 안전한 장소로 피난할 수 있도록 하여야 한다.
③ 수평동선과 수직동선을 통합하여 피난계획을 수립한다.
④ 어느 곳에서도 2개 이상의 방향으로 피난할 수 있으며, 그 말 단은 화재로부터 안전한 장소이어야 한다.

03 □□□ 기출변형

피난계획에 대한 설명으로 옳지 않은 것은?

① 어느 곳에서도 2개 이상의 방향으로 피난할 수 있으며, 그 말 단은 화재로부터 안전한 장소이어야 한다.
② 피난경로는 간단명료하게 해야 한다.
③ 피난수단은 원시적 방법에 의한 것을 원칙으로 한다.
④ 건축물의 평면구성에 있어서 중앙코어식이 안전하다.

04 □□□ 빈출문제

다음 중 피난본능에 대한 설명으로 옳지 않은 것은?

① 지광본능: 어두운 곳에서 밝은 불빛을 따라 행동하는 습성
② 우회본능: 오른손잡이는 우측으로 행동하는 습성
③ 추종본능: 혼란 시 판단력 저하로 최초로 달리는 앞사람을 따르는 습성
④ 귀소본능: 무의식 중에 평상시 사용한 길, 원래 온 길을 가려 하는 본능

05 ⬜⬜⬜
빈출문제

피난본능 중 화재가 발생한 곳을 반사적으로 도망가려 하며 피하는 습성은?

① 퇴피본능
② 귀소본능
③ 좌회본능
④ 지광본능

06 ⬜⬜⬜
빈출문제

다음 중 방염성능기준에 관하여 옳지 않은 것은?

① 발연량을 측정하는 경우 최대 연기밀도는 500 이하
② 탄화한 면적은 50cm² 이내, 탄화한 길이는 20cm 이내
③ 불꽃에 의하여 완전히 녹을 때까지 불꽃의 접촉횟수는 3회 이상
④ 버너의 불꽃을 제거한 때부터 불꽃을 올리며 연소하는 상태가 그칠 때까지 시간은 20초 이내

07 ⬜⬜⬜
빈출문제

다음 중 건축 관련법상에서 건축물의 주요구조부가 아닌 것은?

① 내력벽
② 바닥
③ 옥외계단
④ 보

08 ⬜⬜⬜
23. 간부

벽의 내화구조에 해당하지 않는 것은? (단, 외벽 중 비내력벽인 경우는 제외한다)

① 벽돌조로서 두께가 19cm 이상인 것
② 철근콘크리트조 또는 철골철근콘크리트조로서 두께가 10cm 이상인 것
③ 골구를 철골조로 하고 그 양면을 두께 4cm 이상의 철망모르타르(그 바름바탕을 불연재료로 한 것으로 한정)로 덮은 것
④ 철재로 보강된 콘크리트블록조·벽돌조 또는 석조로서 철재에 덮은 콘크리트블록등의 두께가 5cm 이상인 것
⑤ 고온·고압의 증기로 양생된 경량기포 콘크리트 패널 또는 경량기포 콘크리트블록조로서 두께가 5cm 이상인 것

01 ☐☐☐　　　　　　　　　　　　　　　　13. 간부

다음 중 화재조사의 목적으로 가장 옳지 않은 것은?

① 화재 발생에 대한 책임규명을 화재조사를 통하여 할 수 있다.
② 연소원인 등을 규명하여 예방 및 진압대책상의 자료로 활용한다.
③ 화재의 발생상황, 원인, 손해상황 등을 통계화하여 자료로 활용한다.
④ 작동점검을 위하여 화재조사를 실시한다.
⑤ 화재예방 및 연소방지를 위한 자료축적을 위해서 화재조사를 한다.

02 ☐☐☐　　　　　　　　　　　　　　　　기출변형

다음 중 화재조사에 대한 설명으로 옳지 않은 것은?

① 화재 경계와 예방활동을 위한 정보 자료를 획득한다.
② 소방기관과 관계 보험회사는 화재가 발생한 경우 원인 조사는 협력할 수 있으나 피해상황을 조사할 때는 협력할 수 없다.
③ 방화·실화 수사협조 및 피해자와 구체적 증거를 확보한다.
④ 수사기관이 증거물을 압수하였을 때에 화재조사를 위하여 조사할 수 있다.

03 ☐☐☐　　　　　　　　　　　　　　　　12. 경기

화재조사의 특징으로 가장 옳지 않은 것은?

① 강제성이 있다.
② 경제성이 있다.
③ 현장성이 있다.
④ 프리즘식이 있다.

01 ☐☐☐ 확인학습

「소방의 화재조사에 관한 법률 시행령」 제3조에 따른 화재조사의 절차에 관한 설명으로 정밀조사의 실시 방법으로 적절한 것은?

① 화재조사 결과 보고
② 감식 · 감정, 화재원인 판정 등
③ 화재의 발화(發火)원인, 연소상황 및 피해상황 조사 등
④ 화재발생 접수, 출동 중 화재상황 파악 등

02 ☐☐☐ 22. 공채 · 경채

화재피해조사 산정기준 중 동일 소방대상물로서 한 건의 화재로 취급하는 기준에 대한 설명으로 옳지 않은 것은?

① 한 곳에서 발생한 화재
② 누전점이 다른 2개소 이상에서 발생한 화재
③ 지진, 낙뢰 등 자연환경에 의해 발생한 여러 화재
④ 동일범에 의한 방화 또는 불장난으로 2개소 이상에서 발생한 화재

⊘ 출제오류로 정답없음

01 ☐☐☐
23. 공채·경채

「화재조사 및 보고규정」에 관한 내용으로 옳지 않은 것은?

① 건물의 소실면적 산정은 소실 입체면적으로 산정한다.
② 건물의 소실정도에서의 반소는 건물의 30% 이상 70% 미만이 소실된 것을 말한다.
③ 건물 등 자산에 대한 최종잔가율은 건물·부대설비·구축물·가재도구는 20%로 하며, 그 이외의 자산은 10%로 정한다.
④ 발화일시의 결정은 관계인등의 화재발견 상황통보(인지)시간 및 화재발생 건물의 구조, 재질 상태와 화기취급 등의 상황을 종합적으로 검토하여 결정한다. 다만, 자체진화 등 사후인지 화재로 그 결정이 곤란한 경우에는 발화시간을 추정할 수 있다.

02 ☐☐☐
24. 간부

「화재조사 및 보고규정」상 화재건수 결정에 관한 설명으로 옳지 않은 것은?

① 1건의 화재란 1개의 발화지점에서 확대된 것으로 발화부터 진화까지를 말한다.
② 동일 소방대상물의 발화점이 2개소 이상 있는 지진, 낙뢰 등 자연현상에 의한 다발화재는 1건의 화재로 한다.
③ 동일 소방대상물의 발화점이 2개소 이상 있는 누전점이 동일한 누전에 의한 화재는 1건의 화재로 한다.
④ 동일범이 아닌 각기 다른 사람에 의한 방화, 불장난은 동일 대상물에서 발화했더라도 각각 별건의 화재로 한다.
⑤ 발화지점이 한 곳인 화재현장이 둘 이상의 관할구역에 걸친 화재에 대해서는 소방서마다 각각 별건의 화재로 한다.

03 ☐☐☐
19. 간부

「화재조사 및 보고규정」과 관련한 용어의 정의로 옳지 않은 것은?

① 감식: 화재와 관계되는 물건의 형상, 구조, 재질, 성분, 성질 등 이와 관련된 모든 현상에 대하여 과학적 방법에 따라 필요한 실험을 행하고 그 결과를 근거로 화재원인을 밝히는 자료를 얻는 것
② 재구입비: 화재 당시의 피해물과 같거나 비슷한 것을 재건축(설계 감리비 포함) 또는 재취득하는 데 필요한 금액
③ 내용연수: 고정자산을 경제적으로 사용할 수 있는 연수
④ 손해율: 피해물의 종류, 손상 상태 및 정도에 따라 피해액을 적정화시키는 일정한 비율
⑤ 잔가율: 화재 당시에 피해물의 재구입비에 대한 현재가의 비율

04 ☐☐☐
18. 상반기 공채

「화재조사 및 보고규정」에서 정의하는 용어에 대한 것으로 옳은 것은?

① 최초착화물이란 열원에 의하여 가연물질에 지속적으로 불이 붙는 현상을 말한다.
② 동력원이란 발화에 관련된 불꽃 또는 열을 발생시킨 기기 또는 장치나 제품을 말한다.
③ 발화열원이란 발화로 이어진 연소현상에 영향을 준 요인을 말한다.
④ 잔가율이란 화재 당시에 피해물의 재구입비에 대한 현재가의 비율을 말한다.

05 ☐☐☐ 빈출문제

화재조사에 대한 설명으로 옳지 않은 것은?

① 잔가율이란 화재 당시 피해물의 재구입비에 대한 현재가의 비율을 말한다.
② 반소란 건물의 입체면적에 대한 비율 30% 이상 70% 미만이 소실된 것을 말한다.
③ 화재조사관이란 화재조사업무를 수행하는 소방공무원을 말한다.
④ 감정이란 화재원인의 판정을 위하여 전문적인 지식, 기술 및 경험을 활용하여 주로 시각에 의한 종합적인 판단으로 구체적인 사실관계를 명확하게 규명하는 것을 말한다.

06 ☐☐☐ 13. 대전

화재원인을 규명하고 화재로 인한 피해를 산정하기 위하여 자료의 수집, 관계자 등에 대한 질문, 현장확인, 감식, 감정 및 실험 등을 하는 일련의 행동을 무엇이라 하는가?

① 감식
② 감정
③ 조사
④ 수사

07 ☐☐☐ 빈출문제

다음 중 용어의 정의로 옳지 않은 것은?

① 감정은 화재와 관계되는 물건의 형상, 구조, 재질, 성분, 성질 등 이와 관련된 모든 현상에 대하여 과학적 방법에 의한 필요한 실험을 행하고 그 결과를 근거로 화재원인을 밝히는 자료를 얻는 것을 말한다.
② 발화지점이란 열원과 가연물이 상호작용하여 화재가 시작된 지점을 말한다.
③ 화재란 사람의 의도에 반하거나 고의에 의해 발생하는 연소현상으로서 소화설비 등을 사용하여 소화할 필요가 있거나 또는 사람의 의도에 반해 발생하거나 확대된 물리적인 폭발현상을 말한다.
④ 감식은 화재 원인의 판정을 위하여 전문적인 지식, 기술 및 경험을 활용하여 주로 시각에 의한 종합적인 판단으로 구체적인 사실관계를 명확하게 규명하는 것을 말한다.

08 ☐☐☐ 18. 간부

「화재조사 및 보고규정」에 관한 설명으로 옳지 않은 것은?

① 사상자는 화재현장에서 사망 또는 부상당한 사람을 말하며, 화재현장에서 부상을 당한 후 72시간 이내에 사망한 경우에도 당해 화재로 인한 사망으로 본다.
② 건축·구조물 화재에서 전소는 건물의 입체면적 70% 이상이 소실되었거나, 또는 그 미만이라도 잔존부분을 보수 하여도 재사용이 불가능한 것을 말한다.
③ 화재조사 시 화재의 유형을 건축·구조물 화재, 자동차·철도차량 화재, 위험물·가스제조소 등 화재, 선박·항공기화재, 임야화재, 기타화재로 구분한다.
④ 1건의 화재란 1개의 발화점으로부터 확대된 것으로 발화부터 진화까지를 말한다.
⑤ 동일범이 아닌 각기 다른 사람에 의한 방화, 불장난도 동일 대상물에서 발생한 경우에는 1건의 화재로 한다.

09 ☐☐☐

화재조사 시 건물의 동수 산정기준에 대한 설명 중 옳지 않은 것은?

① 구조에 관계없이 지붕 및 실이 하나로 연결되어 있는 것은 같은 동으로 본다.
② 건물의 외벽을 이용하여 실을 만들어 헛간, 목욕탕, 작업실, 사무실 및 기타 건물 용도로 사용하고 있는 것은 주 건물과 다른 동으로 본다.
③ 목조·내화조건물의 경우 격벽으로 방화구획이 되어 있는 경우도 같은 동으로 한다.
④ 독립된 건물과 건물 사이에 차광막, 비막이 등의 덮개를 설치하고 그 밑을 통로 등으로 사용하는 경우는 다른 동으로 한다.
⑤ 주요구조부가 하나로 연결되어 있는 것은 1동으로 한다. 다만, 건널 복도 등으로 2 이상의 동에 연결되어 있는 것은 그 부분을 절반으로 분리하여 각 동으로 본다.

10 ☐☐☐

소실정도에 따른 화재의 구분으로 옳지 않은 것은?

① 전소는 70% 이상 소실을 말한다.
② 반소는 30% 이상 70% 미만의 소실을 말한다.
③ 부분소는 30% 미만의 소실 또는 재사용할 수 없는 것을 말한다.
④ 부분소는 전소 및 반소에 해당하지 아니하는 것을 말한다.

11 ☐☐☐

「화재조사 및 보고규정」상 조사업무처리의 기본사항 등에 관한 내용으로 옳지 않은 것은?

① 소방본부장 또는 서장은 화재현장조사를 위하여 소방활동구역을 설정하는 경우 필요한 최대범위로 설정한다.
② 화재범위가 2 이상의 관할구역에 걸친 화재에 대해서는 발화 소방대상물의 소재지를 관할하는 소방서에서 1건의 화재로 한다.
③ 지진, 낙뢰 등 자연현상으로 인한 다발화재로 동일 소방대상물의 발화점이 2개소 이상에서 발생하여도 1건의 화재건수로 한다.
④ 건축구조물 화재의 화재소실 정도는 3종류로 구분하며, 그 중 전소는 건물의 70% 이상, 반소는 30% 이상 70% 미만이 소실된 것을 말한다.
⑤ 화재인지시간은 소방관서에 최초로 신고된 시점을 말하며, 자체진화 등의 사후인지 화재로 그 결정이 곤란한 경우에는 발생 시간을 추정할 수 있다.

⊘ 현재는 관련규정이 제·개정되어 삭제됨

01 ☐☐☐　　　　　　　　　　　　　　20. 간부

「소방기본법 시행령」상 소방자동차 전용구역 방해행위의 기준에 해당하지 않는 것은?

① 전용구역에 물건 등을 쌓는 행위
② 전용구역 노면표지를 훼손하는 행위
③ 전용구역으로의 진입을 가로막는 행위
④ 전용구역의 앞면, 뒷면에 주차하는 행위
⑤ 「주차장법」 제19조에 따른 부설주차장의 주차구획 내에 주차하는 행위

02 ☐☐☐　　　　　　　　　　　　　　19. 간부

「소방기본법 시행령」상 국고보조 대상사업의 범위에 해당하지 않는 것은?

① 소방자동차 구입
② 소방헬리콥터 및 소방정 구입
③ 소방전용통신설비 및 전산설비 설치
④ 방화복 등 소방활동에 필요한 소방장비 구입
⑤ 소방관서용 청사의 대수선

03 ☐☐☐　　　　　　　　　　　　　　13. 대전

다음 중 「보조금 관리에 관한 법률 시행령」상 119구조장비 확충의 기준보조율은 얼마인가?

① 20%
② 30%
③ 40%
④ 50%

04 ☐☐☐　　　　　　　　　　　　　　빈출문제

다음 중 「소방장비관리법 시행령」상 소방장비의 분류가 다른 것은?

① 소방자동차
② 구조정
③ 소방항공기
④ 공기호흡기

05 ☐☐☐

빈출문제

소방용수시설 중 저수조의 설치기준으로서 옳지 않은 것은?

① 지면으로부터 낙차가 4.5m 이상일 것
② 흡수부분의 수심이 0.5m 이상일 것
③ 저수조에 물을 공급하는 방법은 상수도에 연결하여 자동으로 급수되는 구조일 것
④ 흡수관 투입구가 사각 혹은 원형의 경우 한 변의 길이 및 지름이 60cm 이상일 것

06 ☐☐☐

빈출문제

다음 중 저수조에 대한 기준으로 옳지 않은 것은?

① 흡수관 투입구가 사각 혹은 원형의 경우 한 변의 길이 및 지름이 60cm 이상일 것
② 흡수에 지장이 없도록 토사 및 쓰레기 등을 제거할 수 있는 설비를 갖출 것
③ 저수조에 물이 저장되어 있을 때 흡수 부분의 수심이 0.6m 이상일 것
④ 저수조에 물을 공급하는 방법은 상수도에 연결하여 자동으로 급수되는 구조일 것

07 ☐☐☐

빈출문제

「소방기본법」에서 정의하는 소방대의 구성으로 옳지 않은 것은?

① 소방공무원
② 자위소방대원
③ 의용소방대원
④ 의무소방원

08 ☐☐☐

18. 하반기 공채

화재예방, 소방활동 또는 소방훈련을 위하여 사용되는 소방신호에 해당하는 것은?

① 대응신호
② 경계신호
③ 복구신호
④ 대비신호

01 □□□   기출변형

「화재의 예방 및 안전관리에 관한 법률」상 화재예방강화지구에 대한 설명 중 옳지 않은 것은?

① 화재예방강화지구 안에서 소방관서장은 화재예방강화지구의 소방대상물의 위치 · 구조 및 설비 등에 대한 화재안전조사를 연 1회 이상 실시하여야 한다.

② 화재예방강화지구는 시 · 도지사가 지정한다.

③ 소방관서장은 소방상 필요한 훈련 및 교육을 연 1회 이상 실시할 수 있다.

④ 소방관서장은 대통령령으로 정하는 바에 따라 화재예방강화지구에서의 화재예방 및 경계에 필요한 자료를 매년 작성 · 관리하여야 한다.

02 □□□   기출변형

「소방기본법」에서 소방본부장, 소방서장 및 소방대장의 권한으로 할 수 없는 행위는?

① 소방활동에 방해가 되는 주차 또는 정차된 차량 및 물건 등을 제거하거나 이동할 수 있다.

② 화재, 재난 · 재해, 그 밖의 위급한 상황이 발생한 현장에 소방활동구역을 정하여 소방활동에 필요한 사람으로서 대통령령으로 정하는 사람 외에는 그 구역에 출입하는 것을 제한할 수 있다.

③ 화재가 발생하거나 불이 번질 우려가 있는 소방대상물 및 토지의 사용을 제한할 수 있다.

④ 화재가 발생하거나 불이 번질 우려가 있는 토지 일부의 일시적 사용할 수 있다.

03 □□□   빈출문제

다음 중 소방신호의 종류에 해당하지 않는 것은?

① 경계신호

② 발화신호

③ 출동신호

④ 해제신호

04 □□□   기출변형

「화재의 예방 및 안전관리에 관한 법률」상 시 · 도지사가 화재발생 우려가 크거나 화재가 발생할 경우 피해가 클 것으로 예상되는 지역에 대하여 화재의 예방 및 안전관리를 강화하기 위해 지정 · 관리하는 지역을 무엇이라 하는가?

① 화재예방강화지구

② 화재경계강화지구

③ 재난특별화재지구

④ 재난화재위험지구

05 ☐☐☐

17. 간부-기출변형

다음의 소방에 관한 규정 중 옳지 않은 것은?

① 소방기관이 소방업무를 수행하는 데 필요한 인력과 장비 등에 관한 기준은 행정안전부령으로 정한다.

② 소방업무를 수행하는 소방본부장 또는 소방서장은 시·도지사의 지휘와 감독을 받는다.

③ 소방청장, 소방본부장 및 소방서장은 119종합상황실을 설치·운영하여야 하며, 이때 필요한 사항은 행정안전부령으로 정한다.

④ 시·도의 소방업무를 수행하는 소방기관의 설치에 필요한 사항은 대통령령으로 정한다.

⑤ 소방본부장 또는 소방서장은 화재가 발생할 우려가 높거나 화재가 발생하는 경우 그로 인하여 피해가 클 것으로 예상되는 지역을 화재예방강화지구로 지정할 수 있다.

06 ☐☐☐

기출변형

「화재의 예방 및 안전관리에 관한 법률」상 예방에 대한 정의로 옳은 것은?

① 화재가 발생할 경우 사회·경제적으로 피해 규모가 클 것으로 예상되는 소방대상물에 대하여 화재위험요인을 조사하고 그 위험성을 평가하여 개선대책을 수립하는 것을 말한다.

② 화재의 위험으로부터 사람의 생명·신체 및 재산을 보호하기 위하여 화재발생을 사전에 제거하거나 방지하기 위한 모든 활동을 말한다.

③ 화재로 인한 피해를 최소화하기 위한 예방, 대비, 대응 등의 활동을 말한다.

④ 소방관서장이 소방대상물, 관계지역 또는 관계인에 대하여 소방시설등이 소방 관계 법령에 적합하게 설치·관리되고 있는지, 소방대상물에 화재의 발생 위험이 있는지 등을 확인하기 위하여 실시하는 현장조사·문서열람·보고요구 등을 하는 활동을 말한다.

07 ☐☐☐

기출변형

다음 중 선착대의 임무가 아닌 것은?

① 사전에 경방계획을 충분히 고려하여 행동하고 신속한 상황보고 및 정보제공을 한다.

② 건축물의 비화경계에 주력하도록 한다.

③ 도착 즉시 인명검색과 요구조자의 구조활동에 우선한다.

④ 화점과 근접한 위치의 소방용수시설을 점령하도록 한다.

08 ☐☐☐

15. 간부

다음 중 소방지원활동으로 옳지 않은 것은?

① 산불에 대한 예방·진압 등 지원활동

② 자연재해에 따른 급수·배수 및 제설 등 지원활동

③ 집회·공연 등 각종 행사 시 사고에 대비한 근접대기 등 지원활동

④ 화재, 재난·재해로 인한 피해복구 지원활동

⑤ 위해동물, 벌 등의 포획 및 퇴치활동

01 ☐☐☐   빈출문제

「소방기본법 시행령」상 소방활동구역 출입자에 해당하지 않는
자는?

① 전기 · 가스 · 수도 · 통신 · 교통의 업무에 종사하는 사람
② 소방대장이 소방활동을 위하여 출입을 허가한 사람
③ 소방활동구역 안에 있는 소방대상물의 소유자, 관리자 또는
   점유자
④ 의사, 간호사에 종사하는 사람

04 ☐☐☐   기출변형

위험시설 등에 대한 긴급조치에 따른 조치로 인해 손실을 입은
자가 생기면 누가 보상해야 하는가?

① 대통령
② 소방서장
③ 소방본부장
④ 시 · 도지사

02 ☐☐☐   빈출문제

다음 중 소방활동 중 강제처분의 내용으로 옳지 않은 것은?

① 소방대장은 소방활동을 위하여 긴급하게 출동할 때에는 소
   방자동차의 통행과 소방활동에 방해가 되는 주차 또는 정차
   된 차량을 이동시킬 수 있다.
② 시 · 도지사는 견인차량과 인력 등을 지원한 자에게 시 · 도의
   조례로 정하는 바에 따라 비용을 지급할 수 있다.
③ 강제처분권자는 소방본부장, 소방서장 또는 소방대장이다.
④ 강제처분으로 인한 손실 보상권자는 소방본부장, 소방서장
   또는 소방대장이다.

05 ☐☐☐   기출변형

소방전술로 사용하는 주수방법의 특성으로 가장 옳지 않은 것은?

① 직사주수는 분무주수에 비하여 소화시간이 짧다.
② 중속분무주수는 간접공격법인 로이드레만 전법에 가장 적합
   하다.
③ 직사주수는 유리창 틀 같은 곳의 이물질을 제거할 수 있다.
④ 중유 화재의 경우 분무주수하는 경우에는 질식소화효과가
   있다.

03 ☐☐☐   빈출문제

「소방기본법」상 소방활동 종사명령권자로 옳지 않은 것은?

① 소방본부장
② 소방대장
③ 소방서장
④ 경찰서장

06 ☐☐☐   기출변형

다음 중 분무주수에 대한 설명으로 옳지 않은 것은?

① 분무주수는 중유에서 발생한 유류화재에 소화적응성이 있다.
② 물분무는 입자가 적당할수록 질식소화에 용이하다.
③ 분무주수는 화점에 대한 명중률이 직사방수보다 좋다.
④ 분무주수는 단거리 공격에 해당되며, 실외 등 개방된 공간에
   는 효과가 적다.

PART 4 소화론

01 ☐☐☐

20. 간부

제거소화방법으로 옳은 것은?

> ㄱ. 전기화재 시 전원 차단
> ㄴ. 가스화재 시 가스공급 차단
> ㄷ. 일반화재 시 옥내소화전 사용
> ㄹ. 유류화재 시 포 소화약제 사용
> ㅁ. 산불화재 시 방화선(도로) 구축

① ㄱ, ㄴ, ㄹ
② ㄱ, ㄴ, ㅁ
③ ㄴ, ㄷ, ㄹ
④ ㄴ, ㄹ, ㅁ
⑤ ㄷ, ㄹ, ㅁ

02 ☐☐☐

24. 간부

소화원리 중 제거소화의 사례에 해당하지 않는 것은?

① 촛불을 입으로 불어 소화하는 방법
② 식용유 화재 시 주변의 야채를 집어 넣어 소화하는 방법
③ 전기화재 시 신속하게 전원을 차단하여 소화하는 방법
④ 산림화재 시 화재 진행 방향의 나무를 벌목하여 소화하는 방법
⑤ 가스화재 시 밸브를 차단시켜 가스공급을 중단하여 소화하는 방법

03 ☐☐☐

21. 공채·경채

소화방법에 대해 옳은 설명만을 모두 고른 것은?

> ㄱ. 질식소화는 일반적으로 공기 중 산소 농도를 낮추어 소화하는 방법을 말한다.
> ㄴ. 냉각소화가 가능한 약제로는 물, 강화액, CO_2, 할론 등이 있다.
> ㄷ. 피복소화는 비중이 물보다 큰 비수용성 유류화재 시 무상주수하여 소화하는 방법을 말한다.
> ㄹ. 부촉매소화는 가스화재 시 가스공급을 차단하여 소화하는 방법을 말한다.

① ㄱ, ㄴ
② ㄱ, ㄴ, ㄷ
③ ㄴ, ㄷ, ㄹ
④ ㄱ, ㄴ, ㄷ, ㄹ

04 ☐☐☐

19. 간부

다음에서 설명하는 소화방법은?

> 비중이 물보다 큰 중유 등 비수용성 유류화재 시 무상주수하거나 포 소화약제를 방사하여 유류표면에 엷은 층이 형성되어 공기 중의 산소 공급을 차단시켜 소화하는 방법을 말한다.

① 제거소화법
② 유화소화법
③ 억제소화법
④ 방진소화법
⑤ 피복소화법

05 ☐☐☐

다음 중 부촉매소화효과를 가장 기대하기 힘든 물질은 무엇인가?

① 강화액 소화약제
② 할론 소화약제
③ 수성막포
④ 분말 소화약제

07 ☐☐☐

다음 설명에 해당하는 소화방법으로 옳은 것은?

> 일반적으로 공기 중의 산소농도 21%를 15% 이하로 희석하거나 저하시키면 연소 중인 가연물은 산소의 양이 부족하여 연소가 중단된다.

① 냉각소화
② 질식소화
③ 제거소화
④ 유화소화

06 ☐☐☐

가연물의 화학적 연쇄반응 속도를 줄여 소화하는 방법으로 옳은 것은?

① 다량의 물을 주수하여 소화한다.
② 할론 소화약제를 사용하여 소화한다.
③ 연소물이나 화원을 제거하여 소화한다.
④ 에멀션(Emulsion) 효과를 이용하여 소화한다.

08 ☐☐☐

소화방법에 대한 설명 중 옳지 않은 것은?

① 부촉매소화는 연소의 4요소 중 연쇄반응의 속도를 빠르게 하는 부촉매를 억제시키는 것으로 화학적 소화방법이다.
② 냉각소화로 많이 이용되는 물은 비열, 증발잠열의 값이 다른 물질에 비해 커서 가연성 물질을 발화점 혹은 인화점 이하로 냉각하는 효과가 있다.
③ 제거소화는 연소반응이 일어나고 있는 연소물이나 화원을 제거하여 연소반응을 중지시켜 소화하는 방법을 말한다.
④ 질식소화는 연소하기 위해서 반드시 필요한 산소공급원의 공급을 차단하여 연소를 중단시키는 방법으로 물질마다 차이는 있지만 액체의 경우는 산소농도가 15% 이하일 때 불이 꺼진다.
⑤ 유화효과는 물보다 비중이 큰 중유 등 비수용성의 유류화재 시 포 소화약제를 방사하거나 무상주수로 유류표면을 두드려서 증기발생을 억제함으로써 연소성을 상실시키는 소화효과이다.

09 □□□

17. 하반기 공채

다음 중 질식소화에 대한 설명으로 가장 옳은 것은?

① 연소가 진행되고 있는 계의 열을 빼앗아 온도를 떨어뜨림으로써 불을 끄는 방법이다.

② 가연물을 제거하여 연소현상을 제어하는 방법이다.

③ 화염이 발생하는 연소반응을 주도하는 라디칼을 제거하여 중단시키는 방법이다.

④ 연소의 물질조건 중 하나인 산소의 공급을 차단하여 소화의 목적을 달성하는 방법이다.

10 □□□

빈출문제

화재의 기본적인 소화방법으로 옳지 않은 것은?

① 냉각소화

② 질식소화

③ 촉매소화

④ 제거소화

11 □□□

빈출문제

가스화재 시 밸브를 차단시켜 가스공급을 중단시키는 소화방법의 소화원리로 옳은 것은?

① 냉각소화

② 희석소화

③ 제거소화

④ 억제소화

⑤ 질식소화

소화의 기본원리 2

정답 및 해설 p.45

PART 4

해커스소방 김정희 소방학개론 단원별 기출문제집

01 □□□ 23. 공채·경채

소화방법에 관한 설명으로 옳은 것만을 <보기>에서 있는 대로 고른 것은?

<보기>
ㄱ. 산림화재 시 화재 진행방향의 나무를 벌목하는 것은 제거소화의 방법 중 하나이다.
ㄴ. 물은 비열, 증발잠열의 값이 작아서 주로 냉각소화에 사용된다.
ㄷ. 부촉매 소화는 화학적 소화에 해당한다.
ㄹ. 유류화재는 포 소화약제를 방사하여 유류 표면에 얇은 층을 형성함으로써 공기 공급을 차단해 소화한다.
ㅁ. 물에 침투제를 첨가하는 이유는 표면장력을 증가시켜 소화능력을 향상하기 위함이다.

① ㄱ, ㄷ, ㄹ
② ㄴ, ㄹ, ㅁ
③ ㄱ, ㄴ, ㄷ, ㄹ
④ ㄱ, ㄷ, ㄹ, ㅁ

02 □□□ 기출변형

포를 방사하여 화원의 표면을 덮음으로써 유류표면에 물로 형성된 층은 물과 기름의 얇은 막을 만들며 곧 공기차단 효과를 나타내기도 한다. 일반적으로 연소의 확대 우려가 큰 가연성 액체의 화재 등에 사용하는 설비로서 연소의 4요소 중 산소를 공급하는 물질을 차단하여 소화하는 방법은?

① 냉각소화
② 부촉매소화
③ 질식소화
④ 제거소화

03 □□□ 빈출문제

다음 중 가연물의 냉각소화에 대한 설명으로 옳지 않은 것은?

① 냉각소화는 화학적 소화이다.
② 열을 흡수하여 가연성 연소생성물의 생성을 억제한다.
③ 봉상주수는 냉각소화효과가 있는 주수방식이다.
④ 발화점 이하의 에너지 상태로 가연물을 유지하기 위함이다.

04 □□□ 빈출문제

다음 소화방법 중 촛불을 입으로 불어서 껐을 때의 소화효과는?

① 억제소화
② 질식소화
③ 냉각소화
④ 제거소화

05 □□□

빈출문제

다음 중 화재의 일반적인 소화방법으로 알맞지 않은 것은?

① 공기 중 산소공급을 막는 질식소화
② 혼합기체를 사용하여 농도 이하로 낮추는 희석소화
③ 물을 이용한 유류화재의 질식소화
④ 가연물을 제거하는 제거소화

06 □□□

빈출문제

프라이팬에 식용유가 불이 붙어 옆에 있던 식용유를 부었더니 불이 꺼졌다면 다음 중 가장 적합한 소화원리는?

① 냉각소화
② 희석소화
③ 부촉매소화
④ 질식소화

07 □□□

빈출문제

물을 분무주수할 때 얻을 수 있는 가장 큰 소화효과는?

① 질식소화
② 냉각소화
③ 제거소화
④ 부촉매소화

08 □□□

18. 하반기 공채

소화약제로 팽창질석 또는 팽창진주암을 사용하였을 때, 적응성이 가장 좋은 화재로 옳은 것은?

① 일반화재
② 전기화재
③ 금속화재
④ 가스화재

09 □□□

22. 공채 · 경채

중질유화재 시 무상주수를 함으로써 기대할 수 있는 소화효과로 올바르게 묶인 것은?

① 질식소화, 부촉매소화
② 질식소화, 유화소화
③ 유화소화, 타격소화
④ 피복소화, 타격소화

01 ☐☐☐
24. 간부

물 소화약제에 관한 설명으로 옳지 않은 것은?

① 물은 분자 내에서는 수소결합을, 분자 간에는 극성공유결합을 하여 소화약제로써의 효과가 뛰어나다.

② 물의 증발잠열은 100℃, 1기압에서 539kcal/kg이므로 냉각소화에 효과적이다.

③ 물의 주수형태 중 무상은 전기화재에도 적응성이 있다.

④ 물 소화약제를 알코올 등과 같은 수용성 액체 위험물 화재에 사용하면 희석작용을 하여 소화효과가 있다.

⑤ 중질유화재에 물을 무상으로 주수 시 급속한 증발에 의한 질식효과와 함께 에멀션(Emulsion) 형성에 의한 유화효과가 있다.

02 ☐☐☐
21. 공채·경채

물 소화약제에 대한 설명으로 옳은 것은?

① 질식소화작용은 기대하기 어렵다.

② 분무상으로 방사 시 B급 화재 및 C급 화재에도 적응성이 있다.

③ 물은 비열과 기화열 값이 작아 냉각소화 효과가 우수하다.

④ 수용성 가연물질인 알코올, 에테르, 에스테르(에스터) 등으로 인한 화재에는 적응성이 없다.

03 ☐☐☐
18. 간부

물 소화약제에 대한 일반적인 설명으로 옳지 않은 것은?

① 물 소화약제는 수용성 가연물의 화재 시 소화약제로 이용할 경우 알코올포 소화약제와 함께 우수한 소화작용과 소화능력을 발휘한다.

② 물 소화약제는 자기 자신이 가지고 있는 비열 및 기화열의 값이 다른 소화약제에 비하여 높고, 장기간 저장해도 소화약제로서의 기능이 상실되지 않는다.

③ 물 소화약제는 화재에 대하여 냉각·질식·유화·희석소화작용과 고압으로 주수 시 화재의 화세를 제압하거나 이웃한 소방대상물로의 연소방지 기능 등 여러 가지의 소화작용을 가지고 있다.

④ 물 소화약제는 제4류 위험물 중 중질유인 중유 화재 시 봉상주수에 의해서 유화층을 형성하여 질식·냉각 및 유화소화작용을 일으켜 신속하게 소화하는 기능을 갖는다.

⑤ 물 소화약제는 자연으로부터 쉽게 얻을 수 있으며, 저장 및 취급이 용이하고 간단한 조작 및 방법에 의해서 사용이 가능하여 빠른 시간 내에 화재를 소화할 수 있는 장점이 있다.

04 ☐☐☐
17. 간부

물 소화약제에 대한 설명으로 옳지 않은 것은?

① 물은 A급 화재에서는 우수한 소화능력이 발휘되나, B급 화재에서는 오히려 화재가 확대될 수 있고, C급 화재에서는 소화가 가능 하지만 감전사고의 위험성이 있으므로 주의하여야 한다.

② 물 소화약제를 무상수주 하게 되면 냉각효과 뿐만 아니라 수증기의 급격한 팽창에 의한 산소농도를 감소시켜 질식효과를 기대할 수 있다.

③ 소화효과를 높이기 위해서는 증발률을 증가시켜야 하는데 이 경우는 물의 입자를 분무상으로 하는 것이 효과적이다.

④ 물이 소화약제로서 많이 사용되고 있는 것은 구입하기 손쉽고 가격이 비교적 저렴하기 때문이다.

⑤ 물의 입자크기가 크게 되면 표면적이 증가해서 열을 흡수하여 기화가 용이하게 되므로 입경이 클수록 냉각효과가 크다.

05 ☐☐☐

18. 상반기 공채

다음은 강화액 소화약제에 대한 설명이다. 빈칸에 알맞은 것은?

> 강화액 소화약제는 물과 탄산칼륨을 혼합하여 만든 소화약제로 냉각소화작용이 있다. 그리고 물과 탄산칼륨의 (　　)에 의하여 많은 효과는 아니지만 부촉매 효과도 가지고 있다.

① K^+

② CO_3^{2-}

③ H^+

④ OH^-

07 ☐☐☐

17. 간부

소화약제로서 갖추어야 할 조건으로 옳지 않은 것은?

① 환경에 대한 오염이 적을 것

② 소화효과가 검증된 고가의 소화약제

③ 인체에 독성이 없을 것

④ 연소의 요소 중 한 가지 이상을 제거 또는 차단할 수 있을 것

⑤ 저장에 있어 변질이 발생하지 않고 안정성이 있을 것

06 ☐☐☐

21. 간부

전기화재에 적응성이 있는 소화약제에 해당하지 않는 것은?

① 이산화탄소 소화약제

② 인산염류 소화약제

③ 중탄산염류 소화약제

④ 고체에어로졸화합물

⑤ 팽창질석 · 팽창진주암

08 ☐☐☐

빈출문제

물이 화재 현장에서 소화약제로 사용되는 이유는?

① 값이 싸고, 구하기 쉽다.

② 장기 보존이 가능하지 않다.

③ 비열과 기화열이 작아서 냉각효과가 매우 좋다.

④ 냉각 · 부촉매 등의 소화효과를 가진다.

화재의 소화 작업에 주로 물을 사용하는 이유는?

① 물의 증발잠열을 이용하기 위하여
② 가연물을 제거하기 위해
③ 물의 비중을 이용하기 위하여
④ 공기 중의 산소공급을 차단하기 위하여

물의 소화효과에 대한 설명으로 옳지 않은 것은?

① 기름표면 등에 방사되어 유화층을 형성하여 유면을 덮는 유화작용을 갖는다.
② 무상주수는 열의 차폐에도 유효하여 가스화재 및 폭발제어 설비로도 사용된다.
③ 수용성 액체는 희석하여 소화하는 희석작용을 나타낼 수 있다.
④ 냉각소화와 질식소화에 큰 효과를 낼 수 있는 것은 봉상주수이다.

소화설비에서 무상주수의 효과가 아닌 것은?

① 열을 흡수하여 냉각하는 효과가 있다.
② 산소공급을 차단하여 질식시키는 효과가 있다.
③ 화원주위의 복사열을 증진하는 효과가 있다.
④ 유류표면에 엷은 수막층을 형성하는 유화효과가 있다.

01 ☐☐☐

다음 중 물분무주수 방법에 의한 주된 소화작용은?

① 부촉매소화
② 희석소화
③ 질식소화
④ 제거소화

03 ☐☐☐

0℃ 얼음 1kg이 수증기 100℃가 되려면 몇 kcal가 필요한가?

① 619kcal
② 639kcal
③ 719kcal
④ 1,278kcal

02 ☐☐☐

다음 그래프는 1기압하에서 −20℃의 얼음 1g이 가열되는 동안의 온도변화를 나타낸 것이다. 그래프에 대한 설명으로 옳지 않은 것은?

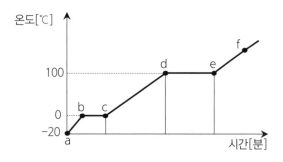

① 구간 b ~ c, 구간 d ~ e에서 잠열을 흡수한다.
② 구간 a ~ b, 구간 c ~ d, 구간 e ~ f에서 현열을 흡수한다.
③ 구간 b ~ c에서 흡수하는 열량은 약 80cal이다.
④ 구간 c ~ d에서 흡수하는 열량은 약 100cal이다.
⑤ 구간 b ~ e에서 소요되는 열량은 약 619cal이다.

04 ☐☐☐

다음 중 입자가 가장 작은 물 소화설비는?

① 옥외소화전설비
② 옥내소화전설비
③ 스프링클러설비
④ 물분무 소화설비
⑤ 미분무 소화설비

05 □□□

다음 중 물로 소화가 가능한 것은?

① 무기과산화물
② 알킬알루미늄
③ 니트로셀룰로오스(나이트로셀룰로오스)
④ 휘발유 및 경유

06 □□□

물 소화약제 첨가제 중 주요 기능이 물의 표면장력을 작게 하여 심부화재에 대한 적응성을 높여주는 것은?

① 부동제
② 증점제
③ 침투제
④ 유화제

07 □□□

물의 유실방지 및 소방대상물의 표면에 오랫동안 잔류하면서 무상주수 시 물체의 표면에서 점성의 효력을 올리는 물 소화약제 첨가제는?

① Wetting agent
② Viscous agent
③ Emulsifier
④ Rapid water

01 □□□ 24. 공채·경채

포 소화약제에 관한 설명으로 옳지 않은 것은?

① 불화단백포 소화약제는 불소계 계면활성제를 첨가하여 단백포 소화약제의 단점인 유동성을 보완하였다.
② 알콜형포 소화약제는 케톤류, 알데히드류, 아민류 등 수용성 용제의 소화에 사용할 수 있다.
③ 단백포 소화약제는 단백질을 가수분해 한 것을 주원료로 하며 내유성이 뛰어나 소화속도가 빠르다.
④ 합성계면활성제포 소화약제는 유동성과 저장성이 우수하며 저팽창포부터 고팽창포까지 사용할 수 있다.

02 □□□ 23. 공채·경채

다음 그림의 주입방식에 가장 적합한 포 소화약제로만 짝지어진 것은?

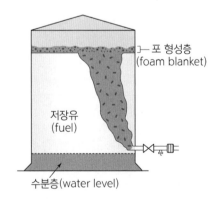

포 형성층
(foam blanket)

저장유
(fuel)

수분층(water level)

① 단백포, 불화단백포
② 수성막포, 불화단백포
③ 합성계면활성제포, 수성막포
④ 단백포, 수성막포

03 □□□ 24. 간부

기계포 소화약제 중 단백포 소화약제에 관한 설명으로 옳은 것만을 <보기>에서 있는 대로 고른 것은?

<보기>
ㄱ. 유동성이 좋다.
ㄴ. 내열성이 나쁘다.
ㄷ. 유류를 오염시킨다.
ㄹ. 유면 봉쇄성이 좋다.

① ㄱ, ㄷ
② ㄷ, ㄹ
③ ㄱ, ㄴ, ㄹ
④ ㄴ, ㄷ, ㄹ
⑤ ㄱ, ㄴ, ㄷ, ㄹ

04 □□□ 17. 상반기 공채

포 소화약제 중 분말 소화약제와 병용하면 소화효과가 7~8배 증가되는 포 소화약제로 옳은 것은?

① 화학포
② 수성막포
③ 알코올형포
④ 합성계면활성제포

05 ☐☐☐

수성막포 소화약제에 관한 내용으로 옳은 것만을 <보기>에서 있는 대로 고른 것은?

<보기>
ㄱ. 불소계 계면활성제를 주성분으로 한 것으로 안정성이 좋아 장기보존이 가능하다.
ㄴ. 알코올류, 케톤류, 에스테르류(에스터류) 등과 같은 수용성 위험물 화재에 소화적응성이 아주 우수하다.
ㄷ. 내유성이 있어 탱크 하부에서 발포하는 표면하 주입방식이 가능하며 분말 소화약제와 함께 사용 시 소화능력이 강화된다.
ㄹ. 유류의 표면에 거품과 수성막을 형성함으로써 식과 냉각 소화 작용이 우수하며 '라이트워터(Light Water)'라고도 불린다.

① ㄱ
② ㄴ, ㄷ
③ ㄱ, ㄴ, ㄹ
④ ㄱ, ㄷ, ㄹ
⑤ ㄴ, ㄷ, ㄹ

06 ☐☐☐

포 소화약제 중 저팽창포 및 고팽창포에도 쓸 수 있는 소화약제는?

① 불화단백질포
② 합성계면활성제포
③ 내알코올포
④ 수성막포

07 ☐☐☐

다음은 포 소화약제에 관한 설명이다. 가장 옳지 않은 것은?

① 수성막포는 무독성 불소계계면활성제를 주성분으로 하며 표면하주입방식에 가능하다.
② 수성막포와 단백포의 단점을 개선한 것이 내알코올포이다.
③ 단백포는 소의 뿔, 발톱, 동물의 피 등으로 만들며 내열성과 점착성이 우수하다.
④ 포는 기계포와 화학포로 구분하며, 화학포는 일반적으로 사용하고 있지 않다.

08 ☐☐☐

포(foam)에 대한 일반적인 설명으로 옳은 것은?

① 불화단백포 및 수성막포는 표면하 주입방식에 사용할 수 있다.
② 불소를 함유하고 있는 합성계면활성제포는 친수성이므로 유동성과 내유성이 좋다.
③ 단백포는 유동성은 좋으나, 내화성은 나쁘다.
④ 알콜형포 사용 시 비누화현상이 일어나면 소화능력이 떨어진다.

09 ☐☐☐

22. 간부

다음은 수성막포에 관한 설명이다. (   ) 안에 들어갈 내용으로 옳은 것은?

수성막포는 (ㄱ)이 강하여 표면하 주입방식에 효과적이며, 내약품성으로 (ㄴ) 소화약제와 Twin Agent System이 가능하다. 반면에 내열성이 약해 탱크 내벽을 따라 잔불이 남게 되는 (ㄷ)현상이 일어날 우려가 있으며, 대형화재 또는 고온화재 시 수성막 생성이 곤란한 단점이 있다.

	ㄱ	ㄴ	ㄷ
①	점착성	강화액	윤화
②	점착성	분말	선화
③	내유성	분말	선화
④	내유성	강화액	선화
⑤	내유성	분말	윤화

10 ☐☐☐

기출변형

포 소화설비에서 고발포로서 제2종 기계포의 팽창비율은?

① 6배 이상 20배 미만
② 80배 이상 250배 미만
③ 250배 이상 500배 미만
④ 500배 이상 1천배 미만

11 ☐☐☐

12. 세종

다음 중 나머지 셋과 거리가 먼 것은?

① Aqueous film foaming foam
② Fluoro chemical foam
③ Loaded stream extinguisher
④ Light water

01 ☐☐☐

이산화탄소 소화약제의 특징으로 옳은 것은?

① 무색, 무취로 전도성이며 독성이 있다.
② 질식소화 효과와 기화열 흡수에 의한 냉각효과가 있다.
③ 제3류 위험물, 제5류 위험물의 소화에 사용한다.
④ 자체 증기압이 매우 낮아 별도의 가압원이 필요하다.

02 ☐☐☐

다음 특성에 해당하는 소화약제는?

ㄱ. 소화 후 소화약제에 의한 오손이 없고, 비전도성이다.
ㄴ. 장기보존이 용이하고, 추운 지방에서도 사용 가능하다.
ㄷ. 자체 압력으로 방출이 가능하고, 불연성 기체로서 주된 소화효과는 질식효과이다.

---

① 이산화탄소 소화약제
② 산알칼리 소화약제
③ 포 소화약제
④ 할로겐화합물 소화약제

03 ☐☐☐

이산화탄소 소화설비에 대한 설명으로 가장 옳지 않은 것은?

① 이산화탄소 소화설비는 수계 소화설비이다.
② 이산화탄소 소화약제는 가격이 저렴하다.
③ 침투성이 좋고 심부화재에 적합하다.
④ 이산화탄소는 비전도성으로 전기화재 등에 적합하다.

04 ☐☐☐

전기실에 사용하는 이산화탄소 소화약제의 주된 소화작용으로 가장 적절한 것은?

① 제거소화
② 질식소화
③ 부촉매소화
④ 냉각소화

05 ☐☐☐ 13. 간부

다음 중 이산화탄소 소화설비에 대한 설명으로 옳지 않은 것은?

① 화재 시 실내 인원을 실외로 대피시키기 위하여 1분 이상 경보를 울려야 한다.

② 나트륨, 칼륨 등 활성금속물질에는 소화약제의 사용을 피하여야 한다.

③ 액상의 이산화탄소가 기체상의 이산화탄소로 기화하면서 화재 발생 장소의 주위로부터 많은 열을 흡수하므로 화재를 발화점 이하로 냉각시켜 소화시키는 기능을 한다.

④ 전역방출방식에서 심부화재는 7분 이내 방사, 표면화재는 1분 이내에 방사한다.

⑤ 전시장 등의 관람을 위하여 다수인이 출입·통행하는 실내의 통로에 설치하도록 한다.

06 ☐☐☐ 21. 간부

밀폐된 구획공간에서 이산화탄소 방사 시 산소농도를 10(vol)%로 설계할 때 방사하는 이산화탄소의 농도는? (단, 소수점은 올림 처리한다)

① 15(vol)%

② 24(vol)%

③ 35(vol)%

④ 45(vol)%

⑤ 53(vol)%

07 ☐☐☐ 18. 상반기 공채

공기 중 산소의 농도가 20(vol)%라고 가정한다면 산소농도를 10(vol)%로 하기 위한 이산화탄소의 농도는?

① 50(vol)%

② 25(vol)%

③ 20(vol)%

④ 15(vol)%

08 ☐☐☐ 빈출문제

이산화탄소 소화약제에 대한 설명으로 가장 옳지 않은 것은?

① 유류화재 및 전기화재에 주로 사용되며 전역방출방식으로 소화할 때 일반화재에는 소화적응성이 없다.

② 이산화탄소는 최종산화물로서 더 이상 연소반응을 일으키지 않기 때문에 소화약제로 쓰인다.

③ 표면화재에 우수한 효과를 나타내며 심부화재에도 효과가 크다.

④ 소화 후 소화약제에 의한 손실은 없으나 방출 시 인명피해가 우려되는 밀폐된 공간에는 사용을 제한하고 있다.

09 ☐☐☐ 빈출문제

다음 중 이산화탄소 소화약제에 대한 설명으로 옳지 않은 것은?

① 전기화재에 적합하다.

② 상온에서는 기체이지만 액화하여 보관한다.

③ 공기보다 3.5배 무겁다.

④ 주된 소화효과는 질식소화 효과이다.

01 □□□

17. 하반기 공채

표준 상태에서 할론 1301 소화약제가 공기 중으로 방사되어 균일하게 혼합되어 있을 때 할론 1301의 기체 비중은 얼마인가? (단, 공기의 분자량은 29, F의 원자량은 19, Br의 원자량은 80이며, 소수점 셋째자리에서 반올림한다)

① 2.76
② 4.92
③ 5.14
④ 9.34

02 □□□

16. 간부

어떤 물질이 지구온난화에 기여하는 능력을 상대적으로 나타내는 오존파괴지수(ODP; Ozone Depletion Potential)의 기준물질은?

① CFC-11
② CFC-12
③ CFC-111
④ CFC-112
⑤ CFC-1301

03 □□□

12. 전북

다음 중 오존파괴지수(ODP)가 큰 순서대로 나열한 것은?

가. IG-541	나. 할론 1211
다. 할론 2402	라. 할론 1301

① 라 - 다 - 나 - 가
② 라 - 다 - 가 - 나
③ 라 - 나 - 가 - 다
④ 라 - 가 - 나 - 다

04 □□□

24. 공채 · 경채

할론(Halon) 소화약제에 관한 설명으로 옳은 것은?

① 지방족 탄화수소, 메테인, 에테인 등의 수소 원자 일부 또는 전부가 할로젠 원소(F, Cl, Br, I)로 치환된 화합물이며 메테인, 에테인과 물리 · 화학적 성질이 비슷하다.
② Halon 1301과 Halon 1211은 모두 상온, 상압에서 기체로 존재하며 유류화재, 전기화재, 금속의 수소화합물, 유기과산화물에 적응성이 있다.
③ Halon 2402는 상온, 상압에서 액체로 존재하며 자체적인 독성은 없지만 열분해 시 독성가스를 발생시킨다.
④ Halon 1211은 자체 증기압이 낮아 저장용기에 저장할 때 소화약제의 원활한 방출을 위해 질소가스로 가압한다.

✅ 출제오류로 정답없음

01 ☐☐☐
23. 공채·경채

할로겐화합물 및 불활성기체 소화약제에 관한 설명으로 옳지 않은 것은?

① IG-01, IG-55, IG-100, IG-541 중 질소를 포함하지 않은 약제는 IG-100이다.

② 할로겐화합물 소화약제 중 HFC-23(트리플루오르메탄)의 화학식은 CHF_3이다.

③ 부촉매 소화효과는 불활성기체 소화약제에는 없으나 할로겐 화합물 소화약제는 있다.

④ 할로겐화합물 소화약제는 불소, 염소, 브롬(브로민) 또는 요오드(아이오딘) 중 하나 이상의 원소를 포함하고 있는 유기 화합물을 기본성분으로 하는 소화약제를 말한다.

02 ☐☐☐
21. 간부

할로겐화합물 및 불활성기체 소화약제 중 불활성기체 소화약제를 구성할 수 있는 물질에 해당하지 않는 것은?

① 헬륨
② 네온
③ 염소
④ 질소
⑤ 아르곤

03 ☐☐☐
19. 공채·경채

불활성기체 소화약제의 표기와 화학식의 연결이 옳지 않은 것은?

① IG-01 → Ar

② IG-100 → N_2

③ IG-541 → N_2: 52%, Ar: 40%, Ne: 8%

④ IG-55 → N_2: 50%, Ar: 50%

04 ☐☐☐
16. 간부

할로겐화합물 및 불활성기체 소화약제에 대한 설명으로 가장 적절하지 않은 것은?

① 전기적으로 비전도성이며 휘발성이 있으며 증발 후 잔여물을 남기지 않는다.

② 오존파괴지수와 지구온난화지수가 할론과 이산화탄소에 비해 무시할 정도로 낮다.

③ 화재에 대하여 질식·냉각소화 및 부촉매소화 기능이 우수하다.

④ 소화약제 방출시 이산화탄소와 같이 산소의 농도를 급격하게 저하시키지 않는다.

⑤ 화재를 소화하는 동안 피연소물질에 물리적·화학적 변화나 재산상의 피해를 주지 않으며, 소화가 완료된 후 특별한 물질이나 지방성 부산물을 발생시키는 단점이 있다.

05 ☐☐☐

불활성기체 소화약제 중 IG-541에 대한 설명으로 옳지 않은 것은?

① 사람이 있는 곳에서 사용할 수 있다.
② 할론이나 분말 소화약제와 같은 화학적 작용에 의한 소화효과가 있다.
③ 오존파괴지수(ODP)가 영(0)이다.
④ 성분은 질소(N_2) 52%, 아르곤(Ar) 40%, 이산화탄소(CO_2) 8%이다.

06 ☐☐☐

불활성기체 소화약제 중 IG-541의 성분으로 옳은 것은?

① He, Ne, Ar이 각각 50%, 40%, 10%가 들어있다.
② N_2, Ne, Ar이 각각 52%, 40%, 8%가 들어있다.
③ N_2, Ar, CO_2가 각각 50%, 40%, 10%가 들어있다.
④ N_2, Ne, Ar이 각각 50%, 40%, 10%가 들어있다.
⑤ N_2, Ar, CO_2가 각각 52%, 40%, 8%가 들어있다.

07 ☐☐☐

할로겐화합물 및 불활성기체 소화약제에 관하여 옳지 않은 것은?

① 할로겐화합물 및 불활성기체 소화약제는 오존층 보호용인 친환경적인 소화약제이다.
② 할론 소화약제를 모두 포함한 약제를 말한다.
③ 증발성이 있거나 증발 후 대기 중 잔여물을 남기지 않는 깨끗한 소화약제이다.
④ 오존파괴지수(ODP)와 지구온난지수(GWP)가 제로(Zero)에 가깝다.

08 ☐☐☐

할로겐화합물 소화약제가 갖추어야 할 일반적인 조건으로 옳지 않은 것은?

① 독성이 적을수록 좋다.
② 지구 온난화에 끼치는 영향이 적을수록 좋다.
③ 대기 중에 잔존 시간이 길수록 좋다.
④ 오존층 파괴에 끼치는 영향이 적을수록 좋다.

09 ☐☐☐

할로겐화합물 소화약제 중 'HCFC BLEND A'의 구성 요소가 아닌 것은?

① HCFC - 123
② C_3HF_7
③ HCFC - 22
④ HCFC - 124
⑤ $C_{10}H_{16}$

01 ☐☐☐
23. 공채·경채

분말 소화약제에 관한 설명으로 옳지 않은 것은?

① 제2종 분말 소화약제의 주성분은 $KHCO_3$이다.
② 제1·2·3종 분말 소화약제는 열분해 반응에서 CO_2가 생성된다.
③ $NaHCO_3$이 주된 성분인 분말 소화약제는 B·C급 화재에 사용하고 분말 색상은 백색이다.
④ $NH_4H_2PO_4$이 주된 성분인 분말 소화약제는 A·B·C급 화재에 유효하고 비누화현상이 일어나지 않는다.

02 ☐☐☐
19. 공채·경채

다음 중 메타인산(HPO_3)이 일반 가연물질인 나무, 종이 등의 표면에 피막을 이루어 공기 중의 산소를 차단하는 방진작용과 관련이 있는 것은?

① 제1종 분말 소화약제
② 제2종 분말 소화약제
③ 제3종 분말 소화약제
④ 제4종 분말 소화약제

03 ☐☐☐
18. 하반기 공채

제3종 분말 소화약제에 대한 설명으로 옳지 않은 것은?

① 백색으로 착색되어 있다.
② ABC급 분말 소화약제라고도 부른다.
③ 주성분은 제1인산암모늄($NH_4H_2PO_4$)이다.
④ 현재 생산되고 있는 분말 소화약제의 대부분을 차지하고 있다.

04 ☐☐☐
18. 간부

분말 소화약제에 대한 일반적인 설명으로 옳지 않은 것은?

① 제5류 위험물인 자기연소성 물질의 화재에 강한 소화력을 가지고 있다.
② 전기절연성이 높아 고전압의 전기화재에도 적합하다.
③ 제3종 분말 소화약제의 착색은 담홍색이다.
④ 피연소 물질에 영향을 끼치는 단점을 가지고 있다.
⑤ 습기의 흡입에 주의하여야 한다.

05 ☐☐☐
17. 상반기 공채

분말 소화약제 중 ABC급 화재에 모두 적용가능하며, 담홍색의 소화분말은 (ㄱ) 분말이며, 주성분은 (ㄴ)이다. ( ) 안에 알맞은 말은?

	ㄱ	ㄴ
①	제1종	중탄산나트륨
②	제2종	중탄산나트륨
③	제3종	제1인산암모늄
④	제4종	중탄산나트륨

06 ☐☐☐
15. 간부

다음 중 분말 소화약제에 대한 설명으로 옳지 않은 것은?

① 분말의 입도는 너무 커도 또는 너무 미세해도 안 되며, 적당한 입자는 20 ~ 25㎛ 정도가 가장 좋다.
② 제3종 분말 소화약제는 식용유화재에서 비누화 소화작용 효과가 있다.
③ 제3종 분말 소화약제는 일반, 유류, 전기화재에 사용이 가능하다.
④ 소화성능은 4종이 가장 우수하다.
⑤ 제1종 분말의 색은 백색이다.

07 ☐☐☐
13. 간부

다음 중 분말 소화약제에 대하여 가장 옳지 않은 것은?

① 제3종 분말 소화약제의 착색은 담홍색이다.
② 자기연소 및 내부연소를 하는 물질에 질식소화효과가 크다.
③ 제4종 분말 소화약제는 중탄산칼륨과 요소로 조합되어 있다.
④ 전기가 통하지 않는 비전도성이며, 독성은 없다.
⑤ 제1종 분말 소화약제의 성분은 중탄산나트륨이다.

08 ☐☐☐
16. 통합

분말 소화약제의 소화효과로 옳지 않는 것은?

① 질식소화
② 냉각소화
③ 방사열 차단
④ 희석소화

09 ☐☐☐
빈출문제

분말 소화약제 중에서 제1종 분말 소화약제와 제2종 분말 소화약제가 방사되었을 때 공통으로 생성되는 물질은?

① N_2, O_2
② N_2, CO_2
③ H_2O, CO_2
④ O_2, CO_2

10 ☐☐☐
빈출문제

분말 소화약제 중에서 질식소화, 냉각소화 및 비누화현상이 나타나는 것은?

① 제1종 분말 소화약제
② 제2종 분말 소화약제
③ 제3종 분말 소화약제
④ 제4종 분말 소화약제

11 ☐☐☐
빈출문제

분말 소화약제에 대하여 옳지 않은 것은?

① 분말 소화약제 제1종과 제2종은 B급, C급 화재에 사용된다.
② 분말 소화약제 제1종과 제2종, 제4종은 B급, C급 화재에 사용된다.
③ 제3종 분말 소화약제는 A급, B급, C급 화재에 사용된다.
④ 제4종 분말 소화약제는 A급, B급, C급 화재에 사용된다.

12 ☐☐☐
22. 간부

제3종 분말 소화약제가 열분해될 때 생성되는 물질로써 방진작용을 하는 물질은?

① N_2(질소)
② H_2O(수증기)
③ K_2CO_3(탄산칼륨)
④ HPO_3(메타인산)
⑤ Na_2CO_3(탄산나트륨)

해커스소방 **fire.Hackers.com**

PART 5 소방시설

01 □□□

24. 간부

「소방시설 설치 및 관리에 관한 법률 시행령」상 소방시설의 내용으로 옳은 것만을 <보기>에서 고른 것은?

<보기>

ㄱ. 소화설비: 소화기구, 스프링클러설비등, 연소방지설비 등
ㄴ. 경보설비: 자동화재속보설비, 누전경보기, 가스누설경보기 등
ㄷ. 피난구조설비: 유도등, 비상조명등 및 휴대용비상조명등, 비상방송설비 등
ㄹ. 소화용수설비: 상수도소화용수설비, 소화수조·저수조, 그 밖의 소화용수설비
ㅁ. 소화활동설비: 비상콘센트설비, 제연설비, 연결살수설비 등

---

① ㄱ, ㄴ, ㄷ
② ㄱ, ㄴ, ㄹ
③ ㄱ, ㄷ, ㅁ
④ ㄴ, ㄷ, ㅁ
⑤ ㄴ, ㄹ, ㅁ

03 □□□

21. 간부

「화재예방, 소방시설 설치·유지 및 안전관리에 관한 법률 시행령」상 소방시설의 설비 분류가 다른 것은?

① 상수도소화용수설비
② 연결송수관설비
③ 연결살수설비
④ 연소방지설비
⑤ 무선통신보조설비

✓ 현재는 관련규정이 「소방시설 설치 및 관리에 관한 법률 시행령」으로 이관됨

02 □□□

20. 공채·경채

소방시설의 분류와 해당 소방시설의 종류가 옳게 연결된 것은?

① 소화설비 - 옥내소화전설비, 포 소화설비, 간이스프링클러설비
② 경보설비 - 자동화재속보설비, 자동화재탐지설비, 제연설비
③ 소화용수설비 - 상수도소화용수설비, 소화수조, 연결살수설비
④ 소화활동설비 - 시각경보기, 연결송수관설비, 무선통신보조설비

04 □□□

19. 공채·경채

소방시설의 종류에 따른 분류가 옳게 짝지어진 것은?

① 경보설비 - 비상조명등
② 소화설비 - 연소방지설비
③ 피난구조설비 - 비상방송설비
④ 소화활동설비 - 비상콘센트설비

05 □□□

다음 소방시설에 대한 설명으로 옳지 않은 것만 고른 것은?

> ㄱ. 소화활동설비에는 연소방지설비, 비상콘센트설비, 무선통
>   신보조설비, 비상방송설비 등이 포함된다.
> ㄴ. 소화용수설비에는 상수도소화용수설비, 소화수조, 저수조,
>   정화조 등이 포함된다.
> ㄷ. 피난구조설비 중 피난기구에는 피난사다리, 완강기, 구조
>   대 등이 포함된다.
> ㄹ. 소화설비는 소화기구, 자동소화장치, 옥내소화전설비, 옥외
>   소화전설비 등이 포함된다.

① ㄱ
② ㄱ, ㄴ
③ ㄱ, ㄴ, ㄷ
④ ㄱ, ㄴ, ㄷ, ㄹ

06 □□□

소방시설의 종류 중 분류가 다른 것은?

① 연결송수관설비
② 연결살수설비
③ 상수도소화용수설비
④ 제연설비

07 □□□

「화재예방, 소방시설의 설치·유지 및 안전관리에 관한 법률 시행령」상 설명으로 옳은 것은?

① 방열복, 공기호흡기, 공기안전매트는 피난구조설비이다.
② 지하구란 곧바로 지상으로 갈 수 있는 출입구가 있는 층을
   말한다.
③ 화재를 진압하는 데 필요한 물을 공급하거나 저장하는 설비
   를 소화활동설비라 한다.
④ 무창층에 설치되는 개구부의 크기는 지름 70cm의 원이 내접
   할 수 있어야 한다.
⑤ 옥내소화전설비, 포 소화설비, 소화기구, 연결송수관설비 등
   은 소화설비에 해당한다.

✅ 현재는 관련규정이 「소방시설 설치 및 관리에 관한 법률 시행령」으로 이관됨

08 □□□

소방시설에 대한 설명으로 옳지 않은 것은?

① 소화설비란 물 또는 그 밖의 소화약제를 사용하여 소화하는
   기계·기구 또는 설비로서 소화기구, 자동소화장치, 옥내·외
   소화전설비, 스프링클러설비 등이 있다.
② 경보설비란 화재 발생 사실을 통보하는 기계·기구 또는 설
   비로서 단독경보형감지기, 비상경보설비, 자동화재탐지설비
   등이 있다.
③ 피난구조설비란 화재가 발생할 경우 피난하기 위하여 사용
   하는 기구 또는 설비로서 피난기구, 인명구조기구, 유도등,
   비상조명등 및 휴대용비상조명등이 있다.
④ 소화용수설비란 화재진압에 필요한 물을 공급하거나 저장하는
   설비로서 상수도소화용수설비, 소화수조, 저수조 등이 있다.
⑤ 소화활동설비란 화재를 진압하거나 인명 구조활동을 위하여
   사용하는 설비로서 비상방송설비, 자동화재속보설비, 피난사
   다리, 완강기 등이 있다.

09 □□□

소방시설은 소화설비, 경보설비, 피난구조설비, 소화용수설비, 소화활동설비로 분류된다. 다음 정의로 분류되는 소방시설로 옳지 않은 것은?

> 화재를 진압하거나 인명구조활동을 위하여 사용하는 설비

① 제연설비
② 인명구조설비
③ 연결살수설비
④ 무선통신보조설비

10 □□□

다음은 소방시설의 분류에 관한 설명에서 옳은 것은?

① 소화설비 – 소화기구, 옥내소화전설비, 스프링클러설비, 연결살수설비
② 피난구조설비 – 비상조명등, 유도등 및 유도표지, 피난기구, 제연설비
③ 소화용수설비 – 상수도 소화설비, 저수조, 소화수조, 무선통신보조설비
④ 경보설비 – 비상벨설비 및 자동식사이렌설비, 비상방송설비, 통합감시시설

11 □□□

「화재예방, 소방시설 설치·유지 및 안전관리에 관한 법률 시행령」상 소방시설의 연결이 옳은 것만을 <보기>에서 있는 대로 고른 것은?

> **<보기>**
> ㄱ. 소화설비: 자동소화장치, 옥내소화전설비, 물분무등소화설비
> ㄴ. 경보설비: 통합감시시설, 시각경보기, 단독경보형 감지기
> ㄷ. 피난구조설비: 피난기구, 인명구조기구, 제연설비
> ㄹ. 소화활동설비: 연결송수관설비, 비상콘센트설비, 무선통신보조설비

① ㄱ, ㄴ
② ㄷ, ㄹ
③ ㄱ, ㄴ, ㄹ
④ ㄴ, ㄷ, ㄹ
⑤ ㄱ, ㄴ, ㄷ, ㄹ

✅ 현재는 관련규정이 「소방시설 설치 및 관리에 관한 법률 시행령」으로 이관됨

01 ☐☐☐

기출변형

다음 중 자동소화장치가 아닌 것은?

① 주거용 주방자동소화장치
② 상업용 주방자동소화장치
③ 자동확산소화기
④ 고체에어로졸자동소화장치

02 ☐☐☐

13. 간부

소방시설 중 소화설비로서 옳지 않은 것은?

① 물 소화설비
② 포 소화설비
③ 이산화탄소 소화설비
④ 연결살수설비
⑤ 옥내소화전설비

03 ☐☐☐

17. 간부

다음 중 물분무등소화설비에 해당하지 않은 것은?

① 옥내소화전설비
② 강화액 소화설비
③ 포 소화설비
④ 분말 소화설비
⑤ 할로겐화합물 및 불활성기체 설비

04 ☐☐☐

기출변형

소화기의 설치·유지 및 관리에 대한 설명으로 가장 옳지 않은 것은?

① 소화기를 각각의 보행거리마다 중요 위치에 분산시켜 관리해야 한다.
② 바닥높이로부터 1.5m 이하에 지정하여 설치한다.
③ 능력단위가 2단위 이상이 되도록 소화기를 설치하여야 할 특정소방대상물 또는 그 부분에 있어서는 간이소화용구의 능력단위가 전체 능력단위의 2분의 1을 초과하여 설치한다.
④ 특정소방대상물의 각 부분으로부터 1개의 소화기까지의 보행거리가 소형소화기의 경우에는 20m 이내, 대형소화기의 경우에는 30m 이내가 되도록 배치한다.

05 ☐☐☐

소화기의 설치기준에 대한 설명 중 옳지 않은 것은?

① 특정소방대상물의 각 층이 2이상의 거실로 구획된 경우에는 각 층마다 설치하는 것 외에 바닥면적이 33m² 이상으로 구획된 각 거실에도 배치한다.

② 대형소화기는 A급 10단위 이상, B급 20단위 이상으로 운반대와 바퀴가 설치된 것이다.

③ 각 층마다 설치하되 특정소방대상물의 각 부분으로부터 1개의 소화기까지 보행거리가 소형소화기의 경우 20m 이내, 대형소화기의 경우에는 30m 이내가 되도록 배치한다.

④ 능력단위가 2단위 이상이 되도록 소화기를 설치하여야 할 특정소방대상물에는 간이소화용구의 능력단위가 전체 능력단위의 2분의 1을 초과하지 않도록 한다.

⑤ 지하구의 경우에는 화재 발생의 우려가 있거나 사람의 접근이 어려운 장소에 한하여 설치할 수 있다.

06 ☐☐☐

다음 중 대형소화기의 성능으로 옳은 것은?

① A급 1단위 이상, B급 5단위 이상

② A급 10단위 이상, B급 10단위 이상

③ A급 20단위 이상, B급 10단위 이상

④ A급 10단위 이상, B급 20단위 이상

07 ☐☐☐

다음 중 대형소화기의 소화약제 충전량으로 옳은 것은?

① 물소화기: 50L

② 분말소화기: 10kg

③ 강화액소화기: 50L

④ 이산화탄소소화기: 50kg

01 ☐☐☐

옥내소화전설비 가압송수장치의 체절운전 시 수온의 상승을 방지하기 위해 설치하는 것은?

① 연성계
② 물올림장치
③ 압력챔버
④ 순환배관
⑤ 스트레이너

03 ☐☐☐

건축물 내에 설치되는 고정식 설비이면서 수동식 수계 소화설비로 옳은 것은?

① 분말소화전설비
② 가스소화전설비
③ 옥내소화전설비
④ 옥외소화전설비

02 ☐☐☐

소화설비에 대한 설명으로 옳은 것은?

① 산·알칼리소화기는 가스계 소화기로 분류된다.
② 이산화탄소 소화설비는 화재감지기, 선택밸브, 방출표시등, 압력스위치 등으로 구성된다.
③ 슈퍼바이저리패널(Supervisory panel)은 습식 스프링클러설비의 구성요소이다.
④ 순환배관은 옥내소화전설비의 펌프 체절운전 시 수온 하강 방지를 위해 설치한다.

04 ☐☐☐

소화설비인 옥내소화전설비는 당해 소방대상물의 각 부분으로부터 하나의 옥내소화전 방수구까지의 수평거리는 얼마 이하로 하여야 하는가?

① 20m 이하
② 25m 이하
③ 30m 이하
④ 35m 이하

05 □□□

빈출문제

가압송수장치인 소방펌프의 체절운전으로 인한 수온상승과 과압으로 배관이 파손되는 경우를 방지하기 위하여 설치하는 것은?

① 순환배관 및 릴리프밸브
② 물올림장치
③ 압력챔버
④ 수격방지기

07 □□□

23. 간부

옥내소화전설비의 가압송수장치 펌프성능시험에 관한 설명이다. ( ) 안에 들어갈 내용으로 옳은 것은?

> 펌프의 성능은 체절운전 시 정격토출압력의 (ㄱ)%를 초과하지 않고, 정격토출량의 (ㄴ)%로 운전 시 정격토출압력의 (ㄷ)% 이상이 되어야 하며, 펌프의 성능을 시험할 수 있는 성능시험배관을 설치할 것

	ㄱ	ㄴ	ㄷ
①	65	150	140
②	140	65	150
③	140	150	65
④	150	65	140
⑤	150	140	65

06 □□□

빈출문제

옥외소화전설비의 화재안전기준에서 소화전함은 옥외소화전마다 그로부터 몇 m 이내의 장소에 설치하여야 하는가?

① 5m
② 10m
③ 20m
④ 30m

08 □□□

17. 하반기 공채

다음 중 공동현상(Cavitation)의 대책으로 옳지 않은 것은?

① 흡입관의 구경을 작게 한다.
② 펌프의 흡입측 수두를 낮게 하여 마찰손실을 줄인다.
③ 펌프의 설치높이를 수원보다 낮게 설치한다.
④ 흡입관의 길이를 짧게 하거나 배관의 굴곡부를 줄인다.

다음 중 공동현상의 발생 원인이 아닌 것은?

① 마찰손실이 클 경우
② 펌프의 흡입측 수두가 클 경우
③ 펌프의 흡입측의 관경이 클 때
④ 임펠러 회전 속도가 클 경우

자동기동방식의 펌프가 수원의 수위보다 높은 곳에 설치된 옥내소화전설비의 구성요소를 있는 대로 모두 고른 것은?

ㄱ. 기동용수압개폐장치	ㄴ. 릴리프밸브
ㄷ. 동력제어반	ㄹ. 솔레노이드밸브
ㅁ. 물올림장치	

① ㄱ, ㄴ, ㅁ
② ㄷ, ㄹ, ㅁ
③ ㄱ, ㄴ, ㄷ, ㄹ
④ ㄱ, ㄴ, ㄷ, ㅁ

소방펌프 및 관로에서 발생되는 수격현상(water hammering)의 방지책으로 옳지 않은 것은?

① 수격을 흡수하는 수격방지기를 설치한다.
② 관로에 서지 탱크(surge tank)를 설치한다.
③ 플라이휠(flywheel)을 부착하여 펌프의 급격한 속도 변화를 억제한다.
④ 관경의 축소를 통해 유체의 유속을 증가시켜 압력 변동치를 감소시킨다.

다음 중 펌프 운전 시 규칙적으로 양정과 토출양이 변화하는 현상에 해당하는 것은?

① 맥동현상
② 공동현상
③ 수격현상
④ 진공현상

01 ☐☐☐

스프링클러설비 중 감지기와 연동하여 작동하는 것만을 모두 고른 것은?

> ㄱ. 습식 스프링클러
> ㄴ. 건식 스프링클러
> ㄷ. 준비작동식 스프링클러
> ㄹ. 일제살수식 스프링클러
> ㅁ. 부압식 스프링클러

① ㄱ, ㄴ, ㄷ
② ㄱ, ㄹ, ㅁ
③ ㄴ, ㄷ, ㄹ
④ ㄷ, ㄹ, ㅁ

02 ☐☐☐

다음 내용에 해당하는 스프링클러설비 방식은?

> • 가압송수장치에서 유수검지장치 1차 측까지 배관 내에 항상 물이 가압되어 있고, 2차 측에서 폐쇄형스프링클러헤드까지 대기압 또는 저압으로 있다.
> • 화재발생 시 감지기의 작동으로 밸브가 개방되면 폐쇄형스프링클러헤드까지 소화수가 송수되고, 폐쇄형스프링클러헤드가 열에 의해 개방되면 방수가 된다.

① 습식
② 건식
③ 부압식
④ 준비작동식
⑤ 일제살수식

03 ☐☐☐

스프링클러설비의 종류별 특징에 대한 설명으로 옳은 것은?

① 일제살수식의 경우 폐쇄형 스프링클러헤드가 설치된다.
② 건식의 경우 2차측 배관에 가압수를 충전시킨다.
③ 습식과 일제살수식의 경우 감지기가 설치된다.
④ 습식의 경우 슈퍼비조리패널(Supervisory panel)이 설치된다.
⑤ 준비작동식의 경우 감지기와 폐쇄형 스프링클러헤드가 설치된다.

04 ☐☐☐

폐쇄형 스프링클러헤드를 사용하는 스프링클러설비를 <보기>에서 있는 대로 고른 것은?

> <보기>
> ㄱ. 일제살수식 스프링클러설비
> ㄴ. 부압식 스프링클러설비
> ㄷ. 준비작동식 스프링클러설비
> ㄹ. 건식 스프링클러설비
> ㅁ. 습식 스프링클러설비

① ㄱ
② ㄱ, ㄴ
③ ㄴ, ㄷ, ㄹ
④ ㄴ, ㄷ, ㄹ, ㅁ
⑤ ㄱ, ㄴ, ㄷ, ㄹ, ㅁ

05 □□□

「화재예방, 소방시설 설치·유지 및 안전관리에 관한 법률 시행령」상 스프링클러설비를 설치하여야 하는 특정소방대상물이 아닌 것은?

① 수용인원이 200명인 박물관
② 지하층에 있는 바닥면적이 300m²인 영화상영관
③ 바닥면적 합계가 1천m²인 한방병원
④ 바닥면적 합계가 6천m²인 물류터미널
⑤ 바닥면적 합계가 1만m²인 농수산물공판장

✅ 현재는 관련규정이 「소방시설 설치 및 관리에 관한 법률 시행령」으로 이관됨

06 □□□

<보기>에서 폐쇄형 스프링클러헤드를 사용하는 방식을 옳게 고른 것은?

<보기>	
ㄱ. 습식	ㄴ. 건식
ㄷ. 일제살수식	ㄹ. 준비작동식

① ㄱ, ㄴ, ㄷ
② ㄱ, ㄴ, ㄹ
③ ㄱ, ㄷ, ㄹ
④ ㄴ, ㄷ, ㄹ

07 □□□

다음에서 설명하는 스프링클러의 종류를 고르면?

1차측에는 가압수를 2차측에는 저압 또는 대기압상태로 화재가 발생하면 먼저 방호공간에 설치되어 있는 감지기의 작동에 의해 헤드까지 송수되어 있다가 화재온도에 의해 폐쇄형헤드가 개방되면 살수가 이루어져 2단계로 소화가 이루어지는 시스템이다.

① 습식 스프링클러설비
② 건식 스프링클러설비
③ 준비작동식 스프링클러설비
④ 일제살수식 스프링클러설비

08 □□□

다음에서 설명하고 있는 스프링클러 설비는 무엇인가?

주로 난방이 되지 않는 장소에 설치하는 스프링클러설비로서 유수검지장치 1차측까지 배관 내에 항상 물이 가압되어 있고, 2차측에서 스프링클러헤드까지 대기압 상태로 폐쇄형 헤드가 설치되어 있다.

① 습식 스프링클러설비
② 건식 스프링클러설비
③ 일제살수식 스프링클러설비
④ 부압식 스프링클러설비
⑤ 준비작동식 스프링클러설비

09 □□□

스프링클러헤드를 설치하지 아니할 수 있는 장소에 해당하지 않는 것은?

① 고온의 노(爐)가 설치된 장소
② 영하의 냉장창고의 냉장실 또는 냉동창고의 냉동실
③ 현관 또는 로비 등으로서 바닥으로부터 높이가 20m 이상인 장소
④ 펌프실·물탱크실, 엘리베이터 권상기실
⑤ 천장·반자 중 한쪽이 불연재료로 되어있고 천장과 반자사이의 거리가 2m 미만인 부분

10 □□□

스프링클러설비의 리타딩챔버(Retarding chamber)의 기능으로 옳은 것은?

① 역류방지
② 가압송수
③ 오작동방지
④ 동파방지

11 □□□

스프링클러설비 종류별 주요 구성품의 연결이 옳은 것만을 <보기>에서 있는 대로 고른 것은?

<보기>
ㄱ. 습식 스프링클러설비: 알람밸브, 개방형 헤드
ㄴ. 건식 스프링클러설비: 익조스터(Exhauster), 공기 압축기
ㄷ. 준비작동식 스프링클러설비: 선택밸브, SVP(Supervisory Panel)
ㄹ. 일제살수식 스프링클러설비: 일제개방밸브, 개방형 헤드

① ㄱ, ㄷ   ② ㄴ, ㄹ
③ ㄱ, ㄴ, ㄷ   ④ ㄴ, ㄷ, ㄹ
⑤ ㄱ, ㄴ, ㄷ, ㄹ

12 □□□

스프링클러설비의 종류 중에서 스프링클러의 헤드가 개방형 헤드인 것은?

① 준비작동식 스프링클러설비
② 부압식 스프링클러설비
③ 습식 스프링클러설비
④ 건식 스프링클러설비
⑤ 일제살수식 스프링클러설비

13 □□□

다음에 해당하는 스프링클러설비는?

가압송수장치에서 폐쇄형 스프링클러헤드까지 배관 내에 항상 물이 가압되어 있다가 화재로 인한 열로 폐쇄형 스프링클러헤드가 개방되면 배관 내에 유수가 발생하여 작동하게 되는 설비

① 습식 스프링클러설비
② 건식 스프링클러설비
③ 준비작동식 스프링클러설비
④ 일제살수식 스프링클러설비

14 □□□

다음 중 스프링클러설비에 대한 설명으로 옳지 않은 것은?

① 준비작동식 스프링클러설비는 감지기의 동작으로 헤드까지 소화용수가 송수되어 헤드가 열에 따라 개방되는 방식이다.
② 스프링클러설비는 관계인이 없는 야간에도 자동으로 소화할 수 있는 장점이 있다.
③ 스프링클러설비는 타 설비에 비하여 신뢰성이 매우 뛰어나다.
④ 스프링클러설비의 초기 설치비용은 타 설비에 비하여 높지만 소화 후 수손피해가 없다.

15 □□□

13. 충북

다음 중 스프링클러설비를 구성하는 배관 중 헤드가 설치된 가장 가느다란 배관은?

① 교차배관
② 수평주행배관
③ 가지배관
④ 입상배관

16 □□□

기출변형

다음 스프링클러설비 중 감지기를 별도로 설치하지 않아도 되는 설비로 옳은 것은?

ㄱ. Wet pipe system
ㄴ. Deluge system
ㄷ. Pre-action system
ㄹ. Dry pipe system

① ㄱ, ㄷ   ② ㄱ, ㄹ
③ ㄴ, ㄷ   ④ ㄷ, ㄹ

17 □□□

기출변형

스프링클러설비의 종류별 1차 및 2차측 배관의 상태로 옳지 않은 것은?

① 건식 스프링클러설비 - 1차: 가압수, 2차: 대기압
② 습식 스프링클러설비 - 1차: 가압수, 2차: 가압수
③ 준비작동식 스프링클러설비 - 1차: 가압수, 2차: 대기압
④ 일제살수식 스프링클러설비 - 1차: 가압수, 2차: 대기압

18 □□□

빈출문제

스프링클러설비 중 감지기가 설치되어 있는 방식은?

① 습식, 건식
② 준비작동식, 일제살수식
③ 준비작동식, 습식
④ 습식, 일제살수식

19 □□□

기출변형

스프링클러설비 가압송수장치에 대한 설명 중 옳지 않은 것은?

① 기동용수압개폐장치(압력챔버)를 사용할 경우 그 용적은 200L 이하로 할 것
② 가압송수장치에는 정격부하 운전 시 펌프의 성능을 시험하기 위한 배관을 설치할 것. 다만, 충압펌프의 경우에는 그러하지 아니하다.
③ 가압송수장치에는 체절운전 시 수온의 상승을 방지하기 위한 순환배관을 설치할 것. 다만, 충압펌프의 경우에는 그러하지 아니하다.
④ 펌프의 토출측에는 압력계를 체크밸브 이전에 펌프 토출측 플랜지에 가까운 곳에 설치하고, 흡입측에는 연성계 또는 진공계를 설치할 것. 다만, 수원의 수위가 펌프의 위치보다 높거나 수직회전축 펌프의 경우에는 연성계 또는 진공계를 설치하지 아니할 수 있다.

01 □□□
21. 공채·경채

포혼합장치 중 펌프 프로포셔너(Pump proportioner) 방식에 해당하는 것은?

①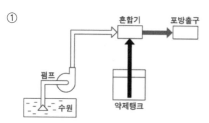

②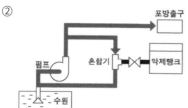

③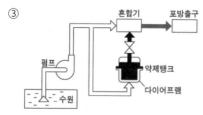

④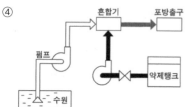

02 □□□
21. 간부

펌프와 발포기의 중간에 설치된 벤츄리 관의 벤츄리 작용과 펌프 가압수의 포 소화약제 저장탱크에 대한 압력에 따라 포 소화약제를 흡입·혼합하는 방식은?

① 프레져 사이드 프로포셔너(Pressure-side proportioner)
② 프레져 프로포셔너(Pressure proportioner)
③ 라인 프로포셔너(Line proportioner)
④ 펌프 프로포셔너(Pump proportioner)
⑤ 압축공기포 혼합장치

03 □□□
19. 공채·경채

포 소화설비에서 펌프의 토출관에 압입기를 설치하여 포 소화약제 압입용 펌프로 포 소화약제를 압입시켜 혼합하는 방식은?

① 라인 프로포셔너(Line proportioner)
② 펌프 프로포셔너(Pump proportioner)
③ 프레져 프로포셔너(Pressure proportioner)
④ 프레져 사이드 프로포셔너(Pressure side proportioner)

04 □□□
18. 하반기 공채

포 소화약제의 혼합방식 중 펌프와 발포기의 중간에 설치된 벤츄리(Venturi)관의 벤츄리 작용에 의하여 포 소화약제를 흡입·혼합하는 것은?

① 라인 프로포셔너(Line proportioner)
② 펌프 프로포셔너(Pump proportioner)
③ 프레져 프로포셔너(Pressure proportioner)
④ 프레져 사이드 프로포셔너(Pressure side proportioner)

05 □□□

펌프와 발포기의 중간에 설치된 벤츄리 관의 벤츄리 작용과 펌프 가압수의 소화약제 저장탱크 압력에 의해서 포 소화약제를 흡입·혼합하는 방식은?

① 프레져 프로포셔너 방식
② 라인 프로포셔너 방식
③ 펌프 프로포셔너 방식
④ 프레져 사이드 프로포셔너 방식

06 □□□

포 소화설비 혼합방식 중 펌프와 발포기의 중간에 설치된 벤츄리 관의 벤츄리 작용과 펌프가압수의 소화약제 저장탱크의 압력에 의해서 포 소화약제를 흡입·혼합하는 방식은?

① 프레져 사이드 프로포셔너 방식
② 프레져 프로포셔너 방식
③ 라인 프로포셔너 방식
④ 펌프 프로포셔너 방식

07 □□□

포 소화설비에 관한 설명으로 옳지 않은 것은?

① 팽창비란 최종 발생한 포 수용액 체적을 원래 포 체적으로 나눈 값을 말한다.
② 연성계란 대기압 이상의 압력과 대기압 이하의 압력을 측정할 수 있는 계측기를 말한다.
③ 국소방출방식이란 소화약제 공급장치에 배관 및 분사헤드 등을 설치하여 직접 화점에 소화약제를 방출하는 방식을 말한다.
④ 프레져 사이드 프로포셔너 방식이란 펌프의 토출관에 압입기를 설치하여 포 소화약제 압입용펌프로 포 소화약제를 압입시켜 혼합하는 방식을 말한다.

08 □□□

고발포인 제2종 기계포의 팽창비에 해당하는 것은?

① 10배 이상 20배 이하
② 100배 이상 200배 이하
③ 300배 이상 400배 이하
④ 500배 이상 600배 이하

09 □□□

플로팅루프탱크의 측면과 굽도리판(floating roof tank)에 의하여 형성된 환상부분에 포를 방출하여 소화작용을 하도록 된 포 소화설비의 고정포 방출구는?

① 특형 방출구
② Ⅰ형 방출구
③ Ⅱ형 방출구
④ Ⅲ형(표면하 주입 방출구)
⑤ Ⅳ형(반표면하 주입 방출구)

10 □□□

이산화탄소 소화설비에 대한 일반적인 설명으로 옳지 않은 것은?

① 기동용기의 가스는 압력스위치 및 자동폐쇄장치를 작동시키는 역할을 한다.
② 저장용기는 직사광선 및 빗물이 침투할 우려가 없는 곳에 설치한다.
③ 전역방출방식에서 환기장치는 이산화탄소가 방사되기 전에 정지되어야 한다.
④ 전역방출방식에서는 음향경보장치와 방출표시등이 필요하다.

01 □□□ 기출변형

다음 중 경보설비에 대한 설명으로 옳은 것은?

① 자동화재탐지설비는 감지기, 발신기, 수신기, 음향장치 등으로 구성되어 있다.
② 단독경보형감지기는 별도의 수신기를 통해 화재 발생 상황을 알린다.
③ 자동화재속보설비는 자동화재탐지설비로부터 화재신호를 받아 통신망 음성 등의 방법으로 관계인에게 자동적으로 화재 발생 위치를 신속하게 통보해주는 설비이다.
④ 비상벨설비는 화재 발생 상황을 사이렌으로 경보하는 설비이다.

03 □□□ 빈출문제

다음 소방시설의 종류 중 설비가 다른 하나는?

① 제연설비
② 단독경보형감지기
③ 비상방송설비
④ 비상경보설비

02 □□□ 16. 통합

화재 발생 사실을 통보하는 기계·기구에 해당되지 않는 것은?

① 누전경보기
② 단독경보형감지기
③ 통합감시시설
④ 무선통신보조설비

04 □□□ 15. 간부

다음 중 경보설비가 아닌 것은?

① 비상경보설비
② 비상방송설비
③ 비상콘센트설비
④ 자동화재속보설비
⑤ 자동화재탐지설비

01 ☐☐☐
20. 간부

<보기>에 제시된 건축물 1층에서 발화한 경우, 직상발화 우선경보방식으로 발하여야 하는 해당 층을 모두 나타낸 것은?

```
                   <보기>
      지하 3층,  지상 35층,  연면적 1만m²
```

① 1층, 2층
② 1층, 2층, 지하층 전체
③ 1층, 2층, 3층, 4층, 5층
④ 1층, 2층, 3층, 4층, 5층, 지하층 전체
⑤ 건물 전체 층

✓ 현재는 관련규정이 제·개정됨

02 ☐☐☐
14. 공채

「화재안전기준」상 고층건축물에서 2층 이상의 층에서 화재가 발생했을 때 우선적으로 경보를 발할 수 있는 범위는?

① 발화층 및 직상층 1층
② 발화층 및 직상층 2층
③ 발화층 및 직상층 3층
④ 발화층 및 직상층 4층

✓ 현재는 관련규정이 제·개정됨

03 ☐☐☐
21. 간부

자동화재탐지설비 감지기의 종류에 대한 설명이다. (   ) 안에 들어갈 내용으로 옳은 것은?

```
주위온도가 일정 상승률 이상이 되는 경우에 작동하는 것으
로서 일국소의 열효과에 의하여 작동하는 것을 ( ㄱ ) 감지기
라 하고, 일국소의 주위온도가 일정한 온도 이상이 되는 경우
에 작동하는 것으로서 외관이 전선으로 되어 있지 아니한 것을
( ㄴ ) 감지기라 한다. 이들 두 감지기의 성능을 겸한 것으
로서 두 성능 중 어느 하나가 작동되면 화재신호를 발하는 것
을 ( ㄷ ) 감지기라고 한다.
```

	ㄱ	ㄴ	ㄷ
①	정온식 스포트형	차동식 스포트형	보상식 스포트형
②	정온식 분포형	차동식 분포형	열복합식
③	차동식 스포트형	정온식 스포트형	보상식 스포트형
④	차동식 분포형	정온식 분포형	열복합식
⑤	차동식 감지선형	정온식 감지선형	열연복합식

04 ☐☐☐
20. 간부

자동화재탐지설비의 경계구역 설정에 대한 기준이다. (   ) 안에 들어갈 내용으로 옳은 것은?

```
하나의 경계구역의 면적은 ( ㄱ )m² 이하로 하고 한 변의
길이는 ( ㄴ )m 이하로 할 것. 다만, 해당 특정소방대상물의
주된 출입구에서 그 내부 전체가 보이는 것에 있어서는 한 변
의 길이가 ( ㄷ )m의 범위 내에서 ( ㄹ )m² 이하로 할 수
있다.
```

	ㄱ	ㄴ	ㄷ	ㄹ
①	500	50	60	800
②	500	60	50	1천
③	600	50	50	800
④	600	50	50	1천
⑤	600	60	60	1천

자동화재탐지설비에 대한 설명 중 옳지 않은 것은?

① 수신기는 화재 시 발신기 또는 감지기로부터 신호를 직접 또는 중계기를 거쳐 수신하여 건물 관계자에게 표시 및 음향장치로 알려주는 설비이며 P형은 고유신호로 수신하고 R형은 공통신호로 수신한다.

② 발신기는 화재 발생신고를 수신기 또는 중계기에 수동으로 발신하는 것을 말한다.

③ 경계구역이란 소방대상물 중 화재신호를 발신하고 그 신호를 수신 및 유효하게 제어할 수 있는 구역을 말한다.

④ 자동화재탐지설비의 구성설비는 감지기, 발신기, 중계기 및 수신기이다.

07

차동식 분포형 감지기의 종류에 해당하지 않는 것은?

① 공기관식

② 열전대식

③ 열반도체식

④ 광전식

자동화재탐지설비에서 부착 높이에 따른 감지기로 옳은 것만을 <보기>에서 있는 대로 고른 것은?

```
                        <보기>
ㄱ. 부착 높이 4m 미만: 광전식 스포트형 감지기
ㄴ. 부착 높이 4m 이상 8m 미만: 정온식 감지 선형 1종 감지기
ㄷ. 부착 높이 8m 이상 15m 미만: 차동식 스포트형 감지기
ㄹ. 부착 높이 15m 이상 20m 미만: 보상식 스포트형 감지기
```

① ㄱ, ㄴ

② ㄱ, ㄷ

③ ㄴ, ㄹ

④ ㄱ, ㄷ, ㄹ

⑤ ㄴ, ㄷ, ㄹ

소방시설 중 경보설비에 관한 설명으로 옳지 않은 것은?

① 시각경보기는 청각장애인에게 점멸 형태로 시각경보를 하는 장치이다.

② R형 수신기는 감지기 또는 발신기에서 1:1 접점방식으로 전송된 신호를 수신한다.

③ 비상방송설비는 수신기에 화재신호가 도달하면 방송으로 화재 사실을 알리는 설비이다.

④ 이온화식 감지기와 광전식 감지기는 연기를 감지하여 화재신호를 발하는 장치이다.

09 ☐☐☐
17. 상반기 공채

다음 중 자동화재탐지설비의 구성요소가 아닌 것은?

① 감지기
② 수신기
③ 발신기
④ 송신기

10 ☐☐☐
기출변형

자동화재탐지설비의 감지기가 하는 기능이 아닌 것은?

① 수신기능
② 판단기능
③ 발신기능
④ 센서기능

11 ☐☐☐
13. 간부

특정소방대상물 중 화재신호를 발신하고 그 신호를 수신 및 유효하게 제어할 수 있는 구역을 무엇이라고 하는가?

① 경계구역
② 자동화재탐지구역
③ 수신구역
④ 제어구역
⑤ 발신구역

12 ☐☐☐
기출변형

소방대상물에서 화재신호를 발신하고 그 신호를 수신 및 유효하게 제어할 수 있는 경계구역의 설정기준으로 옳지 않은 것은?

① 하나의 경계구역이 2개 이상의 건축물에 미치지 아니하도록 한다.
② 외기에 면하여 상시 개방된 부분이 있는 차고, 주차장, 창고 등에 있어서는 외기에 면하는 각 부분으로부터 5m 미만의 범위 안에 있는 부분은 경계구역의 면적에 산입 하지 않는다.
③ 하나의 경계구역의 면적은 500m² 이하로 하고 한 변의 길이는 50m 이하로 한다.
④ 하나의 경계구역이 2개 이상의 층에 미치지 아니하도록 한다. 다만 500m² 이하의 범위 안에서는 2개의 층을 하나의 경계구역으로 할 수 있다.

13 ☐☐☐
24. 공채·경채

주위 온도가 일정 상승률 이상 되는 경우에 작동하는 감지기로서 넓은 범위 내에서 열효과 누적에 의해 작동하는 것은?

① 차동식 분포형 감지기
② 차동식 스포트형 감지기
③ 정온식 스포트형 감지기
④ 정온식 감지선형 감지기

14 ☐☐☐

차동식 스포트형과 정온식 스포트형 감지기의 성능을 겸한 것으로서 둘 중 어느 한 기능이 작동되면 화재신호를 발하는 감지기는?

① 다신호식
② 아날로그식
③ 광전식 스포트형
④ 보상식 스포트형
⑤ 이온화식 스포트형

16 ☐☐☐

열감지기의 종류가 아닌 것은?

① 보상식
② 정온식
③ 광전식
④ 차동식

15 ☐☐☐

자동화재탐지설비 수신기의 화재신호와 연동으로 작동하여 관계인에게 화재발생을 경보함과 동시에 소방관서에 자동적으로 통신망을 통한 당해 화재발생 및 당해 소방대상물의 위치 등을 음성으로 통보하여 주는 것은?

① 통합감시시설
② 비상경보설비
③ 비상방송설비
④ 자동화재속보설비
⑤ 단독경보형 감지기

17 ☐☐☐

다음 중 연기감지기의 종류로 옳은 것은?

① 차동식 분포형 감지기
② 보상식 분포형 감지기
③ 광전식 분포형 감지기
④ 정온식 분포형 감지기

01 ☐☐☐
13. 간부

소방시설 중 피난구조설비로서 옳지 않은 것은?

① 비상조명등
② 객석유도등
③ 유도표지
④ 통로유도등
⑤ 비상방송설비

02 ☐☐☐
23. 간부

피난기구의 화재안전성능기준(NFPC 301)에서 피난기구의 설치 기준으로 옳지 않은 것은?

① 피난기구를 설치하는 개구부는 서로 동일직선상이 아닌 위치에 있을 것
② 구조대의 길이는 피난 상 지장이 없고 안정한 강하속도를 유지할 수 있는 길이로 할 것
③ 다수인 피난장비는 사용시에 보관실 외측 문이 먼저 열리고 탑승기가 외측으로 자동으로 전개될 것
④ 피난기구는 특정소방대상물의 기둥·바닥 및 보 등 구조상 견고한 부분에 볼트조임·매입 및 용접 등의 방법으로 견고하게 부착할 것
⑤ 4층 이상의 층에 하향식 피난구용 내림식사다리를 설치하는 경우에는 금속성 고정사다리를 설치하고, 당해 고정사다리에는 쉽게 피난할 수 있는 구조의 노대를 설치할 것

03 ☐☐☐
기출변형

다음 중 <보기>에 해당하는 내용으로 옳은 것은?

> <보기>
> • 1인 및 다수인이 사용한다.
> • 조속기, 후크, 연결금속구, 벨트, 로프로 구성되어 있다.

① 완강기
② 구조대
③ 피난사다리
④ 간이피난유도선

04 ☐☐☐
빈출문제

피난구조설비 중 인명구조기구에 해당하지 않는 것은?

① 인공소생기
② 방열복
③ 비상조명등
④ 공기호흡기

05 □□□
기출변형

유도등에 대한 설명 중 옳지 않은 것은?

① 통로유도등은 녹색바탕에 백색으로 피난방향을 표시한 등으로 하여야 한다.
② 유도등이란 화재 시에 피난을 유도하기 위한 등으로서 정상 상태에서는 상용전원에 따라 켜지고 상용전원이 정전되는 경우에는 비상전원으로 자동 전환되어 켜지는 등을 말한다.
③ 피난구유도등은 바닥으로부터 1.5m 이상의 곳에 설치한다.
④ 계단통로유도등은 바닥으로부터 1m 이하의 곳에 설치한다.

06 □□□
빈출문제

화재를 진압하거나 인명구조를 위해 사용하는 설비는?

① 소화활동설비
② 소화용수설비
③ 소화설비
④ 피난구조설비

07 □□□
18. 간부

화재진압 및 인명구조 활동을 위하여 사용하는 소화활동설비로 적합하지 않은 것은?

① 비상콘센트설비
② 소화수조
③ 연소방지설비
④ 제연설비
⑤ 연결살수설비

08 □□□
빈출문제

화재를 진압하거나 인명구조활동을 위하여 사용하는 설비로서 옳은 것은?

① 연소방지설비
② 공기호흡기
③ 통합감시시설
④ 소화용수설비

09 □□□
기출변형

다음 중 피난구조설비가 아닌 것은?

① 인명구조기구
② 피난기구
③ 간이피난유도선
④ 휴대용비상조명등

10 □□□
21. 공채·경채

피난구조설비에 대한 설명으로 옳지 않은 것은?

① 인공소생기란 호흡 부전 상태인 사람에게 인공호흡을 시켜 환자를 보호하거나 구급하는 기구이다.
② 피난구유도등이란 피난구 또는 피난경로로 사용되는 출입구를 표시하여 피난을 유도하는 등을 말한다.
③ 복도통로유도등이란 피난통로가 되는 복도에 설치하는 통로유도등으로서 피난구의 방향을 명시하는 것을 말한다.
④ 구조대란 사용자의 몸무게에 의하여 자동으로 하강하고 내려서면 스스로 상승하여 연속적으로 사용할 수 있는 무동력 피난기구를 말한다.

01 □□□   기출변형

소방시설 중 소화활동설비에 해당하는 것을 모두 고른 것은?

> ㄱ. 비상콘센트설비
> ㄴ. 방열복
> ㄷ. 제연설비
> ㄹ. 연소방지설비
> ㅁ. 공기호흡기
> ㅂ. 연결송수관설비

① ㄱ, ㄷ, ㄹ, ㅂ   ② ㄱ, ㄷ, ㅁ, ㅂ
③ ㄴ, ㄷ, ㅁ, ㅂ   ④ ㄴ, ㄹ, ㅁ, ㅂ

02 □□□   빈출문제

소화활동설비에 해당하지 않는 것은?

① 제연설비
② 무선통신보조설비
③ 연소방지설비
④ 비상방송설비

03 □□□   23. 간부

소화기구의 능력단위를 바닥면적 100제곱미터마다 1단위 이상으로 해야 할 특정소방대상물은?

① 문화재
② 판매시설
③ 의료시설
④ 장례식장
⑤ 위락시설

04 □□□   23. 간부

다음은 비상콘센트설비의 전원회로 기준에 관한 것이다. ( ) 안에 들어갈 내용으로 옳은 것은?

> 비상콘센트설비의 전원회로는 (ㄱ)교류 (ㄴ)볼트인 것으로서, 그 공급용량은 (ㄷ)킬로볼트암페어 이상인 것으로 할 것

	ㄱ	ㄴ	ㄷ
①	단상	24	1.5
②	단상	220	1.5
③	단상	380	3.0
④	3상	220	3.0
⑤	3상	380	3.0

05 □□□   11. 통합

제연설비의 제반사항으로 옳지 않은 것은?

① 복도와 거실은 상호 제연구획한다.
② 통로상 제연구획은 보행중심선 길이가 60m를 초과하지 않아야 한다.
③ 하나의 제연구역의 면적은 1천m² 이상으로 해야 한다.
④ 배출기 흡입측 풍도 안의 풍속은 15m/s 이하로, 배출측 풍속은 20m/s 이하로 해야 한다.

PART 5

해커스소방 김정희 소방학개론 단원별 기출문제집

해커스소방 fire.Hackers.com

PART 6 위험물

01 ☐☐☐   20. 간부

「위험물안전관리법」상 위험물에 대한 정의이다. (   ) 안에 들어갈 내용으로 옳은 것은?

> 위험물이라 함은 (ㄱ   ) 또는 (ㄴ   ) 등의 성질을 가지는 것으로서 (ㄷ   )이 정하는 물품을 말한다.

	ㄱ	ㄴ	ㄷ
①	가연성	발화성	국무총리령
②	가연성	폭발성	대통령령
③	인화성	발화성	대통령령
④	인화성	폭발성	대통령령
⑤	인화성	발화성	국무총리령

02 ☐☐☐   19. 공채·경채

위험물의 종류에 따른 일반적 성상을 나타낸 것으로 옳은 것은?

① 산화성 고체는 환원성 물질이며 황린과 철분을 포함한다.
② 인화성 액체는 전기 전도체이며 휘발유와 등유를 포함한다.
③ 가연성 고체는 불연성 물질이며 질산염류와 무기과산화물을 포함한다.
④ 자기반응성 물질은 연소 또는 폭발을 일으킬 수 있는 물질이며 유기과산화물, 질산에스테르류(질산에스터류)를 포함한다.

03 ☐☐☐   빈출문제

「위험물안전관리법」상 위험물 성상 구분으로서 그 연결이 옳지 않은 것은?

① 제2류 위험물: 가연성 액체
② 제3류 위험물: 자연발화성 및 금수성 물질
③ 제5류 위험물: 자기반응성 물질
④ 제6류 위험물: 산화성 액체

04 ☐☐☐   기출변형

「위험물안전관리법」상 가연성 고체에 대한 설명이다. (   ) 안에 들어갈 내용으로 옳은 것은?

> 가연성 고체라 함은 고체로서 (ㄱ   ) 또는 (ㄴ   )을 판단하기 위하여 고시로 정하는 시험에서 고시로 정하는 성질과 상태를 나타내는 것을 말한다.

	ㄱ	ㄴ
①	화염에 의한 발화의 위험성	인화의 위험성
②	충격에 의한 충격의 위험성	인화의 위험성
③	화염에 의한 발화의 위험성	충격의 위험성
④	충격에 의한 화염의 위험성	인화의 위험성

05 □□□   기출변형

「위험물안전관리법 시행령」상 위험물에 따라 규정하는 사항으로 옳은 것은?

(ㄱ) 물질이라 함은 (ㄴ) 또는 액체로서 폭발의 위험성 또는 (ㄷ)의 격렬함을 판단하기 위하여 고시로 정하는 시험에서 고시로 정하는 성질과 상태를 나타내는 것을 말한다.

	ㄱ	ㄴ	ㄷ
①	자기반응성	고체	가열분해
②	산화성	기체	가열분해
③	금수성	고체	발열분해
④	자연발화성	고체	발열분해

06 □□□   빈출문제

다음 중 산소공급원 역할을 하는 위험물의 종류가 아닌 것은?

① 제1류 위험물
② 제2류 위험물
③ 제5류 위험물
④ 제6류 위험물

07 □□□   빈출문제

제5류 위험물의 성질로서 옳은 것은?

① 산화성 고체
② 산화성 액체
③ 인화성 액체
④ 자기반응성 물질

08 □□□   12. 경기

자기 자신이 연소에 필요한 산소를 가지고 있기 때문에 외부로부터 산소의 공급이 없어도 점화원만 있으면 연소 또는 폭발을 일으킬 수 있는 자기반응성 물질은?

① 알코올
② 이황화탄소
③ 유기금속화합물
④ 질산에스테르류(질산에스터류)

01 □□□ 23. 간부

「위험물안전관리법 시행령」상 제5류 자기반응성 물질 중 지정수량이 가장 적은 것은?

① 아조화합물
② 유기과산화물
③ 니트로화합물(나이트로화합물)
④ 디아조화합물(다이아조화합물)
⑤ 히드라진(하이드라진) 유도체

02 □□□ 24. 공채·경채

「위험물안전관리법」 및 같은 법 시행령, 시행규칙상 위험물의 지정수량과 위험등급의 연결이 옳지 않은 것은?

① 황린 – 20kg – I 등급
② 마그네슘 – 500kg – III등급
③ 유기과산화물 – 10kg – I 등급
④ 과염소산 – 300kg – II 등급

03 □□□ 20. 간부

「위험물안전관리법 시행령」상 제3류 위험물의 품명 및 지정수량으로 옳은 것은?

① 나트륨 – 5kg
② 황린 – 10kg
③ 알칼리토금속 – 30kg
④ 알킬리튬 – 50kg
⑤ 금속의 인화물 – 300kg

04 □□□ 24. 간부

「위험물안전관리법 시행령」상 자연발화성 물질 및 금수성 물질 중 지정수량이 다른 것은?

① 황린
② 칼륨
③ 나트륨
④ 알킬리튬
⑤ 알킬알루미늄

05 □□□ 19. 공채·경채

위험물 지정수량이 다른 하나는?

① 탄화칼슘
② 과염소산
③ 마그네슘
④ 금속의 인화물

06 ☐☐☐

「위험물안전관리법 시행령」상 위험물 및 지정수량이 올바르게 짝 지어진 것은?

유별	품명	지정수량
① 제1류	과망간산염류(과망가니즈산염류)	300kg
② 제2류	마그네슘	100kg
③ 제3류	과염소산	300kg
④ 제4류	알코올류	200L
⑤ 제5류	유기과산화물	10kg

07 ☐☐☐

「위험물안전관리법」상 제5류 위험물의 품명 및 지정수량으로 옳게 연결된 것은?

① 유기과산화물 - 10kg
② 질산에스테르류(질산에스터류) - 20kg
③ 니트로화합물(나이트로화합물) - 100kg
④ 니트로소화합물(나이트로소화합물) - 100kg
⑤ 아조화합물 - 300kg

08 ☐☐☐

「위험물안전관리법」상 위험물의 분류 중 가연성 고체가 아닌 것은?

① 황린
② 적린
③ 유황(황)
④ 황화린(황화인)

09 ☐☐☐

다음 중 위험물의 지정수량으로 옳은 것은?

① 중크롬산염류(다이크로뮴산염류) - 10kg
② 알킬리튬 - 10kg
③ 니트로화합물(나이트로화합물) - 100kg
④ 질산 - 100kg

10 ☐☐☐

「위험물안전관리법 시행령」상 유별 위험물의 품명과 지정수량을 옳게 연결한 것은?

유별	품명	지정수량
① 제2류	적린, 유황(황), 마그네슘	100kg
② 제3류	알킬알루미늄, 유기과산화물	10kg
③ 제4류	제4석유류	10,000ℓ
④ 제5류	히드록실아민(하이드록실아민), 히드록실아민류(하이드록실아민염류)	100kg
⑤ 제6류	과염소산염류, 나트륨	200kg

01 □□□ 빈출문제

제1류 위험물 중 알칼리금속의 과산화물 또는 이를 함유한 것에 있어서 수납하는 위험물에 따라 규정에 의한 주의사항으로 옳은 것은?

① 화기엄금
② 물기엄금
③ 물기주의
④ 공기접촉엄금

02 □□□ 22. 간부

「위험물안전관리법 시행령」상 위험물에 관한 설명으로 옳은 것은?

① 제1류 위험물 중에 무기과산화물은 주수를 이용한 냉각소화가 적합하다.
② 제2류 위험물은 다른 가연물의 연소를 돕는 조연성 물질이다.
③ 제3류 위험물 중에 황린은 공기 중 산화를 방지하기 위해 물 속에 저장한다.
④ 제4류 위험물은 수용성 액체로 물에 의한 희석소화가 적합하다.
⑤ 제5류 위험물은 포, 이산화탄소에 의한 질식소화가 적합하다.

03 □□□ 21. 공채·경채

위험물의 종류에 따른 소화방법으로 옳지 않은 것은?

① 제1류 위험물인 알칼리금속의 과산화물은 물을 사용한다.
② 제2류 위험물인 마그네슘은 건조사를 사용한다.
③ 제3류 위험물인 알킬알루미늄은 건조사를 사용한다.
④ 제4류 위험물인 알코올은 내알코올포(泡, Foam)를 사용한다.

04 □□□ 18. 하반기 공채

제1류 위험물의 일반적 성질에 대한 설명으로 옳지 않은 것은?

① 불연성 물질이다.
② 강력한 환원제이다.
③ 대부분 무기화합물이다.
④ 다른 가연물의 연소를 돕는 지연성 물질이다.

05 □□□
18. 상반기 공채

염소산염류에 대한 설명으로 옳지 않은 것은?

① 제1류 위험물에 해당한다.
② 지정수량은 50kg이다.
③ 산화성 액체이다.
④ 가열, 충격으로 분해하여 산소를 방출한다.

06 □□□
17. 상반기 공채

다음 위험물에 대한 설명 중 옳지 않은 것은?

① 제1류 위험물은 불연성이다.
② 제2류 위험물 중 마그네슘, 유황(황), 적린은 주수소화한다.
③ 제3류 위험물에는 칼륨, 나트륨등 자연발화성 물질이 있다.
④ 제4류 위험물의 성질은 인화성 액체이다.

07 □□□
17. 하반기 공채

다음 중 제1류 위험물에 대한 설명으로 가장 옳은 것은?

① 산화성 고체이며 대부분 물에 잘 녹는다.
② 가연성 고체로서 강산화제로 작용을 한다.
③ 무기과산화물은 주수소화로 냉각소화가 적합하다.
④ 과산화수소, 과염소산, 질산, 유기과산화물이 제1류 위험물에 해당한다.

08 □□□
빈출문제

다음에 해당하는 위험물은?

> • 물질의 분해에 의해서 산소를 발생하는 산화성 액체이며 불연성이다.
> • 모두 산소를 함유하고 있으며 물보다 무겁다.

① 제1류 위험물
② 제3류 위험물
③ 제5류 위험물
④ 제6류 위험물

09 □□□
빈출문제

제1류 위험물의 특징이 아닌 것은?

① 모두 불연성이며, 그 자체에 산소를 가지고 있다.
② 가열·충격·마찰 등으로 분해되어 쉽게 산소를 발생한다.
③ 대부분 무색결정이거나 백색분말이다.
④ 무기과산화물 중 알칼리금속의 과산화물은 물과 반응하여 수소를 발생한다.

10 □□□
22. 간부

「위험물안전관리법 시행령」상 제1류 위험물에 관한 내용이다. ( ) 안에 들어갈 내용으로 옳은 것은?

> 고체로서 (ㄱ)의 잠재적인 위험성 또는 (ㄴ)에 대한 민감성을 판단하기 위하여 소방청장이 정하여 고시하는 시험에서 고시로 정하는 성질과 상태를 나타내는 것을 말한다.

	ㄱ	ㄴ
①	폭발력	발화
②	산화력	충격
③	환원력	분해
④	산화력	폭발
⑤	환원력	연소

01 □□□ 빈출문제

위험물의 운반에 관한 기준에서 수납하는 위험물에 따라 규정에 의한 주의사항으로 화기엄금을 표기하지 아니할 수 있는 것은?

① 제2류 인화성 고체
② 제3류 금수성 물질
③ 제4류 인화성 액체
④ 제5류 자기반응성 물질

02 □□□ 17. 간부

위험물의 유별 특성에 대한 설명으로 옳지 않은 것은?

① 제3류 위험물은 자연발화성 및 금수성 물질로 발화의 위험성이 있거나 물과 접촉하여 발화하거나 가연성 가스를 발생시키는 위험성이 있다.
② 제2류 위험물은 가연성 고체로 비교적 낮은 온도에서 착화하기 쉬운 환원성 물질이다.
③ 제6류 위험물은 산화성 액체로 불연성이지만 산화성이 커서 다른 물질의 연소를 돕는다.
④ 제5류 위험물은 자기반응성 물질로 외부로부터 산소의 공급 없이도 가열, 충격 등에 의해 연소폭발을 일으키는 물질이다.
⑤ 제1류 위험물은 인화성 액체로 인화의 위험성이 비교적 높고, 발화점은 낮으며 증기비중이 공기보다 무겁다.

03 □□□ 빈출문제

제2류 위험물의 성질로 가장 옳은 것은?

① 물과 접촉 시 조연성 가스가 발생한다.
② 강력한 환원성 물질이다.
③ 자신은 불연성이나 산소를 방출하여 다른 가연물의 연소를 돕는 조연성 물질이다.
④ 가열·충격에 의해 분해하고 주변 가연물이 혼합하고 있을 때는 연소·폭발할 수 있다.

04 □□□ 기출변형

다음 중 제2류 위험물의 예방 및 진압대책으로 옳지 않은 것은?

① 제조소에서 인화성 고체의 위험물게시판에는 화기주의 표기를 한다.
② 저장용기를 밀폐하고 위험물의 누출을 방지하며 통풍이 잘되는 냉암소에 저장한다.
③ 금속분의 경우는 물 또는 묽은 산과의 접촉을 피한다.
④ 철분, 금속분 및 마그네슘은 물로 주수소화하면 안 된다.

05 □□□ 16. 통합

제2류 위험물 중 주수소화가 가능한 위험물은?

① 금속분
② 철분
③ 마그네슘
④ 적린

06 □□□ 13. 간부

위험물의 소화방법으로 옳지 않은 것은?

① 알코올화재는 내알코올포로 질식소화하거나 다량의 물로 희석소화를 한다.
② 제2류 위험물인 적린 및 제3류 위험물인 황린은 물로 냉각소화를 한다.
③ 황화린(황화인) 및 철분은 건조사, 건조분말로 질식소화를 한다.
④ 중유 등 물보다 무거운 수용성 석유류 화재는 에멀션효과를 이용한 유화소화는 적합하지 않다.
⑤ 칼륨, 나트륨은 초기에 마른모래, 건조석회 등의 석분으로 질식 및 피복소화를 한다.

01 □□□
23. 공채·경채

위험물의 유별 소화방법으로 옳지 않은 것은?

① 탄화칼슘 화재 시 다량의 물로 냉각소화할 수 있다.

② 수용성 메틸알코올 화재에는 내알코올포를 사용한다.

③ 알킬알루미늄은 마른모래, 팽창질석, 팽창진주암으로 소화한다.

④ 적린은 다량의 물로 냉각소화하며, 소량의 적린인 경우에는 마른모래나 이산화탄소 소화약제도 일시적인 효과가 있다.

02 □□□
24. 공채·경채

위험물의 소화방법에 관한 내용으로 옳은 것만을 <보기>에서 있는 대로 고른 것은?

<보기>
ㄱ. 황린: 물을 이용한 냉각소화
ㄴ. 유황(황): 물을 이용한 냉각소화
ㄷ. 경유, 휘발유: 포 소화약제를 이용한 질식소화
ㄹ. 탄화알루미늄, 알킬알루미늄: 건조사, 팽창질석을 이용한 질식소화

① ㄱ, ㄷ

② ㄴ, ㄹ

③ ㄱ, ㄷ, ㄹ

④ ㄱ, ㄴ, ㄷ, ㄹ

03 □□□
24. 간부

위험물 중 황린(P_4)에 관한 설명으로 옳지 않은 것은?

① 제3류 위험물이다.

② 미분상의 발화점은 34℃이다.

③ 연소할 때 오산화인(P_2O_5)의 백색 연기를 낸다.

④ 물에 대해 위험한 반응을 초래하는 물질이다.

⑤ 백색 또는 담황색의 고체이다.

04 □□□
13. 광주

다음 중 물속에 저장하는 것은?

① 나트륨

② 알킬리튬

③ 황린

④ 칼륨

05 □□□
24. 공채·경채

물과 반응하여 산소를 발생시키는 위험물로 옳은 것은?

① 칼륨

② 탄화칼슘

③ 과산화나트륨

④ 오황화인

06 ☐☐☐

22. 공채·경채

위험물과 물이 반응할 때 발생하는 가스로 옳지 않은 것은?

	위험물	가스
①	탄화알루미늄	아세틸렌
②	인화칼슘	포스핀
③	수소화알루미늄리튬	수소
④	트리에틸알루미늄	에테인

07 ☐☐☐

22. 공채·경채

가연성 물질의 화재 시 소화방법으로 옳은 것은?

① 탄화칼슘은 물을 분무하여 소화한다.
② 아세톤은 알콜형포 소화약제로 소화한다.
③ 나트륨은 할론 소화약제로 소화한다.
④ 마그네슘은 이산화탄소 소화약제로 소화한다.

08 ☐☐☐

기출변형

다음 중 물질의 보관방법으로 옳지 않은 것은?

① 칼륨 및 나트륨은 석유 속에 저장한다.
② 황린은 수조의 물속에 저장한다.
③ 이황화탄소는 등유 속에 저장한다.
④ 아세틸렌은 다공성 용기의 용제에 넣고 아세톤, DMF에 용해시켜 저장한다.

09 ☐☐☐

15. 간부

다음 중 위험물에 대한 설명 옳은 것은?

① 과염소산은 제3류 위험물이다.
② 유기금속화합물은 제1류 위험물이다.
③ 제3류 위험물은 자기반응성 물질이다.
④ 제1류 위험물에는 질산염류와 염소산염류가 있다.
⑤ 가연성 고체는 제3류 위험물이다.

10 ☐☐☐

빈출문제

철분, 금속분 및 마그네슘이 화재 시 물을 사용하면 안 되는 이유는?

① 수소가스 발생
② 산소가스 발생
③ 아세틸렌가스 발생
④ 포스겐가스 발생

01 ☐☐☐

19. 공채·경채

다음은 제1석유류에 대한 설명이다. ( ) 안에 들어갈 내용으로 옳은 것은?

> 제1석유류는 아세톤, 휘발유 그 밖에 1기압에서 (가)이
> (나)℃ 미만인 것이다.

	가	나
①	발화점	21
②	발화점	25
③	인화점	21
④	인화점	25

02 ☐☐☐

기출변형

다음 제4류 위험물에 대한 설명 중 옳지 않은 것은?

① 제1석유류란 인화점이 21℃ 미만인 것을 말한다.
② 특수인화물이란 1기압에서 연소점이 50℃ 이하인 것을 말한다.
③ 알코올류란 1분자를 구성하는 탄소원자의 수가 1개부터 3개까지인 포화1가 알코올을 말한다.
④ 제3석유류란 1기압에서 인화점이 70℃ 이상 200℃ 미만인 것을 말한다.

03 ☐☐☐

20. 공채·경채

화재 진압 시 주수소화에 적응성 있는 위험물로 옳은 것은?

① 황화린(황화인)
② 질산에스테르류(질산에스터류)
③ 유기금속화합물
④ 알칼리금속의 과산화물

04 ☐☐☐

20. 공채·경채

제4류 위험물에 대한 설명으로 옳지 않은 것은?

① 물보다 가볍고 물에 녹지 않는 것이 많다.
② 일반적으로 부도체 성질이 강하여 정전기 축적이 쉽다.
③ 발생 증기는 가연성이며, 증기비중은 대부분 공기보다 가볍다.
④ 사용량이 많은 휘발유, 경유 등은 연소하한계가 낮아 매우 인화하기 쉽다.

05 ☐☐☐

빈출문제

제4류 위험물의 공통성질에 대한 설명으로 옳지 않은 것은?

① 증기비중은 공기보다 작은 것이 많다.
② 전기의 부도체로 정전기가 축적되기 쉽다.
③ 물에 녹지 않는 것이 많다.
④ 액체는 유동성이 있고 물보다 가벼운 것이 많다.

06 ☐☐☐

19. 간부

제2석유류에 대한 설명이다. ( ) 안에 들어갈 내용으로 알맞은 것은?

> 제2석유류는 등유, 경유 그 밖에 1기압에서 인화점이 (ㄱ)℃ 이상 70℃ 미만인 것을 말한다. 다만, 도료류 그 밖의 물품에 있어서 가연성 액체량이 (ㄴ)wt.% 이하이면서 인화점이 40℃ 이상인 동시에 연소점이 (ㄷ)℃ 이상인 것은 제외한다.

	ㄱ	ㄴ	ㄷ
①	18	10	40
②	20	20	45
③	20	25	50
④	21	30	55
⑤	21	40	60

07 ☐☐☐

빈출문제

제4류 위험물의 공통점으로 옳지 않은 것은?

① 거의 모두 유기화합물이다.
② 물보다 가볍고, 물에 쉽게 녹지 않는 것이 많다.
③ 대부분 발생하는 증기의 비중은 공기보다 가볍다.
④ 전기의 불량 도체로서 정전기 축적이 용이하다.

08 ☐☐☐

18. 간부

「위험물안전관리법」상 제1석유류로 옳은 것은?

① 경유
② 등유
③ 휘발유
④ 중유
⑤ 클레오소트유(크레오소트유)

09 ☐☐☐

16. 간부

「위험물안전관리법」에서 규정하고 있는 제4류 위험물의 공통성질이 아닌 것은?

① 대부분 증기는 공기보다 무거우며 체류하기 쉽다. 단, 시안화수소는 제외한다.
② 모두 가연성의 고체 및 액체로서 연소할 때는 많은 가스를 발생한다.
③ 대부분 물보다 가볍고 물에 잘 녹지 않는다.
④ 부도체이므로 정전기 축적이 용이하여 정전기가 점화원으로 작용할 수 있다.
⑤ 증기는 공기와 약간만 혼합되어도 연소의 우려가 있고, 비교적 낮은 인화점을 가진다.

10 ☐☐☐

빈출문제

동·식물유류에 대한 설명으로 옳지 않은 것은?

① 아마인유가 동·식물유류이다.
② 동·식물유류는 중유보다 인화점이 낮아 비교적 안전하다.
③ 분자 속에 불포화결합이 많을수록 건조되기 쉽다.
④ 동·식물유류가 제1석유류보다 일반적으로 인화점이 높다.

11 ☐☐☐

빈출문제

아세톤과 휘발유는 제4류 위험물 중 몇 석유류에 해당하는가?

① 제1석유류
② 제2석유류
③ 제3석유류
④ 제4석유류

01 □□□
18. 하반기 공채

제5류 위험물의 소화대책으로 옳지 않은 것은?

① 외부로부터의 산소 유입을 차단한다.
② 화재 초기에는 다량의 물로 냉각소화하는 것이 효과적이다.
③ 항상 안전거리를 유지하고 접근할 때에는 엄폐물을 이용한다.
④ 밀폐된 공간에서 화재 시 공기호흡기를 착용하여 질식되지 않도록 주의한다.

02 □□□
21. 간부

다음 설명에 해당하는 위험물은?

- 물질 자체에 산소가 함유되어 있어 외부로부터 산소 공급이 없어도 점화원만 있으면 연소·폭발이 가능하다.
- 연소속도가 빠르며 폭발적이다.
- 가열, 충격, 타격, 마찰 등에 의해서 폭발할 위험성이 높으며 강산화제 또는 강산류와 접촉 시 연소·폭발 가능성이 현저히 증가한다.

① 유기과산화물
② 이황화탄소
③ 과염소산
④ 염소산염류
⑤ 알칼리금속

03 □□□
18. 상반기 공채

위험물에 화재 시 소화대책에 대한 설명으로 옳은 것만 고른 것은?

- ㄱ. 제1류 위험물: 무기과산화물은 주수소화를 금하고 마른 모래 등을 활용한 질식소화가 효과적이다.
- ㄴ. 제2류 위험물: 철분과 황화린(황화인)은 마른모래 등의 건식소화 보다는 주수소화가 효과적이다.
- ㄷ. 제3류 위험물: 황린을 제외한 나머지 위험물은 주수소화가 효과적이다.
- ㄹ. 제5류 위험물: 모든 제5류 위험물은 주수소화를 금한다.

① ㄱ
② ㄱ, ㄴ, ㄷ
③ ㄴ, ㄷ, ㄹ
④ ㄱ, ㄴ, ㄷ, ㄹ

04 □□□
19. 간부

「위험물안전관리법 시행령」상 운송책임자의 감독·지원을 받아 운송하여야 하는 위험물을 있는 대로 고르면?

- ㄱ. 알킬알루미늄
- ㄴ. 마그네슘
- ㄷ. 히드록실아민(하이드록실아민)
- ㄹ. 중크롬산(다이크로뮴산)
- ㅁ. 알킬리튬
- ㅂ. 적린

① ㄱ, ㄷ
② ㄱ, ㅁ
③ ㄷ, ㄹ
④ ㄷ, ㅁ
⑤ ㅁ, ㅂ

05 □□□
22. 공채·경채

위험물에 대한 일반적인 설명으로 옳은 것은?

① 제1류 위험물 중 질산염류는 연소속도가 빨라 폭발적으로 연소한다.
② 제3류 위험물 중 황린은 가열, 충격, 마찰에 의해 분해되어 산소가 발생하므로 가연물과의 접촉을 피한다.
③ 제4류 위험물 중 제1석유류는 인화점 및 연소하한계가 낮아 적은 양으로도 화재의 위험이 있다.
④ 제5류 위험물 중 유기과산화물은 공기 중에 노출되거나 수분과 접촉하면 발화의 위험이 있다.

01 ☐☐☐

18. 간부

제6류 위험물에 관한 설명으로 옳지 않은 것은?

① 과산화수소는 물과 접촉하면서 심하게 발열한다.
② 불연성 물질이다.
③ 산소를 함유하고 있다.
④ 대표적 성질은 산화성 액체이다.
⑤ 물질의 액체 비중이 1보다 커서 물보다 무겁다.

02 ☐☐☐

21. 간부

제6류 위험물의 일반적 성질로 옳지 않은 것은?

① 불연성 물질로 산소공급원 역할을 한다.
② 증기는 유독하며 부식성이 강하다.
③ 물과 접촉하는 경우 모두 심하게 발열한다.
④ 비중이 1보다 크며 물에 잘 녹는다.
⑤ 다른 물질의 연소를 돕는 조연성 물질이다.

01 ☐☐☐　　　　　　　　　　　　　　　빈출문제

위험물제조소 표지 및 게시판의 바탕 및 문자의 색으로 옳은 것은?

① 백색바탕에 흑색문자

② 흑색바탕에 백색문자

③ 황색바탕에 백색문자

④ 황색반사도료바탕에 흑색문자

03 ☐☐☐　　　　　　　　　　　　　　　기출변형

「위험물안전관리법」상 위험물의 저장 또는 취급에 관한 기술상의 기준으로 가장 옳지 않은 것은?

① 지정수량 이상의 위험물을 저장소가 아닌 장소에서 저장하거나 제조소등의 아닌 장소에서 취급하여서는 아니된다.

② 항공기 및 선박에 의한 위험물의 저장은 「위험물안전관리법」에 따른다.

③ 지정수량 이상의 취급에 관하여는 「위험물안전관리법」에 따른다.

④ 지정수량 미만인 위험물의 저장·취급은 시·도 조례로 정한다.

02 ☐☐☐　　　　　　　　　　　　　　　기출변형

「위험물안전관리법」상 제조소등의 경우에는 허가를 받지 아니하고 당해 제조소등을 설치할 수 있는 것으로 옳지 않은 것은?

① 주택의 난방시설(공동주택의 중앙난방시설 제외)을 위한 저장소 또는 취급소

② 축산용으로 필요한 건조시설을 위한 지정수량 20배 이하의 취급소

③ 수산용으로 필요한 건조시설을 위한 지정수량 20배 이하의 저장소

④ 농예용으로 필요한 난방시설을 위한 지정수량 20배 이하의 저장소

04 ☐☐☐　　　　　　　　　　　　　　　기출변형

「위험물안전관리법」상 관계인이 예방규정을 정하여야 하는 제조소등이 아닌 것은?

① 지정수량 10배 이상의 위험물을 취급하는 제조소

② 지정수량 100배 이상의 위험물을 취급하는 옥외저장소

③ 지정수량 150배 이상의 위험물을 취급하는 옥내저장소

④ 지정수량 200배 이상의 위험물을 취급하는 옥내탱크저장소

05 □□□ 16. 간부

「위험물안전관리법」상 위험물시설에 대한 탱크안전성능검사 중 기초·지반검사 대상이 되는 탱크 기준은?

① 옥내저장소의 액체위험물탱크 중 그 용량이 100만L 이상인 탱크
② 옥외탱크저장소의 액체위험물탱크 중 그 용량이 100만L 이상인 탱크
③ 옥외탱크저장소의 액체위험물탱크 중 그 용량이 50만L 이상인 탱크
④ 옥내탱크저장소의 액체위험물탱크 중 그 용량이 100만L 이상인 탱크
⑤ 옥내탱크저장소의 액체위험물탱크 중 그 용량이 50만L 이상인 탱크

06 □□□ 기출변형

「화재의 예방 및 안전관리에 관한 법률 시행령」상 특수가연물에 속하지 않는 것은?

① 유황(황)
② 면화류
③ 석탄·목탄류
④ 목재가공품, 나무부스러기

07 □□□ 21. 간부

「위험물안전관리법」상 위험물안전관리자에 대한 내용으로 옳지 않은 것은?

① 안전관리자를 선임한 제조소등의 관계인은 그 안전관리자를 해임하거나 안전관리자가 퇴직한 때에는 해임하거나 퇴직한 날부터 30일 이내에 다시 안전관리자를 선임하여야 한다.
② 제조소등의 관계인은 관련 법령에 따라 안전관리자를 선임한 경우에는 선임한 날부터 14일 이내에 행정안전부령으로 정하는 바에 따라 소방본부장 또는 소방서장에게 신고하여야 한다.
③ 제조소등의 관계인이 안전관리자를 해임하거나 안전관리자가 퇴직한 경우 그 관계인 또는 안전관리자는 소방본부장이나 소방서장에게 그 사실을 알려 해임되거나 퇴직한 사실을 확인받을 수 있다.
④ 안전관리자를 선임한 제조소등의 관계인은 안전관리자의 해임 또는 퇴직과 동시에 다른 안전관리자를 선임하지 못하는 경우에는 「국가기술자격법」에 따른 위험물의 취급에 관한 자격취득자 또는 위험물안전에 관한 기본지식과 경험이 있는 자로서 소방본부장이나 소방서장이 정하는 자를 대리자(代理者)로 지정하여 그 직무를 대행하게 하여야 한다.
⑤ 제조소등의 종류 및 규모에 따라 선임하여야 하는 안전관리자의 자격은 대통령령으로 정한다.

08 □□□ 21. 간부

「위험물안전관리법 시행규칙」상 수납하는 위험물의 종류에 따라 운반용기의 외부에 표시하여야 할 주의사항으로 옳지 않은 것은?

① 제1류 위험물 중 알칼리금속의 과산화물 또는 이를 함유한 것에 있어서는 "화기·충격주의", "물기엄금" 및 "가연물접촉주의"
② 제2류 위험물 중 철분·금속분·마그네슘 또는 이들 중 어느 하나 이상을 함유한 것에 있어서는 "화기주의" 및 "물기엄금"
③ 제3류 위험물 중 자연발화성 물질에 있어서는 "화기엄금" 및 "공기접촉엄금", 금수성 물질에 있어서는 "물기엄금"
④ 제4류 위험물에 있어서는 "화기엄금"
⑤ 제5류 위험물에 있어서는 "화기주의" 및 "충격주의"

PART **7** 소방역사 및 소방조직

01 ☐☐☐

24. 공채·경채

소방행정조직의 발전 과정에 관한 설명으로 옳지 않은 것은?

① 1426년(세종 8년)에 독자적인 소방 관리를 위해 금화도감을 설치하였으며 이후 성문도감과 병합하여 수성금화도감으로 개편하였다.

② 1894년에 경무청이 설치되고, '소방'이란 용어가 처음으로 사용되었다.

③ 1948년에 대한민국 정부가 수립되고 국가 소방체제로 전환하면서 소방행정조직이 경찰에서 분리되었다.

④ 2017년에 「정부조직법」 개정으로 국민안전처를 해체하고 소방청을 개설하였다.

03 ☐☐☐

23. 간부

우리나라 소방의 시대별 발전과정에 관한 내용으로 옳은 것만을 <보기>에서 고른 것은?

<보기>
ㄱ. 고려시대: 금화도감을 설치하였다.
ㄴ. 조선시대: 일본에서 들여온 수총기를 궁정소방대에 처음으로 구비하였다.
ㄷ. 일제강점기: 우리나라 최초로 소방서를 설치 하였다.
ㄹ. 미군정시대: 소방을 경찰에서 분리하여 최초로 독립된 자치적 소방제도를 시행하였다.

① ㄱ, ㄴ

② ㄱ, ㄹ

③ ㄴ, ㄷ

④ ㄴ, ㄹ

⑤ ㄷ, ㄹ

02 ☐☐☐

21. 공채·경채

우리나라 소방 역사에 대한 설명으로 옳은 것만을 모두 고른 것은?

ㄱ. 고려시대에는 소방(消防)을 소재(消災)라 하였으며, 화통도감을 신설하였다.
ㄴ. 조선시대 세종 8년에 금화도감을 설치하였다.
ㄷ. 1915년에 우리나라 최초 소방서인 경성소방서를 설치하였다.
ㄹ. 1945년에 중앙소방위원회 및 중앙소방청을 설치하였다.

① ㄱ, ㄴ

② ㄱ, ㄴ, ㄷ

③ ㄴ, ㄷ, ㄹ

④ ㄱ, ㄴ, ㄷ, ㄹ

04 ☐☐☐

20. 공채·경채

우리나라 소방 역사에 대한 설명으로 옳지 않은 것은?

① 조선시대인 1426년(세종 8년) 금화도감이 설치되었다.

② 일제강점기인 1925년 최초의 소방서가 설치되었다.

③ 미군정시대인 1946년 중앙소방위원회가 설치되었다.

④ 대한민국 정부수립 이후인 1948년 「소방법」이 제정·공포되었다.

05 ☐☐☐

우리나라 소방행정에 관한 설명으로 옳은 것은?

① 미군정 시대에는 소방행정을 경찰에서 분리하여 자치소방행
정체제를 도입하였다.

② 1972년 전국 시·도에 소방본부를 설치·운영하고 광역소방
행정체제로 전환하였다.

③ 소방공무원은 공무원 분류상 경력직공무원 중 특수경력직공
무원에 해당한다.

④ 소방공무원의 징계 중 경징계에는 정직, 감봉, 견책이 있다.

06 ☐☐☐

우리나라 소방의 발전과정에 대한 설명 중 옳지 않은 것은?

① 최초의 소방관서는 금화도감이다.

② 일제강점기에 최초의 소방서가 설치되었다.

③ 갑오개혁 이후 '소방'이라는 용어를 처음 사용하였다.

④ 대한민국 정부수립과 동시에 소방본부가 설치되었다.

07 ☐☐☐

다음 소방의 발전과정에 대한 설명으로 옳은 것만 고른 것은?

ㄱ. 세종 8년에 금화도감을 설치하였다.
ㄴ. 일제 강점기에 상비소방수 제도가 있었다.
ㄷ. 대한민국 정부 수립 후 1958년에 「소방법」을 제정·공포하
였다.
ㄹ. 2004년 소방방재청을 설립하였다.

① ㄱ

② ㄱ, ㄴ, ㄷ

③ ㄱ, ㄴ, ㄹ

④ ㄱ, ㄴ, ㄷ, ㄹ

08 ☐☐☐

미군정 시대부터의 우리나라 소방역사에 대한 설명으로 옳지 않은
것은?

① 1958년에 「소방법」이 제정되었다.

② 1977년에 국가·지방소방공무원에 대한 단일신분법이 제정되
었다.

③ 1970년에 전국 시·도에 소방본부를 설치하였다.

④ 미군정기에 최초의 독립된 자치소방행정체제를 실시하였다.

⑤ 2017년에 소방청이 설립되었다.

09 ☐☐☐

17. 간부

다음의 소방행정에 대한 설명으로 옳지 않은 것은?

① 소방행정은 위급한 재난에 대응하는 위기관리의 특징이 있어 일반 행정과는 다른 행정 특징을 갖는다.

② 오늘날 소방행정은 소방 서비스의 양적 확대 및 질적 고도화로 인해 전문적인 기술과 훈련을 통한 전문인력의 양성과 다양한 분야의 전문적 지식을 활용하는 응용과학적 지식체계를 필요로 한다.

③ 소방조직은 화재를 비롯한 각종 재난·사고로부터 국민의 생명·신체 및 재산을 보호함으로써 공공의 안녕 및 질서 유지와 복리증진에 이바지함을 목적으로 하는 공익조직이다.

④ 우리나라의 소방은 1948년 정부수립 시부터 시·도 광역자치소방체제를 운용하고 있다.

⑤ 도시의 인구집중화 현상, 건물의 고층화와 대형화 및 지하생활공간의 확대 등으로 생활환경의 변화로 인해 소방의 역할은 날로 증가하고 있다.

10 ☐☐☐

17. 상반기 공채

대한민국 정부수립 이후 초창기(1948~1970년) 소방조직체계로 옳은 것은?

① 이원적소방체제

② 국가소방체제

③ 자치소방체제

④ 자율소방체제

11 ☐☐☐

15. 간부

소방역사에 대한 설명으로 옳은 것은?

① 2003년 3월 「재난 및 안전관리 기본법」이 제정되고, 2004년 「소방법」이 소방 4개분법으로 분화되었다.

② 1948년 이후 경찰 소속으로 되면서 「소방법」의 영향을 받게 되었다.

③ 1992년 소방이 광역소방행정체제로 전환되면서 처음으로 소방본부가 설치되었다.

④ 1426년에 병조에 금화군이 만들어지면서 이후 1431년 멸화군으로 개편하였다.

⑤ 2004년 6월에 소방업무, 민방위 업무 등을 담당하는 소방방재청이 설립되었다.

12 ☐☐☐

15. 통합

소방의 역사에 대하여 옳지 않은 것은?

① 2004년 「재난 및 안전관리 기본법」을 제정·공포하였다.

② 1925년 최초의 소방서인 경성소방서가 설치됨과 동시에 「소방법」이 제정되었다.

③ 1426년 세종 8년에 금화도감이 설치되었다.

④ 1972년 서울과 부산 이원적 소방행정체제가 시행되었다.

13 ☐☐☐

기출변형

소방역사의 변천과정 순서로서 옳은 것은?

> 가. 「소방법」 제정
> 나. 경성소방서 설치
> 다. 시·도 광역자치소방체제 개편
> 라. 소방방재청 개청

① 라 - 다 - 나 - 가
② 나 - 가 - 다 - 라
③ 라 - 다 - 가 - 나
④ 나 - 라 - 다 - 가

14 ☐☐☐

13. 간부

소방역사 중 소방에 관하여 옳은 것은 모두 몇 개인가?

> ㄱ. 1426년 병조에 금화도감이 설치되었다.
> ㄴ. 1948년 소방업무는 국가소방으로 하여 경찰조직의 내무부 치안국 소방과로 예속되었다.
> ㄷ. 1925년 경성소방서가 설치되었다.
> ㄹ. 1958년 내무부 민방위본부가 창설되고 소방을 경찰행정에 서부터 인수하여 관장하였다.
> ㅁ. 2004년 우리나라에 「정부조직법」을 개정하여 국가중앙조직으로 소방방재청이 설립되었다.

① 5개
② 4개
③ 3개
④ 2개
⑤ 1개

15 ☐☐☐

빈출문제

소방이라는 용어를 최초로 사용한 시기는?

① 조선시대 초반
② 일제 강점기
③ 갑오개혁 이후
④ 미군정 시기

16 ☐☐☐

23. 공채·경채

우리나라 소방행정체제의 변천과정에 관한 내용으로 옳지 않은 것은?

① 중앙소방위원회 설치(1946) 당시에는 자치소방체제였다.
② 정부수립(1948) 당시에는 국가소방체제였다.
③ 중앙소방학교 설립(1978) 당시에는 국가소방과 자치소방의 이원적 체제였다.
④ 대구지하철 화재 발생(2003) 당시에는 국가소방체제였다.

17 ☐☐☐

빈출문제

우리나라에 최초로 독립된 자치소방체제가 성립된 시기는?

① 1971 ~ 1992년
② 1945 ~ 1948년
③ 1992 ~ 2003년
④ 1948 ~ 1970년

01 ☐☐☐
24. 공채 · 경채

소방 조직의 설치가 시기순으로 옳게 나열된 것은?

① 내무부 소방과 – 내무부 소방국 – 도 소방위원회 – 시 · 도소방 본부
② 도 소방위원회 – 내무부 소방국 – 시 · 도 소방본부 – 소방방재청
③ 중앙소방위원회 – 내무부 소방국 – 도 소방위원회 – 소방방재청
④ 내무부 소방국 – 중앙소방위원회 – 소방방재청 – 소방청

03 ☐☐☐
19. 공채 · 경채

해방 이후의 소방조직 변천과정을 과거부터 현재까지 옳게 나열한 것은?

> ㄱ. 중앙에는 중앙소방위원회를 두고, 지방에는 도 소방위원회를 두어 독립된 자치소방제도를 시행하였다.
> ㄴ. 소방행정이 경찰행정 사무에 포함하여 시 · 군까지 일괄적으로 관리하는 국가소방체제로 전환하였다.
> ㄷ. 서울과 부산은 소방본부를 설치하였고, 다른 지역은 국가 소방체제로 국가소방과 자치소방의 이원화시기였다.
> ㄹ. 소방사무가 시 · 도 사무로 전환되어 전국 시 · 도에 소방본부가 설치되었다.

① ㄱ → ㄴ → ㄷ → ㄹ
② ㄱ → ㄴ → ㄹ → ㄷ
③ ㄴ → ㄱ → ㄷ → ㄹ
④ ㄴ → ㄱ → ㄹ → ㄷ

02 ☐☐☐
24. 간부

대한민국 정부 수립 이후 중앙소방조직의 변천 과정을 시간적 순서대로 옳게 나열한 것은?

① 소방방재청 – 내무부 소방국 – 내무부 치안국 소방과 – 국민안 전처 중앙소방본부 – 소방청
② 소방방재청 – 내무부 치안국 소방과 – 내무부 소방국 – 국민안 전처 중앙소방본부 – 소방청
③ 내무부 소방국 – 내무부 치안국 소방과 – 국민안전처 중앙소 방본부 – 소방방재청 – 소방청
④ 내무부 경찰국 소방과 – 내무부 소방국 – 소방청 – 국민안전 처 중앙소방본부 – 소방방재청
⑤ 내무부 치안국 소방과 – 내무부 소방국 – 소방방재청 – 국민안 전처 중앙소방본부 – 소방청

04 ☐☐☐
18. 하반기 공채

민간 소방조직의 설치에 관한 설명으로 옳지 않은 것은?

① 주유취급소에는 위험물안전관리자를 선임해야 한다.
② 소방안전관리대상물에는 소방안전관리자를 선임해야 한다.
③ 소방업무를 체계적으로 보조하기 위해 의용소방대를 설치한다.
④ 제4류 위험물을 저장 · 취급하는 제조소에는 반드시 자체소방대를 설치해야 한다.

「소방공무원법」상 소방령의 계급정년은 몇 년인가?

① 4년
② 6년
③ 11년
④ 14년

우리나라 소방조직체계 중 지방소방행정조직에 해당하는 것은?

① 의무소방대
② 자체소방대
③ 의용소방대
④ 자위소방대
⑤ 중앙소방학교

중앙소방행정조직 중 간접적 소방행정기관의 설명으로 옳지 않은 것은?

① 한국소방안전원은 법인으로 하며, 협회에 관하여 일반적으로 민법 가운데 재단법인 규정을 준용한다.
② 한국소방산업기술원은 소방산업의 진흥·발전을 효율적으로 지원하기 위하여 설립하며 기술원은 법인으로 하되 민법의 재단법인에 관한 규정을 준용한다.
③ 대한소방공제회는 직무수행 중 사망하거나 상이를 입은 사람에 대한 지원사업을 하며 「소방기본법」에 명시되어 있다.
④ 소방공무원에 대한 효율적인 공제제도를 확립·운영하고, 직무수행 중 사망하거나 상이를 입은 사람에 대한 지원사업을 함으로써 이들의 생활 안정과 복지 증진에 이바지함을 목적으로 하여 대한소방공제회를 설립한다.

소방조직에 대한 설명으로 옳지 않은 것은?

① 소방본부장은 시·도지사의 지휘와 감독을 받는다.
② 소방대는 소방공무원, 의무소방원, 의용소방대원으로 구성되어 있다.
③ 소방청, 소방본부, 소방서는 중앙소방행정조직에 해당된다.
④ 소방방재청은 2004년 개청되었다.

09 ▢▢▢

빈출문제

다음 중 소방조직에 관한 설명으로 옳지 않은 것은?

① 소방공무원은 단계에 따라 연령정년과 계급정년이 있다.
② 소방공무원은 별정직공무원이다.
③ 소방공무원 계급은 11단계로 구분한다.
④ 소방공무원은 모두 「소방공무원법」의 적용을 받는다.

10 ▢▢▢

21. 공채 · 경채

소방조직의 원리에 해당하지 않는 것은?

① 조정의 원리
② 계층제의 원리
③ 명령분산의 원리
④ 통솔범위의 원리

11 ▢▢▢

19. 간부

「의용소방대 설치 및 운영에 관한 법률」상 의용소방대의 임무로 옳지 않은 것은?

① 화재예방업무의 보조
② 구조 · 구급 업무의 보조
③ 소방시설 점검업무의 보조
④ 화재의 경계와 진압업무의 보조
⑤ 화재 등 재난 발생 시 대피 및 구호업무의 보조

12 ▢▢▢

17. 간부

의용소방대에 대한 설명으로 옳지 않은 것은?

① 의용소방대원의 정년은 65세로 한다.
② 지역에 거주 또는 상주하는 주민 가운데 희망하는 사람으로서 간호사 자격자는 의용소방대원으로 임명될 수 있다.
③ 서울특별시장은 서울특별시에 의용소방대를 둘 수 있다.
④ 1958년 「소방법」 제정 시 의용소방대 설치 규정이 마련되었다.
⑤ 의용소방대의 대장 및 부대장은 관할 소방서장이 임명한다.

13 ▢▢▢

빈출문제

「의용소방대 설치 및 관리에 관한 법률」상 의용소방대에 대한 설명으로 옳지 않은 것은?

① 의용소방대원은 비상근으로 하며, 시 · 도지사는 소방업무를 하게 하기 위하여 필요한 때에는 의용소방대원을 소집할 수 있다.
② 의용소방대의 운영과 활동 등에 필요한 경비는 해당 시 · 도지사가 부담한다.
③ 시 · 도지사 또는 소방서장은 소방업무를 보조하기 위하여 시 · 도, 시 · 읍 또는 면에 의용소방대를 설치할 수 있다.
④ 의용소방대는 그 지역에 거주 또는 상주하는 주민 가운데 희망하는 사람으로서 관할 구역 내에서 안정된 사업장에 근무하는 사람은 의용소방대원으로 임명할 수 있다.

14 ☐☐☐

빈출문제

의용소방대에 관하여 옳지 않은 것은?

① 의용소방대는 소방본부장 또는 소방서장의 소방업무를 보조한다.

② 시·도 및 시·읍·면에 의용소방대를 설치한다.

③ 소방본부장은 의용소방대원이 임무를 수행한 경우 수당을 지급할 수 있다.

④ 의용소방대의 운영과 활동 등에 필요한 경비는 해당 시·도지사가 부담한다.

16 ☐☐☐

12. 세종

다음 중 (   ) 안에 들어갈 말로 알맞은 것은?

> 소방관서는 전통적으로 (   ) 형식으로 조직되어 있다. 이것은 소방조직이 다른 조직에 비하여 순응적 조직문화를 가지고 있다는 것을 의미하지만 반대로 자발적이고 상향적 혁신의 장애가 될 수 있다는 것을 의미한다.

① 사기업적

② 봉건행정직

③ 준군사적

④ 수평적

15 ☐☐☐

17. 하반기 공채

다음 설명하는 소방조직의 원리로 가장 옳은 것은?

> 특정 사안에 대한 결정에 있어서 의사결정과정에서는 개인의 의견이 참여되지만 결정을 내리는 것은 개인이 아닌 소속 기관의 장이다.

① 계선의 원리

② 업무조정의 원리

③ 계층제의 원리

④ 명령통일의 원리

17 ☐☐☐

13. 간부

소방행정의 특수성에 해당하는 업무적 특성이 아닌 것은?

① 현장성

② 계층성

③ 독립성

④ 신속성

⑤ 전문성

01 ☐☐☐
24. 간부

「소방공무원법」상 근속승진과 계급정년의 내용으로 옳은 것은?

	근속승진	계급정년
①	소방사를 소방교로: 해당 계급에서 4년 이상 근속자	소방령: 14년
②	소방장을 소방위로: 해당 계급에서 7년 6개월 이상 근속자	소방준감: 6년
③	소방위를 소방경으로: 해당 계급에서 8년 이상 근속자	소방경: 18년
④	소방교를 소방장으로: 해당 계급에서 6년 이상 근속자	소방감: 5년
⑤	소방경을 소방령으로: 해당 계급에서 10년 이상 근속자	소방정: 10년

02 ☐☐☐
기출변형

소방안전관리에 대한 설명으로 옳지 않은 것은?

① 특정소방대상물의 관계인은 소방안전관리자를 선임 또는 해임할 경우 그 날로부터 14일 이내에 소방본부장 또는 소방서장에게 신고하여야 한다.

② 관계인 및 소방안전관리자는 소방안전관리대상물의 화기 취급의 감독을 하여야 한다.

③ 소방안전관리자는 대통령령으로 정하는 사항이 포함된 소방계획서를 작성하여야 한다.

④ 소방안전관리자는 소방시설, 피난시설, 방화시설 및 방화구획 등이 법령에 위반된 것을 발견했을 때에는 소방안전관리대상물의 관계인에게 개수·이전·수리·제거·수리 등 필요한 조치를 할 것을 요구하여야 한다.

03 ☐☐☐
빈출문제

소방공무원에 대한 설명으로 옳은 것은?

① 소방공무원은 경력직공무원 중 특수경력직공무원이다.

② 소방경 이하의 소방공무원은 소방청장이 임용한다.

③ 「소방공무원법」상 임용에는 신규채용, 파견, 정직, 퇴직 등이 있다.

④ 소방공무원 중징계에는 파면, 해임, 감봉, 정직 등이 있다.

⑤ 소방령 이상의 임용권자는 시·도지사이다.

04 ☐☐☐
17. 하반기 공채

다음 중 「국가공무원법」상 소방공무원의 분류로 옳은 것은?

① 특정직공무원
② 별정직공무원
③ 특수경력직공무원
④ 일반직공무원

05 ☐☐☐
기출변형

「국가공무원법」상 용어의 정의로 옳지 않는 것은?

① 강등은 같은 직렬 내에서 하위 직급에 임명하거나 하위 직급이 없어 다른 직렬의 하위 직급으로 임명하거나 고위공무원단에 속하는 일반직공무원을 고위공무원단 직위가 아닌 하위 직위에 임명하는 것을 말한다.

② 전보는 소방공무원의 동일 직위 및 자격 내에서의 근무기관이나 부서를 달리하는 임용을 말한다.

③ 임용이란 신규채용·강임·휴직·강등·정직·직위해제·해임·승진·전보·파견·복직·면직·파면을 말한다.

④ 복직은 휴직·직위해제 또는 정직(강등에 따른 정직 포함) 중에 있는 소방공무원을 직위에 복귀시키는 것을 말한다.

06 ☐☐☐　　　　　　　　　　기출변형

「국가공무원법」상 용어의 정의로 옳지 않은 것은?

① 전보란 소방공무원의 동일 직위·자격 내에서의 부서를 달리하는 임용을 말한다.
② 임용이란 신규채용·승진·전보·파견·강임·휴직·직위해제·정직·강등·복직·면직·해임 및 파면을 말한다.
③ 강등이란 휴직·직위해제 또는 정직(강등에 따른 정직 포함) 중에 있는 소방공무원을 직위에 복귀시키는 것을 말한다.
④ 강임이란 동종의 직무 내에서 하위의 직위에 임명하는 것을 말한다.

07 ☐☐☐　　　　　　　　　　기출변형

다음 중 「소방공무원임용령」에서 소방기관이 아닌 것은?

① 소방청, 소방본부, 소방서, 서울종합방재센터
② 소방청, 중앙소방학교, 지방소방학교
③ 시·도와 중앙소방학교, 소방서
④ 중앙119구조본부, 지방소방학교, 소방서

08 ☐☐☐　　　　　　　　　　기출변형

「소방공무원법」 및 「소방공무원임용령」상 임용에 대한 설명 중 옳지 않은 것은?

① 소방령 이상의 소방공무원은 소방청장의 제청으로 국무총리를 거쳐 대통령이 임용한다.
② 소방공무원의 계급순은 소방총감, 소방정감, 소방감, 소방준감, 소방정, 소방령, 소방경, 소방위, 소방장, 소방교, 소방사이다.
③ 소방경 이하의 소방공무원은 소방청장이 임용한다.
④ 소방청장은 시·도 소속 소방위 이하의 소방공무원에 대한 임용권을 시·도지사에게 위임한다.

09 ☐☐☐　　　　　　　　　　빈출문제

소방공무원 임용 등에 대한 설명으로 옳지 않은 것은?

① 소방경 이하의 소방공무원은 소방청장이 임용한다.
② 소방령 이상의 소방공무원은 대통령이 임용한다.
③ 소방총감은 국무총리가 임명한다.
④ 소방령 이상 소방준감 이하의 소방공무원에 대한 정직·복직·직위해제·전보·휴직·강등은 소방청장이 행한다.

10 ☐☐☐　　　　　　　　　　빈출문제

다음 중 소방공무원의 계급을 높은 계급에서 낮은 계급 순으로 바르게 나열한 것은?

① 소방총감 - 소방정감 - 소방준감 - 소방감
② 소방총감 - 소방정감 - 소방감 - 소방준감
③ 소방정 - 소방령 - 소방위 - 소방경
④ 소방사 - 소방교 - 소방경 - 소방장

11 ☐☐☐　　　　　　　　　　16. 통합

다음 중 소방공무원의 계급을 높은 계급에서 낮은 계급 순으로 바르게 나열한 것은?

① 소방총감 - 소방준감 - 소방정감 - 소방정 - 소방감
② 소방총감 - 소방감 - 소방준감 - 소방장 - 소방정
③ 소방총감 - 소방준감 - 소방감 - 소방장 - 소방정
④ 소방총감 - 소방감 - 소방준감 - 소방정 - 소방경

12 ▢▢▢
18. 상반기 공채

「국가공무원법」상 징계의 종류 중 중징계에 해당하지 않는 것은?

① 해임
② 강등
③ 정직
④ 견책

13 ▢▢▢
기출변형

「국가공무원법」상 징계의 종류에 해당하지 않는 것은?

① 정직
② 훈계
③ 감봉
④ 견책

14 ▢▢▢
12. 세종

소방 인적 자원관리에 있어 봉급, 건강보험, 퇴직자 연금제도, 성과급, 휴가 등에 부과된 직·간접적 혜택 등이 증가함에 따라 단지 직원들의 봉급만 보고 그들의 총소득을 정확하게 설명할 수 없어 봉급, 혜택을 하나의 패키지로 표현하는데 쓰이는 용어는?

① 연봉
② 총보상
③ 공공복지
④ 기본연봉

15 ▢▢▢
기출변형

소방공무원의 임용 중 신분의 발생, 변경, 소멸 등에 있어 성격이 다른 하나는 무엇인가?

① 전보
② 강임
③ 정직
④ 면직

16 ▢▢▢
기출변형

「소방공무원법」상 소방경 이하의 소방공무원의 임용권자로 옳은 것은?

① 소방청장
② 대통령
③ 국무총리
④ 행정안전부장관

17 ▢▢▢
22. 간부

「국가공무원법」 및 「소방공무원 징계령」에서 정하고 있는 소방공무원의 징계에 관한 내용으로 옳은 것은?

① 중징계의 종류에는 파면, 해임, 강등, 정직, 감봉이 있다.
② 경징계의 종류에는 견책, 훈계, 경고가 있다.
③ 소방정인 지방소방학교장에 관한 징계는 시·도에 설치된 징계위원회에서 심의·의결한다.
④ 정직은 1개월 이상 3개월 이하의 기간으로 하고, 정직 처분을 받은 자는 그 기간 중 공무원의 신분은 보유하나 직무에 종사하지 못하며 보수는 전액을 감한다.
⑤ 감봉은 1개월 이상 3개월 이하의 기간 동안 보수의 2분의 1을 감한다.

POINT
67
CHAPTER 3 소방관계법규
소방관계법규
정답 및 해설 p.88
PART 7
해커스소방 김정희 소방학개론 단원별 기출문제집

01 ☐☐☐ 빈출문제

소방용수시설에서 급수탑의 개폐밸브 설치기준으로 옳은 것은?

① 1m 이상 1.5m 이하
② 1.5m 이상 1.7m 이하
③ 1.5m 이상 2m 이하
④ 1m 이상 2m 이하

02 ☐☐☐ 23. 간부

「소방시설 설치 및 관리에 관한 법률 시행령」상 건축물 등의 신축·증축·개축·재축·이전·용도변경 또는 대수선의 허가·협의 및 사용승인을 할 때 미리 소방본부장 또는 소방서장의 동의를 받아야 하는 건축물 등의 범위로 옳은 것만을 <보기>에서 고른 것은?

<보기>
ㄱ. 노유자시설 및 수련시설: 100제곱미터 이상
ㄴ. 항공기 격납고, 관망탑, 항공관제탑, 방송용수신탑
ㄷ. 승강기 등 기계장치에 의한 주차시설로서 자동차 15대 이상을 주차할 수 있는 시설
ㄹ. 차고 주차장으로 사용되는 바닥면적이 200제곱미터 이상인 층이 있는 건축물이나 주차시설
ㅁ. 지하층 또는 무창층이 있는 건축물로서 바닥면적이 150제곱미터(공연장의 경우에는 제곱 100미터) 이상인 층이 있는 것

① ㄱ, ㄴ, ㄷ
② ㄱ, ㄴ, ㄹ
③ ㄱ, ㄷ, ㄹ
④ ㄴ, ㄷ, ㅁ
⑤ ㄴ, ㄹ, ㅁ

03 ☐☐☐ 24. 간부

위험물안전관리법령상 자체소방대를 설치하여야 하는 사업소로 옳은 것은?

① 용기에 위험물을 옮겨 담는 일반취급소
② 이동저장탱크 그 밖에 이와 유사한 것에 위험물을 주입하는 일반취급소
③ 보일러, 버너 그 밖에 이와 유사한 장치로 위험물을 소비하는 일반취급소
④ 제4류 위험물을 취급하는 제조소 또는 일반취급소에서 취급하는 제4류 위험물의 최대수량의 합이 지정수량의 3천배 이상인 경우
⑤ 제4류 위험물을 저장하는 옥외탱크저장소에 저장하는 제4류 위험물의 최대수량이 지정수량의 30만배 이상인 경우

04 ☐☐☐ 23. 간부

「위험물안전관리법 시행령」상 제조소에서 취급하는 제4류 위험물의 최대수량의 합이 지정수량의 50만 배인 사업소의 경우 자체소방대에 두는 화학소방자동차와, 자체소방대원의 수로 옳은 것은?

	화학소방자동차	자체소방대원
①	1대	5인
②	2대	10인
③	3대	15인
④	4대	20인
⑤	5대	10인

05 ☐☐☐ 23. 간부

「화재의 예방 및 안전관리에 관한 법률 시행령」상 화재의 확대가 빠른 특수가연물의 품명 및 수량으로 옳은 것은?

① 넝마: 500킬로그램 이상
② 사류: 1,000킬로그램 이상
③ 면화류: 100킬로그램 이상
④ 가연성고체류: 2,000킬로그램 이상
⑤ 석탄·목탄류: 3,000킬로그램 이상

06 ☐☐☐

「화재의 예방 및 안전관리에 관한 법률」상 시·도지사가 화재예방강화지구로 지정하여 관리해야 하는 지역으로 옳은 것만을 <보기>에서 있는 대로 고른 것은?

<보기>
ㄱ. 시장지역
ㄴ. 공장·창고가 밀집한 지역
ㄷ. 노후·불량건축물이 밀집한 지역
ㄹ. 위험물의 저장 및 처리 시설이 밀집한 지역

① ㄱ, ㄴ
② ㄱ, ㄷ
③ ㄴ, ㄹ
④ ㄱ, ㄴ, ㄹ
⑤ ㄱ, ㄴ, ㄷ, ㄹ

07 ☐☐☐

「소방시설 설치 및 관리에 관한 법률 시행령」상 무창층(無窓層)이란 지상층 중 개구부 면적의 합계가 해당 층 바닥면적의 30분의 1 이하가 되는 층을 말한다. 이때 개구부가 갖추어야 할 요건으로 옳지 않은 것은?

① 크기는 지름 50cm 이상의 원이 통과할 수 있는 크기일 것
② 해당 층의 바닥면으로부터 개구부 밑부분까지의 높이가 0.8m 이내일 것
③ 도로 또는 차량이 진입할 수 있는 빈터를 향할 것
④ 화재 시 건축물로부터 쉽게 피난할 수 있도록 창살이나 그 밖의 장애물이 설치되지 아니할 것
⑤ 내부 또는 외부에서 쉽게 부수거나 열 수 있을 것

08 ☐☐☐

「소방시설 설치 및 관리에 관한 법률 시행령」상 특정소방대상물에 설치하는 소방시설에 대한 설명으로 옳은 것은?

ㄱ. 주택용 소방시설이란 소화기 및 단독경보형감지기를 말한다.
ㄴ. 비상콘센트설비, 제연설비는 소방시설 중 소화활동설비에 포함된다.
ㄷ. 스프링클러설비, 연결송수관설비는 소방시설 중 소화설비에 포함된다.
ㄹ. 분말형태의 소화약제를 사용하는 소화기의 내용연수는 10년으로 한다.
ㅁ. 옥내소화전설비, 자동화재탐지설비, 스프링클러설비, 물분무등소화설비는 내진설계대상 소방시설이다.

① ㄱ, ㄴ, ㄷ
② ㄱ, ㄴ, ㄹ
③ ㄱ, ㄹ, ㅁ
④ ㄴ, ㄷ, ㄹ
⑤ ㄴ, ㄹ, ㅁ

09 ☐☐☐

「소방시설 설치 및 관리에 관한 법률 시행령」상 의료시설에 강화된 소방시설 기준을 적용해 설치하여야 하는 소방시설로 옳지 않은 것은?

① 스프링클러설비
② 자동화재탐지설비
③ 자동화재속보설비
④ 단독경보형감지기
⑤ 간이스프링클러설비

10 ☐☐☐

소방청장이 정하는 내진설계기준에 맞게 소방시설을 설치해야 하는 경우 대통령령으로 정하는 소방시설에 해당하지 않는 것은?

① 옥내소화전설비
② 옥외소화전설비
③ 물분무 소화설비
④ 스프링클러설비
⑤ 포 소화설비

11 □□□

「소방시설 설치 및 관리에 관한 법률 시행령」상 옥내소화전설비를 설치하여야 하는 특정소방대상물에 해당하지 않는 것은?

① 연면적 1천m² 이상인 판매시설
② 연면적 1천500m² 이상인 복합건축물
③ 지하가 중 길이 1천m 이상인 터널
④ 지하층, 무창층 또는 4층 이상 층의 바닥면적이 300m² 이상인 숙박시설
⑤ 건축물 옥상에 설치된 차고로서 차고 용도로 사용되는 부분의 면적이 200m² 이상인 시설

12 □□□

「위험물안전관리법」상 위험물안전관리자 선임에 대한 내용이다. ( ) 안에 들어갈 내용으로 알맞은 것은?

안전관리자를 선임한 제조소등의 관계인은 그 안전관리자를 해임하거나 안전관리자가 퇴직한 때에는 해임하거나 퇴직한 날부터 (ㄱ)일 이내에 다시 안전관리자를 선임하여야 한다. 안전관리자를 선임한 경우에 선임한 날부터 (ㄴ)일 이내에 행정안전부령으로 정하는 바에 따라 소방본부장 또는 소방서장에게 신고하여야 한다.

	ㄱ	ㄴ
①	7	14
②	14	7
③	30	7
④	30	14
⑤	30	30

13 □□□

「소방시설 설치 및 관리에 관한 법률 시행규칙」상 소방안전관리대상물의 관계인이 수립하여 시행하여야 할 피난계획에 포함되지 않는 것은?

① 화재경보의 수단 및 방식
② 층별, 구역별 피난대상 인원의 현황
③ 각 거실에서 옥외에 이르는 피난경로
④ 피난 시 소화설비의 작동과 사용계획
⑤ 재해약자 및 재해약자를 동반한 사람의 피난동선과 피난방법

14 □□□

화재 진압, 경계, 구조, 구급 등을 활동하기 위한 소방대의 일원에 해당되는 자는?

① 의용소방대원
② 자위소방대원
③ 소방안전관리자
④ 위험물안전관리자

15 □□□

「소방기본법」 및 같은 법 시행규칙상 화재예방, 소방활동 또는 소방훈련을 위하여 사용되는 소방신호의 종류와 방법에 관한 내용으로 옳은 것은?

① 소방신호의 방법으로는 타종신호, 싸이렌신호, 음성신호가 있다.
② 소방대의 비상소집을 하는 경우에는 훈련신호를 사용할 수 있다.
③ 타종신호로 하는 경우 경계신호는 5초 간격을 두고 30초씩 3회로 한다.
④ 소방신호의 종류에는 비상신호, 훈련신호, 해제신호, 경계신호가 있다.

해커스소방 **fire.Hackers.com**

PART 8 구조·구급론

01 ☐☐☐
19. 간부

「119구조·구급에 관한 법률 시행령」상 구조 또는 구급 요청을 거절할 수 있는 경우에 해당하지 않는 것은?

① 동물의 단순 처리·포획·구조 요청을 받은 경우
② 38℃ 이상의 고열 감기환자
③ 혈압 등 생체징후가 안정된 타박상 환자
④ 술에 취했으나 외상이 없고 강한 자극에 의식을 회복한 사람
⑤ 요구조자 또는 응급환자가 구조·구급대원에게 폭력을 행사하는 등 구조·구급활동을 방해하는 경우

03 ☐☐☐
21. 간부 – 기출변형

「119구조·구급에 관한 법률 시행령」상 특수구조대에 해당하는 것을 <보기>에서 있는 대로 고른 것은?

<보기>
ㄱ. 화학구조대   ㄴ. 수난구조대
ㄷ. 산악구조대   ㄹ. 고속국도구조대
ㅁ. 지하철구조대   ㅂ. 테러대응구조대

① ㄱ
② ㄱ, ㄴ
③ ㄱ, ㄴ, ㄷ, ㄹ
④ ㄱ, ㄴ, ㄷ, ㄹ, ㅁ
⑤ ㄱ, ㄴ, ㄷ, ㄹ, ㅁ, ㅂ

04 ☐☐☐
15. 간부

다음 중 특수구조대가 아닌 것은?

① 화학구조대
② 산악구조대
③ 지하철구조대
④ 수난구조대
⑤ 테러대응구조대

02 ☐☐☐
빈출문제

다음 중 구조대 및 구급대 편성·운영권자로 옳은 것은?

① 소방청장, 소방본부장, 소방서장
② 행정안전부장관, 소방청장, 소방본부장
③ 소방대장, 소방청장, 소방본부장
④ 국무총리, 소방청장, 시·도지사

05 ☐☐☐
기출변형

다음 중 국제구조대의 임무로서 가장 옳은 것은?

① 응급의료, 시설관리, 통역, 탐색, 구조, 공보연락
② 시설관리, 안전평가, 탐색, 구조, 공보연락, 통역
③ 응급의료, 시설관리, 통역, 안전평가, 탐색, 구조
④ 공보연락, 안전평가, 시설관리, 응급의료, 인명탐색 및 구조

01 ☐☐☐
빈출문제

다음은 구조에서 매듭에 관한 설명이다. 가장 옳지 않은 것은?

① 로프의 강도가 약한 곳, 힘을 많이 받는 매듭 쪽을 임무 중에 수시로 확인한다.
② 기계나 장치의 좁은 곳 등의 통과를 원활하게 하기 위하여 매듭을 작게 한다.
③ 로프는 절대 세척하여 사용하면 안 된다.
④ 매듭의 뒷처리를 깔끔히 하여 줄이 길게 늘어지지 않도록 한다.

02 ☐☐☐
11. 제주

로프의 끝이나 중간에 절이나 매듭, 고리를 만드는 방법을 무엇이라 하는가?

① 이어매기
② 마디짓기
③ 움켜매기
④ 앉아매기

03 ☐☐☐
11. 부산

로프에 수 개의 엄지매듭을 일정한 간격으로 만들어 로프를 타고 오르거나 내릴 때에 지점으로 이용할 수 있도록 하는 매듭은?

① 터벅매듭
② 나비매듭
③ 줄사다리매듭
④ 고정매듭

04 ☐☐☐
빈출문제

구급대원의 자격으로 옳지 않은 것은?

① 인명구조사
② 1급 응급구조사
③ 2급 응급구조사
④ 소방청장이 시행하는 구급업무에 관한 교육을 이수한 자

05 ☐☐☐
13. 통합

119구급대가 의료행위를 하기 위해 갖춰야 할 자격기준이 아닌 것은?

① 「의료법」 제2조 제1항에 따른 의료인
② 「응급의료에 관한 법률」에 따라 1급 응급구조사 자격을 취득한 자
③ 「응급의료에 관한 법률」에 따라 2급 응급구조사 자격을 취득한 자
④ 적십자사 총재가 실시하는 구급업무의 교육을 받은 자

06 ☐☐☐
11. 서울

다음 중 구급대원의 자격이 아닌 것은?

① 의료인
② 국가·지방자치단체·공공기관 의료기관에서 2년 근무한 경력자
③ 응급구조사의 자격을 취득한 사람
④ 소방청장이 실시하는 구급업무에 관한 교육을 받은 사람

01 ☐☐☐ 23. 간부

「긴급구조대응활동 및 현장지휘에 관한 규칙」상 중증도 분류별 표시방법으로 옳은 것은?

① 사망: 적색, 십자가 표시
② 긴급: 녹색, 토끼 그림
③ 응급: 적색, 거북이 그림
④ 비응급: 녹색, 구급차 그림에 ✕ 표시
⑤ 대기: 황색, 구급차 그림에 ✕ 표시

02 ☐☐☐ 15. 통합

병원으로 이송을 위한 환자의 중증도 분류가 옳지 않은 것은?

① 수시간, 수일 후 치료해도 생명에 지장이 없는 환자 - 비응급환자 - 녹색
② 수시간 이내 응급처치를 요하는 환자 - 응급환자 - 황색
③ 사망 또는 생존의 가능성이 없는 환자 - 지연환자 - 흰색
④ 수분, 수시간 이내 응급처치를 요구하는 단계 - 긴급환자 - 적색

03 ☐☐☐ 11. 전남

수분, 수시간 내에 처치하지 않으면 생명이 위험한 중증환자는?

① 긴급환자
② 응급환자
③ 비응급환자
④ 지연환자

04 ☐☐☐ 11. 서울

다음 환자이송을 위한 중증도 분류에서 성격이 다른 하나는?

① 응급환자
② 다발성골절
③ 거북이심볼
④ 적색

05 ☐☐☐ 14. 통합

다음 중 구급출동 요청을 거절할 수 있는 사항 중 이송 요청 거절사유가 아닌 것은?

① 단순 열상 또는 찰과상으로 지속적인 출혈이 없는 외상환자
② 만성질환자로서 검진 또는 입원목적의 이송 요청자
③ 단순 골절환자
④ 단순 치통환자

06 ☐☐☐ 11. 통합

구급대원이 구급요청 시 거절사유에 해당되지 않는 것은?

① 38℃ 이상의 고열이 있거나 호흡곤란이 동반되는 경우
② 술에 취한 사람으로서 만취자
③ 만성질환자로서 검진 또는 입원 목적의 이송 요청자
④ 병원 간 이송 또는 자택으로의 이송요청자

07 ☐☐☐ 기출변형

피하조직 전체가 화상으로 검게 되기도 하며, 말초신경부분도 화상을 입고, 통증이 없으며 피부는 창백색인 화상은?

① 1도 - 홍반성
② 2도 - 수포성
③ 3도 - 괴사성
④ 4도 - 탄화

08 ☐☐☐

기출변형

의식상태평가 AVPU의 짝으로 옳은 것은?

① A(언어지시반응)
② V(통증자극반응)
③ P(의식명료)
④ U(무반응)

09 ☐☐☐

기출변형

응급의료소의 설명으로 옳지 않은 것은?

① 통제단장은 현장응급의료소를 설치·운영하여야 한다.
② 의료소에는 소장 1명과 분류반·응급처치반 및 이송반을 둔다.
③ 의료소장은 의료소가 설치된 지역을 관할하는 지역본부장이 된다.
④ 의료소에는 의사 3명, 간호사 또는 1급 응급구조사 4명 및 지원요원 1명 이상으로 편성한다.

10 ☐☐☐

16. 간부

다음 중 구조활동 우선순위를 바르게 배열한 것은?

┌───┐
│ ㄱ. 요구조자의 구명에 필요한 조치를 한다.   │
│ ㄴ. 요구조자의 상태 악화 방지에 필요한 조치를 한다.   │
│ ㄷ. 안전구역으로 신체구출 활동을 침착히 개시한다.   │
│ ㄹ. 위험현장에서 격리하여 재산을 보전한다.   │
└───┘

① ㄱ - ㄷ - ㄴ - ㄹ
② ㄱ - ㄷ - ㄹ - ㄴ
③ ㄱ - ㄴ - ㄷ - ㄹ
④ ㄴ - ㄱ - ㄷ - ㄹ
⑤ ㄴ - ㄱ - ㄹ - ㄷ

11 ☐☐☐

11. 울산

다음 중 응급처치에 대한 일반원칙이 아닌 것은?

① 어떠한 경우라도 본인보다 환자보호를 우선한다.
② 피가 나는 상처부위의 지혈을 처리한다.
③ 환자의 쇼크를 예방한다.
④ 신속하고 침착하게 대처한다.

12 ☐☐☐

13. 광주

다음 중 응급처치법으로 옳지 않은 것은?

① 턱을 위로 올려 기도가 직선이 되어 개방된 상태를 유지하며 질식을 막기 위해 기도 내의 이물을 제거하여 호흡을 자유롭게 한다. 호흡장애 시 즉시 인공호흡을 시행한다.
② 쇼크는 산소를 충분히 공급하지 못하여 의식은 없는 환자는 환자의 경구를 통하여 물이나 음료 등을 많이 섭취하여 의식을 잃지 않게 한다.
③ 출혈이 계속적으로 있다면 생명을 잃기 쉽기 때문에 상처부위에 먼지나 세균의 침입을 막기 위해 소독된 거즈나 붕대를 이용하여 드레싱을 하고 즉시 지혈을 하도록 한다.
④ 의식이 없는 대상자는 복와위나 측위가 좋지만 이 체위가 불가능 하다면 똑바로 눕혀 머리만 한쪽으로 돌려놓는다.

13 ☐☐☐

16. 통합

2급 응급구조사의 업무범위에 해당하지 않는 것은?

① 구강 내 이물질 제거
② 기본 심폐소생술
③ 산소 투여
④ 인공호흡기를 이용한 호흡유지

PART 재난관리론

01 ☐☐☐
24. 공채·경채

다음은 재해 발생 과정에 관한 이론이다. 각 이론에서 재해 발생을 방지하기 위해 제거해야 하는 단계가 옳게 나열된 것은?

> ㄱ. 하인리히(H. W. Heinrich)의 도미노 이론: 사회적 환경 및 유전적 요소 → 개인적 결함 → 불안전한 행동 및 상태 → 사고 → 재해
>
> ㄴ. 버드(F. Bird)의 수정 도미노 이론: 제어의 부족 → 기본원인 → 직접원인 → 사고 → 재해

	ㄱ	ㄴ
①	개인적 결함	직접원인
②	개인적 결함	기본원인
③	불안전한 행동 및 상태	직접원인
④	불안전한 행동 및 상태	기본원인

02 ☐☐☐
23. 공채·경채

재난(재해)에 관한 설명으로 옳지 않은 것은?

① 아네스(Br. J. Anesth)는 재난을 크게 자연재난과 인적(인위)재난으로 구분하였다.
② 존스(David K. Jones)는 재난을 크게 자연재난, 준자연재난, 인적(인위)재난으로 구분하였다.
③ 「재난 및 안전관리 기본법」 제3조 제1호에 따른 재난은 자연재난, 사회재난, 해외재난으로 구분된다.
④ 하인리히(H. W. Heinrich)의 도미노 이론은 재해발생과정을 유전적 요인 및 사회적 환경 → 개인적 결함 → 불안전 행동 및 불안전 상태 → 사고 → 재해(상해)라는 5개 요인의 연쇄작용으로 설명하였다.

03 ☐☐☐
19. 공채·경채

존스(Jones)의 재해분류 중 기상학적 재해가 아닌 것은?

① 번개
② 폭풍
③ 쓰나미
④ 토네이도

04 ☐☐☐
24. 간부

재해원인 분석방법 중 하나인 4M 분석방법에 관한 설명으로 옳은 것은?

① 재해의 원인을 Man, Machine, Manner, Management 요인으로 구분하여 분석한다.
② 기계·설비의 설계상 결함은 관리적 요인에 해당한다.
③ 작업정보의 부적절은 작업·환경적 요인에 해당한다.
④ 표준화의 부족은 인적 요인에 해당한다.
⑤ 심리적 요인은 작업·환경적 요인에 해당한다.

PART 9

05 ☐☐☐

재난관리의 단계별 주요 활동 중 '긴급통신수단 구축'이 해당되는 단계로 옳은 것은?

① 대응단계
② 대비단계
③ 예방단계
④ 복구단계

06 ☐☐☐

재난관리 활동 중 재난 현장에서 재산 및 인명보호를 위해 소방이 주도적인 역할을 하는 단계는?

① 예방단계
② 대비단계
③ 복구단계
④ 대응단계

07 ☐☐☐

다음 중 재난관리의 단계별 활동 내용과 관계없는 것은?

① 예방단계: 재난을 사전에 예방하고 재난 발생 가능성을 감소시키며, 발생 가능한 재난의 피해를 최소화시키기 위한 활동을 한다.
② 복구단계: 재해 상황이 어느 정도 안정된 후 취하는 활동단계이다.
③ 대비단계: 재난의 피해를 최소화시키기 위한 제반활동에도 불구하고 재난 발생 확률이 높아진 경우, 재해 발생 후에 효과적으로 대응할 수 있도록 비상방송시스템 구축 등 운영적인 장치들을 준비하는 단계이다.
④ 대응단계: 일단 재해가 발생한 경우 신속한 대응활동을 통하여 재해로 인한 인명 및 재산 피해를 최소화 하고, 재해의 확산을 방지하며, 순조롭게 복구가 이루어질 수 있도록 활동하는 단계이다.
⑤ 완화단계: 각종 재난관리계획의 실행, 재해대책본부의 활동개시, 긴급대피계획의 실천, 긴급의약품 조달 등의 활동을 한다.

08 ☐☐☐

「재난 및 안전관리 기본법」상 재난관리 단계와 활동내용의 연결이 옳지 않은 것은?

① 예방단계 - 위험구역의 설정
② 대비단계 - 재난현장 긴급통신수단의 마련
③ 대응단계 - 재난 예보·경보체계 구축·운영
④ 복구단계 - 특별재난지역 선포 및 지원

09 ☐☐☐

「재난 및 안전관리 기본법」상 재난의 대비에 포함되어야 할 내용으로 옳은 것만을 <보기>에서 있는대로 고른 것은?

<보기>
ㄱ. 국가핵심기반의 지정
ㄴ. 재난안전분야 종사자 교육
ㄷ. 지방자치단체에 대한 지원
ㄹ. 재난현장 긴급통신수단의 마련
ㅁ. 재난분야 위기관리 매뉴얼 작성·운용

① ㄱ, ㄴ   ② ㄴ, ㄷ
③ ㄷ, ㄹ   ④ ㄹ, ㅁ
⑤ ㄱ, ㄹ, ㅁ

10 ☐☐☐

하인리히(H. W. Heinrich)의 안전사고 연쇄성 이론의 5단계 순서를 올바르게 배열한 것은?

① 사고 - 사회적 환경 및 유전적 요소 - 불안전 행동 및 상태 - 상해 - 개인적 결함
② 사회적 환경 및 유전적 요소 - 개인적 결함 - 불안전 행동 및 상태 - 사고 - 상해
③ 불안전행동 및 상태 - 사회적 환경 및 유전적 요소 - 개인적 결함 - 사고 - 상해
④ 개인적 결함 - 사회적 환경 및 유전적 요소 - 불안전 행동 및 상태 - 상해 - 사고
⑤ 사회적 환경 및 유전적 요소 - 불안전 행동 및 상태 - 개인적 결함 - 상해 - 사고

11 ☐☐☐

하인리히(H. W. Heinrich)의 도미노 이론의 5단계 중 사고의 직접원인이 되는 3번째 단계에 해당하는 것은?

① 유전적 요소
② 불안전한 행동
③ 사회적 환경요소
④ 인적·물적 손실
⑤ 개인적 결함

12 □□□

12. 세종

현대적 재난관리행정에 많이 이용되는 재난관리 접근 방식 중 IEMS(Integrated Emergency Management System)란 어떤 재난관리 시스템을 말하는가?

① 분산적 시스템
② 균형적 시스템
③ 통합적 시스템
④ 분석적 시스템

13 □□□

22. 공채·경채

재난관리 방식 중 분산관리에 대한 일반적인 설명으로 옳지 않은 것은?

① 재난의 종류에 따라 대응방식의 차이와 대응계획 및 책임기관이 각각 다르게 배정된다.
② 재난 시 유관기관 간의 중복적 대응이 있을 수 있다.
③ 재난의 발생 유형에 따라 소관부처별로 업무가 나뉜다.
④ 재난 시 유사한 자원동원 체계와 자원유형이 필요하다.

14 □□□

기출변형

재해 예방의 4원칙으로 옳지 않은 것은?

① 예방가능의 원칙
② 손실필연의 원칙
③ 원인연계의 원칙
④ 대책선정의 원칙

01 ☐☐☐
20. 공채·경채

「재난 및 안전관리 기본법」상 재난관리에 관한 내용으로 옳은 것은?

① 예방 – 재난 발생을 사전에 방지하기 위하여 매년 재난대비훈련 계획을 수립하고, 관계 기관과 합동으로 재난대비훈련을 실시한다.

② 대비 – 재난을 효율적으로 관리하기 위하여 재난유형에 따라 위기관리 매뉴얼을 작성·운용한다.

③ 대응 – 재난 피해지역을 재해 이전 상태로 회복시키기 위하여 피해상황을 조사하고, 자체복구계획을 수립·시행한다.

④ 복구 – 재난의 수습활동을 효율적으로 하기 위하여 재난관리자원의 비축·관리 및 긴급통신수단을 마련한다.

03 ☐☐☐
15. 통합

다음 중 재난에 대한 예방, 대비, 대응 및 복구 중에 종류가 다른 하나는?

① 자원 관리 체계 구축
② 비상방송 시스템구축
③ 이재민 지원
④ 재난 유형별 사전교육 및 훈련실시

02 ☐☐☐
21. 공채·경채

「재난 및 안전관리 기본법」상 재난관리 단계별 조치 사항의 연결이 옳지 않은 것은?

① 예방단계 – 재난방지시설의 관리
② 대비단계 – 재난현장 긴급통신수단의 마련
③ 대응단계 – 특별재난지역의 선포
④ 복구단계 – 피해조사 및 복구계획 수립·시행

04 ☐☐☐

11. 제주

「재난 및 안전관리 기본법」 중 준비(대비)단계에 대한 설명으로 옳은 것은?

① 재해상황이 어느 정도 안정된 후 취하는 활동단계로 재해로 인한 피해지역을 재해 이전의 상태로 회복시키는 활동을 포함한다.
② 재난 발생 확률이 높아진 경우, 재해 발생 후에 효과적으로 대응할 수 있도록 사전에 대응활동을 위한 메커니즘을 구성하는 등 운영적인 장치들을 갖추는 단계
③ 신속한 활동을 통하여 재해로 인한 인명 및 재산피해를 최소화하고, 재해의 확산을 방지하며, 순조롭게 복구가 이루어질 수 있도록 활동하는 단계
④ 미래에 발생할 가능성이 있는 재난을 사전에 예방하기 위한 활동

05 ☐☐☐

21. 간부

「재난 및 안전관리 기본법」상 재난관리 단계별 활동 내용 중 예방단계에 포함되어야 할 내용을 <보기>에서 있는 대로 고른 것은?

<보기>
ㄱ. 재난에 대응할 조직의 구성 및 정비
ㄴ. 재난의 예측 및 예측정보 등의 제공·이용에 관한 체계의 구축
ㄷ. 재난 발생에 대비한 교육·훈련과 재난관리 예방에 관한 홍보
ㄹ. 재난이 발생할 위험이 높은 분야에 대한 안전관리체계의 구축 및 안전관리규정의 제정
ㅁ. 재난관리자원의 비축·관리
---

① ㄱ
② ㄱ, ㄴ
③ ㄱ, ㄴ, ㄷ
④ ㄱ, ㄴ, ㄷ, ㄹ
⑤ ㄱ, ㄴ, ㄷ, ㄹ, ㅁ

✅ 현재는 관련규정이 제·개정됨

06 ☐☐☐

22. 공채·경채

「재난 및 안전관리 기본법」상 재난관리의 대비단계 관리사항을 있는 대로 모두 고른 것은?

ㄱ. 국가재난관리기준의 제정·운용
ㄴ. 재난 예보·경보체계 구축·운영
ㄷ. 재난안전분야 종사자 교육
ㄹ. 재난안전통신망의 구축·운영
---

① ㄱ, ㄴ
② ㄱ, ㄹ
③ ㄱ, ㄴ, ㄹ
④ ㄴ, ㄷ, ㄹ

01 ☐☐☐
20. 공채 · 경채

「재난 및 안전관리 기본법」상 재난의 분류가 다른 하나는?

① 「감염병의 예방 및 관리에 관한 법률」에 따른 감염병의 확산
② 황사로 인하여 발생하는 재해
③ 환경오염사고로 인하여 발생하는 대통령령으로 정하는 규모 이상의 피해
④ 「미세먼지 저감 및 관리에 관한 특별법」에 따른 미세먼지 등으로 인한 피해

02 ☐☐☐
18. 하반기 공채

「재난 및 안전관리 기본법」상 재난관리를 위하여 필요한 재난관리정보에 해당하는 것만을 있는 대로 고른 것은?

ㄱ. 재난상황정보
ㄴ. 동원가능 자원정보
ㄷ. 시설물정보
ㄹ. 지리정보

① ㄱ
② ㄱ, ㄷ
③ ㄱ, ㄴ, ㄹ
④ ㄴ, ㄷ, ㄹ
⑤ ㄱ, ㄴ, ㄷ, ㄹ

03 ☐☐☐
12. 울산

「재난 및 안전관리 기본법」에서 정의하는 내용으로 옳지 않은 것은?

① 재난관리책임기관: 중앙행정기관 및 지방자치단체(행정시 포함), 지방행정기관 · 공공기관 · 공공단체(공공기관 및 공공단체의 지부 등 지방조직을 포함) 및 재난관리의 대상이 되는 중요시설의 관리기관 등으로서 대통령령으로 정하는 기관
② 긴급구조기관: 소방청, 소방본부, 소방서, 경찰청, 지방경찰청 및 경찰서
③ 안전관리: 재난이나 각종 사고로부터 사람의 생명 · 신체, 재산의 안전확보를 위한 모든 활동
④ 해외재난: 대한민국의 영역 밖에서 대한민국 국민의 생명 · 신체 및 재산에 피해를 주거나 줄 수 있는 재난으로서 정부 차원에서 대처할 필요가 있는 재난

04 ☐☐☐
16. 통합

다음 중 「재난 및 안전관리 기본법」상 자연재난으로 볼 수 없는 것은?

① 호우
② 환경오염사고 등으로 인하여 발생하는 대통령령으로 정하는 규모 이상의 피해
③ 조수
④ 화산활동

05 ☐☐☐　　　　　　　　　　　16. 경기

우리나라의 「재난 및 안전관리 기본법」에서는 재난을 국민의 생명·신체·재산과 국가에 피해를 주거나 줄 수 있는 것으로서 자연재난 및 사회재난으로 규정하고 있다. 다음 중 자연재난에 해당하지 않는 것은?

① 환경오염사고
② 호우
③ 화산활동
④ 조수

06 ☐☐☐　　　　　　　　　　　22. 간부

「재난 및 안전관리 기본법」상 용어의 정의로 옳지 않은 것은?

① "국가재난관리기준"이란 모든 유형의 재난에 공통적으로 활용할 수 있도록 재난관리의 전 과정을 통일적으로 단순화·체계화한 것으로서 행정안전부장관이 고시한 것을 말한다.
② "재난관리"란 재난이나 그 밖의 각종 사고로부터 사람의 생명·신체 및 재산의 안전을 확보하기 위하여 하는 모든 활동을 말한다.
③ "안전기준"이란 각종 시설 및 물질 등의 제작, 유지관리 과정에서 안전을 확보할 수 있도록 적용하여야 할 기술적 기준을 체계화한 것을 말한다.
④ "긴급구조"란 재난이 발생할 우려가 현저하거나 재난이 발생하였을 때에 국민의 생명·신체 및 재산을 보호하기 위하여 긴급구조기관과 긴급구조지원기관이 하는 인명구조, 응급처치, 그 밖에 필요한 모든 긴급한 조치를 말한다.
⑤ "안전취약계층"이란 어린이, 노인, 장애인, 저소득층 등 신체적·사회적·경제적 요인으로 인하여 재난에 취약한 사람을 말한다.

07 ☐☐☐　　　　　　　　　　　22. 간부

「재난 및 안전관리 기본법」상 자연재난에 해당하지 않는 것은?

① 가뭄
② 폭염
③ 미세먼지
④ 황사(黃砂)
⑤ 조류(藻類) 대발생

재난관리주관기관
정답 및 해설 p.101

01 □□□
24. 공채·경채

「재난 및 안전관리 기본법 시행령」상 재난 및 사고 유형과 재난 관리 주관기관의 연결이 옳지 않은 것은?

① 저수지 사고 – 국토교통부
② 자연우주물체의 추락·충돌 – 과학기술정보통신부
③ 공동구 재난(국토교통부가 관장하는 공동구는 제외한다) – 행정안전부
④ 원자력안전 사고(파업에 따른 가동중단으로 한정한다) – 산업통상자원부

02 □□□
24. 간부

「재난 및 안전관리 기본법 시행령」상 재난 및 사고의 유형에 따른 재난관리주관기관의 연결로 옳지 않은 것은?

① 내륙에서 발생한 유도선 등의 수난 사고 – 소방청
② 해외에서 발생한 재난 – 외교부
③ 전력생산용 댐의 사고 – 산업통상자원부
④ 유해화학물질 유출 사고 – 환경부
⑤ 해양에서 발생한 유도선 등의 수난 사고 – 해양경찰청

03 □□□
21. 간부

「재난 및 안전관리 기본법 시행령」상 재난 및 사고유형별 재난관리주관기관으로 옳게 짝지어진 것은?

① 도로터널 사고 – 행정안전부
② 가스 수급 및 누출 사고 – 산업통상자원부
③ 해양 분야 환경오염 사고 – 해양경찰청
④ 금융 전산 및 시설 사고 – 과학기술정보통신부
⑤ 경기장 및 공연장에서 발생한 사고 – 소방청

04 □□□
20. 간부

「재난 및 안전관리 기본법 시행령」상 재난 및 사고유형에 따른 재난관리주관기관으로 옳지 않은 것은?

① 가축질병 – 보건복지부
② 항공기 사고 – 국토교통부
③ 정부중요시설 사고 – 행정안전부
④ 교정시설에서 발생한 사고 – 법무부
⑤ 학교시설에서 발생한 사고 – 교육부

05 □□□
19. 간부

「재난 및 안전관리 기본법」상 재난 및 사고유형별 재난관리주관기관의 연결이 옳지 않은 것은?

① 사업장에서 발생한 대규모 인적 사고 – 고용노동부
② 자연우주물체의 추락·충돌 – 국토교통부
③ 내륙에서 발생한 유도선 등의 수난 사고 – 행정안전부
④ 가스 수급 및 누출 사고 – 산업통상자원부
⑤ 다중 밀집시설 대형화재 – 소방청

01 □□□ 16. 통합

「재난 및 안전관리 기본법」상 긴급구조기관으로 옳지 않은 것은?

① 경찰청
② 소방청
③ 해양경찰서
④ 지방해양경찰청

03 □□□ 빈출문제

다음 중 「재난 및 안전관리 기본법」상 긴급구조기관이 아닌 것은?

① 소방청
② 경찰청
③ 소방본부
④ 소방서

02 □□□ 15. 간부

다음 중 「재난 및 안전관리 기본법」상 긴급구조기관이 아닌 것은?

① 소방청
② 해양경찰서
③ 해양경찰청
④ 해양수산부
⑤ 소방서

04 □□□ 빈출문제

다음 중 「재난 및 안전관리 기본법」상 긴급구조기관이 아닌 것은?

① 지방해양경찰청
② 소방서
③ 경찰서
④ 해양경찰서

01 ☐☐☐

「재난 및 안전관리 기본법」상 우리나라 재난관리체계에 대한 설명으로 옳지 않은 것은?

① 재난 및 안전관리에 관한 중요 정책을 심의하기 위하여 국무총리 소속으로 중앙안전관리위원회를 둔다.
② 대통령령으로 정하는 대규모 재난의 대응·복구를 총괄하기 위하여 행정안전부에 중앙재난안전대책본부를 둔다.
③ 소방서는 인명구조, 응급처치 등 긴급 조치를 담당하는 긴급구조지원기관에 해당한다.
④ 시·군·구재난안전대책본부장은 시장·군수·구청장이며, 시·군·구긴급구조통제단장은 소방서장이다.

02 ☐☐☐

「재난 및 안전관리 기본법」상 중앙안전관리위원회와 안전정책조정위원회에 대한 설명으로 옳지 않은 것은?

① 중앙안전관리위원회는 국무총리 소속으로 국무총리가 위원장이다.
② 중앙안전관리위원회는 재난사태의 선포에 관한 사항을 심의하고, 안전정책조정위원회는 특별재난지역의 선포에 관한 사항을 심의한다.
③ 안전정책조정위원회는 중앙위원회에 상정될 안건을 사전에 검토한다.
④ 안전정책조정위원회 위원장은 행정안전부장관이 된다.

03 ☐☐☐

다음 중 「재난 및 안전관리 기본법」에 근거한 안전관리기구 및 기능에 대한 설명으로 옳지 않은 것은?

① 재난 및 안전관리에 관한 중요정책에 관한 사항은 국무총리 소속으로 중앙안전관리 위원회에서 심의한다.
② 중앙안전관리위원회에 상정될 안건을 사전에 검토하기 위해 중앙안전관리 위원회에 안전정책조정위원회를 둔다.
③ 행정안전부장관은 매년 재난 및 안전관리 사업의 효과성 및 효율성을 평가하고 그 결과를 관계 중앙행정기관의 장에게 통보하여야 한다.
④ 지역별 재난 및 안전관리에 관한 사항을 심의조정하기 위하여 시·도지사 소속으로 시·도 안전관리위원회를 둔다.
⑤ 중앙재난방송협의회의 구성 및 운영에 필요한 사항은 행정안전부령으로 정한다.

04 ☐☐☐

「재난 및 안전관리 기본법」상 중앙위원회에 관한 설명으로 옳지 않은 것은?

① 중앙위원회의 위원장은 국무총리가 되고, 위원은 대통령령으로 정하는 중앙행정기관의 장이 된다.
② 중앙위원회의 회의는 재적위원 과반수의 출석으로 개의(開議)하고, 출석위원 과반수의 찬성으로 의결한다.
③ 중앙위원회의 간사는 소방본부장이 된다.
④ 중앙위원회의 위원은 그 밖에 중앙위원회의 위원장이 지정하는 기관 및 단체의 장이 될 수 있다.

05 ☐☐☐

다음 중 「재난 및 안전관리 기본법」상 연결이 옳지 않은 것은?

① 국무총리: 중앙안전관리위원회 위원장
② 소방서장: 시·군·구긴급구조통제단장
③ 소방본부장: 중앙긴급구조통제단의 단장
④ 시·도지사: 시·도재난안전대책본부장
⑤ 행정안전부장관: 중앙재난안전대책본부장

01 ☐☐☐　　　　　　　　　　　　　　23. 간부

「재난 및 안전관리 기본법」상 대통령령으로 정하는 대규모 재난의 대응·복구 등에 관한 사항을 총괄·조정하고 필요한 조치를 하기 위하여 행정안전부에 두는 조직은?

① 안전관리자문단
② 중앙안전관리위원회
③ 안전정책조정위원회
④ 중앙긴급구조통제단
⑤ 중앙재난안전대책본부

02 ☐☐☐　　　　　　　　　　　　　　빈출문제

「재난 및 안전관리 기본법」상 재난관리체계의 설명 중 옳지 않은 것은?

① 행정안전부장관은 중앙재난안전상황실을 설치·운영하여야 한다.
② 중앙긴급구조통제단의 단장은 소방청장이 된다.
③ 중앙재난안전대책본부장은 대통령에게 특별재난선포를 건의할 수 있다.
④ 재난사태인 경우 중앙재난안전대책본부장이 재난지역을 선포할 수 있다.

03 ☐☐☐　　　　　　　　　　　　　　22. 간부

「재난 및 안전관리 기본법」상 중앙재난안전대책본부에 관한 내용으로 옳지 않은 것은?

① 재난의 효과적인 수습을 위하여 국무총리가 범정부적 차원의 통합 대응이 필요하다고 인정하는 경우에는 대통령이 중앙대책본부장의 권한을 행사한다.
② 해외재난의 경우에는 외교부장관이 중앙대책본부장의 권한을 행사한다.
③ 대통령령으로 정하는 대규모 재난의 대응·복구 등에 관한 사항을 총괄·조정하고 필요한 조치를 하기 위하여 행정안전부에 중앙재난안전대책본부를 둔다.
④ 「원자력시설 등의 방호 및 방사능 방재 대책법」에 따른 방사능재난의 경우에는 중앙방사능방재대책본부의 장이 중앙대책본부장의 권한을 행사한다.
⑤ 행정안전부장관이 국무총리에게 건의하거나 수습본부장의 요청을 받아 행정안전부장관이 국무총리에게 건의하는 경우에는 국무총리가 중앙대책본부장의 권한을 행사할 수 있다.

01 □□□
17. 간부

다음은 안전관리기본계획, 재난의 예방·대비·대응·복구 등에 관한 사항이다. 옳지 않은 것은?

① 행정안전부장관은 국가안전관리기본계획을 5년마다 수립하여야 한다.

② 행정안전부장관은 재난징후정보의 효율적 조사·분석 및 관리를 위하여 재난징후 정보 관리시스템을 운영할 수 있다.

③ 재난관리책임기관의 장은 매년 10월 31일까지 다음 해의 재난관리자원에 대한 비축·관리계획을 수립하고, 이를 행정안전부장관에게 제출하여야 한다.

④ 소방청장은 긴급구조기관이 긴급구조지원기관에 대한 능력을 평가하는데 필요한 평가지침을 매년 수립하여 다른 긴급구조기관의 장에게 통보하여야 한다.

⑤ 자연재난으로서 「자연재난 구호 및 복구 비용 부담기준 등에 관한 규정」에 따른 국고지원 대상 피해 기준금액의 2.5배를 초과하는 피해가 발생한 재난은 특별 재난의 범위에 포함된다.

02 □□□
20. 간부

「재난 및 안전관리 기본법」 및 같은 법 시행령상 효율적인 재난관리를 위해 실시하는 예방, 대비, 대응 및 복구 활동에 대한 내용으로 옳지 않은 것은?

① 국무총리는 국가안전관리기본계획을 5년마다 수립하여야 한다.

② 안전점검의 날은 매월 4일로 하고, 방재의 날은 매년 5월 25일로 한다.

③ 훈련주관기관의 장은 관계 기관과 합동으로 참여하는 재난대비훈련을 각각 소관 분야별로 주관하여 연 1회 이상 실시하여야 한다.

④ 행정안전부장관은 5년마다 재난 및 안전관리에 관한 과학기술의 진흥을 위하여 재난 및 안전관리기술개발종합계획을 수립하여야 한다.

⑤ 긴급구조지원기관에서 긴급구조업무와 재난관리업무를 담당하는 부서의 담당자 및 관리자는 신규교육을 받은 후 3년마다 정기적으로 긴급구조교육을 받아야 한다.

03 □□□
18. 간부

「재난 및 안전관리 기본법」상 재난지역에 대한 국고보조 등의 지원에 대한 내용으로 옳지 않은 것은?

① 국가는 자연재난의 원활한 복구를 위하여 필요하면 대통령령으로 정하는 바에 따라 그 비용의 전부 또는 일부를 국고에서 부담하거나 지방자치단체, 그 밖의 재난 관리책임자에게 보조할 수 있다.

② 국가와 지방자치단체는 재난으로 피해를 입은 시설의 복구와 피해주민의 생계 안정을 위하여 주거용 건축물의 복구비를 지원할 수 있다.

③ 국가와 지방자치단체로부터 재난으로 피해를 입은 시설의 복구와 피해주민의 생계 안정을 위해 지원되는 금품 또는 이를 지급받을 권리는 양도하거나 담보로 제공할 수 있다.

④ 재난복구사업의 재원은 대통령령으로 정하는 재난의 구호 및 재난의 복구비용 부담기준에 따라 국고의 부담금 또는 보조금과 지방자치단체의 부담금·의연금 등으로 충당한다.

⑤ 국가와 지방자치단체는 재난으로 피해를 입은 사람에 대하여 심리적 안정과 사회적응을 위한 상담 활동을 지원할 수 있다.

04 □□□

재난관리기금 금액에 대한 설명으로 옳은 것은?

① 5년 동안 보통세의 수입결산액의 평균연액의 3/100(3%)에 해당하는 금액

② 3년 동안 보통세의 수입결산액의 평균연액의 3/100(3%)에 해당하는 금액

③ 3년 동안 보통세의 수입결산액의 평균연액의 1/100(1%)에 해당하는 금액

④ 5년 동안 보통세의 수입결산액의 평균연액의 5/100(5%)에 해당하는 금액

05 □□□

「재난 및 안전관리 기본법」에 대한 설명으로 옳지 않은 것은?

① 재난사태가 선포된 지역에 여행 등 이동자제 권고를 할 수 있다.

② 안전점검의 날은 매월 4일로 한다.

③ 시 · 군 · 구긴급구조통제단장은 시장 · 군수 · 구청장이다.

④ 긴급구조기관이란 소방청 · 소방본부 · 소방서 · 해양경찰청 · 지방해양경찰청 및 해양경찰서를 말한다.

06 □□□

「재난 및 안전관리 기본법」 및 동법 시행령에 따라 수립해야 하는 계획의 내용이다. ( ) 안에 들어갈 내용으로 옳은 것은?

> (가) (ㄱ)은/는 재난 및 안전관리에 관한 과학기술의 진흥을 위하여 (ㄴ)년마다 관계 중앙행정기관의 재난 및 안전관리기술개발에 관한 계획을 종합하여 조정위원회의 심의와 「국가과학기술자문회의법」에 따른 국가과학기술자문회의의 심의를 거쳐 재난 및 안전관리기술개발 종합계획을 수립하여야 한다.
>
> (나) (ㄷ)은/는 국가안전관리기본계획을 (ㄹ)년마다 수립해야 한다.

	ㄱ	ㄴ	ㄷ	ㄹ
①	국무총리	1	행정안전부장관	1
②	과학기술정보통신부장관	5	행정안전부장관	5
③	행정안전부장관	1	국무총리	1
④	국무총리	5	국무총리	5
⑤	행정안전부장관	5	국무총리	5

01 □□□
19. 간부

「재난 및 안전관리 기본법 시행령」상 특정관리대상지역에 대한 안전등급의 평가기준에 따라 실시하여야 하는 정기안전점검 실시 기준으로 옳지 않은 것은?

① 안전등급 A등급: 반기별 1회 이상
② 안전등급 B등급: 반기별 1회 이상
③ 안전등급 C등급: 반기별 2회 이상
④ 안전등급 D등급: 월 1회 이상
⑤ 안전등급 E등급: 월 2회 이상

02 □□□
13. 전북

행정안전부장관과 재난관리책임기관의 장은 긴급안전점검 결과 재난 발생의 위험이 높다고 인정되는 시설 또는 지역에 대하여는 대통령령으로 정하는 바에 따라 그 소유자·관리자 또는 점유자에게 재난예방을 위한 긴급안전조치를 할 것을 명할 수 있다. 재난 준비단계에서 그 내용으로 옳지 않은 것은?

① 즉시 퇴피명령
② 보수 또는 보강 등 정비
③ 재난을 발생시킬 위험요인의 제거
④ 정밀안전진단

01 ☐☐☐   21. 간부

「재난 및 안전관리 기본법」상 재난관리책임기관의 장은 재난을 효율적으로 관리하기 위하여 재난유형에 따라 위기관리 매뉴얼을 작성·운용하여야 한다. (   ) 안에 들어갈 내용으로 옳은 것은?

> (ㄱ)은 국가적 차원에서 관리가 필요한 재난에 대하여 재난관리 체계와 관계 기관의 임무와 역할을 규정한 문서이고, (ㄴ)은 재난현장에서 임무를 직접 수행하는 기관의 행동조치 절차를 구체적으로 수록한 문서이다.

	ㄱ	ㄴ
①	위기관리 표준매뉴얼	위기대응 실무매뉴얼
②	위기관리 표준매뉴얼	현장조치 행동매뉴얼
③	위기대응 실무매뉴얼	현장조치 행동매뉴얼
④	위기대응 실무매뉴얼	위기관리 표준매뉴얼
⑤	현장조치 행동매뉴얼	위기관리 표준매뉴얼

02 ☐☐☐   16. 충남

실제 재난 발생 시 대응 매뉴얼로 옳은 것은?

① 위기관리 표준매뉴얼
② 위기대응 실무매뉴얼
③ 현장조치 행동매뉴얼
④ 위기상황 매뉴얼

03 ☐☐☐   22. 공채·경채

「재난 및 안전관리 기본법」상 재난현장에서 임무를 직접 수행하는 기관의 행동조치 절차를 구체적으로 수록한 문서는?

① 재난대응 활동계획
② 현장조치 행동매뉴얼
③ 위기대응 실무매뉴얼
④ 위기관리 표준매뉴얼

04 ☐☐☐   19. 간부

「재난 및 안전관리 기본법 시행령」상 다중이용시설의 관계인이 위기상황에 대비한 매뉴얼을 작성하여 이에 따른 훈련을 주기적으로 실시해야 하는 건축물 또는 시설에 해당하지 않는 것은?

① 바닥면적의 합계가 4천m²인 판매시설
② 바닥면적의 합계가 5천m²인 운수시설 중 여객용 시설
③ 바닥면적의 합계가 6천m²인 숙박시설 중 관광숙박시설
④ 바닥면적의 합계가 7천m²인 의료시설 중 종합병원
⑤ 바닥면적의 합계가 8천m²인 문화 및 집회시설(동물원 및 식물원 제외)

01 ☐☐☐   19. 공채·경채

「재난 및 안전관리 기본법」상 긴급구조에 대한 설명으로 옳지 않은 것은?

① 중앙긴급구조통제단의 단장은 행정안전부장관이 된다.
② 시·도긴급구조통제단의 단장은 소방본부장이 된다.
③ 시·군·구긴급구조통제단의 단장은 소방서장이 된다.
④ 재난현장에서는 시·군·구긴급구조통제단장이 긴급구조활동을 지휘한다.

02 ☐☐☐   빈출문제

다음 중 「재난 및 안전관리 기본법」상 긴급구조에 대한 설명으로 옳지 않은 것은?

① 긴급구조란 재난이 발생할 우려가 현저하거나 재난이 발생하였을 때에 국민의 생명·신체 및 재산을 보호하기 위하여 긴급구조기관과 긴급구조지원기관이 하는 인명구조, 응급처치, 그 밖에 필요한 모든 긴급한 조치를 말한다.
② 재난 현장에서 긴급구조통제단장이 긴급구조활동에 대한 지휘를 한다.
③ 긴급구조기관이란 행정안전부·소방본부 및 소방서를 말한다. 다만, 해양에서 발생한 재난의 경우에는 해양경찰청·지방해양경찰청 및 해양경찰서를 말한다.
④ 긴급구조지원기관이란 긴급구조에 필요한 인력·시설 및 장비, 운영체계 등 긴급구조능력을 보유한 기관이나 단체로서 대통령령으로 정하는 기관과 단체를 말한다.

03 ☐☐☐   12. 울산

「재난 및 안전관리 기본법」상 재난현장에서 긴급구조통제단장으로 옳은 것은?

	중앙통제단장	시·도통제단장	시·군·구통제단장
①	국무총리	소방서장	소방본부장
②	소방청장	소방본부장	소방서장
③	소방청장	소방서장	소방본부장
④	대통령	소방서장	소방본부장

04 ☐☐☐   17. 간부

「재난 및 안전관리 기본법」상 긴급구조에 대한 설명으로 옳지 않은 것은?

① 해상에서 발생한 선박이나 항공기 등의 조난사고의 긴급구조활동에 관하여는 수상에서의 수색·구조 등에 관한 법률 등 관계 법령에 따른다.
② 소방청, 소방본부, 소방서, 경찰청, 기상청 및 산림청은 긴급구조기관에 해당하는 기관이다.
③ 긴급구조에 관한 사항의 총괄·조정, 긴급구조기관 및 긴급구조지원기관이 하는 긴급구조활동의 역할 분담과 지휘·통제를 위하여 소방청에 중앙긴급구조통제단을 두며, 단장은 소방청장이 된다.
④ 지역통제단장은 긴급구조를 위하여 필요하면 긴급구조기관 간의 공조체제를 유지하기 위하여 관계 기관·단체의 장에게 소속직원의 파견을 요청할 수 있다.
⑤ 재난현장에서는 시·군·구긴급구조통제 단장이 긴급구조활동을 지휘한다. 다만, 치안활동과 관련된 사항은 관할 경찰관서의 장과 협의하여야 한다.

05 ☐☐☐ 16. 통합

「재난 및 안전관리 기본법」상 중앙긴급구조통제단에 관한 설명 중 옳지 않은 것은?

① 중앙통제단의 구성·기능 및 운영에 필요한 사항은 대통령령으로 정한다.
② 중앙통제단은 소방청에 설치한다.
③ 중앙긴급구조통제단의 단장은 행정안전부장관이다.
④ 긴급구조지원기관 간의 공조체제를 유지하기 위하여 관계 기관·단체의 장에게 소속 직원의 파견을 요청할 수 있다.

06 ☐☐☐ 15. 간부

「재난 및 안전관리 기본법」상 지역통제단장의 응급조치에 관한 것이 아닌 것은?

① 진화에 관한 응급조치
② 경보발령
③ 긴급수송
④ 구조 수단의 확보
⑤ 현장지휘통신체계의 확보

07 ☐☐☐ 기출변형

「재난 및 안전관리 기본법」상 중앙통제단의 업무로 옳지 않은 것은?

① 국가 긴급구조대책의 총괄·조정
② 재난관리책임기관 간의 역할분담 등 피해복구계획의 수립
③ 긴급구조활동의 지휘·통제
④ 긴급구조대응계획의 집행

08 ☐☐☐ 빈출문제

다음 중 「재난 및 안전관리 기본법」상 시·군·구긴급구조통제단장으로 옳은 것은?

① 시·도지사
② 소방본부장
③ 시장·군수·구청장
④ 소방서장

09 ☐☐☐ 17. 공채

시·도긴급구조통제단장과 시·군·구긴급구조통제단장의 응급조치사항에 해당하지 않는 것은?

① 긴급수송 수단 확보
② 경보의 발령
③ 현장지휘통신체계의 확보
④ 진화에 관한 응급조치

10 ☐☐☐ 18. 간부

「재난 및 안전관리 기본법」상 재난이 발생할 우려가 있거나 재난이 발생하였을 때에 즉시 취해야 하는 응급조치로 옳지 않은 것은?

① 급수 수단의 확보, 긴급피난처 및 구호품의 확보
② 피해시설의 응급복구 및 방역과 방법, 그 밖의 질서 유지
③ 긴급수송 및 구조 수단의 확보
④ 응급지원에 필요한 비용부담
⑤ 현장지휘통신체계의 확보

01 ☐☐☐

20. 간부

「재난 및 안전관리 기본법 시행령」상 긴급구조기관의 장이 수립하는 재난유형별 긴급구조대응계획에 포함되어야 할 내용으로 옳은 것은?

> ㄱ. 긴급구조대응계획의 기본방침과 절차
> ㄴ. 긴급구조대응계획의 목적 및 적용범위
> ㄷ. 주요 재난유형별 대응 매뉴얼에 관한 사항
> ㄹ. 비상경고 방송메시지 작성 등에 관한 사항
> ㅁ. 긴급구조대응계획의 운영책임에 관한 사항
> ㅂ. 재난 발생 단계별 주요 긴급구조 대응활동 사항

① ㄱ, ㄴ, ㄷ
② ㄱ, ㄴ, ㅁ
③ ㄴ, ㄹ, ㅂ
④ ㄷ, ㄹ, ㅁ
⑤ ㄷ, ㄹ, ㅂ

02 ☐☐☐

18. 상반기 공채

긴급구조현장지휘에 관한 사항으로 옳지 않은 것은?

① 추가 재난의 방지를 위한 응급조치
② 긴급구조지원기관 및 자원봉사자 등에 대한 임무의 부여
③ 사상자의 응급처치 및 의료기관으로의 이송
④ 재난관리책임기관의 인력·장비의 배치와 운용

03 ☐☐☐

21. 공채·경채

「재난 및 안전관리 기본법」상 재난현장에서 시·군·구긴급구조통제단장의 긴급구조현장지휘 사항을 모두 고른 것은?

> ㄱ. 재난현장에서 인명의 탐색·구조
> ㄴ. 추가 재난의 방지를 위한 응급조치
> ㄷ. 사상자의 응급처치 및 의료기관으로의 이송
> ㄹ. 긴급구조에 필요한 물자의 관리

① ㄱ, ㄴ
② ㄱ, ㄴ, ㄷ
③ ㄴ, ㄷ, ㄹ
④ ㄱ, ㄴ, ㄷ, ㄹ

04 □□□
13. 경기

재난현장에서 긴급대피, 상황 전파, 비상연락 등을 담당하는 기능별 긴급구조대응계획으로 옳은 것은?

① 피해상황분석
② 대중정보
③ 지휘통제
④ 비상경고

05 □□□
22. 간부

「긴급구조대응활동 및 현장지휘에 관한 규칙」상 통제단이 설치·운영되는 경우에 긴급구조지휘대를 구성하는 사람과 배치되는 해당 부서의 연결이 옳은 것만을 <보기>에서 있는 대로 고른 것은?

<보기>
ㄱ. 신속기동요원 – 대응계획부
ㄴ. 통신지휘요원 – 구조진압반
ㄷ. 안전담당요원 – 현장통제반
ㄹ. 경찰파견 연락관 – 연락공보담당

① ㄱ, ㄴ
② ㄱ, ㄷ
③ ㄱ, ㄴ, ㄹ
④ ㄴ, ㄷ, ㄹ
⑤ ㄱ, ㄴ, ㄷ, ㄹ

◎ 현재는 관련규정이 제·개정됨

06 □□□
24. 간부

「재난 및 안전관리 기본법」과 「수상에서의 수색·구조 등에 관한 법률」상 해상에서의 긴급구조 및 항공기 등 조난사고 시의 긴급구조에 관한 설명으로 옳지 않은 것은?

① 해상에서 발생한 선박이나 항공기 등의 조난사고의 긴급구조활동에 관하여는 「수상에서의 수색·구조 등에 관한 법률」 등 관계 법령에 따른다.
② 해수면에서의 수난구호는 구조본부의 장이 수행하고, 내수면에서의 수난구호는 소방관서의 장이 수행한다.
③ 국방부장관은 항공기 조난사고가 발생한 경우 항공기 수색과 인명구조를 위하여 항공기 수색·구조계획을 수립·시행하여야 한다.
④ 국방부장관은 항공기나 선박의 조난사고가 발생하면 관계 법령에 따라 긴급구조업무에 책임이 있는 기관의 긴급구조활동에 대한 군의 지원을 신속하게 할 수 있도록 조치를 취하여야 한다.
⑤ 국방부장관이 설치하는 탐색구조본부의 구성과 운영에 필요한 사항은 국방부령으로 정한다.

01 ☐☐☐

24. 간부

재난 및 안전관리 기본법령상 재난사태 선포와 특별재난지역의 선포에 관한 설명으로 옳지 않은 것은?

① 재난사태 선포는 재난의 대응 활동에 해당된다.
② 특별재난지역의 선포는 재난의 복구 활동에 해당된다.
③ 재난사태 선포권자는 국무총리이다.
④ 재난사태 선포대상 재난은 재난 중 극심한 인명 또는 재산의 피해가 발생하거나 발생할 것으로 예상되어 시·도지사가 중앙대책본부장에게 재난사태의 선포를 건의하거나 중앙대책본부장이 재난사태의 선포가 필요하다고 인정하는 재난(「노동조합 및 노동관계조정법」 제4장에 따른 쟁의행위로 인한 국가핵심기반의 일시 정지는 제외한다)을 말한다.
⑤ 행정안전부장관 및 지방자치단체의 장은 재난사태가 선포된 지역에 대하여 재난경보의 발령, 인력·장비 및 물자의 동원, 위험구역 설정, 대피명령, 응급지원 등 이 법에 따른 응급조치, 해당 지역에 소재하는 행정기관 소속 공무원의 비상소집, 해당 지역에 대한 여행 등 이동 자제 권고 등의 조치를 할 수 있다.

03 ☐☐☐

24. 간부

재난 및 안전관리 기본법령상 특별재난지역 선포에 관한 사항으로 옳지 않은 것은?

① 특별재난지역의 선포권자는 대통령이다.
② 중앙대책본부장은 특별재난지역의 선포를 대통령에게 건의할 수 있다.
③ 특별재난지역의 선포를 위해서는 중앙대책본부의 심의를 거쳐야 한다.
④ 지역대책본부장은 관할지역에서 발생한 재난에 대해 중앙대책본부장에게 특별재난지역의 선포건의를 요청할 수 있다.
⑤ 특별재난지역을 선포하는 경우에 중앙대책본부장은 특별재난지역의 구체적인 범위를 정하여 공고하여야 한다.

02 ☐☐☐

12. 전북

「재난 및 안전관리 기본법」상 행정안전부장관·지방자치단체의 장이 재난사태가 선포된 지역에 할 수 있는 조치가 아닌 것은?

① 재난예방에 필요한 조치
② 해당 지역에 근무하는 행정기관 소속공무원의 비상소집
③ 해당 지역에 대한 여행 등의 자제 금지
④ 재난경보의 발령, 인력·장비 및 물자 동원, 위험구역 설정, 대피명령, 응급지원 등을 할 수 있다.

04 ☐☐☐

「재난 및 안전관리 기본법」에 대한 내용이다. (   ) 안에 들어갈 용어로 옳은 것은?

> (가)은 대통령령으로 정하는 재난이 발생하거나 발생할 우려가 있는 경우 사람의 생명·신체 및 재산에 미치는 중대한 영향이나 피해를 줄이기 위하여 긴급한 조치가 필요하다고 인정하면 (나)의 심의를 거쳐 (다)을/를 선포할 수 있다.

	가	나	다
①	중앙재난안전대책본부장	안전정책조정위원회	재난사태
②	행정안전부장관	중앙안전관리위원회	재난사태
③	중앙재난안전대책본부장	중앙안전관리위원회	특별재난지역
④	행정안전부장관	안전정책조정위원회	특별재난지역

05 ☐☐☐

특별재난지역의 선포와 관련된 내용이다. (   ) 안에 들어갈 내용으로 옳은 것은?

> (ㄱ)은/는 대통령령으로 정하는 규모의 재난이 발생하여 특별한 조치가 필요하다고 인정하거나 지역대책본부장의 요청이 타당하다고 인정하는 경우에는 (ㄴ)의 심의를 거쳐 해당 지역을 특별재난지역으로 선포할 것을 대통령에게 건의할 수 있다.

	ㄱ	ㄴ
①	중앙재난안전대책본부장	안전정책조정위원회
②	중앙안전관리위원회	중앙사고수습본부
③	중앙안전관리위원회	중앙재난안전대책본부장
④	중앙재난안전대책본부장	중앙안전관리위원회

06 ☐☐☐

국가의 안녕 및 사회질서의 유지에 중대한 영향을 미치거나 그 재난으로 인한 피해를 효과적으로 수습 및 복구하기 위하여 특별한 조치가 필요하다고 인정하면 중앙위원회의 심의를 거쳐 해당 지역을 특별재난으로 선포할 수 있는 자는?

① 소방본부장
② 행정안전부장관
③ 대통령
④ 시·도지사

소방학개론 연도별 기출문제

소요시간: _____ / 17분   맞힌 답의 개수: _____ / 25

문 1. 소방 조직의 설치가 시기순으로 옳게 나열된 것은?

① 내무부 소방과 – 내무부 소방국 – 도 소방위원회 – 시·도 소방본부

② 도 소방위원회 – 내무부 소방국 – 시·도 소방본부 – 소방방재청

③ 중앙소방위원회 – 내무부 소방국 – 도 소방위원회 – 소방방재청

④ 내무부 소방국 – 중앙소방위원회 – 소방방재청 – 소방청

문 2. 소방행정조직의 발전 과정에 관한 설명으로 옳지 않은 것은?

① 1426년(세종 8년)에 독자적인 소방 관리를 위해 금화도감을 설치하였으며 이후 성문도감과 병합하여 수성금화도감으로 개편하였다.

② 1894년에 경무청이 설치되고, '소방'이란 용어가 처음으로 사용되었다.

③ 1948년에 대한민국 정부가 수립되고 국가 소방체제로 전환하면서 소방행정조직이 경찰에서 분리되었다.

④ 2017년에「정부조직법」개정으로 국민안전처를 해체하고 소방청을 개설하였다.

문 3.「재난 및 안전관리 기본법 시행령」상 재난 및 사고 유형과 재난관리 주관기관의 연결이 옳지 않은 것은?

① 저수지 사고 – 국토교통부

② 자연우주물체의 추락·충돌 – 과학기술정보통신부

③ 공동구 재난(국토교통부가 관장하는 공동구는 제외한다) – 행정안전부

④ 원자력안전 사고(파업에 따른 가동중단으로 한정한다) – 산업통상자원부

문 4. 다음은 재해 발생 과정에 관한 이론이다. 각 이론에서 재해 발생을 방지하기 위해 제거해야 하는 단계가 옳게 나열된 것은?

> ㄱ. 하인리히(H. W. Heinrich)의 도미노 이론: 사회적 환경 및 유전적 요소 → 개인적 결함 → 불안전한 행동 및 상태 → 사고 → 재해
>
> ㄴ. 버드(F. Bird)의 수정 도미노 이론: 제어의 부족 → 기본원인 → 직접원인 → 사고 → 재해

	ㄱ	ㄴ
①	개인적 결함	직접원인
②	개인적 결함	기본원인
③	불안전한 행동 및 상태	직접원인
④	불안전한 행동 및 상태	기본원인

문 5. 연소에 관한 설명으로 옳은 것은?

① 작열연소: 화염이 없는 표면연소이다.

② 분해연소: 유황(황)이나 나프탈렌이 열분해되면서 일어나는 연소이다.

③ 증발연소: 액체에서만 발생하는 연소형태로서 액면에서 비등하는 기체에서 발생한다.

④ 자기연소: 제3류 위험물과 같이 물질 자체 내의 산소를 소모하는 연소로서 연소속도가 빠르다.

문 6. 블레비(BLEVE)에 관한 설명으로 옳지 않은 것은?

① 가연물이 비점 이상으로 가열될 때 발생한다.

② 저장탱크의 기계적 강도 이상의 압력이 형성될 때 발생한다.

③ 저장탱크 균열로 인한 액상, 기상의 동적 평형 상태가 유지된다.

④ 저장탱크의 외부 표면에 열전도성이 작은 물질로 단열 조치하여 예방한다.

문 7. 실내 일반화재 진행 과정에 관한 설명으로 옳은 것은?

① 화재 초기에는 실내 온도가 급격하게 상승하기 시작한다.

② 성장기에는 급속한 연소 진행으로 환기지배형 화재 양상이 나타난다.

③ 최성기에는 실내 화염이 최고조에 도달하나 실내 산소 부족으로 연소속도가 느려진다.

④ 감쇠기에는 화염의 급격한 소멸로 훈소 상태가 되어 백드래프트(Back draft)의 위험이 없다.

문 8. 불완전연소에 관한 설명으로 옳지 않은 것은?

① 산소 과잉 상태에서 발생한다.

② 불꽃이 저온 물체와 접촉하여 온도가 내려갈 때 발생한다.

③ 일산화탄소, 그을음과 같은 연소생성물이 발생한다.

④ 연소실 내 배기가스의 배출이 불량할 때 발생한다.

문 9. 「위험물안전관리법」 및 같은 법 시행령, 시행규칙상 위험물의 지정수량과 위험등급의 연결이 옳지 않은 것은?

① 황린 – 20kg – Ⅰ등급

② 마그네슘 – 500kg – Ⅲ등급

③ 유기과산화물 – 10kg – Ⅰ등급

④ 과염소산 – 300kg – Ⅱ등급

문 10. 가연물의 발화온도와 발화에너지에 관한 설명으로 옳은 것은?

① 점화원에 의해서 가연물이 발화하기 시작하는 최저 온도를 발화점(Ignition point)이라고 한다.

② 점화원을 제거해도 자력으로 연소를 지속할 수 있는 최저온도를 연소점(Fire point)이라고 한다.

③ 가연물의 최소발화에너지가 클수록 더 위험하다.

④ 가연물의 연소점은 발화점보다 높다.

문 11. 백드래프트(Back draft)의 발생 징후로 옳지 않은 것은?

① 유리창 안쪽에 타르와 유사한 물질이 흘러내려 얼룩진 경우

② 창문을 통해 보았을 때 건물 내에서 연기가 소용돌이치는 경우

③ 화염은 보이지 않지만 창문과 문손잡이가 뜨거운 경우

④ 균열된 틈이나 작은 구멍을 통하여 건물 밖으로 연기가 밀려 나오는 경우

문 12. 다음은 폭연에서 폭굉으로 전이되는 과정이다. ( ) 안에 들어갈 단계로 옳은 것은?

착화 → (ㄱ) → (ㄴ) → (ㄷ) → 폭굉파

	ㄱ	ㄴ	ㄷ
①	화염전파	압축파	충격파
②	화염전파	충격파	압축파
③	압축파	화염전파	충격파
④	압축파	충격파	화염전파

문 13. 일반화재에 해당하는 것만을 <보기>에서 있는 대로 고른 것은?

<보기>
ㄱ. 통전 중인 배전반에서 불이 난 경우

ㄴ. 외출 시 전원이 차단된 콘센트에서 불이 난 경우

ㄷ. 실외 난로가 넘어지면서 새어 나온 석유에 불이 붙은 경우

ㄹ. 실험실 시험대 위 나트륨 분말에서 불이 난 경우

① ㄱ

② ㄴ

③ ㄴ, ㄹ

④ ㄱ, ㄷ, ㄹ

문 14. 유류저장탱크 내 유류 표면에 화재 발생 시 뜨거운 열류층이 형성되고 그 열파가 장시간에 걸쳐 바닥까지 전달되어 하부의 물이 비점 이상으로 가열되면서 부피가 팽창해 저장된 유류가 탱크 외부로 분출되었다. 이에 해당하는 현상으로 옳은 것은?

① 보일오버(Boil over)
② 슬롭오버(Slop over)
③ 프로스오버(Froth over)
④ 오일오버(Oil over)

문 15. 구획실 화재에 관한 설명으로 옳은 것은?

① 플래시오버(Flash over)는 최성기와 감쇠기 사이에서 발생하며 충격파를 수반한다.
② 굴뚝효과가 발생할 때는 개구부에 형성된 중성대 상부에서 공기가 유입되고, 중성대 하부에서 연기가 유출된다.
③ 연료지배형 화재는 환기지배형 화재보다 산소 공급이 원활하고 연소속도가 빠르다.
④ 화재플룸(Fire plume)은 실내 공기의 압력 차이로 가연성 가스가 천장을 따라 화재가 발생하지 않은 복도 쪽으로 굴러다니는 것처럼 뿜어져 나오는 현상이다.

문 16. 다음의 가연성 가스(A, B, C) 중 위험도가 낮은 것에서 높은 순서로 옳게 나열한 것은?

> A: 연소하한계 = 2vol%, 연소상한계 = 22vol%
> B: 연소하한계 = 4vol%, 연소상한계 = 75vol%
> C: 연소하한계 = 1vol%, 연소상한계 = 44vol%

① A, B, C
② A, C, B
③ B, A, C
④ C, B, A

문 17. 주위 온도가 일정 상승률 이상 되는 경우에 작동하는 감지기로서 넓은 범위 내에서 열효과 누적에 의해 작동하는 것은?

① 차동식 분포형 감지기
② 차동식 스포트형 감지기
③ 정온식 스포트형 감지기
④ 정온식 감지선형 감지기

문 18. 소방시설 중 경보설비에 관한 설명으로 옳지 않은 것은?

① 시각경보기는 청각장애인에게 점멸 형태로 시각경보를 하는 장치이다.
② R형 수신기는 감지기 또는 발신기에서 1:1 접점방식으로 전송된 신호를 수신한다.
③ 비상방송설비는 수신기에 화재신호가 도달하면 방송으로 화재 사실을 알리는 설비이다.
④ 이온화식 감지기와 광전식 감지기는 연기를 감지하여 화재신호를 발하는 장치이다.

문 19. 위험물의 소화방법에 관한 내용으로 옳은 것만을 <보기>에서 있는 대로 고른 것은?

> <보기>
> ㄱ. 황린: 물을 이용한 냉각소화
> ㄴ. 유황(황): 물을 이용한 냉각소화
> ㄷ. 경유, 휘발유: 포 소화약제를 이용한 질식소화
> ㄹ. 탄화알루미늄, 알킬알루미늄: 건조사, 팽창질석을 이용한 질식소화

① ㄱ, ㄷ
② ㄴ, ㄹ
③ ㄱ, ㄷ, ㄹ
④ ㄱ, ㄴ, ㄷ, ㄹ

문 20. 이산화탄소 소화약제의 특징으로 옳은 것은?

① 무색, 무취로 전도성이며 독성이 있다.

② 질식소화 효과와 기화열 흡수에 의한 냉각효과가 있다.

③ 제3류 위험물, 제5류 위험물의 소화에 사용한다.

④ 자체 증기압이 매우 낮아 별도의 가압원이 필요하다.

문 21. 할론(Halon) 소화약제에 관한 설명으로 옳은 것은?

① 지방족 탄화수소, 메테인, 에테인 등의 수소 원자 일부 또는 전부가 할로젠 원소(F, Cl, Br, I)로 치환된 화합물이며 메테인, 에테인과 물리·화학적 성질이 비슷하다.

② Halon 1301과 Halon 1211은 모두 상온, 상압에서 기체로 존재하며 유류화재, 전기화재, 금속의 수소화합물, 유기 과산화물에 적응성이 있다.

③ Halon 2402는 상온, 상압에서 액체로 존재하며 자체적인 독성은 없지만 열분해 시 독성가스를 발생시킨다.

④ Halon 1211은 자체 증기압이 낮아 저장용기에 저장할 때 소화약제의 원활한 방출을 위해 질소가스로 가압한다.

⊘ 출제오류로 정답없음

문 22. 포 소화약제에 관한 설명으로 옳지 않은 것은?

① 불화단백포 소화약제는 불소계 계면활성제를 첨가하여 단백포 소화약제의 단점인 유동성을 보완하였다.

② 알콜형포 소화약제는 케톤류, 알데히드류, 아민류 등 수용성 용제의 소화에 사용할 수 있다.

③ 단백포 소화약제는 단백질을 가수분해 한 것을 주원료로 하며 내유성이 뛰어나 소화속도가 빠르다.

④ 합성계면활성제포 소화약제는 유동성과 저장성이 우수하며 저팽창포부터 고팽창포까지 사용할 수 있다.

문 23. 화염의 직경이 0.1m 인 화원의 중심으로부터 1m 떨어진 물체에 전달되는 복사열유속[kW/m²]은? (단, 화염의 열방출률은 120kW, 총 열방출에너지 중 복사된 열에너지 분율은 0.5, 원주율은 3으로 계산한다)

① 3.5

② 4.0

③ 4.5

④ 5.0

문 24. 가연성 가스 3종이 다음과 같이 혼합되어 있을 때 르샤틀리에(Le Chatelier)식에 따라 부피비로 계산된 혼합가스의 연소하한계[vol%]는?

- 혼합가스 내 각 성분의 체적(V): $V_A = 20vol\%$, $V_B = 40vol\%$, $V_C = 40vol\%$
- 각 성분의 연소하한계(L): $L_A = 4vol\%$, $L_B = 20vol\%$, $L_C = 10vol\%$

① 약 4.3

② 약 9.1

③ 약 11.0

④ 약 12.8

문 25. 물과 반응하여 산소를 발생시키는 위험물로 옳은 것은?

① 칼륨

② 탄화칼슘

③ 과산화나트륨

④ 오황화인

소요시간: _____ / 17분　　　맞힌 답의 개수: _____ / 25

문 1. 기계포 소화약제 중 단백포 소화약제에 관한 설명으로 옳은 것만을 <보기>에서 있는 대로 고른 것은?

<보기>
ㄱ. 유동성이 좋다.
ㄴ. 내열성이 나쁘다.
ㄷ. 유류를 오염시킨다.
ㄹ. 유면 봉쇄성이 좋다.

① ㄱ, ㄷ
② ㄷ, ㄹ
③ ㄱ, ㄴ, ㄹ
④ ㄴ, ㄷ, ㄹ
⑤ ㄱ, ㄴ, ㄷ, ㄹ

문 2. 「위험물안전관리법 시행령」상 자연발화성 물질 및 금수성 물질 중 지정수량이 다른 것은?
① 황린
② 칼륨
③ 나트륨
④ 알킬리튬
⑤ 알킬알루미늄

문 3. 목조건축물 화재의 진행 과정에 관한 설명 중 <보기>의 내용에 해당하는 것은?

<보기>
연기의 색이 백색에서 흑색으로 변하며, 개구부가 파괴되어 공기가 공급되면서 급격한 연소가 이루어져 연기가 개구부로 분출하게 된다.

① 화재의 원인에서 무염착화
② 무염착화에서 발염착화
③ 발염착화에서 발화
④ 발화에서 최성기
⑤ 최성기에서 연소낙하

문 4. 분진폭발에 영향을 미치는 인자에 관한 설명으로 옳지 않은 것은?
① 분진의 발열량이 클수록, 휘발성분의 함유량이 많을수록 폭발하기 쉽다.
② 입자의 크기가 작고 밀도가 클수록 표면적이 크고 폭발이 용이해진다.
③ 열분해가 용이할수록, 기체 반응속도가 빠를수록 폭발하기 쉽다.
④ 알루미늄과 마그네슘 금속분진의 경우 분진 속 수분량이 증가하면 폭발성이 증가한다.
⑤ 평균 입경이 동일한 분진일 경우 분진의 형상에 따라 폭발성이 달라진다.

문 5. 고체 가연물의 연소 중 연소형태가 다른 것은?
① 목재
② 종이
③ 석탄
④ 파라핀
⑤ 합성수지

문 6. 0℃, 1기압인 조건에서 프로페인(C_3H_8)의 완전연소 조성식으로부터 얻을 수 있는 내용으로 옳지 않은 것은? [단, 공기의 조성비는 질소(N_2) 79vol%, 산소(O_2) 21vol%이다]
① 프로페인 1mol이 완전연소하면 약 72g의 물이 생성된다.
② 프로페인 0.5mol이 완전연소하는 데 약 2.5mol의 산소가 필요하다.
③ 프로페인 44g이 완전연소하면 약 132g의 이산화탄소가 생성된다.
④ 프로페인 1mol이 완전연소하는 데 약 23.8mol의 공기가 필요하다.
⑤ 프로페인 0.5mol이 완전연소하는 데 필요한 공기 중 질소의 양은 약 18.8mol이다.

문 7. 위험물안전관리법령상 자체소방대를 설치하여야 하는 사업소로 옳은 것은?

① 용기에 위험물을 옮겨 담는 일반취급소
② 이동저장탱크 그 밖에 이와 유사한 것에 위험물을 주입하는 일반취급소
③ 보일러, 버너 그 밖에 이와 유사한 장치로 위험물을 소비하는 일반취급소
④ 제4류 위험물을 취급하는 제조소 또는 일반취급소에서 취급하는 제4류 위험물의 최대수량의 합이 지정수량의 3천배 이상인 경우
⑤ 제4류 위험물을 저장하는 옥외탱크저장소에 저장하는 제4류 위험물의 최대수량이 지정수량의 30만배 이상인 경우

문 8. 재난 및 안전관리 기본법령상 특별재난지역 선포에 관한 사항으로 옳지 않은 것은?

① 특별재난지역의 선포권자는 대통령이다.
② 중앙대책본부장은 특별재난지역의 선포를 대통령에게 건의할 수 있다.
③ 특별재난지역의 선포를 위해서는 중앙대책본부의 심의를 거쳐야 한다.
④ 지역대책본부장은 관할지역에서 발생한 재난에 대해 중앙대책본부장에게 특별재난지역의 선포건의를 요청할 수 있다.
⑤ 특별재난지역을 선포하는 경우에 중앙대책본부장은 특별재난지역의 구체적인 범위를 정하여 공고하여야 한다.

문 9. 공기 중 가연성 가스의 연소범위에 관한 내용이다. 다음 중 위험도가 가장 높은 가연성 가스는? (단, 위험도는 가연성 가스의 위험한 정도를 나타내는 척도이다)

가연성 가스	연소범위(vol%)
A	3~12.5
B	4~75
C	5~15
D	1.2~44
E	2.5~81

① A   ② B
③ C   ④ D
⑤ E

문 10. 상온에서 고체 상태로 존재하는 가연물의 연소 형태에 해당하는 것만을 <보기>에서 고른 것은?

<보기>
ㄱ. 표면연소   ㄴ. 분무연소
ㄷ. 폭발연소   ㄹ. 자기연소
ㅁ. 예혼합연소

① ㄱ, ㄴ   ② ㄱ, ㄹ
③ ㄴ, ㄷ   ④ ㄴ, ㄹ
⑤ ㄹ, ㅁ

문 11. 위험물 중 황린(P_4)에 관한 설명으로 옳지 않은 것은?

① 제3류 위험물이다.
② 미분상의 발화점은 34℃이다.
③ 연소할 때 오산화인(P_2O_5)의 백색 연기를 낸다.
④ 물에 대해 위험한 반응을 초래하는 물질이다.
⑤ 백색 또는 담황색의 고체이다.

문 12. 다음 내용에 해당하는 스프링클러설비 방식은?

> - 가압송수장치에서 유수검지장치 1차 측까지 배관 내에 항상 물이 가압되어 있고, 2차 측에서 폐쇄형스프링클러헤드까지 대기압 또는 저압으로 있다.
> - 화재발생 시 감지기의 작동으로 밸브가 개방되면 폐쇄형 스프링클러헤드까지 소화수가 송수되고, 폐쇄형스프링클러헤드가 열에 의해 개방되면 방수가 된다.

① 습식   ② 건식

③ 부압식   ④ 준비작동식

⑤ 일제살수식

문 13. 「소방공무원법」상 근속승진과 계급정년의 내용으로 옳은 것은?

	ㄱ	ㄴ
①	소방사를 소방교로: 해당 계급에서 4년 이상 근속자	소방령: 14년
②	소방장을 소방위로: 해당 계급에서 7년 6개월 이상 근속자	소방준감: 6년
③	소방위를 소방경으로: 해당 계급에서 8년 이상 근속자	소방경: 18년
④	소방교를 소방장으로: 해당 계급에서 6년 이상 근속자	소방감: 5년
⑤	소방경을 소방령으로: 해당 계급에서 10년 이상 근속자	소방정: 10년

문 14. 대한민국 정부 수립 이후 중앙소방조직의 변천 과정을 시간적 순서대로 옳게 나열한 것은?

① 소방방재청 - 내무부 소방국 - 내무부 치안국 소방과 - 국민안전처 중앙소방본부 - 소방청

② 소방방재청 - 내무부 치안국 소방과 - 내무부 소방국 - 국민안전처 중앙소방본부 - 소방청

③ 내무부 소방국 - 내무부 치안국 소방과 - 국민안전처 중앙소방본부 - 소방방재청 - 소방청

④ 내무부 경찰국 소방과 - 내무부 소방국 - 소방청 - 국민안전처 중앙소방본부 - 소방방재청

⑤ 내무부 치안국 소방과 - 내무부 소방국 - 소방방재청 - 국민안전처 중앙소방본부 - 소방청

문 15. 「화재조사 및 보고규정」상 화재건수 결정에 관한 설명으로 옳지 않은 것은?

① 1건의 화재란 1개의 발화지점에서 확대된 것으로 발화부터 진화까지를 말한다.

② 동일 소방대상물의 발화점이 2개소 이상 있는 지진, 낙뢰 등 자연현상에 의한 다발화재는 1건의 화재로 한다.

③ 동일 소방대상물의 발화점이 2개소 이상 있는 누전점이 동일한 누전에 의한 화재는 1건의 화재로 한다.

④ 동일범이 아닌 각기 다른 사람에 의한 방화, 불장난은 동일 대상물에서 발화했더라도 각각 별건의 화재로 한다.

⑤ 발화지점이 한 곳인 화재현장이 둘 이상의 관할구역에 걸친 화재에 대해서는 소방서마다 각각 별건의 화재로 한다.

문 16. 「재난 및 안전관리 기본법 시행령」상 재난 및 사고의 유형에 따른 재난관리주관기관의 연결로 옳지 않은 것은?

① 내륙에서 발생한 유도선 등의 수난 사고 - 소방청

② 해외에서 발생한 재난 - 외교부

③ 전력생산용 댐의 사고 - 산업통상자원부

④ 유해화학물질 유출 사고 - 환경부

⑤ 해양에서 발생한 유도선 등의 수난 사고 - 해양경찰청

문 17. 재난 및 안전관리 기본법령상 재난사태 선포와 특별재난지역의 선포에 관한 설명으로 옳지 않은 것은?

① 재난사태 선포는 재난의 대응 활동에 해당된다.

② 특별재난지역의 선포는 재난의 복구 활동에 해당된다.

③ 재난사태 선포권자는 국무총리이다.

④ 재난사태 선포대상 재난은 재난 중 극심한 인명 또는 재산의 피해가 발생하거나 발생할 것으로 예상되어 시·도지사가 중앙대책본부장에게 재난사태의 선포를 건의하거나 중앙대책본부장이 재난사태의 선포가 필요하다고 인정하는 재난(「노동조합 및 노동관계조정법」 제4장에 따른 쟁의행위로 인한 국가핵심기반의 일시 정지는 제외한다)을 말한다.

⑤ 행정안전부장관 및 지방자치단체의 장은 재난사태가 선포된 지역에 대하여 재난경보의 발령, 인력·장비 및 물자의 동원, 위험구역 설정, 대피명령, 응급지원 등 이 법에 따른 응급조치, 해당 지역에 소재하는 행정기관 소속 공무원의 비상소집, 해당 지역에 대한 여행 등 이동 자제 권고 등의 조치를 할 수 있다.

문 18. 재해원인 분석방법 중 하나인 4M 분석방법에 관한 설명으로 옳은 것은?

① 재해의 원인을 Man, Machine, Manner, Management 요인으로 구분하여 분석한다.

② 기계·설비의 설계상 결함은 관리적 요인에 해당한다.

③ 작업정보의 부적절은 작업·환경적 요인에 해당한다.

④ 표준화의 부족은 인적 요인에 해당한다.

⑤ 심리적 요인은 작업·환경적 요인에 해당한다.

문 19. 「재난 및 안전관리 기본법」과 「수상에서의 수색·구조 등에 관한 법률」상 해상에서의 긴급구조 및 항공기 등 조난사고 시의 긴급구조에 관한 설명으로 옳지 않은 것은?

① 해상에서 발생한 선박이나 항공기 등의 조난사고의 긴급구조활동에 관하여는 「수상에서의 수색·구조 등에 관한 법률」 등 관계 법령에 따른다.

② 해수면에서의 수난구호는 구조본부의 장이 수행하고, 내수면에서의 수난구호는 소방관서의 장이 수행한다.

③ 국방부장관은 항공기 조난사고가 발생한 경우 항공기 수색과 인명구조를 위하여 항공기 수색·구조계획을 수립·시행하여야 한다.

④ 국방부장관은 항공기나 선박의 조난사고가 발생하면 관계 법령에 따라 긴급구조업무에 책임이 있는 기관의 긴급구조활동에 대한 군의 지원을 신속하게 할 수 있도록 조치를 취하여야 한다.

⑤ 국방부장관이 설치하는 탐색구조본부의 구성과 운영에 필요한 사항은 국방부령으로 정한다.

문 20. 폭굉(Detonation)에 관한 설명으로 옳지 않은 것은?

① 폭굉은 급격한 압력의 상승 또는 개방에 의해 가스가 격한 음을 내면서 팽창하는 현상이고, 화염의 전파속도는 약 0.1~10m/s이다.

② 압력이 높을수록 폭굉으로의 전이가 쉬운 조건이 된다.

③ 최초의 완만한 연소에서 격렬한 폭굉으로 발전하는 데 필요한 거리를 폭굉유도거리라 한다.

④ 폭굉유도거리가 짧아질수록 위험도는 커진다.

⑤ 관경이 가늘수록 폭굉유도거리는 짧아진다.

문 21. 발화점 및 최소발화에너지(MIE; Minimum Ignition Energy)에 관한 설명으로 옳지 않은 것은?

① 발화점은 발화 지연시간, 압력, 산소농도, 촉매물질 등의 영향을 받는다.
② 파라핀계 탄화수소는 분자량이 클수록 발화온도가 높아진다.
③ 최소발화에너지는 가연성 혼합기를 발화시키는데 필요한 최저에너지를 말한다.
④ 압력이 상승하면 최소발화에너지는 작아진다.
⑤ 발화점이 낮을수록 발화의 위험성은 커진다.

문 22. 폭발을 기상 폭발과 응상 폭발로 분류할 때, 폭발의 종류가 다른 것은?

① 분무 폭발
② 분진 폭발
③ 분해 폭발
④ 증기운 폭발
⑤ 증기 폭발

문 23. 소화원리 중 제거소화의 사례에 해당하지 않는 것은?

① 촛불을 입으로 불어 소화하는 방법
② 식용유 화재 시 주변의 야채를 집어 넣어 소화하는 방법
③ 전기화재 시 신속하게 전원을 차단하여 소화하는 방법
④ 산림화재 시 화재 진행 방향의 나무를 벌목하여 소화하는 방법
⑤ 가스화재 시 밸브를 차단시켜 가스공급을 중단하여 소화하는 방법

문 24. 물 소화약제에 관한 설명으로 옳지 않은 것은?

① 물은 분자 내에서는 수소결합을, 분자 간에는 극성공유결합을 하여 소화약제로써의 효과가 뛰어나다.
② 물의 증발잠열은 100℃, 1기압에서 539kcal/kg이므로 냉각소화에 효과적이다.
③ 물의 주수형태 중 무상은 전기화재에도 적용성이 있다.
④ 물 소화약제를 알코올 등과 같은 수용성 액체 위험물 화재에 사용하면 희석작용을 하여 소화효과가 있다.
⑤ 중질유화재에 물을 무상으로 주수 시 급속한 증발에 의한 질식효과와 함께 에멀션(Emulsion) 형성에 의한 유화효과가 있다.

문 25. 「소방시설 설치 및 관리에 관한 법률 시행령」상 소방시설의 내용으로 옳은 것만을 <보기>에서 고른 것은?

<보기>
ㄱ. 소화설비: 소화기구, 스프링클러설비등, 연소방지설비 등
ㄴ. 경보설비: 자동화재속보설비, 누전경보기, 가스누설경보기 등
ㄷ. 피난구조설비: 유도등, 비상조명등 및 휴대용비상조명등, 비상방송설비 등
ㄹ. 소화용수설비: 상수도소화용수설비, 소화수조·저수조, 그 밖의 소화용수설비
ㅁ. 소화활동설비: 비상콘센트설비, 제연설비, 연결살수설비 등

① ㄱ, ㄴ, ㄷ
② ㄱ, ㄴ, ㄹ
③ ㄱ, ㄷ, ㅁ
④ ㄴ, ㄷ, ㅁ
⑤ ㄴ, ㄹ, ㅁ

소요시간: _____ / 17분   맞힌 답의 개수: _____ / 25

문 1. 우리나라 소방행정체제의 변천과정에 관한 내용으로 옳지 않은 것은?

① 중앙소방위원회 설치(1946) 당시에는 자치소방체제였다.

② 정부수립(1948) 당시에는 국가소방체제였다.

③ 중앙소방학교 설립(1978) 당시에는 국가소방과 자치소방의 이원적 체제였다.

④ 대구지하철 화재 발생(2003) 당시에는 국가소방체제였다.

문 2. 「소방기본법」 및 같은 법 시행규칙상 화재예방, 소방활동 또는 소방훈련을 위하여 사용되는 소방신호의 종류와 방법에 관한 내용으로 옳은 것은?

① 소방신호의 방법으로는 타종신호, 싸이렌신호, 음성신호가 있다.

② 소방대의 비상소집을 하는 경우에는 훈련신호를 사용할 수 있다.

③ 타종신호로 하는 경우 경계신호는 5초 간격을 두고 30초씩 3회로 한다.

④ 소방신호의 종류에는 비상신호, 훈련신호, 해제신호, 경계신호가 있다.

문 3. 재난(재해)에 관한 설명으로 옳지 않은 것은?

① 아네스(Br. J. Anesth)는 재난을 크게 자연재난과 인적(인위)재난으로 구분하였다.

② 존스(David K. Jones)는 재난을 크게 자연재난, 준자연재난, 인적(인위)재난으로 구분하였다.

③ 「재난 및 안전관리 기본법」 제3조 제1호에 따른 재난은 자연재난, 사회재난, 해외재난으로 구분된다.

④ 하인리히(H. W. Heinrich)의 도미노 이론은 재해발생과정을 유전적 요인 및 사회적 환경 → 개인적 결함 → 불안전 행동 및 불안전 상태 → 사고 → 재해(상해)라는 5개 요인의 연쇄작용으로 설명하였다.

문 4. 「재난 및 안전관리 기본법」상 재난관리 단계와 활동내용의 연결이 옳지 않은 것은?

① 예방 단계 - 위험구역의 설정

② 대비 단계 - 재난현장 긴급통신수단의 마련

③ 대응 단계 - 재난 예보·경보체계 구축·운영

④ 복구 단계 - 특별재난지역 선포 및 지원

문 5. 가연성 혼합기의 최소발화(점화)에너지(MIE, Minimum Ignition Energy)에 영향을 주는 요인에 관한 설명으로 옳지 않은 것은?

① 온도가 상승하면 최소발화에너지는 작아진다.
② 압력이 상승하면 최소발화에너지는 작아진다.
③ 열전도율이 낮아지면 최소발화에너지는 커진다.
④ 화학양론비 부근에서 최소발화에너지는 최저가 된다.

문 6. 가연성 액체의 연소현상에 관한 설명으로 옳지 않은 것은?

① 가연성 액체의 연소와 관련된 온도는 발화점, 연소점, 인화점 순으로 높다.
② 인화점과 발화점이 가까운 액체일수록 재점화가 어렵고 냉각에 의한 소화활동이 용이하다.
③ 인화점과 연소점의 차이는 외부 점화원을 제거했을 경우 화염 전파의 지속성 여부에 따라 구분된다.
④ 연소반응은 열생성률(heat production rate)이 외부로의 열손실률(heat loss rate)보다 큰 조건에서 지속된다.

문 7. 소방펌프 및 관로에서 발생되는 수격현상(water hammering)의 방지책으로 옳지 않은 것은?

① 수격을 흡수하는 수격방지기를 설치한다.
② 관로에 서지 탱크(surge tank)를 설치한다.
③ 플라이휠(flywheel)을 부착하여 펌프의 급격한 속도 변화를 억제한다.
④ 관경의 축소를 통해 유체의 유속을 증가시켜 압력 변동치를 감소시킨다.

문 8. 화재 시 연소생성물에 관한 설명으로 옳지 않은 것은?

① 황화수소는 썩은 달걀과 비슷한 냄새가 난다.
② 연기로 인한 빛의 감소를 나타내는 감광계수는 가시거리와 반비례한다.
③ 일산화탄소는 산소와 헤모글로빈의 결합을 방해하여 질식에 이르게 할 수 있다.
④ TLV(Threshold Limit Value)로 측정한 독성가스의 허용농도는 불화수소, 시안화수소, 암모니아, 포스겐 순으로 높다.

문 9. 폭발에 관한 설명으로 옳은 것만을 <보기>에서 있는 대로 고른 것은?

<보기>
ㄱ. 증기폭발은 액체의 급속한 기화로 인해 체적이 팽창되어 발생하는 현상이다.
ㄴ. 가스폭발은 분진폭발보다 최소발화에너지가 크다.
ㄷ. 분해폭발은 공기나 산소와 섞이지 않더라도 가연성 가스 자체의 분해 반응열에 의해 폭발하는 현상이다.
ㄹ. 폭발(연소)범위는 초기온도 및 압력이 상승할수록 분자 간 유효충돌할 가능성이 높아지기 때문에 넓어진다.

① ㄱ, ㄴ
② ㄷ, ㄹ
③ ㄱ, ㄴ, ㄹ
④ ㄱ, ㄷ, ㄹ

문 10. 폭연(deflagration)과 폭굉(detonation)에 관한 설명으로 옳은 것은?

① 예혼합가스의 초기압력이 높을수록 폭굉 유도거리가 길어진다.
② 화염전파속도는 폭연의 경우 음속보다 느리며, 폭굉의 경우 음속보다 빠르다.
③ 폭연은 폭굉으로 전이될 수 없으나 폭굉은 폭연으로 전이될 수 있다.
④ 폭연은 화염면에서 온도, 압력, 밀도의 변화가 불연속적으로 나타난다.

문 11. 분진폭발에 영향을 미치는 인자에 관한 설명으로 옳지 않은 것은?

① 분진의 발열량이 클수록 폭발하기 쉽다.
② 분진의 부유성이 클수록 폭발이 용이해진다.
③ 분진폭발은 분진의 입자직경에 영향을 받는다.
④ 분진의 단위체적당 표면적이 작아지면 폭발이 용이해진다.

문 12. 전기화재(C급 화재) 및 주방화재(K급 화재)에 관한 설명으로 옳지 않은 것은?

① 주방화재의 가연물 중 하나인 식용유의 발화점은 비점보다 낮다.
② 도체 주위의 자기장 변화에 의해 발생된 유도전류는 전기화재의 점화원으로 작용할 수 있다.
③ 식용유로 인한 화재 시 유면상의 화염을 제거하면 복사열에 의한 기화를 차단하여 재발화를 방지할 수 있다.
④ 전기화재의 발생 원인 중 누전은 전류가 전선이나 기구에서 절연 불량 등의 원인으로 정해진 전로(배선) 밖으로 흐르는 현상이다.

문 13. 화재 시 구획실에서 발생하는 현상에 관한 설명으로 옳은 것은?

① 개구부의 크기는 플래시오버 발생과 관련이 없다.
② 구획실의 창문과 문손잡이의 온도로 백드래프트의 발생 가능성을 예측할 수 없다.
③ 준불연성이나 불연성의 내장재를 사용할 경우 플래시오버 발생까지의 소요시간이 길어진다.
④ 구획실 내의 산소가 부족하여 훈소 상태에서 공기가 갑자기 다량 공급될 때 가연성 가스가 순간적으로 폭발하듯 발화하는 현상은 플래시오버이다.

문 14. 그림은 구획실의 크기가 가로 10,000mm, 세로 8,000mm, 높이 3,000mm이며 가연물 A와 가연물 B가 놓여 있는 상태를 나타낸다. 다음과 같은 조건일 때 구획실의 화재하중 $[kg/m^2]$은? (단, 주어지지 않은 조건은 무시하고, 소수점 셋째 자리에서 반올림한다)

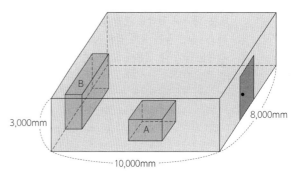

구분	단위발열량 [kcal/kg]	질량 [kg]
목재	4,500	–
가연물 A	2,000	200
가연물 B	9,000	100

① 1.20
② 2.41
③ 3.61
④ 7.22

문 15. 구획실 화재에 관한 설명으로 옳지 않은 것은?

① 플래시오버 이후에는 연료지배형 화재보다 환기지배형 화재가 지배적이다.

② 환기가 잘되지 않으면 환기지배형 화재에서 연료지배형 화재로 바뀌며 연기 발생이 줄어든다.

③ 연료지배형 화재는 구획실 내 가연물의 연소에 필요한 산소가 충분히 공급되는 조건의 화재이다.

④ 성장기에는 천장 부분에서 축적된 뜨거운 가스층이 발화원으로부터 떨어져 있는 가연성 물질에 복사열을 공급하여 플래시오버를 초래할 수 있다.

문 16. 위험물의 유별 특성 중 옳은 것만을 <보기>에서 있는 대로 고른 것은?

<보기>
ㄱ. 아염소산나트륨은 불연성, 조해성, 수용성이며, 무색 또는 백색의 결정성 분말 형태이다.
ㄴ. 마그네슘은 끓는 물과 접촉 시 수소가스를 발생시킨다.
ㄷ. 황린은 공기 중 상온에 노출되면 액화되면서 자연발화를 일으킨다.

① ㄱ, ㄴ
② ㄱ, ㄷ
③ ㄴ, ㄷ
④ ㄱ, ㄴ, ㄷ

문 17. 위험물의 유별 소화방법으로 옳지 않은 것은?

① 탄화칼슘 화재 시 다량의 물로 냉각소화할 수 있다.

② 수용성 메틸알코올 화재에는 내알코올포를 사용한다.

③ 알킬알루미늄은 마른모래, 팽창질석, 팽창진주암으로 소화한다.

④ 적린은 다량의 물로 냉각소화하며, 소량의 적린인 경우에는 마른모래나 이산화탄소 소화약제도 일시적인 효과가 있다.

문 18. 「화재조사 및 보고규정」에 관한 내용으로 옳지 않은 것은?

① 건물의 소실면적 산정은 소실 입체면적으로 산정한다.

② 건물의 소실정도에서의 반소는 건물의 30% 이상 70% 미만이 소실된 것을 말한다.

③ 건물 등 자산에 대한 최종잔가율은 건물·부대설비·구축물·가재도구는 20%로 하며, 그 이외의 자산은 10%로 정한다.

④ 발화일시의 결정은 관계인등의 화재발견 상황통보(인지) 시간 및 화재발생 건물의 구조, 재질 상태와 화기취급 등의 상황을 종합적으로 검토하여 결정한다. 다만, 자체 진화 등 사후인지 화재로 그 결정이 곤란한 경우에는 발화시간을 추정할 수 있다.

문 19. 소화방법에 관한 설명으로 옳은 것만을 <보기>에서 있는 대로 고른 것은?

<보기>
ㄱ. 산림화재 시 화재 진행방향의 나무를 벌목하는 것은 제거소화의 방법 중 하나이다.
ㄴ. 물은 비열, 증발잠열의 값이 작아서 주로 냉각소화에 사용된다.
ㄷ. 부촉매 소화는 화학적 소화에 해당한다.
ㄹ. 유류화재는 포 소화약제를 방사하여 유류 표면에 얇은 층을 형성함으로써 공기 공급을 차단해 소화한다.
ㅁ. 물에 침투제를 첨가하는 이유는 표면장력을 증가시켜 소화능력을 향상하기 위함이다.

① ㄱ, ㄷ, ㄹ
② ㄴ, ㄹ, ㅁ
③ ㄱ, ㄴ, ㄷ, ㄹ
④ ㄱ, ㄷ, ㄹ, ㅁ

문 20. 분말 소화약제에 관한 설명으로 옳지 않은 것은?

① 제2종 분말 소화약제의 주성분은 $KHCO_3$이다.

② 제1·2·3종 분말 소화약제는 열분해 반응에서 CO_2가 생성된다.

③ $NaHCO_3$이 주된 성분인 분말 소화약제는 B·C급 화재에 사용하고 분말 색상은 백색이다.

④ $NH_4H_2PO_4$이 주된 성분인 분말 소화약제는 A·B·C급 화재에 유효하고 비누화현상이 일어나지 않는다.

문 21. 할로겐화합물 및 불활성기체 소화약제에 관한 설명으로 옳지 않은 것은?

① IG‒01, IG‒55, IG‒100, IG‒541 중 질소를 포함하지 않은 약제는 IG‒100이다.

② 할로겐화합물 소화약제 중 HFC‒23(트리플루오르메탄)의 화학식은 CHF_3이다.

③ 부촉매 소화효과는 불활성기체 소화약제에는 없으나 할로겐화합물 소화약제는 있다.

④ 할로겐화합물 소화약제는 불소, 염소, 브롬(브로민) 또는 요오드(아이오딘) 중 하나 이상의 원소를 포함하고 있는 유기화합물을 기본성분으로 하는 소화약제를 말한다.

문 22. 다음 그림의 주입방식에 가장 적합한 포 소화약제로만 짝지어진 것은?

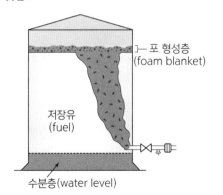

① 단백포, 불화단백포

② 수성막포, 불화단백포

③ 합성계면활성제포, 수성막포

④ 단백포, 수성막포

문 23. 차동식 분포형 감지기의 종류에 해당하지 않는 것은?

① 공기관식

② 열전대식

③ 열반도체식

④ 광전식

문 24. 소방시설은 소화설비, 경보설비, 피난구조설비, 소화용수설비, 소화활동설비로 분류된다. 다음 정의로 분류되는 소방시설로 옳지 않은 것은?

> 화재를 진압하거나 인명구조활동을 위하여 사용하는 설비

① 제연설비

② 인명구조설비

③ 연결살수설비

④ 무선통신보조설비

문 25. 포 소화설비에 관한 설명으로 옳지 않은 것은?

① 팽창비란 최종 발생한 포 수용액 체적을 원래 포 체적으로 나눈 값을 말한다.

② 연성계란 대기압 이상의 압력과 대기압 이하의 압력을 측정할 수 있는 계측기를 말한다.

③ 국소방출방식이란 소화약제 공급장치에 배관 및 분사헤드 등을 설치하여 직접 화점에 소화약제를 방출하는 방식을 말한다.

④ 프레져 사이드 프로포셔너 방식이란 펌프의 토출관에 압입기를 설치하여 포 소화약제 압입용펌프로 포 소화약제를 압입시켜 혼합하는 방식을 말한다.

소요시간: _____ / 17분　　　　맞힌 답의 개수: _____ / 25

문 1. 옥내소화전설비의 가압송수장치 펌프성능시험에 관한 설명이다. ( ) 안에 들어갈 내용으로 옳은 것은?

> 펌프의 성능은 체절운전 시 정격토출압력의 (ㄱ)%를 초과하지 않고, 정격토출량의 (ㄴ)%로 운전 시 정격토출압력의 (ㄷ)% 이상이 되어야 하며, 펌프의 성능을 시험할 수 있는 성능시험배관을 설치할 것

	ㄱ	ㄴ	ㄷ
①	65	150	140
②	140	65	150
③	140	150	65
④	150	65	140
⑤	150	140	65

문 2. 「위험물안전관리법 시행령」상 제5류 자기반응성 물질 중 지정수량이 가장 적은 것은?

① 아조화합물
② 유기과산화물
③ 니트로화합물(나이트로화합물)
④ 디아조화합물(다이아조화합물)
⑤ 히드라진(하이드라진) 유도체

문 3. 플로팅루프탱크의 측면과 굽도리판(floating roof tank)에 의하여 형성된 환상부분에 포를 방출하여 소화작용을 하도록 된 포 소화설비의 고정포 방출구는?

① 특형 방출구
② Ⅰ형 방출구
③ Ⅱ형 방출구
④ Ⅲ형(표면하 주입 방출구)
⑤ Ⅳ형(반표면하 주입 방출구)

문 4. 폭연(Deflagration)에 관한 설명으로 옳지 않은 것은?

① 충격파를 형성하지 않는다.
② 에너지 방출속도가 물질전달속도에 영향받지 않고 매우 빠르다.
③ 화염의 전파속도가 음속보다 느린 것을 말하며, 그 화염의 전파속도는 0.1 ~ 10m/sec 정도이다.
④ 반응 또는 화염면의 전파가 분자량이나 공기 등의 난류 확산에 영향을 받는다.
⑤ 화염면에서 상대적으로 완만한 에너지 변화에 의해서 온도, 압력, 밀도 변화가 연속적으로 나타난다.

문 5. 벽의 내화구조에 해당하지 않는 것은? (단, 외벽 중 비내력벽인 경우는 제외한다)

① 벽돌조로서 두께가 19cm 이상인 것
② 철근콘크리트조 또는 철골철근콘크리트조로서 두께가 10cm 이상인 것
③ 골구를 철골조로 하고 그 양면을 두께 4cm 이상의 철망 모르타르(그 바름바탕을 불연재료로 한 것으로 한정)로 덮은 것
④ 철재로 보강된 콘크리트블록조·벽돌조 또는 석조로서 철재에 덮은 콘크리트블록등의 두께가 5cm 이상인 것
⑤ 고온·고압의 증기로 양생된 경량기포 콘크리트 패널 또는 경량기포 콘크리트블록조로서 두께가 5cm 이상인 것

문 6. 「재난 및 안전관리 기본법」상 대통령령으로 정하는 대규모 재난의 대응·복구 등에 관한 사항을 총괄·조정하고 필요한 조치를 하기 위하여 행정안전부에 두는 조직은?

① 안전관리자문단
② 중앙안전관리위원회
③ 안전정책조정위원회
④ 중앙긴급구조통제단
⑤ 중앙재난안전대책본부

문 7. 응상폭발에 해당하는 것만을 <보기>에서 고른 것은?

<보기>
ㄱ. 증기폭발   ㄴ. 분진폭발   ㄷ. 분해폭발
ㄹ. 전선폭발   ㅁ. 분무폭발

① ㄱ, ㄴ   ② ㄱ, ㄹ
③ ㄴ, ㄷ   ④ ㄴ, ㄹ
⑤ ㄹ, ㅁ

문 8. 가연성물질이 되기 쉬운 조건에 해당하지 않는 것은?

① 열전도도 값이 작아야 한다.
② 연쇄반응을 일으킬 수 있어야 한다.
③ 활성화에너지가 크고 발열량이 작아야 한다.
④ 조연성 가스인 산소와의 결합력이 커야 한다.
⑤ 산소와 접촉할 수 있는 표면적이 커야 한다.

문 9. 우리나라 소방의 시대별 발전과정에 관한 내용으로 옳은 것만을 <보기 >에서 고른 것은?

<보기>
ㄱ. 고려시대: 금화도감을 설치하였다.
ㄴ. 조선시대: 일본에서 들여온 수총기를 궁정소방대에 처음으로 구비하였다.
ㄷ. 일제강점기: 우리나라 최초로 소방서를 설치 하였다.
ㄹ. 미군정시대: 소방을 경찰에서 분리하여 최초로 독립된 자치적 소방제도를 시행하였다.

① ㄱ, ㄴ   ② ㄱ, ㄹ
③ ㄴ, ㄷ   ④ ㄴ, ㄹ
⑤ ㄷ, ㄹ

문 10. 에틸알코올(C_2H_5OH)의 최소산소농도(MOC)는? (단, 에틸알코올의 연소범위는 4.3 ~ 19vol%이며, 완전연소생성물은 CO와 H_2O이다)

① 8.6   ② 10.8
③ 12.9   ④ 15.1
⑤ 17.2

문 11. 소화기구의 능력단위를 바닥면적 100제곱미터마다 1단위 이상으로 해야 할 특정소방대상물은?

① 문화재   ② 판매시설
③ 의료시설   ④ 장례식장
⑤ 위락시설

문 12. 「긴급구조대응활동 및 현장지휘에 관한 규칙」상 중증도 분류별 표시방법으로 옳은 것은?

① 사망: 적색, 십자가 표시
② 긴급: 녹색, 토끼 그림
③ 응급: 적색, 거북이 그림
④ 비응급: 녹색, 구급차 그림에 ✕ 표시
⑤ 대기: 황색, 구급차 그림에 ✕ 표시

문 13. 다음은 비상콘센트설비의 전원회로 기준에 관한 것이다. ( ) 안에 들어갈 내용으로 옳은 것은?

비상콘센트설비의 전원회로는 (ㄱ)교류 (ㄴ)볼트인 것으로서, 그 공급용량은 (ㄷ)킬로볼트암페어 이상인 것으로 할 것

	ㄱ	ㄴ	ㄷ
①	단상	24	1.5
②	단상	220	1.5
③	단상	380	3.0
④	3상	220	3.0
⑤	3상	380	3.0

문 14. 자동화재탐지설비에서 부착 높이에 따른 감지기로 옳은 것만을 <보기>에서 있는 대로 고른 것은?

<보기>
ㄱ. 부착 높이 4m 미만: 광전식 스포트형 감지기
ㄴ. 부착 높이 4m 이상 8m 미만: 정온식 감지 선형 1종 감지기
ㄷ. 부착 높이 8m 이상 15m 미만: 차동식 스포트형 감지기
ㄹ. 부착 높이 15m 이상 20m 미만: 보상식 스포트형 감지기

① ㄱ, ㄴ
② ㄱ, ㄷ
③ ㄴ, ㄹ
④ ㄱ, ㄷ, ㄹ
⑤ ㄴ, ㄷ, ㄹ

문 15. 「소방시설 설치 및 관리에 관한 법률 시행령」상 건축물 등의 신축·증축·개축·재축·이전·용도변경 또는 대수선의 허가·협의 및 사용승인을 할 때 미리 소방본부장 또는 소방서장의 동의를 받아야 하는 건축물 등의 범위로 옳은 것만을 <보기> 에서 고른 것은?

<보기>
ㄱ. 노유자시설 및 수련시설: 100제곱미터 이상
ㄴ. 항공기 격납고, 관망탑, 항공관제탑, 방송용수신탑
ㄷ. 승강기 등 기계장치에 의한 주차시설로서 자동차 15대 이상을 주차할 수 있는 시설
ㄹ. 차고 주차장으로 사용되는 바닥면적이 200제곱미터 이상인 층이 있는 건축물이나 주차시설
ㅁ. 지하층 또는 무창층이 있는 건축물로서 바닥면적이 150제곱미터(공연장의 경우에는 제곱 100미터) 이상인 층이 있는 것

① ㄱ, ㄴ, ㄷ
② ㄱ, ㄴ, ㄹ
③ ㄱ, ㄷ, ㄹ
④ ㄴ, ㄷ, ㅁ
⑤ ㄴ, ㄹ, ㅁ

문 16. 「재난 및 안전관리 기본법」상 재난의 대비에 포함되어야 할 내용으로 옳은 것만을 <보기>에서 있는대로 고른 것은?

<보기>
ㄱ. 국가핵심기반의 지정
ㄴ. 재난안전분야 종사자 교육
ㄷ. 지방자치단체에 대한 지원
ㄹ. 재난현장 긴급통신수단의 마련
ㅁ. 재난분야 위기관리 매뉴얼 작성·운용

① ㄱ, ㄴ
② ㄴ, ㄷ
③ ㄷ, ㄹ
④ ㄹ, ㅁ
⑤ ㄱ, ㄹ, ㅁ

문 17. ㄱ ~ ㅁ의 물질을 인화점이 낮은 것부터 높은 순으로 옳게 나열한 것은?

<보기>
ㄱ. 아세톤
ㄴ. 글리세린
ㄷ. 이황화탄소
ㄹ. 메틸알코올
ㅁ. 디에틸에테르

① ㄱ - ㅁ - ㄷ - ㄴ - ㄹ
② ㄷ - ㄱ - ㅁ - ㄴ - ㄹ
③ ㄷ - ㅁ - ㄱ - ㄹ - ㄴ
④ ㅁ - ㄱ - ㄷ - ㄹ - ㄴ
⑤ ㅁ - ㄷ - ㄱ - ㄹ - ㄴ

문 18. 수성막포 소화약제에 관한 내용으로 옳은 것만을 <보기>에서 있는 대로 고른 것은?

<보기>
ㄱ. 불소계 계면활성제를 주성분으로 한 것으로 안정성이 좋아 장기보존이 가능하다.
ㄴ. 알코올류, 케톤류, 에스테르류(에스터류) 등과 같은 수용성 위험물 화재에 소화적응성이 아주 우수하다.
ㄷ. 내유성이 있어 탱크 하부에서 발포하는 표면하 주입방식이 가능하며 분말 소화약제와 함께 사용 시 소화능력이 강화된다.
ㄹ. 유류의 표면에 거품과 수성막을 형성함으로써 식과 냉각 소화 작용이 우수하며 '라이트워터(Light Water)'라고도 불린다.

① ㄱ
② ㄴ, ㄷ
③ ㄱ, ㄴ, ㄹ
④ ㄱ, ㄷ, ㄹ
⑤ ㄴ, ㄷ, ㄹ

문 19. 「위험물안전관리법 시행령」상 위험물에 대한 규정으로 옳지 않은 것은?

① "인화성고체"라 함은 고형알코올 그 밖에 1기압에서 인화점이 섭씨 40도 미만인 고체를 말한다.

② "철분"이라 함은 철의 분말로서 53마이크로미터의 표준체를 통과하는 것이 50중량퍼센트 미만인 것은 제외한다.

③ 유황(황)은 순도가 60중량퍼센트 이상인 것을 말한다. 이 경우 순도측정에 있어서 불순물은 활석 등 불연성물질과 수분에 한한다.

④ "금속분"이라 함은 알칼리금속·알칼리토류금속·철 및 구리외의 금속의 분말을 말하고 마그네슘분·니켈분 및 150마이크로미터의 체를 통과하는 것이 50중량퍼센트 미만인 것은 제외한다.

⑤ "제3석유류"라 함은 중유, 클레오소트유(크레오소트유) 그 밖에 1 기압에서 인화점이 섭씨 70도 이상 섭씨 200도 미만인 것을 말한다. 다만, 도료류 그 밖의 물품은 가연성 액체량이 40중량퍼센트 이하인 것은 제외한다.

문 20. 피난기구의 화재안전성능기준(NFPC 301)에서 피난기구의 설치기준으로 옳지 않은 것은?

① 피난기구를 설치하는 개구부는 서로 동일직선상이 아닌 위치에 있을 것

② 구조대의 길이는 피난 상 지장이 없고 안정한 강하속도를 유지할 수 있는 길이로 할 것

③ 다수인 피난장비는 사용시에 보관실 외측 문이 먼저 열리고 탑승기가 외측으로 자동으로 전개될 것

④ 피난기구는 특정소방대상물의 기둥·바닥 및 보 등 구조상 견고한 부분에 볼트조임·매입 및 용접 등의 방법으로 견고하게 부착할 것

⑤ 4층 이상의 층에 하향식 피난구용 내림식사다리를 설치하는 경우에는 금속성 고정사다리를 설치하고, 당해 고정사다리에는 쉽게 피난할 수 있는 구조의 노대를 설치할 것

문 21. 열에너지원의 종류에서 화학열로 옳은 것만을 <보기>에서 있는 대로 고른 것은?

<보기>	
ㄱ. 분해열	ㄴ. 연소열
ㄷ. 압축열	ㄹ. 산화열

① ㄹ
② ㄱ, ㄴ
③ ㄷ, ㄹ
④ ㄱ, ㄴ, ㄹ
⑤ ㄱ, ㄴ, ㄷ, ㄹ

문 22. 다음 중 위험도(H) 값이 가장 큰 것은? (단, 1기압, 25℃ 공기 중의 연소범위를 기준으로 한다)

① 수소
② 메탄
③ 아세틸렌
④ 이황화탄소
⑤ 산화에틸렌

문 23. 「위험물안전관리법 시행령」상 제조소에서 취급하는 제4류 위험물의 최대수량의 합이 지정수량의 50만 배인 사업소의 경우 자체소방대에 두는 화학소방자동차와, 자체소방대원의 수로 옳은 것은?

	화학소방자동차	자체소방대원
①	1대	5인
②	2대	10인
③	3대	15인
④	4대	20인
⑤	5대	10인

문 24. 「화재의 예방 및 안전관리에 관한 법률 시행령」상 화재의 확대가 빠른 특수가연물의 품명 및 수량으로 옳은 것은?

① 넝마: 500킬로그램 이상
② 사류: 1,000킬로그램 이상
③ 면화류: 100킬로그램 이상
④ 가연성고체류: 2,000킬로그램 이상
⑤ 석탄·목탄류: 3,000킬로그램 이상

문 25. 「화재의 예방 및 안전관리에 관한 법률」상 시·도지사가 화재예방강화지구로 지정하여 관리해야 하는 지역으로 옳은 것만을 <보기>에서 있는 대로 고른 것은?

<보기>
ㄱ. 시장지역
ㄴ. 공장·창고가 밀집한 지역
ㄷ. 노후·불량건축물이 밀집한 지역
ㄹ. 위험물의 저장 및 처리 시설이 밀집한 지역

① ㄱ, ㄴ
② ㄱ, ㄷ
③ ㄴ, ㄹ
④ ㄱ, ㄴ, ㄹ
⑤ ㄱ, ㄴ, ㄷ, ㄹ

소요시간: _____ / 13분   맞힌 답의 개수: _____ / 20

문 1. 소방기관에서 실시하는 화재조사에 대한 일반적인 설명으로 옳지 않은 것은?

① 화재조사는 관계 공무원이 화재사실을 인지하는 즉시 실시한다.

② 화재조사는 강제성을 지니며, 프리즘식으로 진행한다.

③ 화재조사 시 건축·구조물 화재의 소실정도는 입체면적에 대한 비율을 적용하여 구분한다.

④ 화재원인조사에는 소방·방화시설의 조사는 포함되지 않는다.

문 2. 「재난 및 안전관리 기본법」상 재난현장에서 임무를 직접수행하는 기관의 행동조치 절차를 구체적으로 수록한 문서는?

① 재난대응 활동계획

② 현장조치 행동매뉴얼

③ 위기대응 실무매뉴얼

④ 위기관리 표준매뉴

문 3. 그림에서 'A'에 대한 설명으로 옳지 않은 것은?

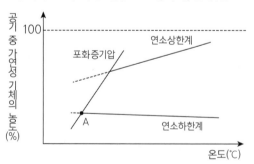

① 외부에너지에 의해 발화하기 시작하는 최저연소온도이다.

② 물질적 조건과 에너지 조건이 만나는 최저연소온도이다.

③ 화학양론비(stoichiometric ratio)에서의 최저연소온도이다.

④ 가연성 혼합기를 형성하는 최저연소온도이다.

문 4. 화재가혹도(fire severity)에 대한 설명으로 옳지 않은 것은? (A는 개구부의 면적, H 는 개구부의 높이이다)

① 화재가혹도의 크기는 화재강도와 화재하중의 영향을 받는다.

② 화재실의 최고온도와 지속시간은 화재가혹도를 판단하는 중요한 인자이다.

③ 화재실의 환기요소($A\sqrt{H}$)는 화재가혹도에 영향을 준다.

④ 화재가혹도는 화재실이나 화재구획의 단열성에 영향을 받지 않는다.

문 5. 메틸알코올(CH_3OH)의 최소산소농도(MOC: Minimum Oxygen Concentration, %)로 옳은 것은? (CH_3OH의 연소상한계는 37%, 연소범위의 상·하한 폭은 30%이다)

① 5.0

② 8.5

③ 10.5

④ 14.0

문 6. 폭발에 대한 일반적인 설명으로 옳은 것은?

① 아세틸렌과 산화에틸렌은 분해폭발을 일으키기 쉬운 물질이다.

② 상온에서 탱크에 저장된 중유가 유출되면 자유공간 증기운폭발이 일어난다.

③ 밀폐공간에서 조연성가스가 폭발범위를 형성하면 점화원에 의해 가스폭발이 일어난다.

④ 다량의 고온물질이 물속에 투입되었을 때 물의 갑작스러운 상변화에 의한 폭발현상을 반응폭주라 한다.

문 7. 가연성 물질의 화재 시 소화방법으로 옳은 것은?

① 탄화칼슘은 물을 분무하여 소화한다.
② 아세톤은 알콜형포 소화약제로 소화한다.
③ 나트륨은 할론 소화약제로 소화한다.
④ 마그네슘은 이산화탄소 소화약제로 소화한다.

문 8. 위험물에 대한 일반적인 설명으로 옳은 것은?

① 제1류 위험물 중 질산염류는 연소속도가 빨라 폭발적으로 연소한다.
② 제3류 위험물 중 황린은 가열, 충격, 마찰에 의해 분해되어 산소가 발생하므로 가연물과의 접촉을 피한다.
③ 제4류 위험물 중 제1석유류는 인화점 및 연소하한계가 낮아 적은 양으로도 화재의 위험이 있다.
④ 제5류 위험물 중 유기과산화물은 공기 중에 노출되거나 수분과 접촉하면 발화의 위험이 있다.

문 9. 자동기동방식의 펌프가 수원의 수위보다 높은 곳에 설치된 옥내소화전설비의 구성요소를 있는 대로 모두 고른 것은?

ㄱ. 기동용수압개폐장치	ㄴ. 릴리프밸브
ㄷ. 동력제어반	ㄹ. 솔레노이드밸브
ㅁ. 물올림장치	

① ㄱ, ㄴ, ㅁ
② ㄷ, ㄹ, ㅁ
③ ㄱ, ㄴ, ㄷ, ㄹ
④ ㄱ, ㄴ, ㄷ, ㅁ

문 10. 「재난 및 안전관리 기본법」상 재난관리의 대비단계 관리사항을 있는 대로 모두 고른 것은?

| ㄱ. 국가재난관리기준의 제정·운용 |
| ㄴ. 재난 예보·경보체계 구축·운영 |
| ㄷ. 재난안전분야 종사자 교육 |
| ㄹ. 재난안전통신망의 구축·운영 |

① ㄱ, ㄴ
② ㄱ, ㄹ
③ ㄱ, ㄴ, ㄹ
④ ㄴ, ㄷ, ㄹ

문 11. 위험물과 물이 반응할 때 발생하는 가스로 옳지 않은 것은?

	위험물	가스
①	탄화알루미늄	아세틸렌
②	인화칼슘	포스핀
③	수소화알루미늄리튬	수소
④	트리에틸알루미늄	에테인

문 12. 800℃, 1기압에서 황(S) 1kg이 공기 중에서 완전 연소할 때 발생되는 이산화황의 발생량(m³)은? (단, 황(S)의 원자량은 32, 산소(O)의 원자량은 16이며, 이상기체로 가정한다)

① 2.00
② 2.35
③ 2.50
④ 2.75

문 13. 중질유화재 시 무상주수를 함으로써 기대할 수 있는 소화효과로 올바르게 묶인 것은?

① 질식소화, 부촉매소화
② 질식소화, 유화소화
③ 유화소화, 타격소화
④ 피복소화, 타격소화

문 14. 재난관리 방식 중 분산관리에 대한 일반적인 설명으로 옳지 않은 것은?

① 재난의 종류에 따라 대응방식의 차이와 대응계획 및 책임기관이 각각 다르게 배정된다.
② 재난 시 유관기관 간의 중복적 대응이 있을 수 있다.
③ 재난의 발생 유형에 따라 소관부처별로 업무가 나뉜다.
④ 재난 시 유사한 자원동원 체계와 자원유형이 필요하다.

문 15. 가연성 물질의 화재 위험성에 대한 설명으로 옳은 것은?

① 비열, 연소열, 비점이 작거나 낮을수록 위험하다.
② 증발열, 연소열, 연소속도가 크거나 빠를수록 위험하다.
③ 표면장력, 인화점, 발화점이 작거나 낮을수록 위험하다.
④ 비중, 압력, 융점이 크거나 높을수록 위험하다.

문 16. 기체상 연료노즐에서의 연소에 대한 일반적인 설명으로 옳은 것을 있는 대로 모두 고른 것은?

ㄱ. 역화는 연료의 연소속도가 분출속도보다 빠를 때 불꽃이 연료노즐 속으로 빨려 들어가 연료노즐 속에서 연소하는 현상이다.
ㄴ. 선화는 불꽃이 연료노즐 위에 들뜨는 현상으로 연료노즐에서 연료기체의 연소속도가 분출속도보다 느릴 때 발생하는 현상이다.
ㄷ. 황염은 분출하는 기체연료와 공기의 화학양론비에서 공기량이 적을 때 발생한다.
ㄹ. 연료노즐에서 흐름이 난류(turbulent)인 경우, 확산연소에서 화염의 높이는 분출 속도에 비례한다.

① ㄱ, ㄴ
② ㄷ, ㄹ
③ ㄱ, ㄴ, ㄷ
④ ㄱ, ㄴ, ㄷ, ㄹ

문 17. 화재피해조사 산정기준 중 동일 소방대상물로서 한 건의 화재로 취급하는 기준에 대한 설명으로 옳지 않은 것은?

① 한 곳에서 발생한 화재
② 누전점이 다른 2개소 이상에서 발생한 화재
③ 지진, 낙뢰 등 자연환경에 의해 발생한 여러 화재
④ 동일범에 의한 방화 또는 불장난으로 2개소 이상에서 발생한 화재

⊘ 출제오류로 정답없음

문 18. 할로겐화합물 소화약제가 갖추어야 할 일반적인 조건으로 옳지 않은 것은?

① 독성이 적을수록 좋다.
② 지구 온난화에 끼치는 영향이 적을수록 좋다.
③ 대기 중에 잔존 시간이 길수록 좋다.
④ 오존층 파괴에 끼치는 영향이 적을수록 좋다.

문 19. 포(foam)에 대한 일반적인 설명으로 옳은 것은?

① 불화단백포 및 수성막포는 표면하 주입방식에 사용할 수 있다.
② 불소를 함유하고 있는 합성계면활성제포는 친수성이므로 유동성과 내유성이 좋다.
③ 단백포는 유동성은 좋으나, 내화성은 나쁘다.
④ 알콜형포 사용 시 비누화현상이 일어나면 소화능력이 떨어진다.

문 20. 이산화탄소 소화설비에 대한 일반적인 설명으로 옳지 않은 것은?

① 기동용기의 가스는 압력스위치 및 자동폐쇄장치를 작동시키는 역할을 한다.
② 저장용기는 직사광선 및 빗물이 침투할 우려가 없는 곳에 설치한다.
③ 전역방출방식에서 환기장치는 이산화탄소가 방사되기 전에 정지되어야 한다.
④ 전역방출방식에서는 음향경보장치와 방출표시등이 필요하다.

소요시간: _____ / 17분   맞힌 답의 개수: _____ / 25

문 1. 다음 중 불연성 물질에 해당하지 않는 것은?

① He(헬륨)

② CO_2(이산화탄소)

③ P_2O_5(오산화인)

④ HCN(시안화수소)

⑤ SO_3(삼산화황)

문 2. 「긴급구조대응활동 및 현장지휘에 관한 규칙」상 통제단이 설치·운영되는 경우에 긴급구조지휘대를 구성하는 사람과 배치되는 해당 부서의 연결이 옳은 것만을 <보기>에서 있는 대로 고른 것은?

<보기>
ㄱ. 신속기동요원 – 대응계획부
ㄴ. 통신지휘요원 – 구조진압반
ㄷ. 안전담당요원 – 현장통제반
ㄹ. 경찰파견 연락관 – 연락공보담당

① ㄱ, ㄴ

② ㄱ, ㄷ

③ ㄱ, ㄴ, ㄹ

④ ㄴ, ㄷ, ㄹ

⑤ ㄱ, ㄴ, ㄷ, ㄹ

☑ 현재는 관련규정이 제·개정됨

문 3. 연소범위에 관한 설명으로 옳은 것만을 <보기>에서 있는 대로 고른 것은?

<보기>
ㄱ. 연소범위는 물질이 연소하기 위한 물적 조건과 관련이 크다.
ㄴ. 온도가 높아지면 연소범위는 넓어진다.
ㄷ. 일산화탄소는 압력이 증가하면 연소범위가 넓어진다.
ㄹ. 불활성기체가 첨가되면 연소범위가 좁아진다.

① ㄱ, ㄹ   ② ㄱ, ㄴ, ㄷ

③ ㄱ, ㄴ, ㄹ   ④ ㄴ, ㄷ, ㄹ

⑤ ㄱ, ㄴ, ㄷ, ㄹ

문 4. <보기>에서 공기 중 연소범위가 가장 넓은 것(ㄱ)과 위험도가 가장 낮은 것(ㄴ)을 순서대로 나열한 것은?

<보기>
수소, 아세틸렌, 메탄, 프로판

	ㄱ	ㄴ
①	수소	메탄
②	수소	아세틸렌
③	아세틸렌	메탄
④	아세틸렌	프로판
⑤	아세틸렌	아세틸렌

문 5. 복사열전달 현상에 관한 설명으로 옳은 것은?

① 열에너지가 전자기파의 형태로 전달되는 현상이다.

② 푸리에의 법칙을 따른다.

③ 열전달이 고체 또는 정지상태의 유체 내에서 매질을 통해 이루어진다.

④ 유체입자의 유동에 의해 열에너지가 전달되는 현상이다.

⑤ 진공상태에서는 복사열은 전달되지 않는다.

문 6. 「위험물안전관리법 시행령」상 위험물에 관한 설명으로 옳은 것은?

① 제1류 위험물 중에 무기과산화물은 주수를 이용한 냉각소화가 적합하다.
② 제2류 위험물은 다른 가연물의 연소를 돕는 조연성 물질이다.
③ 제3류 위험물 중에 황린은 공기 중 산화를 방지하기 위해 물 속에 저장한다.
④ 제4류 위험물은 수용성 액체로 물에 의한 희석소화가 적합하다.
⑤ 제5류 위험물은 포, 이산화탄소에 의한 질식소화가 적합하다.

문 7. 「위험물안전관리법 시행령」상 유별 위험물의 품명과 지정수량을 옳게 연결한 것은?

	유별	품명	지정수량
①	제2류	적린, 유황(황), 마그네슘	100kg
②	제3류	알킬알루미늄, 유기과산화물	10kg
③	제4류	제4석유류	10,000ℓ
④	제5류	히드록실아민(하이드록실아민), 히드록실아민염류(하이드록실아민염류)	100kg
⑤	제6류	과염소산염류, 나트륨	200kg

문 8. 다음은 수성막포에 관한 설명이다. ( ) 안에 들어갈 내용으로 옳은 것은?

수성막포는 (ㄱ)이 강하여 표면하 주입방식에 효과적이며, 내약품성으로 (ㄴ) 소화약제와 Twin Agent System이 가능하다. 반면에 내열성이 약해 탱크 내벽을 따라 잔불이 남게 되는 (ㄷ)현상이 일어날 우려가 있으며, 대형화재 또는 고온화재 시 수성막 생성이 곤란한 단점이 있다.

	ㄱ	ㄴ	ㄷ
①	점착성	강화액	윤화
②	점착성	분말	선화
③	내유성	분말	선화
④	내유성	강화액	선화
⑤	내유성	분말	윤화

문 9. 할로겐화합물 소화약제 중 'HCFC BLEND A'의 구성 요소가 아닌 것은?

① HCFC - 123
② C_3HF_7
③ HCFC - 22
④ HCFC - 124
⑤ $C_{10}H_{16}$

문 10. 「화재예방, 소방시설 설치·유지 및 안전관리에 관한 법률 시행령」상 소방시설의 연결이 옳은 것만을 <보기>에서 있는 대로 고른 것은?

<보기>
ㄱ. 소화설비: 자동소화장치, 옥내소화전설비, 물분무등소화설비
ㄴ. 경보설비: 통합감시시설, 시각경보기, 단독경보형 감지기
ㄷ. 피난구조설비: 피난기구, 인명구조기구, 제연설비
ㄹ. 소화활동설비: 연결송수관설비, 비상콘센트설비, 무선통신보조설비

① ㄱ, ㄴ
② ㄷ, ㄹ
③ ㄱ, ㄴ, ㄹ
④ ㄴ, ㄷ, ㄹ
⑤ ㄱ, ㄴ, ㄷ, ㄹ

☑ 현재는 관련규정이 「소방시설 설치 및 관리에 관한 법률 시행령」으로 이관됨

문 11. 「국가공무원법」 및 「소방공무원 징계령」에서 정하고 있는 소방공무원의 징계에 관한 내용으로 옳은 것은?

① 중징계의 종류에는 파면, 해임, 강등, 정직, 감봉이 있다.
② 경징계의 종류에는 견책, 훈계, 경고가 있다.
③ 소방정인 지방소방학교장에 관한 징계는 시·도에 설치된 징계위원회에서 심의·의결한다.
④ 정직은 1개월 이상 3개월 이하의 기간으로 하고, 정직 처분을 받은 자는 그 기간 중 공무원의 신분은 보유하나 직무에 종사하지 못하며 보수는 전액을 감한다.
⑤ 감봉은 1개월 이상 3개월 이하의 기간 동안 보수의 2분의 1을 감한다.

문 12. 제3종 분말 소화약제가 열분해될 때 생성되는 물질로써 방진작용을 하는 물질은?

① N_2(질소)
② H_2O(수증기)
③ K_2CO_3(탄산칼륨)
④ HPO_3(메타인산)
⑤ Na_2CO_3(탄산나트륨)

문 13. 「재난 및 안전관리 기본법」상 용어의 정의로 옳지 않은 것은?

① "국가재난관리기준"이란 모든 유형의 재난에 공통적으로 활용할 수 있도록 재난관리의 전 과정을 통일적으로 단순화·체계화한 것으로서 행정안전부장관이 고시한 것을 말한다.
② "재난관리"란 재난이나 그 밖의 각종 사고로부터 사람의 생명·신체 및 재산의 안전을 확보하기 위하여 하는 모든 활동을 말한다.
③ "안전기준"이란 각종 시설 및 물질 등의 제작, 유지관리 과정에서 안전을 확보할 수 있도록 적용하여야 할 기술적 기준을 체계화한 것을 말한다.
④ "긴급구조"란 재난이 발생할 우려가 현저하거나 재난이 발생하였을 때에 국민의 생명·신체 및 재산을 보호하기 위하여 긴급구조기관과 긴급구조지원기관이 하는 인명구조, 응급처치, 그 밖에 필요한 모든 긴급한 조치를 말한다.
⑤ "안전취약계층"이란 어린이, 노인, 장애인, 저소득층 등 신체적·사회적·경제적 요인으로 인하여 재난에 취약한 사람을 말한다.

문 14. 「재난 및 안전관리 기본법」상 자연재난에 해당하지 않는 것은?

① 가뭄
② 폭염
③ 미세먼지
④ 황사(黃砂)
⑤ 조류(藻類) 대발생

문 15. 다음 조건에 따라 계산한 혼합기체의 연소하한계는?

- 르샤틀리에 공식을 이용한다.
- 혼합기체의 부피비율은 A기체 60%, B기체 30%, C기체 10%이다.
- 연소하한계는 A기체 3.0%, B기체 1.5%, C기체 1.0%이다.

① 1.0%
② 1.5%
③ 2.0%
④ 2.5%
⑤ 3.0%

문 16. 자동화재탐지설비 수신기의 화재신호와 연동으로 작동하여 관계인에게 화재발생을 경보함과 동시에 소방관서에 자동적으로 통신망을 통한 당해 화재발생 및 당해 소방대상물의 위치 등을 음성으로 통보하여 주는 것은?

① 통합감시시설
② 비상경보설비
③ 비상방송설비
④ 자동화재속보설비
⑤ 단독경보형 감지기

문 17. 「화재조사 및 보고규정」상 조사활동 중 본부장 또는 서장이 소방청장에게 긴급상황을 보고하여야 할 화재에 해당하지 않는 것은?

① 사망자가 10명 발생한 화재
② 이재민이 50명 발생한 화재
③ 재산피해가 100억 원으로 추정되는 화재
④ 항구에 매어둔 외항선 화재
⑤ 발전소 및 변전소의 화재

⊘ 현재는 관련규정이 제·개정되어 삭제됨

문 18. 정전기 예방대책으로 옳은 것만을 <보기>에서 있는 대로 고른 것은?

<보기>
ㄱ. 공기를 이온화한다.
ㄴ. 전기전도성이 큰 물체를 사용한다.
ㄷ. 접촉하는 전기의 전위차를 크게 한다.

① ㄱ
② ㄷ
③ ㄱ, ㄴ
④ ㄴ, ㄷ
⑤ ㄱ, ㄴ, ㄷ

문 19. 「재난 및 안전관리 기본법」 및 동법 시행령에 따라 수립해야 하는 계획의 내용이다. ( ) 안에 들어갈 내용으로 옳은 것은?

(가) (ㄱ)은/는 재난 및 안전관리에 관한 과학기술의 진흥을 위하여 (ㄴ)년마다 관계중앙행정기관의 재난 및 안전관리기술개발에 관한 계획을 종합하여 조정위원회의 심의와 「국가과학기술자문회의법」에 따른 국가과학기술자문회의의 심의를 거쳐 재난 및 안전관리 기술개발 종합계획을 수립하여야 한다.
(나) (ㄷ)은/는 국가안전관리기본계획을 (ㄹ)년마다 수립해야 한다.

	ㄱ	ㄴ	ㄷ	ㄹ
①	국무총리	1	행정안전부장관	1
②	과학기술정보통신부장관	5	행정안전부장관	5
③	행정안전부장관	1	국무총리	1
④	국무총리	5	국무총리	5
⑤	행정안전부장관	5	국무총리	5

문 20. 다음 설명에 해당하는 방폭구조는?

정상시 및 사고시(단선, 단락, 지락 등)에 발생하는 전기불꽃, 아크 또는 고온에 의하여 폭발성 가스 또는 증기에 점화되지 않는 것이 점화시험 및 기타에 의하여 확인된 방폭구조

① 내압 방폭구조
② 압력 방폭구조
③ 안전증가 방폭구조
④ 유입 방폭구조
⑤ 본질안전 방폭구조

문 21. 스프링클러설비 종류별 주요 구성품의 연결이 옳은 것만을 <보기>에서 있는 대로 고른 것은?

<보기>
ㄱ. 습식 스프링클러설비: 알람밸브, 개방형 헤드
ㄴ. 건식 스프링클러설비: 익조스터(Exhauster), 공기 압축기
ㄷ. 준비작동식 스프링클러설비: 선택밸브, SVP(Superisory Panel)
ㄹ. 일제살수식 스프링클러설비: 일제개방밸브, 개방형 헤드

① ㄱ, ㄷ
② ㄴ, ㄹ
③ ㄱ, ㄴ, ㄷ
④ ㄴ, ㄷ, ㄹ
⑤ ㄱ, ㄴ, ㄷ, ㄹ

문 22. 「재난 및 안전관리 기본법」상 중앙재난안전대책본부에 관한 내용으로 옳지 않은 것은?

① 재난의 효과적인 수습을 위하여 국무총리가 범정부적 차원의 통합 대응이 필요하다고 인정하는 경우에는 대통령이 중앙대책본부장의 권한을 행사한다.
② 해외재난의 경우에는 외교부장관이 중앙대책본부장의 권한을 행사한다.
③ 대통령령으로 정하는 대규모 재난의 대응·복구 등에 관한 사항을 총괄·조정하고 필요한 조치를 하기 위하여 행정안전부에 중앙재난안전대책본부를 둔다.
④ 「원자력시설 등의 방호 및 방사능 방재 대책법」에 따른 방사능재난의 경우에는 중앙방사능방재대책본부의 장이 중앙대책본부장의 권한을 행사한다.
⑤ 행정안전부장관이 국무총리에게 건의하거나 수습본부장의 요청을 받아 행정안전부장관이 국무총리에게 건의하는 경우에는 국무총리가 중앙대책본부장의 권한을 행사할 수 있다.

문 23. 다음 중 화학적 폭발에 해당하지 않는 것은?

① 수증기폭발
② UVCE
③ 분해폭발
④ 분진폭발
⑤ 분무폭발

문 24. 「위험물안전관리법 시행령」상 제1류 위험물에 관한 내용이다. ( ) 안에 들어갈 내용으로 옳은 것은?

고체로서 (ㄱ)의 잠재적인 위험성 또는 (ㄴ)에 대한 민감성을 판단하기 위하여 소방청장이 정하여 고시하는 시험에서 고시로 정하는 성질과 상태를 나타내는 것을 말한다.

	ㄱ	ㄴ
①	폭발력	발화
②	산화력	충격
③	환원력	분해
④	산화력	폭발
⑤	환원력	연소

문 25. 「화재예방, 소방시설 설치·유지 및 안전관리에 관한 법률」 및 동법 시행령상 소방특별조사에 관한 내용으로 옳지 않은 것은?

① 소방특별조사는 관계인이 이 법 또는 다른 법령에 따라 실시하는 소방시설등, 방화시설, 피난시설 등에 대한 자체점검 등이 불성실하거나 불완전하다고 인정되는 경우 실시한다.
② 소방특별조사는 국가적 행사 등 주요 행사가 개최되는 장소 및 그 주변의 관계 지역에 대하여 소방안전관리 실태를 점검할 필요가 있는 경우 실시한다.
③ 소방청장, 소방본부장 또는 소방서장은 필요하면 소방기술사, 소방시설관리사, 그 밖에 소방·방재 분야에 관한 전문지식을 갖춘 사람을 소방특별조사에 참여하게 할 수 있다.
④ 소방특별조사위원회는 위원장 1명을 포함한 15명 이내의 위원으로 성별을 고려하여 구성하고, 위원장은 소방본부장이 된다.
⑤ 소방본부장은 소방특별조사의 대상을 객관적이고 공정하게 선정하기 위하여 필요하면 소방특별조사위원회를 구성하여 소방특별조사의 대상을 선정할 수 있다.

✅ 현재는 관련규정이 「화재의 예방 및 안전관리에 관한 법률」 제3장(화재안전조사)으로 이관됨

소요시간: _____ / 13분   맞힌 답의 개수: _____ / 20

문 1. 「재난 및 안전관리 기본법」상 재난현장에서 시·군·구긴급 구조통제단장의 긴급구조현장지휘 사항을 모두 고른 것은?

> ㄱ. 재난현장에서 인명의 탐색·구조
> ㄴ. 추가 재난의 방지를 위한 응급조치
> ㄷ. 사상자의 응급처치 및 의료기관으로의 이송
> ㄹ. 긴급구조에 필요한 물자의 관리

① ㄱ, ㄴ   ② ㄱ, ㄴ, ㄷ
③ ㄴ, ㄷ, ㄹ   ④ ㄱ, ㄴ, ㄷ, ㄹ

문 2. 화재 시 발생하는 연기(Smoke)에 대한 설명으로 옳지 않은 것은?

① 연기의 수직 이동속도는 수평 이동속도보다 빠르다.
② 연기의 감광계수가 증가할수록 가시거리는 짧아진다.
③ 중성대는 실내화재 시 실내와 실외의 온도가 같은 면을 의미한다.
④ 굴뚝효과는 건축물의 내부와 외부의 온도차에 의해 내부의 더운 공기가 상승하는 현상이다.

문 3. 소화설비에 대한 설명으로 옳은 것은?

① 산·알칼리소화기는 가스계 소화기로 분류된다.
② 이산화탄소 소화설비는 화재감지기, 선택밸브, 방출표시 등, 압력스위치 등으로 구성된다.
③ 슈퍼비조리패널(Supervisory panel)은 습식 스프링클러 설비의 구성요소이다.
④ 순환배관은 옥내소화전설비의 펌프 체절운전 시 수온 하강 방지를 위해 설치한다.

문 4. 우리나라 소방 역사에 대한 설명으로 옳은 것만을 모두 고른 것은?

> ㄱ. 고려시대에는 소방(消防)을 소재(消災)라 하였으며, 화통도감을 신설하였다.
> ㄴ. 조선시대 세종 8년에 금화도감을 설치하였다.
> ㄷ. 1915년에 우리나라 최초 소방서인 경성소방서를 설치하였다.
> ㄹ. 1945년에 중앙소방위원회 및 중앙소방청을 설치하였다.

① ㄱ, ㄴ
② ㄱ, ㄴ, ㄷ
③ ㄴ, ㄷ, ㄹ
④ ㄱ, ㄴ, ㄷ, ㄹ

문 5. 백드래프트(Back draft)에 대한 설명으로 옳은 것은?

① 불완전연소에 의해 발생된 일산화탄소가 가연물로 작용하여 폭발하는 현상이다.
② 화재 진압 시 지붕 등 상부를 개방하는 것보다 출입문을 먼저 개방하는 것이 효과적인 전술이다.
③ 밀폐된 실내에서 발생되는 현상으로, 출입문을 한 번에 완전히 개방하여 연기를 일순간에 배출해야 폭발력을 억제할 수 있다.
④ 연료지배형 화재가 진행되고 있는 공간에 산소가 일시적으로 다량 공급됨에 따라 가연성 가스가 폭발적으로 연소하는 현상이다.

문 6. 위험물의 종류에 따른 소화방법으로 옳지 않은 것은?

① 제1류 위험물인 알칼리금속의 과산화물은 물을 사용한다.
② 제2류 위험물인 마그네슘은 건조사를 사용한다.
③ 제3류 위험물인 알킬알루미늄은 건조사를 사용한다.
④ 제4류 위험물인 알코올은 내알코올포(泡, Foam)를 사용한다.

문 7. 「화재조사 및 보고규정」상 특수화재에 해당하지 않는 것은?

① 외국공관 및 그 사택의 화재
② 이재민 100명 이상 발생 화재
③ 특수사고, 방화 등 화재원인이 특이하다고 인정되는 화재
④ 철도, 항구에 매어 둔 외항선, 항공기, 발전소 및 변전소의 화재

☑ 현재는 관련규정이 제·개정되어 삭제됨

문 8. 「재난 및 안전관리 기본법」에 대한 내용이다. ( ) 안에 들어갈 용어로 옳은 것은?

(가)은 대통령령으로 정하는 재난이 발생하거나 발생할 우려가 있는 경우 사람의 생명·신체 및 재산에 미치는 중대한 영향이나 피해를 줄이기 위하여 긴급한 조치가 필요하다고 인정하면 (나)의 심의를 거쳐 (다)을/를 선포할 수 있다.

	가	나	다
①	중앙재난안전 대책본부장	안전정책조정위원회	재난사태
②	행정안전부장관	중앙안전관리위원회	재난사태
③	중앙재난안전 대책본부장	중앙안전관리위원회	특별재난지역
④	행정안전부장관	안전정책조정위원회	특별재난지역

문 9. 소방조직의 원리에 해당하지 않는 것은?

① 조정의 원리
② 계층제의 원리
③ 명령분산의 원리
④ 통솔범위의 원리

문 10. 블레비(BLEVE; Boiling Liquid Expanding Vapor Explosion) 현상의 특징으로 옳지 않은 것은?

① 액화가스 저장탱크에서 일어날 수 있다는 점에서는 증기운폭발과 같다.
② 액화가스 저장탱크에서 물리적 폭발이 순간적으로 화학적 폭발로 이어지는 현상이다.
③ 블레비의 규모는 파열 시 액체의 기화량에는 차이가 있으나 탱크의 용량에 따른 차이는 없다.
④ 직접 열을 받은 부분이 액화가스 저장탱크의 인장 강도를 초과할 경우 기상부에 면하는 지점에서 파열하게 된다.

문 11. 포혼합장치 중 펌프 프로포셔너(Pump proportioner) 방식에 해당하는 것은?

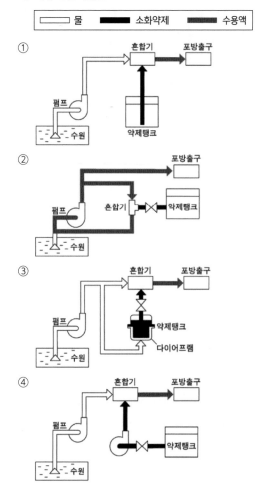

문 12. 「재난 및 안전관리 기본법」상 재난관리 단계별 조치 사항의 연결이 옳지 않은 것은?

① 예방단계 - 재난방지시설의 관리
② 대비단계 - 재난현장 긴급통신수단의 마련
③ 대응단계 - 특별재난지역의 선포
④ 복구단계 - 피해조사 및 복구계획 수립·시행

문 13. 최소산소농도(MOC; Minimum Oxygen Concentration)에 대한 설명으로 옳지 않은 것은?

① 연소상한계에 의해 최소산소농도가 결정된다.
② 연소할 때 화염이 전파되는 데 필요한 임계산소농도를 말한다.
③ 완전연소반응식의 산소 몰(mol)수에 의해 최소산소농도가 결정된다.
④ 프로판(C_3H_8) 1몰(mol)이 완전연소하는 데 필요한 최소산소농도는 10.5%이다.

문 14. 1기압, 20℃인 조건에서 메탄(CH_4) 2m^3가 완전연소하는 데 필요한 산소 부피는 몇 m^3인가?

① 2
② 3
③ 4
④ 5

문 15. 연소속도에 영향을 미치는 요인을 모두 고른 것은?

ㄱ. 가연성 물질의 종류
ㄴ. 촉매의 존재 유무와 농도
ㄷ. 공기 중 산소량
ㄹ. 가연성 물질과 산화제의 당량비

① ㄱ, ㄴ
② ㄱ, ㄴ, ㄷ
③ ㄴ, ㄷ, ㄹ
④ ㄱ, ㄴ, ㄷ, ㄹ

문 16. 폭발에 대한 설명으로 옳지 않은 것은?

① 폭연은 폭굉보다 폭발압력이 낮다.
② 분해폭발은 산소에 관계없이 단독으로 발열 분해반응을 하는 물질에서 발생한다.
③ 물리적 폭발은 물질의 상태(기체, 액체, 고체)가 변하거나 온도, 압력 등 조건의 변화에 따라 발생한다.
④ 중합폭발은 가연성 액체의 무적(霧滴, Mist)이 일정 농도 이상으로 조연성 가스 중에 분산되어 있을 때 착화하여 발생한다.

문 17. 소화방법에 대해 옳은 설명만을 모두 고른 것은?

> ㄱ. 질식소화는 일반적으로 공기 중 산소 농도를 낮추어 소화하는 방법을 말한다.
> ㄴ. 냉각소화가 가능한 약제로는 물, 강화액, CO₂, 할론 등이 있다.
> ㄷ. 피복소화는 비중이 물보다 큰 비수용성 유류화재 시 무상주수하여 소화하는 방법을 말한다.
> ㄹ. 부촉매소화는 가스화재 시 가스공급을 차단하여 소화하는 방법을 말한다.

① ㄱ, ㄴ
② ㄱ, ㄴ, ㄷ
③ ㄴ, ㄷ, ㄹ
④ ㄱ, ㄴ, ㄷ, ㄹ

문 18. 물 소화약제에 대한 설명으로 옳은 것은?

① 질식소화 작용은 기대하기 어렵다.
② 분무상으로 방사 시 B급 화재 및 C급 화재에도 적응성이 있다.
③ 물은 비열과 기화열 값이 작아 냉각소화 효과가 우수하다.
④ 수용성 가연물질인 알코올, 에테르, 에스테르(에스터) 등으로 인한 화재에는 적응성이 없다.

문 19. 피난구조설비에 대한 설명으로 옳지 않은 것은?

① 인공소생기란 호흡 부전 상태인 사람에게 인공호흡을 시켜 환자를 보호하거나 구급하는 기구이다.
② 피난구유도등이란 피난구 또는 피난경로로 사용되는 출입구를 표시하여 피난을 유도하는 등을 말한다.
③ 복도통로유도등이란 피난통로가 되는 복도에 설치하는 통로유도등으로서 피난구의 방향을 명시하는 것을 말한다.
④ 구조대란 사용자의 몸무게에 의하여 자동으로 하강하고 내려서면 스스로 상승하여 연속적으로 사용할 수 있는 무동력 피난기구를 말한다.

문 20. 실내화재의 진행 과정을 설명한 내용으로 옳지 않은 것은?

① 발화기 - 건물 내의 가구 등이 독립 연소하고 있으며 다른 동(棟)으로의 연소 위험은 없다.
② 성장기 - 화재의 진행이 급속히 이루어지고 개구부에서는 검은 연기가 분출된다.
③ 최성기 - 산소가 부족하여 연소되지 않은 가스가 다량 발생된다.
④ 감퇴기 - 지붕이나 벽체, 대들보나 기둥도 무너져 떨어지고 열발산율은 증가하기 시작한다.

소요시간: _____ / 17분   맞힌 답의 개수: _____ / 25

문 1. 자연발화에 대한 설명으로 옳지 않은 것은?

① 열축적이 용이할수록 자연발화가 쉽다.
② 열전도율이 높을수록 자연발화가 쉽다.
③ 발열량이 큰 물질일수록 자연발화가 쉽다.
④ 주위 온도가 높을수록 자연발화가 쉽다.
⑤ 표면적이 넓을수록 자연발화가 쉽다.

문 2. 화재하중을 산출하는 요소에 해당하지 않는 것은?

① 가연물의 배열상태
② 가연물의 질량
③ 가연물의 단위발열량
④ 목재의 단위발열량
⑤ 화재실의 바닥면적

문 3. 「화재예방, 소방시설 설치·유지 및 안전관리에 관한 법률 시행령」상 소방시설의 설비 분류가 다른 것은?

① 상수도소화용수설비
② 연결송수관설비
③ 연결살수설비
④ 연소방지설비
⑤ 무선통신보조설비

    ☑ 현재는 관련규정이 「소방시설 설치 및 관리에 관한 법률 시행령」
제3조(소방시설)로 이관됨

문 4. 하인리히(H. W. Heinrich)의 도미노 이론의 5단계 중 사고의 직접원인이 되는 3번째 단계에 해당하는 것은?

① 유전적 요소
② 불안전한 행동
③ 사회적 환경요소
④ 인적, 물적 손실
⑤ 개인적 결함

문 5. 「위험물안전관리법」상 위험물안전관리자에 대한 내용으로 옳지 않은 것은?

① 안전관리자를 선임한 제조소등의 관계인은 그 안전관리자를 해임하거나 안전관리자가 퇴직한 때에는 해임하거나 퇴직한 날부터 30일 이내에 다시 안전관리자를 선임하여야 한다.
② 제조소등의 관계인은 관련 법령에 따라 안전관리자를 선임한 경우에는 선임한 날부터 14일 이내에 행정안전부령으로 정하는 바에 따라 소방본부장 또는 소방서장에게 신고하여야 한다.
③ 제조소등의 관계인이 안전관리자를 해임하거나 안전관리자가 퇴직한 경우 그 관계인 또는 안전관리자는 소방본부장이나 소방서장에게 그 사실을 알려 해임되거나 퇴직한 사실을 확인받을 수 있다.
④ 안전관리자를 선임한 제조소등의 관계인은 안전관리자의 해임 또는 퇴직과 동시에 다른 안전관리자를 선임하지 못하는 경우에는 「국가기술자격법」에 따른 위험물의 취급에 관한 자격취득자 또는 위험물안전에 관한 기본지식과 경험이 있는 자로서 소방본부장이나 소방서장이 정하는 자를 대리자(代理者)로 지정하여 그 직무를 대행하게 하여야 한다.
⑤ 제조소등의 종류 및 규모에 따라 선임하여야 하는 안전관리자의 자격은 대통령령으로 정한다.

문 6. 「재난 및 안전관리 기본법」상 재난관리책임기관의 장은 재난을 효율적으로 관리하기 위하여 재난유형에 따라 위기관리 매뉴얼을 작성·운용하여야 한다. ( ) 안에 들어갈 내용으로 옳은 것은?

> (ㄱ)은 국가적 차원에서 관리가 필요한 재난에 대하여 재난관리 체계와 관계 기관의 임무와 역할을 규정한 문서이고, (ㄴ)은 재난현장에서 임무를 직접 수행하는 기관의 행동조치 절차를 구체적으로 수록한 문서이다.

	ㄱ	ㄴ
①	위기관리 표준매뉴얼	위기대응 실무매뉴얼
②	위기관리 표준매뉴얼	현장조치 행동매뉴얼
③	위기대응 실무매뉴얼	현장조치 행동매뉴얼
④	위기대응 실무매뉴얼	위기관리 표준매뉴얼
⑤	현장조치 행동매뉴얼	위기관리 표준매뉴얼

문 7. 「재난 및 안전관리 기본법 시행령」상 재난 및 사고유형별 재난관리주관기관으로 옳게 짝지어진 것은?

① 도로터널 사고 – 행정안전부
② 가스 수급 및 누출 사고 – 산업통상자원부
③ 해양 분야 환경오염 사고 – 해양경찰청
④ 금융 전산 및 시설 사고 – 과학기술정보통신부
⑤ 경기장 및 공연장에서 발생한 사고 – 소방청

문 8. 가연물이 연소할 때 발생하는 독성가스에 대한 설명으로 옳지 않은 것은?

① 일산화탄소(CO)는 인체 내의 헤모글로빈과 결합하여 산소의 운반기능을 약화시켜 질식하게 한다.
② 시안화수소(HCN)는 질소성분을 가지고 있는 섬유류가 불완전연소할 때 발생하는 무색의 맹독성가스로서 청산가스라고도 불린다.
③ 염화수소(HCl)는 염소성분이 함유되어 있는 염화비닐수지, 전선 피복 등이 연소할 때 발생하며, 물에 녹아 염산이 된다.
④ 브롬화수소(브로민화수소)(HBr)는 방염수지류 등이 연소할 때 발생하며, 상온·상압에서 물에 잘 용해되지 않는다.
⑤ 아크로레인(CH₂CHCHO)은 석유제품·유지류 등이 연소할 때 발생하며, 공기와 접촉하면 아크릴산이 된다.

문 9. 「위험물안전관리법 시행규칙」상 수납하는 위험물의 종류에 따라 운반용기의 외부에 표시하여야 할 주의사항으로 옳지 않은 것은?

① 제1류 위험물 중 알칼리금속의 과산화물 또는 이를 함유한 것에 있어서는 "화기·충격주의", "물기엄금" 및 "가연물접촉주의"
② 제2류 위험물 중 철분·금속분·마그네슘 또는 이들 중 어느 하나 이상을 함유한 것에 있어서는 "화기주의" 및 "물기엄금"
③ 제3류 위험물 중 자연발화성 물질에 있어서는 "화기엄금" 및 "공기접촉엄금", 금수성 물질에 있어서는 "물기엄금"
④ 제4류 위험물에 있어서는 "화기엄금"
⑤ 제5류 위험물에 있어서는 "화기주의" 및 "충격주의"

문 10. 펌프와 발포기의 중간에 설치된 벤츄리 관의 벤츄리 작용과 펌프가압수의 포 소화약제 저장탱크에 대한 압력에 따라 포 소화약제를 흡입·혼합하는 방식은?

① 프레져 사이드 프로포셔너(Pressure-side proportioner)
② 프레져 프로포셔너(Pressure proportioner)
③ 라인 프로포셔너(Line proportioner)
④ 펌프 프로포셔너(Pump proportioner)
⑤ 압축공기포 혼합장치

문 11. 전기화재에 적응성이 있는 소화약제에 해당하지 않는 것은?

① 이산화탄소 소화약제
② 인산염류 소화약제
③ 중탄산염류 소화약제
④ 고체에어로졸화합물
⑤ 팽창질석·팽창진주암

문 12. 폐쇄형 스프링클러헤드를 사용하는 스프링클러설비를 <보기>에서 있는 대로 고른 것은?

```
<보기>
ㄱ. 일제살수식 스프링클러설비
ㄴ. 부압식 스프링클러설비
ㄷ. 준비작동식 스프링클러설비
ㄹ. 건식 스프링클러설비
ㅁ. 습식 스프링클러설비
```

① ㄱ   ② ㄱ, ㄴ
③ ㄴ, ㄷ, ㄹ   ④ ㄴ, ㄷ, ㄹ, ㅁ
⑤ ㄱ, ㄴ, ㄷ, ㄹ, ㅁ

문 13. 「화재예방, 소방시설 설치·유지 및 안전관리에 관한 법률 시행령」상 스프링클러설비를 설치하여야 하는 특정소방대상물이 아닌 것은?

① 수용인원이 200명인 박물관
② 지하층에 있는 바닥면적이 300m²인 영화상영관
③ 바닥면적 합계가 1천m²인 한방병원
④ 바닥면적 합계가 6천m²인 물류터미널
⑤ 바닥면적 합계가 1만m²인 농수산물공판장

✓ 현재는 관련규정이 「소방시설 설치 및 관리에 관한 법률 시행령」으로 이관됨

문 14. 「119구조·구급에 관한 법률 시행령」상 특수구조대에 해당하는 것을 <보기>에서 있는 대로 고른 것은?

```
<보기>
ㄱ. 화학구조대          ㄴ. 수난구조대
ㄷ. 산악구조대          ㄹ. 고속도로구조대
ㅁ. 지하철구조대        ㅂ. 테러대응구조대
```

① ㄱ
② ㄱ, ㄴ
③ ㄱ, ㄴ, ㄷ, ㄹ
④ ㄱ, ㄴ, ㄷ, ㄹ, ㅁ
⑤ ㄱ, ㄴ, ㄷ, ㄹ, ㅁ, ㅂ

✓ 출제오류로 정답없음

문 15. 「재난 및 안전관리 기본법」상 재난관리 단계별 활동 내용 중 예방단계에 포함되어야 할 내용을 <보기>에서 있는 대로 고른 것은?

```
<보기>
ㄱ. 재난에 대응할 조직의 구성 및 정비
ㄴ. 재난의 예측 및 예측정보 등의 제공·이용에 관한 체
   계의 구축
ㄷ. 재난 발생에 대비한 교육·훈련과 재난관리 예방에 관
   한 홍보
ㄹ. 재난이 발생할 위험이 높은 분야에 대한 안전관리체계
   의 구축 및 안전관리규정의 제정
ㅁ. 재난관리자원의 비축·관리
```

① ㄱ
② ㄱ, ㄴ
③ ㄱ, ㄴ, ㄷ
④ ㄱ, ㄴ, ㄷ, ㄹ
⑤ ㄱ, ㄴ, ㄷ, ㄹ, ㅁ

✓ 현재는 관련규정이 제·개정됨

문 16. 다음 설명에 해당하는 위험물은?

> • 물질 자체에 산소가 함유되어 있어 외부로부터 산소 공급이 없어도 점화원만 있으면 연소·폭발이 가능하다.
> • 연소속도가 빠르며 폭발적이다.
> • 가열, 충격, 타격, 마찰 등에 의해서 폭발할 위험성이 높으며 강산화제 또는 강산류와 접촉 시 연소·폭발 가능성이 현저히 증가한다.

① 유기과산화물　　　　② 이황화탄소
③ 과염소산　　　　　　④ 염소산염류
⑤ 알칼리금속

문 17. 할로겐화합물 및 불활성기체 소화약제 중 불활성기체 소화약제를 구성할 수 있는 물질에 해당하지 않는 것은?

① 헬륨　　　　　　　　② 네온
③ 염소　　　　　　　　④ 질소
⑤ 아르곤

문 18. 다음 중 화학적 폭발을 <보기>에서 있는 대로 고른 것은?

> <보기>
> ㄱ. 중합폭발　　　　　ㄴ. 수증기폭발
> ㄷ. 산화폭발　　　　　ㄹ. 분해폭발

① ㄱ, ㄷ　　　　　　　② ㄷ, ㄹ
③ ㄱ, ㄴ, ㄹ　　　　　④ ㄱ, ㄷ, ㄹ
⑤ ㄴ, ㄷ, ㄹ

문 19. 「화재예방, 소방시설 설치·유지 및 안전관리에 관한 법률 시행령」상 무창층(無窓層)이란 지상층 중 개구부 면적의 합계가 해당 층 바닥면적의 30분의 1 이하가 되는 층을 말한다. 이때 개구부가 갖추어야 할 요건으로 옳지 않은 것은?

① 크기는 지름 50cm 이상의 원이 내접(內接)할 수 있는 크기일 것
② 해당 층의 바닥면으로부터 개구부 밑부분까지의 높이가 0.8m 이내일 것
③ 도로 또는 차량이 진입할 수 있는 빈터를 향할 것
④ 화재 시 건축물로부터 쉽게 피난할 수 있도록 창살이나 그 밖의 장애물이 설치되지 아니할 것
⑤ 내부 또는 외부에서 쉽게 부수거나 열 수 있을 것

☑ 현재는 관련규정이 「소방시설 설치 및 관리에 관한 법률 시행령」 제2조(정의)로 이관됨

문 20. 부탄(Butane)이 완전연소할 때의 연소반응식이다. a + b + c의 값은?

> $$2C_4H_{10} + (a)O_2 \rightarrow (b)CO_2 + (c)H_2O$$

① 10
② 17
③ 24
④ 31
⑤ 36

문 21. 스프링클러헤드를 설치하지 아니할 수 있는 장소에 해당하지 않는 것은?

① 고온의 노(爐)가 설치된 장소
② 영하의 냉장창고의 냉장실 또는 냉동창고의 냉동실
③ 현관 또는 로비 등으로서 바닥으로부터 높이가 20m 이상인 장소
④ 펌프실·물탱크실, 엘리베이터 권상기실
⑤ 천장·반자중 한쪽이 불연재료로 되어있고 천장과 반자 사이의 거리가 2m 미만인 부분

문 22. 밀폐된 구획공간에서 이산화탄소 방사 시 산소농도를 10%로 설계할 때 방사하는 이산화탄소의 농도는? (단, 소수점은 올림 처리한다)

① 15%   ② 24%
③ 35%   ④ 45%
⑤ 53%

문 23. 제6류 위험물의 일반적 성질로 옳지 않은 것은?

① 불연성 물질로 산소공급원 역할을 한다.
② 증기는 유독하며 부식성이 강하다.
③ 물과 접촉하는 경우 모두 심하게 발열한다.
④ 비중이 1보다 크며 물에 잘 녹는다.
⑤ 다른 물질의 연소를 돕는 조연성 물질이다.

문 24. 옥내소화전설비 가압송수장치의 체절운전 시 수온의 상승을 방지하기 위해 설치하는 것은?

① 연성계
② 물올림장치
③ 압력챔버
④ 순환배관
⑤ 스트레이너

문 25. 자동화재탐지설비 감지기의 종류에 대한 설명이다. (   ) 안에 들어갈 내용으로 옳은 것은?

> 주위온도가 일정 상승률 이상이 되는 경우에 작동하는 것으로서 일국소의 열효과에 의하여 작동하는 것을 (ㄱ) 감지기라 하고, 일국소의 주위온도가 일정한 온도 이상이 되는 경우에 작동하는 것으로서 외관이 전선으로 되어 있지 아니한 것을 (ㄴ) 감지기라 한다. 이들 두 감지기의 성능을 겸한 것으로서 두 성능 중 어느 하나가 작동되면 화재신호를 발하는 것을 (ㄷ)감지기라고 한다.

	ㄱ	ㄴ	ㄷ
①	정온식 스포트형	차동식 스포트형	보상식 스포트형
②	정온식 분포형	차동식 분포형	열복합식
③	차동식 스포트형	정온식 스포트형	보상식 스포트형
④	차동식 분포형	정온식 분포형	열복합식
⑤	차동식 감지선형	정온식 감지선형	열연복합식

소요시간: _____ / 13분   맞힌 답의 개수: _____ / 20

문 1. 가연물의 화학적 연쇄반응 속도를 줄여 소화하는 방법으로 옳은 것은?

① 다량의 물을 주수하여 소화한다.

② 할론 소화약제를 사용하여 소화한다.

③ 연소물이나 화원을 제거하여 소화한다.

④ 에멀션(Emulsion) 효과를 이용하여 소화한다.

문 2. 물 소화약제 첨가제 중 주요 기능이 물의 표면장력을 작게 하여 심부화재에 대한 적응성을 높여 주는 것은?

① 부동제   ② 증점제

③ 침투제   ④ 유화제

문 3. 가연성 가스 중 위험도가 가장 큰 물질은? (단, 연소범위는 메탄 5% ~ 15%, 에탄 3% ~ 12.4%, 프로판 2.1% ~ 9.5%, 부탄 1.8% ~ 8.4%이다)

① 메탄   ② 에탄

③ 프로판   ④ 부탄

문 4. 우리나라 소방 역사에 대한 설명으로 옳지 않은 것은?

① 조선 시대인 1426년(세종 8년) 금화도감이 설치되었다.

② 일제강점기인 1925년 최초의 소방서가 설치되었다.

③ 미군정 시대인 1946년 중앙소방위원회가 설치되었다.

④ 대한민국 정부 수립 이후인 1948년 「소방법」이 제정·공포되었다.

문 5. 스프링클러설비의 리타딩챔버(Retarding chamber)의 기능으로 옳은 것은?

① 역류방지   ② 가압송수

③ 오작동방지   ④ 동파방지

문 6. 소방시설의 분류와 해당 소방시설의 종류가 옳게 연결된 것은?

① 소화설비 - 옥내소화전설비, 포 소화설비, 간이스프링클러설비

② 경보설비 - 자동화재속보설비, 자동화재탐지설비, 제연설비

③ 소화용수설비 - 상수도소화용수설비, 소화수조, 연결살수설비

④ 소화활동설비 - 시각경보기, 연결송수관설비, 무선통신보조설비

문 7. 「화재조사 및 보고규정」상 내용으로 옳지 않은 것은?

① 방화는 중요화재에 해당한다.

② 화재조사에는 화재원인조사와 화재피해조사가 있다.

③ 화재조사는 관계 공무원이 화재 사실을 인지하는 즉시 실시하여야 한다.

④ 화재현장에서 부상을 당한 후 72시간 이내에 사망한 경우에는 당해 화재로 인한 사망자로 본다.

⊘ 현재는 관련규정이 제·개정되어 삭제됨

문 8. 우리나라 소방행정에 관한 설명으로 옳은 것은?

① 미군정 시대에는 소방행정을 경찰에서 분리하여 자치소방행정체제를 도입하였다.

② 1972년 전국 시·도에 소방본부를 설치·운영하고 광역소방행정체제로 전환하였다.

③ 소방공무원은 공무원 분류상 경력직공무원 중 특수경력직공무원에 해당한다.

④ 소방공무원의 징계 중 경징계에는 정직, 감봉, 견책이 있다.

문 9. 화재에 대한 옳은 설명을 모두 고른 것은?

> ㄱ. 낮은 산소분압에서 화재가 발생하였을 때 초기에 화염 없이 일어나는 연소를 훈소연소라 한다.
> ㄴ. 목조건축물 화재는 유류나 가스 화재와는 달리 일반적으로 무염착화 없이 발염착화로 이어진다.
> ㄷ. A급 화재는 일반화재로 면화류, 합성수지 등의 가연물에 의한 화재를 말한다.
> ㄹ. 전소란 건물의 70% 이상이 소실된 화재를 말한다.

① ㄱ, ㄴ
② ㄷ, ㄹ
③ ㄱ, ㄴ, ㄷ
④ ㄱ, ㄷ, ㄹ

문 10. 화재진압 시 주수소화에 적응성 있는 위험물로 옳은 것은?

① 황화린(황화인)

② 질산에스테르류(질산에스터류)

③ 유기금속화합물

④ 알칼리금속의 과산화물

문 11. 폭발에 대한 설명으로 옳지 않은 것은?

① 증기폭발은 폭발물질의 물리적 상태에 따른 분류 중 기상폭발에 해당한다.

② 폭굉은 연소반응으로 발생한 화염의 전파 속도가 음속보다 빠른 것을 말한다.

③ 블레비(BLEVE)는 액화가스저장탱크 등에서 외부열원에 의해 과열되어 급격한 압력 상승의 원인으로 파열되는 현상이며, 폭발의 분류 중 물리적 폭발에 해당한다.

④ 폭발은 물리적, 화학적 변화의 결과로 발생된 급격한 압력 상승에 의한 에너지가 외계로 전환되는 과정에서 파열, 폭음 등을 동반하는 현상을 말한다.

문 12. 우리나라 재난관리체계에 관한 설명으로 옳지 않은 것은?

① 재난 및 안전관리에 관한 중요 정책을 심의하기 위하여 국무총리 소속으로 중앙안전관리위원회를 둔다.

② 대통령령으로 정하는 대규모 재난의 대응·복구를 총괄하기 위하여 행정안전부에 중앙재난안전대책본부를 둔다.

③ 소방서는 인명구조, 응급처치 등 긴급 조치를 담당하는 긴급구조지원기관에 해당한다.

④ 시·군·구재난안전대책본부장은 시장·군수·구청장이며, 시·군·구긴급구조통제단장은 소방서장이다.

문 13. 「재난 및 안전관리 기본법」상 재난의 분류가 다른 하나는?

① 「감염병의 예방 및 관리에 관한 법률」에 따른 감염병의 확산

② 황사로 인하여 발생하는 재해

③ 환경오염사고로 인하여 발생하는 대통령령으로 정하는 규모 이상의 피해

④ 「미세먼지 저감 및 관리에 관한 특별법」에 따른 미세먼지 등으로 인한 피해

문 14. 「재난 및 안전관리 기본법」상 재난관리에 관한 내용으로 옳은 것은?

① 예방 - 재난 발생을 사전에 방지하기 위하여 매년 재난대비훈련 계획을 수립하고, 관계 기관과 합동으로 재난대비훈련을 실시한다.

② 대비 - 재난을 효율적으로 관리하기 위하여 재난유형에 따라 위기관리 매뉴얼을 작성·운용한다.

③ 대응 - 재난 피해지역을 재해 이전 상태로 회복시키기 위하여 피해상황을 조사하고, 자체복구계획을 수립·시행한다.

④ 복구 - 재난의 수습활동을 효율적으로 하기 위하여 재난관리자원의 비축·관리 및 긴급통신수단을 마련한다.

문 15. 고발포인 제2종 기계포의 팽창비에 해당하는 것은?

① 10배 이상 20배 이하

② 100배 이상 200배 이하

③ 300배 이상 400배 이하

④ 500배 이상 600배 이하

문 16. 바닥면적이 200m²인 구획된 창고에 의류 1천kg, 고무 2천kg이 적재되어 있을 때 화재하중은 약 몇 kg/m²인가? (단, 의류, 고무, 목재의 단위 발열량은 각각 5천kcal/kg, 9천kcal/kg, 4천500kcal/kg이고, 창고 내 의류 및 고무 외의 기타 가연물은 존재하지 않으며, 화재 시 완전연소로 가정한다)

① 15.56

② 20.56

③ 25.56

④ 30.56

문 17. 화재가혹도에 관한 설명으로 옳지 않은 것은?

① 화재가혹도란 화재 발생으로 당해 건물과 내부 수용재산등을 파괴하거나 손상을 입히는 정도를 말한다.

② 최고온도는 화재가혹도의 질적 개념으로 화재강도와 관련이 있다.

③ 지속시간은 화재가혹도의 양적 개념으로 화재하중과 관련이 있다.

④ 화재가혹도에 영향을 미치는 환기요소는 개구부 면적의 제곱근에 비례하고 개구부 높이에 비례한다.

문 18. 고층건축물에서 연기유동을 일으키는 요인을 모두 고른 것은?

ㄱ. 부력효과	ㄴ. 바람에 의한 압력차
ㄷ. 굴뚝효과	ㄹ. 공기조화설비의 영향

① ㄱ, ㄴ

② ㄱ, ㄷ

③ ㄴ, ㄷ, ㄹ

④ ㄱ, ㄴ, ㄷ, ㄹ

문 19. 연소에 대한 설명으로 옳지 않은 것은?

① 액체가연물의 인화점은 액면에서 증발된 증기의 농도가 연소하한계에 도달하여 점화되는 최저온도이다.

② 연소하한계가 낮고 연소범위가 넓을수록 가연성 가스의 연소위험성이 증가한다.

③ 액체가연물의 연소점은 점화된 이후 점화원을 제거하여도 자발적으로 연소가 지속되는 최저온도이다.

④ 파라핀계 탄화수소화합물의 경우 탄소수가 적을수록 발화점이 낮아진다.

문 20. 제4류 위험물에 대한 설명으로 옳지 않은 것은?

① 물보다 가볍고 물에 녹지 않는 것이 많다.

② 일반적으로 부도체 성질이 강하여 정전기 축적이 쉽다.

③ 발생 증기는 가연성이며, 증기비중은 대부분 공기보다 가볍다.

④ 사용량이 많은 휘발유, 경유 등은 연소하한계가 낮아 매우 인화하기 쉽다.

소요시간: _____ / 17분   맞힌 답의 개수: _____ / 25

문 1. 유류화재의 이상현상에 대한 설명으로 옳은 것은?

① 프로스오버(Froth over): 점성이 큰 뜨거운 유류 표면 아래에서 물이 끓을 때 화재를 수반하지 않고 유류가 넘치는 현상

② 슬롭오버(Slop over): 탱크 내의 유류가 50% 미만 저장된 경우, 화재로 인한 내부 압력 상승으로 탱크가 폭발하는 현상

③ 오일오버(Oil over): 중질유 탱크 화재 시 액면의 뜨거운 열파가 탱크 하부로 전달될 때, 탱크 하부에 존재하고 있던 에멀션(Emulsion) 상태의 물을 기화시켜 물의 급격한 부피 팽창으로 탱크 내의 유류가 분출하는 현상

④ 링파이어(Ring fire): 액화가스저장 탱크의 외부 화재로 탱크가 장시간 과열되면 내부 액화가스의 급격한 비등·팽창으로 탱크 내부 압력이 급격히 증가되고, 최종적으로 탱크의 설계압력 초과로 탱크가 폭발하는 현상

⑤ 보일오버(Boil over): 중질유 탱크 내에 화재로 연소유의 표면온도가 물의 비점 이상 상승했을 때, 물분무 또는 포(Foam) 소화약제를 뜨거운 연소유 표면에 방사하면 물이 수증기가 되면서 급격한 부피 팽창으로 연소유를 탱크 외부로 비산시키는 현상

문 2. 제거소화방법으로 옳은 것은?

> ㄱ. 전기화재 시 전원 차단
> ㄴ. 가스화재 시 가스공급 차단
> ㄷ. 일반화재 시 옥내소화전 사용
> ㄹ. 유류화재 시 포 소화약제 사용
> ㅁ. 산불화재 시 방화선(도로) 구축

① ㄱ, ㄴ, ㄹ
② ㄱ, ㄴ, ㅁ
③ ㄴ, ㄷ, ㄹ
④ ㄴ, ㄹ, ㅁ
⑤ ㄷ, ㄹ, ㅁ

문 3. 「화재예방, 소방시설 설치·유지 및 안전관리에 관한 법률 시행령」상 특정소방대상물에 설치하는 소방시설에 대한 설명으로 옳은 것은?

> ㄱ. 주택용 소방시설이란 소화기 및 단독경보형감지기를 말한다.
> ㄴ. 비상콘센트설비, 제연설비는 소방시설 중 소화활동설비에 포함된다.
> ㄷ. 스프링클러설비, 연결송수관설비는 소방시설 중 소화설비에 포함된다.
> ㄹ. 분말형태의 소화약제를 사용하는 소화기의 내용연수는 10년으로 한다.
> ㅁ. 옥내소화전설비, 자동화재탐지설비, 스프링클러설비, 물분무등소화설비는 내진설계대상 소방시설이다.

① ㄱ, ㄴ, ㄷ
② ㄱ, ㄴ, ㄹ
③ ㄱ, ㄹ, ㅁ
④ ㄴ, ㄷ, ㄹ
⑤ ㄴ, ㄹ, ㅁ

⊘ 현재는 관련규정이 「소방시설 설치 및 관리에 관한 법률 시행령」으로 이관됨

문 4. 물질의 상변화에 의해 에너지 방출이 짧은 시간에 이루어지는 폭발에 해당하지 않는 것은?

① 분해폭발
② 압력폭발
③ 증기폭발
④ 금속선폭발
⑤ 고체상 전이폭발

문 5. <보기>에 제시된 건축물 1층에서 발화한 경우, 직상발화 우선경보방식으로 발하여야 하는 해당 층을 모두 나타낸 것은?

> <보기>
> 지하 3층, 지상 35층, 연면적 1만m

① 1층, 2층
② 1층, 2층, 지하층 전체
③ 1층, 2층, 3층, 4층, 5층
④ 1층, 2층, 3층, 4층, 5층, 지하층 전체
⑤ 건물 전체 층

⊘ 현재는 관련규정이 제·개정됨

문 6. 자동화재탐지설비의 경계구역 설정에 대한 기준이다. ( ) 안에 들어갈 내용으로 옳은 것은?

> 하나의 경계구역의 면적은 (ㄱ)m² 이하로 하고 한 변의 길이는 (ㄴ)m 이하로 할 것. 다만, 해당 특정소방대상물의 주된 출입구에서 그 내부 전체가 보이는 것에 있어서는 한 변의 길이가 (ㄷ)m의 범위 내에서 (ㄹ)m² 이하로 할 수 있다.

	ㄱ	ㄴ	ㄷ	ㄹ
①	500	50	60	800
②	500	60	50	1천
③	600	50	50	800
④	600	50	50	1천
⑤	600	60	60	1천

문 7. 가연성 물질의 연소 형태로 옳은 것은?

> ㄱ. 분해연소: 목재, 종이
> ㄴ. 확산연소: 나프탈렌, 황
> ㄷ. 표면연소: 코크스, 금속분
> ㄹ. 증발연소: 가솔린엔진, 분젠버너
> ㅁ. 자기연소: 질산에스테르류(질산에스터류), 니트로화합물류(나이트로화합물류)

① ㄱ, ㄴ, ㄹ
② ㄱ, ㄷ, ㄹ
③ ㄱ, ㄷ, ㅁ
④ ㄴ, ㄹ, ㅁ
⑤ ㄷ, ㄹ, ㅁ

문 8. 「위험물안전관리법 시행령」상 제3류 위험물의 품명 및 지정수량으로 옳은 것은?

① 나트륨 - 5kg
② 황린 - 10kg
③ 알칼리토금속 - 30kg
④ 알킬리튬 - 50kg
⑤ 금속의 인화물 - 300kg

문 9. 화재용어에 대한 설명으로 옳지 않은 것은?

① 가연물의 비표면적이 클수록 화재강도는 증가한다.
② 화재실의 열방출률이 클수록 화재강도는 증가한다.
③ 화재강도와 화재하중이 클수록 화재가혹도는 높아진다.
④ 최고온도에서 연소시간이 지속될수록 화재가혹도는 높아진다.
⑤ 전체 가연물의 양(발열량)이 동일할 때 화재실의 바닥면적이 커지면 화재하중은 증가한다.

문 10. 특수화재현상 중 플래시오버(Flash over)와 롤오버(Roll over)에 대한 설명으로 옳지 않은 것은?

① 롤오버는 화염이 선단부에서 주변 공간으로 확대된다.
② 플래시오버는 화염이 순간적으로 공간 전체로 확대된다.
③ 플래시오버는 공간 내 전체 가연물에서 동시에 발화하는 현상이다.
④ 롤오버 시 발생되는 복사열은 플래시오버 시 발생되는 복사열보다 강하다.
⑤ 롤오버는 실의 상부에 있는 가연성 가스가 발화온도 이상 도달했을 때 발화하는 현상이다.

문 11. 「화재예방, 소방시설 설치·유지 및 안전관리에 관한 법률 시행령」상 옥내소화전설비를 설치하여야 하는 특정소방대상물에 해당하지 않는 것은?

① 연면적 1천m² 이상인 판매시설
② 연면적 1천500m² 이상인 복합건축물
③ 지하가 중 길이 1천m 이상인 터널
④ 지하층, 무창층 또는 4층 이상 층의 바닥면적이 300m² 이상인 숙박시설
⑤ 건축물 옥상에 설치된 차고로서 차고 용도로 사용되는 부분의 면적이 200m² 이상인 시설

✅ 현재는 관련규정이 「소방시설 설치 및 관리에 관한 법률 시행령」 별표 4로 이관됨

문 12. 「재난 및 안전관리 기본법 시행령」상 재난 및 사고유형에 따른 재난관리주관기관으로 옳지 않은 것은?

① 가축질병 – 보건복지부
② 항공기 사고 – 국토교통부
③ 정부중요시설 사고 – 행정안전부
④ 교정시설에서 발생한 사고 – 법무부
⑤ 학교시설에서 발생한 사고 – 교육부

문 13. 「재난 및 안전관리 기본법」 및 같은 법 시행령상 효율적인 재난관리를 위해 실시하는 예방, 대비, 대응 및 복구 활동에 관한 내용으로 옳지 않은 것은?

① 국무총리는 국가안전관리기본계획을 5년마다 수립하여야 한다.
② 안전점검의 날은 매월 4일로 하고, 방재의 날은 매년 5월 25일로 한다.
③ 훈련주관기관의 장은 관계 기관과 합동으로 참여하는 재난대비훈련을 각각 소관 분야별로 주관하여 연 1회 이상 실시하여야 한다.
④ 행정안전부장관은 5년마다 재난 및 안전관리에 관한 과학기술의 진흥을 위하여 재난 및 안전관리기술개발종합계획을 수립하여야 한다.
⑤ 긴급구조지원기관에서 긴급구조업무와 재난관리업무를 담당하는 부서의 담당자 및 관리자는 신규교육을 받은 후 3년마다 정기적으로 긴급구조교육을 받아야 한다.

문 14. 「화재예방, 소방시설 설치·유지 및 안전관리에 관한 법률 시행령」상 의료시설에 강화된 소방시설 기준을 적용해 설치하여야 하는 소방시설로 옳지 않은 것은?

① 스프링클러설비
② 자동화재탐지설비
③ 자동화재속보설비
④ 단독경보형감지기
⑤ 간이스프링클러설비

☑ 현재는 관련규정이 「소방시설 설치 및 관리에 관한 법률 시행령」 제13조(강화된 소방시설기준의 적용대상)로 이관됨

문 15. 화재 시 발생하는 유독가스에 대한 설명으로 옳은 것은?

① 황화수소(H_2S): 질소 성분을 가지고 있는 합성수지, 동물의 털, 인조견 등의 섬유가 불완전연소할 때 발생하는 맹독성 가스로, 0.3%의 농도에서 즉시 사망할 수 있다.
② 암모니아(NH_3): 질소 함유물이 연소할 때 발생하고, 냉동시설의 냉매로 많이 쓰이고 있으므로 냉동창고 화재 시 누출 가능성이 크며, 독성의 허용농도는 25ppm이다.
③ 염화수소(HCl): 열가소성 수지인 폴리염화비닐(PVC), 수지류 등이 연소할 때 발생되는 연소생성물로서 발생량은 적지만 유독성이 큰 맹독성 가스이며, 독성의 허용농도는 10ppm이다.
④ 포스겐($COCl_2$): 폴리염화비닐(PVC)과 같이 염소가 함유된 수지류가 탈 때 주로 생성되는데 독성의 허용농도는 5ppm이며 향료, 염료, 의약, 농약 등의 제조에 이용되고 있고, 자극성이 아주 강해 눈과 호흡기에 영향을 준다.
⑤ 시안화수소(HCN): 황을 포함하고 있는 유기화합물이불완전연소하면 발생하는데 계란 썩은 냄새가 나며, 0.2% 이상 농도에서 냄새 감각이 마비되고, 0.4~0.7%에서 1시간 이상 노출되면 현기증, 장기혼란의 증상과 호흡기의 통증이 일어난다.

문 16. 「소방기본법 시행령」상 소방자동차 전용구역 방해행위의 기준에 해당하지 않는 것은?

① 전용구역에 물건 등을 쌓는 행위
② 전용구역 노면표지를 훼손하는 행위
③ 전용구역으로의 진입을 가로막는 행위
④ 전용구역의 앞면, 뒷면에 주차하는 행위
⑤ 「주차장법」 제19조에 따른 부설주차장의 주차구획 내에 주차하는 행위

문 17. 가스 연소 시 발생되는 이상현상에 대한 설명으로 옳지 않은 것은?

① 불완전연소란 공기의 공급량이 부족할 때 일산화탄소, 그을음 등이 발생하는 현상이다.

② 연소소음이란 가연성 혼합가스의 연소속도나 분출속도가 대단히 클 때 연소음 및 폭발음 등이 발생하는 현상이다.

③ 선화란 연료가스의 분출속도가 연소속도보다 빠를 때 불꽃이 노즐에 정착되지 않고 떨어져서 연소하는 현상이다.

④ 역화란 기체 연료를 연소시킬 때 혼합가스의 압력이 비정상적으로 높거나 혼합가스의 양이 너무 많을 때 발생되는 이상 연소현상이다.

⑤ 블로우오프란 선화상태에서 연료가스의 분출속도가 증가하거나 공기의 유동이 강하여 불꽃이 노즐에서 정착되지 않고 떨어져서 꺼져버리는 현상이다.

문 18. 기상폭발에 해당하는 현상으로 옳은 것은?

ㄱ. 고체인 무정형 안티몬이 동일한 고상의 안티몬으로 전이할 때 발열함으로써 주위의 공기가 팽창하여 폭발한다.

ㄴ. 가연성 가스와 조연성 가스가 일정 비율로 혼합된 가연성 혼합기는 발화원에 의해 착화되면 가스폭발을 일으킨다.

ㄷ. 기체 분자가 분해할 때 발열하는 가스는 단일 성분의 가스라고 해도 발화원에 의해 착화되면 혼합가스와 같이 가스폭발을 일으킨다.

ㄹ. 공기 중에 분출된 가연성 액체가 미세한 액적이 되어 무상으로 공기 중에 부유하고 있을 때 착화에너지가 주어지면 폭발이 발생한다.

ㅁ. 보일러와 같이 고압의 포화수를 저장하고 있는 용기가 파손 등의 원인으로 동체의 일부분이 열리면 용기 내압이 급속히 하락되어 일부 액체가 급속히 기화하면서 증기압이 급상승하여 용기가 파괴된다.

① ㄱ, ㄴ, ㄷ

② ㄱ, ㄴ, ㄹ

③ ㄴ, ㄷ, ㄹ

④ ㄴ, ㄷ, ㅁ

⑤ ㄷ, ㄹ, ㅁ

문 19. 「재난 및 안전관리 기본법 시행령」상 긴급구조기관의 장이 수립하는 재난유형별 긴급구조대응계획에 포함되어야 할 내용으로 옳은 것은?

ㄱ. 긴급구조대응계획의 기본방침과 절차

ㄴ. 긴급구조대응계획의 목적 및 적용범위

ㄷ. 주요 재난유형별 대응 매뉴얼에 관한 사항

ㄹ. 비상경고 방송메시지 작성 등에 관한 사항

ㅁ. 긴급구조대응계획의 운영책임에 관한 사항

ㅂ. 재난 발생 단계별 주요 긴급구조 대응활동 사항

① ㄱ, ㄴ, ㄷ

② ㄱ, ㄴ, ㅁ

③ ㄴ, ㄹ, ㅂ

④ ㄷ, ㄹ, ㅁ

⑤ ㄷ, ㄹ, ㅂ

문 20. 특수화재현상의 대응절차에 관한 설명으로 옳은 것은?

① 비등액체팽창증기폭발(BLEVE): 탱크의 드레인(Drain) 밸브를 개방하여 탱크에 고인 물을 제거한다.

② 보일오버(Boil over): 소화수를 이용하여 개방된 탱크의 상부 냉각을 최우선으로 하고, 탱크 주변의 화재진화를 병행한다.

③ 파이어볼(Fire ball): 밸브나 배관에서 누출되는 가스가 연소하는 화염은 소화하지 않고, 그 화염에 의해서 가열되는 면을 냉각한다.

④ 백드래프트(Back draft): 지붕 등 상부 개방은 금지하고, 하부를 파괴하여 폭발적인 화염과 연소 확대에 따른 대피방안을 강구한다.

⑤ 플래임오버(Flame over): 폭발력으로 건축물 변형·강도 약화로 붕괴, 비산, 낙하물 피해와 방수모 등 개인보호장구 이탈에 대비, 자세를 낮추고 대피방안을 강구한다.

문 21. 「화재조사 및 보고규정」상 소실면적의 산정에 대한 내용이다. ( ) 안에 들어갈 내용으로 옳은 것은?

> 건물의 소실면적 산정은 소실바닥면적으로 산정 한다. 다만, 화재피해 범위가 건물의 6면 중 2면 이하인 경우에는 6면 중의 피해면적의 합에 ( )분의 1을 곱한 값을 소실면적으로 한다.

① 3
② 5
③ 10
④ 15
⑤ 20

☑ 현재는 관련규정이 제·개정됨

문 22. 「위험물안전관리법」상 위험물에 대한 정의이다. ( ) 안에 들어갈 내용으로 옳은 것은?

> 위험물이라 함은 (ㄱ) 또는 (ㄴ) 등의 성질을 가지는 것으로서 (ㄷ)이 정하는 물품을 말한다.

	ㄱ	ㄴ	ㄷ
①	가연성	발화성	국무총리령
②	가연성	폭발성	대통령령
③	인화성	발화성	대통령령
④	인화성	폭발성	대통령령
⑤	인화성	발화성	국무총리령

문 23. 연소범위에 대한 설명으로 옳지 않은 것은?

① 산소농도가 높아지면 연소범위가 넓어진다.
② 불활성 가스의 농도가 높아지면 연소범위가 좁아진다.
③ 가연성 가스의 온도가 높아지면 연소범위는 넓어진다.
④ 가연성 가스의 압력이 높아지면 연소범위는 좁아진다.
⑤ 일산화탄소(CO)는 압력이 높아지면 연소범위가 좁아진다.

문 24. 「화재조사 및 보고규정」상 조사업무처리의 기본사항 등에 관한 내용으로 옳지 않은 것은?

① 소방본부장 또는 서장은 화재현장조사를 위하여 소방활동구역을 설정하는 경우 필요한 최대범위로 설정한다.
② 화재범위가 2 이상의 관할구역에 걸친 화재에 대해서는 발화 소방대상물의 소재지를 관할하는 소방서에서 1건의 화재로 한다.
③ 지진, 낙뢰 등 자연현상으로 인한 다발화재로 동일 소방대상물의 발화점이 2개소 이상에서 발생하여도 1건의 화재건수로 한다.
④ 건축구조물 화재의 화재소실 정도는 3종류로 구분하며, 그중 전소는 건물의 70% 이상, 반소는 30% 이상 70% 미만이 소실된 것을 말한다.
⑤ 화재인지시간은 소방관서에 최초로 신고된 시점을 말하며, 자체진화 등의 사후인지 화재로 그 결정이 곤란한 경우에는 발생 시간을 추정할 수 있다.

☑ 현재는 관련규정이 제·개정되어 삭제됨

문 25. 건축물 화재 시 나타나는 중성대에 관한 설명으로 옳지 않은 것은?

① 건물 내부의 압력이 외부의 압력과 일치하는 수직적인 위치가 생기는데, 이 위치를 중성대라 한다.
② 중성대 상부는 기체가 실내에서 외부로 유출되고 중성대 하부는 외부에서 실내로 기체가 유입된다.
③ 중성대 상부는 열과 연기로부터 생존이 어려운 지역이고 중성대 하부는 신선한 공기로 인해 생존 가능성이 높은 지역이다.
④ 중성대 하부 개구부를 개방하면 공기가 유입되면서 연기가 외부로 배출되어 중성대가 위로 상승하고 중성대 하부 면적이 커져 소화활동이 용이하게 된다.
⑤ 현장 도착 시 하부 출입문으로 짙은 연기가 배출된다면 상부 개구부 개방을 강구하고, 하부 개구부에서 연기가 배출되고 있지 않다면 상부 개구부가 개방되어 있다고 판단한다.

소요시간: _____ / 13분 맞힌 답의 개수: _____ / 20

문 1. 소방시설의 종류에 따른 분류가 옳게 짝지어진 것은?

① 경보설비 – 비상조명등
② 소화설비 – 연소방지설비
③ 피난구조설비 – 비상방송설비
④ 소화활동설비 – 비상콘센트설비

문 2. 다음 특성에 해당하는 소화약제는?

> ㄱ. 소화 후 소화약제에 의한 오손이 없고, 비전도성이다.
> ㄴ. 장기보존이 용이하고, 추운 지방에서도 사용 가능하다.
> ㄷ. 자체 압력으로 방출이 가능하고, 불연성 기체로서 주된 소화효과는 질식효과이다.

① 이산화탄소 소화약제
② 산알칼리 소화약제
③ 포 소화약제
④ 할로겐화합물 소화약제

문 3. 화재용어 중 화재실의 단위 시간당 축적되는 열의 양을 의미하는 것은?

① 훈소
② 화재하중
③ 화재강도
④ 화재가혹도

문 4. 포 소화설비에서 펌프의 토출관에 압입기를 설치하여 포 소화약제 압입용 펌프로 포 소화약제를 압입시켜 혼합하는 방식은?

① 라인 프로포셔너(Line proportioner)
② 펌프 프로포셔너(Pump proportioner)
③ 프레져 프로포셔너(Pressure proportioner)
④ 프레져 사이드 프로포셔너(Pressure side proportioner)

문 5. 존스(Jones)의 재해분류 중 기상학적 재해가 아닌 것은?

① 번개
② 폭풍
③ 쓰나미
④ 토네이도

문 6. 위험물의 종류에 따른 일반적 성상을 나타낸 것으로 옳은 것은?

① 산화성 고체는 환원성 물질이며 황린과 철분을 포함한다.
② 인화성 액체는 전기 전도체이며 휘발유와 등유를 포함한다.
③ 가연성 고체는 불연성 물질이며 질산염류와 무기과산화물을 포함한다.
④ 자기반응성 물질은 연소 또는 폭발을 일으킬 수 있는 물질이며 유기과산화물, 질산에스테르류(질산에스터류)를 포함한다.

문 7. 위험물 지정수량이 다른 하나는?

① 탄화칼슘
② 과염소산
③ 마그네슘
④ 금속의 인화물

문 8. 다음은 제1석유류에 대한 설명이다. ( ) 안에 들어갈 내용으로 옳은 것은?

> 제1석유류는 아세톤, 휘발유 그 밖에 1기압에서 (가)이 (나)℃ 미만인 것이다.

	가	나
①	발화점	21
②	발화점	25
③	인화점	21
④	인화점	25

문 9. 해방 이후의 소방조직 변천과정을 과거부터 현재까지 옳게 나열한 것은?

> ㄱ. 중앙에는 중앙소방위원회를 두고, 지방에는 도소방위원회를 두어 독립된 자치소방제도를 시행하였다.
> ㄴ. 소방행정이 경찰행정 사무에 포함하여 시·군까지 일괄적으로 관리하는 국가소방체제로 전환하였다.
> ㄷ. 서울과 부산은 소방본부를 설치하였고, 다른 지역은 국가소방체제로 국가소방과 자치소방의 이원화시기였다.
> ㄹ. 소방사무가 시·도 사무로 전환되어 전국 시·도에 소방본부가 설치되었다.

① ㄱ → ㄴ → ㄷ → ㄹ
② ㄱ → ㄴ → ㄹ → ㄷ
③ ㄴ → ㄱ → ㄷ → ㄹ
④ ㄴ → ㄱ → ㄹ → ㄷ

문 10. 연료지배형 화재와 환기지배형 화재에 대한 설명으로 옳지 않은 것은?

① 환기지배형 화재는 공기공급이 충분하지 않으므로 불완전연소가 심하다.
② 연료지배형 화재는 공기공급이 충분한 조건에서 발생한 화재가 일반적이다.
③ 연료지배형 화재는 주로 큰 창문이나 개방된 공간에서, 환기지배형 화재는 내화구조 및 콘크리트 지하층에서 발생하기 쉽다.
④ 일반적으로 플래시오버 전에는 환기지배형 화재가, 이후에는 연료지배형 화재가 지배적이다.

문 11. 「재난 및 안전관리 기본법」상 중앙안전관리위원회와 안전정책조정위원회에 대한 설명으로 옳지 않은 것은?

① 중앙안전관리위원회는 국무총리 소속으로 국무총리가 위원장이다.
② 중앙안전관리위원회는 재난사태의 선포에 관한 사항을 심의하고, 안전정책조정위원회는 특별재난지역의 선포에 관한 사항을 심의한다.
③ 안전정책조정위원회는 중앙위원회에 상정될 안건을 사전에 검토한다.
④ 안전정책조정위원회 위원장은 행정안전부장관이 된다.

문 12. 다음 중 HPO_3가 일반 가연물질인 나무, 종이 등의 표면에 피막을 이루어 공기 중의 산소를 차단하는 방진작용과 관련이 있는 것은?

① 제1종 분말 소화약제
② 제2종 분말 소화약제
③ 제3종 분말 소화약제
④ 제4종 분말 소화약제

문 13. 「재난 및 안전관리 기본법」상 긴급구조에 대한 설명으로 옳지 않은 것은?

① 중앙긴급구조통제단의 단장은 행정안전부장관이 된다.
② 시·도긴급구조통제단의 단장은 소방본부장이 된다.
③ 시·군·구긴급구조통제단의 단장은 소방서장이 된다.
④ 재난현장에서는 시·군·구긴급구조통제단장이 긴급구조 활동을 지휘한다.

문 14. 가연성 가스를 공기 중에서 연소시키고자 할 때 공기 중의 산소농도가 증가하면 발생되는 현상으로 옳은 것만을 모두 고른 것은?

ㄱ. 연소속도가 빨라진다.
ㄴ. 발화점이 높아진다.
ㄷ. 화염의 온도가 높아진다.
ㄹ. 폭발범위가 좁아진다.
ㅁ. 점화에너지가 작아진다.

① ㄱ, ㄴ, ㄹ
② ㄱ, ㄷ, ㄹ
③ ㄱ, ㄷ, ㅁ
④ ㄴ, ㄷ, ㅁ

문 15. 다음 설명에 해당하는 연소가스는?

청산가스라고도 하며, 인체에 대량 흡입되면 헤모글로빈과 결합되지 않고도 질식을 유발할 수 있다.

① 암모니아(NH_3)
② 시안화수소(HCN)
③ 이산화황(SO_2)
④ 일산화탄소(CO)

문 16. 불활성기체 소화약제의 표기와 화학식의 연결이 옳지 않은 것은?

① IG - 01 - Ar
② IG - 100 - N_2
③ IG - 541 - N_2: 52%, Ar: 40%, Ne: 8%
④ IG - 55 - N_2: 50%, Ar: 50%

문 17. 스프링클러설비 중 감지기와 연동하여 작동하는 것만을 모두 고른 것은?

ㄱ. 습식 스프링클러
ㄴ. 건식 스프링클러
ㄷ. 준비작동식 스프링클러
ㄹ. 일제살수식 스프링클러
ㅁ. 부압식 스프링클러

① ㄱ, ㄴ, ㄷ
② ㄱ, ㄹ, ㅁ
③ ㄴ, ㄷ, ㄹ
④ ㄷ, ㄹ, ㅁ

문 18. 20℃, 1기압의 프로판(C_3H_8) 1m^3를 완전연소시키는 데 필요한 20℃, 1기압의 산소 부피는 얼마인가?

① 1m^3
② 3m^3
③ 5m^3
④ 7m^3

문 19. 화재조사활동 중 소방본부 종합상황실이 소방청의 종합상황실에 보고해야 하는 화재에 해당하지 않는 것은?

① 사망자 6명 발생한 화재
② 사상자 11명 발생한 화재
③ 재산피해액이 70억원 발생한 화재
④ 이재민이 50명 발생한 화재

문 20. 가연성 액체의 인화점에 대한 설명으로 옳은 것은?

① 증기가 연소범위의 하한계에 이르러 점화되는 최저온도
② 증가가 발생하기 시작하는 최저온도
③ 물질이 자체의 열만으로 착화하는 최저온도
④ 발생한 화염이 지속적으로 연소하는 최저온도

소요시간: _____ / 17분   맞힌 답의 개수: _____ / 25

문 1. 「의용소방대 설치 및 운영에 관한 법률」 의용소방대의 임무로 옳지 않은 것은?

① 화재예방업무의 보조
② 구조·구급 업무의 보조
③ 소방시설 점검업무의 보조
④ 화재의 경계와 진압업무의 보조
⑤ 화재 등 재난 발생 시 대피 및 구호업무의 보조

문 2. 「위험물안전관리법 시행령」상 위험물 및 지정수량이 올바르게 짝지어진 것은?

	유별	품명	지정수량
①	제1류	과망간산염류(과망가니즈산염류)	300kg
②	제2류	마그네슘	100kg
③	제3류	과염소산	300kg
④	제4류	알코올류	200kg
⑤	제5류	유기과산화물	10kg

문 3. 「재난 및 안전관리 기본법 시행령」상 다중이용시설의 관계인이 위기상황에 대비한 매뉴얼을 작성하여 이에 따른 훈련을 주기적으로 실시해야 하는 건축물 또는 시설에 해당하지 않는 것은?

① 바닥면적의 합계가 4천m²인 판매시설
② 바닥면적의 합계가 5천m²인 운수시설 중 여객용 시설
③ 바닥면적의 합계가 6천m²인 숙박시설 중 관광숙박시설
④ 바닥면적의 합계가 7천m²인 의료시설 중 종합병원
⑤ 바닥면적의 합계가 8천m²인 문화 및 집회시설(동물원 및 식물원 제외)

문 4. 표준 상태에서 공기 중 가연물의 위험도가 높은 순으로 나열된 것은?

가연물	ㄱ	ㄴ	ㄷ	ㄹ
연소범위(%)	4~16	3~33	1~14	6~36

① ㄴ > ㄹ > ㄱ > ㄷ
② ㄴ > ㄹ > ㄷ > ㄱ
③ ㄷ > ㄴ > ㄱ > ㄹ
④ ㄷ > ㄴ > ㄹ > ㄱ
⑤ ㄹ > ㄴ > ㄱ > ㄷ

문 5. 연소에 관한 설명으로 옳지 않은 것은?

① 연소는 빛과 열의 발생을 수반하는 급격한 산화 반응이다.
② 연소의 3요소는 가연물, 산소공급원, 점화원이다.
③ 수소 기체는 아세틸렌 기체보다 연소범위가 더 넓다.
④ 가연물의 인화점이 낮을수록 연소 위험성이 커진다.
⑤ 열분해에 의해 산소를 발생하면서 연소하는 현상은 자기연소이다.

문 6. 응상폭발에 해당하는 것은?

① 저온의 액화가스가 상온의 물 위에 분출되었을 때와 같이 액상에서 기상으로 급격한 상변화에 의해 발생하는 폭발현상
② 공기 중에 분출된 가연성 액체의 미세한 액적이 무상으로 되어 공기 중에 있을 때 점화원에 의해 착화되어 일어나는 폭발현상
③ 가연성 고체의 미분이 공기 중에 부유하고 있을 때에 착화원에 의해 발생하는 폭발현상
④ 공기나 산소가 섞이지 않더라도 가연성 가스 자체의 분해 반응열에 의해 발생하는 폭발현상
⑤ 대기 중에 기화하기 쉬운 가연성 액체가 유출되어 가연성 혼합기체가 대량으로 형성되었을 때 점화원에 의해 착화되어 일어나는 폭발현상

문 7. 다음에서 설명하는 소화방법은?

> 비중이 물보다 큰 중유 등 비수용성 유류화재 시 무상주수
> 하거나 포 소화약제를 방사하여 유류표면에 엷은 층이 형성되어
> 공기 중의 산소 공급을 차단시켜 소화하는 방법을 말한다.

① 제거소화법 　　　　② 유화소화법
③ 억제소화법 　　　　④ 방진소화법
⑤ 피복소화법

문 8. 「재난 및 안전관리 기본법」상 재난관리를 위하여 필요한 재난관리정보에 해당하는 것만을 있는 대로 고른 것은?

> ㄱ. 재난상황정보　　　ㄴ. 동원가능 자원정보
> ㄷ. 시설물정보　　　　ㄹ. 지리정보

① ㄱ 　　　　　　　　② ㄱ, ㄷ
③ ㄱ, ㄴ, ㄹ 　　　　④ ㄴ, ㄷ, ㄹ
⑤ ㄱ, ㄴ, ㄷ, ㄹ

문 9. 스프링클러설비의 종류별 특징에 대한 설명으로 옳은 것은?

① 일제살수식의 경우 폐쇄형 스프링클러헤드가 설치된다.
② 건식의 경우 2차측 배관에 가압수를 충전시킨다.
③ 습식과 일제살수식의 경우 감지기가 설치된다.
④ 습식의 경우 슈퍼비조리패널(Supervisory panel)이 설치된다.
⑤ 준비작동식의 경우 감지기와 폐쇄형 스프링클러헤드가 설치된다.

문 10. 건축물 내부화재 시 발생하는 열과 연기의 특성에 대한 설명으로 옳지 않은 것은?

① 감광계수가 증가할수록 가시거리는 증가한다.
② 연기의 수직방향 유동속도는 수평방향보다 빠르다.
③ 굴뚝효과는 건축물의 내부와 외부의 온도차에 의해 발생할 수 있다.
④ 화재실 내부에서 중성대의 상부 압력은 실외 압력보다 높게 나타난다.
⑤ 열의 전달 방법 중 복사는 중간 매개체 도움 없이 발생하는 전자파에 의한 에너지의 전달이다.

문 11. 자연발화 방지방법에 대한 설명으로 옳지 않은 것은?

① 공기의 유통을 방지한다.
② 황린은 물속에 저장한다.
③ 저장실의 온도를 낮게 유지한다.
④ 열의 축적이 용이하지 않도록 한다.
⑤ 발열반응에 정촉매작용을 하는 물질을 피하여야 한다.

문 12. 「소방기본법 시행령」상 국고보조 대상사업의 범위에 해당하지 않는 것은?

① 소방자동차 구입
② 소방헬리콥터 및 소방정 구입
③ 소방전용통신설비 및 전산설비 설치
④ 방화복 등 소방활동에 필요한 소방장비 구입
⑤ 소방관서용 청사의 대수선

문 13. 제2석유류에 대한 설명이다. ( ) 안에 들어갈 내용으로 알맞은 것은?

> 제2석유류는 등유, 경유 그 밖에 1기압에서 인화점이
> (ㄱ)℃ 이상 70℃ 미만인 것을 말한다. 다만, 도료류 그
> 밖의 물품에 있어서 가연성 액체량이 (ㄴ)wt.% 이하이
> 면서 인화점이 40℃ 이상인 동시에 연소점이 (ㄷ)℃
> 이상인 것은 제외한다.

	ㄱ	ㄴ	ㄷ
①	18	10	40
②	20	20	45
③	20	25	50
④	21	30	55
⑤	21	40	60

문 14. 「화재조사 및 보고규정」상 화재조사의 종류 중 화재원인조사의 범위에 포함되지 않는 것은?

① 화재의 연소경로 등 연소상황조사
② 피난상의 장애요인 등 피난상황조사
③ 화재의 발견, 통보 및 초기소화상황조사
④ 열에 의한 탄화, 파손 등 재산피해조사
⑤ 소방·방화시설의 활용 또는 작동 등의 상황조사

☑ 현재는 관련규정이 제·개정되어 삭제됨

문 15. 「위험물안전관리법 시행령」상 운송책임자의 감독·지원을 받아 운송하여야 하는 위험물을 있는 대로 고르면?

ㄱ. 알킬알루미늄	ㄴ. 마그네슘
ㄷ. 히드록실아민(하이드록실아민)	ㄹ. 중크롬산(다이크로뮴산)
ㅁ. 알킬리튬	ㅂ. 적린

① ㄱ, ㄷ
② ㄱ, ㅁ
③ ㄷ, ㄹ
④ ㄷ, ㅁ
⑤ ㅁ, ㅂ

문 16. 「위험물안전관리법」상 위험물안전관리자 선임에 대한 내용이다. ( ) 안에 들어갈 내용으로 알맞은 것은?

안전관리자를 선임한 제조소등의 관계인은 그 안전관리자를 해임하거나 안전관리자가 퇴직한 때에는 해임하거나 퇴직한 날부터 (ㄱ)일 이내에 다시 안전관리자를 선임하여야 한다. 안전관리자를 선임한 경우에 선임한 날부터 (ㄴ)일 이내에 행정안전부령으로 정하는 바에 따라 소방본부장 또는 소방서장에게 신고하여야 한다.

	ㄱ	ㄴ
①	7	14
②	14	7
③	30	7
④	30	14
⑤	30	30

문 17. 소방청장이 정하는 내진설계기준에 맞게 소방시설을 설치해야 하는 경우 대통령령으로 정하는 소방시설에 해당하지 않는 것은?

① 옥내소화전설비
② 옥외소화전설비
③ 물분무 소화설비
④ 스프링클러설비
⑤ 포 소화설비

문 18. 「화재예방, 소방시설 설치·유지 및 안전관리에 관한 법률 시행규칙」상 소방안전관리대상물의 관계인이 수립하여 시행하여야 할 피난계획에 포함되지 않는 것은?

① 화재경보의 수단 및 방식
② 층별, 구역별 피난대상 인원의 현황
③ 각 거실에서 옥외에 이르는 피난경로
④ 피난 시 소화설비의 작동과 사용계획
⑤ 재해약자 및 재해약자를 동반한 사람의 피난동선과 피난방법

☑ 현재는 관련규정이 「화재의 예방 및 안전관리에 관한 법률 시행규칙」 제34조(피난계획의 수립·시행)로 이관됨

문 19. 「재난 및 안전관리 기본법 시행령」상 특정관리대상지역에 대한 안전등급의 평가기준에 따라 실시하여야 하는 정기안전점검 실시기준으로 옳지 않은 것은?

① 안전등급 A등급: 반기별 1회 이상
② 안전등급 B등급: 반기별 1회 이상
③ 안전등급 C등급: 반기별 2회 이상
④ 안전등급 D등급: 월 1회 이상
⑤ 안전등급 E등급: 월 2회 이상

문 20. 「재난 및 안전관리 기본법」상 재난 및 사고유형별 재난관리 주관기관의 연결이 옳지 않은 것은?

① 사업장에서 발생한 대규모 인적 사고 - 고용노동부
② 자연우주물체의 추락·충돌 - 국토교통부
③ 내륙에서 발생한 유도선 등의 수난 사고 - 행정안전부
④ 가스 수급 및 누출 사고 - 산업통상자원부
⑤ 다중 밀집시설 대형화재 - 소방청

문 21. 가연물의 되기 위한 조건으로 옳지 않은 것은?

① 열전도율이 높을 것
② 활성화 에너지가 작을 것
③ 산화가 잘되며 발열량이 높을 것
④ 연쇄반응이 일어나기 쉬운 물질일 것
⑤ 산소와의 친화력이 높으며 표면적이 넓을 것

문 22. 「화재조사 및 보고규정」과 관련한 용어의 정의로 옳지 않은 것은?

① 감식: 화재와 관계되는 물건의 형상, 구조, 재질, 성분, 성질 등 이와 관련된 모든 현상에 대하여 과학적 방법에 따라 필요한 실험을 행하고 그 결과를 근거로 화재원인을 밝히는 자료를 얻는 것
② 재구입비: 화재 당시의 피해물과 같거나 비슷한 것을 재건축(설계 감리비 포함) 또는 재취득하는데 필요한 금액
③ 내용연수: 고정자산을 경제적으로 사용할 수 있는 연수
④ 손해율: 피해물의 종류, 손상 상태 및 정도에 따라 피해액을 적정화시키는 일정한 비율
⑤ 잔가율: 화재 당시에 피해물의 재구입비에 대한 현재가의 비율

문 23. 가연물의 종류에 따른 화재별 특징으로 옳지 않은 것은?

① 일반화재는 보통화재라고도 하며, 화재 발생 시 주로 백색 연기가 생성되며 연소 후에는 재를 남긴다.
② 유류화재는 화재 시 일반화재보다 진행속도가 빠르고 주로 흑색 연기가 생성되며 연소 후에는 재를 남기지 않는다.
③ 전기화재는 C급 화재로서 통전 중인 전기시설물로부터 유도되며, 원인으로는 합선(단락), 과부하, 누전, 낙뢰 등이다.
④ 금속화재는 D급 화재로서 금속작업 시 열의 축적 등의 원인으로 발생하며, 건조사, 건조분말 등을 이용한 질식·피복 효과와 물을 이용한 냉각효과를 이용해 소화한다.
⑤ 가스화재는 가스가 누설되어 공기와 일정 비율로 혼합된 상태에서 점화원에 착화되어 발생하며, 주된 소화방법은 밸브류 등을 잠그거나 차단시킴으로 인한 제거소화법이다.

문 24. 「119구조·구급에 관한 법률 시행령」상 구조 또는 구급 요청을 거절할 수 있는 경우에 해당하지 않는 것은?

① 동물의 단순 처리·포획·구조 요청을 받은 경우
② 38℃ 이상의 고열 감기환자
③ 혈압 등 생체징후가 안정된 타박상 환자
④ 술에 취했으나 외상이 없고 강한 자극에 의식을 회복한 사람
⑤ 요구조자 또는 응급환자가 구조·구급대원에게 폭력을 행사하는 등 구조·구급활동을 방해하는 경우

문 25. 차동식 스포트형과 정온식 스포트형 감지기의 성능을 겸한 것으로서 둘 중 어느 한 기능이 작동되면 화재신호를 발하는 감지기는?

① 다신호식
② 아날로그식
③ 광전식 스포트형
④ 보상식 스포트형
⑤ 이온화식 스포트형

소요시간: _____ / 13분　　　　맞힌 답의 개수: _____ / 20

문 1. 우리나라 소방의 발전과정에 대한 설명 중 옳지 않은 것은?

① 최초의 소방관서는 금화도감이다.

② 일제강점기에 최초의 소방서가 설치되었다.

③ 갑오개혁 이후 '소방'이라는 용어를 처음 사용하였다.

④ 대한민국 정부수립과 동시에 소방본부가 설치되었다.

문 2. 민간 소방조직의 설치에 관한 설명으로 옳지 않은 것은?

① 주유취급소에는 위험물안전관리자를 선임해야 한다.

② 소방안전관리대상물에는 소방안전관리자를 선임해야 한다.

③ 소방업무를 체계적으로 보조하기 위해 의용소방대를 설치한다.

④ 제4류 위험물을 저장·취급하는 제조소에는 반드시 자체 소방대를 설치해야 한다.

문 3. 화재예방, 소방활동 또는 소방훈련을 위하여 사용되는 소방신호에 해당하는 것은?

① 대응신호　　　　　② 경계신호

③ 복구신호　　　　　④ 대비신호

문 4. 제5류 위험물의 소화대책으로 옳지 않은 것은?

① 외부로부터의 산소 유입을 차단한다.

② 화재 초기에는 다량의 물로 냉각소화하는 것이 효과적이다.

③ 항상 안전거리를 유지하고 접근할 때에는 엄폐물을 이용한다.

④ 밀폐된 공간에서 화재 시 공기호흡기를 착용하여 질식되지 않도록 주의한다.

문 5. 재난관리의 단계별 주요 활동 중 '긴급통신수단 구축'이 해당되는 단계로 옳은 것은?

① 대응단계　　　　　② 대비단계

③ 예방단계　　　　　④ 복구단계

문 6. 다음은 「재난 및 안전관리기본법」상 특별재난지역의 선포와 관련된 내용이다. ( ) 안에 들어갈 내용으로 옳은 것은?

> (ㄱ)은/는 대통령령으로 정하는 규모의 재난이 발생하여 특별한 조치가 필요하다고 인정하거나 지역대책본부장의 요청이 타당하다고 인정하는 경우에는 (ㄴ)의 심의를 거쳐 해당 지역을 특별재난지역으로 선포할 것을 대통령에게 건의할 수 있다.

	ㄱ	ㄴ
①	중앙재난안전대책본부장	안전정책조정위원회
②	중앙안전관리위원회	중앙사고수습본부
③	중앙안전관리위원회	중앙재난안전대책본부장
④	중앙재난안전대책본부장	중앙안전관리위원회

문 7. <보기>에서 표면연소에 해당하는 것을 옳게 고른 것은?

> <보기>
> ㄱ. 숯　　　　　ㄴ. 목탄
> ㄷ. 코크스　　　ㄹ. 플라스틱

① ㄱ, ㄴ, ㄷ　　　　② ㄱ, ㄴ, ㄹ

③ ㄱ, ㄷ, ㄹ　　　　④ ㄴ, ㄷ, ㄹ

문 8. 자연발화가 되기 쉬운 가연물의 조건으로 옳은 것은?

① 발열량이 적다.

② 표면적이 작다.

③ 열전도율이 낮다.

④ 주위 온도가 낮다.

문 9. 다음과 관계있는 연소생성가스로 옳은 것은?

> 질소 함유물인 열경화성 수지 또는 나일론 등의 연소 시 발생하고, 냉동시설의 냉매로 많이 쓰이고 있으므로 냉동 창고 화재 시 누출가능성이 크며, 허용 농도는 25ppm이다.

① 포스겐($COCl_2$)

② 암모니아(NH_3)

③ 일산화탄소(CO)

④ 시안화수소(HCN)

문 10. 다음은 열의 전달 형태에 대한 설명이다. ( ) 안에 들어 갈 내용으로 옳은 것은?

> 가. 일반적으로 화재의 초기단계에서 열의 전달은 (ㄱ) 에 기인한다.
> 나. 화재 시 연기가 위로 향하는 것이나 화로(火爐)에 의해 실 내의 공기가 따뜻해지는 것은 (ㄴ)에 의한 현상이다.

	ㄱ	ㄴ
①	전도	대류
②	복사	전도
③	전도	비화
④	대류	전도

문 11. 다음 설명에 해당하는 것은?

> 가연성 고체의 미분이 공기 중에 부유하고 있을 때에 어떤 점화원에 의해 에너지가 주어지면 폭발하는 현상을 말한다.

① 가스폭발

② 분무폭발

③ 분해폭발

④ 분진폭발

문 12. 소화약제로 팽창질석 또는 팽창진주암을 사용하였을 때, 적응성이 가장 좋은 화재로 옳은 것은?

① 일반화재

② 전기화재

③ 금속화재

④ 가스화재

문 13. 「위험물안전관리법」상 위험물의 분류 중 가연성 고체가 아 닌 것은?

① 황린

② 적린

③ 유황(황)

④ 황화린(황화인)

문 14. 제1류 위험물의 일반적 성질에 대한 설명으로 옳지 않은 것은?

① 불연성 물질이다.

② 강력한 환원제이다.

③ 대부분 무기화합물이다.

④ 다른 가연물의 연소를 돕는 지연성 물질이다.

문 15. 「소방기본법」상 화재원인조사의 범위에 해당하지 않는 것은?

① 화재보험 가입 여부 등의 상황

② 소방시설의 사용 또는 작동 등의 상황

③ 피난경로, 피난상의 장애요인 등의 상황

④ 화재의 연소경로 및 확대원인 등의 상황

◉ 현재는 관련규정이 제·개정되어 삭제됨

문 16. 다음 설명에 해당하는 소화방법으로 옳은 것은?

> 일반적으로 공기 중의 산소농도 21%를 15% 이하로 희석하거나 저하시키면 연소 중인 가연물은 산소의 양이 부족하여 연소가 중단된다.

① 냉각소화

② 질식소화

③ 제거소화

④ 유화소화

문 17. 제3종 분말 소화약제에 대한 설명으로 옳지 않은 것은?

① 백색으로 착색되어 있다.

② ABC급 분말 소화약제라고도 부른다.

③ 주성분은 제1인산암모늄($NH_4H_2PO_4$)이다.

④ 현재 생산되고 있는 분말 소화약제의 대부분을 차지하고 있다.

문 18. <보기>에서 폐쇄형 스프링클러헤드를 사용하는 방식을 옳게 고른 것은?

<보기>	
ㄱ. 습식	ㄴ. 건식
ㄷ. 일제살수식	ㄹ. 준비작동식

① ㄱ, ㄴ, ㄷ

② ㄱ, ㄴ, ㄹ

③ ㄱ, ㄷ, ㄹ

④ ㄴ, ㄷ, ㄹ

문 19. 포 소화약제의 혼합방식 중 펌프와 발포기의 중간에 설치된 벤츄리(Venturi) 관의 벤츄리(Venturi) 작용에 의하여 포 소화약제를 흡입·혼합하는 것은?

① 라인 프로포셔너(Line proportioner)

② 펌프 프로포셔너(Pump proportioner)

③ 프레져 프로포셔너(Pressure proportioner)

④ 프레져 사이드 프로포셔너(Pressure side proportioner)

문 20. 열감지기의 종류가 아닌 것은?

① 보상식

② 정온식

③ 광전식

④ 차동식

2025 대비 최신개정판

해커스소방
김정희
소방학개론

단원별 기출문제집

개정 4판 1쇄 발행 2024년 8월 30일

지은이	김정희 편저
펴낸곳	해커스패스
펴낸이	해커스소방 출판팀

주소	서울특별시 강남구 강남대로 428 해커스소방
고객센터	1588-4055
교재 관련 문의	gosi@hackerspass.com
	해커스소방 사이트(fire.Hackers.com) 교재 Q&A 게시판
학원 강의 및 동영상강의	fire.Hackers.com

ISBN	979-11-7244-289-7 (13350)
Serial Number	04-01-01

소방공무원 1위,
해커스소방 fire.Hackers.com

해커스소방

· 해커스 스타강사의 **소방학개론 무료 특강**
· **해커스소방 학원 및 인강**(교재 내 인강 할인쿠폰 수록)

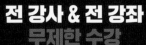

2025 대비 최신개정판

해커스소방
김정희
소방학개론 단원별 기출문제집

약점 보완 해설집

해커스소방

해커스소방

김정희
소방학개론 단원별 기출문제집

약점 보완 해설집

해커스소방

CHAPTER 1 연소

POINT 01 **연소의 개념**

정답   p.14

01	③	**02**	④	**03**	③	**04**	②

01 난이도 ●●○   답 ③

연소범위는 가연성 가스가 공기와 혼합하여 연소반응을 일으킬 수 있는 적정한 농도범위를 말하며, 연소범위를 연소한계, 폭발범위 또는 폭발한계라고도 한다. 이러한 연소범위는 가연성 가스의 종류마다 다르다. 수소의 연소범위는 아세틸렌의 연소범위보다 작다.

> ✔ 확인학습 **가연성 가스의 연소범위**
>
> | 물질명(기체) | 연소범위
[(vol)%] | 물질명(액체) | 연소범위
[(vol)%] |
> |---|---|---|---|
> | 아세틸렌 | 2.5 ~ 81(100) | 등유 | 1.1 ~ 6 |
> | 산화에틸렌 | 3 ~ 80(100) | 경유 | 1 ~ 6 |
> | 수소 | 4 ~ 75 | 벤젠 | 1.3 ~ 7.1 |
> | 일산화탄소 | 12.5 ~ 74 | 메틸알코올 | 7.3 ~ 36.5 |
> | 암모니아 | 15 ~ 28 | 에틸알코올 | 4.3 ~ 19 |

02 난이도 ●●○   답 ④

파라핀계 탄화수소화합물의 경우 탄소수가 많을수록 발화점이 낮아진다.

> ✔ 확인학습 **발화점이 낮아지는 조건**
>
> 1. 직쇄탄화수소 길이가 늘려질 때
> 2. 탄소쇄 길이가 늘려질 때
> 3. 분자구조가 복잡할 때
> 4. 발열량, 산소와 친화력, 농도가 클수록
> 5. 최소점화에너지(활성화에너지)가 작을수록
> 6. 열전도율이 작을수록
> 7. 화학반응에너지가 클수록

03 난이도 ●○○   답 ③

연소가 일어나기 위해서는 연소의 3요소인 가연물(환원제)·산소공급원(산화제)·점화원이 꼭 구비되어야 하고, 이 중 하나라도 구비되지 않으면 연소는 일어나지 않는다.

> ✔ 확인학습 **연소의 3요소 및 4요소**
>
> 1. 연소의 3요소: 가연물, 산소공급원 및 점화원
> 2. 연소의 4요소: 연소의 3요소 + 연쇄반응

04 난이도 ●○○   답 ②

연소가 일어나기 위해서는 연소의 3요소인 가연물(가연성 고체)·산소공급원(조연성 물질)·점화원(활성화에너지)이 필요하다. 연소의 3요소에 불연성 물질은 해당하지 않는다.

POINT 02 **가연물**

정답   p.15

01	③	**02**	①	**03**	③	**04**	④	**05**	④

01 난이도 ●○○   답 ③

활성화에너지가 작고 발열량이 커야 가연성 물질이 되기 쉽다.

> ✔ 확인학습 **가연물의 구비조건**
>
> 1. 탄소(C)·수소(H)·산소(O) 등으로 구성된 유기화합물이 많다.
> 2. 일반적으로 산화되기 쉬운 물질로서 산소와 결합할 때 발열량이 커야 한다.
> 3. 열전도율이 작아야 한다(기체 < 액체 < 고체).
> 4. 연속적으로 연쇄반응을 일으키는 물질이어야 한다.
> 5. 산소와 접촉할 수 있는 비표면적이 큰 물질이어야 한다.
> 6. 조연성 가스인 산소·염소와의 결합력이 강한 물질이어야 한다.
> 7. 연소반응을 일으키는 점화원의 활성화에너지(최소발화에너지)의 값이 적어야 한다.
> 8. 한계산소농도(LOI)가 낮을수록 낮은 농도의 산소 조건에서도 연소가 가능하므로 가연물이 되기 쉽다.
> 9. 건조도가 높아야 한다.
> 10. 화학적 활성도가 높아야 한다.

02 난이도 ●○○   답 ①

가연물의 구비조건으로 열전도율이 작아야 한다.

> ✔ 확인학습 **가연물의 구비조건**
>
> 1. 탄소(C)·수소(H)·산소(O) 등으로 구성된 유기화합물이 많다.
> 2. 일반적으로 산화되기 쉬운 물질로서 산소와 결합할 때 발열량이 커야 한다.
> 3. 열전도율이 작아야 한다(기체 < 액체 < 고체).
> 4. 연속적으로 연쇄반응을 일으키는 물질이어야 한다.
> 5. 산소와 접촉할 수 있는 비표면적이 큰 물질이어야 한다.
> 6. 조연성 가스인 산소·염소와의 결합력이 강한 물질이어야 한다.
> 7. 연소반응을 일으키는 점화원의 활성화에너지(최소발화에너지)의 값이 적어야 한다.
> 8. 한계산소농도(LOI)가 낮을수록 낮은 농도의 산소 조건에서도 연소가 가능하므로 가연물이 되기 쉽다.
> 9. 건조도가 높아야 한다.
> 10. 화학적 활성도가 높아야 한다.

03 난이도 ●○○   답 ③

가연물의 구비조건으로 열전도율이 작아야 한다.

04 난이도 ●○○   답 ④

조연성 가스란 자신은 연소하지 않고 연소를 도와주는 가스로 산소, 공기, 염소, 이산화질소 등이 해당한다. 즉, 조연성 가스는 가연성 물질이 아니다.

> ✅ 확인학습 **가연성 가스와 조연성 가스**
>
> 1. **가연성 가스**: 자기 자신이 타는 가스
> 2. **조연성 가스**: 자기 자신은 타지 않고 타는 것(연소)을 도와주는 가스

05 난이도 ●●○   답 ④

시안화수소는 독성가스이면서 가연성가스이다.

> ✅ 확인학습 **가연물이 될 수 없는 물질**
>
> 1. **완전산화물질**: 이산화탄소(CO_2), 오산화인(P_2O_5), 삼산화크롬(삼산화크로뮴)(CrO_3), 삼산화황(SO_3) 산화알루미늄(Al_2O_3), 규조토(SiO_2), 물(H_2O) 등
> 2. **산화흡열반응물질**: 질소
> 3. **주기율표 18족(0족, 8A족)의 비활성 기체**: 헬륨(He), 네온(Ne), 아르곤(Ar), 크립톤(Kr), 크세논(Xe), 라돈(Rn) 등
> 4. **자체가 연소하지 않는 불연성 물질**: 흙, 돌 등

POINT 03 자연발화

정답   p.16

01	②	02	⑤	03	④	04	④	05	②
06	①	07	③						

01 난이도 ●○○   답 ②

열전도율이 낮을수록 자연발화가 쉽다.

02 난이도 ●●○   답 ⑤

가연물의 비표면적이 클수록 자연발화가 용이하다.

> ✅ 확인학습 **자연발화에 영향을 주는 요인**
>
> 1. **공기유통**: 공기의 유통이 잘될수록 열의 축적이 어려워 자연발화가 어렵다.
> 2. **온도**: 온도가 높으면 반응속도가 빨라지기 때문에 자연발화를 위한 열원의 발생이 빨라진다.
> 3. **퇴적방법**: 열의 축적이 용이하게 퇴적될수록 자연발화가 쉽다.
> 4. **습도(수분)**: 적당한 수분은 촉매 역할을 하기 때문에 반응속도를 빠르게 하여 자연발화가 쉽다.
> 5. **열전도율**: 열전도율이 작을수록 열축적이 용이하여 자연발화가 쉽다.
> 6. **발열량**: 열발생량이 클수록 축적되는 열의 양이 많아져 자연발화가 쉽다.

03 난이도 ●○○   답 ④

화학열(에너지원)에 해당하는 것은 ㄱ, ㄴ, ㄹ이다.

| 선지분석 |

ㄱ. [O] 분해열: 화학적 점화원(열에너지)
ㄴ. [O] 연소열: 화학적 점화원(열에너지)
ㄷ. [×] 압축열: 기계적 점화원(열에너지)
ㄹ. [O] 산화열: 화학적 점화원(열에너지)

> ✅ 확인학습 **점화원(열에너지)의 종류**
>
> | 열적 점화원 | 고온표면, 적외선, 복사열 |
> |---|---|
> | 기계적 점화원 | 단열압축(압축열), 마찰스파크, 충격 |
> | 화학적 점화원 | 용해열, 연소열, 분해열, 자연발화에 의한 열 |
> | 전기적 점화원 | 정전기, 전기저항열, 낙뢰에 의한 열, 전기스파크, 유도열, 유전열 |

04 난이도 ●○○   답 ④

자연발화를 일으키는 열의 종류는 산화열, 분해열, 흡착열, 중합열 및 발효열이다. 융해열은 해당하지 않는다.

> ✅ 확인학습 **융해열(Heat of fusion)**
>
> 1. 고체를 계속 가열하게 되면 융해하여 액체가 되는데 이 때 소요되는 열량을 말한다.
> 2. 물질이 융해되어 있는 동안에는 그 계의 온도는 일정하므로 융해열은 잠열이며 응고열의 부호를 바꾼 값과 같다.

05 난이도 ●●○   답 ②

정전기의 방지대책으로는 접지시설을 갖추고 상대습도는 70% 이상으로 유지하여 정전기의 발생을 억제시킨다.

06 난이도 ●○○   답 ①

자연발화에 영향을 주는 요인으로는 공기유통, 온도, 퇴적방법, 습도, 열전도도, 발열량 등이 있다. 공기의 유통이 잘될수록 열의 축적이 어려워 자연발화가 어렵다.

07 난이도 ●○○   답 ③

외부로부터의 점화원이 없이도 장시간 일정한 장소에서 저장하면 열이 발생되며, 발생된 열을 축적함으로써 발화점까지 온도가 상승되어 불이 붙는 현상을 자연발화라고 한다. 즉, 열전도율이 낮으면 열의 축적이 용이하여 자연발화가 되기 쉬운 가연물의 조건이 된다.

POINT 04 정전기

정답
p.18

01	③	02	②	03	④	04	④

01 난이도 ●●○
답 ③

정전기 예방대책으로 옳은 것은 ㄱ, ㄴ이다.

| 선지분석 |

ㄷ. [×] 접촉하는 전기의 전위차를 작게해야 한다.

> ✔ 확인학습 **정전기**
> 1. 정전기의 발생원인
>   • 비전도성 부유 물질이 많을 때 발생한다.
>   • 휘발유, 경유 등의 비전도성 유류의 유속이 빠를 때 발생한다.
>   • 좁은 공간·필터 등을 통과할 때 쉽게 발생할 수 있다.
>   • 낙차가 크거나 와류가 생성될 때 발생하기도 한다.
> 2. 정전기의 예방대책
>   • 공기를 이온화하여 방지한다.
>   • 전기전도성이 큰 물체를 사용하여 전하의 발생을 방지한다.
>   • 접지시설을 한다.
>   • 상대습도를 70% 이상으로 한다.
>   • 전기의 전위차를 작게 하여 정전기 발생을 억제한다.

02 난이도 ●○○
답 ②

가연물의 점화원이 아닌 것으로는 흡열, 잠열(기화열 및 융해열), 단열 팽창 및 절연저항 증가 등이 있다.

> ✔ 확인학습 **점화원의 종류**
>
> | 열적 점화원 | 고온표면, 적외선, 복사열 |
> |---|---|
> | 기계적 점화원 | 단열압축(압축열), 마찰스파크, 충격 |
> | 화학적 점화원 | 용해열, 연소열, 분해열, 자연발화에 의한 열 |
> | 전기적 점화원 | 정전기, 전기저항열, 낙뢰에 의한 열, 전기스파크, 유도열, 유전열 |

03 난이도 ●○○
답 ④

전기의 저항이 큰 물질은 대전이 용이하므로 정전기 대전 방지대책으로는 전기전도성이 큰 물질을 사용하여야 한다.

> ✔ 확인학습 **정전기 대전 방지대책**
> 1. 접지시설을 한다.
> 2. 공기를 이온화한다.
> 3. 습도를 70% 이상으로 한다.
> 4. 전기전도성이 큰 물체를 사용한다.
> 5. 접촉하는 전기의 전위차를 적게 하여 정전기의 발생을 억제시킨다.

04 난이도 ●○○
답 ④

피뢰설비는 낙뢰의 재해를 방지하는 설비로서 정전기 대전 방지대책에 해당하지 않는다.

> ✔ 확인학습 **피뢰설비**
> 1. 벼락의 습격에 의하여 건물 등의 피해를 피하기 위해 설치하는 설비를 말한다.
> 2. 대지로 안전하게 방전시킨다.
> 3. 낙뢰의 재해를 방지하는 설비로서 피뢰침 설비는 접지극·피뢰도선과 돌침부로 구성되어 있다.

POINT 05 최소산소농도

정답
p.19

01	①	02	③	03	③	04	③	05	⑤

01 난이도 ●●○
답 ①

최소산소농도(MOC)는 공기와 가연가스의 혼합기 중 산소의 농도(%)이다.

> ✔ 확인학습 **최소산소농도(MOC)**
> 1. 연소할 때 화염이 전파되는 데 필요한 임계산소농도를 말하며, 완전 연소반응식의 산소 몰수에 의해 최소산소농도가 결정된다.
> 2. 가연물질의 종류나 연소 환경에 따라 다르지만 일반적으로 연소하고 있는 가연물질이 소화되기 위해서는 공급되는 공기 중의 산소의 양을 15(vol)% 이하로 낮추면 산소결핍에 의하여 연소가 더 이상 진행되지 못하는 것으로 알려져 있다.
> 3. 예를 들어 프로판의 최소산소농도(MOC)를 구하는 방식은 연소하한계×산소몰수이다.
>   • 프로판(C_3H_8)의 연소반응식: $C_3H_8 + 5O_2 \rightarrow 3CO_2 + 4H_2O$
>   • 프로판의 연소하한계: 2.1
>   따라서, 프로판의 최소산소농도(MOC)는 $2.1 \times 5 = 10.50$이다.

02 난이도 ●●○
답 ③

에틸알코올의 최소산소농도는 12.9%이다.

$$C_2H_5OH + 3O_2 \rightarrow 2CO_2 + 3H_2O$$

에틸알코올의 연소 범위는 4.3~19vol%

$$최소산소농도(MOC) = 연소의 \ 하한계 \times \frac{산소의 \ 몰수}{가연물의 \ 몰수}$$

$$최소산소농도 = 4.3 \times \frac{3}{1} = 12.9\%$$

> ✔ 확인학습 **최소소화농도(MOC)**
> 1. 화염을 전파하기 위해서는 최소한의 산소농도가 요구되며 이를 최소산소농도(MOC; Minimum Oxygen Concentration)라 한다.
> 2. 가연성가스 농도가 얼마든지 산소 농도를 MOC 이하로 낮추면 연소는 불가능하게 된다.

3. 최소산소농도는 폭발 화재 방지에 유용한 기준이 된다.
4. MOC는 공기와 연료의 혼합기 중 산소의 부피를 나타내며 %의 단위를 갖는다.
5. 실험 데이터가 충분하지 못할 때 MOC 값은 연소반응식 중의 산소의 양론계수와 연소하한계의 곱을 이용하여 추산되며 이 방법은 많은 탄화수소에 적용된다. 즉, 'MOC = 산소몰수×연소하한계'이다.
6. 불활성기체가 첨가되면 연소범위가 좁아진다.

03 난이도 ●●○   답 ③

열전도율이 낮아지면 최소발화에너지는 작아진다.

> ✅ 확인학습 **최소발화에너지(Minimum Ignition Energy) 영향 인자**
>
> 점화원에 의해 가연성 혼합기가 발화하기 위해서는 점화원이 일정 크기 이상의 에너지를 가할 수 있어야 한다. 이러한 착화에 필요한 최소 에너지를 최소발화에너지(MIE)라 한다. 최소발화에너지는 물질의 종류, 혼합기의 온도, 압력, 농도(혼합비) 등에 따라 변화한다. 또한 공기 중의 산소가 많은 경우 또는 가압 하에서는 일반적으로 작은 값이 된다.
>
> 1. 압력이 높을수록 분자 간의 거리가 가까워져 MIE가 작아진다.
> 2. 온도가 높을수록 분자 운동이 활발해져서 MIE가 작아진다.
> 3. 가연성 혼합기의 농도가 양론농도 부근일 때 MIE가 작아진다. 일반적으로 이것보다 상한계나 하한계로 향함에 따라 MIE는 증가한다.
> 4. 열전도율이 낮으면 MIE가 작아진다.
> 5. 전극 간 거리가 짧을수록 MIE가 감소되지만 어떤 거리 이하로 짧아지면 방열량이 커져서 아무리 큰 에너지를 가해도 인화되지 않는다. 이 거리를 소염거리라 한다.
> 6. 일반적으로 연소속도가 클수록 MIE값은 작아진다.
> 7. 매우 압력이 낮아서 어느 정도 착화원에 의해 점화하여도 점화할 수 없는 한계가 있는데 이를 최소착화압력이라 한다.

04 난이도 ●●○   답 ③

열전도율이 낮으면 최소발화에너지(MIE)가 감소한다.

> ✅ 확인학습 **최소발화에너지(MIE)의 영향인자**
>
> 1. 연소속도가 클수록 최소발화에너지(MIE) 값은 적다.
> 2. 가연성 가스의 조성이 화학양론적 조성 부근일 경우 최소발화에너지(MIE)는 최저가 된다.
> 3. 최소발화에너지(MIE)는 물질의 종류, 혼합기의 온도, 압력, 농도 등에 따라 변화한다.
>   • 온도가 상승하면 최소발화에너지(MIE)는 작아진다.
>   • 압력이 상승하면 최소발화에너지(MIE)는 작아진다.
>   • 농도가 많아지면 최소발화에너지(MIE)는 작아진다.
>   • 열전도율이 낮으면 최소발화에너지(MIE)가 작아진다.

05 난이도 ●●○   답 ⑤

최소발화에너지는 가연성 가스의 조성이 화학양론적 조성 부근일 경우 최저가 된다.

POINT 06 **연소범위 및 위험도**

정답   p.20

01	④	02	①	03	③	04	④	05	③
06	①	07	④	08	④	09	④	10	③
11	②	12	③	13	③	14	③		

01 난이도 ●○○   답 ④

가연성 가스의 압력이 높아지면 연소범위는 넓어진다.

> ✅ 확인학습 **연소범위 영향 인자**
>
> 1. 일반적으로 압력이 높아지면 분자 간의 평균거리가 축소되어 유효충돌이 증가되며 화염의 전달이 용이하여 연소한계는 넓어진다.
> 2. 온도가 올라가면 분자의 운동이 활발해져서 분자 간 유효충돌 가능성이 커지기 때문에 연소범위는 넓어진다.
> 3. 산소 농도가 증가하면 하한계의 변화는 거의 없고, 상한계가 넓어져 연소범위가 넓어진다.
> 4. 비활성 가스(불활성기체)를 투입하면 공기 중 산소농도가 저하되므로 연소상한은 크게 낮아지고 하한은 작게 높아져 전체적으로 연소범위가 좁아진다.

> ✅ 확인학습 **압력의 변화에 따른 특이사항**
>
> 1. 수소(H_2)는 압력이 낮거나 높을 때 일시적으로 연소범위가 좁아진다.
> 2. 일산화탄소(CO)는 압력이 증가하면 연소범위가 좁아진다.

02 난이도 ●○○   답 ①

일산화탄소의 연소범위가 가장 넓다.

> ✅ 확인학습 **가연성 기체의 연소범위**
>
> 1. 일산화탄소: 12.5 ~ 74(vol)%
> 2. 프로판: 2.1 ~ 9.5(vol)%
> 3. 메탄: 5 ~ 15(vol)%
> 4. 암모니아: 15 ~ 28(vol)%

03 난이도 ●○○   답 ③

비활성 가스(불활성기체)를 투입하면 공기 중 산소농도가 저하되므로 연소상한은 크게 낮아지고 하한은 작게 높아져 전체적으로 연소범위가 좁아진다.

04 난이도 ●●○　　　　　　　　　　답 ④

가연성 가스 D의 위험도가 약 35.7로 가장 높다.

가연성 가스	연소범위(vol%)	위험도
A	3~12.5	$\dfrac{12.5-3}{3} ≒ 3.2$
B	4~75	$\dfrac{75-4}{4} ≒ 17.8$
C	5~15	$\dfrac{15-5}{5} ≒ 2.0$
D	1.2~44	$\dfrac{44-1.2}{1.2} ≒ 35.7$
E	2.5~81	$\dfrac{81-2.5}{2.5} ≒ 31.4$

> ✅ 확인학습 **위험도**
>
> $$H = \dfrac{U-L}{L}$$
>
> • H: 위험도
> • U: 상한계 값
> • L: 하한계 값

05 난이도 ●○○　　　　　　　　　　답 ③

연소범위는 가연성 가스가 공기와 혼합하여 연소반응을 일으킬 수 있는 적정한 농도범위이다. 일반적으로 압력이 높아지면 분자 간의 평균 거리가 축소되어 유효충돌이 증가되며 화염의 전달이 용이하여 연소한계는 넓어진다.

06 난이도 ●●○　　　　　　　　　　답 ①

위험도가 낮은 것에서 높은 순서는 A, B, C이다.
A: 연소하한계 = 2 vol%, 연소상한계 = 22 vol%이므로

위험도$_A$ = $\dfrac{22-2}{2}$ ≒ 10.00이다.

B: 연소하한계 = 4 vol%, 연소상한계 = 75 vol%이므로

위험도$_B$ = $\dfrac{75-4}{4}$ ≒ 17.80이다.

C: 연소하한계 = 1 vol%, 연소상한계 = 44 vol%이므로

위험도$_C$ = $\dfrac{44-1}{1}$ ≒ 43.00이다.

07 난이도 ●○○　　　　　　　　　　답 ④

보기 중 위험도가 가장 큰 것은 이황화탄소이다.

| 선지분석 |

① 수소: 4 ~ 74(vol)% → $\dfrac{74-4}{4}$ = 17.50

② 메탄: 5 ~ 15(vol)% → $\dfrac{15-5}{5}$ = 2.00

③ 아세틸렌: 2.5 ~ 81(vol)% → $\dfrac{81-2.5}{2.5}$ = 31.40

④ 이황화탄소: 1.2 ~ 44(vol)% → $\dfrac{44-1.2}{1.2}$ = 35.7

⑤ 산화에틸렌:: 3 ~ 80(vol)% → $\dfrac{80-3}{3}$ = 25.7

08 난이도 ●●○　　　　　　　　　　답 ④

위험도는 연소범위를 연소범위 하한계 값으로 나눈 값으로 위험도가 클수록 위험하다. 부탄이 3.66으로 문항 중 위험도가 가장 크다.

| 선지분석 |

① 메탄: 5 ~ 15(vol)% → $\dfrac{15-5}{5}$ = 2.00

② 에탄: 3 ~ 12.4(vol)% → $\dfrac{12.4-3}{3}$ = 3.13

③ 프로판: 2.1 ~ 9.5(vol)% → $\dfrac{9.5-2.1}{2.1}$ = 3.52

④ 부탄: 1.8 ~ 8.4(vol)% → $\dfrac{8.4-1.8}{1.8}$ = 3.66

> ✅ 확인학습 **연소범위**
>
> $$H = \dfrac{U-L}{L}$$
>
> • H: 위험도
> • U: 상한계 값
> • L: 하한계 값

09 난이도 ●○○　　　　　　　　　　답 ④

위험도의 크기는 ㄷ > ㄴ > ㄹ > ㄱ 순이다.

ㄱ: 4 ~ 16(vol)% → $\dfrac{16-4}{4}$ = 3

ㄴ: 3 ~ 33(vol)% → $\dfrac{33-3}{3}$ = 10

ㄷ: 1 ~ 14(vol)% → $\dfrac{14-1}{1}$ = 13

ㄹ: 6 ~ 36(vol)% → $\dfrac{36-6}{6}$ = 5

10 난이도 ●○○　　　　　　　　　　답 ③

연소범위 하한계 값이 낮을수록 위험성은 증가한다.

11 난이도 ●○○　　　　　　　　　　답 ②

위험도의 크기는 B > C > A 순이다.

A: 5 ~ 15(vol)% → $\dfrac{15-5}{5}$ = 2.00

B: 15 ~ 75(vol)% → $\dfrac{75-15}{15}$ = 4.00

C: 10 ~ 40(vol)% → $\dfrac{40-10}{10}$ = 3.00

12 난이도 ●●○   답 ③

연소범위는 가연물의 특성으로 가연성 가스의 종류마다 다르다. 연소범위는 온도, 압력, 공기 중의 산소의 농도 등의 조건에 따라 달라진다.

| 선지분석 |

ㄱ. [○] 연소범위는 가연성가스가 공기 중에서 연소할 수 있는 적정한 농도범위를 말한다.
ㄴ. [○] 온도가 올라가면 분자의 운동이 활발해지므로 분자 간 유효충돌 가능성이 커지며, 연소범위는 넓어져 위험성은 증가된다.
ㄷ. [×] 일산화탄소는 압력이 증가하면 연소범위가 일시적으로 좁아진다.
ㄹ. [○] 가연성 가스의 혼합가스에 비활성 가스를 투입하면 공기 중 산소농도가 저하되므로 연소상한계는 크게 낮아지고 연소하한계는 작게 높아져 전체적으로 연소범위가 좁아진다.

> ✅ 확인학습 **연소범위에 영향을 주는 요인**
>
> 가연성 가스의 농도가 너무 희박하거나 너무 농후해도 연소는 잘 일어나지 않는다. 연소범위는 연소 발생 시 온도, 압력, 산소농도 및 비활성 가스의 주입 등에 따라 달라진다.
> 1. **온도**: 온도가 올라가면 분자의 운동이 활발해지므로 분자 간 유효충돌 가능성이 커지며, 연소범위는 넓어져 위험성은 증가된다.
> 2. **압력**
>   • 압력이 높아지면 분자 간의 평균거리가 축소되어 유효충돌이 증가되며 화염의 전달이 용이하여 연소한계는 넓어진다.
>   • 연소하한계 값은 크게 변하지 않으나 연소상한계가 높아져 전체적으로 범위가 넓어진다.
>   • 예외적으로 수소(H_2)와 일산화탄소(CO)는 압력이 높아질 때 일시적으로 연소범위가 좁아진다.
> 3. **산소농도**: 산소농도가 증가하면 연소하한계의 변화는 거의 없고, 연소상한계가 넓어져 연소범위가 넓어진다.
> 4. **비활성 가스**: 가연성 가스의 혼합가스에 비활성 가스를 투입하면 공기 중 산소농도가 저하되므로 연소상한계는 크게 낮아지고 연소하한계는 작게 높아져 전체적으로 연소범위가 좁아진다.

13 난이도 ●●○   답 ③

연소의 하한계(%) $= \dfrac{100}{\dfrac{60}{3} + \dfrac{30}{1.5} + \dfrac{10}{1}} = 2.0\%$

> ✅ 확인학습 **르샤틀리에 공식**
>
> $$LFL(\%) = \dfrac{100}{\dfrac{V_1}{L_1} + \dfrac{V_2}{L_2} + \dfrac{V_3}{L_3} + \cdots}$$
>
> • LFL: 혼합가스의 폭발하한계(vol%)
> • V_1: 각 단독성분의 혼합가스 중의 농도(vol%)
> • L_1: 혼합가스를 형성하는 각 단독 성분의 폭발하한계(vol%)

14 난이도 ●●○   답 ③

연소의 범위가 가장 넓은 것은 아세틸렌이고, 위험도가 가장 낮은 것은 메탄이다.

구분	연소범위(%)		위험도	
수소	4~75	71.0	$\dfrac{75-4}{4}$	17.8
아세틸렌	2.5~81	78.5	$\dfrac{81-2.5}{2.5}$	31.4
메탄	5~15	10.0	$\dfrac{15-5}{5}$	2.0
프로판	2.1~9.5	7.4	$\dfrac{9.5-2.1}{2.1}$	3.5

POINT 07 인화점 등

정답   p.23

01	②	02	①	03	⑤	04	④	05	③
06	③	07	③	08	②	09	③	10	④
11	①	12	①	13	③				

01 난이도 ●●○   답 ②

점화원을 제거해도 자력으로 연소를 지속할 수 있는 최저 온도를 연소점(Fire point)이라고 한다.

| 선지분석 |

① [×] 점화원에 의해서 가연물이 발화하기 시작하는 최저 온도를 인화점(Flash point)이라고 한다.
③ [×] 가연물의 최소발화에너지가 작을수록 더 위험하다.
④ [×] 일반적인 온도 관계는 인화점 < 연소점 < 발화점이다.

02 난이도 ●○○   답 ①

인화점은 인화성 액체의 위험성을 나타내는 기준으로 사용되고 있으며, 액체 가연물에 있어서 가연성 증기를 연소범위 하한계로 증발시킬 수 있는 최저의 온도를 의미하기도 한다.

> ✅ 확인학습 **발화점과 연소점**
>
> 1. **발화점**: 공기 중에서 가연성 물질을 가열했을 때 여기에 화염 등을 근접시키지 않아도 발화하며, 연소를 개시하는 최저의 온도를 발화점이라고 한다.
> 2. **연소점**: 연소점은 점화원을 제거한 후에도 계속적으로 연소를 일으킬 수 있는 최저온도를 말한다. 즉, 외부의 에너지를 제거해도 발열반응의 연소열에 의해 미반응부분의 연쇄반응이 지속적으로 일어나는 온도로서 자력에 의해 연소를 지속할 수 있는 온도를 의미한다.

03 난이도 ●●○ 답 ⑤

인화점이 낮은 것부터 높은 순으로 나열하면 디에틸에트테르, 이황화탄소, 아세톤, 메틸알코올, 글리세린이다.

| 선지분석 |

ㄱ. 아세톤: 제1석유류(수용성), 인화점 −18℃
ㄴ. 글리세린: 제3석유류(수용성), 인화점 160℃
ㄷ. 이황화탄소: 특수인화물, 인화점 −30℃
ㄹ. 메틸알코올: 알코올류, 인화점 11℃
ㅁ. 디에틸에테르: 특수인화물, 인화점 −45℃

> ✅ 확인학습 **제4류 위험물의 종류**

종류		지정수량
특수인화물	디에틸에테르, 이황화탄소	50L
제1석유류	비수용성: 휘발유, 벤젠, 톨루엔	200L
	수용성: 아세톤, 시안화수소	400L
알코올류	메틸알코올, 에틸알코올, 변성알코올	400L
제2석유류	비수용성: 등유, 경유	1천L
	수용성: 아세트산(초산), 히드라진(하이드라진)	2천L
제3석유류	비수용성: 중유, 클레오소트유(크레오소트유)	2천L
	수용성: 글리세린, 에틸렌글리콜	4천L
제4석유류	기어유, 실린더유	6천L
동·식물유류	정어리 기름	1만L

> ✅ 확인학습 **인화점**

종류		인화점(℃)
특수인화물	디에틸에테르	−45
	이황화탄소	−30
	아세트알데히드	−38
	산화프로필렌	−37
제1석유류	휘발유	−40 ~ −20
	벤젠	−11
	톨루엔	4
	아세톤	−18
알코올류	메틸알코올	11
	에틸알코올	13
	이소프로필알코올	11.7
제2석유류	등유	40 ~ 70
	경유	50 ~ 70
	아세트산(초산)	40
제3석유류	중유	60 ~ 150
	클레오소트유(크레오소트유)	74
	글리세린	160
제4석유류	기어유	170 ~ 310

04 난이도 ●●○ 답 ④

연소점은 가연물에 점화원을 제거한 후에도 계속적인 연소를 일으킬 수 있는 온도이다.

| 선지분석 |

① [×] 「위험물안전관리법」에서 석유류를 분류하는 기준은 인화점으로 분류한다.
② [×] 인화점은 외부로부터 에너지를 받아서 착화가 가능한 가연물질의 최저온도를 말한다.
③ [×] 발화점은 외부로부터의 직접적인 점화에너지의 공급 없이 물질자체가 스스로 착화가 되는 최저온도이다.
⑤ [×] 일반적으로 연소점은 인화점보다 10℃ 정도 높다.

05 난이도 ●○○ 답 ③

발화점은 물질이 외부의 점화원 접촉 없이 연소를 시작할 수 있는 최저온도이다.

| 선지분석 |

① [×] 물질이 외부의 점화원 접촉 시 연소를 시작할 수 있는 최저온도는 인화점이다.
② [×] 증기가 연소범위의 하한계에 이르러 점화되는 최저온도는 인화점이다.
④ [×] 인화점 이후 점화원 제거 후에도 지속적인 연소작용을 일으킬 수 있는 최저온도는 연소점이다.

06 난이도 ●●● 답 ③

A점은 인화점을 말한다. 인화점은 점화원(외부에너지)에 의해 발화하기 시작하는 최저연소온도이다. 즉, 온도(에너지조건)과 가연성기체의 농도(물적조건)이 충족된 상황에서 점화원이 주어지면 연소할 수 있는 최저연소온도이다.

> ✅ 확인학습 **화학양론농도(조성비)(Stoichiometric ratio)**
>
> 1. 화학양론농도는 물질의 반응 반응이 가장 일어나는 완전연소 혼합비율 말한다. [NTP(21℃, 1기압) 상태에서 가연성 가스, 공기계에서 완전연소에 필요한 농도비율이다.]
> 2. 연료와 공기의 최적합의 조성 비율이다.

07 난이도 ●●● 답 ③

가연성 물질의 화재 위험성으로 표면장력, 인화점, 발화점은 작거나 낮을수록 위험하다.

> ✅ 확인학습 **가연성 물질의 화재 위험성 인자**
>
> 1. 비열, 비점(끓는점), 비중, 융점(녹는점), 증발열은 낮을수록 위험하다.
> 2. 연소열, 압력은 높을수록 위험하다.
> 3. 연소속도는 빠를수록 위험하다.
> ※ 열전도도, 활성화에너지는 작을수록 위험하고 온도, 열량, 화학적활성도, 폭발범위는 높을수록(넓을수록) 위험하다.

08 난이도 ●●● 답 ②

파라핀계 탄화수소는 분자량이 클수록 발화온도가 낮아진다.

✅ 확인학습 CxHy 수의 증가[파라핀계]

1. 인화점이 높아진다.
2. 발열량이 증가한다.
3. 발화점이 낮아진다.
4. 분자구조가 복잡해진다.
5. 휘발성(증기압)이 감소하고 비점은 상승한다.
6. 연소범위가 좁아지고 하한계는 낮아진다.

✅ 확인학습 최소발화에너지(Minimun Ignition Energy) 영향 인자

1. 압력이 높을수록 분자 간의 거리가 가까워져 MIE가 작아진다.
2. 온도가 높을수록 분자 운동이 활발해져 MIE가 작아진다. MIE가 작아진다.
3. 가연성 혼합기의 농도가 양론농도 부근일 때 계나 하한계로 향함에 따라 MIE는 증가한다.
4. 열전도율이 낮으면 MIE가 작아진다. MIE가 작아진다. 일반적으로 이것보다 상한
5. 전극 간 거리가 짧을수록 MIE가 감소되나 어떤 거리 이하로 짧아지면 방열량이 커져서 아무리 큰 에너지를 가해도 인화되지 않는다. 이 거리를 소염거리라 한다.
6. 일반적으로 연소속도가 클수록 MIE값은 작아진다.
7. 매우 압력이 낮아서 어느 정도 착화원에 의해 점화하여도 점화할 수 없는 한계가 있는데 이를 최소착화압력이라 한다.

09 난이도 ●○○ 답 ③

가연성 액체의 위험도 기준은 인화점이다.

✅ 확인학습 가연성 액체

1. 가연성 액체는 공기 중에서 개방상태에 있는 경우에는 인화점 이상의 온도에서 착화에 의해 화재를 일으킨다. 또, 밀폐상태에 있는 경우에는 인화점 이상의 어떤 온도범위 내에서 액면 위의 증기-공기 혼합물이 착화되어 가스폭발을 일으킨다.
2. 일반적으로 불에 의하여 연소하는 액체의 위험물을 말하며 NFPA에서는 인화점 38℃(증기압 275kPa 이하)를 기준으로 6종류로 구분한다.
   • I A급: 인화점 23℃ 미만, 비점 38℃ 미만의 가연성 액체
   • I B급: 인화점 23℃ 미만, 비점 38℃ 이상의 가연성 액체
   • I C급: 인화점 23℃ 이상 38℃ 미만의 가연성 액체
   • II급: 인화점 38℃ 이상 60℃ 미만의 가연성 액체
   • III A급: 인화점 60℃ 이상 93℃ 미만의 가연성 액체
   • III B급: 인화점 93℃ 이상의 가연성 액체

10 난이도 ●●● 답 ④

문항의 가연물은 모두 제4류 위험물에 해당한다. 해당 가연물의 인화점을 묻는 문제이기는 하지만 해당 가연물이 몇 석유류에 해당하는지를 알면 쉽게 해결할 수 있는 문제이다.

✅ 확인학습 제4류 위험물 및 가연물의 인화점

1. 휘발유: −43 ~ −20℃ → 제1석유류 인화점이 21℃ 미만인 것
2. 벤젠: −11℃ → 제1석유류
3. 톨루엔: 4℃ → 제1석유류
4. 등유: 30 ~ 60℃ → 제2석유류 인화점이 21℃ 이상 70℃ 미만인 것
5. 글리세린: 160℃ → 제3석유류 인화점이 70℃ 이상 200℃ 미만인 것

종류		지정수량
특수인화물	디에틸에테르, 이황화탄소	50L
제1석유류	비수용성: 휘발유, 벤젠, 톨루엔	200L
	수용성: 아세톤, 시안화수소	400L
알코올류	메틸알코올, 에틸알코올, 변성알코올	400L
제2석유류	비수용성: 등유, 경유	1천L
	수용성: 아세트산(초산), 히드라진(하이드라진)	2천L
제3석유류	비수용성: 중유, 클레오소트유(크레오소트유)	2천L
	수용성: 글리세린, 에틸렌글리콜	4천L
제4석유류	기어유, 실린더유	6천L
동·식물유류	정어리 기름	1만L

11 난이도 ●●○ 답 ①

발화점은 착화원이 없는 상태에서 가연성 물질 자체의 열로서 공기 또는 산소 중에서 가열하였을 때 발화되는 최저온도이다.

| 선지분석 |

② [×] 열역학에서 액체와 기체의 상평형이 정의될 수 있는 한계 온도, 즉 액화가 가능한 최고의 온도는 임계온도에 대한 설명이다.
③ [×] 가연성 액체의 위험성 판단 기준은 인화점이다.
④ [×] 인화점 이후 점화원 제거 후에도 연소가 지속될 수 있는 온도는 연소점에 대한 설명이다.

12 난이도 ●○○ 답 ①

일반적인 온도 관계는 인화점 < 연소점 < 발화점이다.

13 난이도 ●○○ 답 ③

열전도율이 낮을수록 발화점이 낮아진다.

✅ 확인학습 발화점이 낮아지는 조건

1. 분자구조가 복잡할수록
2. 발열량이 클수록
3. 최소점화에너지(활성화에너지)가 작을수록
4. 열전도율이 작을수록
5. 화학반응에너지가 클수록
6. 산소와의 친화력 및 산소농도가 클수록
7. 압력 및 화학적 활성도가 클수록
8. 증기압이 높을수록

POINT 08 연소형태

정답   p.26

01	①	02	①	03	④	04	②	05	③
06	①	07	③	08	②	09	①	10	④
11	⑤	12	③						

01 난이도 ●●○   답 ①

작열연소: 화염이 없는 표면연소이다.

| 선지분석 |

② [×] 증발연소: 유황(황)이나 나프탈렌이 열분해되면서 일어나는 연소이다.

③ [×] 증발연소: 액체에서만 발생하는 연소형태로서 액면에서 비등하는 기체에서 발생한다. → 유황(황)이나 나프탈렌과 같은 고체연료에서도 증발연소를 한다.

④ [×] 자기연소: 제5류 위험물과 같이 물질 자체 내의 산소를 소모하는 연소로서 연소속도가 빠르다.

02 난이도 ●●○   답 ①

표면연소를 하는 가연성 물질에는 숯·목탄·코크스·금속분 등이 있다. 이러한 물질은 열분해하지 않고 증발도 하지 않는 것으로 가연성 고체 표면에서 산소와 반응하여 연소한다.

| 선지분석 |

② [O] 목재, 석탄, 종이 및 플라스틱은 가열하면 열분해 반응을 일으키면서 생성된 가연성 증기와 공기가 혼합하여 연소한다. → 분해연소

③ [O] 유황(황)과 나프탈렌은 가열하면 열분해를 일으키지 않고 증발하면서 증기와 공기가 혼합하여 연소한다. → 승화성 고체의 증발연소

④ [O] 셀룰로이드 및 트리니트로톨루엔(트리나이트로톨루엔)은 분자 내에 산소를 가지고 있어 가열 시 열분해에 의해 가연성 증기와 함께 산소를 발생하여 자신의 분자 속에 포함되어 있는 산소에 의해 연소한다. → 자기연소

⑤ [O] 파라핀(양초)은 가열하면 융해되어 액체로 변하게 되고 지속적인 가열로 기화되면서 증기가 되어 공기와 혼합하여 연소한다. → 융해성 고체의 증발연소

03 난이도 ●●○   답 ④

파라핀만 증발연소를 한다.

| 선지분석 |

① 목재: 분해연소

② 종이: 분해연소

③ 석탄: 분해연소

④ 파라핀: 증발연소

⑤ 합성수지: 분해연소

✓ 확인학습 고체연료의 연소형태

연소형태	물질
표면연소	숯, 목탄, 금속분, 코크스
분해연소	목재, 종이, 석탄, 플라스틱
자기연소	셀룰로이드, TNT
증발연소	유황(황), 나프탈렌, 파라핀(양초)

04 난이도 ●○○   답 ②

해당하는 것은 ㄱ, ㄹ이다.

| 선지분석 |

ㄴ. [×] 분무연소: 액체연료

ㄷ. [×] 폭발연소: 기체연료

ㅁ. [×] 예혼합연소: 기체연료

✓ 확인학습 가연물 상태에 따른 연소의 형태

가연물의 상태	종류
고체연료 (가연성 고체)	표면연소, 분해연소, 자기연소, 증발연소
액체연료 (가연성 액체)	증발연소, 분해연소, 분무연소
기체연료 (가연성 기채)	확산연소, 예혼합연소

05 난이도 ●●○   답 ③

옳은 것은 ㄱ, ㄷ, ㅁ이다.

| 선지분석 |

ㄴ. [×] 승화성 고체인 유황(황)과 나프탈렌은 증발연소를 한다.

ㄹ. [×] 예혼합연소의 예로 분젠버너의 연소, 불꽃점화식 내연기관의 연소실 내에서의 연소가 있다.

✓ 확인학습 증발연소(고체)와 예혼합연소(기체)

1. **증발연소(고체)**: 고체 가연물질을 가열하면 열분해를 일으키지 않고 그대로 증발하며, 증발된 증기가 연소하게 된다.

2. **예혼합연소(기체)**: 가연성 기체와 공기가 미리 연소범위 내에 균일하게 혼합되어 있는 기상 중에서의 연소를 말한다.

06 난이도 ●○○   답 ①

표면연소란 가연성 고체가 그 표면에서 산소와 반응하여 연소하는 것을 말한다. 표면연소를 하는 가연성 물질에는 숯·목탄·코크스·금속분 등이 있다. 이러한 물질은 열분해하지 않고 증발도 하지 않는 것으로 가연성 고체 표면에서 산소와 반응하여 연소한다.

| 선지분석 |

ㄹ. [×] 플라스틱 → 분해연소를 한다.

✅ 확인학습 고체·액체연료의 분해연소

1. **고체연료의 분해연소:** 석탄·목재·종이·섬유·플라스틱·고무류 등 은 분해연소를 한다.
2. **액체연료의 분해연소:** 점도가 높고, 비중이 큰 중질유인 중유를 열 분해하면 분해연소를 한다.

07 난이도 ●●○ 답 ③

옳은 것은 ㄱ, ㄷ, ㅁ이다.
산소농도가 증가하면 발생되는 현상으로 연소속도는 빨라지고, 화염의 온도가 높아지며, 점화에너지가 작아진다.

| 선지분석 |
ㄴ. [×] 발화점이 낮아진다.
ㄹ. [×] 폭발범위가 넓어진다.

08 난이도 ●○○ 답 ②

양초는 융해성 고체로 증발연소를 한다. 나프탈렌은 승화성 고체로 증 발연소를 한다.

| 선지분석 |
① 목탄은 표면연소를 한다.
③ 히드라진(하이드라진) 유도체는 자기연소를 한다.
④ 섬유는 분해연소를 한다.

09 난이도 ●●○ 답 ①

나프탈렌과 유황(황)은 고체연료로서 증발연소를 한다.

10 난이도 ●○○ 답 ④

코크스는 표면연소를 한다.

✅ 확인학습 고체연료의 자기연소

1. 자기연소는 가연물이면서 자체 내에 산소를 함유하고 있어 외부에서 열을 가하면 분해되어 가연성 기체와 산소가 발생하게 되므로 공기 중의 산소를 필요로 하지 않고 그 자체의 산소에 의해 연소되는 것 이다.
2. 자기연소를 하는 가연성 물질은 질산에스테르류(질산에스터류), 셀 룰로이드류, 니트로화합물류(나이트로화합물류), 히드라진(하이드라 진) 유도체, 히드록실아민(하이드록실아민) 등이 있다.
3. 일반적으로 제5류 위험물은 자기연소를 한다.

11 난이도 ●●● 답 ⑤

유황(황), 나프탈렌 및 양초는 고체연료로 증발연소를 한다.

12 난이도 ●○○ 답 ③

분해연소는 고체·액체연료의 연소형태이다.

✅ 확인학습 기체연료의 연소형태

1. **확산연소:** 연료가스와 공기가 혼합하면서 연소하는 형태
2. **예혼합연소:** 가연성 기체와 공기가 미리 연소범위 내에 균일하게 혼합 되어 연소하는 형태
3. **폭발연소:** 가연성 기체가 일시에 폭발적인 연소현상을 일으키는 비 정상연소의 형태

POINT 09 연소의 이상현상

정답 p.29

01	④	02	②	03	①	04	③	05	①
06	①	07	①	08	③				

01 난이도 ●●● 답 ④

역화현상은 일반적으로 기체 연소에서 발생하는데 연료가스의 분출속 도가 연소속도보다 느릴 때 불꽃이 연소기 내부로 들어가는 연소를 말 한다. 일반적으로 혼합가스의 압력보다 용기 밖의 압력이 높을 때 또 는 혼합가스량이 너무 적을 때 발생하는 이상 연소현상이다.

02 난이도 ●●○ 답 ②

인화점과 발화점이 가까운 액체일수록 재점화가 쉽고 냉각에 의한 소 화활동이 용이하지 않다.

✅ 확인학습 인화점 및 연소점

1. **인화점:** 가연물에 점화원을 가하였을 때 불이 붙을 수 있는 최저온 도를 말한다.
2. **연소점:** 점화원을 제거한 후에도 계속적으로 연소를 일으킬 수 있는 최저온도를 말한다.

✅ 확인학습 발화점[Ignition point(temperature)]

1. 점화원 없이도 스스로 불이 붙을 수 있는 최저온도이다.
2. 착화점, 발화온도, 자연발화점, 착화온도라 부르기도 한다.
3. 실내장식물의 모양, 가연성 가스의 비중은 발화점과 관계없다.

✅ 확인학습 열발생율

$$열발생율 = \frac{HI \times G_f}{V}$$

- HI: 저위발열량[kcal/kg]
- G_f: 연료량[kg/hr]
- V: 체적[㎥]

03 난이도 ●○○   답 ①

역화현상은 기체 연소에서 발생하는데, 연료가스의 분출속도가 연소속도보다 느릴 때 불꽃이 연소기 내부로 들어가는 연소를 말한다.

> ✔ 확인학습 역화의 원인
>
> 1. 버너가 과열될 때
> 2. 혼합가스량이 너무 적을 때
> 3. 용기 밖의 압력이 높을 때
> 4. 연료의 분출속도가 연소속도보다 느릴 때
> 5. 노즐의 부식 등으로 분출구멍이 커진 때

04 난이도 ●○○   답 ③

블로우오프(Blow off)는 선화상태에서 연료가스의 분출속도가 더욱 증가하여 화염이 꺼지는 현상을 말한다. 선화현상은 일반적으로 기체 연소에서 발생하는데, 역화현상의 반대 현상으로서 연료가스의 분출속도가 연소속도보다 빠를 때 불꽃이 버너의 노즐에서 떨어지는 연소를 말한다.

05 난이도 ●○○   답 ①

역화현상은 혼합가스의 분출속도가 연소속도보다 느릴 때 발생한다.

06 난이도 ●○○   답 ①

산소가 충분히 공급되지 않아 불완전한 연소가 진행된다.

> ✔ 확인학습 불완전연소
>
> 1. 산소가 충분히 공급되지 않아 불완전한 연소가 진행되면, 가연물질로부터 열분해가 되어 발생되는 생성물에 가연성 물질이 남아 있는 것을 말한다.
> 2. 불완전연소할 때의 대표적인 생성물로 일산화탄소(CO), 그을음, 유리탄소 등이 있다.

07 난이도 ●○○   답 ①

공급되는 가연물에 비하여 공기의 공급량이 너무 많을 때에는 완전연소의 형태를 보인다.

> ✔ 확인학습 완전연소와 불완전연소
>
> 1. **완전연소**: 가연물질이 완전연소하기 위해서는 공기 중의 산소 또는 산화제 등으로부터 충분한 양의 산소(O_2)가 공급되어야 한다.
> 2. **불완전연소**: 가연물질로부터 열분해되어 나온 열분해 가스·증발된 가연성 가스 등과 같은 가연성분이 산화반응을 완전히 완료하지 않으므로 일산화탄소(CO)·그을음 등이 생기는 연소상태를 말한다.

> ✔ 확인학습 불완전연소가 이루어지는 원인
>
> 1. 공급되는 공기의 양이 부족할 때
> 2. 연소생성물의 배기가 불량할 때
> 3. 공급되는 가연물질의 양이 많을 때
> 4. 불꽃이 저온의 물체와 접촉하여 온도가 내려갈 때

08 난이도 ●●●   답 ③

연료노즐에서 흐름이 층류인 경우, 확산연소에서 화염의 높이는 분출속도에 비례한다. 연료노즐에서 흐름이 완전성장 난류화염인 경우, 분출속도가 증가하여도 화염의 높이는 일정하다.

> ✔ 확인학습 이상연소 현상
>
> 1. **역화**: 연료의 연소속도가 분출속도보다 빠를 때 불꽃이 연료노즐 속으로 빨려 들어가 연료노즐 속에서 연소하는 현상이다.
> 2. **선화**: 불꽃이 연료노즐 위에 들뜨는 현상으로 연료노즐에서 연료기체의 연소속도가 분출속도보다 느릴 때 발생하는 현상이다.
> 3. **황염**: 분출하는 기체연료와 공기의 화학양론비에서 공기량이 적을 때 발생한다.

> ✔ 확인학습 비정상연소 등
>
> | 비정상연소 | 연소속도와 분출속도의 관계 |
> |---|---|
> | 역화 | 연소속도 〉 가스분출속도 |
> | 선화 | 연소속도 〈 가스분출속도 |
> | 블로우오프 | 연소속도 《 가스분출속도 |

> ✔ 확인학습 층류연소
>
> 1. **층류(예혼합) 화염의 연소 특성 영향인자**: 연료와 산화제의 혼합비, 압력 및 온도, 혼합기의 물리·화학적 특성 등(연소실의 응력과는 무관하다)
> 2. **층류 연소속도**: 연료의 종류, 혼합기의 조성, 압력, 온도에 대응하는 고유값을 가지며 흐름과는 무관하다.
> 3. **영향인자**
>   • 비례요인: 온도, 압력, 열전도율, 산소농도
>   • 반비례요인: 비열, 비중, 분자량, 층류화염의 예열대 두께

> ✔ 확인학습 난류연소
>
> 1. 층류일 때보다 연소가 잘되며 화염이 짧아진다.
> 2. 난류유동은 화염 전파를 증가시키지만 화학적 내용은 거의 변하지 않는다.
> 3. 유속이나 유량이 증대할 경우 시간의 지남에 따라 화염의 높이는 거의 변화가 없다.

> ✔ 확인학습 층류(예혼합) 연소와 난류(예혼합) 연소
>
> | 구분 | 층류(예혼합) 연소 | 난류(예혼합) 연소 |
> |---|---|---|
> | 연소속도 | 느림 | 빠름 |
> | 화염 | 원추상의 청색, 얇음 | 짧고 두꺼움 |
> | 미연소분 | 미존재 | 존재 |
> | 휘도 | 낮음 | 높음 |

CHAPTER 2 연소생성물

POINT 10 독성가스

정답   p.31

01	④	02	②	03	④	04	②	05	②
06	④	07	③	08	①	09	⑤	10	④
11	②	12	④	13	②				

01 난이도 ●●○   답 ④

독성가스의 허용농도는 암모니아, 시안화수소, 불화수소, 포스겐 순으로 높다.
- 불화수소: 3ppm
- 시안화수소: 10ppm
- 암모니아: 25ppm
- 포스겐: 0.1ppm

✓ 확인학습 일산화탄소

1. 탄화수소·셀룰로오스로 구성된 가연물질인 석유류·나무·고무류·종이·석탄 등이 불완전연소할 때 발생하는 유독성 가스이다.
2. 독성의 허용농도는 50ppm(g/m³)이다.
3. 무취·무미의 환원성이 강한 가스로서 상온에서 염소와 작용하여 유독성 가스인 포스겐($COCl_2$)을 생성한다.
4. 혈액 중 헤모글로빈과의 결합력이 산소의 210배에 이르고 흡입하면 산소결핍상태가 된다.
5. 증기 밀도는 0.97로 공기보다 다소 가볍다.
6. 일산화탄소의 공기 중의 농도가 0.64%인 상태에서는 두통·현기증이 심하게 일어나고 15 ~ 30분 이내에 사망할 수 있다. 또한 약 1.28%의 상태에서는 1 ~ 3분 내에 사망할 수 있다.

✓ 확인학습 포스겐

1. 열가소성 수지인 폴리염화비닐(PVC), 수지류 등이 연소할 때 발생하는 연소생성물로서 발생량은 많지 않다.
2. 독성이 큰 맹독성 가스로서 독성의 허용농도는 0.1ppm이다.
3. 불연성 가스로 공기보다 무거워 지면을 타고 확산된다.
4. 물과 접촉 시 분해되어 독성, 부식성 가스를 생성한다.
5. 질식성 독가스, 강한 자극제로서 폐수종을 유발할 수 있고 질식에 이르게 할 수 있다.
6. 증기상의 물질은 공기보다 무거워 공기와 교체되어 질식을 유발할 수 있으며, 액체 접촉 시 동상을 일으킬 수 있다.

✓ 확인학습 암모니아

1. 질소함유물이 연소할 때 발생하는 연소생성물로서 유독성이 있으며, 상온·상압에서 강한 자극성을 가진 무색의 기체로서 물에 잘 용해된다.
2. 용해도는 54g/100ml(20℃)이다.
3. 비료공장·냉매공업 분야에 많이 사용되고 있으므로 이러한 공장에서는 암모니아를 흡입하지 않도록 주의해야 한다(허용농도 25ppm).
4. 물리적 상태는 압축액화가스 상태이고, 증기밀도는 공기보다 가볍다.
5. 가연성 가스로 불에 탈 수는 있으나 쉽게 점화되지 않는다.
6. 증기상 물질은 극도로 자극적이며 부식성이 있다.

✓ 확인학습 불화수소(Hydrogen fluoride, HF)

1. 합성수지인 불소수지가 연소할 때 발생하며 무색의 자극성 기체로 유독성이 강하다(허용농도 3ppm).
2. 물에 잘 녹고 부식성이 있으며, 인화성 폭발성 가스를 발생시킨다.
3. 불연성 물질로 타지는 않지만 열에 의해 분해되어 부식성 및 독성 증기를 생성할 수 있다.
4. 모래나 유리를 부식시키는 성질이 있다.

✓ 확인학습 시안화수소(HCN)

1. 청산가스라고도 불리는 시안화수소는 질소성분을 가지고 있는 합성수지, 동물의 털, 인조견, 모직물 등의 섬유가 불완전연소할 때 발생하는 무색의 맹독성 가스이다.
2. 일산화탄소와 달리 헤모글로빈과 결합하지 않고도 호흡의 저해를 통한 질식을 유발한다.
3. 시안화수소의 독성허용농도(TLV-TWA 기준)는 10ppm(g/m³)으로, 0.3% 이상의 농도에서는 즉시 사망한다.

02 난이도 ●○○   답 ②

시안화수소(HCN)는 청산가스라고도 하며, 헤모글로빈과 결합되지 않고도 질식을 유발할 수 있다.

✓ 확인학습 시안화수소(HCN)

1. 청산가스라고도 불리는 시안화수소는 질소성분을 가지고 있는 합성수지, 동물의 털, 인조견, 모직물 등의 섬유가 불완전연소할 때 발생하는 무색의 맹독성 가스이며 가연성 가스이다.
2. 헤모글로빈과 결합하지 않고도 호흡의 저해를 통한 질식을 유발한다.
3. 시안화수소의 독성의 허용농도는 10ppm(g/m³)으로, 0.3% 이상의 농도에서는 즉시 사망한다.

03 난이도 ●●●   답 ④

브롬화수소(브로민화수소)(HBr)는 방염수지류 등이 연소할 때 발생하는 연소생성물로서 유독성이 있어 독성 가스로 취급되며 독성의 허용농도는 5ppm이다. 상온·상압에서 무색의 자극성 기체로 물에 잘 용해된다.

04 난이도 ●●●   답 ②

암모니아(NH_3)는 질소 함유물이 연소할 때 발생하고, 냉동시설의 냉매로 많이 쓰이고 있으므로 냉동창고 화재 시 누출 가능성이 크며, 독성의 허용농도는 25ppm이다.

| 선지분석 |

① [×] 황화수소(H_2S): 황을 포함하고 있는 유기화합물이 불완전연소하면 발생하는데 계란 썩은 냄새가 난다. 0.2% 이상 농도에서 냄새 감각이 마비되고, 0.4 ~ 0.7%에서 1시간 이상 노출되면 현기증, 장기혼란의 증상과 호흡기의 통증이 일어난다.
③ [×] 염화수소(HCl): 폴리염화비닐(PVC)과 같이 염소가 함유된 수지류가 탈 때 주로 생성된다. 독성의 허용농도는 5ppm이며 향료, 염료, 의약, 농약 등의 제조에 이용되고 있고, 자극성이 아주 강해 눈과 호흡기에 영향을 준다.

④ [×] 포스겐(COCl₂): 열가소성 수지인 폴리염화비닐(PVC), 수지류 등이 연소할 때 발생하는 연소생성물로서 발생량은 적지만 유독성이 큰 맹독성 가스이며, 독성의 허용농도는 0.1ppm이다.

⑤ [×] 시안화수소(HCN): 질소 성분을 가지고 있는 합성수지, 동물의 털, 인조견 등의 섬유가 불완전연소할 때 발생하는 맹독성 가스로, 0.3%의 농도에서 즉시 사망할 수 있다.

05 난이도 ●○○   답 ②

암모니아는 질소 함유물인 열경화성 수지 또는 나일론 등의 연소 시 발생하고, 냉동시설의 냉매로 많이 쓰이고 있으므로 냉동창고 화재 시 누출가능성이 크며, 허용농도는 25ppm이다.

06 난이도 ●●○   답 ④

아크로레인은 석유제품, 유지류 등이 탈 때 발생하는 가스이며, 인체에 대한 허용농도는 0.1ppm이고 10ppm 이상의 농도에서는 거의 즉사할 수 있다.

07 난이도 ●●○   답 ③

일산화탄소는 가연물이 불완전연소할 때 발생하는 것으로 유독성 기체이다.

> ✔ 확인학습 일산화탄소 및 이산화탄소
>
> 1. 특성비교
>
> | 일산화탄소 | 불완전연소, 공기보다 가벼움, 가연성, 폭발범위 있음 |
> | --- | --- |
> | 이산화탄소 | 완전연소, 공기보다 무거움, 불연성, 폭발범위 없음 |
>
> 2. 일산화탄소
>   - 탄화수소·셀룰로오스로 구성된 가연물질인 석유류·나무·고무류·종이·석탄 등이 불완전연소할 때 발생하는 유독성 가스이다.
>   - 일산화탄소는 무취·무미의 환원성이 강한 가스로서 상온에서 염소와 작용하여 유독성 가스인 포스겐(COCl₂)을 생성하기도 하며, 인체 내의 헤모글로빈과 결합하여 산소의 운반기능을 약화시켜 질식하게 한다.
> 3. 이산화탄소
>   - 셀룰로오스로 구성된 가연물질인 종이·나무·석탄·석유류 등이 완전연소할 때 발생한다.
>   - 연소생성물로 독성의 허용농도는 5천ppm(g/m³)이다.

08 난이도 ●○○   답 ①

시안화수소는 질소가 함유된 물질이 연소할 때 발생하며, 헤모글로빈과 결합하지 않고 사망에 이르게 하는 연소가스를 말한다.

09 난이도 ●○○   답 ⑤

일산화탄소는 가연물의 연소 시 불완전연소에 의해 발생하며, 흡입하면 헤모글로빈과 결합하여 몸속의 산소운반을 방해하여 질식을 유발시키는 무색·무취의 연소가스를 말한다.

10 난이도 ●○○   답 ④

HCl(염화수소)는 PVC 및 전선의 피복 등이 연소할 때 주로 발생하고 허용농도가 5ppm인 독성 가스이며, 특히 기도와 눈 등을 자극하며 금속에 대해 강한 부식성이 있는 물질이다.

11 난이도 ●●●   답 ②

암모니아는 질소 함유물이 연소할 때 발생하는 연소생성물로 유독성이 있으며, 상온·상압에서 강한 자극성을 가진 무색의 기체로서 물에 잘 용해된다.

12 난이도 ●●○   답 ④

「고압가스 안전관리법 시행규칙」상에서 독성 가스는 인체에 유해한 독성을 가진 가스로서 LC-50을 기준으로 5천ppm 이하인 것을 독성 가스로 분류한다.

> ✔ 확인학습 가연성 가스와 독성가스(「고압가스 안전관리법 시행규칙」 제2조)
>
> 1. 가연성 가스: 아세틸렌·암모니아·수소·황화수소·시안화수소·일산화탄소·이황화탄소·메탄 및 그 밖에 공기 중에서 연소하는 가스로서 폭발한계의 하한이 10% 이하인 것과 폭발한계의 상한과 하한의 차가 20% 이상인 것을 말한다.
> 2. 독성 가스: 아황산가스·암모니아·일산화탄소 및 그 밖에 공기 중에 일정량 이상 존재하는 경우 인체에 유해한 독성을 가진 가스로서 허용농도(해당 가스를 성숙한 흰쥐 집단에게 대기 중에서 1시간 동안 계속하여 노출시킨 경우 14일 이내에 그 흰쥐의 2분의 1 이상이 죽게되는 가스의 농도를 말한다)가 100만분의 5천 이하인 것을 말한다.

13 난이도 ●○○   답 ②

이산화탄소는 비가연성 물질로서 연소가스 중 가장 많은 양을 가지고 있으며 인체 허용농도가 5천ppm(g/m³)이다.

POINT 11 연기의 특성

정답   p.34

01	④	02	③	03	③	04	①	05	④
06	②	07	②	08	①	09	④	10	③
11	②	12	②	13	②	14	①		

01 난이도 ●●●   답 ④

중성대 하부 개구부를 개방하면 신선한 공기의 유입으로 실내의 연소가 원활해져 내부의 압력이 증가하면서 중성대가 아래로 내려온다.

✅ 확인학습 **중성대**

1. 구획화재에서 연소가스와 연기 등은 밀도의 감소로 부력이 증가하므로 위쪽으로 상승하게 된다.
2. 아래쪽에서는 신선한 공기가 건물의 안쪽으로 들어오게 되고 상승한 연소가스와 연기 등은 위쪽에서 나가게 되며 이때 내·외부의 압력차가 0이 되는 곳을 중성대라 한다.
3. 중성대의 개구부에서는 공기의 유동이 발생하지 않고 천장 가까이 형성되는 것이 환기 효과가 크다.
4. 중성대의 아래쪽으로 계속해서 공기가 유입되면 중성대의 위치는 낮아지게 된다.

02 난이도 ●●● 답 ③

건물에 화재가 발생했을 때, 연소가스와 연기 등은 밀도의 감소로 부력이 증가하므로 위쪽으로 상승하게 된다. 아래쪽에서는 신선한 공기가 건물의 안쪽으로 들어오게 되고 상승한 연소가스, 연기 등은 위쪽에서 나가게 되며 이때 압력차가 0이 되는 곳이 형성되는데 이를 중성대라고 한다.

✅ 확인학습 **감광계수 및 가시거리**

감광계수	가시거리(m)	현상
0.1	20 ~ 30	연기감지기가 작동할 때의 정도
0.3	5	건물 내부에 익숙한 사람이 피난에 지장을 느낄 정도
0.5	3	어두침침한 것을 느낄 정도
1	1 ~ 2	거의 앞이 보이지 않을 정도
10	0.2 ~ 0.5	화재 최성기 때의 정도

03 난이도 ●○○ 답 ③

연기의 일반적인 유동속도는 수평방향은 0.5 ~ 1m/s이고 수직방향은 2 ~ 3m/s이다. 일반적으로 수평방향으로의 유동속도보다는 수직방향으로의 유동속도가 더 빠르다.

| 선지분석 |

① [×] 건물 내·외의 온도차는 굴뚝효과에 영향을 준다.
② [×] 연기란 가연물이 연소할 때 생성되는 물질로서 고체상의 탄소미립자이며, 무상의 증기 및 기체상의 분자가 공기 중에서 응축되어 부유 확산하는 복합혼합물이다.
④ [×] 연기의 농도가 진할수록 감광계수가 커지고, 가시거리는 감소한다.

✅ 확인학습 **굴뚝효과**

1. 굴뚝효과(연돌효과): 건물 내부와 외부의 밀도와 온도차에 의한 압력의 차이로 인해 건물 내부의 더운 공기는 상승하고 외부의 차가운 공기는 아래로 내려오는 현상이다.
2. **영향을 주는 요인**: 건물의 높이, 외벽의 기밀도, 건물 내·외의 온도차, 건물의 층간 공기누설 등이 있다.

04 난이도 ●○○ 답 ①

감광계수가 증가할수록 가시거리는 감소한다.

05 난이도 ●○○ 답 ④

ㄱ. 부력효과, ㄴ. 바람에 의한 압력차, ㄷ. 굴뚝효과, ㄹ. 공기조화설비의 영향은 모두 고층건축물에서 연기유동을 일으키는 요인이다.

✅ 확인학습 **연기를 이동시키는 요인**

1. 굴뚝효과(연돌효과)
2. 바람의 영향
3. 건물 내 강제적인 공기이동[공기조화설비(HVAC시스템)]
4. 온도에 의한 팽창
5. 건물 내·외 온도차
6. 화재로 인한 부력

06 난이도 ●○○ 답 ②

중성대에 대한 설명이다.

| 선지분석 |

① 숨은열(잠열): 열의 출입이 온도변화 현상으로 나타나지 않고 상(태)변화로 흡수, 방출되는 열을 숨은열(잠열)이라 한다.
③ 삼중점: 기체·액체·고체의 세 가지 상이 평형상태에서 함께 존재할 수 있는 온도와 압력을 말한다. 물의 경우 삼중점은 273.16K (0.01℃)의 온도와 0.6117kPa(0.006037atm)의 압력을 가진다.
④ 불연속선: 실내의 천장 쪽의 고온가스와 바닥 쪽의 찬공기의 경계선을 의미한다.

07 난이도 ●○○ 답 ②

연료 중에 수소가 많으면 백색연기, 탄소수가 많으면 흑색연기로 변한다.

08 난이도 ●○○ 답 ①

감광계수가 0.3이며 가시거리는 5m일 때는 건물 내부에 익숙한 사람이 피난할 때 약간 지장을 느낄 정도이다.

✅ 확인학습 **감광계수 및 가시거리**

감광계수	가시거리(m)	현상
0.1	20 ~ 30	연기감지기가 작동할 때의 정도
0.3	5	건물 내부에 익숙한 사람이 피난에 지장을 느낄 정도
0.5	3	어두침침한 것을 느낄 정도
1	1 ~ 2	거의 앞이 보이지 않을 정도
10	0.2 ~ 0.5	화재 최성기 때의 정도

09 난이도 ●●○ 답 ④

실외의 공기가 실내보다 따뜻할 때에는 실외의 공기가 유입될 수 있다. 이때 공기가 아래로 내려오게 되는데, 이러한 현상을 역굴뚝효과라 한다.

10 난이도 ●○○   답 ③

저층건물보다 고층건물에서 굴뚝효과에 의하여 연기의 유동이 잘 발생한다.

11 난이도 ●●○   답 ②

일반적으로 온도가 상승하면 밀도는 낮아진다.

> **✔ 확인학습 밀도**
>
> 1. 밀도는 단위부피당 질량이며, 국제단위계에서의 단위는 kg/m³이다.
> 2. 모든 물질의 밀도는 온도와 압력에 따라 달라진다.
> 3. 온도가 상승하면 밀도는 낮아진다.
> 4. 압력이 감소하면 밀도는 낮아진다.
> 5. 물은 4℃에서 밀도가 가장 높고 온도가 4℃에서 올라가거나 떨어지면 밀도가 낮아진다.

12 난이도 ●○○   답 ②

굴뚝효과는 층의 면적과 직접적인 관계는 없다.

> **✔ 확인학습 굴뚝효과에 영향을 주는 인자**
>
> 1. 건물의 높이
> 2. 외벽의 기밀도
> 3. 건축 내·외의 온도차
> 4. 건물의 층간 공기누설

13 난이도 ●○○   답 ②

일반적인 연기의 수직방향으로의 유동속도는 2.0 ~ 3.0m/s이다.

> **✔ 확인학습 연기의 유동속도**
>
> 1. **수평방향:** 0.5 ~ 1m/s
> 2. **수직방향:** 2 ~ 3m/s
> 3. **계단실 내:** 3 ~ 5m/s

14 난이도 ●○○   답 ①

연기 제어 방법에 연소는 해당하지 않는다. 연기 제어 방법은 희석, 배기 및 차단이다.

POINT 12 열의 전달 등

정답   p.37

01	①	02	①	03	②	04	②	05	③
06	③	07	④	08	④	09	④	10	③
11	①								

01 난이도 ●○○   답 ①

화재의 초기단계에서 열의 전달은 전도에 기인한다. 실내의 공기가 따뜻해지는 것은 대류에 의한 현상이다.

> **✔ 확인학습 열전달방식(전도, 대류, 복사)**
>
> 1. **전도:** 물질의 이동 없이 고온의 물체와 저온의 물체를 직접 접촉시킬 때 고온의 물체에서 활발하게 일어나는 분자운동이 접촉면에서의 충돌로 자유전자의 이동에 의해 에너지가 전달된다.
> 2. **대류:** 온도가 높은 분자의 물질은 밀도가 작아져서 위로 올라가고 온도가 낮은 물질은 밀도가 커져서 아래로 내려오게 된다. 밀도 차에 의해 분자들의 집단 흐름이 생긴다. 이러한 순환적인 흐름에 의해 열이 전파되는 현상을 대류라고 한다. 열복사 수준이 낮은 화재초기 상태에서 중요한 현상으로 부력의 영향을 받는다.
> 3. **복사:** 열이 매질을 이용하지 않고 직접 전자기파의 형태로 전달되는 현상을 복사라고 한다. 일반적으로 화재에 가장 크게 작용되는 열의 전달이며, 플래시오버에서도 가장 많은 영향을 미치는 것이 복사이다.

02 난이도 ●●○   답 ①

대류는 열복사 수준이 낮은 화재초기 상태에서 부력의 영향을 많이 받는다.

| 선지분석 |
② [×] 가연성 고체의 발화는 대류보다는 전도에 의한 영향을 받는다.
③ [×] 복사는 플래시오버 현상에서 가장 많은 영향을 미치는 열전달이다.
④ [×] 고체 또는 정지 상태의 유체 내에서 매질을 통한 열전달은 전도를 말한다.
⑤ [×] 전도방식에 의한 전달 열량은 온도차, 열전도도에 비례하고 물질의 두께에는 반비례한다.

03 난이도 ●○○   답 ②

스테판 – 볼츠만 법칙은 흑체에서부터 방출되는 에너지를 절대온도로 표현한 것이다. 이상적인 흑체의 경우 단위면적당, 단위시간당 모든 파장에 의해 방사되는 총 에너지(E)는 절대온도(K)의 4제곱에 비례한다 ($E = \sigma T^4$). (σ: 스테판 – 볼츠만 상수)

04 난이도 ●●○　　　　　　　　　　　　답 ②

연소의 하한계(%) $= \dfrac{100}{\dfrac{20}{4}+\dfrac{40}{20}+\dfrac{40}{10}} = 9.1[\%]$

✓ 확인학습 **르샤틀리에 공식**

$$LFL(\%) = \dfrac{100}{\dfrac{V_1}{L_1}+\dfrac{V_2}{L_2}+\dfrac{V_3}{L_3}+\cdots}$$

- LFL: 혼합가스의 폭발하한계(vol%)
- V_1: 각 단독성분의 혼합가스 중의 농도(vol%)
- L_1: 혼합가스를 형성하는 각 단독 성분의 폭발하한계(vol%)

05 난이도 ●○○　　　　　　　　　　　　답 ③

복사에 의한 열전달방식에 대한 설명이다.

✓ 확인학습 **복사(열)**

1. 복사열은 전자기파의 복사에너지 때문에 생기는 열이다. 물체들이 맞닿았을 때 또는 대류를 통해서 전달되는 열의 움직임이 아니라 전자기파가 물체를 이루고 있는 입자들의 운동량을 높이면서 생기는 열이다.
2. 열역학에서 열은 열전도나 대류를 통해서 입자들 간의 운동량의 차이로 생기는 에너지 전달이다. 반면 복사열은 직접적이고, 따라서 그 변화도 빠르다. 먼 거리에서도 복사열이 생길 수 있는 이유는 매질이 필요 없는 전자기파의 빠른 전달력 때문이다.

06 난이도 ●○○　　　　　　　　　　　　답 ③

백적색 불꽃(연소)의 온도는 1천300℃이다.

✓ 확인학습 **불꽃(연소)색과 온도와의 관계**

연소불꽃의 색상	연소온도(℃)	연소불꽃의 색상	연소온도(℃)
담암적색	520	황적색	1천100
암적색	700	백적색	1천300
적색	850	휘백색	1천500
휘적색	950		

07 난이도 ●●○　　　　　　　　　　　　답 ④

열유속(열전달속도)은 열전도율, 열전달면적, 고온부와 저온부의 온도차에 비례하고 열이 전달되는 거리에는 반비례하며, 열의 유동은 시간에 따라 변화하지 않는다. 즉, 전열면적과 온도차에 비례하고 두께차에 반비례한다.

✓ 확인학습 **전도에 의한 열전달량**

$$Q = \dfrac{kA(T_2 - T_1)}{l}$$

- k: 열전도율
- A: 열전달 부분의 면적
- $(T_2 - T_1)$: 각 벽면의 온도차
- l: 벽두께

08 난이도 ●●○　　　　　　　　　　　　답 ④

잠열(숨은열)은 온도의 변화를 수반하지 않고 상의 변화로 생성되는 에너지를 말한다.

✓ 확인학습 **현열과 잠열(숨은열)**

1. 현열: 열의 출입이 상변화에 사용되지 않고 온도변화 현상으로 나타나는 열을 현열이라 한다.
2. 잠열: 열의 출입이 온도변화 현상으로 나타나지 않고 상변화로 흡수되고, 방출되는 열(숨은열)을 잠열이라 한다.
   물의 기화(잠)열은 539kcal/kg이고 얼음의 융해(잠)열은 80kcal/kg이다.

✓ 확인학습 **1BTU**

1. 물 1lb(파운드)를 표준기압하에서 60.5℉로부터 61.5℉까지 높이는 데 필요한 열량을 말한다.
2. 영국의 열량 단위로서 1파운드의 물을 대기압하에서 1℉ 올리는 데 필요한 열량이다. BTU와 kcal의 관계는 1kcal = 3.968BTU, 1BTU = 0.252kcal이다.

09 난이도 ●●○　　　　　　　　　　　　답 ④

모두 옳은 지문이다.

10 난이도 ●●●　　　　　　　　　　　　답 ③

스프링클러헤드와 화재감지기는 유효범위 내에 설치한다.

✓ 확인학습 **천장제트흐름(Ceiling jet flow)**

1. 고온의 연소생성물이 부력에 의해 힘을 받아 천장면 아래에 얇은 층을 형성하는 빠른 가스흐름을 말한다.
2. 일반적으로 천장제트흐름은 화재초기에 존재한다.
3. 천장열류보다 온도가 낮은 천장재와 유입 공기쪽에서 일어나는 열손실에 의해 천장열류의 온도는 감소한다.
4. 흐름의 두께는 천장에서 화염까지 높이의 5 ~ 12% 내외 정도의 범위다.
5. 스프링클러헤드와 화재감지기는 유효범위 내에 설치한다.

11 난이도 ●●○　　　　　　　　　　　　답 ①

복사열전달 현상은 열에너지가 전자기파의 형태로 전달되는 현상이다.

| 선지분석 |

② [×] 푸리에의 법칙은 전도와 관련이 있다. 열전달속도는 열전달면적, 고온부와 저온부의 온도차이에 비례하고 열이 전달되는 거리에 반비례한다.

✓ 확인학습 **푸리에의 법칙에 의한 열전달량**

$$열전달량 \quad Q = kA\dfrac{(T_1 - T_2)}{L}$$

- k: 열전도율(W/mK)
- A: 열전달 부분의 면적
- T_1: 고온 측 표면온도(K)
- L: 물체의 두께
- $(T_1 - T_2)$: 각 벽면의 온도 차
- T_2: 저온 측 표면온도(K)

③ [×] 전도에 관한 내용이다.

> ✅ 확인학습 전도
> 1. 물질의 이동 없이 고온의 물체와 저온의 물체를 직접 접촉시킬 때 고온의 물체에서 활발하게 일어나는 분자운동이 접촉면에서의 충돌에 따른 자유전자의 이동이나 분자의 진동운동에 의해 저온 물체의 분자운동을 활발하게 하여 에너지를 전달한다.
> 2. 금속이 비금속에 비해 열전도율이 큰 이유는 자유전자의 이동성 때문이다.
> 3. 열전도도는 고체 → 액체 → 기체의 순서이다.
> 4. 콘크리트가 철근보다 열전도율이 작다.

④ [×] 액체나 기체 내에서 밀도차에 의해 분자들의 집단 흐름이 생기는 대류 대한 설명이다.

> ✅ 확인학습 대류
> 1. 유체의 흐름이 층류일 때보다는 난류일 때 열전달이 잘 이루어진다.
> 2. 열복사 수준이 낮은 화재초기 상태에서 중요한 현상으로 부력의 영향을 받는다.

⑤ [×] 복사열은 진공상태에서도 전달된다.

> ✅ 확인학습 열전달 방식의 비교
>
> | 구분 | 전도 | 대류 | 복사 |
> |---|---|---|---|
> | 원리 | • 분자 간 충돌
• 자유전자의 이동 | 액체·고체 상의 온도차에 의한 유체운동 | 전자기파의 이동 |
> | 특징 | 고체 > 액체 > 기체 | 유체를 통한 열전달 | – |
> | 단계 | 연소 초기 | 성장기 초기 | 플래시오버 현상 |

CHAPTER 3 소방화학

POINT 13 연소반응식

정답   p.39

01	③	02	⑤	03	⑤	04	③	05	④
06	③	07	②	08	④	09	③	10	③
11	④								

01 난이도 ●●○   답 ③

메탄(CH_4)의 연소반응식은 $CH_4 + 2O_2 \rightarrow CO_2 + 2H_2O$이다.
따라서, 메탄 $2m^3$이 연소할 때 필요한 산소의 부피는 $4m^3$이다.

> ✅ 확인학습 탄화수소 연소반응식
> 1. 메탄(CH_4): $CH_4 + 2O_2 \rightarrow CO_2 + 2H_2O$
> 2. 에탄(C_2H_6): $C_2H_6 + \dfrac{7}{2}O_2 \rightarrow 2CO_2 + 3H_2O$
> 3. 프로판(C_3H_8): $C_3H_8 + 5O_2 \rightarrow 3CO_2 + 4H_2O$
> 4. 부탄(C_4H_{10}): $C_4H_{10} + \dfrac{13}{2}O_2 \rightarrow 4CO_2 + 5H_2O$

02 난이도 ●●●   답 ⑤

• 프로페인 1mol이 완전연소하는 데 필요한 공기 중 질소의 양은 이론공기량×0.79이다. 따라서, 필요한 공기량 중 질소의 양 23.8[mol]×0.79[vol%]≒18.8[mol]이다.
• 프로페인 0.5mol일 때는 18.8[mol]×0.5≒9.4[mol]이다.

| 선지분석 |

① [○] 프로페인 1mol이 완전연소하면 약 72g의 물이 생성된다. → 4몰의 H_2O가 생성된다[4×18 = 72(g)].
② [○] 프로페인 0.5mol이 완전연소하는 데 약 2.5mol의 산소가 필요하다. → 프로페인 1mol이 완전연소하는 데 5몰의 산소가 필요하므로 0.5mol일 경우 약 2.5mol의 산소가 필요하다.
③ [○] 프로페인 44g이 완전연소하면 약 132g의 이산화탄소가 생성된다. → 프로페인 44g은 1몰이다. 따라서 3mol의 CO_2가 생성된다. 3mol의 CO_2는 132g이다[3×44 = 132(g)].
④ [○] 프로페인 1mol이 완전연소하는 데 약 23.8mol의 공기가 필요하다. → 이론공기량 $= \dfrac{5}{0.21} ≒ 23.8[mol]$

> ✅ 확인학습 프로페인(C_3H_8)의 완전연소 조성식
> 1. 프로페인(C_3H_8)의 완전연소 반응식
>
> $$C_3H_8 + 5O_2 \rightarrow 3CO_2 + 4H_2O$$
>
> 2. 프로페인 1mol 완전연소할 때
> • 5mol의 O_2 [5×36 = 180(g)]
> • 3mol의 CO_2 [3×44 = 132(g)]
> • 4mol의 H_2O [4×18 = 72(g)]
> • 필요한 공기량 $\dfrac{5}{0.21} ≒ 23.8[mol]$
> • 필요한 공기량 중 질소의 양 23.8[mol]×0.79[vol%]≒18.8[mol]
> ※ 프로페인 0.5mol 완전연소할 때는 산출된 값의 0.5를 곱하여 값을 얻을 수 있다.

03 난이도 ●○○   답 ⑤

프로판(C_3H_8)의 완전연소반응식은 $C_3H_8 + 5O_2 \rightarrow 3CO_2 + 4H_2O$이다. 따라서, 프로판 1몰이 완전연소하는 데 필요한 산소의 몰수는 5이다.

04 난이도 ●●○   답 ③

프로판(C_3H_8)의 완전연소반응식은 $C_3H_8 + 5O_2 \rightarrow 3CO_2 + 4H_2O$이므로 a = 5이다.

05 난이도 ●●○   답 ④

부탄의 연소반응식은 $2C_4H_{10} + 13O_2 \rightarrow 8CO_2 + 10H_2O$이므로 a + b + c의 값은 31이다.

06 난이도 ●○○   답 ③

탄화수소(C_mH_n)로 이루어진 가연물이 완전연소하면 이산화탄소(CO_2)와 수증기(H_2O)가 생성된다.

탄화수소 완전연소 시 연소반응식은

$C_mH_n + (m + \frac{n}{4})O_2 \rightarrow mCO_2 + \frac{n}{2}H_2O$이고,

프로판의 연소반응식은 $C_3H_8 + 5O_2 \rightarrow 3CO_2 + 4H_2O$이므로

프로판 $1m^3$를 완전연소 시 필요한 <u>산소의 부피는 $5m^3$</u>이다.

07 난이도 ●●●   답 ②

마그네슘 $24g$이 완전연소하기 위해 필요한 이론산소량은 $16g$이다.

1. 관계식

$$Mg + \frac{1}{2}O_2 \rightarrow MgO(산화마그네슘)$$

2. 풀이식

- 마그네슘(Mg)과 산소(O_2)는 $1 : \frac{1}{2}$의 비율(산화마그네슘이 생성되는 연소반응식은 마그네슘 1몰과 산소 $\frac{1}{2}$몰의 비율로 반응한다)

- 몰(mol) $= \dfrac{질량}{분자량} = \dfrac{질량}{원자량}$

- O_2의 $\frac{1}{2}$몰일 때 필요한 질량을 구하는 식은 $\frac{1}{2} = \frac{X}{32}$이다.
  따라서 $x = 16g$이다.

- 마그네슘 $24g$이란 마그네슘 1몰을 의미한다. 완전연소하기 위해 필요한 이론산소량(g)은 산소(O_2) $\frac{1}{2}$몰일 때의 질량을 구하면 된다. 따라서 정답은 $16g$이다.

08 난이도 ●○○   답 ④

표준상태에서 공기 중 산소농도(부피비)가 21%일 때 메테인(CH_4)이 완전연소하는 데 필요한 이론공기량은 메테인(CH_4)이 차지하는 체적의 약 9.5배이다.

1. 관계식

$$CH_4 + 2O_2 \rightarrow CO_2 + 2H_2O$$

2. 풀이식
- 연소반응식에 따라, 메탄 $1m^3$와 반응하는 산소(O_2)는 $2m^3$이다.
- 공기 중 산소농도가 21%이므로 산소(O_2) $2m^3$ 완전연소하는 데 필요한 공기량을 구하는 식은 $100 : 21 = X : 2$이다.
- 산소 $2m^3$를 포함한 공기는 부피는 $9.52m^3$이다.
- 메테인이 완전연소하는 데 필요한 이론공기량은 메타인 $1m^3$가 차지하는 체적의 약 9.5배이다.

09 난이도 ●●●   답 ③

질소와 산소는 상온·상압에서 기체상태로 비교적 안정한 화합물이다. 고온·고압 상태에서 주로 화학반응이 일어나는데 이때 화학반응이 발열반응이 아닌 <u>흡열반응</u>을 하게 되고 <u>산화흡열반응물질인 질소(N_2)</u>는 <u>산화반응을 하지만 연소라고 할 수는 없다.</u>

10 난이도 ●●●   답 ③

$$2CH_3OH + 3O_2 \rightarrow 2CO_2 + 4H_2O$$

- 연소의 범위는 3~37%(연소의 상한계는 37%이고, 연소범위의 상·하한의 폭은 30%이므로 연소의 하한계는 7%이다)

- 최소산소농도(MOC) = 연소의 하한계 $\times \dfrac{산소의 몰수}{가연물의 몰수}$

$$= 7 \times \frac{3}{2} = 10.5\%$$

✅ 확인학습 **최소소화농도(MOC)**

1. 화염을 전파하기 위해서는 최소한의 산소농도가 요구되며 이를 최소산소농도(MOC; Minimum Oxygen Concentration)라 한다.
2. 가연성가스 농도가 얼마든지 산소 농도를 MOC 이하로 낮추면 연소는 불가능하게 된다.
3. 최소산소농도는 폭발 화재 방지에 유용한 기준이 된다.
4. MOC는 공기와 연료의 혼합기 중 산소의 부피를 나타내며 %의 단위를 갖는다.
5. 실험 데이터가 충분하지 못할 때 MOC 값은 연소반응식 중의 산소의 양론계수와 연소하한계의 곱을 이용하여 추산되며 이 방법은 많은 탄화수소에 적용된다. 즉, MOC = 산소몰수 $\times$ 연소하한계이다.
6. 불활성기체가 첨가되면 연소범위가 좁아진다.

---

11 난이도 ●●●   답 ④

1. 황의 완전연소반응식은 $S + O_2 = SO_2$이다.
2. 황 $1kg$이 공기 중에서 완전 연소할 때 발생되는 이산화황의 발생량은 $2kg$이다.

   - 황 $1kg$은 $1{,}000g \times \dfrac{1몰}{32g} = 31.25$몰이다.

   - 황의 완전연소반응식에 따라 이산화황은 31.25몰이 생성된다.

   - SO_2은 31.25몰 $\times \dfrac{64g}{1몰} = 2{,}000g$이 생성된다.)

3. SO_2의 발생량 $2kg(2{,}000g)$, SO_2의 분자량 64

   따라서 $n = \dfrac{w(무게)}{M(분자량)} = \dfrac{2{,}000}{64} = 31.25$(몰)

4. 이상기체반응식 $PV = nRT$

$$V = nRT/p = \frac{w}{M}RT/p$$

$$= 31.25(몰) \times 0.082(atm \cdot L/mol \cdot K)$$

$$\times (800 + 273)K/1atm$$

$$= 2{,}749(L) \times (\frac{1m^3}{1000L} : 환산인자)$$

따라서, 이산화황의 발생량(m^3)은 $2.75(m^3)$이다.

정답 p.41

01	①	02	②	03	④	04	③	

01 난이도 ●●○ 답 ①

실내화재의 불완전연소 시에 많은 양의 일산화탄소가 발생한다.

02 난이도 ●●○ 답 ②

열의 축적이 용이하고 가연물의 열전도율이 낮을수록 위험하다.

03 난이도 ●●○ 답 ④

가연물의 인화점과 비중이 작을수록 위험하다.

04 난이도 ●●● 답 ③

화재 전에 비하여 화재 후의 압력은 약 2.5배이다.

1. 보일 – 샤를의 법칙

$$\frac{P_1 V_1}{T_1} = \frac{P_2 V_2}{T_2} = 일정$$

2. 풀이식

$$\frac{1atm \times V_1}{T_{0℃}} = \frac{P_{400℃} \times V_2}{T_{400℃}}$$

$$\frac{P_{0℃}(1atm)}{273K} = \frac{P_{400℃}}{673K} \quad (밀폐된 \ 공간이므로 \ V_1 = V_2 이다)$$

$$\frac{P_{400℃}}{P_{0℃}(1atm)} = \frac{673K}{273K} = 2.46$$

PART 2 | 폭발론

CHAPTER 1 폭발의 개관

POINT 15 폭발의 개념

정답   p.44

| 01 | ① | 02 | ⑤ | 03 | ④ | 04 | ① |

01 난이도 ●●●   답 ①

증기폭발은 폭발물질의 원인물질의 상태에 따른 분류 중 응상폭발에 해당한다.

✅ **확인학습 기상폭발과 응상폭발**
폭발을 일으키는 원인물질의 상태에 따라 기상폭발과 응상폭발로 분류할 수 있다. 여기서 응상이란 고체상과 액체상을 모두 포함하는 말이며 기상이란 기체상을 말한다.
1. 기상폭발: 가스폭발, 분무폭발, 분진폭발, 가스의 분해폭발, 증기운폭발(UVCE)
2. 응상폭발: 증기폭발, 수증기폭발, 전선폭발, 물질의 혼합에 의한 폭발, 폭발성 물질의 폭발

02 난이도 ●○○   답 ⑤

가스폭발, 분무폭발 및 분진폭발은 화학적 폭발에 해당한다.

03 난이도 ●●○   답 ④

분무폭발은 공기 중에 분출된 가연성 액체의 미세한 액적이 무상으로 되어 공기 중에 부유하고 있을 때에 발생한다.

✅ **확인학습 중합폭발**
1. 불포화탄화수소 등이 급격한 중합반응을 일으켜 중합열에 의해 폭발하는 경우를 말한다.
2. 산화에틸렌(분해폭발도 가능), 부타디엔, 염화비닐, 시안화수소(분해폭발도 가능) 등이 대표적인 예이다.

04 난이도 ●●○   답 ①

아세틸렌과 산화에틸렌은 분해폭발을 일으키기 쉬운 물질이다.

| 선지분석 |
② [×] 상온에서 탱크에 저장된 중유가 유출되어 증기운 폭발이 발생하기는 어렵다.
③ [×] 조연성가스는 자신은 연소하지 않으면서 다른 물질이 타는 것을 도와주는 역할을 한다. 가스폭발을 일으키지 않는다.
④ [×] 다량의 고온물질이 물속에 투입되었을 때 물의 갑작스러운 상변화에 의한 폭발현상을 수증기폭발이라 한다.

✅ **확인학습 분해폭발**
1. 공기가 섞이지 않은 상태에서도 폭발이 가능하므로 폭발상한계는 100%가 될 수 있다.
2. 아세틸렌, 산화에틸렌, 히드라진(하이드라진), 에틸렌, 오존, 아산화질소, 산화질소, 시안화수소

CHAPTER 2 폭발의 분류

POINT 16 물리적 폭발 및 화학적 폭발

정답   p.45

| 01 | ④ | 02 | ④ | 03 | ① | 04 | ① |

01 난이도 ●○○   답 ④

화학적 폭발에 해당하는 것은 ㄱ, ㄷ, ㄹ이다.

| 선지분석 |
ㄴ. [×] 수증기폭발은 물리적 폭발에 해당한다.

02 난이도 ●●○   답 ④

수증기폭발은 물리적 폭발에 해당한다.

03 난이도 ●○○   답 ①

수증기폭발은 물리적 폭발에 해당한다.

✅ 확인학습 압력상승에 원인에 따른 분류

물리적 폭발	화학적 폭발
• 양적변화	• 질적변화
• 상변화에 따른 폭발	• 화학반응에 따른 폭발
• 액화가스 증기폭발	• 분진폭발
• 수증기폭발	• 분해폭발
• 전선폭발(알루미늄 전선)	• 가스폭발
• 감압폭발	• 분무폭발
• 과열액체 증기폭발(블래비)	• 박막폭발
• 고상간 전이에 의한 폭발	

✅ 확인학습 반응폭주

온도·압력 등 제어상태가 규정의 조건을 벗어나는 것에 의해 반응속도가 지수함수적으로 증대되고, 반응기 내의 온도·압력이 급격히 이상 상승되어 규정조건을 벗어나고, 반응이 과격화되는 현상을 말한다.

04 난이도 ●○○　　　　　　　　　　　　답 ①

물질의 상변화에 의해 에너지 방출이 짧은 시간에 이루어지는 폭발은 물리적 폭발이다. 분해폭발은 화학적 폭발에 포함된다.

✅ 확인학습 물리적 폭발과 화학적 폭발

1. 화학적 폭발
   • 질적변화
   • 가스폭발, 분진폭발, 분해폭발, 분무폭발, 박막폭발
2. 물리적 폭발
   • 양적변화
   • 증기폭발, 수증기폭발, 전선폭발, 감압폭발, 고상간 전이에 의한 폭발

POINT 17 기상폭발 및 응상폭발

정답　　　　　　　　　　　　　　　　　　　　p.46

01	⑤	02	③	03	④	04	④	05	①
06	②	07	①						

01 난이도 ●○○　　　　　　　　　　　　답 ⑤

증기폭발은 응상폭발에 해당한다.

| 선지분석 |
① 분무폭발: 기상폭발
② 분진폭발: 기상폭발
③ 분해폭발: 기상폭발
④ 증기운폭발: 기상폭발
⑤ 증기폭발: 응상폭발

✅ 확인학습 기상폭발과 응상폭발

폭발을 일으키는 원인물질의 상태에 따라 기상폭발과 응상폭발로 분류할 수 있다. 여기서 응상이란 고체상과 액체상을 모두 포함하는 말이며 기상이란 기체상을 말한다.
1. 기상폭발: 원인물질의 상태가 기체상태인 폭발현상을 말하며, 가스폭발, 분무폭발, 분진폭발, 가스의 분해폭발, 증기운폭발(UVCE)이 해당한다.
2. 응상폭발: 원인물질의 상태가 액체 또는 고체인 폭발현상을 말하며, 증기폭발, 수증기폭발, 전선폭발, 물질의 혼합에 의한 폭발, 폭발성 물질의 폭발이 해당한다.

02 난이도 ●●●　　　　　　　　　　　　답 ③

기상폭발에 해당하는 설명으로 옳은 것은 ㄴ, ㄷ, ㄹ이다.
폭발을 일으키는 원인물질의 상태에 따라 기상폭발과 응상폭발로 분류할 수 있다. 응상이란 고체상과 액체상을 모두 포함하는 말이며 기상이란 기체상을 말한다. 가스폭발, 분해폭발 및 분무폭발은 기상폭발이다.

| 선지분석 |
ㄱ. [×] 고체인 무정형 안티몬이 고상의 안티몬으로 전이할 때의 폭발은 응상폭발에 해당한다.
ㄴ. [O] 가스폭발에 대한 설명이다.
ㄷ. [O] 분해폭발에 대한 설명이다.
ㄹ. [O] 분무폭발에 대한 설명이다.
ㅁ. [×] 수증기폭발에 대한 설명으로 (수)증기폭발은 응상폭발에 해당한다.

03 난이도 ●○○　　　　　　　　　　　　답 ④

증기폭발은 응상폭발에 해당한다.

04 난이도 ●○○　　　　　　　　　　　　답 ④

분진폭발은 가연성 고체의 미분이 공기 중에 부유하고 있을 때에 어떤 점화원에 의해 에너지가 주어지면 폭발하는 현상을 말한다.

05 난이도 ●●○　　　　　　　　　　　　답 ①

저온의 액화가스가 상온의 물 위에 분출되었을 때와 같이 액상에서 기상으로 급격한 상변화에 의해 발생하는 폭발현상은 증기폭발이다. 증기폭발은 응상폭발에 해당한다.

| 선지분석 |
② [×] 분무폭발에 대한 설명으로 기상폭발에 해당한다.
③ [×] 분진폭발에 대한 설명으로 기상폭발에 해당한다.
④ [×] 분해폭발에 대한 설명으로 기상폭발에 해당한다.
⑤ [×] 증기운폭발(UVCE)에 대한 설명으로 기상폭발에 해당한다.

06 난이도 ●○○ 　　　　　　　　　　　　　　답 ②

응상폭발에 해당하는 것은 ㄱ, ㄹ이다.

| 선지분석 |
ㄱ. [○] 증기폭발: 응상폭발
ㄴ. [×] 분진폭발: 기상폭발
ㄷ. [×] 분해폭발: 기상폭발
ㄹ. [○] 전선폭발: 응상폭발
ㅁ. [×] 분무폭발: 기상폭발

> ✅ 확인학습 기상폭발과 응상폭발
>
> 폭발을 일으키는 원인물질의 상태에 따라 기상폭발과 응상폭발로 분류할 수 있다. 여기서 응상이란 고체상과 액체상을 모두 포함하는 말이며 기상이란 기체상을 말한다.
> 1. 기상폭발: 원인물질의 상태가 액체 또는 고체인 폭발현상을 말하며, 가스폭발, 분무폭발, 분진폭발, 가스의 분해폭발, 증기운폭발(UVCE)이 해당한다.
> 2. 응상폭발: 원인물질의 상태가 기체 상태인 폭발현상을 말하며, 증기폭발, 수증기폭발, 전선폭발, 물질의 혼합에 의한 폭발, 폭발성 물질의 폭발이 해당한다.

07 난이도 ●○○ 　　　　　　　　　　　　　　답 ①

증기운폭발은 기상폭발에 해당한다.

POINT 18 폭연과 폭굉 등

정답 　　　　　　　　　　　　　　　　　　　p.48

01	②	02	②	03	①	04	③	05	②
06	①	07	①	08	④	09	④	10	③
11	①								

01 난이도 ●●○ 　　　　　　　　　　　　　　답 ②

화염전파속도는 폭연의 경우 음속보다 느리며, 폭굉의 경우 음속보다 빠르다.

| 선지분석 |
① [×] 예혼합가스의 초기압력이 높을수록 폭굉 유도거리가 짧아진다.
③ [×] 폭연은 폭굉으로 전이될 수 있다.
④ [×] 폭굉은 화염면에서 온도, 압력, 밀도의 변화가 불연속적으로 나타난다. 폭연은 화염면에서 상대적으로 완만한 에너지 변화에 의해서 온도, 압력, 밀도가 연속적으로 나타난다.

> ✅ 확인학습 폭굉유도거리(DID)
> 1. 점화에너지가 강할수록 짧아진다.
> 2. 연소속도가 큰 가스일수록 짧아진다.
> 3. 관경이 가늘거나 관 속에 이물질이 있을 경우 짧아진다.
> 4. 압력이 높을수록 짧아진다.

> ✅ 확인학습 폭연과 폭굉
>
> 1. 폭연
>   • 폭연에서는 반응면이 <u>열의 분자확산 이동</u>, 반응물과 연소생성물의 난류혼합에 의해 전파된다.
>   • 폭연은 폭굉으로 변화될 수 있으며, 에너지 방출속도가 열전달속도(물질의 전달속도)에 영향을 받는다.
>   • 폭연은 폭굉과 달리 충격파를 형성하지 않는다.
> 2. 폭굉
>   • 에너지 방출속도는 열전달속도에 기인하지 않고 압력파에 의존한다.
>   • 폭굉파는 음파와 달리 폭굉파가 통과한 곳은 화학적 조성이 변하므로, 가역적인 탄성파로 취급되지 않는다.

> ✅ 확인학습 폭연과 폭굉의 비교
>
> | 구분 | 폭연(Deflagration) | 폭굉(Detonation) |
> |---|---|---|
> | 화염의 전파속도 | 0.1 ~ 10m/s, 음속 이하 | 1,000 ~ 3,500m/s, 음속 이상 |
> | 폭발압력 | 초기압력의 10배 이하 | 10배 이상 |
> | 충격파 | 없다. | 있다. |
> | 에너지 방출속도 (온도 상승) | 물질(열)의 전달속도에 영향을 받는다. | 열에 의한 전파보다 충격파에 의한 압력에 영향을 받는다. |
> | 화염면 | 화염면에서 상대적으로 완만한 에너지 변화에 의해서 온도, 압력, 밀도가 연속적으로 나타난다. | 화염면에서 급격한 에너지 변화에 의해서 온도, 압력, 밀도가 불연속적으로 나타난다. |
> | 화염전파 원리 | 반응면이 열의 분자 확산 이동과 반응물과 연소생성물의 난류혼합에 의해 전파된다. | 충격파에 의해 전파된다. |

02 난이도 ●○○ 　　　　　　　　　　　　　　답 ②

히드라진(하이드라진) 유도체는 제5류 위험물로 산소 없이 폭발이 가능한 분해폭발을 한다.

03 난이도 ●●● 　　　　　　　　　　　　　　답 ①

착화 → (화염전파) → (압축파) → (충격파) → 폭굉파

> ✅ 확인학습 폭연에서 폭굉으로의 전이과정(메커니즘)
> 1. 점화원에 의하여 화재가 발생하면 미연소부분으로의 화염전파가 시작된다.
> 2. 연소파에 의하여 화염의 전방에서 압축파가 발생한다.
> 3. 압축파는 계속해서 발생하는 압축파와 중첩되면서 강한 충격파로 전이된다.
> 4. 충격파는 단열압축을 수반하면서 발화점 이상으로 온도가 상승하게 되어 발화를 촉진한다.
> 5. 충격파가 배후에 연소를 수반하면서 엄청난 폭굉파를 발생한다.

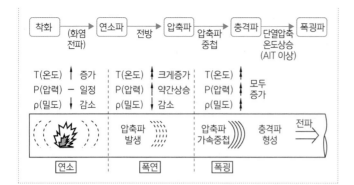

착화	(화염 전파) 연소파	전방 압축파	압축파 중첩 충격파	단열압축 온도상승 (AIT 이상) 폭굉파

T(온도) ↑ 증가 P(압력) − 일정 ρ(밀도) ↓ 감소	T(온도) ↑↓ 크게증가 P(압력) ↑ 약간상승 ρ(밀도) ↓ 감소	T(온도) ↑↓ 모두 P(압력) ↑↓ 증가 ρ(밀도) ↓
압축파 발생	압축파 가속중첩	충격파 형성 전파
연소	폭연	폭굉

04 난이도 ●○○ 답 ③

폭연은 급격한 연소반응으로서 화염의 전파속도가 음속보다 느린 것을 말한다. 폭연은 열의 분자확산 반응물과 연소생성물의 난류 혼합에 의해 전파된다.

| 선지분석 |
① [×] 화염의 전파속도는 음속보다 느리다.
② [×] 폭연은 폭굉과 달리 충격파를 형성하지 않는다.
④ [×] 폭굉의 화염 전파속도는 1천m/s ~ 3천500m/s이다.

05 난이도 ●●○ 답 ②

폭연은 폭굉으로 변화될 수 있으며, 에너지 방출속도가 열전달속도(물질의 전달속도)에 영향을 받는다.

> ✔ 확인학습 폭연과 폭굉
>
> 1. 폭연
>   • 폭연에서는 반응면이 열의 분자확산 이동, 반응물과 연소생성물의 난류혼합에 의해 전파된다.
>   • 폭연은 폭굉으로 변화될 수 있으며, 에너지 방출속도가 열전달속도 (물질의 전달속도)에 영향을 받는다.
>   • 폭연은 폭굉과 달리 충격파를 형성하지 않는다.
> 2. 폭굉
>   • 에너지 방출속도는 열전달속도에 기인하지 않고 압력파에 의존한다.
>   • 폭굉파는 음파와 달리 폭굉파가 통과한 곳은 화학적 조성이 변하므로, 가역적인 탄성파로 취급되지 않는다.

06 난이도 ●○○ 답 ①

폭연에서 폭굉으로 발전할 때의 폭굉유도거리(DID)는 관경이 좁을수록 짧아진다.

> ✔ 확인학습 폭굉유도거리(DID)
>
> 1. 점화에너지가 강할수록 짧아진다.
> 2. 연소속도가 큰 가스일수록 짧아진다.
> 3. 관경이 가늘거나 관 속에 이물질이 있을 경우 짧아진다.
> 4. 압력이 높을수록 짧아진다.

07 난이도 ●●○ 답 ①

폭굉은 폭발적 연소반응으로서 화염의 전파속도가 음속보다 빠른 것을 말하며 일반적으로 화염의 전파속도는 1,000 ~ 3,500m/s이다. 이때의 온도의 상승은 열에 의한 전파라기보다는 충격파의 압력에 기인한다.

> ✔ 확인학습 폭굉유도거리(DID)
>
> 1. 점화에너지가 강할수록 짧아진다.
> 2. 연소속도가 큰 가스일수록 짧아진다.
> 3. 관경이 가늘거나 관 속에 이물질이 있을 경우 짧아진다.
> 4. 압력이 높을수록 짧아진다.

> ✔ 확인학습 폭연과 폭굉의 비교
>
> | 구분 | 폭연(Deflagration) | 폭굉(Detonation) |
> |---|---|---|
> | 화염의
전파속도 | 0.1 ~ 10m/s, 음속 이하 | 1,000 ~ 3,500m/s,
음속 이상 |
> | 폭발압력 | 초기압력의 10배 이하 | 10배 이상 |
> | 충격파 | 없다. | 있다. |
> | 에너지
방출속도
(온도 상승) | 물질(열)의 전달속도에
영향을 받는다. | 열에 의한 전파보다 충격파에
의한 압력에 영향을 받는다. |
> | 화염면 | 화염면에서 상대적으로
완만한 에너지 변화에 의해서
온도, 압력, 밀도가
연속적으로 나타난다. | 화염면에서 급격한 에너지
변화에 의해서 온도, 압력,
밀도가 불연속적으로
나타난다. |
> | 화염전파
원리 | 반응면이 열의 분자 확산
이동과 반응물과
연소생성물의 난류혼합에
의해 전파된다. | 충격파에 의해 전파된다. |

08 난이도 ●●○ 답 ④

전파에 필요한 주된 에너지원은 충격파이다. 에너지 방출속도는 열 전달속도에 기인하지 않고 압력파에 의존한다.

09 난이도 ●●○ 답 ④

폭연은 급격한 연소반응으로서 화염의 전파속도가 음속보다 느린 것을 말한다. 에너지 방출속도가 열 전달속도(물질의 전달속도)에 영향을 받는다.

| 선지분석 |
① [×] 폭연은 화염면에서 상대적으로 완만한 에너지 변화에 의해서 온도, 압력, 밀도가 연속적이다.
② [×] 폭굉은 열에 의한 전파보다는 충격파에 의한 압력에 영향을 받는다.
③ [×] 폭연은 화염면의 전파가 물질의 분자량이나 공기의 난류확산에 영향을 받는다.

10 난이도 ●●○　　　　　　　　　　　　답 ③

옳은 것은 ㄱ, ㄹ, ㅁ이다.

| 선지분석 |

ㄴ. [×] 폭굉은 반응면이 혼합물을 자연발화온도 이상으로 압축시키는 강한 충격파에 의해 전파된다.

ㄷ. [×] 폭굉의 에너지방출속도는 열 전달속도보다는 압력파에 의존한다.

11 난이도 ●○○　　　　　　　　　　　　답 ①

폭발은 화염의 전파속도에 따라 음속을 기준으로 그 미만이면 폭연, 그 이상이면 폭굉으로 나눌 수 있다.

CHAPTER 3 대표적인 폭발현상

POINT 19 블레비 현상 등

정답　　　　　　　　　　　　　　　　　　p.50

01	③	02	③	03	②	04	①	05	④
06	②	07	③	08	①				

01 난이도 ●●○　　　　　　　　　　　　답 ③

블래비 현상은 탱크 균열로 인한 액상, 기상의 동적 평형상태가 깨지는 물리적 폭발을 말한다.

✓ 확인학습 블레비 현상

블레비 현상(비등액체팽창 증기폭발)은 가연성 액체가 들어있는 액화가스저장탱크가 화재로부터 열을 공급받아 압력상승으로 인하여 탱크의 일부가 파열되고, 탱크 균열로 인한 액상, 기상의 동적 평형상태가 깨지는 물리적 폭발을 말한다. 블레비 현상으로 대기 중으로 기화된 가스가 점화원에 의하여 폭발할 수 있다.

✓ 확인학습 블레비(BLEVE) 발생의 메커니즘

1. 저장탱크의 온도가 상승한다.
2. 내부 압력이 상승한다.
3. 탱크의 벽면에 연성파괴가 발생한다.
4. 일시적인 압력감소 현상이 발생한다.
5. 급격한 비등팽창이 발생한다.
6. 압력이 급격히 재상승한다.
7. 탱크 외벽의 취성이 파괴되는 현상까지이다.

02 난이도 ●●○　　　　　　　　　　　　답 ③

블레비 현상의 영향인자로 탱크의 용량과 기화량은 해당된다.

03 난이도 ●○○　　　　　　　　　　　　답 ②

블레비 현상에 대한 설명이다.

✓ 확인학습 블레비(BLEVE) 현상

1. 고압 상태인 액화가스 용기가 가열되어 물리적 폭발을 하고 순간적으로 화학적 폭발로 이어지는 현상이다.
2. 탱크의 증기폭발과 이것에 계속하여 발생하는 가스폭발을 총칭한다.

04 난이도 ●●○　　　　　　　　　　　　답 ①

블레비(BLEVE) 현상은 외부 화재 발생 시 비등하는 액체가 팽창하여 용기가 파손되면서 분출하는 물리적 폭발현상이며, 이때 분출되는 가스가 폭발적으로 연소하는 화학적 폭발이 이어질 수 있다.

✓ 확인학습 블레비(BLEVE) 현상의 프로세스

1. 블레비(BLEVE) 현상은 인화점이나 비점이 낮은 인화성 액체가 가득 차 있지 않은 저장탱크 주위에 화재가 발생한다.
2. 저장탱크 벽면이 장시간 화염에 노출되면 윗부분의 온도가 상승하여 재질의 인장력이 저하된다.
3. 액화가스저장탱크 내부의 비등현상으로 인한 압력상승으로 저장탱크 벽면이 파열되는 현상을 말한다(물리적 폭발).
4. 저장탱크가 파열되면 탱크 내부압력은 급격히 감소되고 과열된 액화가스가 급속히 증발한다.
5. 분출된 액화가스의 증기가 공기와 혼합하여 연소범위가 형성되어서 공 모양의 대형화염이 발생하여 폭발한다(화학적 폭발). 이때 파이어볼(Fire ball)이 발생한다.
6. 블레비(BLEVE) 현상이란 고압 상태인 액화가스 용기가 가열되어 물리적 폭발을 하고 순간적으로 화학적 폭발로 이어지는 현상이다.

05 난이도 ●●○　　　　　　　　　　　　답 ④

옳은 것은 ㄱ, ㄷ, ㄹ이다.

| 선지분석 |

ㄴ. [×] 가스폭발은 분진폭발보다 최소발화에너지가 작다.

✓ 확인학습 분진폭발의 특징

1. 가스폭발과 같이 조연성 가스의 균일한 상태에서 반응하는 것이 아니고 가연물 주위에서 불균일한 상태에서 반응한다. 즉, 분진폭발은 가스폭발에 비하여 불완전연소가 많이 발생하기 때문에 일산화탄소의 발생량이 상대적으로 크다고 볼 수 있다.
2. 가스폭발보다 착화를 일으킬 수 있는 최소발화에너지가 크다.
3. 2차 폭발, 3차 폭발을 일으킬 수 있다.
4. 일반적으로 연소속도와 폭발압력은 가스폭발에 비교하여 작다고 할 수 있다. 반면에 연소시간이 길고 발생에너지가 크기 때문에 연소규모가 크다고 할 수 있다.

06 난이도 ●●○ 　　　　　　　　　　　　　　답 ②

저장탱크의 내압강도는 높을수록 좋다.

> ✅ 확인학습 **블레비 현상의 방지대책**
> 1. 경사를 지어서 설치한다.
> 2. 감압밸브의 압력을 낮춘다.
> 3. 용기외부에 단열시공을 한다.
> 4. 고정식 살수설비를 설치한다.
> 5. 저장탱크의 내압강도는 높을수록 좋다.

07 난이도 ●○○ 　　　　　　　　　　　　　　답 ③

블레비 현상으로 증기운 폭발(화학적 폭발)이 발생할 수 있다.

| 선지분석 |

① [×] 블레비 현상의 발생원인은 물리적 폭발이다.
② [×] 백드래프트(Back draft)는 밀폐된 공간에서 산소의 공급이 부족한 훈소상태에서 신선한 공기의 유입으로 인한 폭발이다.
④ [×] 일반건축물에서 발생하는 최성기 직전에 발생하는 연소 확대 현상은 플래시오버 현상이다.

08 난이도 ●○○ 　　　　　　　　　　　　　　답 ①

실내화재 발생 시 천장에 열과 가스가 축적되고, 두껍고 진한 연기가 천장 아래로 쌓이면서 최성기 직전의 급격한 착화현상은 플래시오버 현상에 대한 설명이다.

POINT 20 분진폭발

정답　　　　　　　　　　　　　　　　　　　　p.52

01	②	02	④	03	②	04	①	05	③
06	③								

01 난이도 ●●○ 　　　　　　　　　　　　　　답 ②

입도가 작을수록 비표면적이 증가하므로 폭발성이 증가한다.

> ✅ 확인학습 **분진폭발의 영향 인자**
> 1. **분진의 화학적 성질**: 분진의 발열량과 휘발성이 클수록 폭발성이 크다.
> 2. **분진의 부유성**
>   • 부유성이 클수록 공기 중에 체류시간이 길고 위험성도 커진다.
>   • 공기 중에서 산화피막을 형성할 수 있는 가연성 분진은 공기 중의 부유시간이 길어지면 폭발성이 감소할 수도 있다.
>   • 분진 중에 존재하는 수분은 분진의 부유성을 억제할 수 있다. 이에 따라 가연성 분진의 폭발하한계가 높아져 폭발성을 약하게 할 수 있다.
>   • 수분과의 반응성이 있는 금수성 물질의 분진은 가연성 가스의 발생을 촉진시킬 수 있어 폭발의 위험성이 커질 수 있다.

> 3. **입도 및 형상**
>   • 입도가 작을수록 비표면적이 증가하므로 폭발성이 증가한다.
>   • 분진폭발을 일으키는 분진입자의 크기는 약 100마이크로(μ) 또는 76μm(200mesh) 이하이다.
>   • 평균 입경이 동일한 분진일 경우 분진의 형상에 따라 폭발성이 달라진다.
> 4. **산소의 농도**: 산소의 농도가 낮아지면 최소점화에너지는 증가한다.

02 난이도 ●●○ 　　　　　　　　　　　　　　답 ④

입도가 작을수록 비표면적이 증가하므로 폭발성이 증가한다. 분진의 단위체적당 표면적이 작아지면 비표면적이 감소하므로 폭발이 용이해지지 않는다.

> ✅ 확인학습 **분진폭발**
> 1. 가연성 고체의 미분이 공기 중에 부유하고 있을 때 착화원에 의해 에너지가 주어지면 폭발하는 현상을 말한다.
> 2. 분진폭발 물질로는 유황(황), 플라스틱, 사료, 석탄, 알루미늄, 철, 쌀, 보리의 곡물 등 100여 종이 넘는 물질이 있으며, 분진폭발을 일으키지 않는 물질로는 석회석, 생석회, 소석회, 산화알루미늄, 시멘트 가루, 대리석 가루, 가성소다, 유리 등이 있다.

> ✅ 확인학습 **분진폭발의 영향 인자**
> 1. **분진의 화학적 성질**: 분진의 발열량과 휘발성이 클수록 폭발성이 크다.
> 2. **분진의 부유성**
>   • 부유성이 클수록 공기 중에 체류시간이 길고 위험성도 커진다.
>   • 공기 중에서 산화피막을 형성할 수 있는 가연성 분진은 공기 중의 부유시간이 길어지면 폭발성이 감소할 수도 있다.
>   • 분진 중에 존재하는 수분은 분진의 부유성을 억제할 수 있다. 이에 따라 가연성 분진의 폭발하한계가 높아져 폭발성을 약하게 할 수 있다.
>   • 수분과의 반응성이 있는 금수성 물질의 분진은 가연성 가스의 발생을 촉진시킬 수 있어 폭발의 위험성이 커질 수 있다.
> 3. **입도 및 형상**
>   • 입도가 작을수록 비표면적이 증가하므로 폭발성이 증가한다.
>   • 분진폭발을 일으키는 분진입자의 크기는 약 100마이크로(μ) 또는 76μm(200mesh) 이하이다.
>   • 입도가 동일한 경우 구상 → 침상 → 평편상 순으로 폭발성이 증가한다.
> 4. **산소의 농도**: 산소의 농도가 낮아지면 최소점화에너지는 증가한다.

03 난이도 ●●○ 　　　　　　　　　　　　　　답 ②

분진폭발은 가스폭발에 비해 발열량과 발생에너지가 크다. 분진폭발은 상황에 따라 연쇄폭발(2차 폭발)이 발생할 수도 있다.

04 난이도 ●●○ 　　　　　　　　　　　　　　답 ①

가연성 분진의 활성화에너지가 작을수록 분진폭발이 잘 일어난다.

05 난이도 ●●○ 답 ③

분진의 비표면적이 커지면 폭발이 용이해진다.

06 난이도 ●○○ 답 ③

분진폭발의 일반적인 폭발조건은 가연성, 미분상태, 조연성 가스 중에서의 교반과 운동, 점화원의 존재 등이 있다.

CHAPTER 4 방폭구조

POINT 21 방폭구조

정답
p.53

01	③	02	③	03	⑤

01 난이도 ●●○ 답 ③

ㄱ. (압력) 방폭구조: 용기 내부에 공기, 질소, 탄산가스 등의 보호가스를 대기압 이상으로 봉입(封入)하여 당해 용기 내부에 가연성 가스 또는 증기가 침입하지 못하도록 한 구조를 말한다.

ㄴ. (본질안전) 방폭구조: 위험한 장소에서 사용되는 전기회로에서 정상·사고 시에 발생하는 전기불꽃 또는 열이 폭발성 가스에 점화되지 않는 것이 점화시험에 의해 확인된 구조를 말한다.

ㄷ. (유입) 방폭구조: 전기기기의 불꽃 또는 아크를 발생하는 부분을 기름(절연유) 속에 넣어, 유면상에 존재하는 가스에 인화될 염려가 없도록 한 구조를 말한다.

02 난이도 ●○○ 답 ③

아세틸렌, 이황화탄소, 수소는 폭발 3등급 물질에 해당한다.

✅ 확인학습 폭발등급 및 안전간격

1. 안전간격: 8L의 구형 용기 안에 폭발성 혼합가스를 채우고 점화시켜 발생된 화염이 용기 외부의 폭발성 혼합가스에 전달되는가의 여부를 측정하였을 때 화염을 전달시킬 수 없는 한계의 틈 사이를 말한다. 안전간격이 작은 가스일수록 위험하다.

2. 폭발등급

폭발등급	안전간격	종류
폭발 1등급	0.6mm 초과	메탄, 에탄, 일산화탄소, 암모니아, 아세톤, LPG
폭발 2등급	0.4mm 초과 0.6mm 이하	에틸렌, 석탄가스
폭발 3등급	0.4mm 이하	아세틸렌, 이황화탄소, 수소

03 난이도 ●●○ 답 ⑤

정상시 및 사고시(단선, 단락, 지락 등)에 발생하는 전기불꽃, 아크 또는 고온에 의하여 폭발성 가스 또는 증기에 점화되지 않는 것이 점화시험 및 기타에 의하여 확인된 방폭구조는 본질안전 방폭구조를 말한다.

✅ 확인학습 방폭구조

1. 내압 방폭구조: 전폐구조로 용기 내부에서 폭발성 가스 또는 증기가 폭발하였을 때 용기가 그 폭발압력에 파손되지 않고 견디며, 폭발한 고열의 가스가 접합면, 개구부 등을 통하여 외부로 나가는 일이 발생하여도 그동안에 냉각되어 외부의 폭발성 가스에 인화될 우려가 없도록 한 구조이다.

2. 압력 방폭구조: 점화원이 될 우려가 있는 부분을 용기 내에 넣고 신선한 공기 또는 불연성 가스 등의 보호기체를 용기의 내부에 넣어 줌으로써 용기 내부에는 압력이 형성되어 외부로부터 폭발성 가스 또는 증기가 침입하지 못하도록 한 구조이다.

3. 유입 방폭구조: 전기기기의 불꽃, 아크 또는 고온이 발생하는 부분을 기름(절연유) 속에 넣고 기름면 위에 존재하는 폭발성 가스 또는 증기에 인화될 우려가 없도록 한 구조이다.

4. 안전증가 방폭구조: 정상운전 중에 폭발성 가스 또는 증기에 점화원이 될 전기불꽃, 아크 또는 고온이 되어서는 안 될 부분에 이러한 것의 발생을 방지하기 위하여 기계적·전기적 구조 상 또는 온도 상승에 대해서 특히 안전도를 증가한 구조이다.

5. 본질안전 방폭구조: 정상 시 및 사고 시(단선, 단락, 지락 등)에 발생하는 전기불꽃, 아크 또는 고온에 의하여 폭발성 가스 또는 증기에 점화되지 않는 것이 점화시험 및 기타에 의하여 확인된 구조를 말한다.

CHAPTER 1 화재의 개요

POINT 22 화재의 분류

정답   p.56

01	④	02	④	03	③	04	②	05	③
06	④	07	①	08	③	09	④	10	③
11	②								

01 난이도 ●●○   답 ④

금속화재는 D급 화재로 나트륨, 칼륨 등의 금속가연물의 화재로서 <u>주수소화가 불가능</u>하며, 질식소화를 주로 한다.

> ✅ **확인학습** 가연물에 따른 화재의 구분
>
> | 구분 | A급 | B급 | C급 | D급 | E급 |
> |------|-----|-----|-----|-----|-----|
> | 화재 종류 | 일반화재 | 유류화재 | 전기화재 | 금속화재 | 가스화재 |
> | 표시색 | 백색 | 황색 | 청색 | 무색 | 황색 |
> | 연기색 | 백색 | 검은색 | – | – | – |

02 난이도 ●●○   답 ④

옳은 것은 ㄱ, ㄷ, ㄹ이다.

| 선지분석 |

ㄴ. [×] 목조건축물 화재는 일반 유류화재와 달리 <u>무염착화를 거친후 발염착화로 이어진다.</u>

> ✅ **확인학습** 용어의 정의
>
> 1. **훈소**: 가연물이 열분해에 의해서 가연성 가스를 발생시켰을 때 공간의 밀폐로 산소의 양이 부족하거나 바람에 의해 그 농도가 현저히 저하된 경우 다량의 연기를 내며 <u>고체 표면에서 발생하는 느린 연소과정</u>을 말한다.
> 2. **A급 화재**: 일반화재로 면화류, 합성수지 등의 가연물에 의한 화재를 말한다.
> 3. **전소**: 건물의 70% 이상(입체면적에 대한 비율)이 소실되었거나 또는 그 미만이라도 잔존부분을 보수하여도 재사용이 불가능한 것을 말한다.

03 난이도 ●○○   답 ③

전기화재는 C급 화재로 분류된다.

| 선지분석 |

① [×] 일반화재는 A급 화재로 분류된다.
② [×] 유류화재는 B급 화재로 분류된다.
④ [×] 금속화재는 D급 화재로 분류된다.

04 난이도 ●○○   답 ②

일반화재에 해당하는 것은 ㄴ이다.

| 선지분석 |

ㄱ. [×] 통전 중인 배전반에서 불이 난 경우: 전기화재
ㄷ. [×] 실외 난로가 넘어지면서 새어 나온 석유에 불이 붙은 경우: 유류화재
ㄹ. [×] 실험실 시험대 위 나트륨 분말에서 불이 난 경우: 금속화재

> ✅ **확인학습** 전기화재(C급 화재)
>
> 1. 전기화재는 전류가 흐르는 전기장비와 관련된 화재이다.
> 2. 전기화재의 발생원인으로는 단락(합선), 전기스파크, 과전류, 접속부과열, 지락, 낙뢰, 누전, 열적경과, 절연불량 등이 있다.
> 3. 전기화재는 할로겐화합물 소화약제, 분말소화약제 또는 이산화탄소와 같은 비전도성 소화약제를 사용하여 진압할 수 있다.

> ✅ **확인학습** 유류화재(B급 화재)
>
> 1. 유류화재는 가솔린, 등유 등과 같은 인화성 액체(제4류 위험물)의 화재이다. 그 외에 오일, 라커, 페인트 등과 같은 가연성 액체와 관련된 화재도 포함된다.
> 2. 연소 후 재를 남기지 않으며, 연소열이 크고 인화성이 좋기 때문에 일반화재보다 위험하다.
> 3. 포를 이용한 질식소화가 효과적이다.

> ✅ **확인학습** 금속화재(D급 화재)
>
> 1. 금속분자가 적절히 집중되어 있는 상태에서 적절한 발화원이 제공된다면 강력한 폭발을 일으킬 수 있다.
> 2. 가연성 금속화재는 알루미늄, 마그네슘, 티타늄 등과 같은 가연성 금속과 관련된 화재이다.
> 3. 금속화재를 통제하기 위한 특수한 D형 소화약제들을 이용할 수 있다.

05 난이도 ●●○   답 ③

유류화재는 화재 성장속도가 일반화재보다 <u>빠르며</u>, 생성된 연기는 흑색으로 <u>연소 후에는 재를 남기지 않는다.</u>

06 난이도 ●○○   답 ④

소화기 적응성 표시 색상으로 일반화재 – 백색, 유류화재 – 황색, 전기화재 – 청색이다.

07 난이도 ●○○   답 ①

화재의 급수에 따른 분류 기준은 <u>가연물의 종류</u>이다.

08 난이도 ●●○ 답 ③

식용유로 인한 화재 시 발화점이 비점보다 낮은 상태이므로 유면상의 화염을 제거하는 것만으로는 충분하지 않다. 재발화할 가능성이 높으므로 산소를 차단하는 질식소화와 함께 온도를 발화점 이하로 낮추는 냉각소화가 요구된다.

> ✅ 확인학습 식용유(주방)화재(K급 화재)
>
> 1. 식용유화재는 끓는점보다 발화점이 낮아 불꽃을 제거하더라도 재발화할 가능성이 높다.
> 2. K급 소화기는 산소를 차단하는 질식소화와 함께 온도를 발화점 이하로 낮추는 냉각소화에 적합한 강화액 약제로 비누처럼 막을 형성하여 재발화를 차단한다.

> ✅ 확인학습 전기화재(C급 화재)
>
> 1. 전류가 흐르는 전기장비와 관련된 화재를 말한다.
> 2. 전기화재의 발생원인으로는 단락(합선), 전기스파크, 과전류, 접속부 과열, 지락, 낙뢰, 누전, 열적경과, 절연불량 등이 있다.
> 3. 할로겐화합물 소화약제, 분말 소화약제 또는 이산화탄소와 같은 비전도성 소화약제를 사용하여 진압할 수 있다.

09 난이도 ●○○ 답 ④

역기전력은 전기화재의 직접적인 요인에 해당되지 않는다.

> ✅ 확인학습 용어의 정의
>
> 1. 역기전력: 전기회로에서 어떤 전압이 걸릴 때 그 반대 방향으로 생기는 기전력을 뜻한다.
> 2. 기전력: 전위가 다른 2점 간에서는 전위가 높은 쪽으로부터 낮은 쪽으로 전기를 이동시키려는 힘이 작용한다. 이러한 힘을 기전력이라 한다.
> 3. 지락: 전로와 대지와의 사이에 절연이 저하되어 아크 또는 도전성 물질에 의해서 교락(Bridged)되었기 때문에, 전로 또는 기기의 외부에 위험한 전압이 나타나거나, 전류가 흐르는 현상을 말한다. 이 전류를 지락전류라 하며 일반적으로 누전이라고도 한다.

10 난이도 ●○○ 답 ③

훈소연소에 대한 설명이다.

> ✅ 확인학습 훈소연소(Smoldering)
>
> 1. 가연물이 열분해에 의해서 가연성 가스를 발생시켰을 때 공간의 밀폐로 산소의 양이 부족하거나 바람에 의해 그 농도가 현저히 저하된 경우 다량의 연기를 내며 고체 표면에서 발생하는 느린 연소과정으로 연료표면에서 반응이 일어나고 이 표면에서 작열과 탄화현상이 일어난다.
> 2. 공기의 유입이 많을 경우 유염연소로 변화할 수 있다.
> 3. 훈소는 톱밥이나 매트리스의 연소에서 보듯이 산소의 부족으로 불꽃을 내지 않고 연기만 나는 연소를 말한다.
> 4. 내부에서는 백열연소를 하고 있다는 점에서 표면연소와 비슷한 형태를 보인다.
> 5. 불꽃연소에 비하여 온도가 낮으며, 발연량은 높다.
> 6. 연소속도가 늦고 연쇄반응이 일어나지 않는다.
> 7. 연기입자가 크며 액체미립자가 다량 포함되어 있다.

11 난이도 ●○○ 답 ②

훈소에 대한 설명이다.

POINT 23 화재하중 등

정답   p.59

01	③	02	③	03	①	04	④	05	⑤
06	③	07	③	08	③	09	①	10	④
11	④								

01 난이도 ●●○ 답 ③

$$화재하중(Q) = \frac{\Sigma(G_t H_t)}{HA} [kg/m^2] (\Sigma: 합)$$

$$= \frac{200kg \times 2,000kcal/kg + 100kg \times 9,000kcal/kg}{8 \times 10 \times 4,500kcal/kg}$$

$$\fallingdotseq 3.61$$

> ✅ 확인학습 화재하중 관계식
>
> $$화재하중(Q) = \frac{\Sigma(G_t H_t)}{HA} [kg/m^2] (\Sigma: 합)$$
>
> - G_t: 가연물의 양(kg)
> - H_t: 단위발열량(kcal/kg)
> - H: 목재 단위발열량(4,500kcal/kg)
> - A: 화재실 바닥면적(m²)

> ✅ 확인학습 화재하중
>
> 1. 건물화재 시 발열량 및 화재의 위험성을 나타내는 용어이다.
> 2. 화재의 규모를 결정하는 데 사용한다.
> 3. 화재하중은 단위면적당 가연물의 중량이다(단위: kg/m²).
> 4. 화재하중을 감소시키는 방법은 내장재의 불연화이다.
> 5. 단위면적당 가연물의 발열량을 목재(등가가연물)의 무게로 환산한 것이다.

02 난이도 ●●○ 답 ③

화재하중은 25.56kg/m²이다.

1. 관계식

> $$화재하중(Q) = \frac{\Sigma(G_t H_t)}{HA} [kg/m^2] (\Sigma: 합)$$
>
> - G_t: 가연물의 양[kg]
> - H_t: 단위발열량[kcal/kg]
> - H: 목재 단위발열량[4,500kcal/kg]
> - A: 화재실 바닥면적[m²]

2. 풀이식

$$화재하중 = \frac{1,000 \times 5,000 + 2,000 \times 9,000}{4,500 \times 200} (kg/m^2)$$

$$= 25.56 (kg/m^2)$$

03 난이도 ●●○　　　　　　　　　　　　답 ①

화재하중을 산출하는 요소에 <u>가연물의 배열상태</u>는 해당하지 않는다.

> ✅ 확인학습 **화재하중 관계식**
>
> $$화재하중(Q) = \frac{\Sigma(G_tH_t)}{HA}[kg/m^2](\Sigma: 합)$$
>
> • Gt: 가연물의 양[kg]
> • Ht: 단위발열량[kcal/kg]
> • H: 목재 단위발열량[4,500kcal/kg]
> • A: 화재실 바닥면적[m²]

04 난이도 ●●●　　　　　　　　　　　　답 ④

<u>환기요소</u>는 개구부 면적에 비례하고 개구부 높이의 평방근(제곱근)에 비례한다.

> ✅ 확인학습 **화재가혹도**
>
> 1. 화재의 발생으로 건물 내 수용재산 및 건물 자체에 손상을 입히는 정도를 말한다.
> 2. 최고온도(질적개념)×지속시간(양적개념)
> 3. **화재가혹도와 관련인자**
>   • 화재하중
>   • 개구부의 크기
>   • 가연물의 배열상태

05 난이도 ●●●　　　　　　　　　　　　답 ⑤

전체 가연물의 양(발열량)이 동일할 때 <u>화재실의 바닥면적이 커지면 화재하중은 작아진다.</u>

> ✅ 확인학습 **화재하중**
>
> 1. 건물화재 시 발열량 및 화재의 위험성을 나타내는 용어이다.
> 2. 화재의 규모를 결정하는 데 사용한다.
> 3. 화재하중은 단위면적당 가연물의 중량이다(단위: kg/m²).
> 4. 화재하중을 감소시키는 방법은 내장재의 불연화이다.
> 5. 단위면적당 가연물의 발열량을 목재(등가가연물)의 무게로 환산한 것이다.

06 난이도 ●○○　　　　　　　　　　　　답 ③

화재실의 단위시간당 축적되는 열의 양을 의미하는 것은 <u>화재강도</u>이다.

07 난이도 ●○○　　　　　　　　　　　　답 ③

<u>화재가혹도(화재심도)</u>란 화재의 발생으로 건물 내 수용재산 및 건물 자체에 손상을 입히는 정도를 말한다.

08 난이도 ●○○　　　　　　　　　　　　답 ③

<u>화재가혹도(화재심도)</u>는 최고온도×연소(지속)시간이다.

09 난이도 ●●○　　　　　　　　　　　　답 ①

화재하중은 1kg/m²이다.

$$화재하중 = \frac{5 \times 9,000}{4,500 \times 10}(kg/m^2) = 1(kg/m^2)$$

10 난이도 ●○○　　　　　　　　　　　　답 ④

화재가혹도는 건물에 재산 및 건물에 손상을 입히는 정도로 <u>최고온도×지속시간</u>이다.

| 선지분석 |

① [×] 화재강도는 단위시간당 축적되는 열의 값이다.
② [×] 압축강도는 압축 파괴 시의 단면에 있어서의 수직 응력, 즉 그 때의 압축 하중을 시험편의 단면적으로 나눈 값을 그 취성 재료의 압축강도라고 한다.
③ [×] 화재하중은 단위면적당 가연물의 발열량을 목재의 발열량으로 환산한 것이다.

11 난이도 ●●○　　　　　　　　　　　　답 ④

화재가혹도는 화재실이나 화재구획의 단열성에 영향을 받는다.

> ✅ 확인학습 **화재가혹도**
>
> 1. 화재의 발생으로 건물 내 수용재산 및 건물자체에 손상을 입히는 정도를 말한다.
> 2. 최고온도는 화재가혹도의 질적개념으로 화재강도와 관련이 있다.
> 3. 지속시간은 화재가혹도의 양적개념으로 화재하중과 관련이 있다.

CHAPTER 2 실내건축물 화재

POINT 24 유류화재의 이상현상

정답　　　　　　　　　　　　　　　　　p.61

01	①	02	①	03	②	04	①	05	①
06	③	07	①	08	④	09	④	10	①
11	②								

01 난이도 ●●○　　　　　　　　　　　　답 ①

<u>프로스오버(Froth over)</u>는 점성이 큰 뜨거운 유류 표면 아래에서 물이 끓을 때 화재를 수반하지 않고 유류가 넘치는 현상을 말한다.

> ✅ 확인학습 **유류화재의 이상현상**
>
> 1. **오일오버(Oil over)**: 탱크 내의 유류가 50% 미만 저장된 경우, 화재로 인한 내부 압력 상승으로 탱크가 폭발하는 현상
> 2. **보일오버(Boil over)**: 중질유 탱크 화재 시 액면의 뜨거운 열파가 탱크 하부로 전달될 때, 탱크 하부에 존재하고 있던 에멀션(emulsion) 상태의 물을 기화시켜 물의 급격한 부피 팽창으로 탱크 내의 유류가 분출하는 현상

3. 슬롭오버(Slop over): 중질유 탱크 내에 화재로 연소유의 표면온도
   가 물의 비점 이상 상승했을 때, 물분무 또는 포(Foam) 소화약제
   를 뜨거운 연소유 표면에 방사하면 물이 수증기가 되면서 급격한 부
   피 팽창으로 연소유를 탱크 외부로 비산시키는 현상
4. 프로스오버(Froth over): 점성이 큰 뜨거운 유류 표면 아래에서 물이
   끓을 때 화재를 수반하지 않고 유류가 넘치는 현상
5. 증기폭발 또는 블레비(BLEVE) 현상의 원인: 액화가스저장 탱크의
   외부 화재로 탱크가 장시간 과열되면 내부 액화가스의 급격한 비등·
   팽창으로 탱크 내부 압력이 급격히 증가되고, 최종적으로 탱크의 설
   계압력 초과로 탱크가 폭발하는 현상

02 난이도 ●○○　　　　　　　　　　　　　　　　답 ①

슬롭오버(Slop over)란 점성이 큰 유류에 화재가 발생했을 때 <u>소화용
수의 유입에 의한 갑작스러운 부피 팽창</u>으로 탱크 내의 유류가 끓어 넘
치는 현상을 말한다.

| 선지분석 |
② [×] 프로스오버(Froth over)에 대한 설명이다.
③ [×] 오일오버(Oil over)에 대한 설명이다.
④ [×] 천장제트흐름(Ceiling jet flow)에 대한 설명이다.
⑤ [×] 블레비(BLEVE) 현상에 대한 설명이다.

03 난이도 ●○○　　　　　　　　　　　　　　　　답 ②

프로스오버(Froth over)란 유류저장탱크 속의 물이 점성을 가진 뜨
거운 기름의 표면 아래에서 끓을 때 화재를 수반하지 않고 기름이 넘쳐
흐르는 현상이다.

04 난이도 ●○○　　　　　　　　　　　　　　　　답 ①

보일오버(Boil over)에 대한 설명이다.

✔ 확인학습　유류화재의 이상현상
1. **오일오버(Oil over)**: 제4류 위험물의 양이 내용적의 2분의 1 이하
   로 충전되어 있을 때 때 화재로 인한 증기압력이 상승하면서 저장탱
   크 내의 유류를 외부로 분출하면서 탱크가 파열되는 현상
2. **보일오버(Boil over)**: 탱크 아래의 물의 비등으로 기름이 탱크 밖으
   로 화재를 동반하여 방출하는 현상
3. **프로스오버(Froth over)**: 상부에 지붕이 없는 유류저장탱크에서
   장기간 화재가 발생하여 고온의 열류층이 형성된 상태에서 소화작업
   으로 <u>소화수가 주수</u>되면 유류표면으로부터 물의 급격한 증발 현상
4. **슬롭오버(Slop over)**: 점성을 가진 뜨거운 유류 표면의 아래 부분
   에서 물이 비등할 경우 비등하는 물이 저장탱크 내의 유류를 외부로
   넘쳐흐르게 하는 현상(화재를 수반하지 않는 현상)

05 난이도 ●○○　　　　　　　　　　　　　　　　답 ①

증기운폭발(UVCE)이란 <u>대기 중 대량의 가연성 액체유출에 의해 발생
된 증기와 공기가 혼합되어 가연성 기체를 형성하여 폭발하는 현상</u>을
말한다.

06 난이도 ●○○　　　　　　　　　　　　　　　　답 ③

오일오버(Oil over)란 탱크 내의 유류가 50% 미만 저장된 경우, 화재
로 인한 내부 압력상승으로 탱크가 폭발하는 현상을 말한다.

07 난이도 ●○○　　　　　　　　　　　　　　　　답 ①

보일오버에 대한 설명이다.

08 난이도 ●○○　　　　　　　　　　　　　　　　답 ④

보일오버에 대한 설명이다.

✔ 확인학습　윤화현상[링파이어(Ring fire)]
1. 윤화현상은 대형 유류저장탱크의 소화작업 시 불꽃이 치솟는 유면에
   거품을 투입하였을 때 탱크 윗면의 가운데 부분은 불이 꺼졌어도 바
   깥쪽 벽에는 불이 지속되는 현상을 말한다.
2. 윤화현상이 발생되는 이유는 가열된 유류탱크 벽 열에 의하여 벽 주
   위의 거품이 열화되어 안정성이 저하된 상태에서 윗부분의 열이 벽
   을 따라 밑으로 내려와 기름을 가열·증발시켜 생성된 가스가 거품
   을 뚫고 상승하여 가스에 불이 붙어 윤화를 일으킨다.

09 난이도 ●●○　　　　　　　　　　　　　　　　답 ④

슬롭오버란 석유류나 식용유의 표면에 물이 접촉될 때 물이 표면 온도
에 의해 급격히 증발하여 비산하며 석유류·식용유와 함께 분출하는 현
상을 말한다.

| 선지분석 |
① [×] 점성을 가진 뜨거운 유류 표면의 아래 부분에서 물이 비등할
   경우 비등하는 물이 저장탱크 내의 유류를 화재를 수반하지 않고
   외부로 넘쳐흐르게 하는 현상으로 다른 현상에 비해 발생 횟수가
   많으나 직접적으로 화재를 발생시키지 않는 것을 <u>프로스오버</u>라
   한다.
② [×] 제4류 위험물의 양이 내용적 1/2 이하로 충전되어 있을 때
   화재로 인하여 저장탱크 내의 유류를 외부로 분출하면서 탱크가 파
   열되는 현상을 <u>오일오버</u>라 한다.
③ [×] 대기 중 대량의 가연성 액체 유출에 의해 발생된 증기와 공기
   가 혼합되어 가연성 기체를 형성하여 폭발하는 현상을 <u>증기운 폭발</u>
   이라고 한다.
⑤ [×] 식용유화재에서 소화약제는 비누화작용을 하는 <u>1종 분말 소
   화약제</u>가 주로 사용된다.

10 난이도 ●○○　　　　　　　　　　　　　　　　답 ①

프로스오버란 기름과 섞여 있는 물이 갑자기 수증기화 되면서 탱크 내
부에서 탱크 내의 일부 내용물을 넘치게 하는 현상으로서 <u>직접적으로
화재를 발생시키지 않는다.</u>

11 난이도 ●○○ 답 ②

보일오버란 중질유 탱크 화재 시 액면의 뜨거운 열파가 탱크 하부로 전달될 때, 탱크 하부에 존재하고 있던 에멀션(Emulsion) 상태의 물을 기화시켜 물의 급격한 부피 팽창으로 탱크 내의 유류가 분출하는 현상이다.

| 선지분석 |

① [×] 슬롭오버는 유류액 표면의 온도가 물의 비점 이상으로 상승되고 소화용수 등이 뜨거운 액 표면에 유입하게 되면 물이 수증기화되면서 갑작스러운 부피 팽창에 의해 유류가 탱크 외부로 분출되는 현상이다.
③ [×] 링파이어 현상은 탱크의 벽면이 가열된 상태에서 포를 방출하는 경우 가열된 벽면부분에서 포가 열화되어 안정성이 저하된 상태에서 증발된 유류가스가 발포되어 있는 거품층을 뚫고 상승되어 유류가스에서 불이 붙는 현상이다.
④ [×] 원유를 분별증류하면 끓는점이 낮은 휘발유 성분이 먼저 분리되고 하부 쪽으로 갈수록 끓는점이 높은 등유, 경유, 중유 순으로 분리된다.

POINT 25 구획화재의 특성

정답   p.64

01	③	02	③	03	①	04	②	05	④
06	③	07	④	08	④	09	①	10	④

---

01 난이도 ●●○ 답 ③

최성기에는 실내 화염이 최고조에 도달하나 실내 산소 부족으로 연소 속도가 느려진다.

| 선지분석 |

① [×] 화재 성장기에는 실내 온도가 급격하게 상승하기 시작한다.
② [×] 성장기에는 급속한 연소 진행으로 연료지배형 화재 양상이 나타난다.
④ [×] 감쇠기에는 화염의 급격한 소멸로 훈소 상태가 되어 백드래프트(Back draft)의 위험이 있다.

✅ 확인학습 실내 일반화재의 진행 단계

1. **초기**: 발화기(초기단계)는 연소가 시작될 때의 시기를 말한다. 발화 시점에는 화재 규모는 작고 처음 발화된 가연물에 한정된다.
2. **성장기**: 급속한 연소 진행으로 연료지배형 화재 양상이 나타난다. 화재의 진행 변화가 급속히 이루어지고, 개구부에서는 검은 연기가 분출된다.
3. **플래시오버**: 연료지배화재에서 환기지배화재로 전이될 수 있다.
4. **최성기**: 실내 화염이 최고조에 도달하나 실내 산소 부족으로 연소속도가 느려진다.
5. **감쇠기**: 화염의 급격한 소멸로 훈소 상태가 되어 백드래프트(back draft)의 위험성이 있다.

✅ 확인학습 플래시오버 현상

1. 실내의 온도 상승에 의해서 일시에 연소하여 화재의 진행을 순간적으로 실내 전체에 확산시키는 현상이다. 실내 모든 가연물의 동시발화현상이 나타난다. 전실화재(순발연소)라고도 한다.
2. 국부화재로부터 구획 내 모든 가연물이 연소되기 시작하는 큰 화재로 전이된다. 플래시오버 시점에서 실내의 온도는 약 800 ~ 900℃가 된다.
3. 플래시오버 현상으로 연료지배형 화재에서 환기지배형 화재로 전이될 수 있다.

---

02 난이도 ●●○ 답 ③

준불연성이나 불연성의 내장재를 사용할 경우 플래시오버 발생까지의 소요시간이 길어진다(불연재료 < 준불연재료 < 난연재료 < 가연물 순으로 빨리 진행).

| 선지분석 |

① [×] 개구부의 크기는 플래시오버 발생과 관련이 있다(구획건물에서 개구부가 클수록 빨리 진행).
② [×] 구획실의 창문과 문손잡이의 온도로 백드래프트의 발생 가능성을 예측할 수 있다(방화문의 온도가 높아 방화문이 뜨겁다).
④ [×] 구획실 내의 산소가 부족하여 훈소 상태에서 공기가 갑자기 다량 공급될 때 가연성 가스가 순간적으로 폭발하듯 발화하는 현상은 백드래프트이다.

✅ 확인학습 플래시오버 현상

1. 실내의 온도 상승에 의해서 일시에 연소하여 화재의 진행을 순간적으로 실내 전체에 확산시키는 현상이다. 실내 모든 가연물의 동시발화현상이 나타난다. 전실화재(순발연소)라고도 한다.
2. 국부화재로부터 구획 내 모든 가연물이 연소되기 시작하는 큰 화재로 전이된다. 플래시오버 시점에서 실내의 온도는 약 800 ~ 900℃가 된다.
3. 플래시오버가 발생하면, 이동식 소화기로 화재를 진압하는 것은 불가능 하며 관창호스에 의해 진압하여야 한다.
4. 플래시오버 현상으로 연료지배형 화재에서 환기지배형 화재로 전이될 수 있다.
5. 열의 재방출로 발생되는 플래시오버 현상은 연기와 열이 화염으로 전환되는 것을 의미한다.
6. 화점 주위에서 화재가 서서히 진행하다가 어느 정도 시간이 경과함에 따라 대류와 복사현상에 의해 일정 공간 안에 있는 가연물이 발화점까지 가열되어 일순간에 걸쳐 동시 발화되는 현상을 의미한다.

✅ 확인학습 플래시오버 현상에 영향을 미치는 요인

1. **개구부의 크기**: 구획건물에서 개구부가 클수록 빨리 진행
2. **내장재료**: 불연재료 < 준불연재료 < 난연재료 < 가연물 순으로 빨리 진행
3. **화원의 크기**: 화원이 크고 강할수록 빨리 진행
4. **가연물의 종류**: 가연물의 열전도율이 작을수록 빨리 진행
5. **건축물의 형태**: 층고가 높은 대규모 공간에서는 늦게 진행
6. **마감재**: 벽마감재보다 천장마감재의 영향이 큼

✅ 확인학습 백드래프트의 징후

1. 닫힌 문 주위에서 무겁고 검은 연기가 관찰된다.
2. 개구부 틈새로 빨려 들어오는 공기의 영향으로 건물 내로 되돌아오거나 맴도는 현상이 관찰된다.
3. 창문에 농연 응축물이 흘러내리거나 얼룩이 진 자국이 관찰된다.
4. 화재 압력에 의한 내부 압력차로 외부 공기가 빨려 들어오면서 발생하는 휘파람 소리 또는 진동이 발생하는 현상이 관찰된다.
5. 방화문의 온도가 높아 방화문이 뜨겁다.

03 난이도 ●○○   답 ①

구획화재 시 플래시오버 진행단계 순서는 발화기 → 성장기 → 플래시오버 → 최성기 → 감쇠기 순이다.

04 난이도 ●●○   답 ②

환기가 잘되지 않으면 가연물(연료량)에 비해 환기량이 부족한 경우에 해당한다. 즉, 연료는 정상이나 환기량이 부족한 상태이다. 따라서, 연료지배형 화재에서 환기지배형 화재로 바뀌며 연기 발생이 늘어난다.

✅ 확인학습 연료지배형 화재(Fuel controlled fire)

1. 일반적으로 연료지배형 화재는 발화 이후 전실화재(Flash over) 이전까지 초기화재 성장단계에서 주로 형성된다.
2. 화재실 내부에 연소에 필요한 공기량은 충분한 상태이기 때문에 화재특성은 연료 자체에 의존하며 연료지배형 화재로 불린다.
3. 가연물(연료량)에 비해 환기량(공기량)이 충분한 경우에 해당한다. 즉, 환기는 정상이나 연료가 부족한 상태이다.
4. 연료지배형 화재는 공기공급이 충분한 조건에서 발생한 화재가 일반적이다.
5. 연료지배형 화재가 지속되면 화재실 내부의 열적 피드백(Heat feedback)이 증가하여 화원의 연소율이 증가하고 발열량이 지속적으로 상승하는 경우 연료를 완전연소시키기에 공기의 양이 부족한 환기부족 화재(Under-ventilated fire) 상태가 된다.
6. 연료지배형 화재는 주로 큰 창문이나 개방된 공간에서, 환기지배형 화재는 내화구조 및 콘크리트 지하층에서 발생하기 쉽다.

✅ 확인학습 환기지배형 화재(Ventilation controlled fire)

1. 완전연소시키기에 공기의 양이 부족한 환기 부족화재 상태가 되면 생성된 연료가스는 화재실 상층부에서 미연소가스(Unburned fuel gas) 형태로 존재하고 이로 인해 공간 내의 화재특성은 부족한 공기의 양에 의해 결정되기 때문에 환기지배형 화재로 불린다.
2. 가연물(연료량)에 비해 환기량이 부족한 경우에 해당한다. 즉, 연료는 정상이나 환기량이 부족한 상태이다.
3. 환기지배형 화재의 경우는 연소속도가 비교적 느리다.
4. 환기지배형 화재는 공기공급이 충분하지 않으므로 불완전연소가 심하다.

05 난이도 ●●○   답 ④

감퇴기에서 열발산율은 감소하기 시작한다.

06 난이도 ●○○   답 ③

최성기보다는 초기 단계에 연기발생량이 많다.

07 난이도 ●○○   답 ④

성장기 단계는 화재의 진행 변화가 급속히 이루어지고 개구부에서는 검은 연기가 분출된다.

| 선지분석 |
① [×] 화세가 최정점에 도달하는 시기는 최성기이다.
② [×] 초기단계는 주로 백색 연기가 발생한다.
③ [×] 열발산율은 증가하기 시작한다.

08 난이도 ●●○   답 ④

실내건축물 화재현상으로 환기인자는 개구부 면적에 비례하고, 개구부 높이의 제곱근에 비례한다.

✅ 확인학습 환기인자

환기인자 = 개구부 면적 × 개구부 높이의 평방근(제곱근)

09 난이도 ●○○   답 ①

목조건축물의 화재 진행과정은 화재원인 → 무염착화 → 발염착화 → 발화 → 최성기 순이다.

✅ 확인학습 목조건축물의 화재 진행과정

1. **무염착화**: 가연물이 연소할 때 숯불모양으로 불꽃 없이 착화하는 현상으로 공기가 주어질 때 언제든지 불꽃 발생이 가능한 단계를 말한다.
2. **무염착화에서** 발염착화: 무염상태의 가연물질에 충분한 산소공급으로 불꽃이 발하는 단계이다.
3. **발염착화에서** 발화: 발화(출화)란 단순히 가연물에 불이 붙은 것을 의미하는 것이 아니고 천장이나 벽 속에 착화되었을 때를 말한다.
4. **발화에서 최성기**: 플래시오버가 발생되는 단계로 연기의 색은 백색에서 흑색으로 변한다.
5. **감쇠기**: 화세가 급격히 약해지면서 지붕이나 벽이 무너지는 시기이다.

10 난이도 ●●○   답 ④

최성기 직전에 플래시오버 현상이 발생하며, 이후 최고온도에 이르는 최성기 단계가 된다.

POINT 26 플래시오버 현상

정답   p.66

01	①	02	②	03	④	04	④	05	④
06	③	07	①	08	④				

01 난이도 ●○○ 답 ①

내화조 건축물의 플래시오버 발생단계는 일반적으로 <u>최성기 직전 단계</u>이다.

02 난이도 ●○○ 답 ②

플래시오버 현상에 대한 설명이다.

> ✔ 확인학습 플래시오버 및 백드래프트
> 1. 플래시오버: 어느 시간에 그 실내의 온도상승에 의해서 일시에 연소하여 화재의 진행을 순간적으로 실내 전체에 확산시키는 현상이다.
> 2. 백드래프트: 공기 부족으로 훈소 상태에 있을 때 신선한 공기가 유입되어 실내에 축적되었던 가연성 가스가 단시간에 폭발적으로 연소함으로써 화재가 폭풍을 동반하여 실외로 분출되는 현상을 말한다.

03 난이도 ●●○ 답 ④

산소가 다량으로 유입되어 일어나는 현상은 백드래프트 현상이다. 플래시오버 현상은 벽보다 천장마감재의 영향을 크게 받는다. 플래시오버 현상의 지연대책으로는 개구부의 크기를 제한하는 것이다.

> ✔ 확인학습 플래시오버 방지 대책
> 1. 천장의 불연화
> 2. 가연물 양의 제한
> 3. 개구부의 제한

04 난이도 ●●● 답 ④

산소가 부족한 건물 내에 갑자기 산소가 새로 유입될 때 발생하는 현상은 백드래프트에 대한 설명이다.

05 난이도 ●●○ 답 ④

초기 및 종기 단계에서는 플래시오버가 발생되지 않는다.

06 난이도 ●●○ 답 ③

일반적으로 연료지배형 화재로부터 환기지배형 화재로 전이된다.

> ✔ 확인학습 연료지배형 화재와 환기지배형 화재
> 1. 연료지배형 화재: 공동주택과 같은 화재이며 연소속도가 가연물의 연소특성에 의해 지배되는 화재이다.
> 2. 환기지배형 화재: 창고에서 일어나는 현상으로 가연성 가스의 발생량에 비해 공기 공급이 충분하지 않아 발생하는 실내화재의 일반적 현상이다.

07 난이도 ●○○ 답 ①

건물 내에 가연물이 많으면 단시간 내에 연소하고 다른 가연물의 연소 매개체가 된다. 플래시오버 현상은 가연물의 종류와 건축물의 형태에 영향을 받는다.

> ✔ 확인학습 플래시오버 현상에 영향을 미치는 요인
> 1. **개구부의 크기**: 구획건물에서 개구부가 클수록 빨리 진행
> 2. **내장재료**: 불연재료 < 준불연재료 < 난연재료 < 가연물 순으로 빨리 진행
> 3. **화원의 크기**: 화원이 크고 강할수록 빨리 진행
> 4. **가연물의 종류**: 가연물의 열전도율이 작을수록 빨리 진행
> 5. **건축물의 형태**: 층고가 높은 대규모 공간에서는 늦게 진행
> 6. **마감재**: 벽마감재보다 천장마감재의 영향이 큼

08 난이도 ●●○ 답 ④

일반적으로 플래시오버 시 발생되는 복사열이 롤오버 시 발생되는 복사열보다 크다.

POINT 27 백드래프트 현상

정답   p.68

01	①	02	③	03	④	04	④	05	①
06	③	07	①	08	③	09	③		

01 난이도 ●●● 답 ①

백드래프트는 불완전연소에 의해 발생된 일산화탄소가 가연물로 작용하여 폭발하는 현상이다.

| 선지분석 |
② [×] 상부를 개방하는 것이 효과적인 전술이다.
③ [×] 출입문을 한 번에 완전히 개방하는 것은 산소의 공급으로 백드래프트를 촉진시킬 수 있다.
④ [×] 백드래프트 현상은 일반적으로 환기지배형 화재에서 발생한다.

02 난이도 ●●○   답 ③

백드래프트(Back draft)란 공기 부족으로 훈소 상태에 있을 때 신선한 공기가 유입되어 실내에 축적되었던 가연성 가스가 단시간에 폭발적으로 연소함으로써 화재가 폭풍을 동반하여 실외로 분출되는 현상을 말한다. 충분한 산소가 존재하여야 한다는 것은 백드래프트 현상의 발생조건으로 옳지 않다.

03 난이도 ●●○   답 ④

실내가 고온의 가스층으로 축적되는 것을 방지하기 위한 개구부의 환기 상태 유지는 백드래프트 현상의 방지대책에 해당한다. 또한 불연성 가스의 상층부로의 빠른 축적은 백드래프트 현상을 촉진시키는 요인과는 거리가 멀다.

04 난이도 ●●○   답 ④

건물 내 연기가 소용돌이치거나 맴도는 현상이 나타난다.

> ✔ 확인학습 백드래프트(Back draft)의 발생 징후
> 1. 폐쇄된 공간에서 산소의 부족으로 불꽃이 약화되어 가는 상태가 된다.
> 2. 거의 완전히 폐쇄된 건물에서 훈소 상태가 지속되며 높은 열이 집적되는 상태가 지속된다.
> 3. 외부에 설치되어 있는 개구부의 유리창 안쪽에서 타르와 같은 물질이 흘러내린다.
> 4. 건물 내 연기가 소용돌이치거나 맴도는 현상이 나타난다.
> 5. 문 주위 또는 개구부의 틈에서 압력차에 의하여 공기가 빨려들어 오는 특이한 소리(휘파람 소리) 또는 심한 진동이 발생한다.

05 난이도 ●○○   답 ①

개방된 공간이 아닌 밀폐된 공간에서 훈소연소를 말한다.

> ✔ 확인학습 백드래프트의 징후
> 1. 닫힌 문 주위에서 무겁고 검은 연기가 관찰된다.
> 2. 개구부 틈새로 빨려 들어오는 공기의 영향으로 건물 내로 되돌아오거나 맴도는 현상이 관찰된다.
> 3. 창문에 농연 응축물이 흘러내리거나 얼룩이 진 자국이 관찰된다.
> 4. 화재 압력에 의한 내부 압력차로 외부 공기가 빨려 들어오면서 발생하는 휘파람 소리 또는 진동이 발생하는 현상이 관찰된다.
> 5. 방화문의 온도가 높아 방화문이 뜨겁다.

06 난이도 ●○○   답 ③

개구부를 통하여 분출되는 화염이 있는 상황에서 백드래프트는 발생하지 않는다.

07 난이도 ●○○   답 ①

실내건축물의 화재에서 초기 단계 또는 종기 단계에서 불완전연소된 가연성 가스와 열의 축적과 적절하게 배연되지 않은 상태에서 산소가 결핍된 상황은 백드래프트가 발생할 수 있는 조건이다. 이때 소방관이 소화활동이나 구조활동 중에 문을 갑자기 개방함으로써 신선한 공기가 유입되는 것은 백드래프트의 직접적인 발생원인이 된다.

08 난이도 ●●○   답 ③

플래시오버 현상은 충격파가 발생하지 않는다. 반면에 백드래프트는 충격파가 발생한다.

| 선지분석 |
① [×] 플래시오버 현상은 최성기 직전에 발생하지만, 백드래프트 현상은 초기 또는 감쇠기 단계에서 발생한다.
② [×] 플래시오버 현상은 롤오버 현상 다음에 발생한다. 백드래프트 현상은 훈소연소 현상에서 발생한다.
④ [×] 플래시오버 현상의 악화원인은 열의 공급이다. 백드래프트 현상의 악화원인은 공기의 공급이다.

09 난이도 ●●○   답 ③

플래시오버 현상은 최성기 직전에 발생한다.

| 선지분석 |
① [×] 백드래프트 현상이 발생한 후에 농연 및 벽면파괴 현상이 발생한다.
② [×] 백드래프트 현상은 주로 초기단계 또는 종기단계에 주로 발생한다.
④ [×] 플래시오버 현상은 개구부가 클수록 그 상황이 빠르게 전개될 수 있다.

POINT 28 연료지배형 화재와 환기지배형 화재

정답   p.70

01	④	02	②	03	④	04	③

01 난이도 ●●○   답 ④

일반적으로 플래시오버 전에는 연료지배형 화재가, 이후에는 환기지배형 화재가 지배적이다.

02 난이도 ●●○   답 ②

연소속도란 화염속도에서 미연소가스의 이동속도를 뺀 값이다.

03 난이도 ●●●○   답 ④

환기지배형 화재의 특징은 일반적으로 밀폐된 공간으로 산소의 양이 부족한 상태이다.

04 난이도 ●●●○   답 ③

연료지배형 화재는 환기지배형 화재보다 산소 공급이 원활하고 연소속도가 빠르다.

| 선지분석 |

① [×] 플래시오버(Flash over)는 성장기와 최성기 사이에서 발생하며 충격파를 수반하지 않는다.

② [×] 굴뚝효과가 발생할 때는 개구부에 형성된 중성대 하부에서 공기가 유입되고, 중성대 상부에서 연기가 유출된다.

④ [×] 롤오버 현상은 실내 공기의 압력 차이로 가연성 가스가 천장을 따라 화재가 발생하지 않은 복도 쪽으로 굴러다니는 것처럼 뿜어져 나오는 현상이다.

✅ 확인학습 롤오버(Roll over) 현상

1. 롤오버 현상은 연소과정에서 발생된 가연성 가스가 공기 중 산소와 혼합되어 천장부분에 집적된 상태에서 발화온도에 도달하여 발화함으로써 화재의 선단부분이 매우 빠르게 확대되는 현상이다.
2. 롤오버 현상은 화재지역의 상층(천장)에 집적된 고압의 뜨거운 가연성 가스가 화재가 발생되지 않은 저압의 다른 부분으로 이동하면서 화재가 매우 빠르게 확대되는 원인이 된다.

✅ 확인학습 화재플럼(Fire plume)

1. 부력이란 무거운 유체 속에 가벼운 유체(물체)가 잠겨 있는 경우 밀도 차에 의하여 가벼운 유체가 중력의 반대방향으로 상승하려는 힘을 말한다.
2. 주변보다 가벼워진 고온기체는 상대적으로 차가운 주변기체와의 밀도 차에 의하여 수직으로 상승하는 고온연소가스 유동을 형성하게 되는데 이를 화재플럼(Fire plume)이라고 한다.
3. 부력에 의하여 연소가스와 유입되는 공기가 상승하면서 화염이 섞인 기둥형태를 나타내는 현상이다.

POINT 29 내화건축물 및 목조건축물

정답   p.71

01	④	02	②	03	④	04	③

01 난이도 ●○○   답 ④

내화건축물 화재의 실내화재온도(900 ~ 1,000℃)가 목조건축물 화재(1,000 ~ 1,300℃)보다 최고온도가 낮다.

✅ 확인학습 목조건축물과 내화건축물

1. 목조건축물
   • 목조건축물의 최성기의 온도는 1,000 ~ 1,300℃이다.
   • 목조건축물은 무염착화하여 발염착화한다.
   • 목조건축물의 화재 확대 요인으로는 접촉, 복사열, 비화 등이 있다.
2. 내화건축물
   • 내화건축물의 최성기의 온도는 약 900 ~ 1,000℃이다.
   • 화재의 진행과정은 초기 → 성장기 → 최성기 → 감쇠기이다.
   • 목조건축물과 비교하여 저온장기형의 화재 특성이 있다.

02 난이도 ●○○   답 ②

목조건축물의 화재 진행과정은 화재원인 → 무염착화 → 발염착화 → 발화 → 최성기 순이다.

03 난이도 ●○○   답 ④

보기는 발화에서 최성기 단계에 대한 설명이다.

✅ 확인학습 목조건축물의 화재진행과정

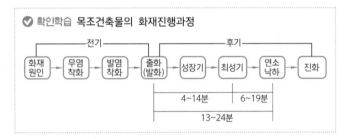

✅ 확인학습 발화 및 발화에서 최성기 단계

1. 발화(출화): 출화(발화)란 단순히 가연물에 불이 붙은 것을 의미하는 것이 아니고 천장이나 벽 속에 착화되었을 때를 말한다. 그러므로 가옥의 천장까지 불이 번져 가옥 전체에 불기가 확대되는 단계이다.
2. 발화(출화)에서 최성기
   • 플래시오버가 발생하는 단계로, 연기의 색은 백색에서 흑색으로 변한다.
   • 최고온도가 1,300℃까지 올라가게 된다.

04 난이도 ●○○   답 ③

지하층, 무창층 및 밀폐된 공간에서는 산소가 부족하고 환기가 좋지 않아 공기의 공급 상태에 지배되는 환기지배형 화재 특성을 보인다. 반면 화재 초기 실내가연물의 양 및 가연물의 연소 특성에 따라 연료지배형 화재로 되어 산소가 원활하게 공급되며 연소속도가 빨라진다.

POINT 30 건축물의 피난계획 등

정답 p.72

01	①	02	④	03	④	04	②	05	①
06	①	07	③	08	⑤				

01 난이도 ●○○ 답 ①

어두운 곳에서 밝은 불빛을 따라 행동하는 습성은 지광본능에 해당한다.

✔ 확인학습 소방안전관리대상물의 관계인이 수립·시행하여야 할 피난계획 포함사항(「화재의 예방 및 안전관리에 관한 법률 시행규칙」 제34조)
1. 화재경보의 수단 및 방식
2. 층별, 구역별 피난대상 인원의 현황
3. 장애인, 노인, 임산부, 영유아 및 어린이 등 이동이 어려운 사람(재해약자)의 현황
4. 각 거실에서 옥외(옥상 또는 피난안전구역 포함)로 이르는 피난경로
5. 재해약자 및 재해약자를 동반한 사람의 피난동선과 피난방법
6. 피난시설, 방화구획 그 밖에 피난에 영향을 줄 수 있는 제반 사항

02 난이도 ●●○ 답 ④

어느 곳에서도 2개 이상의 방향으로 피난할 수 있으며, 그 말단은 화재로부터 안전한 장소이어야 한다.

| 선지분석 |
① [×] 피난동선은 짧을수록 좋다.
② [×] 건물 중심부 한 곳으로 모이면 피난 시 병목현상이 발생되어 위험하다.
③ [×] 수평동선과 수직동선은 구분하여야 한다.

✔ 확인학습 피난대책의 일반적인 원칙
1. 피난경로는 간단명료하게 해야 한다.
2. 피난구조설비는 고정식 설비를 위주로 해야 한다.
3. 피난수단은 원시적 방법에 의한 것을 원칙으로 한다.
4. 2개 이상의 방향으로 피난할 수 있으며, 그 말단은 화재로부터 안전한 장소이어야 한다.
5. 수평동선과 수직동선으로 구분되어야 한다.
6. 상호 반대방향으로 다수의 출구와 연결되는 것이 좋다.
7. Fool proof: 비상 시 판단능력 저하를 대비하여 누구나 알 수 있도록 문자나 그림 등으로 표시해야 한다.
8. Fail Safe: 하나의 수단이 고장으로 실패하여도 다른 수단에 의해 구제할 수 있도록 고려해야 한다.

03 난이도 ●○○ 답 ④

건축물의 평면구성에 있어서 중앙코어식 평면계획은 건축계획 측면에서 실용적인 평면구성을 할 수 있는 장점이 있다. 즉, 거실의 공간 면적을 최대로 할 수 있다. 그러나 소방학적 측면에서 피난계획은 중앙코어식의 평면계획보다는 분산 형태의 코어(수직통로)를 계획하는 것이 바람직하다.

04 난이도 ●○○ 답 ②

좌회본능이란 오른손잡이인 경우 오른손, 오른발이 발달해 있기 때문에 왼발을 축으로 하고 좌측으로 행동하는 습성을 말한다.

✔ 확인학습 피난본능
1. 지광본능: 어두운 곳에서 밝은 불빛을 따라 행동하는 습성
2. 추종본능: 혼란 시 판단력 저하로 최초로 달리는 앞사람을 따르는 습성
3. 귀소본능: 무의식 중에 평상시 사용한 길, 원래 온 길을 가려 하는 본능
4. 좌회본능: 오른손잡이는 좌측으로 행동하는 습성
5. 퇴피본능: 긴급사태가 확인되면 반사적으로 그 지점에서 멀어지려는 습성

05 난이도 ●○○ 답 ①

퇴피본능에 대한 설명이다.

06 난이도 ●○○ 답 ①

방염성능기준 중 발연량을 측정하는 경우 최대 연기밀도는 400 이하이다.

✔ 확인학습 방염성능기준
1. 연소상태는 버너의 불꽃을 제거한 때부터이다.
   • 화염이 상승하며 연소하는 상태가 정지할 때까지 20초 이내(잔염시간)이다.
   • 화염이 정지하며 연소하는 상태가 정지할 때까지 30초 이내(잔신시간)이다.
2. 탄화한 면적은 50cm² 이내이다.
3. 탄화한 길이는 20cm 이내이다.
4. 화염에 의하여 완전 용융 시까지 불꽃의 접촉 횟수는 3회 이상이다.
5. 발연량 측정 시에는 소방청장이 고시하는 방법으로 측정하여 최대 연기밀도는 400 이하이다.

07 난이도 ●○○ 답 ③

옥외계단은 주요 구조부에 해당되지 않는다.

✔ 확인학습 건축물의 주요 구조부
1. 바닥: 최하층 바닥 등은 제외한다.
2. 지붕틀
3. 보: 작은 보, 차양 등은 제외한다.
4. 내력벽: 샛벽(칸막이벽, 간벽) 등은 제외한다.
5. 주계단: 보조계단, 옥외계단은 제외한다.
6. 기둥: 샛기둥 등은 제외한다.

08 난이도 ●●○ 답 ⑤

고온·고압의 증기로 양생된 경량기포 콘크리트 패널 또는 경량기포 콘크리트 블록조로서 두께가 10cm 이상인 것이 해당된다.

> ✔ 확인학습 **내화구조(내력벽)**
>
> 1. 철근콘크리트조·철골철근콘크리트조로서 두께가 10cm 이상인 것
> 2. 골구를 철골조로 하고 그 양면을 두께 4cm 이상의 철망모르타르(그 바름바탕을 불연재료로 한 것으로 한정한다. 이하 같다) 또는 두께 5cm 이상의 콘크리트블록·벽돌 또는 석재로 덮은 것
> 3. 벽돌조로서 두께가 19cm 이상인 것
> 4. 고온·고압의 증기로 양생된 경량기포 콘크리트패널 또는 경량기포 콘크리트블록조로서 두께가 10cm 이상인 것
> 5. 철재로 보강된 콘크리트블록조·벽돌조 또는 석조로서 철재에 덮은 콘크리트블록등의 두께가 5cm 이상인 것

CHAPTER 4 화재조사

POINT 31 화재조사

정답 p.74

01	④	02	②	03	②

01 난이도 ●○○ 답 ④

화재조사의 목적으로 작동기능점검은 해당하지 않는다.

> ✔ 확인학습 **화재조사의 목적**
>
> 1. 화재예방 및 연소방지를 위한 자료축적을 위해서 화재조사를 한다.
> 2. 화재피해조사를 통한 예방을 위해서 화재조사를 한다.
> 3. 화재의 발화원인 및 연소상황과 화재 시 소방시설 등의 작동 여부 등을 화재조사를 통하여 검사할 수 있다.
> 4. 화재 발생에 대한 책임규명을 화재조사를 통하여 할 수 있다.

02 난이도 ●●○ 답 ②

소방본부, 소방서 등 소방기관과 관계 보험회사는 화재가 발생한 경우 그 원인 및 피해상황을 조사할 때 필요한 사항에 대하여 서로 협력하여야 한다.

03 난이도 ●○○ 답 ②

화재조사의 특징으로는 현장성, 신속성, 정밀과학성, 보존성, 안전성, 강제성, 프리즘식 등이 있다. 경제성은 해당하지 않는다.

POINT 32 화재조사법

정답 p.75

01	②	02	정답 없음

01 난이도 ●○○ 답 ②

정밀조사는 감식·감정, 화재원인 판정 등이 방법으로 실시한다.

> ✔ 확인학습 **화재조사 절차**
>
> 1. 현장출동 중 조사: 화재발생 접수, 출동 중 화재상황 파악 등
> 2. 화재현장 조사: 화재의 발화(發火)원인, 연소상황 및 피해상황 조사 등
> 3. 정밀조사: 감식·감정, 화재원인 판정 등
> 4. 화재조사 결과 보고

02 난이도 ●●● 정답없음

문제의 심의위원 전원 "출제오류" 의견으로 정답없음으로 처리되었다. 당초 ②로 가답안을 제시한 문제이다.

A위원: 문제 서두에 '화재피해조사 산정기준'이라 제시하면서, 수험자가 선택해야 할 선택은 '화재건수의 기준'을 물어보아 문제 오류로 판단

B위원: '화재피해조사 산정기준'이라고 명확히 제시하고 있어, 「화재조사 및 보고규정」 제26조를 따를 수 없어 출제오류로 판단

C위원: 문제의 근거 제시와 이어진 내용 불일치 등으로 문제와 선택지 간에 인과관계 불성립으로 인한 출제오류로 판단

> 「화재조사 및 보고규정」 제26조 【화재건수의 결정】 1건의 화재란 1개의 발화지점에서 확대된 것으로 발화부터 진화까지를 말한다. 다만, 다음 각 목의 경우에는 당해 각 호에 의한다.
> 1. 동일범이 아닌 각기 다른 사람에 의한 방화, 불장난은 동일 대상물에서 발화했더라도 각각 별건의 화재로 한다.
> 2. 동일 소방대상물의 발화점이 2개소 이상 있는 다음의 화재는 1건의 화재로 한다.
>   가. 누전점이 동일한 누전에 의한 화재
>   나. 지진, 낙뢰 등 자연현상에 의한 다발화재

POINT 33 화재조사 및 보고규정

정답

p.76

01	①	02	⑤	03	①	04	④	05	④
06	③	07	③	08	⑤	09	②	10	③
11	정답 없음								

01 난이도 ●●○　　　　　　　　　　　　　　　답 ①

건물의 소실면적 산정은 소실 바닥면적으로 산정한다.

✔ 확인학습 소실정도

1. 전소: 건물의 70% 이상(입체면적에 대한 비율을 말한다. 이하 같다)이 소실되었거나 또는 그 미만이라도 잔존부분을 보수하여도 재사용이 불가능한 것
2. 반소: 건물의 30% 이상 70% 미만이 소실된 것
3. 부분소: 1., 2.에 해당하지 아니하는 것

✔ 확인학습 소실면적 산정

1. 건물의 소실면적 산정은 소실 바닥면적으로 산정한다.
2. 수손 및 기타 파손의 경우에도 제1항의 규정을 준용한다.

✔ 확인학습 발화일시 결정

1. 발화일시의 결정은 관계인등의 화재발견 상황통보(인지)시간 및 화재발생 건물의 구조, 재질 상태와 화기취급 등의 상황을 종합적으로 검토하여 결정한다.
2. 다만, 자체진화 등 사후인지 화재로 그 결정이 곤란한 경우에는 발화시간을 추정할 수 있다.

✔ 확인학습 최종잔가율

1. 화재피해금액은 화재 당시의 피해물과 동일한 구조, 용도, 질, 규모를 재건축 또는 재구입하는데 소요되는 가액에서 경과연수 등에 따른 감가공제를 하고 현재가액을 산정하는 실질적·구체적 방식에 따른다. 다만, 회계장부상 현재가액이 입증된 경우에는 그에 따른다.
2. 1.의 규정에도 불구하고 정확한 피해물품을 확인하기 곤란한 경우에는 소방청장이 정하는 「화재피해금액 산정매뉴얼」(이하 "매뉴얼"이라 한다)의 간이평가방식으로 산정할 수 있다.
3. 건물 등 자산에 대한 최종잔가율은 건물·부대설비·구축물·가재도구는 20%로 하며, 그 이외의 자산은 10%로 정한다.
4. 건물 등 자산에 대한 내용연수는 매뉴얼에서 정한 바에 따른다.

02 난이도 ●●●　　　　　　　　　　　　　　　답 ⑤

발화지점이 한 곳인 화재현장이 둘 이상의 관할구역에 걸친 화재는 발화지점이 속한 소방서에서 1건의 화재로 정한다. 다만 발화지점의 확인이 어려운 경우에는 화재피해금액이 큰 관할구역 소방서의 화재 건수로 산정한다.

✔ 확인학습 화재건수의 결정

1건의 화재란 1개의 발화지점에서 확대된 것으로 발화부터 진화까지를 말한다. 다만, 다음의 경우에는 당해 기준에 의한다.
1. 동일범이 아닌 각기 다른 사람에 의한 방화, 불장난은 동일 대상물에서 발화했더라도 각각 별건의 화재로 한다.
2. 동일 소방대상물의 발화점이 2개소 이상 있는 다음의 화재는 1건의 화재로 한다.
   • 누전점이 동일한 누전에 의한 화재
   • 지진, 낙뢰 등 자연현상에 의한 다발화재

03 난이도 ●●○　　　　　　　　　　　　　　　답 ①

감정이란 화재와 관계되는 물건의 형상, 구조, 재질, 성분, 성질 등 이와 관련된 모든 현상에 대하여 과학적 방법에 따라 필요한 실험을 행하고 그 결과를 근거로 화재원인을 밝히는 자료를 얻는 것을 말한다.

✔ 확인학습 화재원인조사의 기초적 사항

1. 화재: 사람의 의도에 반하거나 고의에 의해 발생하는 연소현상으로서 소화설비 등을 사용하여 소화할 필요가 있거나 또는 사람의 의도에 반해 발생하거나 확대된 화학적인 폭발현상을 말한다.
2. 화학적인 폭발현상: 화학적 변화가 있는 연소현상의 형태로서, 급속히 진행되는 화학반응에 의해 다량의 가스와 열을 발생하면서 폭음, 불꽃 및 파괴가 일어나는 현상을 말한다.
3. 조사: 화재원인을 규명하고 화재로 인한 피해를 산정하기 위하여 자료의 수집, 관계자 등에 대한 질문, 현장확인, 감식, 감정 및 실험 등을 하는 일련의 행동을 말한다.
4. 감식: 화재원인의 판정을 위하여 전문적인 지식, 기술 및 경험을 활용하여 주로 시각에 의한 종합적인 판단으로 구체적인 사실관계를 명확하게 규명하는 것을 말한다.
5. 감정: 화재와 관계되는 물건의 형상, 구조, 재질, 성분, 성질 등 이와 관련된 모든 현상에 대하여 과학적 방법에 의한 필요한 실험을 행하고 그 결과를 근거로 화재원인을 밝히는 자료를 얻는 것을 말한다.
6. 화재조사관: 소방청, 소방본부, 소방서에서 화재조사업무를 수행하는 소방공무원(내근)을 말한다.
7. 광역 화재조사단: 화재조사의 중요성을 감안하여 시·도 소방본부장이 권역별로 설치한 화재조사 전담부서를 말한다.
8. 관계자 등: 「소방기본법」 제2조 제3호에 의한 관계인과 화재의 발견자, 통보자, 초기 소화자 및 기타 조사 참고인을 말한다.

04 난이도 ●●○　　　　　　　　　　　　　　　답 ④

잔가율이란 화재 당시에 피해물의 재구입비에 대한 현재가의 비율을 말한다.

| 선지분석 |
① [×] 발화란 열원에 의하여 가연물질에 지속적으로 불이 붙는 현상을 말한다.
② [×] 발화관련기기란 발화에 관련된 불꽃 또는 열을 발생시킨 기기 또는 장치나 제품을 말한다.
③ [×] 발화요인이란 발화로 이어진 연소현상에 영향을 준 요인을 말한다.

✅ **확인학습 화재원인조사의 기초적 사항**

1. **발화지점**: 열원과 가연물이 상호작용하여 화재가 시작된 지점을 말한다.
2. **발화장소**: 화재가 발생한 장소를 말한다.
3. **최초착화물**: 발화열원에 의해 불이 붙고 이 물질을 통해 제어하기 힘든 화세로 발전한 가연물을 말한다.
4. **발화요인**: 발화열원에 의하여 발화로 이어진 연소현상에 영향을 준 인적·물적·자연적인 요인을 말한다.
5. **발화관련 기기**: 발화에 관련된 불꽃 또는 열을 발생시킨 기기 또는 장치나 제품을 말한다.
6. **동력원**: 발화관련기기나 제품을 작동 또는 연소시킬 때 사용된 연료 또는 에너지를 말한다.
7. **연소확대물**: 연소가 확대되는 데 있어 결정적 영향을 미친 가연물을 말한다.

05 난이도 ●●○ 답 ④

감식이란 화재원인의 판정을 위하여 전문적인 지식, 기술 및 경험을 활용하여 주로 시각에 의한 종합적인 판단으로 구체적인 사실관계를 명확하게 규명하는 것을 말한다.

✅ **확인학습 화재의 소실정도**

1. **전소**: 건물의 70% 이상(입체면적에 대한 비율)이 소실되었거나 또는 그 미만이라도 잔존부분을 보수하여도 재사용이 불가능한 것
2. **반소**: 건물의 30% 이상 70% 미만이 소실된 것
3. **부분소**: 전소, 반소화재에 해당되지 아니하는 것

06 난이도 ●○○ 답 ③

조사란 화재원인을 규명하고 화재로 인한 피해를 산정하기 위하여 자료의 수집, 관계자 등에 대한 질문, 현장확인, 감식, 감정 및 실험 등을 하는 일련의 행동을 말한다.

07 난이도 ●●○ 답 ③

화재란 사람의 의도에 반하거나 고의에 의해 발생하는 연소현상으로서 소화설비 등을 사용하여 소화할 필요가 있거나 또는 사람의 의도에 반해 발생하거나 확대된 화학적인 폭발현상을 말한다.

08 난이도 ●●● 답 ⑤

동일범이 아닌 각기 다른 사람에 의한 방화, 불장난은 동일 대상물에서 발화했더라도 각각 별건의 화재로 한다.

「화재조사 및 보고규정」 제26조 【화재건수의 결정】 1건의 화재란 1개의 발화지점에서 확대된 것으로 발화부터 진화까지를 말한다. 다만, 다음 각 목의 경우에는 당해 각 호에 의한다.
  1. 동일범이 아닌 각기 다른 사람에 의한 방화, 불장난은 동일 대상물에서 발화했더라도 각각 별건의 화재로 한다.
  2. 동일 소방대상물의 발화점이 2개소 이상 있는 다음의 화재는 1건의 화재로 한다.
    가. 누전점이 동일한 누전에 의한 화재
    나. 지진, 낙뢰 등 자연현상에 의한 다발화재

09 난이도 ●●○ 답 ②

건물의 외벽을 이용하여 실을 만들어 헛간, 목욕탕, 작업실, 사무실 및 기타 건물 용도로 사용하고 있는 것은 주건물과 같은 동으로 본다.

✅ **확인학습 건물의 동수 산정(「화재조사 및 보고규정」 [별표 1])**

1. 주요구조부가 하나로 연결되어 있는 것은 1동으로 한다. 다만 건널복도 등으로 2 이상의 동에 연결되어 있는 것은 그 부분을 절반으로 분리하여 각 동으로 본다.
2. 건물의 외벽을 이용하여 실을 만들어 헛간, 목욕탕, 작업실, 사무실 및 기타 건물 용도로 사용하고 있는 것은 주건물과 같은 동으로 본다.
3. 구조에 관계없이 지붕 및 실이 하나로 연결되어 있는 것은 같은 동으로 본다.
4. 목조 또는 내화조 건물의 경우 격벽으로 방화구획이 되어 있는 경우도 같은 동으로 한다.
5. 독립된 건물과 건물 사이에 차광막, 비막이 등의 덮개를 설치하고 그 밑을 통로 등으로 사용하는 경우는 다른 동으로 한다.
6. 내화조 건물의 옥상에 목조 또는 방화구조 건물이 별도 설치되어 있는 경우는 다른 동으로 한다. 다만, 이들 건물의 기능상 하나인 경우(옥내 계단이 있는 경우)는 같은 동으로 한다.
7. 내화조 건물의 외벽을 이용하여 목조 또는 방화구조 건물이 별도 설치되어 있고 건물 내부와 구획되어 있는 경우 다른 동으로 한다. 다만, 주된 건물에 부착된 건물이 옥내로 출입구가 연결되어 있는 경우와 기계설비 등이 쌍방에 연결되어 있는 경우 등 건물 기능상 하나인 경우는 같은 동으로 한다.

10 난이도 ●○○ 답 ③

부분소는 전소 및 반소에 해당하지 아니하는 것을 말한다.

11 난이도 ●●○ 답 ①

※ **관련규정 재·개정** 정답없음
관련규정 제·개정으로 삭제되어 정답이 없다.

소방활동구역의 설정은 필요한 최소의 범위로 한다.

「화재조사 및 보고규정」 제40조 【소방활동구역의 설정 및 현장보존】
  ① 본부장 또는 서장은 현장조사를 위하여 필요하다고 인정될 때에는 「소방기본법」 제23조에 따른 소방활동구역을 설정할 수 있다.
  ② 소방활동구역의 설정은 필요한 최소의 범위로 한다.
  ③ 소방활동구역의 관리는 수사기관과 상호 협조하여야 한다.
  ④ 소방활동구역의 표시는 로프 등으로 범위를 한정하고 경고판을 부착하며 「소방기본법 시행령」 제8조에 따라 출입을 통제하는 등 현장보존에 최대한 노력하여야 한다.
  ⑤ 본부장 또는 서장은 소화활동시 현장물건 등의 이동 또는 파괴를 최소화하여 원활한 화재조사활동이 이루어 질 수 있도록 현장보존에 노력하여야 한다.

POINT 34 소방력 등

정답
p.79

01	⑤	02	⑤	03	④	04	④	05	①
06	③	07	②	08	②				

01 난이도 ●○○
답 ⑤

「주차장법」 제19조에 따른 부설주차장의 주차구획 내에 주차하는 행위는 소방자동차 전용구역 방해행위 기준에 해당하지 않는다.

✅ 확인학습 전용구역 방해행위의 기준(「소방기본법 시행령」 제7조의14)

1. 전용구역에 물건 등을 쌓거나 주차하는 행위
2. 전용구역의 앞면, 뒷면 또는 양 측면에 물건 등을 쌓거나 주차하는 행위(「주차장법」에 따른 부설주차장의 주차구획 내에 주차하는 경우는 제외)
3. 전용구역 진입로에 물건 등을 쌓거나 주차하여 전용구역으로의 진입을 가로막는 행위
4. 전용구역 노면표지를 지우거나 훼손하는 행위
5. 소방자동차가 전용구역에 주차하는 것을 방해하거나 전용구역으로 진입하는 것을 방해하는 행위

02 난이도 ●○○
답 ⑤

국고보조 대상사업의 범위에 소방관서용 청사의 건축은 해당하나, 소방관서용 청사의 대수선은 해당하지 않는다.

✅ 확인학습 국고보조 대상사업의 범위

1. **소방활동장비와 설비의 구입 및 설치**
   - 소방자동차
   - 소방헬리콥터 및 소방정
   - 소방전용통신설비 및 전산설비
   - 그 밖에 방화복 등 소방활동에 필요한 소방장비
2. **소방관서용 청사의 건축**

03 난이도 ●○○
답 ④

119구조장비의 기준보조율은 50%이다.

04 난이도 ●○○
답 ④

공기호흡기는 보호장비에 해당한다.

✅ 확인학습 소방장비의 분류

1. **기동장비**: 자체에 동력원이 부착되어 자력으로 이동하거나 견인되어 이동할 수 있는 장비이다.

소방자동차	소방펌프차, 소방물탱크차, 소방화학차, 화생방대응차, 소방사다리차, 무인방수차, 지휘차, 구조차, 구급차, 조명배연차, 화재조사차, 생활안전차, 안전진단차, 소방순찰차, 현장지원차, 행정 및 교육지원차, 이륜차, 중장비
소방선박	소방정, 구조정, 지휘정
소방항공기	고정익항공기, 회전익항공기

2. **보호장비**: 소방현장에서 소방대원의 신체를 보호하는 장비이다. 소방자동차, 구조정 및 소방항공기는 기동장비에 해당한다.

호흡장비	공기호흡기, 공기공급기, 산소호흡기, 마스크
보호의류 및 안전모	방화복, 방호복, 특수방호복, 안전모, 보호장갑, 안전화, 방화두건
안전장구	안전안경, 인명구조 경보기, 신체 및 관절 보호대, 대원 위치추적장치, 대원 탈출장비, 대원 안전확보장비, 손매듭기, 방탄조끼, 방한덮개, 청력보호장비

05 난이도 ●●○
답 ①

저수조는 지면으로부터 낙차가 4.5m 이하로 설치한다.

✅ 확인학습 소방용수시설의 개별 설치기준

1. **소화전**: 상수도와 연결하여 지하식 또는 지상식의 구조로 하고, 소방용 호스와 연결하는 소화전의 연결금속구의 구경은 65mm로 해야 한다.
2. **급수탑**: 급수배관의 구경은 100mm 이상으로 하고, 개폐밸브는 지상에서 1.5m 이상, 1.7m 이하의 위치에 설치하도록 해야 한다.
3. **저수조**
   - 지면으로부터의 낙차는 4.5m 이하로 해야 한다.
   - 흡수부분의 수심은 0.5m 이상으로 해야 한다.
   - 흡수관의 투입구가 사각형의 경우에는 한 변의 길이가 60cm 이상, 원형의 경우 지름은 60cm 이상으로 해야 한다.

06 난이도 ●○○
답 ③

저수조에 물이 저장되어 있을 때 흡수부분의 수심이 0.5m 이상이어야 한다.

✅ 확인학습 소방용수시설

1. **설치 및 유지**: 소방활동에 필요한 소방용수시설은 시·도지사가 설치 및 유지·관리하고, 「수도법」의 규정에 의해 설치하는 일반수도사업자는 관할 소방서장과 사전협의를 거친 후 소화전을 설치하여야 하며, 설치 사실을 관할 소방서장에게 통지하고, 그 소화전을 유지·관리하여야 한다.
2. **소방용수시설**: 소화전, 저수조, 급수탑
3. **소방용수표지**
   - 지하에 설치하는 소화전 또는 저수조의 경우 소방용수표지
     - 맨홀뚜껑은 지름 648mm 이상
     - 맨홀뚜껑에는 "소화전·주차금지" 또는 "저수조·주차금지"의 표시
     - 맨홀뚜껑 부근에 노란색 반사도료로 폭 15cm의 선

- 급수탑 및 지상에 설치하는 소화전·저수조의 경우 소방용수표지
  - 안쪽 문자 – 흰색, 바깥쪽 문자 – 노란색, 안쪽 바탕 – 붉은색, 바깥쪽 바탕 – 파란색(반사도료)
  - 표지를 세우는 것이 매우 어렵거나 부적당한 경우에는 그 규격 등을 다르게 할 수 있다.
4. 소방용수시설의 설치기준(공통기준)
  - 주거지역·상업지역 및 공업지역에 설치하는 경우: 소방대상물과의 수평거리를 100m 이하로 한다.
  - 주거·상업·공업지역 외의 지역에 설치하는 경우: 소방대상물과의 수평거리를 140m 이하로 한다.

07 난이도 ●○○　　　　　　　　　　　　　　　답 ②

자위소방대원은 소방대에 해당하지 않는다.

✅ 확인학습 소방대

화재를 진압하고 화재, 재난·재해, 그 밖의 위급한 상황에서 구조·구급 활동 등을 하기 위하여 구성된 조직체를 말한다.
1. 「소방공무원법」에 따른 소방공무원
2. 「의무소방대 설치법」 제3조에 따라 임용된 의무소방원
3. 「의용소방대 설치 및 운영에 관한 법률」에 따른 의용소방대원

08 난이도 ●○○　　　　　　　　　　　　　　　답 ②

소방신호의 종류는 경계신호, 발화신호, 해제신호 및 훈련신호이다.

POINT 35 소방활동 1

정답　　　　　　　　　　　　　　　　　　　p.81

| 01 | ④ | 02 | ② | 03 | ③ | 04 | ① | 05 | ⑤ |
| 06 | ② | 07 | ② | 08 | ⑤ | | | | |

01 난이도 ●●○　　　　　　　　　　　　　　　답 ④

시·도지사는 대통령령으로 정하는 바에 따라 화재예방강화지구에서의 화재예방 및 경계에 필요한 자료를 매년 작성·관리하여야 한다.

✅ 확인학습 화재예방강화지구

시·도지사는 대통령령으로 정하는 바에 따라 화재예방강화지구의 지정 현황, 화재예방조사의 결과, 소방설비 설치 명령 현황, 소방교육의 현황 등이 포함된 화재예방강화지구에서의 화재예방 및 경계에 필요한 자료를 매년 작성·관리하여야 한다.

02 난이도 ●●○　　　　　　　　　　　　　　　답 ②

소방활동구역의 설정권자는 소방대장만이 행할 수 있다.

✅ 확인학습 소방활동구역의 설정

소방대장은 화재, 재난·재해, 그 밖의 위급한 상황이 발생한 현장에 소방활동구역을 정하여 소방활동에 필요한 사람으로서 대통령령으로 정하는 사람 외에는 그 구역에 출입하는 것을 제한할 수 있다.

03 난이도 ●○○　　　　　　　　　　　　　　　답 ③

소방신호의 종류로 출동신호는 해당되지 않는다.

✅ 확인학습 소방신호의 종류 및 방법

구분	타종신호	사이렌신호
경계신호	1타와 연2타를 반복	5초 간격을 두고 30초씩 3회
발화신호	난타	5초 간격을 두고 5초씩 3회
해제신호	상당한 간격을 두고 1타씩 반복	1분간 1회
훈련신호	연3타 반복	10초 간격을 두고 1분씩 3회

04 난이도 ●○○　　　　　　　　　　　　　　　답 ①

화재예방강화지구에 대한 설명이다.

05 난이도 ●●○　　　　　　　　　　　　　　　답 ⑤

시·도지사는 화재가 발생할 우려가 높거나 화재가 발생하는 경우 그로 인하여 피해가 클 것으로 예상되는 지역을 화재예방강화지구로 지정할 수 있다.

06 난이도 ●○○　　　　　　　　　　　　　　　답 ②

"예방"이란 화재의 위험으로부터 사람의 생명·신체 및 재산을 보호하기 위하여 화재발생을 사전에 제거하거나 방지하기 위한 모든 활동을 말한다.

| 선지분석 |
① [×] 화재예방안전진단에 대한 설명이다.
③ [×] 안전관리에 대한 설명이다.
④ [×] 화재안전조사에 대한 설명이다.

✅ 확인학습 용어정의

1. "예방"이란 화재의 위험으로부터 사람의 생명·신체 및 재산을 보호하기 위하여 화재발생을 사전에 제거하거나 방지하기 위한 모든 활동을 말한다.
2. "안전관리"란 화재로 인한 피해를 최소화하기 위한 예방, 대비, 대응 등의 활동을 말한다.

3. "화재안전조사"란 소방청장, 소방본부장 또는 소방서장(이하 "소방관서장"이라 한다)이 소방대상물, 관계지역 또는 관계인에 대하여 소방시설등(「소방시설 설치 및 관리에 관한 법률」 제2조 제1항 제2호에 따른 소방시설등을 말한다. 이하 같다)이 소방 관계 법령에 적합하게 설치·관리되고 있는지, 소방대상물에 화재의 발생 위험이 있는지 등을 확인하기 위하여 실시하는 현장조사·문서열람·보고요구 등을 하는 활동을 말한다.
4. "화재예방강화지구"란 특별시장·광역시장·특별자치시장·도지사 또는 특별자치도지사(이하 "시·도지사"라 한다)가 화재발생 우려가 크거나 화재가 발생할 경우 피해가 클 것으로 예상되는 지역에 대하여 화재의 예방 및 안전관리를 강화하기 위해 지정·관리하는 지역을 말한다.
5. "화재예방안전진단"이란 화재가 발생할 경우 사회·경제적으로 피해 규모가 클 것으로 예상되는 소방대상물에 대하여 화재위험요인을 조사하고 그 위험성을 평가하여 개선대책을 수립하는 것을 말한다.

07 난이도 ●○○ 답 ②

건축물의 비화경계에 대한 임무는 후착대의 임무에 해당한다.

✅ 확인학습 선착대와 후착대의 임무
1. 선착대
   • 인명검색 및 구조활동을 우선시한다.
   • 연소위험이 가장 큰 방면에 포위 부서한다.
   • 화점 근처의 소방용수시설을 점령한다.
   • 사전 경방계획을 충분히 고려하여 행동한다.
   • 재해실태, 인명위험, 소방활동상 위험요인, 확대위험 등을 파악하여 신속히 상황보고 및 정보를 제공한다.
2. 후착대
   • 인명구조활동 등 중요임무 수행을 지원한다.
   • 화재방어는 인접건물 및 선착대가 진입하지 않는 곳을 우선한다.
   • 급수 및 비화경계, 수손방지 등의 업무를 수행한다.
   • 불필요한 파괴는 하지 않는다.

08 난이도 ●●○ 답 ⑤

위해동물, 벌 등의 포획 및 퇴치활동은 생활안전활동에 해당한다.

✅ 확인학습 소방지원활동
1. 산불에 대한 예방·진압 등 지원활동
2. 자연재해에 따른 급수·배수 및 제설 등 지원활동
3. 집회·공연 등 각종 행사 시 사고에 대비한 근접대기 등 지원활동
4. 화재, 재난·재해로 인한 피해복구 지원활동
5. 그 밖에 행정안전부령으로 정하는 활동
   • 군·경찰 등 유관기관에서 실시하는 훈련지원활동
   • 소방시설 오작동 신고에 따른 조치활동
   • 방송제작 또는 촬영 관련 지원활동

✅ 확인학습 생활안전활동
1. 붕괴, 낙하 등이 우려되는 고드름, 나무, 위험 구조물 등의 제거활동
2. 위해동물, 벌 등의 포획 및 퇴치활동
3. 끼임, 고립 등에 따른 위험제거 및 구출활동
4. 단전사고 시 비상전원 또는 조명의 공급
5. 그 밖에 방치하면 급박해질 우려가 있는 위험을 예방하기 위한 활동

POINT 36 소방활동 2

정답 p.83

01	①	02	④	03	④	04	④	05	②
06	③								

01 난이도 ●○○ 답 ①

전기·가스·수도·통신·교통의 업무에 종사하는 사람으로서 원활한 소방활동을 위하여 필요한 사람이 해당한다.

✅ 확인학습 소방활동구역의 출입자(「소방기본법 시행령」 제8조)
1. 소방활동구역 안에 있는 소방대상물의 소유자·관리자 또는 점유자
2. 전기·가스·수도·통신·교통의 업무에 종사하는 사람으로서 원활한 소방활동을 위하여 필요한 사람
3. 의사·간호사 그 밖의 구조·구급업무에 종사하는 사람
4. 취재인력 등 보도업무에 종사하는 사람
5. 수사업무에 종사하는 사람
6. 소방대장이 소방활동을 위하여 출입을 허가한 사람

02 난이도 ●●○ 답 ④

강제처분으로 인한 손실 보상권자는 소방청장 또는 시·도지사이다.

03 난이도 ●○○ 답 ④

경찰서장은 해당되지 않는다.

04 난이도 ●○○ 답 ④

위험시설 등에 대한 긴급조치에 따른 조치로 인해 손실을 입은 경우 손실 보상권자는 소방청장 또는 시·도지사이다.

05 난이도 ●●○ 답 ②

간접공격법인 로이드레만 전법에 가장 적합한 주수방법은 저속분무주수이다.

✅ 확인학습 간접공격법(로이드레만 전법)
물의 흡열 작용에 의한 냉각과 환기에 의한 열기와 연기배출을 보다 유용하게 하는 것이 목적이다.

06 난이도 ●○○ 답 ③

직사방수가 분무주수에 비하여 명중률이 좋다.

CHAPTER 1 소화이론

POINT 37 소화의 기본원리 1

정답   p.86

01	②	02	②	03	①	04	②	05	③
06	②	07	②	08	①	09	④	10	③
11	③								

01 난이도 ●○○   답 ②

제거소화방법에는 전기화재 시 전원 차단, 가스화재 시 가스공급 차단 및 산불화재 시 방화선(도로) 구축이 있다.

| 선지분석 |

ㄱ. [○] 전기화재 시 전원 차단 – 제거소화

ㄴ. [○] 가스화재 시 가스공급 차단 – 제거소화

ㄷ. [×] 일반화재 시 옥내소화전 사용 – 냉각소화

ㄹ. [×] 유류화재 시 포 소화약제 사용 – 질식소화

ㅁ. [○] 산불화재 시 방화선(도로) 구축 – 제거소화

02 난이도 ●●○   답 ②

"식용유 화재 시 주변의 야채를 집어넣어 소화하는 방법"은 냉각소화에 해당한다.

> ✓ 확인학습 냉각소화 및 제거소화
> 1. 냉각소화
>   • 일반화재 시 옥내소화전 사용
>   • 발화점 또는 인화점 이하로 냉각하여 소화
>   • 연소가 진행되고 있는 열을 빼앗아 소화하는 방법
>   • 열을 흡수하여 가연성 연소생성물의 생성을 줄여 소화하는 방법
>   • 일반적으로 봉상주수에 의한 방법
>   • 물리적 소화에 해당
> 2. 제거소화
>   • 전기화재 시 전원차단
>   • 가스화재 시 가스공급 차단
>   • 산불화재 시 방화선(도로) 구축
>   • 연소물이나 화원을 제거하여 연소반응을 중지시켜 소화
>   • 촛불을 입으로 불어서 소화하는 방법
>   • 물리적 소화에 해당

03 난이도 ●●○   답 ①

옳은 지문은 ㄱ, ㄴ이다.

| 선지분석 |

ㄷ. [×] 유화소화는 비중이 물보다 큰 비수용성 유류화재 시 무상주수하여 소화하는 방법을 말한다.

ㄹ. [×] 제거소화는 가스화재 시 가스공급을 차단하여 소화하는 방법을 말한다.

04 난이도 ●○○   답 ②

유화소화에 대한 설명이다.

> ✓ 확인학습 유화소화
> 1. 비중이 물보다 큰 중유 등으로 인한 화재 시 무상으로 방사하거나 포 소화약제를 유류화재 시 방사하는 경우 유류 표면에 엷은 층(유화층)을 형성하여 공기 중의 산소의 공급을 차단시켜 소화하는 작용을 말한다.
> 2. 비수용성인 가연성 액체의 화재에서 유면에 물을 무상으로 강하게 불어 넣으면 유류표면에 일시적으로 물과 기름이 섞이는 층을 형성시킴으로써 증기압을 저하시켜 기상부분을 연소범위로부터 벗어나게 하여 소화하는 작용이다.
> 3. 유화소화효과를 크게 하기 위해서는 유면에의 속도에너지를 부가시켜 주어야 하므로 질식소화보다는 물입자를 약간 크게 하고 좀 더 강하게 분무하여야 한다.

05 난이도 ●○○   답 ③

포 소화약제는 수계 소화약제로 부촉매소화효과를 기대하기 어렵다. 주요 소화 작용원리는 질식소화이고 미비하지만 냉각소화효과도 있다.

> ✓ 확인학습 부촉매소화의 원리
> 1. 가연물질의 연속적인 연쇄반응이 진행하지 않도록 부촉매를 사용하여 연소현상인 화재를 소화시키는 방법을 부촉매소화라고 한다.
> 2. 부촉매소화 작용은 가연물질 내에 함유되어 있는 수소·산소로부터 활성화되어 생성되는 수소기(H)·수산기(OH)를 부촉매와 반응시켜 라디칼기의 생성을 억제소화한다.
> 3. B·C급 분말(탄산수소나트륨·탄산수소칼륨), A·B·C급 분말(인산염류), 할로겐화합물, 강화액(탄산수소칼륨＋물) 소화약제 내에 함유되어 있는 Na^+, K^+, NH_4^+, F^-, Cl^-, Br^-와 반응시켜 화학적소화를 한다.
> 4. 표면연소를 하는 물질들은 연쇄반응을 동반한 연소가 아니므로 부촉매소화효과를 얻기 어렵다.

06 난이도 ●○○ 답 ②

할론 소화약제를 사용하여 소화하는 소화 작용원리는 부촉매소화이다.

| 선지분석 |
① [×] 다량의 물을 주수하여 소화하는 소화 작용원리는 냉각소화이다.
③ [×] 연소물이나 화원을 제거하여 소화하는 소화 작용원리는 제거소화이다.
④ [×] 에멀션(Emulsion) 효과를 이용하여 소화하는 소화 작용원리는 질식소화(유화소화)이다.

07 난이도 ●○○ 답 ②

질식소화에 대한 설명이다.

> ✓ 확인학습 질식소화
> 1. 공기 중 산소는 21(vol)% 존재하고 있는데, 가연물질에 공급되는 공기 중 산소의 양을 15(vol)% 이하로 하면 산소 결핍에 의하여 연소가 정지되는 것을 질식소화라 한다.
> 2. 제5류 위험물(자기반응성 물질)은 물질 자체에 산소를 포함하고 있으므로 질식소화가 불가능하다.

08 난이도 ●●○ 답 ①

부촉매소화는 연쇄반응을 억제하기 위하여 부촉매효과를 이용하는 화학적 소화방법이다.

09 난이도 ●○○ 답 ④

질식소화는 산소의 공급을 차단하여 소화의 목적을 달성하는 방법이다.

| 선지분석 |
① [×] 연소가 진행되고 있는 계의 열을 빼앗아 온도를 떨어뜨림으로써 불을 끄는 방법은 냉각소화이다.
② [×] 가연물을 제거하여 연소현상을 제어하는 방법은 제거소화이다.
③ [×] 화염이 발생하는 연소반응을 주도하는 라디칼을 제거하여 중단시키는 방법은 부촉매소화이다.

10 난이도 ●○○ 답 ③

기본적인 소화원리는 연소의 3요소 또는 연소의 4요소를 이용한 물리적 소화와 화학적 소화를 말한다. 물리적 소화에는 냉각소화, 질식소화, 제거소화가 있고 화학적 소화에는 순조로운 연쇄반응을 차단하기 위한 부촉매소화방법이 있다.

11 난이도 ●○○ 답 ③

가스공급을 중단시키는 소화방법은 공급되는 가연물의 양을 차단 또는 제거하는 방법이므로 제거소화에 해당한다.

POINT 38 소화의 기본원리 2

정답
p.89

01	①	02	③	03	①	04	④	05	③
06	①	07	①	08	③	09	②		

01 난이도 ●●○ 답 ①

옳은 것은 ㄱ, ㄷ, ㄹ이다.

| 선지분석 |
ㄴ. [×] 물은 비열, 증발잠열의 값이 크므로 주로 냉각소화에 사용된다.
ㅁ. [×] 물에 침투제를 첨가하는 이유는 표면장력을 감소시켜 소화능력을 향상하기 위함이다.

> ✓ 확인학습 물리적 특성
> 1. 물의 비열은 1cal/g℃로 다른 물질에 비하여 상대적으로 크다.
>
> | 물질명 | 비열(cal/g℃) | 물질명 | 비열(cal/g℃) |
> |--------|------------|--------|------------|
> | 물 | 1.00 | 할론 1301 | 0.20 |
> | 수소 | 3.41 | 할론 1211 | 0.12 |
> | 헬륨 | 1.25 | 할론 2402 | 0.18 |
> | 이산화탄소 | 0.55 | 공기 | 0.24 |
>
> 2. 물의 증발잠열(기화열)은 539.6cal/g으로 다른 물질에 비하여 크고, 물의 용융열 79.7cal/g과 비교하여도 기화열은 상당히 크다.
>
> | 구분 | 증발잠열 | 용융열 | 구분 | 증발잠열 | 용융열 |
> |------|--------|-------|------|--------|-------|
> | 물 | 539.6 | 79.7 | 에틸알코올 | 204.0 | 24.9 |
> | 아세톤 | 124.5 | 23.4 | LPG | 98.0 | – |
>
> 3. 대기압하에서 100℃의 물이 액체에서 수증기의 상태로 변할 때 체적은 약 1,700배 정도 증가한다.
> 4. 물의 비중은 1기압을 기준으로 4℃일 때 가장 크고 이를 기준으로 높아지거나 낮아질 때 비중은 작아진다.
> 5. 물의 표면장력은 온도가 상승하면 작아진다.

> ✓ 확인학습 침투제
> 1. 물의 침투성을 증가시키기 위하여 합성계면활성제를 사용한다.
> 2. 물의 표면장력을 낮추어 심부화재, 원면화재의 소화효과를 극대화할 수 있다.
> 3. 침투제가 첨가된 물을 Wet water라고 부르며, 이것은 가연물 내부로 침투하기 어려운 목재, 고무, 플라스틱, 원면, 짚 등의 화재에 사용되고 있다.

02 난이도 ●○○ 답 ③

질식소화에 대한 설명이다.

03 난이도 ●○○ 답 ①

기본적인 소화원리는 연소의 3요소 또는 연소의 4요소를 이용한 물리적 소화와 화학적 소화를 말한다. 연소의 3요소를 이용한 물리적 소화는 냉각소화, 질식소화, 제거소화가 있다. 냉각소화는 가연물을 발화점 이하의 에너지 상태로 유지하기 위한 방법으로 물리적 소화방법에 해당한다.

04 난이도 ●○○ 답 ④

촛불을 입으로 불어서 소화하였다면 양초로부터 발생된 가연성 가스를 불꽃으로부터 분리한 소화작용이다. 즉, 가연물을 화원으로부터 제거하는 제거소화에 해당한다.

05 난이도 ●○○ 답 ③

유류화재는 물로 소화할 수 없다. 유류화재는 포를 이용한 질식소화를 한다.

06 난이도 ●○○ 답 ①

프라이팬에 식용유가 불이 붙어 있어 옆에 있던 식용유를 이용하여 소화하였다면 적절한 소화방법이라고 할 수는 없다. 단, 옆에 있던 다량의 식용유는 온도가 낮은 상태이므로 불이 붙은 식용유의 온도를 낮추어 소화한 것이다. 따라서 냉각소화효과가 있다고 볼 수 있다.

07 난이도 ●○○ 답 ①

물을 분무주수할 때 얻을 수 있는 소화방법으로는 질식소화, 냉각소화 및 희석소화효과를 얻을 수 있다. 상황에 따라 다를 수 있지만 일반적으로 물을 분무주수할 때 얻을 수 있는 가장 큰 소화효과는 질식소화이다.

08 난이도 ●○○ 답 ③

금속화재는 팽창질석 또는 팽창진주암을 사용하여 소화한다.

09 난이도 ●○○ 답 ②

중유화재 시 무상주수하면 질식소화 또는 유화소화를 기대할 수 있다.

> ✅ 확인학습 유화소화
> 1. 유화소화는 유류표면에 유화층을 형성하여 산소의 공급을 차단하여 소화하는 방법을 말한다.
> 2. 유화층은 유류표면에 물과 유류의 중간 성질을 가지는 엷은 층을 말한다.
> 3. 일반적으로 비중이 물보다 큰 중유 화재 시 무상으로 주수하면 유화층을 형성 공기 중의 산소의 공급을 차단시켜 질소소화효과를 기대할 수 있다.

CHAPTER 2 수계 소화약제

POINT 39 물 소화약제 1

정답   p.91

01	①	02	②	03	④	04	⑤	05	①
06	⑤	07	②	08	①	09	①	10	④
11	③								

01 난이도 ●●● 답 ①

물은 수소 2원자와 산소 1원자로 이루어져 있으며 이들 사이의 화학결합은 극성 공유결합이고, 물은 극성 분자이기 때문에 분자 간의 결합은 수소결합에 의하여 이루어진다.

> ✅ 확인학습 물의 화학적 특성
> 1. 물은 수소 2원자와 산소 1원자로 이루어져 있으며 이들 사이의 화학결합은 극성 공유결합이다.
> 2. 물은 극성 분자이기 때문에 분자 간의 결합은 수소결합에 의하여 이루어진다.
> 3. 물이 비교적 큰 표면 장력을 가지는 것도 분자 간의 인력의 세기와 직접적인 관계가 있으며, 비교적 큰 비열도 수소 결합을 끊는 데 큰 에너지가 필요하기 때문이다.

> ✅ 확인학습 물의 물리적 특성
> 1. 물의 비열은 1cal/g℃로 다른 물질에 비하여 상대적으로 크다.
>
> | 물질명 | 비열(cal/g℃) | 물질명 | 비열(cal/g℃) |
> | --- | --- | --- | --- |
> | 물 | 1.00 | 할론 1301 | 0.20 |
> | 수소 | 3.41 | 할론 1211 | 0.12 |
> | 헬륨 | 1.25 | 할론 2402 | 0.18 |
> | 이산화탄소 | 0.55 | 공기 | 0.24 |
>
> 2. 물의 증발잠열(기화열)은 539.6cal/g으로 다른 물질에 비하여 크고, 물의 용융열 79.7cal/g과 비교하여도 기화열은 상당히 크다.
>
> | 구분 | 증발잠열 | 용융열 | 구분 | 증발잠열 | 용융열 |
> | --- | --- | --- | --- | --- | --- |
> | 물 | 539.6 | 79.7 | 에틸알코올 | 204.0 | 24.9 |
> | 아세톤 | 124.5 | 23.4 | LPG | 98.0 | - |
>
> 3. 대기압하에서 100℃의 물이 액체에서 수증기의 상태로 변할 때 체적은 약 1,700배 정도 증가한다.
> 4. 물의 비중은 1기압을 기준으로 4℃일 때 가장 크고 이를 기준으로 높아지거나 낮아질 때 비중은 작아진다.
> 5. 물의 표면장력은 온도가 상승하면 작아진다.

02 난이도 ●●○ 답 ②

무상으로 주수 시 유류화재와 전기화재에 적응성이 있다.

| 선지분석 |
① [×] 질식소화 효과가 있다.
③ [×] 비열과 기화열이 크다.
④ [×] 수용성 가연물질의 화재에 적응성이 있다.

03 난이도 ●●○ 답 ④

물 소화약제는 제4류 위험물 중 중질유인 중유 화재 시 무상주수에 의해서 유화층을 형성하여 질식·냉각 및 유화소화작용을 일으켜 신속하게 소화하는 기능을 갖는다.

04 난이도 ●●○ 답 ⑤

물의 입자크기가 작을수록 비표면적이 증가한다. 비표면적이 증가하면 기화가 용이하게 되어 냉각소화효과가 커진다.

05 난이도 ●○○ 답 ①

강화액 소화약제는 탄산칼륨의 K^+에 의하여 많은 효과는 아니지만 부촉매 효과도 있다.

06 난이도 ●●○ 답 ⑤

팽창질석·팽창진주암의 적응대상은 일반화재와 유류화재이다.

✅ 확인학습 소화기구의 소화약제별 적응성

구분		일반화재	유류화재	전기화재	주방화재
가스	이산화탄소	-	○	○	-
	할론	○	○	○	-
	할로겐화합물 및 불활성기체	○	○	○	-
분말	인산염류 소화약제	○	○	○	-
	중탄산염류 소화약제	-	○	○	*
액체	산알칼리 소화약제	○	○	*	-
	강화액 소화약제	○	○	*	*
	포 소화약제	○	○	*	*
	윤화제·물 소화약제	○	○	*	*
기타	고체에어로졸화합물	○	○	○	-
	마른모래	○	○	-	-
	팽창질석·팽창진주암	○	○	-	-
	그 밖의 것	-	-	-	*

07 난이도 ●○○ 답 ②

소화효과가 검증된 소화약제는 기본적인 조건이나, 소화약제가 고가일 필요는 없다.

08 난이도 ●○○ 답 ①

물 소화약제는 구입가격이 저렴하다.

| 선지분석 |
② [×] 장기간 저장이 가능하다.
③ [×] 비열과 기화열이 커서 냉각효과가 좋다.
④ [×] 물 소화약제는 부촉매 소화효과가 없다.

09 난이도 ●○○ 답 ①

물의 증발잠열을 이용하여 냉각소화하기 위하여 주로 물을 사용한다.

10 난이도 ●●○ 답 ④

냉각소화와 질식소화에 큰 효과를 낼 수 있는 것은 무상주수이다.

11 난이도 ●●○ 답 ③

무상주수하는 경우 화원주위의 복사열을 차단하는 효과가 있다.

✅ 확인학습 무상주수

1. 물을 구름 또는 안개모양으로 방사하는 방법이다.
2. 무상의 물입자는 전기의 전도성이 없어 전기화재의 소화에도 이용된다.
3. 비점이 비교적 높은 제4류 위험물 중 중질유 및 고비중을 가지는 윤활유·아스팔트유 등의 화재 시 유류표면에 엷은 유화층을 형성하여 유화효과가 있다.
4. 물방울 입자의 크기는 스프링클러 > 물분무 > 미분무의 순으로, 미분무가 가장 작다.

POINT 40 물 소화약제 2

정답 p.94

01	③	02	⑤	03	③	04	⑤	05	③
06	③	07	②						

01 난이도 ●○○ 답 ③

물분무주수 방법에 의한 주된 소화작용은 질식소화이다.

02 난이도 ●●○ 답 ⑤

구간 b ~ e에서 소요되는 열량은 약 719cal이다.

✅ 확인학습 융해열과 기화열

1. 물의 융해열: 80kcal/kg
2. 물의 기화열: 539kcal/kg

✅ 확인학습 현열과 잠열

1. 현열: 열의 출입이 상변화에 사용되지 않고 온도변화 현상으로 나타나는 열을 현열이라 한다.
2. 잠열: 열의 출입이 온도변화 현상으로 나타나지 않고 상변화로 흡수되고, 방출되는 열(숨은열)을 잠열이라 한다.

03 난이도 ●●○

답 ③

0℃ 얼음 1kg이 수증기 100℃가 되려면 719kcal가 필요하다.
- 0℃ 얼음이 0℃ 물이 되는 데 필요한 융해(잠)열 → 80kcal/kg
- 0℃ 물이 100℃ 물이 되는 데 필요한 현열 → 100kcal/kg
- 100℃ 물이 100℃ 수증기가 되는 데 필요한 기화(잠)열 → 539kcal/kg.
- 따라서, 80 + 100 + 539 = 719kcal/kg

04 난이도 ●○○

답 ⑤

입자가 가장 작은 물 소화설비는 미분무 소화설비이다.

05 난이도 ●●○

답 ③

니트로셀룰로오스(나이트로셀룰로오스)는 제5류 위험물로서 다량의 물로 소화 가능하다.

| 선지분석 |
① [×] 무기과산화물은 주수소화가 안 된다(산소를 방출).
② [×] 알킬알루미늄은 제3류 위험물 중 금수성 물질로 물로 소화할 수 없다.
④ [×] 휘발유 및 경유는 제4류 위험물 중 제1·2석유류의 비수용성 물질로 물로 소화할 수 없다.

06 난이도 ●○○

답 ③

물의 표면장력을 작게 하여 심부화재에 대한 적응성을 높여 주는 것은 침투제이다.

> ✅ 확인학습 물 소화약제 첨가제
> 1. 부동제: 동결방지제, 에틸렌글리콜을 많이 사용한다.
> 2. 증점제: 점성을 향상시키며, 주로 산림화재에 사용된다.
> 3. 침투제: 물의 침투성을 증가시키는 Wetting agents(합성계면활성제)를 혼합한 수용액으로서 물의 침투가 용이하지 않은 면의 원료인 원면화재에 적합하다. 침투성을 높여주기 위하여 표면장력을 작게 한다.
> 4. 유화제: 가연성 증기의 증발을 억제하여 소화효과를 증대시킨다.

07 난이도 ●○○

답 ②

물체의 표면에서 점성의 효력을 올리는 물 소화약제 첨가제는 viscous agent(증점제)이다.

POINT 41 포 소화약제

정답 p.96

01	③	02	②	03	②	04	②	05	④
06	②	07	②	08	①	09	⑤	10	③
11	③								

01 난이도 ●●●

답 ③

단백포 소화약제는 포의 유동성이 좋지 않아 유면을 신속하게 덮지 못하므로 소화 속도가 느리다. 또한 분말소화약제와 병용할 수 없다는 단점이 있고, 유류를 오염시킨다.

> ✅ 확인학습 단백포소화약제(Protein foaming agents)
> 1. 동물의 뿔, 발톱 등을 알칼리로 가수분해한 생성물에 금속염인 염화철과 그 밖의 첨가제 등을 혼합·제조하여 사용한다.
> 2. 신속하게 다량의 포가 연소유면에 전개되면 단백질과 안정제가 결합하여 내열성이 우수한 포가 유면을 질식소화한다.
> 3. 포의 유동성이 좋지 않아 유면을 신속하게 덮지 못하므로 소화 속도가 느리다.
> 4. 부패의 우려가 있어 저장기간이 길지 않다.
> 5. 단백포는 점성이 있어 안정되고 두꺼운 포막을 형성하기 때문에 인화성·가연성 액체의 위험물 저장탱크, 창고, 취급소 등의 포소화설비에 사용된다.
> 6. 분말소화약제와 병용할 수 없다는 단점이 있고, 유류를 오염시킨다.

02 난이도 ●●○

답 ②

그림은 표면하 주입방식에 의한 설비이다. 유류에 오염을 주지 않는 수성막포와 불화단백포가 적합한 포 소화약제이다.

> ✅ 확인학습 기계포 소화약제
> 1. 단백포 소화약제: 단백질을 가수분해한 것을 주원료로 하는 포 소화약제를 말한다.
> 2. 합성계면활성제포 소화약제: 합성계면활성제를 주원료로 하는 포 소화약제를 말한다.
> 3. 수성막포 소화약제: 수합성계면활성제를 주원료로 하는 포 소화약제 중 기름표면에서 수성막을 형성하는 포 소화약제를 말한다.
> 4. 알코올형포 소화약제: 단백질의 가수분해물이나 합성계면활성제 중에 지방산 금속염이나 타계통의 합성계면활성제 또는 고분자겔 생성물 등을 첨가한 포 소화약제로서 제4류 위험물 중 수용성용제의 소화에 사용하는 약제를 말한다.
> 5. 불화단백포 소화약제: 단백포 소화약제의 소화성능을 향상시키기 위하여 불소계통의 계면활성제를 첨가한 포 소화약제를 말한다.

> ✅ 확인학습 수성막포 소화약제
> 1. 불소계 계면활성제를 주성분으로 한 것으로 물과 혼합하여 사용한다.
> 2. 수성막포 소화약제는 유류표면에 도달하면 불소계 계면활성제수용액이 유류표면에 물과 유류의 중간 성질을 가지는 수성막을 형성한다.
> 3. 방출 시 유면에서 얇은 물의 막인 수성막을 형성하여 가연성 증기의 발생을 억제한다.

4. 유류표면 위에 뜨는 가벼운 수성의 막(Aqueous film)을 형성하기 때문에 질식과 냉각작용이 우수하다. 대표적으로 미국 3M사의 라이트 워터(Light water)라는 상품명의 제품이 많이 팔리고 있는데 유면상에 형성된 수성막이 기름보다 가벼운 것처럼 보이기 때문에 만들어진 상품명이다.
5. 수성막포 소화약제는 유류화재에 대해 질식소화작용 · 냉각소화작용을 가지며, 분말과 겸용하면 7 ~ 8배 소화효과가 있다.
6. 유류에 오염되지 않으므로 저장탱크의 하부에서 방출시켜주는 표면하주입방식으로의 사용이 가능하다.

✅ 확인학습 불화단백포 소화약제

1. 불화단백포 소화약제는 단백포 소화약제에 소화성능을 향상시키기 위해서 불소계 계면활성제를 첨가한 것이다.
2. 유류에 오염되지 않으므로 수성막포와 같이 저장탱크의 하부에서 방출시켜주는 표면하주입방식으로의 사용이 가능하다.
3. 수성막포와 같이 포가 타오르거나 열에 의해 소멸되지 않아 대형 유류저장탱크 시설에 가장 적합하다.
4. 유류저장탱크 화재 시 윤화(Ring fire)현상도 발생하지 않으며, 포의 유동성이 우수하여 방출된 포는 신속하게 유류표면을 덮어 공기 중의 산소의 공급을 차단시켜 주는 질식소화작용을 한다.

---

03 난이도 ●●○   답 ②

옳은 것은 ㄷ, ㄹ이다.

| 선지분석 |

ㄱ. [×] 유동성이 좋지 않다.
ㄴ. [×] 내열성이 우수하다.
ㄷ. [○] 유류를 오염시킨다.
ㄹ. [○] 유면 봉쇄성이 좋다.

✅ 확인학습 단백포 소화약제

장점	• 내열성이 우수함 • 봉쇄성 및 내화성이 우수함 • 윤화(Ring fire)의 발생 위험이 없음
단점	• 유동성이 좋지 않아서 소화속도가 느림 • 소화약제의 저장기간이 짧음(3년 이내) • 분말과 병용할 수 없으며, 유류를 오염시킴

---

04 난이도 ●○○   답 ②

분말 소화약제와 병용하면 소화효과가 7 ~ 8배 증가되는 포 소화약제는 수성막포 소화약제이다.

✅ 확인학습 수성막포 소화약제

1. 수성막이 유면 위에서 발생하는 유류의 증기발생을 억제함과 동시에 공기 중 산소의 공급을 차단함으로써 재착화를 방지한다.
2. 수성막은 유류표면 위에 뜨는 가벼운 수성의 막이라는 뜻으로 라이트워터(Light water)라고도 한다.
3. 수성막포 소화약제는 유류표면 위에 있는 기포에서 배출하는 불소계 계면활성제수용액이 유류표면에 물과 유류의 중간 성질을 가지는 수성막을 형성한다.
4. 수성막포 소화약제는 유류화재에 대해 질식소화작용 · 냉각소화작용을 갖으며, 분말 소화약제와 겸용하면 7 ~ 8배 소화효과가 있다.

---

05 난이도 ●●○   답 ④

옳은 것은 ㄱ, ㄷ, ㄹ이다.

| 선지분석 |

ㄴ. [×] 알코올류, 케톤류, 에스테르류(에스터류) 등과 같은 수용성 위험물 화재에 소화적응성이 아주 우수하다 → 알코올형 포 소화약제에 대한 설명이다.

✅ 확인학습 수성막포 소화약제

1. 불소계 계면활성제를 주성분으로 한 것으로 물과 혼합하여 사용한다.
2. 수성막포 소화약제는 유류표면에 도달하면 불소계 계면활성제수용액이 유류표면에 물과 유류의 중간 성질을 가지는 수성막을 형성한다.
3. 방출 시 유면에서 얇은 물의 막인 수성막을 형성하여 가연성 증기의 발생을 억제한다.
4. 유류표면 위에 뜨는 가벼운 수성의 막(Aqueous film)을 형성하기 때문에 질식과 냉각작용이 우수하다. 대표적으로 미국 3M사의 라이트 워터(Light water)라는 상품명의 제품이 많이 팔리고 있는데 유면상에 형성된 수성막이 기름보다 가벼운 것처럼 보이기 때문에 만들어진 상품명이다.
5. 수성막포 소화약제는 유류화재에 대해 질식소화작용 · 냉각소화작용을 가지며, 분말과 겸용하면 7 ~ 8배 소화효과가 있다.

✅ 확인학습 알코올형 포 소화약제

1. 수용성 가연물질인 알코올 · 에테르류 · 에스테르류 · 케톤류 · 알데히드류 등의 화재 시 단백포 · 합성계면활성제포 · 수성막포 소화약제 및 불화단백포 소화약제는 소포성(消泡性)이 있으므로 소화약제로서 부적합하다.
2. 수용성 가연물질에 용해되지 않는 성질을 가진 포 소화약제에는 금속비누형 알코올포 소화약제 · 고분자겔 생성형 알코올형 포 소화약제 · 불화단백형 알코올형 포 소화약제 등이 있다.
3. 불화단백형 알코올형 포 소화약제는 불소계 계면활성제를 결속시킨 포 소화약제로서 알코올류와 같은 수용성의 액체가연물질의 화재에 대해 소화성능이 우수하다.
4. 불화단백형 알코올형 포 소화약제는 대형의 알코올 저장탱크의 화재시 소화약제로 사용하여도 윤화(Ring Fire) 현상이 발생하지 않으며, 표면하방출방식으로의 사용도 가능하므로 화재를 신속하게 소화할 수 있고 내화성이 우수하다.

---

06 난이도 ●○○   답 ②

저팽창포와 고팽창포에도 사용할 수 있는 소화약제는 합성계면활성제포이다.

✅ 확인학습 합성계면활성제포 소화약제

1. 합성계면활성제포 소화약제는 기계의 동력에 의해서 공기를 혼입시켜 사용하는 기계포 소화약제로서 단백포 소화약제보다 먼저 개발되어 사용되어 왔으나 저발포에 의해서 발포된 포의 소화성능은 단백포 소화약제에 비하여 뒤떨어지고 연소하는 유류에 대한 내화성 및 내유성이 약하다는 단점이 있다.
2. 합성계면활성제포 소화약제의 단점을 보완하기 위하여 저발포 외에 중발포 · 고발포의 발포기법이 개발되었다.

07 난이도 ●●○   답 ②

수성막포와 단백포의 단점을 개선한 것은 불화단백포 소화약제이다.

> ✅ 확인학습 **불화단백포 소화약제**
>
> 1. 불화단백포 소화약제는 단백포 소화약제에 소화성능을 향상시키기 위해서 불소계 계면활성제를 첨가한 것이다.
> 2. 유류에 오염되지 않으므로 수성막포와 같이 저장탱크의 하부에서 방출시켜주는 표면하주입방식으로의 사용이 가능하다.
> 3. 수성막포와 같이 포가 타오르거나 열에 의해 소멸되지 않아 대형 유류저장탱크 시설에 가장 적합하다.
> 4. 유류저장탱크 화재 시 윤화(Ring fire)현상도 발생하지 않으며, 포의 유동성이 우수하여 방출된 포는 신속하게 유류표면을 덮어 공기 중의 산소의 공급을 차단시켜 주는 질식소화작용을 한다.

08 난이도 ●●○   답 ①

불화단백포 및 수성막포는 표면하 주입방식에 사용할 수 있다.

| 선지분석 |

② [×] 합성계면활성제포는 유동성이 양호하나 내유성이 약하다.
③ [×] 단백포는 내열성이 우수하나 유동성이 좋지 않아서 소화속도가 느리다.
④ [×] 알콜형포 사용 시 금속비누를 계면활성제로 사용하여 유화·분산시키는 금속비누형 알코올형포 소화약제가 있다.

09 난이도 ●●○   답 ⑤

수성막포는 (내유성)이 강하여 표면하 주입방식에 효과적이며, 내약품성으로 (분말) 소화약제와 Twin Agent System이 가능하다. 반면에 내열성이 약해 탱크 내벽을 따라 잔불이 남게 되는 (윤화)현상이 일어날 우려가 있으며, 대형화재 또는 고온화재 시 수성막 생성이 곤란한 단점이 있다.

> ✅ 확인학습 **기계포 소화약제**
>
> 1. **단백포 소화약제**: 단백질을 가수분해한 것을 주원료로 하는 포 소화약제를 말한다.
> 2. **합성계면활성제포 소화약제**: 합성계면활성제를 주원료로 하는 포 소화약제를 말한다.
> 3. **수성막포 소화약제**: 수합성계면활성제를 주원료로 하는 포 소화약제 중 기름표면에서 수성막을 형성하는 포 소화약제를 말한다.
> 4. **알코올형포 소화약제**: 단백질의 가수분해물이나 합성계면활성제 중에 지방산 금속염이나 타계통의 합성계면활성제 또는 고분자겔 생성물 등을 첨가한 포 소화약제로서 제4류 위험물 중 수용성용제의 소화에 사용하는 약제를 말한다.
> 5. **불화단백포 소화약제**: 단백포 소화약제의 소화성능을 향상시키기 위하여 불소계통의 계면활성제를 첨가한 포 소화약제를 말한다.

> ✅ 확인학습 **수성막포 소화약제**
>
> 1. 불소계 계면활성제를 주성분으로 한 것으로 물과 혼합하여 사용한다.
> 2. 수성막포 소화약제는 유류표면에 도달하면 불소계 계면활성제수용액이 유류표면에 물과 유류의 중간 성질을 가지는 수성막을 형성한다.
> 3. 방출 시 유면에서 얇은 물의 막인 수성막을 형성하여 가연성 증기의 발생을 억제한다.

> 4. 유류표면 위에 뜨는 가벼운 수성의 막(Aqueous film)을 형성하기 때문에 질식과 냉각작용이 우수하다. 대표적으로 미국 3M사의 라이트 워터(Light water)라는 상품명의 제품이 많이 팔리고 있는데 유면상에 형성된 수성막이 기름보다 가벼운 것처럼 보이기 때문에 만들어진 상품명이다.
> 5. 수성막포 소화약제는 유류화재에 대해 질식소화작용·냉각소화작용을 가지며, 분말과 겸용하면 7 ~ 8배 소화효과가 있다.

10 난이도 ●○○   답 ③

제2종 기계포의 팽창비율은 250배 이상 500배 미만이다.

> ✅ 확인학습 **포의 팽창비율에 의한 분류**
>
> | 포의 명칭 | | 포의 팽창비율 |
> |---|---|---|
> | 저발포 | | 20배 이하 |
> | 고발포 | 제1종 기계포 | 80배 이상 250배 미만 |
> | | 제2종 기계포 | 250배 이상 500배 미만 |
> | | 제3종 기계포 | 500배 이상 1천배 미만 |

11 난이도 ●○○   답 ③

Loaded stream extinguisher는 강화액 소화기이다. Aqueous film foaming foam과 Light water는 수성막포의 다른 표현이다. Fluoro chemical foam은 불소계 화학포이다.

CHAPTER 3 비수계 소화약제

POINT 42 이산화탄소 소화약제

정답   p.99

01	②	02	①	03	①	04	②	05	⑤
06	⑤	07	①	08	①	09	③		

01 난이도 ●●○   답 ②

질식소화 효과와 기화열 흡수에 의한 냉각효과가 있다.

| 선지분석 |

① [×] 무색, 무취로 비전도성이며 독성이 없다.
③ [×] 제3류 위험물, 제5류 위험물의 소화에 사용을 금한다.
④ [×] 자체 증기압이 매우 높아 별도의 가압원이 필요하지 않다.

> ✅ 확인학습 **이산화탄소 소화약제의 특성**
>
> 1. 무색, 무취로 비전도성이며 독성이 없다.
> 2. 질식소화 효과와 기화열 흡수에 의한 냉각효과가 있다.
> 3. 제3류 위험물, 제5류 위험물의 소화에 사용을 금한다.
> 4. 자체 증기압이 매우 높아 별도의 가압원이 필요하지 않다.

> ✅ **확인학습 이산화탄소 소화약제 사용제한장소**
> 1. 방재실·제어실 등 사람이 상시 근무하는 장소
> 2. 소화약제에 의해 질식 또는 인체의 위해가 발생할 우려가 있는 밀폐장소
> 3. 제5류 위험물을 저장·취급하는 장소
> 4. 이산화탄소를 분해시키는 반응성이 큰 금속(Na, K, Mg, Ti, Zr 등)과 금속수소화물(LiH, NaH, CaH₂)

02 난이도 ●●○　　　　　　　　　　　　답 ①

이산화탄소 소화약제에 대한 설명이다.

> ✅ **확인학습 이산화탄소 소화약제**
> 1. 이산화탄소를 소화약제로 이용하는 가장 큰 목적은 소화약제로 인하여 <u>연소되지 아니한 피연소 물질에 물리·화학적 피해를 주지 않기 위함이다.</u>
> 2. 구입비용이 저렴하고 수명이 반영구적이어서 장기간 저장이 가능하기 때문에 유류화재·가스화재용의 소화약제로 많이 사용되고 있다.
> 3. 이산화탄소는 배관 내에서는 액상이지만, 분사헤드에서는 기화되어 분사된다.
> 4. 완전산화물질이므로 활성을 가지지 않기 때문에 산소와 반응할 수 없고, 따라서 질식성을 가지고 있기 때문에 가연물질의 연소에 필요한 산소의 공급을 차단할 수 있다.
> 5. 이산화탄소 소화약제의 소화작용에는 <u>질식소화, 냉각소화, 피복소화</u> 등이 있다.

03 난이도 ●○○　　　　　　　　　　　　답 ①

이산화탄소 소화설비는 <u>가스계(비수계)</u> 소화설비이다.

04 난이도 ●○○　　　　　　　　　　　　답 ②

이산화탄소 소화약제의 소화작용은 <u>질식소화</u>, 냉각소화, 피복소화 등이 있다. <u>주된 소화작용은 질식소화작용이다.</u>

05 난이도 ●●○　　　　　　　　　　　　답 ⑤

이산화탄소 소화약제는 다수인이 출입·통행하는 실내의 통로에는 인명피해가 우려되므로 사용할 수 없다.

06 난이도 ●○○　　　　　　　　　　　　답 ⑤

이산화탄소 농도계산 관계식에 따라 이산화탄소의 농도는 53(vol)%이다.

$$CO_2(\%) = \frac{21 - O_2}{21} \times 100(\%)$$

$\frac{(21-10)}{21} \times 100(\%) = 52.38(vol)\% = 53(vol)\%$이다.

07 난이도 ●○○　　　　　　　　　　　　답 ①

이산화탄소 농도계산 관계식에 따라 이산화탄소의 농도는 50(vol)%이다. 공기 중의 산소농도가 20일 때는 $\frac{(20-10)}{20} \times 100 = 50(vol)\%$이다.

08 난이도 ●●○　　　　　　　　　　　　답 ①

전역방출 방식으로 할 때는 일반가연물화재(A급 화재)에도 적용된다.

> ✅ **확인학습 이산화탄소 소화약제 설치 제외 장소**
> 1. 방재실·제어실 등 사람이 상시 근무하는 장소
> 2. 소화약제에 의해 질식 또는 인체의 위해가 발생할 우려가 있는 밀폐장소
> 3. 제5류 위험물을 저장·취급하는 장소
> 4. 이산화탄소와 반응성이 있는 활성금속물질인 나트륨(Na)·칼륨(K)·칼슘(Ca) 등을 저장·취급하는 장소

09 난이도 ●○○　　　　　　　　　　　　답 ③

이산화탄소의 증기비중은 1.52로 공기보다 1.52배 무겁다.

> ✅ **확인학습 증기비중**
> $$증기비중 = \frac{분자량}{공기의 \ 분자량(29)}$$

POINT 43 할론 소화약제

정답　　　　　　　　　　　　　　　　p.101

01	③	02	①	03	①	04	정답없음	

01 난이도 ●●●　　　　　　　　　　　　답 ③

할론 1301의 화학식은 CF₃Br이다.
CF₃Br의 분자량은 12 + 19×3 + 80 = 149이다.

따라서 할론 1301의 기체비중은 $\frac{149}{29} = 5.14$이다.

02 난이도 ●●○　　　　　　　　　　　　답 ①

어떤 물질의 오존파괴지수(ODP; Ozone Depletion Potential)를 정할 때는, 기준물질인 CFC-11(CFCl₃)을 지수 1로 하고 해당 물질의 대기권에서의 수명, 물질의 단위질량당 염소나 브롬(브로민) 질량의 비, 활성염소와 브롬(브로민)의 오존파괴능력 등을 기준물질에 비교하여 정한다.

03 난이도 ●●● 답 ①

할론 1301의 오존파괴지수(ODP)는 14.1, 할론 2402는 6, 할론 1211은 2.4, IG-541은 0이다. 따라서 '라 - 다 - 나 - 가' 순으로 오존파괴지수가 크다.

> ✅ 확인학습 **오존파괴지수(ODP; Ozone Depletion Potential)**
> 1. 어떤 화합물질의 오존파괴정도를 숫자로 표현한 것으로서 숫자가 클수록 오존파괴정도가 크다. 삼염화불화탄소($CFCl_3$)의 오존파괴능력을 1로 보았을 때 상대적인 파괴능력을 나타내는 지수로써 몬트리올 의정서에서 규정한 모든 오존층파괴물질에 대해 오존파괴지수가 산정되어 있다.
> 2. CFC-11은 CCl_3F($CFCl_3$: 삼염화불화탄소)을 말한다.

04 난이도 ●●● 정답없음

「소방공무원 채용시험에 관한 예규」 별표 1 소방학개론의 범위 중 소화이론 - 소화약제 분야에 할론 소화약제에 관한 내용이 없기 때문에, 모두 정답처리되었다.

POINT 44 할로겐화합물 및 불활성기체 소화약제

정답 p.102

01	①	02	③	03	③	04	⑤	05	②
06	⑤	07	②	08	③	09	②		

01 난이도 ●●○ 답 ①

IG - 01, IG - 55, IG - 100, IG - 541 중 질소를 포함하지 않은 약제는 IG - 01이다.

> ✅ 확인학습 **IG-01·IG-55·IG-100(불연성·불활성기체 혼합가스)**
> 1. IG-01은 아르곤이 99.9vol% 이상이다.
> 2. IG-55는 질소가 50vol%, 아르곤이 50vol%인 성분으로 되어 있다.
> 3. IG-100은 질소가 99.9vol% 이상이다.
>
> | 소화약제 | 화학식 |
> |---------|--------|
> | IG-01 | Ar |
> | IG-100 | N_2 |
> | IG-541 | N_2(52%), Ar(40%), CO_2(8%) |
> | IG-55 | N_2(50%), Ar(50%) |

> ✅ 확인학습 **할로겐화합물 및 불활성기체 소화약제**
> 1. 할로겐화합물 소화약제는 순도가 99% 이상이고 불소, 염소, 브롬(브로민), 요오드(아이오딘) 중 하나 이상의 원소를 포함하고 있는 유기화합물을 기본성분으로 하는 소화약제이다.
> 2. 불활성기체 소화약제는 헬륨, 네온, 아르곤, 질소 중 하나 이상의 원소를 기본성분으로 하는 소화약제를 말한다.

02 난이도 ●●○ 답 ③

할로겐화합물 및 불활성기체 소화약제는 불소·염소·브롬(브로민)·요오드(아이오딘) 중 하나 이상 원소를 포함하고 있는 유기화합물을 기본 성분으로 하는 '할로겐화합물 소화약제'와 헬륨·네온·아르곤·질소 중 하나 이상의 원소를 기본성분으로 하는 '불활성기체 소화약제'로 구분된다. 따라서 염소는 불활성기체 소화약제를 구성할 수 있는 물질에 해당하지 않는다.

03 난이도 ●●○ 답 ③

IG-541의 화학식은 N_2: 52%, Ar: 40%, CO_2: 8%이다.

> ✅ 확인학습 **불활성기체 소화약제**
> 불활성기체 소화약제는 주로 질소, 아르곤, 이산화탄소로 되어 있으므로 화학소화보다는 질식소화가 주된 소화작용을 한다.
>
> | 소화약제 | 화학식 |
> |---------|--------|
> | IG-01 | Ar |
> | IG-100 | N_2 |
> | IG-541 | N_2: 52%, Ar: 40%, CO_2: 8% |
> | IG-55 | N_2: 50%, Ar: 50% |

04 난이도 ●●○ 답 ⑤

화재를 소화하는 동안 피연소물질에 물리적·화학적 변화나 재산상의 피해를 주지 않으며, 소화가 완료된 후 특별한 물질이나 지방성 부산물을 발생시키지 않는 장점이 있다.

> ✅ 확인학습 **할로겐화합물 및 불활성기체 소화약제**
> 1. 전기절연성이 우수하다(전기불량도체).
> 2. 변질·부패·분해 등의 화학변화를 일으키지 않는다.
> 3. 부촉매에 의한 연소의 억제작용이 크며, 소화능력이 우수하다.
> 4. 피연소물질에 물리·화학적 변화를 초래하지 않는다.
> 5. 오존층을 파괴하지 않는다.
> 6. 지구온난화지수(GWP)가 낮다.
> 7. HCFC-124 물질과 HFC-125 물질은 인체에 유해하므로 사람이 있는 장소에서 사용해서는 안 된다.

05 난이도 ●●● 답 ②

불활성기체 소화약제는 화학적 소화효과가 없다. 불활성기체 소화약제는 주로 질소, 아르곤, 이산화탄소로 되어 있으므로 화학소화보다는 질식소화가 주된 소화작용을 한다.

06 난이도 ●○○ 답 ⑤

불활성기체 IG-541의 성분은 N_2, Ar, CO_2가 각각 52%, 40%, 8%가 들어있다.

> ✅ 확인학습 **IG-541**
> 1. 오존파괴지수(ODP)는 0이다.
> 2. IG-541의 분자량은 34이다. 공기보다 무겁다.

07 난이도 ●●○   답 ②

할로겐화합물 및 불활성기체 소화약제란 할로겐화합물(할론 1301, 할론 2402, 할론 1211 제외) 및 불활성기체로서 전기적으로 비전도성이며 휘발성이 있거나 증발 후 잔여물을 남기지 않는 소화약제를 말한다.

08 난이도 ●○○   답 ③

대기 중에 잔존 시간이 짧을수록 좋다.

> ✅ 확인학습 친환경 소화약제 요구조건
>
> 1. 우수한 소화성능을 갖추어야 한다.
> 2. 독성이 적을수록 좋다.
> 3. ODP, GWP, ALT가 낮아야 한다.
> 4. ALT는 온실가스가 방사된 후 대기권에서 분해되지 않고 제류하는 잔류기간이다.

09 난이도 ●●●   답 ②

HCFC BLEND A는 HCFC-123, HCFC-22, HCFC-124와 $C_{10}H_{16}$의 혼합물로 이루어진 소화약제이다. 할로겐화합물 소화약제 중 'HCFC BLEND A'의 구성 요소가 아닌 것은 C_3HF_7이다.

> ✅ 확인학습 HCFC BLEND A
>
> | 소화약제 | 화학식 |
> | --- | --- |
> | HCFC BLEND A | HCFC-123($CHCl_2CF_3$): 4.75%
HCFC-22($CHClF_2$): 82%
HCFC-124($CHClFCF_3$): 9.5%
$C_{10}H_{16}$: 3.75% |

POINT 45 분말 소화약제

정답

p.104

01	②	02	③	03	①	04	①	05	③
06	②	07	②	08	④	09	③	10	①
11	④	12	④						

01 난이도 ●●○   답 ②

제1·2종 분말 소화약제는 열분해 반응에서 CO_2가 생성된다. 제3종 분말 소화약제는 CO_2가 생성되지 않는다.

> ✅ 확인학습 분말 소화약제의 열분해 반응
>
> 1. 탄산수소나트륨의 열분해 반응
>   - 270℃에서 $2NaHCO_3 \rightarrow Na_2CO_3 + H_2O + CO_2$
>   - 850℃에서 $2NaHCO_3 \rightarrow Na_2O + H_2O + 2CO_2$

2. 탄산수소칼륨의 열분해반응
   - 190℃에서 $2KHCO_3 \rightarrow K_2CO_3 + H_2O + CO_2$
   - 260℃에서 $2KHCO_3 \rightarrow K_2O + H_2O + 2CO_2$

> ✅ 확인학습 제3종 분말 소화약제의 방진소화작용
>
> 1. 제1인산암모늄으로부터 360℃ 이상의 온도에서 열분해하는 과정에서 액체상태의 점성을 가진 메타인산(HPO_3)이 생성된다.
> 2. 메타인산(HPO_3)은 일반가연물질인 나무·종이·섬유 등의 연소과정인 잔진상태의 숯불표면에 유리(Glass)상의 피막을 이루어 공기 중의 산소의 공급을 차단시키며, 숯불모양으로 연소하는 작용을 방지한다.

> ✅ 확인학습 분말 소화약제의 분류
>
> | 종별 | 주성분 | 색상 | 소화대상 | 특징 |
> | --- | --- | --- | --- | --- |
> | 제1종 | 탄산수소나트륨 | 백색 | B급, C급 | 비누화반응 |
> | 제2종 | 탄산수소칼륨 | 담자색 | B급, C급 | – |
> | 제3종 | 제1인산암모늄 | 담홍색 | A급, B급, C급 | 메탄인산 |
> | 제4종 | 중탄산칼륨+요소 | 회색 | B급, C급 | – |

02 난이도 ●○○   답 ③

분말 소화약제 중 방진소화작용과 관련이 있는 것은 제3종 분말 소화약제이다.

> ✅ 확인학습 제3종 분말 소화약제의 방진소화작용
>
> 1. 제1인산암모늄으로부터 360℃ 이상의 온도에서 열분해하는 과정에서 액체상태의 점성을 가진 메타인산(HPO_3)이 생성된다.
> 2. 메타인산(HPO_3)은 일반가연물질인 나무·종이·섬유 등의 연소과정인 잔진상태의 숯불표면에 유리(Glass)상의 피막을 이루어 공기 중의 산소의 공급을 차단시키며, 숯불모양으로 연소하는 작용을 방지한다.

03 난이도 ●○○   답 ①

제3종 분말 소화약제의 색상은 담홍색으로 착색되어 있다.

> ✅ 확인학습 분말 소화약제의 정의
>
> 1. 화재 발생 시 온도나 습도가 높은 여름이나 온도가 낮은 겨울철 소화약제의 저장·취급 및 유지관리가 원활하지 못하여 이들의 단점을 보완하기 위해서 연구·개발된 소화약제가 분말 소화약제이다.
> 2. 분말 소화약제는 가연물질의 연소에서의 연쇄반응을 억제·차단하는 성분이 들어 있거나 화학반응을 일으키는 과정에서 발생되는 물질에 의한 질식작용 또는 화학반응 시 주위로부터 흡수하는 흡수열 등의 작용을 가지는 미세한 가루상태의 물질로 되어 있다.
> 3. 분말의 구비조건으로는 유동성, 무독성, 비고화성, 내부식성, 내습성, 작은 비중, 경제성, 경년기간, 미세도가 필요하다.
> 4. 사용되는 분말의 입자는 보통 10 ~ 70μm 정도이며, 분말의 입도는 너무 크거나 미세해도 안 되며 20 ~ 25μm 정도가 최적의 소화효과를 얻을 수 있다.

04 난이도 ●○○　　　　　　　　　　　　　　답 ①

제5류 위험물인 자기연소성 물질의 화재에는 소화적응성이 크지 않다. 자기반응성 물질은 다량의 물로 냉각소화하여야 한다.

✅ 확인학습 분말 소화약제의 장·단점

장점	단점
• 소화성능이 우수하다. • 표면화재 및 심부화재에 적합하다. • 전기절연성이 높아 전기화재에도 적합하다.	• 피연소물질에 피해를 끼친다. • 열분해 시에 유해성 가스를 발생하는 것도 있다. • 배관 내의 흐름 시 고압을 필요로 한다.

05 난이도 ●○○　　　　　　　　　　　　　　답 ③

제3종 분말 소화약제의 색상은 담홍색으로 착색되어 있고, 주성분은 제1인산암모늄이다.

06 난이도 ●○○　　　　　　　　　　　　　　답 ②

제1종 소화분말 소화약제는 식용유화재에서 나트륨을 가하면 지방을 가수분해하는 비누화작용을 일으켜서 질식소화한다.

✅ 확인학습 분말 소화약제의 분류

종별	주성분	색상	소화대상	특징
제1종	탄산수소나트륨	백색	B급, C급	비누화반응
제2종	탄산수소칼륨	담자색	B급, C급	-
제3종	제1인산암모늄	담홍색	A급, B급, C급	메타인산
제4종	중탄산칼륨+요소	회색	B급, C급	-

07 난이도 ●●○　　　　　　　　　　　　　　답 ②

분말 소화약제는 자기연소 및 내부연소를 하는 제5류 위험물에 질식소화효과는 없다.

08 난이도 ●○○　　　　　　　　　　　　　　답 ④

분말 소화약제는 분말형태의 약제이므로 희석에 의한 소화효과는 없다.

✅ 확인학습 분말 소화약제 소화작용

1. 분말 소화약제의 주성분이 열분해할 때 주위로부터 반응에 필요한 열을 흡수함으로써 가연물질의 연소온도를 착화점(발화점) 이하로 낮게 하여 냉각소화작용을 한다.
2. 열분해과정에서 발생되는 기체상태의 이산화탄소(CO_2)·수증기(H_2O)가 가연물질의 산소량의 부족으로 인하여 소화되게 하는 질식소화작용을 한다.
3. 화학적으로 활성을 가진 물질이 가연물질 연소의 연쇄반응을 더 이상 진행하지 않도록 억제·차단하여 소화시키는 역할을 하므로 부촉매소화작용을 한다.
4. 열분해시 발생된 이산화탄소와 수증기가 화재로부터 발생되는 열의 전달을 차단시켜 화재의 전파를 방지케 함으로써 열전달방지 소화작용을 한다.

5. 제1종 분말 소화약제의 경우 식용유화재에서 나트륨을 가하면 지방을 가수분해하는 비누화작용을 일으켜서 질식소화한다.
6. 제3종 분말 소화약제의 경우 제1인산암모늄으로부터 360℃ 이상의 온도에서 열분해하는 과정에서 생성되는 액체상태의 점성을 가진 메타인산(HPO_3)이 잔진상태의 숯불표면에 유리상의 피막을 이루어 공기 중의 산소의 공급을 차단시켜 방진소화작용을 한다.
7. 제3종 분말 소화약제의 경우 열분해되어 나온 오쏘인산(H_3PO_4)이 일반가연물질인 내부에 함유되어 있는 셀룰로오스로부터 물을 빼앗아 화염의 연락물질인 수소라디칼(H)·수산라디칼(OH)의 생성을 방지함으로써 활성이 없는 탄소로 탄화시켜 소화시키는 탈수탄화작용을 한다.

09 난이도 ●●○　　　　　　　　　　　　　　답 ③

분말 소화약제의 주성분인 탄산수소나트륨과 탄산수소칼륨의 열분해 과정에서 H_2O와 CO_2가 발생한다.

✅ 확인학습 탄산수소나트륨과 탄산수소칼륨의 열분해 반응

1. 270℃에서 $2NaHCO_3 \rightarrow Na_2CO_3 + H_2O + CO_2$
2. 850℃에서 $2NaHCO_3 \rightarrow Na_2O + H_2O + 2CO_2$
3. 190℃에서 $2KHCO_3 \rightarrow K_2CO_3 + H_2O + CO_2$
4. 260℃에서 $2KHCO_3 \rightarrow K_2O + H_2O + 2CO_2$

10 난이도 ●○○　　　　　　　　　　　　　　답 ①

분말 소화약제 중에서 질식소화, 냉각소화 및 비누화현상이 나타나는 소화약제는 제1종 분말 소화약제이다.

11 난이도 ●○○　　　　　　　　　　　　　　답 ④

제4종 분말 소화약제는 B급, C급 화재에 사용된다.

12 난이도 ●○○　　　　　　　　　　　　　　답 ④

제3종 분말 소화약제가 열분해될 때 생성되는 물질로써 방진작용을 하는 물질은 메타인산(HPO_3)이다.

✅ 확인학습 제3종 분말 소화약제의 방진소화작용

1. 제1인산암모늄으로부터 360℃ 이상의 온도에서 열분해하는 과정에서 액체상태의 점성을 가진 메타인산(HPO_3)이 생성된다.
2. 메타인산(HPO_3)은 일반가연물질인 나무·종이·섬유 등의 연소과정인 잔진상태의 숯불표면에 유리(Glass)상의 피막을 이루어 공기 중의 산소의 공급을 차단시키며, 숯불모양으로 연소하는 작용을 방지한다.

✅ 확인학습 분말 소화약제의 분류

종별	주성분	색상	소화대상	특징
제1종	탄산수소나트륨	백색	B급, C급	비누화반응
제2종	탄산수소칼륨	담자색	B급, C급	-
제3종	제1인산암모늄	담홍색	A급, B급, C급	메타인산
제4종	중탄산칼륨+요소	회색	B급, C급	-

PART 5 | 소방시설

CHAPTER 1 소방시설 개론

POINT 46 소방시설의 분류

정답 p.108

01	⑤	02	①	03	①	04	④	05	②
06	③	07	①	08	⑤	09	②	10	④
11	③								

01 난이도 ●○○ 답 ⑤

옳은 것은 ㄴ, ㄹ, ㅁ이다.

| 선지분석 |
ㄱ. [×] 소화설비: 소화기구, 스프링클러설비등 → 연소방지설비는 소화활동설비에 해당한다.
ㄴ. [○] 경보설비: 자동화재속보설비, 누전경보기, 가스누설경보기 등
ㄷ. [×] 피난구조설비: 유도등, 비상조명등 및 휴대용비상조명등 → 비상방송설비는 경보설비에 해당한다.
ㄹ. [○] 소화용수설비: 상수도소화용수설비, 소화수조 · 저수조, 그 밖의 소화용수설비
ㅁ. [○] 소화활동설비: 비상콘센트설비, 제연설비, 연결살수설비 등

02 난이도 ●○○ 답 ①

소방시설은 소화설비, 경보설비, 피난구조설비, 소화용수설비 및 소화활동설비로 분류된다.

| 선지분석 |
② [×] 제연설비는 소화활동설비에 해당한다.
③ [×] 연결살수설비는 소화활동설비에 해당한다.
④ [×] 시각경보기는 경보설비에 해당한다.

✔ 확인학습 **소화설비**
1. 소화기구
2. 자동소화장치
3. 옥내소화전설비
4. 옥외소화전설비
5. 스프링클러설비 · 간이스프링클러설비 및 화재조기진압용 스프링클러설비
6. 물분무등소화설비: 물분무 소화설비, 포 소화설비, 이산화탄소 소화설비, 할론 소화설비, 할로겐화합물 및 불활성기체 소화설비, 분말 소화설비, 미분무 소화설비, 강화액 소화설비 및 고체에어로졸 소화설비

03 난이도 ●○○ 답 ①

상수도소화용수설비는 소화용수설비에 해당한다.

✔ 확인학습 **소화활동설비**
1. 연결송수관설비
2. 연결살수설비
3. 연소방지설비
4. 무선통신보조설비
5. 비상콘센트설비
6. 제연설비

04 난이도 ●○○ 답 ④

비상콘센트설비는 소화활동설비에 해당한다.

| 선지분석 |
① [×] 비상조명등은 피난구조설비에 해당한다.
② [×] 연소방지설비는 소화활동설비에 해당한다.
③ [×] 비상방송설비는 경보설비에 해당한다.

✔ 확인학습 **경보설비**
1. 비상경보설비
2. 단독경보형감지기
3. 비상방송설비
4. 누전경보기
5. 자동화재탐지설비
6. 자동화재속보설비
7. 가스누설경보기
8. 통합감시시설
9. 시각경보기

05 난이도 ●●○ 답 ②

옳지 않은 것은 ㄱ, ㄴ이다.
ㄱ. [×] 비상방송설비는 경보설비에 해당한다.
ㄴ. [×] 정화조는 소화용수설비에 해당하지 않는다.

06 난이도 ●○○ 답 ③

상수도소화용수설비는 소화용수설비에 해당하고, 연결송수관설비 · 연결살수설비 · 제연설비는 소화활동설비에 해당한다.

✔ 확인학습 **소화용수설비**
1. 상수도소화용수설비
2. 소화수조 · 저수조 그 밖의 소화용수설비

07 난이도 ●●○   답 ①

방열복, 공기호흡기는 피난구조설비 중 인명구조기구, 공기안전매트는 피난기구에 해당한다.

| 선지분석 |

② [×] 피난층이란 곧바로 지상으로 갈 수 있는 출입구가 있는 층을 말한다.
③ [×] 화재를 진압하는 데 필요한 물을 공급하거나 저장하는 설비를 소화용수설비라 한다.
④ [×] 무창층에 설치되는 개구부의 크기는 지름 50cm의 원이 내접할 수 있어야 한다.
⑤ [×] 연결송수관설비는 소화활동설비에 해당한다.

> ✅ 확인학습 **피난구조설비**
> 1. 피난기구(피난사다리, 구조대, 완강기, 소방청장이 정하여 고시하는 화재안전기준으로 정하는 것)
> 2. 인명구조기구[방열복, 방화복(안전헬멧, 보호장갑 및 안전화 포함), 공기호흡기, 인공소생기]
> 3. 유도등(피난유도선, 피난구유도등, 통로유도등, 객석유도등, 유도표지)
> 4. 비상조명등 및 휴대용비상조명등

08 난이도 ●●○   답 ⑤

비상방송설비는 경보설비에 해당한다.

09 난이도 ●○○   답 ②

화재를 진압하거나 인명구조활동을 위하여 사용하는 설비는 소화활동설비이다. 소화활동설비는 연결송수관설비, 제연설비, 연소방지설비, 연결살수설비, 무선통신보조설비 및 비상콘센트설비이다. 인명구조설비는 피난구조설비에 해당한다.

> ✅ 확인학습 **소화활동설비**
> 1. 연결송수관설비
> 2. 연결살수설비
> 3. 연소방지설비
> 4. 무선통신보조설비
> 5. 비상콘센트설비
> 6. 제연설비

> ✅ 확인학습 **피난구조설비**
> 1. **피난기구**: 피난사다리, 구조대, 완강기, 소방청장이 정하여 고시하는 화재안전기준으로 정하는 것
> 2. **인명구조기구**: 방열복, 방화복(안전헬멧, 보호장갑 및 안전화 포함), 공기호흡기, 인공소생기
> 3. **유도등**: 피난유도선, 피난구유도등, 통로유도등, 객석유도등, 유도표지
> 4. 비상조명등 및 휴대용비상조명등

10 난이도 ●●○   답 ④

비상벨설비 및 자동식사이렌설비, 비상방송설비, 통합감시시설은 경보설비에 해당한다.

| 선지분석 |

① [×] 연결살수설비는 소화활동설비에 해당한다.
② [×] 제연설비는 소화활동설비에 해당한다.
③ [×] 무선통신보조설비는 소화활동설비에 해당한다.

11 난이도 ●○○   답 ③

| 선지분석 |

ㄱ. [○] 소화설비에는 자동소화장치, 옥내소화전설비, 물분무등소화설비 등이 있다.

> ✅ 확인학습 **소화설비**
> 1. 소화기구
> 2. 자동소화장치
> 3. 옥내소화전설비
> 4. 옥외소화전설비
> 5. 스프링클러설비·간이스프링클러설비 및 화재조기진압용 스프링클러설비
> 6. 물분무등소화설비: 물분무 소화설비, 포 소화설비, 이산화탄소 소화설비, 할론 소화설비, 할로겐화합물 및 불활성기체 소화설비, 분말 소화설비, 미분무 소화설비, 강화액 소화설비 및 고체에어로졸 소화설비

ㄴ. [○] 경보설비에는 통합감시시설, 시각경보기, 단독경보형 감지기 등이 있다.

> ✅ 확인학습 **경보설비**
> 1. 비상경보설비
> 2. 단독경보형감지기
> 3. 비상방송설비
> 4. 누전경보기
> 5. 자동화재탐지설비
> 6. 자동화재속보설비
> 7. 가스누설경보기
> 8. 통합감시시설
> 9. 시각경보기

ㄷ. [×] 제연설비는 소화활동설비에 해당한다.

> ✅ 확인학습 **피난구조설비**
> 1. **피난기구**: 피난사다리, 구조대, 완강기, 소방청장이 정하여 고시하는 화재안전기준으로 정하는 것
> 2. **인명구조기구**: 방열복, 방화복(안전헬멧, 보호장갑 및 안전화 포함), 공기호흡기, 인공소생기
> 3. **유도등**: 피난유도선, 피난구유도등, 통로유도등, 객석유도등, 유도표지
> 4. 비상조명등 및 휴대용비상조명등

ㄹ. [○] 소화활동설비에는 연결송수관설비, 비상콘센트설비, 무선통신 보조설비 등이 있다.

> ✔ 확인학습 **소화활동설비**
> 1. 연결송수관설비
> 2. 연결살수설비
> 3. 연소방지설비
> 4. 무선통신보조설비
> 5. 비상콘센트설비
> 6. 제연설비

CHAPTER 2 소화설비

POINT 47 소화설비

정답   p.111

01	③	02	④	03	①	04	③	05	⑤
06	④	07	④						

---

01 난이도 ●○○   답 ③

자동확산소화기는 소화기구에 해당한다.

> ✔ 확인학습 **소화기구**
> 1. 소화기
> 2. **간이소화용구**: 에어로졸식 소화용구, 투척용 소화용구, 소공간용 소화용구 및 소화약제 외의 것을 이용한 간이소화용구
> 3. 자동확산소화기

> ✔ 확인학습 **자동소화장치**
> 1. 주거용 주방자동소화장치
> 2. 상업용 주방자동소화장치
> 3. 캐비닛형 자동소화장치
> 4. 가스자동소화장치
> 5. 분말자동소화장치
> 6. 고체에어로졸자동소화장치

---

02 난이도 ●○○   답 ④

연결살수설비는 소화활동설비에 해당한다.

03 난이도 ●○○   답 ①

옥내소화전설비는 물분무등소화설비에 해당하지 않는다.

> ✔ 확인학습 **물분무등소화설비**
> 1. 물분무 소화설비
> 2. 미분무 소화설비
> 3. 포 소화설비
> 4. 이산화탄소 소화설비
> 5. 할론 소화설비
> 6. 할로겐화합물 및 불활성기체(다른 원소와 화학 반응을 일으키기 어려운 기체를 말한다) 소화설비
> 7. 분말 소화설비
> 8. 강화액 소화설비
> 9. 고체에어로졸 소화설비

---

04 난이도 ●●○   답 ③

능력단위가 2단위 이상이 되도록 소화기를 설치하여야 할 특정소방대상물 또는 그 부분에 있어서는 간이소화용구의 능력단위가 전체 능력단위의 2분의 1을 초과하지 아니하게 한다. 다만, 노유자시설의 경우에는 그렇지 않다.

> ✔ 확인학습 **소화기의 설치기준**
> 1. 층마다 설치하되, 특정소방대상물의 각 부분으로부터 1개의 소화기까지의 보행거리가 소형소화기의 경우에는 20m 이내, 대형소화기의 경우에는 30m 이내가 되도록 배치한다. 다만, 가연성 물질이 없는 작업장의 경우에는 작업장의 실정에 맞게 보행거리를 완화하여 배치할 수 있으며, 지하구의 경우에는 화재 발생의 우려가 있거나 사람의 접근이 쉬운 장소에 한하여 설치할 수 있다.
> 2. 특정소방대상물의 각 층이 2 이상의 거실로 구획된 경우에는 1.의 규정에 따라 각 층마다 설치하는 것 외에 바닥면적이 33m² 이상으로 구획된 각 거실(아파트의 경우에는 각 세대를 말한다)에도 배치한다.
> 3. 능력단위가 2단위 이상이 되도록 소화기를 설치하여야 할 특정소방대상물 또는 그 부분에 있어서는 간이소화용구의 능력단위가 전체 능력단위의 2분의 1을 초과하지 아니하게 한다. 다만, 노유자시설의 경우에는 그렇지 않다.

---

05 난이도 ●●●   답 ⑤

지하구의 경우에는 화재 발생의 우려가 있거나 사람의 접근이 쉬운 장소에 한하여 설치할 수 있다.

---

06 난이도 ●○○   답 ④

대형소화기의 성능은 A급 10단위 이상, B급 20단위 이상이어야 한다.

07 난이도 ●●○   답 ④

대형 소화기는 화재 시 사람이 운반할 수 있도록 운반대와 바퀴가 설치되어 있고 능력단위가 A급 10단위 이상, B급 20단위 이상인 소화기를 말한다. 이산화탄소 소화기의 소화약제 충전량은 50kg 이상이다.

✅ **확인학습 대형 소화기의 소화약제 충전량**

물 소화기		80L
포 소화기	화학포	80L
	기계포	20L
강화액 소화기		60L
할론 소화기		30kg
분말 소화기		20kg
이산화탄소 소화기		50kg

POINT 48 옥내소화전설비

정답   p.113

01	④	02	②	03	③	04	②	05	①
06	①	07	③	08	①	09	③	10	④
11	④	12	①						

01 난이도 ●○○   답 ④

옥내소화전설비 가압송수장치의 체절운전 시 수온의 상승을 방지하기 위해 설치하는 것은 순환배관이다.

✅ **확인학습 옥내소화전설비 화재안전기준**
1. **진공계**: 대기압 이하의 압력을 측정하는 계측기를 말한다.
2. **연성계**: 대기압 이상의 압력과 대기압 이하의 압력을 측정할 수 있는 계측기를 말한다.
3. **체절운전**: 펌프의 성능시험을 목적으로 펌프토출측의 개폐밸브를 닫은 상태에서 펌프를 운전하는 것을 말한다.
4. **기동용수압개폐장치**: 소화설비의 배관내 압력변동을 검지하여 자동적으로 펌프를 기동 및 정지시키는 것으로서 압력챔버 또는 기동용 압력스위치 등을 말한다.
5. **물올림장치**: 수원의 수위가 펌프보다 낮은 위치에 있는 가압송수장치에는 다음 기준에 따른 물올림장치(공회전 방지)를 설치한다.
   • 물올림장치에는 전용의 탱크를 설치한다.
   • 탱크의 유효수량은 100L 이상으로 한다.
   • 구경 15mm 이상의 급수배관에 따라 해당 탱크에 물이 계속 보급되도록 한다.
6. **소방용스트레이너**란 소화설비의 배관에 설치하여 오물 등의 불순물을 여과시켜 원활하게 소화용수를 공급하는 장치(스트레이너)를 말한다.

02 난이도 ●●○   답 ②

이산화탄소 소화설비는 화재감지기, 선택밸브, 방출표시등, 압력스위치 등으로 구성된다.

| 선지분석 |
① [×] 산·알칼리소화기는 수계 소화기로 분류된다.
③ [×] 슈퍼바이저리패널은 준비작동식 스프링클러설비의 구성요소이다. 습식에는 해당되지 않는다.
④ [×] 순환배관은 수온의 상승을 방지하기 위해 설치한다.

03 난이도 ●○○   답 ③

옥내소화전설비는 건축물 내에 설치되는 고정식 설비이면서 수동식 수계 소화설비이다.

✅ **확인학습 옥내소화전설비의 수원의 양**
1. 노즐 선단에서의 방수압력: 0.17~0.7MPa
2. 노즐 선단에서의 방수량: 130L/min 이상
3. 펌프의 토출량: 130L/min×당해 층 옥내소화전 설치개수(최대 2개)
4. 수원의 용량(저수량): 2.6m³×당해 층 옥내소화전 설치개수(최대 2개)(단, 층수가 30층 이상 49층 이하는 5.2m³, 50층 이상은 7.8m³에 설치개수를 곱한다)

✅ **확인학습 2차 수원(옥상수조)**
1. 1차 수원을 사용할 수 없는 경우를 대비하여 별도로 설치하는 보조수원을 옥상수조라 한다.
2. 옥내소화전설비의 수원의 양은 유효수량 외 별도로 유효수량의 1/3 이상을 옥상에 저장해야 한다.

✅ **확인학습 가압송수장치**
1. 고가수조의 자연낙차에 의한 가압송수장치
2. 압력수조에 의한 가압송수장치
3. 가압수조에 의한 가압송수장치
4. 펌프에 의한 가압송수장치

✅ **확인학습 양정**
1. **양정**: 펌프가 물을 끌어 올리는 높이
2. **흡입양정**: 흡입수면에서 펌프 중심높이
3. **토출양정**: 펌프 중심높이에서 토출수면
4. **실양정**: 흡입수면에서 토출수면
5. **전양정**: 실양정＋배관 내 마찰손실수두＋호스마찰손실 등

04 난이도 ●○○   답 ②

당해 소방대상물의 각 부분으로부터 하나의 옥내소화전 방수구까지의 수평거리는 25m 이하로 하여야 한다.

✅ **확인학습 옥내소화전함**
1. **재질 및 기준**: 함의 재질은 두께 1.5mm 이상의 강판 또는 두께 4mm 이상의 합성수지재
2. **위치표시등**: 설치각도는 부착면과 15도 이상 각도로 10m의 거리에서 식별할 수 있는 적색등
3. **방수구**: 소방대상물의 각 부분으로부터 하나의 옥내소화전 방수구까지의 수평거리는 25m 이하
4. **호스의 구경**: 40mm 이상(호스릴 25mm 이상)
5. **노즐의 구경**: 13mm

05 난이도 ●○○ 답 ①

가압송수장치에는 체절운전 시 수온의 상승을 방지하기 위한 <u>순환배관</u> <u>및 릴리프밸브</u>를 설치한다.

✅ 확인학습 순환배관 및 릴리프밸브

1. 순환배관은 펌프의 토출 측 체크밸브 이전에서 분기시켜 20mm 이상의 배관으로 설치하고 배관상에서는 체절운전 시 체절압력 미만에서 개방되는 릴리프밸브를 설치하여야 한다.
2. 릴리프밸브는 설정압력 이상이면 밸브캡을 지지하고 있는 스프링이 밀려올라가 열리면서 과압을 방출하여 펌프 내의 체절운전 시 공회전에 의한 수온상승을 방지한다.

✅ 확인학습 기동용수압개폐장치(압력챔버)

1. 압력챔버의 용적은 100L 이상의 것으로 한다.
2. 펌프를 이용하는 가압송수장치의 토출 측 배관에 연결되어 배관 내의 압력변동을 검지하여 펌프를 자동적으로 기동 또는 정지시키기 위해 설치한다.
3. 압력스위치는 Range(펌프의 작동 중단점)와 Diff(펌프의 작동점)가 있다.

✅ 확인학습 물올림장치

1. 물올림장치에는 전용의 탱크를 설치한다.
2. 탱크의 유효수량은 100L 이상으로 한다.
3. 구경 15mm 이상의 급수배관에 따라 해당 탱크에 물이 계속 보급되도록 한다.

✅ 확인학습 수격방지기(Water hammer cushion)

1. 수격방지기: 워터해머를 흡수 또는 방지할 목적으로 만들어진 기계적 장치로 그 종류는 크게 4가지[스프링식, 가스(에어)식, 다이어프램식, 피스톤식]로 분류할 수 있다.
2. 수격작용(Water hammer): 펌프 운전 중 정전 등으로 펌프가 급히 정지하는 경우 관내의 운동에너지가 압력에너지로 변하여 소음과 진동을 수반하는 현상이 발생하는데 이를 수격작용이라 한다.

06 난이도 ●○○ 답 ①

옥외소화전마다 그로부터 5m 이내의 장소에 소화전함을 설치하여야 한다.

✅ 확인학습 옥외소화전의 소화전함 설치기준

1. 옥외소화전이 10개 이하일 때는 5m 이내마다 소화전함을 1개 이상 설치한다.
2. 옥외소화전이 11 ~ 30개 이하일 때는 11개 이상의 소화전함을 각각 분산하여 설치한다.
3. 옥외소화전이 31개 이상일 때는 옥외소화전 3개마다 1개 이상의 소화전함을 설치한다.
4. **옥외소화전함의 호스와 노즐**
   - 호스의 구경은 65mm로 한다.
   - 노즐의 구경은 19mm이다.

✅ 확인학습 옥외소화전설비

1. 개요
   - 옥외소화전설비는 건물의 아래층(1 ~ 2층)의 초기 화재뿐만 아니라 본격 화재에도 적합한 소화설비로서 외부에 설치 고정된 소화설비이다.
   - 자체소화뿐만 아니라 인접건물로의 연소방지를 목적으로도 사용된다.
2. 수원
   - 노즐 선단에서의 방수압력: 0.25 ~ 0.7MPa
   - 노즐 선단에서의 방수량: 350L/min 이상
   - 펌프의 토출량: 350L/min×옥외소화전 설치개수(최대 2개)
   - 수원의 용량(저수량): $7m^3$×옥외소화전 설치개수(최대 2개)

07 난이도 ●●○ 답 ③

펌프의 성능은 체절운전 시 정격토출압력의 (140)%를 초과하지 않고, 정격토출량의 (150)%로 운전 시 정격토출압력의 (65)% 이상이 되어야 하며, 펌프의 성능을 시험할 수 있는 성능시험배관을 설치할 것

✅ 확인학습 체절운전

<u>펌프의 성능시험을 목적으로 펌프토출측의 개폐밸브를 닫은 상태에서 펌프를 운전하는 것</u>을 말한다.

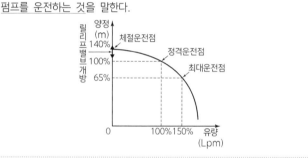

08 난이도 ●○○ 답 ①

흡입관의 구경을 작게 하는 경우 공동현상(Cavitation)이 발생할 수 있다.

✅ 확인학습 공동현상(Cavitation)

펌프의 흡입 양정이 높거나 유속의 급속한 변화 또는 와류의 발생 등에 의해 기포가 생성되는 현상을 공동현상(Cavitation)이라고 한다. 이때 펌프성능은 저하되고 진동소음이 발생하며, 심하면 양수불능이 된다.

✅ 확인학습 공동현상의 발생원인

1. 펌프의 흡입측 수두가 큰 경우
2. 펌프의 마찰손실이 클 경우
3. <u>펌프의 흡입관경이 너무 작은 경우</u>
4. 유체가 고온일 경우
5. 임펠러 속도가 지나치게 큰 경우
6. 펌프의 흡입압력이 유체의 증기압보다 낮은 경우

09 난이도 ●○○ 답 ③

펌프 흡입측의 관경이 작을 때 공동현상이 발생한다.

10 난이도 ●●○ 답 ④

관 지름을 크게하여 유체(물)의 유속을 줄이고 관성력을 떨어뜨려야 한다.

> ✅ 확인학습 소방펌프 및 관로의 수격현상
>
> 1. 발생원인: 긴 수송관으로 액체를 수송 중 정전 등으로 펌프의 운전이 갑자기 멈춘 경우 송수관 내의 액체는 관성력에 의하여 유동하려 하지만 펌프 송출 구 직후의 액체는 흐름이 약해져 멈추려고 한다. 이에 따라 펌프의 와류실에는 압력강하가 발생하고, 펌프 송출 구로부터 와류실에의 역류가 발생하게 되면, 급격한 압력강하와 상승이 발생한다.
> 2. 수격현상 방지대책
>   • 압력 강하 방지법
>   - 펌프에 flywheel을 붙여 관성효과를 이용하여 회전수와 관내 유속 변화를 느리게 한다.
>   - 서지탱크(surge tank) 즉 조압수조를 설치하여 축적된 에너지를 방출하거나 관내의 에너지를 흡수한다.
>   - 관 지름을 크게 하여 유체(물)의 유속을 줄이고 관성력을 떨어뜨린다.
>   • 압력 상승 방지법
>   - check valve를 쓰지 않고 유체(물)를 역류시킨다.
>   - 역류가 발생 전에 강제적으로 밸브를 차단하여 압력 상승을 줄인다.
>   - 상승된 압력을 안전밸브로 직접 배출한다.
>   - 송출구에 설치된 메인 밸브를 정전과 동시에 자동으로 급속히 닫는다.

11 난이도 ●●● 답 ④

솔레노이드밸브는 옥내소화전설비의 구성요소에 해당하지 않는다.

> ✅ 확인학습 솔레노이드 밸브
>
> 전자밸브로서 전기가 통하면 플랜지가 올라가 밸브가 열리고, 전기가 차단되면 플랜지 무게에 의하여 자동적으로 밸브가 닫힌다.

12 난이도 ●○○ 답 ①

펌프 운전 시 규칙적으로 양정과 토출양이 변화하는 현상을 맥동현상이라 한다.

POINT 49 스프링클러설비

정답 p.116

01	④	02	④	03	⑤	04	④	05	②
06	②	07	③	08	⑤	09	⑤	10	③
11	②	12	⑤	13	①	14	④	15	③
16	②	17	①	18	②	19	①		

01 난이도 ●○○ 답 ④

감지기와 연동되는 스프링클러설비는 ㄷ. 준비작동식 스프링클러, ㄹ. 일제살수식 스프링클러, ㅁ. 부압식 스프링클러이다.

> ✅ 확인학습 스프링클러설비 분류
>
> | 구분 | | 습식 | 건식 | 준비작동식 | 부압식 | 일제살수식 |
> |------|------|------|------|----------|--------|-----------|
> | 사용 헤드 | | 폐쇄형 | 폐쇄형 | 폐쇄형 | 폐쇄형 | 개방형 |
> | 배관 | 1차측 | 가압수(물) | 가압수(물) | 가압수(물) | 가압수 | 가압수(물) |
> | | 2차측 | 가압수(물) | 압축공기 | 저압·대기압공기 | 부압수 | 대기압(개방) |
> | 경보밸브 | | 알람체크밸브 | 건식밸브 | 준비작동밸브 | 준비작동밸브 | 일제개방밸브 |
> | 감지기의 유무 | | 없다 | 없다 | 있다 | 있다 | 있다 |

02 난이도 ●●○ 답 ④

준비작동식 스프링클러설비 방식에 대한 설명이다.

> ✅ 확인학습 스프링클러설비 분류
>
> | 구분 | | 습식 | 건식 | 준비작동식 | 부압식 | 일제살수식 |
> |------|------|------|------|----------|--------|-----------|
> | 사용 헤드 | | 폐쇄형 | 폐쇄형 | 폐쇄형 | 폐쇄형 | 개방형 |
> | 배관 | 1차측 | 가압수(물) | 가압수(물) | 가압수(물) | 가압수 | 가압수(물) |
> | | 2차측 | 가압수(물) | 압축공기 | 저압·대기압공기 | 부압수 | 대기압(개방) |
> | 경보밸브 | | 알람체크밸브 | 건식밸브 | 준비작동밸브 | 준비작동밸브 | 일제개방밸브 |
> | 감지기의 유무 | | 없음 | 없음 | 있음 | 있음 | 있음 |

03 난이도 ●●○ 답 ⑤

준비작동식의 경우 감지기와 폐쇄형 스프링클러헤드가 설치된다.

| 선지분석 |
① [×] 일제살수식의 경우 개방형 스프링클러헤드가 설치된다.
② [×] 건식의 경우 2차측 배관에 압축공기를 충전시킨다.
③ [×] 습식은 감지기가 없다.
④ [×] 습식의 경우 슈퍼비조리패널(Supervisory panel)이 없다.

> ✅ 확인학습 슈퍼비조리패널(Supervisory panel)
>
> 1. 준비작동식 스프링클러설비의 제어 기능을 한다.
> 2. 밸브를 작동시키고 전원차단, 자체고장 시 경보장치작동 및 개구부 폐쇄작동 기능도 한다.

04 난이도 ●○○　　　　　　　　　　답 ④

일제살수식 스프링클러설비의 헤드의 경우 개방형 스프링클러헤드를 사용하고, ㄴ ~ ㅁ은 폐쇄형 스프링클러헤드를 사용한다.

05 난이도 ●●●　　　　　　　　　　답 ②

지하층에 있는 영화상영관은 500m² 이상인 경우 스프링클러설비를 설치한다.

> ✔ 확인학습 스프링클러설비를 설치하여야 하는 특정소방대상물
> 1. 수용인원이 200명인 박물관: 문화 및 집회시설 수용인원 100명 이상인 것
> 2. 지하층에 있는 바닥면적이 300m²인 영화상영관: 문화 및 집회시설 영화상영관의 용도로 쓰이는 층의 바닥면적이 지하층 또는 무창층인 경우에는 500m² 이상, 그 밖의 층의 경우에는 1천m² 이상인 것
> 3. 바닥면적 합계가 1천m²인 한방병원: 의료시설 중 종합병원, 병원, 치과병원, 한방병원 및 요양병원(정신병원은 제외), 바닥면적의 합계가 600m² 이상인 것은 모든 층
> 4. 바닥면적 합계가 6천m²인 물류터미널: 판매시설, 운수시설 및 창고시설(물류터미널에 한정)로서 바닥면적의 합계가 5천m² 이상이거나 수용인원이 500명 이상인 경우에는 모든 층
> 5. 바닥면적 합계가 1만m²인 농수산물공판장: 농수산물공판장은 판매시설 중 도매시장에 해당한다. 따라서 판매시설은 바닥면적의 합계가 5천m² 이상이거나 수용인원이 500명 이상인 경우에는 모든 층

06 난이도 ●○○　　　　　　　　　　답 ②

폐쇄형 스프링클러헤드를 사용하는 방식은 ㄱ. 습식, ㄴ. 건식, ㄹ. 준비작동식이다. 일제살수식은 개방형 헤드를 사용한다.

07 난이도 ●○○　　　　　　　　　　답 ③

준비작동식 스프링클러설비에 대한 설명이다.

08 난이도 ●○○　　　　　　　　　　답 ⑤

1차측에는 가압수, 2차측에는 대기압 상태이고 폐쇄형 헤드를 사용하는 설비는 준비작동식 스프링클러설비이다. 건식 스프링클러설비는 2차측이 압축공기의 상태이다.

09 난이도 ●●●　　　　　　　　　　답 ⑤

천장·반자 중 한쪽이 불연재료로 되어있고 천장과 반자사이의 거리가 1m 미만인 부분에 스프링클러헤드를 설치하지 않을 수 있다.

> ✔ 확인학습 헤드의 설치제외(「스프링클러설비 화재안전기준」 제15조)
> 1. 계단실·경사로·승강기의 승강로·비상용승강기의 승강장·파이프덕트 및 덕트피트·목욕실·수영장·화장실·직접 외기에 개방되어 있는 복도·기타 이와 유사한 장소
> 2. 통신기기실·전자기기실·기타 이와 유사한 장소
> 3. 발전실·변전실·변압기·기타 이와 유사한 전기설비가 설치되어 있는 장소
> 4. 병원의 수술실·응급처치실·기타 이와 유사한 장소
> 5. 천장과 반자 양쪽이 불연재료로 되어 있는 경우로서 그 사이의 거리 및 구조가 다음의 어느 하나에 해당하는 부분
>   • 천장과 반자사이의 거리가 2m 미만인 부분
>   • 천장과 반자사이의 벽이 불연재료이고 천장과 반자사이의 거리가 2m 이상으로서 그 사이에 가연물이 존재하지 아니하는 부분
> 6. 천장·반자 중 한쪽이 불연재료로 되어있고 천장과 반자사이의 거리가 1m 미만인 부분
> 7. 천장 및 반자가 불연재료 외의 것으로 되어 있고 천장과 반자사이의 거리가 0.5m 미만인 부분
> 8. 펌프실·물탱크실 엘리베이터 권상기실 그 밖의 이와 비슷한 장소
> 9. 현관 또는 로비 등으로서 바닥으로부터 높이가 20m 이상인 장소
> 10. 영하의 냉장창고의 냉장실 또는 냉동창고의 냉동실
> 11. 고온의 노가 설치된 장소 또는 물과 격렬하게 반응하는 물품의 저장 또는 취급장소
> 12. 불연재료로 된 특정소방대상물 또는 그 부분으로서 다음의 어느 하나에 해당하는 장소
>   • 정수장·오물처리장 그 밖의 이와 비슷한 장소
>   • 펄프공장의 작업장·음료수공장의 세정 또는 충전하는 작업장 그 밖의 이와 비슷한 장소
>   • 불연성의 금속·석재 등의 가공공장으로서 가연성 물질을 저장 또는 취급하지 아니하는 장소
> 13. 실내에 설치된 테니스장·게이트볼장·정구장 또는 이와 비슷한 장소로서 실내 바닥·벽·천장이 불연재료 또는 준불연재료로 구성되어 있고 가연물이 존재하지 않는 장소로서 관람석이 없는 운동시설(지하층은 제외한다)
> 14. 「건축법 시행령」 제46조 제4항에 따른 공동주택 중 아파트의 대피공간

10 난이도 ●○○　　　　　　　　　　답 ③

리타딩챔버(Retarding chamber)는 스프링클러설비의 구성품에 해당하며, 자동경보밸브에 설치되어 경보밸브의 오동작을 방지하는 역할을 한다.

11 난이도 ●●○　　　　　　　　　　답 ②

스프링클러설비 종류별 주요 구성품의 연결이 옳은 것은 ㄴ, ㄹ이다.

| 선지분석 |

ㄱ. [×] 습식스프링클러설비의 헤드는 폐쇄형 헤드를 사용한다.
ㄷ. [×] 준비작동식 스프링클러설비는 폐쇄형 헤드가 설치되는 국소방출방식의 수계시스템이다. 선택밸브는 구성요소에 해당하지 않는다. 하나의 특정소방대상물 또는 그 부분에 2 이상의 방호구역이 있어 소화약제의 저장용기를 공용하는 경우에 있어서 방호구역마다 선택밸브를 설치하고 선택밸브에는 각각의 방호구역을 표시하여야 한다. 일반적으로 이산화탄소 소화설비, 할로겐할로겐화합물 및 불활성기체 소화설비 등의 구성요소이다.

스프링클러설비는 화재가 발생하면 천장이나 반자에 설치된 헤드가 감열 작동하거나 자동적으로 화재를 발견함과 동시에 주변에 적상주수를 하여 효과적으로 화재를 진압할 수 있는 고정식 소화설비이다.

1. 스프링클러설비의 종류

구분	1차측	유수검지장치	2차측	헤드	감지기 유무
습식	가압수	알람밸브 Alarm valve	가압수	폐쇄형	×
건식	가압수	드라이밸브 Dry valve	압축공기	폐쇄형	×
준비 작동식	가압수	프리액션밸브 Pre-action valve	대기압	폐쇄형	○
부압식	가압수	프리액션밸브 Pre-action valve	부압	폐쇄형	○
일제 살수식	가압수	일제살수식밸브 Deluge valve	대기압	개방형	○

2. 스프링클러설비의 장·단점

- 장점
  - 사람이 없는 야간에도 자동적으로 화재를 감지하여 소화 및 경보를 해준다.
  - 물을 사용하므로 소화약제의 가격이 저렴하다.
  - 초기소화에 절대적으로 우수하다.
  - 감지부에 의한 작동으로 수동과 자동 모두 가능하다.
- 단점
  - 다른 소화설비보다 구조가 비교적 복잡하다.
  - 물로 인한 수손피해가 발생할 수 있다.
  - 동절기에 동파가 될 수도 있다.
  - 건축물의 층고에 영향을 줄 수 있다.

1. **공동현상**: 물이 관 속을 유동하고 있을 때 흐르는 물속 어느 부분의 정압이 그때 물의 온도에 해당하는 증기압 이하로 되면 부분적으로 증기가 발생한다.
2. **수격현상**: 관 속을 충만하게 흐르고 있는 액체의 속도를 급격히 변화시키면 액체에 심한 압력의 변화가 생긴다. 이 현상을 수격 작용이라고 한다.
3. **맥동현상**: 펌프, 송풍기 등이 운전 중에 한숨을 쉬는 것과 같은 상태가 되어, 펌프의 경우 입구와 출구의 진공계 및 압력계의 침이 흔들리고 동시에 송출유량이 변화하는 현상이다.

12 난이도 ●○○　　　　　　　　답 ⑤

일제살수식 스프링클러설비는 개방형 헤드를 사용한다.

13 난이도 ●○○　　　　　　　　답 ①

습식 스프링클러설비에 대한 설명이다.

14 난이도 ●○○　　　　　　　　답 ④

스프링클러설비의 초기 설치비용은 타 설비에 비하여 높고 소화 후 수손피해도 크다.

15 난이도 ●○○　　　　　　　　답 ③

헤드가 설치된 배관을 가지배관이라 한다.

16 난이도 ●●○　　　　　　　　답 ②

감지기를 별도로 설치하지 않아도 되는 설비는 ㄱ. Wet pipe system(습식)과 ㄹ. Dry pipe system(건식)이다. ㄴ. Deluge system(일제살수식)과 ㄷ. Pre-action system(준비작동식)은 감지기를 설치한다.

17 난이도 ●●○　　　　　　　　답 ①

건식 스프링클러설비의 경우 1차는 가압수, 2차는 압축공기 배관이다.

18 난이도 ●○○　　　　　　　　답 ②

습식과 건식은 감지기가 설치되어 있지 않고 준비작동식과 일제살수식은 감지기가 설치된다.

19 난이도 ●●○　　　　　　　　답 ①

기동용수압개폐장치(압력챔버)를 사용할 경우 그 용적은 100L 이상으로 한다.

1. 충압펌프는 배관 내 압력손실에 따른 주펌프의 빈번한 기동을 방지하기 위하여 충압 역할을 하는 펌프를 말한다.
2. 충압펌프의 역할은 수계 소화설비 주배관 내의 평상시 압력을 일정한 압력범위 이내로 유지하기 위하여, 누설로 인한 주배관의 압력을 보충하기 위하여 설치하는 펌프이다.
3. 펌프 토출측 배관계통의 압력을 항시 일정한 압력이상으로 유지시켜줌으로써 화재 발생 시 방출구로부터 즉각적으로 규정압력 이상의 소화수를 방출시킬 수 있도록 하여 조기에 화재진압이 가능하도록 하는 역할을 한다.
4. 일반적으로 충압펌프는 기동용 수압개폐장치에 의하여 자동기동 되도록 설치되며 배관계통의 압력변화에 따라 기동 및 정지를 반복하게 된다.

POINT 50 포 소화설비 및 이산화탄소 소화설비

정답   p.120

01	②	02	②	03	④	04	①	05	①
06	②	07	①	08	③	09	①	10	①

01 난이도 ●●●   답 ②

펌프 프로포셔너(Pump proportioner) 방식이란 펌프의 토출관과 흡입관 사이의 배관에 설치된 흡입기로 펌프에서 토출된 물의 일부를 보내고 농도조절밸브에서 조절된 포 소화약제의 필요량을 포 소화약제 탱크에서 펌프 흡입부 측으로 보내어 혼합하는 방법이다. 위험물제조소 등의 포 소화설비에는 사용하지 않으며, 소방펌프차에 주로 사용되고 있다. 특히 농도조절밸브가 있으며, 원액을 사용하기 위한 손실이 적고 보수가 용이하다.

| 선지분석 |
① 라인 프로포셔너 방식에 해당한다.
③ 프레져 프로포셔너 방식에 해당한다.
④ 프레져 사이드 프로포셔너 방식에 해당한다.

02 난이도 ●○○   답 ②

펌프와 발포기의 중간에 설치된 벤츄리 관의 벤츄리 작용과 펌프가압수의 포 소화약제 저장탱크에 대한 압력에 따라 포 소화약제를 흡입·혼합하는 방식은 프레져 프로포셔너(Pressure proportioner) 방식이다.

03 난이도 ●○○   답 ④

펌프의 토출관에 압입기를 설치하여 포 소화약제 압입용 펌프로 포 소화약제를 압입시켜 혼합하는 방식은 프레져 사이드 프로포셔너(Pressure side proportioner) 방식이다.

04 난이도 ●○○   답 ①

펌프와 발포기의 중간에 설치된 벤츄리 관의 벤츄리 작용에 의하여 포 소화약제를 흡입·혼합하는 방식은 라인 프로포셔너(Line proportioner) 방식이다.

> ✔ 확인학습 포소화원액의 혼합장치
> 1. 펌프 프로포셔너: 농도조절밸브
> 2. 라인 프로포셔너: 벤츄리 관의 벤츄리 작용
> 3. 프레져 프로포셔너: 벤츄리 관의 벤츄리 작용 + 펌프가압수의 포 소화약제 저장탱크에 대한 압력
> 4. 프레져 사이드 프로포셔너: 펌프 2개 + 압입기

05 난이도 ●○○   답 ①

펌프와 발포기의 중간에 설치된 벤츄리 관의 벤츄리 작용과 펌프 가압수의 소화약제 저장탱크 압력에 의해서 포 소화약제를 흡입·혼합하는 방식은 프레져 프로포셔너 방식이다.

06 난이도 ●○○   답 ②

프레져 프로포셔너 방식에 대한 내용이다.

07 난이도 ●●○   답 ①

팽창비란 최종 발생한 포 체적을 원래 포 수용액 체적으로 나눈 값을 말한다.

> ✔ 확인학습 용어의 정의
> 1. 팽창비: 최종 발생한 포 체적을 원래 포 수용액 체적으로 나눈 값을 말한다.
> 2. 공기포비: 포 수용액과 가압공기를 혼합한 경우의 비율(포 수용액의 양에 대한 공급공기량을 배수로 표시한 것)을 말한다.
> 3. 포 수용액: 포 소화약제에 물을 가한 수용액을 말한다.

> ✔ 확인학습 진공계와 연성계
> 1. 진공계: 대기압 이하의 압력을 측정하는 계측기를 말한다.
> 2. 연성계: 대기압 이상의 압력과 대기압 이하의 압력을 측정할 수 있는 계측기를 말한다.

> ✔ 확인학습 전역방출방식 및 국소방출방식
> 1. "전역방출방식"이란 소화약제 공급장치에 배관 및 분사헤드를 등을 고정 설치하여 밀폐 방호구역 내에 소화약제를 방출하는 방식을 말한다.
> 2. "국소방출방식"이란 소화약제 공급장치에 배관 및 분사헤드를 설치하여 직접 화점에 소화약제를 방출하는 방식을 말한다.

> ✔ 확인학습 프레져 사이드 프로포셔너 방식(Pressure side proportioner)
> 1. 펌프의 토출관에 압입기를 설치하여 포 소화약제 압입용 펌프로 포 소화약제를 압입시켜 혼합하는 방식을 말한다.
> 2. 비행기 격납고, 대규모 유류저장소, 석유화학 Plant 시설 등과 같은 대단위 고정식 포 소화설비에 사용하며 압입혼합방식이라 한다.
> 3. 소화용수와 약제의 혼합 우려가 없어 장기간 보존하며 사용할 수 있다.
> 4. 시설이 거대해지며 설치비가 비싸다.
> 5. 원액펌프의 토출압력이 급수펌프의 토출압력보다 낮으면 원액이 혼합기에 유입하지 못한다.

08 난이도 ●○○   답 ③

제2종 기계포의 팽창비는 250배 이상 500배 미만이므로 300배 이상 400배 이하가 해당된다.

> ✔ 확인학습 포의 팽창비율에 따른 분류
>
> | 포의 명칭 | | 포의 팽창비율 |
> |----|----|----|
> | 저발포 | | 20배 이하 |
> | 고발포 | 제1종 기계포 | 80배 이상 250배 미만 |
> | | 제2종 기계포 | 250배 이상 500배 미만 |
> | | 제3종 기계포 | 500배 이상 1천배 미만 |

특형 방출구에 대한 설명이다.

✅ **확인학습** 고정식 포방출구의 종류

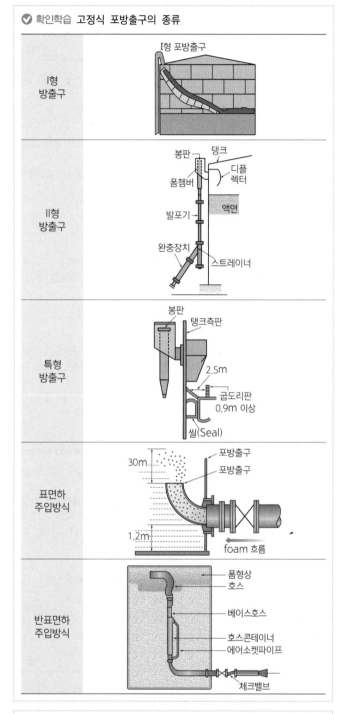

I형 방출구	I형 포방출구
2형 방출구	봉판 · 탱크 · 디플렉터 · 폼챔버 · 액면 · 발포기 · 완충장치 · 스트레이너
특형 방출구	봉판 · 탱크측판 · 2.5m · 굽도리판 0.9m 이상 · 씰(Seal)
표면하 주입방식	30m · 포방출구 · 포방출구 · 1.2m · foam 흐름
반표면하 주입방식	폼형상 · 호스 · 베이스호스 · 호스콘테이너 · 에어소켓파이프 · 체크밸브

✅ **확인학습** 고정식 포방출구의 종류

1. I형 방출구
   • 콘루프탱크(Cone roof tank)에 사용된다.
   • 통계단(활강로) 등을 설치한 방출구 방식이다.
   • 방출된 포가 유면상에서 신속히 전개되도록 유면상을 덮어 소화한다.
   • 방출된 포가 위험물과 섞이지 않고 탱크의 액면 위로 흘러 들어가서 소화작용을 한다.
2. 2형 방출구
   • 콘루프탱크(Cone roof tank)에 사용된다.
   • 반사판(디플렉터)에 의하여 포가 탱크벽면을 따라 소화되도록 설치된다.

3. 특형 방출구
   • 고정포방출구로서 플로우팅루프탱크(Floating roof tank)에 설치한다.
   • 부상식 탱크에 사용하는 방출구로서 탱크의 측면과 굽도리판에 의하여 형성된 환상부분에 포를 방출하여 소화작용을 한다.
4. 표면하 주입방식(SSI방식; Sub-Surface Injection Method)
   • 포를 탱크 밑으로 주입하여 포가 탱크 내의 유류를 통하여 표면으로 떠올라 소화하도록 한 것이다.
   • 표면하 주입방식은 방사압이 높아 수용성 액체 위험물의 경우 포가 파괴되기 쉬운 관계로 사용하지 않는다.

기동용기의 가스는 소화약제 저장용기의 밸브를 개방하는 데 사용된다.

✅ **확인학습** 이산화탄소 기동방식(가스압력식)

가장 많이 사용하는 방식으로 액체 이산화탄소가 충전된 기동용기를 별도로 설치하고 화재 시 이 용기를 개방하여 분출된 가스압력 에너지로 약제 저장용기의 밸브를 개방한다.

CHAPTER 3 경보설비

POINT 51 경보설비

정답　　　　　　　　　　　　　　　　p.122

| **01** | ① | **02** | ④ | **03** | ① | **04** | ③ |

자동화재탐지설비는 화재를 초기단계에서 감지기에 의해서 열 또는 연기를 자동으로 감지하거나 발신기의 조작으로 수동으로 관계인에게 벨, 사이렌 등의 음향으로 화재를 알리는 설비를 말한다.

| 선지분석 |
② [×] 단독경보형감지기는 화재 발생 상황을 감지기가 감지하여 자체에 내장된 음향장치로 경보하는 감지기를 말한다.
③ [×] 자동화재속보설비는 자동화재탐지설비로부터 화재신호를 받아 통신망 음성 등의 방법으로 소방관서로 자동적으로 화재 발생위치를 신속하게 통보해주는 설비이다.
④ [×] 비상벨설비는 화재 발생 상황을 경종(벨)으로 경보하는 설비로서 수신기와 발신기가 전선으로 연결되어 화재 발생 시에 화재발견자가 발신기의 스위치를 누르면, 수신기의 경종과 각 발신기 전체에 경종이 울리는 수동설비이다.

화재 발생 사실을 통보하는 기계 · 기구는 경보설비로 무선통신보조설비는 소화활동설비에 해당한다.

03 난이도 ●○○ 답 ①

제연설비는 소화활동설비에 해당하고, 단독경보형감지기, 비상방송설비, 비상경보설비는 경보설비에 해당한다.

04 난이도 ●○○ 답 ③

비상콘센트설비는 소화활동설비에 해당한다.

POINT 52 자동화재탐지설비

정답 p.123

01	④	02	④	03	③	04	④	05	①
06	①	07	④	08	②	09	④	10	①
11	①	12	④	13	①	14	④	15	④
16	③	17	③						

01 난이도 ●●● 답 ④

> ※ 관련규정 재·개정
> 층수 11층 이상(공동주택은 16층 이상)이면 우선경보하여야 한다.

고층건축물의 1층에서 발화한 경우에는 발화층 및 그 직상 4개층 및 지하층에 우선경보하여야 한다.

02 난이도 ●●○ 답 ④

> ※ 관련규정 재·개정
> 층수 11층 이상(공동주택은 16층 이상)이면 우선경보하여야 한다.

층수가 11층 이상(공동주택은 16층 이상)이면 우선경보방식을 적용하고, 11층 미만(공동주택은 15층 미만)이면 전층경보방식(일제경보방식)을 적용한다.

> ✓ 확인학습 우선경보방식
>
> | 화재층 | 우선 경보할 층 | |
> |---|---|---|
> | | 일반건축물 | 고층건축물 |
> | 2층 이상 | 발화층 및 그 직상층 | 발화층 및 그 직상 4개층 |
> | 1층 | 발화층, 그 직상층 및 지하층 | 발화층, 그 직상 4개층 및 지하층 |
> | 지하층 | 발화층, 그 직상층 및 기타의 지하층 | 발화층, 그 직상층 및 기타의 지하층 |
>

> ✓ 확인학습 국내 화재경보방식
>
> 국내 화재경보방식은 일제경보방식과 우선경보방식이 있다. 일제경보방식은 건축물 화재 시 발화층 구분 없이 건축물 전체에 경보하는 방식이며, 우선경보방식은 화재가 발생한 층 위주로 경보를 작동시켜 우선 대피하도록 하는 방식이다. 일제경보방식 적용 대상은 기존 5층 미만으로서 연면적 3,000m² 미만 건축물에서 10층(공동주택의 경우에는 15층) 이하의 건축물까지 확대한다.

03 난이도 ●●○ 답 ③

주위온도가 일정 상승률 이상이 되는 경우에 작동하는 것으로서 일국소의 열효과에 의하여 작동하는 것을 (차동식 스포트형) 감지기라 하고, 일국소의 주위온도가 일정한 온도 이상이 되는 경우에 작동하는 것으로서 외관이 전선으로 되어 있지 아니한 것을 (정온식 스포트형) 감지기라 한다. 이들 두 감지기의 성능을 겸한 것으로서 두 성능 중 어느 하나가 작동되면 화재신호를 발하는 것을 (보상식 스포트형) 감지기라고 한다.

> ✓ 확인학습 열감지기
>
> 1. 차동식 스포트형: 주위온도가 일정 상승률 이상이 되는 경우에 작동하는 것으로서 일국소에서의 열 효과에 의하여 작동되는 것을 말한다.
> 2. 차동식 분포형: 주위온도가 일정 상승률 이상이 되는 경우에 작동하는 것으로서 넓은 범위 내에서의 열 효과의 누적에 의하여 작동되는 것을 말한다.
> 3. 정온식 감지선형: 일국소의 주위온도가 일정한 온도 이상이 되는 경우에 작동하는 것으로서 외관이 전선으로 되어 있는 것을 말한다.
> 4. 정온식 스포트형: 일국소의 주위온도가 일정한 온도 이상이 되는 경우에 작동하는 것으로서 외관이 전선으로 되어 있지 아니한 것을 말한다.
> 5. 보상식 스포트형: 1.과 4.의 성능을 겸한 것으로서 1.의 성능 또는 4.의 성능 중 어느 한 기능이 작동되면 작동신호를 발하는 것을 말한다.

04 난이도 ●●○ 답 ④

하나의 경계구역의 면적은 (600)m² 이하로 하고 한 변의 길이는 (50)m 이하로 할 것. 다만, 해당 특정소방대상물의 주된 출입구에서 그 내부 전체가 보이는 것에 있어서는 한 변의 길이가 (50)m의 범위 내에서 (1천)m² 이하로 할 수 있다.

> ✓ 확인학습 자동화재탐지설비의 수평적 경계구역
>
> 1. 하나의 경계구역이 2개 이상의 건축물에 미치지 아니하도록 한다.
> 2. 하나의 경계구역이 2개 이상의 층에 미치지 아니하도록 한다. 다만, 500m² 이하의 범위 안에서는 2개의 층을 하나의 경계구역으로 할 수 있다.
> 3. 하나의 경계구역의 면적은 600m² 이하로 하고 한 변의 길이는 50m 이하로 한다. 다만, 당해 소방대상물의 주된 출입구에서 그 내부 전체가 보이는 것에 있어서는 한 변의 길이가 50m의 범위 내에서 1천m² 이하로 할 수 있다.

05 난이도 ●●● 답 ①

P형은 공통신호로 수신하고, R형은 고유신호로 수신한다.

06 난이도 ●●● 답 ①

옳은 것은 ㄱ, ㄴ이다.

| 선지분석 |

ㄱ. [O] 부착 높이 4m 미만: 광전식 스포트형 감지기
ㄴ. [O] 부착 높이 4m 이상 8m 미만: 정온식 감지 선형 1종 감지기
ㄷ. [X] 부착 높이 8m 이상 15m 미만: 차동식 분포형 감지기
ㄹ. [X] 부착 높이 15m 이상 20m 미만: 이온화식 1종 또는 광전식 (스포트형, 분리형, 공기흡입형) 1종

✅ 확인학습 부착높이에 따른 감지기의 설치기준

자동화재탐지설비의 감지기는 부착높이에 따라 다음 표에 따른 감지기를 설치하여야 한다.

부착높이	감지기의 종류
4m 미만	• 차동식(스포트형, 분포형) • 보상식 스포트형 • 정온식(스포트형 감지선형) • 이온화식 또는 광전식(스포트형, 분리형, 공기흡입형) • 열복합형 • 연기복합형 • 열연기복합형 • 불꽃감지기
4m 이상 8m 미만	• 차동식(스포트형, 분포형) • 보상식 스포트형 • 정온식(스포트형 감지선형) 특종 또는 1종 • 이온화식 1종 또는 2종 • 광전식(스포트형, 분리형, 공기흡입형) 1종 또는 2종 • 열복합형 • 연기복합형 • 열연기복합형 • 불꽃감지기
8m 이상 15m 미만	• 차동식 분포형 • 이온화식 1종 또는 2종 • 광전식(스포트형, 분리형, 공기흡입형) 1종 또는 2종 • 연기복합형 • 불꽃감지기
15m 이상 20m 미만	• 이온화식 1종 • 광전식(스포트형, 분리형, 공기흡입형) 1종 • 연기복합형 • 불꽃감지기
20m 이상	• 불꽃감지기 • 광전식(스포트형, 분리형, 공기흡입형) 중 아날로그 방식

1) 감지기별 부착높이 등에 대하여 별도로 형식승인 받은 경우에는 그 성능 인정범위 내에서 사용할 수 있다.
2) 부착높이 20m 이상에 설치되는 광전식 중 아날로그 방식의 감지기는 공칭감지농도 하한값이 감광율 5%/m 미만인 것으로 한다.

07 난이도 ●○○ 답 ④

차동식 분포형 감지기는 열감지기이다. 공기관식, 열전대식, 열반도체식은 열감지기에 해당한다. 광전식은 연기감지기에 해당한다.

✅ 확인학습 감지기의 구분

1. 열감지기: 화재에 의해서 발생되는 열을 감지하여 화재신호를 발신하는 감지기를 말한다.
2. 연기감지기: 화재에 의해서 발생되는 연기를 감지하여 화재신호를 발신하는 감지기를 말한다.
3. 불꽃감지기: 화재에 의해서 발생되는 불꽃(적외선 및 자외선을 포함한다)을 감지하여 화재신호를 발신하는 감지기를 말한다.
4. 복합형 감지기: 화재 시 발생하는 열, 연기, 불꽃을 자동적으로 감지하는 기능 중 두 가지 이상의 성능(동일 생성물이나 다른 연소생성물의 감지 기능)을 가진 것으로서 두 가지 이상의 성능이 함께 작동할 때 화재신호를 발신하거나 또는 두개 이상의 화재신호를 각각 발신하는 감지기를 말한다.

✅ 확인학습 열감지기

1. 차동식스포트형: 주위온도가 일정 상승률 이상이 되는 경우에 작동하는 것으로서 일국소에서의 열 효과에 의하여 작동되는 것을 말한다.
2. 차동식분포형: 주위온도가 일정 상승률 이상이 되는 경우에 작동하는 것으로서 넓은 범위 내에서의 열 효과의 누적에 의하여 작동되는 것을 말한다.
3. 정온식감지선형: 일국소의 주위온도가 일정한 온도 이상이 되는 경우에 작동하는 것으로서 외관이 전선으로 되어 있는 것을 말한다.
4. 정온식스포트형: 일국소의 주위온도가 일정한 온도 이상이 되는 경우에 작동하는 것으로서 외관이 전선으로 되어 있지 아니한 것을 말한다.
5. 보상식스포트형: 1.과 4.의 성능을 겸한 것으로서 1.의 성능 또는 4.의 성능 중 어느 한 기능이 작동되면 작동신호를 발하는 것을 말한다.

✅ 확인학습 연기감지기

1. 이온화식스포트형: 주위의 공기가 일정한 농도의 연기를 포함하게 되는 경우에 작동하는 것으로서 일국소의 연기에 의하여 이온전류가 변화하여 작동하는 것을 말한다.
2. 광전식스포트형: 주위의 공기가 일정한 농도의 연기를 포함하게 되는 경우에 작동하는 것으로서 일국소의 연기에 의하여 광전소자에 접하는 광량의 변화로 작동하는 것을 말한다.
3. 광전식분리형: 발광부와 수광부로 구성된 구조로 발광부와 수광부 사이의 공간에 일정한 농도의 연기를 포함하게 되는 경우에 작동하는 것을 말한다.
4. 공기흡입형: 감지기 내부에 장착된 공기흡입장치로 감지하고자 하는 위치의 공기를 흡입하고 흡입된 공기에 일정한 농도의 연기가 포함된 경우 작동하는 것을 말한다.

08 난이도 ●●● 답 ②

P형 수신기는 감지기 또는 발신기에서 1 : 1 접점방식으로 전송된 신호를 수신한다.

✅ 확인학습 P형 수신기

감지기 또는 P형 발신기에서 보낸 신호를 받으면 화재등과 지구등이 점등되며 동시에 수신기 측 주경종과 해당 지구경종이 경보를 발하는 시스템이다.

1. P형 1급 수신기: P형 1급 수신기는 회로수의 제한이 없다.
2. P형 2급 수신기: P형 2급 수신기는 회로수가 5회로 이하이다.

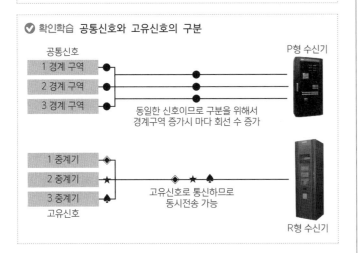
09 난이도 ●○○　　　　　　　　　　답 ④

자동화재탐지설비의 주요 구성요소에는 전원, 감지기, 표시등, 배선, 수신기, 발신기, 중계기, 음향장치 및 기타 부속기기 등이 있다. 송신기는 해당하지 않는다.

10 난이도 ●○○　　　　　　　　　　답 ①

자동화재탐지설비의 감지기는 화재 발생 사실을 감지하는 센서기능 및 판단기능이 있으며 이를 수신기로 발신하는 발신기능이 있다.

11 난이도 ●○○　　　　　　　　　　답 ①

경계구역이란 화재신호를 발신하고 그 신호를 수신 및 유효하게 제어할 수 있는 구역을 말한다.

12 난이도 ●●○　　　　　　　　　　답 ③

하나의 경계구역의 면적은 600m² 이하로 하고 한 변의 길이는 50m 이하로 한다.

13 난이도 ●○○　　　　　　　　　　답 ①

차동식 분포형 감지기에 대한 설명이다.

✅ 확인학습 열감지기
1. **차동식 스포트형**: 주위온도가 일정 상승률 이상이 되는 경우에 작동하는 것으로서 일국소에서의 열 효과에 의하여 작동되는 것을 말한다.
2. **차동식 분포형**: 주위온도가 일정 상승률 이상이 되는 경우에 작동하는 것으로서 넓은 범위 내에서의 열 효과의 누적에 의하여 작동되는 것을 말한다.
3. **정온식 감지선형**: 일국소의 주위온도가 일정한 온도 이상이 되는 경우에 작동하는 것으로서 외관이 전선으로 되어 있는 것을 말한다.
4. **정온식 스포트형**: 일국소의 주위온도가 일정한 온도 이상이 되는 경우에 작동하는 것으로서 외관이 전선으로 되어 있지 아니한 것을 말한다.
5. **보상식 스포트형**: 1.과 4.의 성능을 겸한 것으로서 1.의 성능 또는 4.의 성능 중 어느 한 기능이 작동되면 작동신호를 발하는 것을 말한다.

14 난이도 ●○○　　　　　　　　　　답 ④

보상식 스포트형 감지기는 차동식 스포트형과 정온식 스포트형 감지기의 성능을 겸한 것으로서 둘 중 어느 한 기능이 작동되면 화재신호를 발한다.

15 난이도 ●○○　　　　　　　　　　답 ④

자동화재탐지설비 수신기의 화재신호와 연동으로 작동하여 관계인에게 화재발생을 경보함과 동시에 소방관서에 자동적으로 통신망을 통한 당해 화재발생 및 당해 소방대상물의 위치 등을 음성으로 통보하여 주는 것은 자동화재속보설비이다.

16 난이도 ●○○　　　　　　　　　　답 ③

광전식은 연기감지기에 해당한다. 광전식 감지기에는 광전식 스포트형 감지기와 광전식 분리형 감지기가 있다.

17 난이도 ●○○　　　　　　　　　　답 ③

광전식 분포형 감지기는 연기감지기에 해당한다.

POINT 53 피난구조설비

정답
p.127

01	⑤	02	⑤	03	①	04	③	05	①
06	①	07	②	08	①	09	③	10	④

01 난이도 ●○○　　　　　　　　　　답 ⑤

비상방송설비는 경보설비에 해당한다.

02 난이도 ●●○　　　　　　　　　　답 ⑤

4층 이상의 층에 피난사다리(하향식 피난구용 내림식사다리는 제외한다)를 설치하는 경우에는 금속성 고정사다리를 설치하고, 당해 고정사다리에는 쉽게 피난할 수 있는 구조의 노대를 설치할 것

> ✔ 확인학습 피난기구의 설치기준[피난기구의 화재안전성능기준(NFPC 301)]
> 1. 피난기구는 계단·피난구 기타 피난시설로부터 적당한 거리에 있는 안전한 구조로 된 피난 또는 소화 활동상 유효한 개구부(가로 0.5미터 이상, 세로 1미터 이상의 것을 말한다)에 고정하여 설치하거나 필요한 때에 신속하고 유효하게 설치할 수 있는 상태에 둘 것
> 2. 피난기구를 설치하는 개구부는 서로 동일직선상이 아닌 위치에 있을 것
> 3. 피난기구는 특정소방대상물의 기둥·바닥 및 보 등 구조상 견고한 부분에 볼트조임·매입 및 용접 등의 방법으로 견고하게 부착할 것
> 4. 4층 이상의 층에 피난사다리(하향식 피난구용 내림식사다리는 제외한다)를 설치하는 경우에는 금속성 고정사다리를 설치하고, 당해 고정사다리에는 쉽게 피난할 수 있는 구조의 노대를 설치할 것
> 5. 완강기는 강하 시 로프가 건축물 또는 구조물 등과 접촉하여 손상되지 않도록 하고, 로프의 길이는 부착위치에서 지면 또는 기타 피난상 유효한 착지 면까지의 길이로 할 것
> 6. 미끄럼대는 안전한 강하속도를 유지하도록 하고, 전락방지를 위한 안전조치를 할 것
> 7. 구조대의 길이는 피난상 지장이 없고 안정한 강하속도를 유지할 수 있는 길이로 할 것

> ✔ 확인학습 다수인 피난장비
> 1. 피난에 용이하고 안전하게 하강할 수 있는 장소에 적재 하중을 충분히 견딜 수 있도록 「건축물의 구조기준 등에 관한 규칙」 제3조에서 정하는 구조안전의 확인을 받아 견고하게 설치할 것
> 2. 다수인피난장비 보관실(이하 "보관실"이라 한다)은 건물 외측보다 돌출되지 아니하고, 빗물·먼지 등으로부터 장비를 보호할 수 있는 구조일 것
> 3. 사용 시에 보관실 외측 문이 먼저 열리고 탑승기가 외측으로 자동으로 전개될 것
> 4. 하강 시에 탑승기가 건물 외벽이나 돌출물에 충돌하지 않도록 설치할 것
> 5. 상·하층에 설치할 경우에는 탑승기의 하강경로가 중첩되지 않도록 할 것
> 6. 하강 시에는 안전하고 일정한 속도를 유지하도록 하고 전복, 흔들림, 경로이탈 방지를 위한 안전조치를 할 것

> 7. 보관실의 문에는 오작동 방지조치를 하고, 문 개방 시에는 당해 소방대상물에 설치된 경보설비와 연동하여 유효한 경보음을 발하도록 할 것
> 8. 피난층에는 해당 층에 설치된 피난기구가 착지에 지장이 없도록 충분한 공간을 확보할 것
> 9. 한국소방산업기술원 또는 법 제46조 제1항에 따라 성능시험기관으로 지정받은 기관에서 그 성능을 검증받은 것으로 설치할 것

> ✔ 확인학습 승강식 피난기 및 하향식 피난구용 내림식사다리
> 1. 승강식 피난기 및 하향식 피난구용 내림식사다리는 설치경로가 설치층에서 피난층까지 연계될 수 있는 구조로 설치할 것
> 2. 대피실의 면적은 2제곱미터(2세대 이상일 경우에는 3제곱미터) 이상으로 하고, 「건축법 시행령」 제46조 제4항의 규정에 적합하여야 하며 하강구(개구부) 규격은 직경 60센티미터 이상일 것
> 3. 하강구 내측에는 기구의 연결 금속구 등이 없어야 하며 전개된 피난기구는 하강구 수평투영면적 공간 내의 범위를 침범하지 않는 구조이어야 할 것
> 4. 대피실의 출입문은 60분+ 방화문 또는 60분 방화문으로 설치하고, 피난방향에서 식별할 수 있는 위치에 "대피실" 표지판을 부착할 것
> 5. 착지점과 하강구는 상호 수평거리 15센티미터 이상의 간격을 둘 것
> 6. 대피실 내에는 비상조명등을 설치할 것
> 7. 대피실에는 층의 위치표시와 피난기구 사용설명서 및 주의사항 표지판을 부착할 것
> 8. 대피실 출입문이 개방되거나, 피난기구 작동 시 해당층 및 직하층 거실에 설치된 표시등 및 경보장치가 작동되고, 감시 제어반에서는 피난기구의 작동을 확인할 수 있어야 할 것
> 9. 사용 시 기울거나 흔들리지 않도록 설치할 것
> 10. 승강식 피난기는 한국소방산업기술원 또는 법 제46조 제1항에 따라 성능시험기관으로 지정받은 기관에서 그 성능을 검증받은 것으로 설치할 것

03 난이도 ●○○　　　　　　　　　　답 ①

완강기에 대한 설명이다.

04 난이도 ●○○　　　　　　　　　　답 ③

인명구조기구에는 방열복, 방화복(안전모, 보호장갑 및 안전화 포함), 공기호흡기, 인공소생기가 있다. 비상조명등은 피난구조설비에 해당한다.

05 난이도 ●●○　　　　　　　　　　답 ①

통로유도등은 백색바탕에 안쪽에는 녹색으로 피난방향을 표시한 등으로 하여야 한다.

> ✔ 확인학습 표시면 색상 정리
> 1. **피난구유도등**: 녹색바탕에 안쪽에 백색문자
> 2. **통로유도등**: 백색바탕에 안쪽에 녹색문자
> 3. **객석유도등**: 백색바탕에 안쪽에 녹색문자

06 난이도 ●○○　　　　　　　　　　답 ①

화재를 진압하거나 인명구조 활동을 위하여 사용하는 설비는 소화활동
설비이다.

07 난이도 ●○○　　　　　　　　　　답 ②

소화수조는 소화용수설비에 해당한다.

08 난이도 ●○○　　　　　　　　　　답 ①

화재를 진압하거나 인명구조활동을 위하여 사용하는 설비는 소화활동
설비를 말한다. 연소방지설비는 소화활동설비에 해당한다.

09 난이도 ●○○　　　　　　　　　　답 ③

피난구조설비에 간이피난유도선은 해당하지 않는다.

10 난이도 ●○○　　　　　　　　　　답 ④

승강식 피난기란 사용자의 몸무게에 의하여 자동으로 하강하고 내려서
면 스스로 상승하여 연속적으로 사용할 수 있는 무동력 승강식피난기
구를 말한다.

CHAPTER 5 소화활동설비

POINT 54 소화활동설비

정답　　　　　　　　　　　　　　　　　　　p.129

01	①	02	④	03	②	04	②	05	③

01 난이도 ●○○　　　　　　　　　　답 ①

방열복과 공기호흡기는 피난구조설비에 해당한다. 소화활동설비에 해
당하는 것은 ㄱ. 비상콘센트설비, ㄷ. 제연설비, ㄹ. 연소방지설비, ㅂ.
연결송수관설비이다.

02 난이도 ●○○　　　　　　　　　　답 ④

비상방송설비는 경보설비에 해당한다.

03 난이도 ●●●　　　　　　　　　　답 ②

판매시설이 해당한다.

| 선지분석 |
① [×] 문화재: 50제곱미터 마다 1단위 이상
② [○] 판매시설: 100제곱미터 마다 1단위 이상
③ [×] 의료시설: 50제곱미터 마다 1단위 이상
④ [×] 장례식장: 50제곱미터 마다 1단위 이상
⑤ [×] 위락시설: 30제곱미터 마다 1단위 이상

04 난이도 ●●● 답 ②

비상콘센트설비의 전원회로는 (단상)교류 (220)볼트인 것으로서,
그 공급용량은 (1.5)킬로볼트암페어 이상인 것으로 할 것

> ✅ **확인학습** 비상콘센트설비의 전원회로[비상콘센트설비의 화재안전기
> 술기준(NFTC 504)]
>
> 1. 비상콘센트설비의 전원회로는 단상교류 220V인 것으로서, 그 공급
>   용량은 1.5kVA 이상인 것으로 할 것
> 2. 전원회로는 각층에 2 이상이 되도록 설치할 것. 다만, 설치해야 할
>   층의 비상콘센트가 1개인 때에는 하나의 회로로 할 수 있다.
> 3. 전원회로는 주배전반에서 전용회로로 할 것. 다만, 다른 설비회로의
>   사고에 따른 영향을 받지 않도록 되어 있는 것은 그렇지 않다.
> 4. 전원으로부터 각 층의 비상콘센트에 분기되는 경우에는 분기배선용
>   차단기를 보호함 안에 설치할 것
> 5. 콘센트마다 배선용 차단기(KS C 8321)를 설치해야 하며, 충전부가
>   노출되지 않도록 할 것
> 6. 개폐기에는 "비상콘센트"라고 표시한 표지를 할 것
> 7. 비상콘센트용의 풀박스 등은 방청도장을 한 것으로서, 두께 1.6mm
>   이상의 철판으로 할 것
> 8. 하나의 전용회로에 설치하는 비상콘센트는 10개 이하로 할 것. 이
>   경우 전선의 용량은 각 비상콘센트(비상콘센트가 3개 이상인 경우에
>   는 3개)의 공급용량을 합한 용량 이상의 것으로 해야 한다.

05 난이도 ●●○ 답 ③

하나의 제연구역의 면적은 1천m² 이하로 해야 한다.

> ✅ **확인학습** 제연설비의 제연구획 기준
>
> 1. 하나의 제연구역의 면적은 1천m² 이내로 한다.
> 2. 거실과 통로는 상호 제연구획한다.
> 3. 통로상의 제연구역은 보행중심선의 길이가 60m를 초과하지 않아야
>   한다.
> 4. 하나의 제연구역은 직경 60m인 원 내에 들어갈 수 있도록 한다.
> 5. 하나의 제연구역은 2개 이상의 층에 미치지 않도록 한다.

PART 6 | 위험물

CHAPTER 1 위험물 개요

POINT 55 위험물의 분류

정답 p.132

01	③	02	④	03	①	04	①	05	①
06	②	07	④	08	④				

01 난이도 ●○○ 답 ③

위험물이라 함은 (인화성) 또는 (발화성) 등의 성질을 가지는 것으로서 (대통령령)이 정하는 물품을 말한다.

02 난이도 ●●○ 답 ④

자기반응성 물질은 제5류 위험물로 연소 또는 폭발을 일으킬 수 있는 물질로 유기과산화물, 질산에스테르류(질산에스터류)를 포함한다.

| 선지분석 |
① [×] 황린은 제3류 위험물, 철분은 제2류 위험물에 해당한다. 산화성 고체는 강산화제이다.
② [×] 인화성 액체는 전기적으로 부도체이다.
③ [×] 산화성 고체는 불연성 물질이며 질산염류와 무기과산화물을 포함한다.

03 난이도 ●○○ 답 ①

제2류 위험물은 가연성 고체이다.

> ✔ **확인학습 위험물의 유별 정의**
>
> | 제1류 위험물
(산화성 고체) | 고체로서 산화력의 잠재적인 위험성 또는 충격에 대한 민감성을 판단하기 위하여 소방청장이 정하여 고시하는 시험에서 고시로 정하는 성질과 상태를 나타내는 것을 말한다. |
> |---|---|
> | 제2류 위험물
(가연성 고체) | 고체로서 화염에 의한 발화의 위험성 또는 인화의 위험성을 판단하기 위하여 고시로 정하는 시험에서 고시로 정하는 성질과 상태를 나타내는 것을 말한다. |
> | 제3류 위험물
(자연발화성 및
금수성 물질) | 고체 또는 액체로서 공기 중에서 발화의 위험성이 있거나 물과 접촉하여 발화하거나 가연성 가스를 발생하는 위험성이 있는 것을 말한다. |
> | 제4류 위험물
(인화성 액체) | 액체(제3석유류, 제4석유류 및 동·식물유류에 있어서는 1기압과 20℃에서 액상인 것에 한한다)로서 인화의 위험성이 있는 것을 말한다. |
> | 제5류 위험물
(자기반응성
물질) | 고체 또는 액체로서 폭발의 위험성 또는 가열분해의 격렬함을 판단하기 위하여 고시로 정하는 시험에서 고시로 정하는 성질과 상태를 나타내는 것을 말한다. |
> | 제6류 위험물
(산화성 액체) | 액체로서 산화력의 잠재적인 위험성을 판단하기 위하여 고시로 정하는 시험에서 고시로 정하는 성질과 상태를 나타내는 것을 말한다. |

04 난이도 ●●○ 답 ①

가연성 고체라 함은 고체로서 (화염에 의한 발화의 위험성) 또는 (인화의 위험성)을 판단하기 위하여 고시로 정하는 시험에서 고시로 정하는 성질과 상태를 나타내는 것을 말한다.

05 난이도 ●●○ 답 ①

(자기반응성) 물질이라 함은 (고체) 또는 액체로서 폭발의 위험성 또는 (가열분해)의 격렬함을 판단하기 위하여 고시로 정하는 시험에서 고시로 정하는 성질과 상태를 나타내는 것을 말한다.

06 난이도 ●○○ 답 ②

제2류 위험물은 가연성 고체로 산소공급원에 해당하지 않는다.

> ✔ **확인학습 산소공급원**
>
> 1. 공기
> 2. 산화제(산화성 물질): 산화성 고체, 산화성 액체
> 3. 자기반응성 물질
> 4. 조연성 가스(지연성 가스): 산소, 이산화질소(NO_2), 산화질소(NO), 불소(F_2), 오존(O_3), 염소(Cl_2)

07 난이도 ●○○ 답 ④

제5류 위험물의 성질은 자기반응성 물질이다.

08 난이도 ●○○ 답 ④

자기반응성 물질은 제5류 위험물로 질산에스테르류(질산에스터류)가 해당한다.

| 선지분석 |
① [×] 알코올은 제4류 위험물이다.
② [×] 이황화탄소는 제4류 위험물이다.
③ [×] 유기금속화합물은 제3류 위험물이다.

POINT 56 위험물의 품명 및 지정수량

정답   p.134

01	②	02	④	03	⑤	04	①	05	③
06	⑤	07	①	08	①	09	②	10	④

01 난이도 ●○○ 답 ②

지정수량이 가장 적은 것은 유기과산화물이다.

| 선지분석 |
① 아조화합물: 200kg
② 유기과산화물: 10kg
③ 니트로화합물(나이트로화합물): 200kg
④ 디아조화합물(다이아조화합물): 200kg
⑤ 히드라진(하이드라진) 유도체: 200kg

02 난이도 ●●● 답 ④

과염소산 - 300 kg - Ⅰ등급

| 선지분석 |
① [O] 황린 - 20 kg - Ⅰ등급
② [O] 마그네슘 - 500 kg - Ⅲ등급
③ [O] 유기과산화물 - 10 kg - Ⅰ등급

✔ 확인학습 위험등급Ⅰ의 위험물

1. 제1류 위험물 중 아염소산염류, 염소산염류, 과염소산염류, 무기과산화물 그 밖에 지정수량이 50kg인 위험물
2. 제3류 위험물 중 칼륨, 나트륨, 알킬알루미늄, 알킬리튬, 황린 그 밖에 지정수량이 10kg 또는 20kg인 위험물
3. 제4류 위험물 중 특수인화물
4. 제5류 위험물 중 유기과산화물, 질산에스테르류(질산에스터류), 그 밖에 지정수량이 10kg인 위험물
5. 제6류 위험물

✔ 확인학습 위험등급Ⅱ의 위험물

1. 제1류 위험물 중 브롬산염류(브로민산염류), 질산염류, 요오드산염류(아이오딘산염류), 그 밖에 지정수량이 300kg인 위험물
2. 제2류 위험물 중 황화인, 적린, 유황(황), 그 밖에 지정수량이 100kg인 위험물
3. 제3류 위험물 중 알칼리금속(칼륨 및 나트륨을 제외한다) 및 알칼리토금속, 유기금속화합물(알킬알루미늄 및 알킬리튬을 제외한다), 그 밖에 지정수량이 50kg인 위험물
4. 제4류 위험물 중 제1석유류 및 알코올류
5. 제5류 위험물 중 제1호 라목에 정하는 위험물 외의 것
※ 위험등급Ⅲ의 위험물: 위험등급Ⅰ 및 위험등급Ⅱ에 정하지 아니한 위험물

---

03 난이도 ●○○ 답 ⑤

제3류 위험물 중 금속의 인화물의 지정수량은 300kg이다.

| 선지분석 |
① [×] 나트륨의 지정수량은 10kg이다.
② [×] 황린의 지정수량은 20kg이다.
③ [×] 알칼리토금속의 지정수량은 50kg이다.
④ [×] 알킬리튬의 지정수량은 10kg이다.

04 난이도 ●○○ 답 ①

황린의 지정수량은 20kg이다. 다른 물질의 지정수량은 10kg이다.

| 선지분석 |
① 황린: 20kg
② 칼륨: 10kg
③ 나트륨: 10kg
④ 알킬리튬: 10kg
⑤ 알킬알루미늄: 10kg

05 난이도 ●●○ 답 ③

마그네슘은 제2류 위험물로 지정수량은 500kg이다. 탄화칼슘, 과염소산 및 금속의 인화물은 지정수량은 300kg이다.

✔ 확인학습 위험물 및 지정수량(「위험물안전관리법 시행령」 [별표 1] 요약)

유별/성질	품명/지정수량			
제1류/ 일산고	아염과무	브질요(아)	과중(다이)	-
	50	300	1천	-
제2류/ 이가고	황건 적 有(황)	철금 馬	인고	-
	100	500	1천	-
제3류/ 삼자수	칼나알알	황린	알유	금수인칼슘알탄
	10	20	50	300
제4류/ 사인액	특	석(1, 2, 3, 4)	알	동
	50L	2백, 1천, 2천, 6천L	400L	1만L
제5류/ 오자	유질	나소아다하	하하록	-
	10	200	100	-
제6류/ 육사액	과과질	-	-	-
	300	-	-	-

06 난이도 ●○○ 답 ⑤

제5류 위험물 중 유기과산화물의 지정수량은 10kg이다.

| 선지분석 |

	유별	품명	지정수량
① [×]	제1류	과망간산염류(과망가니즈산염류)	1,000kg
② [×]	제2류	마그네슘	500kg
③ [×]	제6류	과염소산	300kg
④ [×]	제4류	알코올류	400L

07 난이도 ●○○ 답 ①

제5류 위험물 중 유기과산화물의 지정수량은 10kg이다.

| 선지분석 |

② [×] 질산에스테르류(질산에스터류)의 지정수량은 10kg이다.
③ [×] 니트로화합물(나이트로화합물)의 지정수량은 200kg이다.
④ [×] 니트로소화합물(나이트로소화합물)의 지정수량은 200kg이다.
⑤ [×] 아조화합물의 지정수량은 200kg이다.

08 난이도 ●○○ 답 ①

황린은 제3류 위험물로 자연 발화성 물질 및 금수성 물질에 해당한다.

> ✔ 확인학습 가연성 고체(제2류 위험물)의 지정수량
>
> | 황화린(황화인), 적린, 유황(황) | 100kg |
> |---|---|
> | 철분, 금속분, 마그네슘 | 500kg |
> | 인화성 고체 | 1천kg |

09 난이도 ●○○ 답 ②

알킬리튬은 제3류 위험물로 지정수량은 10kg이다.

| 선지분석 |

① [×] 중크롬산염류(다이크로뮴산염류)의 지정수량은 1천kg이다.
③ [×] 니트로화합물(나이트로화합물)의 지정수량은 200kg이다.
④ [×] 질산의 지정수량은 300kg이다.

10 난이도 ●○○ 답 ④

| 선지분석 |

① [×] 마그네슘은 지정수량은 500kg이다.
② [×] 유기과산화물은 제5류 위험물이다.
③ [×] 제4석유류의 지정수량은 6,000ℓ이다.
⑤ [×] 과염소산염류는 제1류 위험물이며 지정수량은 50kg이고, 나트륨은 제3류 위험물이며 지정수량은 10kg이다.

CHAPTER 2 위험물 유별 성상 등

POINT 57 제1류 위험물

정답 p.136

01	②	02	③	03	①	04	②	05	③
06	②	07	①	08	④	09	④	10	②

01 난이도 ●○○ 답 ②

제1류 위험물 중 알칼리금속의 과산화물 또는 이를 함유한 것에 있어서는 "화기·충격주의", "물기엄금" 및 "가연물접촉주의"를 표기한다.

02 난이도 ●●○ 답 ③

제3류 위험물 중에 황린은 공기 중 산화를 방지하기 위해 물 속에 저장한다.

| 선지분석 |

① [×] 제1류 위험물 중에 무기과산화물은 주수를 이용한 냉각소화가 부적합하다. 금수성이 있으므로 물을 절대 사용하면 안 되고, 건조사나 팽창질석 등을 사용하여 소화하여야 한다.
② [×] 제2류 위험물은 조연성 물질이 아닌 가연성 물질이다.
④ [×] 제4류 위험물은 수용성과 비수용성으로 구분할 수 있다. 수용성 액체인 경우에는 물에 의한 희석소화가 가능하나 비수용성의 경우에는 적합하지 않다. 또한 제4류 위험물의 유별 성질은 인화성 액체이다.
⑤ [×] 제5류 위험물은 산소를 함유하고 있어 포, 이산화탄소에 의한 질식소화가 적합하지 않고, 많은 양의 물에 의한 냉각소화가 가장 적합하다.

03 난이도 ●●○ 답 ①

제1류 위험물인 알칼리금속의 과산화물을 물로 소화하면 산소의 발생으로 위험하므로 냉각소화를 금지한다.

04 난이도 ●●○ 답 ②

제1류 위험물은 강산화제에 해당한다.

> ✔ 확인학습 제1류 위험물의 일반적 성질
>
> 1. 무기화합물로서 산화제로 작용한다.
> 2. 자신은 불연성 물질이지만 가연성 물질의 연소를 돕는다.
> 3. 대부분 무색 결정이거나 백색 분말이며 유독성, 부식성이 있다.
> 4. 조해성이 있는 것도 있다(질산염류).
> 5. 무기과산화물 중 알칼리금속 과산화물과 삼산화크롬(삼산화크로뮴)은 물과 반응하여 산소를 방출하고 발열한다. 이런 의미에서 제3류 위험물과 비슷한 금수성 물질이다.
> 6. 가열, 충격, 마찰에 의해 분해되어 산소(O_2)가 발생하고 가연물과 혼합되어 있을 때는 연소, 폭발이 일어나기도 한다.

05 난이도 ●○○ 답 ③

염소산염류는 제1류 위험물로 산화성 고체에 해당한다.

06 난이도 ●○○ 답 ②

제2류 위험물 중 마그네슘, 철분, 금속분 및 황화린(황화인) 등은 마른모래, 건조분말에 의한 질식소화한다. 유황(황)과 적린은 주수소화한다.

☑ 확인학습 제2류 위험물의 진압대책

1. 주수에 의한 냉각소화가 적당하다[황화린(황화인), 철분, 마그네슘 및 금속분 제외].
2. 금속분, 철분, 마그네슘 및 황화린(황화인) 등은 마른모래, 건조분말에 의한 질식소화를 한다.
3. 제2류 위험물 화재 시 다량의 열과 유독성의 연기가 발생하므로 반드시 방호의와 공기호흡기를 착용하여야 한다.

07 난이도 ●○○ 답 ①

제1류 위험물은 산화성 고체이며 대부분 물에 잘 녹는다.

| 선지분석 |

② [×] 가연성 고체는 제2류 위험물이다.
③ [×] 무기과산화물은 금수성이 있으므로 물을 사용하여서는 안 되고 마른모래 등을 사용한다.
④ [×] 과산화수소, 과염소산 및 질산은 제6류 위험물이다. 유기과산화물은 제5류 위험물로 자기반응성 물질에 해당한다.

08 난이도 ●○○ 답 ④

제6류 위험물은 모두 산소를 함유하고 있다. 산화성 액체이며 불연성의 성질을 갖는다. 제6류 위험물로는 과산화수소, 과염소산 및 질산 등이 있다.

09 난이도 ●●○ 답 ④

무기과산화물 중 알칼리금속 과산화물(Na_2, O_2, K_2O_2 등)과 삼산화크롬(삼산화크로뮴)(CrO_3, 무수크롬산)은 물과 반응하여 산소(O_2)를 방출하고 발열한다.

10 난이도 ●●○ 답 ②

제1류 위험물 산화성고체: 고체로서 (산화력)의 잠재적인 위험성 또는 (충격)에 대한 민감성을 판단하기 위하여 소방청장이 정하여 고시하는 시험에서 고시로 정하는 성질과 상태를 나타내는 것을 말한다.

☑ 확인학습 위험물의 유별 정의

제1류 위험물 (산화성 고체)	고체로서 산화력의 잠재적인 위험성 또는 충격에 대한 민감성을 판단하기 위하여 소방청장이 정하여 고시하는 시험에서 고시로 정하는 성질과 상태를 나타내는 것을 말한다.
제2류 위험물 (가연성 고체)	고체로서 화염에 의한 발화의 위험성 또는 인화의 위험성을 판단하기 위하여 고시로 정하는 시험에서 고시로 정하는 성질과 상태를 나타내는 것을 말한다.
제3류 위험물 (자연발화성 및 금수성 물질)	고체 또는 액체로서 공기 중에서 발화의 위험성이 있거나 물과 접촉하여 발화하거나 가연성 가스를 발생하는 위험성이 있는 것을 말한다.
제4류 위험물 (인화성 액체)	액체(제3석유류, 제4석유류 및 동·식물유류에 있어서는 1기압과 20℃에서 액상인 것에 한한다)로서 인화의 위험성이 있는 것을 말한다.
제5류 위험물 (자기반응성 물질)	고체 또는 액체로서 폭발의 위험성 또는 가열분해의 격렬함을 판단하기 위하여 고시로 정하는 시험에서 고시로 정하는 성질과 상태를 나타내는 것을 말한다.
제6류 위험물 (산화성 액체)	액체로서 산화력의 잠재적인 위험성을 판단하기 위하여 고시로 정하는 시험에서 고시로 정하는 성질과 상태를 나타내는 것을 말한다.

POINT 58 제2류 위험물

정답 p.138

01	②	02	⑤	03	②	04	①	05	④
06	④								

01 난이도 ●○○ 답 ②

제3류 위험물 중 금수성 물질은 물기엄금을 표기한다.

☑ 확인학습 수납하는 위험물에 따른 주의사항

1. 제1류 위험물 중 알칼리금속의 과산화물 또는 이를 함유한 것에 있어서는 "화기·충격주의", "물기엄금" 및 "가연물접촉주의", 그 밖의 것에 있어서는 "화기·충격주의" 및 "가연물접촉주의"
2. 제2류 위험물 중 철분·금속분·마그네슘 또는 이들 중 어느 하나 이상을 함유한 것에 있어서는 "화기주의" 및 "물기엄금", 인화성 고체에 있어서는 "화기엄금", 그 밖의 것은 "화기주의"
3. 제3류 위험물 중 자연발화성 물질에 있어서는 "화기엄금" 및 "공기접촉엄금", 금수성 물질에 있어서는 "물기엄금"
4. 제4류 위험물에 있어서는 "화기엄금"
5. 제5류 위험물에 있어서는 "화기엄금" 및 "충격주의"
6. 제6류 위험물에 있어서는 "가연물접촉주의"

02 난이도 ●●○ 답 ⑤

제1류 위험물은 산화성 고체이다. 제4류 위험물은 인화성 액체로 액체로서 인화의 위험성이 크다.

03 난이도 ●●○ 답 ②

제2류 위험물은 강력한 환원성 물질이다.

> ✔ 확인학습 제2류 위험물의 일반성질
> 1. 저장 시 화기엄금, 가열엄금, 고온체와 접촉방지 등의 조치가 필요하다.
> 2. 강력한 환원성 물질이다. 강산화성 물질(제1류 위험물 또는 제6류 위험물)과 혼합을 피한다.
> 3. 금속분은 산 또는 물과의 접촉을 피한다.
> 4. 저장용기를 밀폐하고 위험물의 누출을 방지하며 통풍이 잘되는 냉암소에 저장한다.

04 난이도 ●○○ 답 ①

제2류 위험물 중 인화성 고체는 화기엄금 표기를 한다.

05 난이도 ●○○ 답 ④

적린은 주수소화가 가능하다. 철분, 금속분 및 마그네슘은 건조분말에 의해 질식소화한다.

06 난이도 ●●○ 답 ④

중유 등 물보다 무거운 비수용성 석유류 화재는 무상주수할 경우 에멀션효과를 이용한 소화효과가 있다.

POINT 59 제3류 위험물

정답 p.139

01	①	02	④	03	④	04	③	05	③
06	①	07	②	08	③	09	④	10	①

01 난이도 ●●○ 답 ①

탄화칼슘 화재 시 다량의 물로 냉각소화할 수 없다.

$$CaC_2 + 2H_2O \rightarrow Ca(OH)_2 + C_2H_2 + Qkcal$$

| 선지분석 |
② [O] 수용성 메틸알코올 화재에는 내알코올포를 사용한다.
③ [O] 알킬알루미늄은 마른모래, 팽창질석, 팽창진주암으로 소화한다. 물과 반응하여 에탄가스가 발생하므로 주수소화하면 안 된다.

$$(C_2H_5)_3Al + 3H_2O \rightarrow Al(OH)_3 + 3C_2H_6 \uparrow$$

④ [O] 적린은 다량의 물로 냉각소화하며, 소량의 적린인 경우에는 마른모래나 이산화탄소 소화약제도 일시적인 효과가 있다. 적린은 황린과 달리 안정적이다.

02 난이도 ●●○ 답 ④

모두 옳은 내용이다.

| 선지분석 |
ㄱ. [O] 황린: 물을 이용한 냉각소화
ㄴ. [O] 유황(황): 물을 이용한 냉각소화
ㄷ. [O] 경유, 휘발유: 포 소화약제를 이용한 질식소화
ㄹ. [O] 탄화알루미늄, 알킬알루미늄: 건조사, 팽창질석을 이용한 질식소화

03 난이도 ●●○ 답 ④

황린은 물속에 저장하며, 화재 시에는 물로 냉각소화하되 가급적 분무주수한다. 황린은 물에 대해 위험한 반응을 초래하는 물질이 아니다.

> ✔ 확인학습 황린(Yellow phosphorus, White phosphorus, P_4, 백린)
> 1. 화재 시에는 물로 냉각소화하되 가급적 분무주수한다. 초기소화에는 포·CO_2, 분말소화약제도 유효하며, 젖은 모래·흙 등으로 질식소화할 수 있다.
> 2. 미분상의 발화점은 34℃이고, 고형상의 발화점은 60℃(습한 공기 중에서는 30℃)이다.
> 3. 물에 불용하여 벤젠·이황화탄소에 녹는다. 따라서 물속에 저장한다(알칼리제를 넣어 pH9 정도 유지).
> 4. 발화점이 매우 낮아 공기 중에 노출되면 서서히 자연발화를 일으키고 어두운 곳에서 청백색의 인광을 낸다.
> 5. 공기 중에 격렬하게 연소하여 유독성 가스인 오산화인(P_2O_5)의 백연을 낸다.
>
> $$P_4 + 5O_2 \rightarrow 2P_2O_5 \uparrow + Qkcal$$

04 난이도 ●●○ 답 ③

황린은 물속에 저장한다.

05 난이도 ●●● 답 ③

과산화나트륨: $2Na_2O_2 + 2H_2O \rightarrow 4NaOH + O_2$

| 선지분석 |
① [×] 칼륨: $2K + 2H_2O \rightarrow 2KOH + H_2$
② [×] 탄화칼슘: $CaC_2 + 2H_2O \rightarrow Ca(OH)_2 + C_2H_2 \uparrow$
④ [×] 오황화인: $P_2S_5 + 8H_2O \rightarrow 5H_2S + 2H_3PO_4$

> ✔ 확인학습 오황화인
> 1. 연소반응식: $2P_2S_5 + 15O_2 \rightarrow 2P_2O_5 + 10SO_2$
> 2. 물과의 반응식: $P_2S_5 + 8H_2O \rightarrow 5H_2S + 2H_3PO_4$
> 3. 발생증기의 연소반응식: $2H_2S + 3O_2 \rightarrow 2SO_2 + 2H_2O$

06 난이도 ●●● 답 ①

탄화알루미늄은 물과 반응하여 메탄가스를 발생한다.

$$Al_4C_3 + 12H_2O \rightarrow 4Al(OH)_3 + 3CH_4$$

| 선지분석 |

② 인화칼슘 연소반응식

$$Ca_3P_2 + 6H_2O \rightarrow 3Ca(OH)_2 + 2PH_3 \uparrow$$

③ 수소화알루미늄리튬 연소반응식

$$LiAlH_4 + 4H_3O \rightarrow LiOH + Al(OH)_3 + 4H_2 \uparrow + Qkcal$$

④ 트리에틸알루미늄 연소반응식

$$(C_2H_5)_3Al + 3H_2O \rightarrow Al(OH)_3 + 3C_2H_6 \uparrow$$

07 난이도 ●●○ 답 ②

아세톤은 알코올형포 소화약제로 소화적응성이 있다.

| 선지분석 |

① [×] 탄화칼슘은 아세틸렌가스가 발생하여 주수소화하면 안 된다.
③ [×] 나트륨 같은 반응성이 큰 금속에 사용하면 안 된다.
④ [×] 마그네슘 같은 반응성이 큰 금속에 사용하면 안 된다.

✅ 확인학습 할론 소화약제 사용 제한 대상

1. 셀룰로오스, 질산염 등과 같은 자기 반응성 물질
2. 나트륨, 마그네슘, 칼륨 같은 반응성이 큰 금속
3. 금속의 수소 화합물
4. 유기과산화물, 히드라진(하이드라진) 등과 같이 스스로 발열 분해하는 화합물

08 난이도 ●●○ 답 ③

이황화탄소는 물속에 저장한다.

✅ 확인학습 용제(용매)와 용질

1. 용매는 어떠한 용액이 존재할 때 용질을 녹여 용액을 만드는 물질을 의미한다. 예를 들어, 소금물에서 소금은 용질, 물은 용매이다.
2. 용질은 용매에 용해하여 용액을 만드는 물질이다. 예를 들면 소다수에는 이산화탄소(탄산가스), 술에는 알코올, 바닷물에는 소금이 녹아 있는데, 이들은 모두 물을 용매로 하는 용질이다.

09 난이도 ●○○ 답 ④

질산염류와 염소산염류는 제1류 위험물인 산화성 고체이다. 질산염류의 지정수량은 300kg이고, 염소산염류는 50kg이다.

| 선지분석 |

① [×] 과염소산은 제6류 위험물이다.
② [×] 유기금속화합물은 제3류 위험물이다.
③ [×] 제3류 위험물은 자연발화성 및 금수성 물질이다.
⑤ [×] 가연성 고체는 제2류 위험물이다.

10 난이도 ●○○ 답 ①

금속분류, 철분, 마그네슘은 물과 반응하여 <u>수소(H_2)가스</u>를 발생 시키고 묽은 산과 접촉에 의해 <u>수소가스</u>를 발생 시킨다.

✅ 확인학습 위험물의 반응 시 연소생성물

1. 알칼리금속, 알칼리토금속은 물과 반응하여 <u>수소(H_2)기체</u>를 발생 시킨다.

$$2Na + 2H_2O \rightarrow 2NaOH + H_2$$

2. 알킬알루미늄은 물과 반응하여 가연성 가스인 에탄(C_2H_6)을 발생 시킨다.

$$(C_2H_5)_3Al + 3H_2O \rightarrow Al(OH)_3 + 3C_2H_6$$

3. 황린(P_4)은 공기 중에서 격렬하게 연소하여 유독성 가스인 오산화인(P_2O_5)을 생성한다.

$$P_4 + 5O_2 \rightarrow 2P_2O_5$$

4. 황린(P_4)은 알칼리 용액과 반응하여 유독성인 포스핀(인화수소, PH_3)가스를 생성한다.

$$P_4 + 3KOH + 3H_2O \rightarrow PH_3 + 3KH_2PO_2$$

5. 인화칼슘(인화석회, Ca_3P_2)은 물 또는 묽은 산과 반응하여 유독성 가스인 <u>포스핀(인화수소, PH_3)가스</u>를 생성한다.

$$Ca_3P_2 + 6H_2O \rightarrow 2PH_3 + 3Ca(OH)_2$$
$$Ca_3P_2 + 6HCl \rightarrow 2PH_3 + 3CaCl_2$$

6. 탄화칼슘[(칼슘) 카바이드, CaC_2]은 물과 반응하여 <u>아세틸렌(C_2H_2)가스</u>를 생성한다.

$$CaC_2 + 2H_2O \rightarrow Ca(OH)_2 + C_2H_2$$

POINT 60 제4류 위험물

정답   p.141

01	③	02	②	03	②	04	③	05	①
06	⑤	07	③	08	③	09	②	10	②
11	①								

01 난이도 ●●○ 답 ③

제1석유류는 아세톤, 휘발유 그 밖에 1기압에서 (인화점)이 (21)℃ 미만인 것이다.

✅ 확인학습 인화성 액체의 분류

인화성 액체	종류	그 밖의 것(1기압 상태에서)
특수인화물	이황화탄소, 디에틸에테르	• 발화점 100℃ 이하 • 인화점 –20℃ 이하이고 비점 40℃ 이하
알코올류	–	탄소원자 수 1~3개 포화1가 알코올 (변성알코올 포함)
제1석유류	아세톤, 휘발유	인화점 21℃ 미만
제2석유류	등유, 경유	인화점 21℃ 이상 ~ 70℃ 미만
제3석유류	중유, 클레오소트유 (크레오소트유)	인화점 70℃ 이상 ~ 200℃ 미만
제4석유류	기어유, 실린더유	인화점 200℃ 이상 ~ 250℃ 미만
동·식물유류	동물의 지육·식물의 종자 추출한 것	인화점 250℃ 미만

02 난이도 ●●○ 답 ②

특수인화물이란 발화점 100℃ 이하이거나, 인화점 –20℃ 이하이고 비점 40℃ 이하인 것을 말한다.

03 난이도 ●●○ 답 ②

제5류 위험물은 화재초기에 대량의 물을 이용한 냉각소화를 한다.

| 선지분석 |

① [×] 오황화린(오산화인)의 경우 물과 반응하여 황화수소와 인산을 발생한다. 금속분, 철분, 마그네슘, 황화린(황화인) 등은 마른모래, 건조분말에 의한 질식소화를 한다.
③ [×] 유기금속화합물은 제3류 위험물로 황린을 제외한 물질은 물과 반응할 때 가연성 가스를 발생시킨다.
④ [×] 알칼리금속의 과산화물(무기과산화물), 무수크롬산[삼산화크롬(삼산화크로뮴)]은 금수성이 있으므로 물을 사용하여서는 안 되고 마른모래 등을 사용한다.

04 난이도 ●●○ 답 ③

제4류 위험물은 인화성 액체이며 발생 증기는 가연성의 성질이 있고 대부분 공기보다 무겁다.

05 난이도 ●●○ 답 ①

제4류 위험물의 증기비중은 공기보다 무겁다.

✅ 확인학습 제4류 위험물의 일반적인 성질

1. 인화성을 가지는 물질이며 대부분 유기화합물이다.
2. 대부분의 물질의 액체 비중이 1보다 작아 물보다 가볍다(단, 이황화탄소, 글리세린, 아세트산 등은 물보다 무겁다).
3. 석유류 화재 중 물을 방수하면 오히려 화재면적을 확대시키는 결과를 가져온다.

4. 대부분 발생하는 증기의 비중은 공기보다 무겁다(단, 시안화수소는 공기보다 가볍다).
5. 전기적으로 부도체이므로 정전기 축적이 용이하여 점화원으로 작용할 수 있다.

06 난이도 ●●● 답 ⑤

제2석유류는 등유, 경유 그 밖에 1기압에서 인화점이 (21)℃ 이상 70℃ 미만인 것을 말한다. 다만, 도료류 그 밖의 물품에 있어서 가연성 액체량이 (40)wt.% 이하이면서 인화점이 40℃ 이상인 동시에 연소점이 (60)℃ 이상인 것은 제외한다.

07 난이도 ●○○ 답 ③

제4류 위험물은 인화성 액체이며 발생증기는 가연성의 성질이 있으며 대부분 공기보다 무겁다.

08 난이도 ●○○ 답 ③

제1석유류의 비수용성 물질은 휘발유, 벤젠 및 톨루엔이다. 수용성으로는 아세톤 및 시안화수소 등이 있다.

✅ 확인학습 제4류 위험물의 종류

	종류	지정수량
특수인화물	디에틸에테르, 이황화탄소	50L
제1석유류	비수용성: 휘발유, 벤젠, 톨루엔	200L
	수용성: 아세톤, 시안화수소	400L
알코올류	메틸알코올, 에틸알코올, 변성알코올	400L
제2석유류	비수용성: 등유, 경유	1천L
	수용성: 아세트산(초산), 히드라진(하이드라진)	2천L
제3석유류	비수용성: 중유, 클레오소트유(크레오소트유)	2천L
	수용성: 글리세린, 에틸렌글리콜	4천L
제4석유류	기어유, 실린더유	6천L
동·식물유류	정어리 기름	1만L

09 난이도 ●●○ 답 ②

제4류 위험물은 인화성 액체이다.

10 난이도 ●○○ 답 ②

동·식물유류는 중유보다 인화점이 높다.

11 난이도 ●○○ 답 ①

아세톤과 휘발유는 제4류 위험물로 제1석유류에 해당한다.

POINT 61 제5류 위험물

정답
p.144

01	①	02	①	03	①	04	②	05	③

01 난이도 ●●○   답 ①

자기연소성 물질이기 때문에 질식소화의 효과가 없다.

> ✅ 확인학습 제5류 위험물의 소화방법
> 1. 자기연소성 물질이기 때문에 질식소화는 효과가 없다.
> 2. 일반적으로 대량주수에 의한 냉각소화가 가장 효과적이다.
> 3. 화재 시 폭발위험이 상존하므로 화재진압 시에는 충분히 안전거리를 유지한다.

02 난이도 ●○○   답 ①

제5류 위험물에 대한 설명으로 유기과산화물이 해당한다.

| 선지분석 |
② 이황화탄소는 제4류 위험물에 해당한다.
③ 과염소산은 제6류 위험물에 해당한다.
④ 염소산염류는 제1류 위험물에 해당한다.
⑤ 알칼리금속은 제3류 위험물에 해당한다.

03 난이도 ●●●   답 ①

옳은 것은 ㄱ이다. 제1류 위험물인 무기과산화물은 금수성이 있으므로 물을 사용하여서는 안 되고 마른모래 등을 사용한다.

| 선지분석 |
ㄴ. [×] 금속분, 철분, 마그네슘 및 황화린(황화인) 등은 마른모래, 건조분말에 의한 질식소화를 한다.
ㄷ. [×] 황린을 제외한 나머지 위험물은 발화·금수성 물질이므로 주수소화를 금한다.
ㄹ. [×] 자기연소성 물질이기 때문에 질식소화는 효과가 없으며, 대량주수에 의한 냉각소화가 가장 효과적이다.

04 난이도 ●○○   답 ②

운송책임자의 감독·지원을 받아 운송하여야 하는 위험물은 ㄱ, ㅁ이다. 알킬알루미늄, 알킬리튬 및 알킬알루미늄 또는 알킬리튬의 물질을 함유하는 위험물이다.

05 난이도 ●●●   답 ③

제4류 위험물 중 제1석유류는 인화점 및 연소하한계가 낮아 적은 양으로도 화재의 위험이 있다.

| 선지분석 |
① [×] 제1류 위험물은 불연성 물질이며, 질산염류에는 질산칼륨, 질산나트륨, 질산암모늄 등이 있다. 일반적으로 가열하면 열분해하여 산소를 방출한다.
② [×] 황린은 인의 동소체의 하나이다. 공기 중에서는 산화되어 발화하므로 수중에 저장한다. 물에는 거의 불용이고 벤젠, 이황화탄소에 잘 녹는다. 공기 중에서 발화하여 오산화인(P_2O_5)이 된다.

> ✅ 확인학습 황린의 적린화 반응
> P_4(황린) → 260℃ → P_2(적린)

④ [×] 유기과산화물은 소화전, 물분무(자동 스프링클러설비), 모래 등 사용하여 냉각소화한다. 일반적으로 이산화탄소 소화약제에 의한 질식소화는 효과가 없으므로 다량 사용하는 방법이 적절하다.

POINT 62 제6류 위험물

정답
p.145

01	①	02	③

01 난이도 ●●○   답 ①

제6류 위험물 중 과산화수소(H_2O_2)는 농도가 36wt% 이상인 것을 말한다. 물과 반응하지 않는다.

> ✅ 확인학습 제6류 위험물의 일반적인 성질
> 1. 불연성이며 지연성 물질이다. 염기와 반응하거나 물과 접촉할 때 발열한다.
> 2. 과산화수소를 제외하고는 강산이며 산소를 많이 함유하고 있는 강산화제로서 작용하며 산의 세기는 과염소산이 가장 세다.
> 3. 강산성 염류나 물과 접촉 시 발열하게 되며 이때 가연성 물질이 혼재되어 있으면 혼촉발화의 위험이 있다(단, 과산화수소는 물과 반응하지 않는다).
> 4. 물질의 액체 비중이 1보다 커서 물보다 무겁다.

02 난이도 ●●○   답 ③

제6류 위험물 자신은 불연성이지만 지연성 물질이며, 염기와 반응하거나 물과 접촉할 때 발열한다(단, 과산화수소는 물과 반응하지 않는다).

CHAPTER 3 위험물시설의 안전관리

POINT 63 제조소등의 위치·구조·설비의 기준

정답   p.146

01	①	02	②	03	②	04	④	05	②
06	①	07	④	08	⑤				

01 난이도 ●○○   답 ①

위험물제조소 표지 및 게시판의 바탕 및 문자의 색은 백색바탕에 흑색 문자이다.

> ✔ 확인학습 위험물제조소의 표지 및 게시판 등
>
> 1. 표지 및 게시판
>
> | 표지 | • 표지: 한 변의 길이 0.3m 이상, 다른 한 변의 길이 0.6m 이상
• 표지 바탕: 바탕은 백색, 문자는 흑색 |
> |------|------|
> | 게시판 | • 게시판: 한 변의 길이 0.3m 이상, 다른 한 변의 길이 0.6m 이상
• 게시판 바탕: 바탕은 백색, 문자는 흑색
• 게시판 기재: 유별, 품명, 저장최대수량, 취급최대수량, 위험물안전관리자의 성명 또는 직명, 주의사항 |
>
> 2. 주의사항
>
> | 품명 | 주의사항 | 게시판 표시 |
> |------|----------|-------------|
> | 제2류 위험물(인화성 고체),
제3류 위험물(자연발화성 물질)
제4류 위험물, 제5류 위험물 | 화기엄금 | 적색바탕에
백색문자 |
> | 제1류 위험물(알칼리금속의 과산화물)
제3류 위험물(금수성 물질) | 물기엄금 | 청색바탕에
백색문자 |
> | 제2류 위험물 | 화기주의 | 적색바탕에
백색문자 |

02 난이도 ●●○   답 ②

축산용으로 필요한 난방시설 또는 건조시설을 위한 지정수량 20배 이하의 저장소가 해당한다.

> ✔ 확인학습 위험물시설의 설치 및 변경 등
>
> 제조소등의 경우에는 허가를 받지 아니하고 당해 제조소등을 설치하거나 그 위치·구조 또는 설비를 변경할 수 있으며, 신고를 하지 아니하고 위험물의 품명·수량 또는 지정수량의 배수를 변경할 수 있는 대상
> 1. 주택의 난방시설(공동주택의 중앙난방시설을 제외한다)을 위한 저장소 또는 취급소
> 2. 농예용·축산용 또는 수산용으로 필요한 난방시설 또는 건조시설을 위한 지정수량 20배 이하의 저장소

03 난이도 ●●○   답 ②

항공기·선박(「선박법」 제1조의2 제1항의 규정에 따른 선박)·철도 및 궤도에 의한 위험물의 저장·취급 및 운반에 있어서는 이를 적용하지 아니한다.

04 난이도 ●○○   답 ④

지정수량 200배 이상의 위험물을 취급하는 옥외탱크저장소이다.

> ✔ 확인학습 관계인이 예방규정을 정하여야 하는 제조소등(「위험물안전관리법 시행령」 제15조)
> 1. 지정수량의 10배 이상의 위험물을 취급하는 제조소
> 2. 지정수량의 100배 이상의 위험물을 저장하는 옥외저장소
> 3. 지정수량의 150배 이상의 위험물을 저장하는 옥내저장소
> 4. 지정수량의 200배 이상의 위험물을 저장하는 옥외탱크저장소
> 5. 암반탱크저장소
> 6. 이송취급소
> 7. 지정수량의 10배 이상의 위험물을 취급하는 일반취급소. 다만, 제4류 위험물(특수인화물을 제외한다)만을 지정수량의 50배 이하로 취급하는 일반취급소(제1석유류·알코올류의 취급량이 지정수량의 10배 이하인 경우에 한한다)로서 다음의 어느 하나에 해당하는 것을 제외한다.
>   • 보일러·버너 또는 이와 비슷한 것으로서 위험물을 소비하는 장치로 이루어진 일반취급소
>   • 위험물을 용기에 옮겨 담거나 차량에 고정된 탱크에 주입하는 일반취급소

05 난이도 ●○○   답 ②

탱크안전성능검사 중 기초·지반검사 대상이 되는 탱크 기준은 옥외탱크저장소의 액체위험물탱크 중 그 용량이 100만L 이상인 탱크이다.

06 난이도 ●○○   답 ①

특수가연물에 유황(황)은 해당하지 않는다.

> ✔ 확인학습 특수가연물
>
> | 품명 | | 수량 |
> |------|---|------|
> | 면화류 | | 200kg 이상 |
> | 나무껍질 및 대팻밥 | | 400kg 이상 |
> | 넝마 및 종이부스러기 | | 1천kg 이상 |
> | 사류(絲類) | | 1천kg 이상 |
> | 볏짚류 | | 1천kg 이상 |
> | 가연성 고체류 | | 3천kg 이상 |
> | 석탄·목탄류 | | 1만kg 이상 |
> | 가연성 액체류 | | 2m³ 이상 |
> | 목재가공품 및 나무부스러기 | | 10m³ 이상 |
> | 합성수지류 | 발포시킨 것 | 20m³ 이상 |
> | | 그 밖의 것 | 3천kg 이상 |
> | 재생 자원 원료 | | 1천kg 이상 |

07 난이도 ●●● 답 ④

안전관리자를 선임한 제조소등의 관계인은 안전관리자가 여행·질병 그 밖의 사유로 인하여 일시적으로 직무를 수행할 수 없거나 <u>안전관리자의 해임 또는 퇴직과 동시에 다른 안전관리자를 선임하지 못하는 경우에는 국가기술자격법에 따른 위험물의 취급에 관한 자격취득자 또는 위험물안전에 관한 기본지식과 경험이 있는 자로서 행정안전부령이 정하는 자</u>를 대리자(代理者)로 지정하여 그 직무를 대행하게 하여야 한다 (「위험물안전관리법」 제15조 제5항).

08 난이도 ●●○ 답 ⑤

제5류 위험물에 있어서는 <u>"화기엄금" 및 "충격주의"</u> 표시를 하여야 한다.

> ✅ **확인학습 수납하는 위험물의 주의사항**
>
> 1. 제1류 위험물 중 알칼리금속의 과산화물 또는 이를 함유한 것에 있어서는 "화기·충격주의", "물기엄금" 및 "가연물접촉주의", 그 밖의 것에 있어서는 "화기·충격주의" 및 "가연물접촉주의"
> 2. 제2류 위험물 중 철분·금속분·마그네슘 또는 이들 중 어느 하나 이상을 함유한 것에 있어서는 "화기주의" 및 "물기엄금", 인화성 고체에 있어서는 "화기엄금", 그 밖의 것에 있어서는 "화기주의"
> 3. 제3류 위험물 중 자연발화성 물질에 있어서는 "화기엄금" 및 "공기접촉엄금", 금수성 물질에 있어서는 "물기엄금"
> 4. 제4류 위험물에 있어서는 "화기엄금"
> 5. 제5류 위험물에 있어서는 <u>"화기엄금" 및 "충격주의"</u>
> 6. 제6류 위험물에 있어서는 "가연물접촉주의"

PART 7 | 소방역사 및 소방조직

CHAPTER 1 소방의 역사 및 조직

POINT 64 소방의 역사

정답 p.150

01	③	02	①	03	⑤	04	④	05	①
06	④	07	④	08	③	09	④	10	②
11	⑤	12	②	13	②	14	②	15	③
16	④	17	②						

---

01 난이도 ●●○ 답 ③

1975년 내무부 민방위본부 설치로 민방위제도를 실시하게 되면서, 소방행정조직이 경찰에서 분리되었다.

✔ 확인학습 **정부수립 이후 초창기(1948년~1970년)**

1. 정부수립과 동시에 소방은 다시 국가소방체제로 경찰사무로 포함되어 운영되었다.
2. 중앙소방위원회는 내무부 치안국 소방과에 소방계와 훈련계를 두고 사무를 분장하였다.
3. 1969년 1월 7일 「경찰공무원법」이 제정됨에 따라 소방계장을 소방총경으로 보하도록 하였다.
4. 미군정 과도정부 시기에는 소방서 수가 50개소에 달하였다. 이후 1950년에는 23개소 소방서만 존치시키고 27개 소방서를 폐지하였으나 그 후에 소방서의 수는 계속 증가하였다.

✔ 확인학습 **최근 소방의 중앙정부조직**

1. 소방방재청(2004년~2014년)
2. 국민안전처 중앙소방본부(2014년~2017년)
3. 소방청(2017년~)

✔ 확인학습 **갑오경장의 경찰관제와 소방**

1. 1894년 갑오경장을 통하여 종래의 좌우 포도청을 없애고 한성 5부의 경찰 사무를 합하여 경무청을 설치하였다. 이때의 경무청은 한성 5부 관내를 담당하는 기구였다.
2. 1895년 4월 29일에는 경무청 직제를 제정하여 경무청에 경무사관방 제2보 아래 총무국을 두도록 하였으며 총무국에서 수화소방에 관한 사무를 분장하도록 하였다. 그해 5월 3일 「경무청 처무 세칙」을 만들어 수화소방은 난파선 및 출화·홍수 등에 관계하는 구호에 관하는 사항으로 규정하였다. 이때가 현재까지는 소방이라는 용어를 처음으로 사용하였던 기록이다.

---

02 난이도 ●●○ 답 ①

옳은 것은 ㄱ, ㄴ이다.

| 선지분석 |

ㄷ. [×] 1925년에 우리나라 최초 소방서인 경성소방서를 설치하였다.
ㄹ. [×] 1946년에 중앙소방위원회, 1947년 소방청을 설치하였다.

✔ 확인학습 **중앙소방위원회**

1. 중앙소방위원회는 상무부 토목국(1946년 8월 7일)을 설치하였으며 위원회는 7인의 위원으로 구성하였다.
2. 1947년 남조선 과도정부로 개칭된 후에는 중앙소방위원회 집행기구로 소방청을 설치하였다. 소방청에는 청장 1인, 서기관 1인을 두고 군정고문 1인을 두었고 조직으로는 총무과·소방과·예방과를 두었다.

---

03 난이도 ●●○ 답 ⑤

옳은 것은 ㄷ, ㄹ이다.

| 선지분석 |

ㄱ. [×] 조선시대: 금화도감을 설치하였다.
ㄴ. [×] 조선시대: 최초의 장비 수입은 중국으로부터 수입한 수총기이다(경종 3년, 1723년).

✔ 확인학습 **금화도감의 설치**

1. 설치의 계기 및 의의: 한성부의 대형화재를 계기로 병조에 금화도감을 설치하게 되었는데[세종 8년(1426년 2월)], 상비 소방제도로서의 관서는 아니지만 화재를 방비하는 독자적 기구로서 우리나라 최초의 소방기구라 볼 수 있다.
2. 구성: 금화도감은 제조 7명, 사 5명, 부사 6명, 판관 6명으로 구성되었다.

✔ 확인학습 **제도의 변천과정**

1. 조선시대: 세종 8년 ~ 한말
2. 과도기[미군정시대(1945 ~ 1948년)]: 자치소방체제
3. 초창기 정부수립 이후(1948 ~ 1970년): 국가소방체제
4. 발전기(1970 ~ 1992년): 국가·자치이원화
5. 정착기(1992 ~ 2020년): 시·도(광역)자치소방

---

04 난이도 ●○○ 답 ④

「소방법」의 제정은 1958년이다.

✔ 확인학습 **시대별 소방업무**

1. 1950년대 이전: 화재의 경계와 진압에 중점을 두었다.
2. 1958년: 「소방법」이 제정되었다. 화재, 풍수해, 설해의 예방·경계·진압·방어까지 소방의 업무로 규정되었다.
3. 1967년: 「풍수해대책법」의 제정으로 자연재해 업무가 이관되어 소방의 업무는 화재의 예방·경계·진압으로 축소되었다.
4. 1983년: 1981년 일부 지역 소방관서에서 시범실시된 야간통행금지 시간대 응급환자 이송업무가 국민의 호응을 얻기 시작해 1983년 12월 30일 개정된 「소방법」에 구급업무를 소방의 업무로 포함시키게 되었다.
5. 1989년: 1988년 서울올림픽 당시 119특별구조대를 설치하여 인명구조활동을 수행하였고 1989년 12월 30일 「소방법」을 개정하여 구조업무를 소방의 업무로 법제화하였다.
6. 1999년: 「소방법」 제1조에 화재의 예방·경계·진압과 재난·재해, 그 밖의 위급한 상황에서의 구조·구급활동을 명시하였다.

05 난이도 ●●○   답 ①

1946년 4월 10일, 소방부와 소방위원회를 설치하고 일시적으로 소방 행정을 경찰로부터 분리하여 자치화하였다.

| 선지분석 |

② [×] 1992년 전국 시·도에 소방본부를 설치·운영하고 광역소방 행정체제로 전환하였다.

③ [×] 소방공무원은 공무원 분류상 경력직공무원 중 특정직공무원 에 해당한다.

④ [×] 소방공무원의 징계 중 정직은 중징계에 해당한다.

> ✔ 확인학습 **제도의 변천과정**
>
> 1. 조선시대: 세종 8년 ~ 한말
> 2. 과도기[미군정시대(1945 ~ 1948년)]: 자치소방체제
> 3. 초창기 정부수립 이후(1948 ~ 1970년): 국가소방체제
> 4. 발전기(1970 ~ 1992년): 국가·자치이원화
> 5. 정착기(1992 ~ 2020년): 시·도(광역)자치소방

06 난이도 ●○○   답 ④

정부수립과 동시에 소방은 다시 국가소방체제로 경찰사무에 포함되어 운영되었다. 중앙은 내무부 치안국 소방과에서 업무를 취급하였고 지 방은 경찰국 소방과에서 업무를 취급하였다.

> ✔ 확인학습 **소방의 발전과정**
>
> 1. 금화도감의 설치
>   • 설치의 계기 및 의의: 한성부의 대형화재를 계기로 병조에 금화도 감을 설치하게 되었는데[세종 8년(1426년 2월)], 상비 소방제도 로서의 관서는 아니지만 화재를 방비하는 독자적 기구로서 우리나 라 최초의 소방기구라 볼 수 있다.
>   • 구성: 금화도감은 제조 7명, 사 5명, 부사 6명, 판관 6명으로 구성 되었다.
> 2. 1910년 한일합방 이전부터 상비소방수가 있었고, 소방조 명문화는 1915년 6월 23일 소방조규칙을 제정하면서부터이다.
> 3. 소방이라는 용어의 사용: 1895년 5월 3일 경무청처리계획 제정 시 총무국 분장 사무에 "수화소방은"이라 하여 처음으로 소방이라는 용 어를 사용하였다.

07 난이도 ●●○   답 ④

모두 옳은 지문이다.

> ✔ 확인학습 **소방조직의 변천**
>
> 1. 제1성장기(2004년 ~ 2014년 11월): 소방방재청 체제
> 2. 제2성장기(2014년 11월 ~ 2017년 7월): 국민안전처 체제
> 3. 제3성장기(2017년 7월 ~ 현재): 소방청 체제

08 난이도 ●●○   답 ③

1992년에 전국 시·도에 소방본부를 설치하였다.

> ✔ 확인학습 **1970년대 중요내용**
>
> 1. 최초로 서울과 부산에 소방본부가 설치된 것은 1972이다.
> 2. 「지방소방공무원법」이 제정된 후 「소방공무원법」이 1977년에 제정 되었다.
> 3. 대한민국 정부수립 이후 경찰로부터 소방이 분리된 시기는 1975년 이다.

09 난이도 ●●○   답 ④

시·도 광역자치소방체제를 운용하기 시작한 때는 1992년부터이다.

> ✔ 확인학습 **1992년 이후 소방조직 등**
>
> 1. 시·도(광역)자치소방체제이다.
> 2. 1992년 소방본부가 일제히 설치되었다. 소방사무는 시·도지사의 책임으로 일원화 되었다.
> 3. 대형 재난사고로 인하여 1994년 12월에 방재국을 신설하였다.
> 4. 1995년 5월에 소방국 내 구조구급과를 신설하였다.
> 5. 삼풍백화점 붕괴 이후인 1995년 7월 18일 「재난관리법」을 제정하 였다. 「재난 및 안전관리 기본법」의 제정은 2004년이다.
> 6. 2004년 6월 1일 소방방재청이 신설되었으며, 조직은 예방기획국, 대응관리국, 복구지원국으로 편재하였으며 지원부서로서 기획관리관 을 두었다.
> 7. 2014년 11월 19일 국민안전처가 신설되었으며, 그 산하에 중앙소 방본부와 해양경비안전본부를 두어 재난안전 총괄부처의 기능을 수 행하도록 하였다.
> 8. 2017년 7월 26일 소방청이 신설되었다.

10 난이도 ●○○   답 ②

대한민국 정부수립 이후 초창기(1948 ~ 1970년) 소방조직체계는 국가 소방체제이다.

11 난이도 ●○○   답 ⑤

소방방재청은 2004년에 설립되었다.

| 선지분석 |

① [×] 2003년 소방관계법규 4개분법 제정, 2004년 「재난 및 안전 관리 기본법」 제정되었다.

② [×] 「소방법」의 제정은 1958년이다.

③ [×] 1972년 서울과 부산에 소방본부가 설치되었다.

④ [×] 금화군은 세종 13년(1431년), 멸화군은 세조 13년(1467년) 에 설치되었다.

12 난이도 ●○○ 답 ②

「소방법」이 제정된 때는 1958년이다.

> ✓ 확인학습 연도별 중요내용
>
> 1. 1958년: 「소방법」 제정 – 풍수해·설해
> 2. 1983년: 구급업무 명문화
> 3. 1989년: 구조업무 명문화
> 4. 1999년: 구조·구급업무 소방의 목적으로 명문화
> 5. 1994년 10월 21일: 성수대교 붕괴
> 6. 1995년 5월: 소방국 내 구조구급과 신설
> 7. 1995년 6월 29일: 삼풍백화점 붕괴
> 8. 1995년 7월 18일: 재난관리법
> 9. 1995년 12월 27일: 발대식 – 출범 중앙소방학교 소속
> 10. 1997년 5월 27일: 내부무 직속기관
> 11. 2004년: 소방방재청

13 난이도 ●●○ 답 ②

소방역사의 변천과정은 경성소방서 설치(1925년) → 「소방법」 제정(1958년) → 시·도 광역자치소방체제 개편(1992년) → 소방방재청 개청(2004년) 순이다.

14 난이도 ●●● 답 ②

옳은 것은 4개(ㄱ, ㄴ, ㄷ, ㅁ)이다.

| 선지분석 |

ㄹ. [×] 1975년 내무부에 민방위본부 설치로 민방위제도를 실시하게 되면서 치안본부 소방과에서 민방위본부 소방국으로 이관되면서 소방이 경찰로부터 분리되었다.

15 난이도 ●○○ 답 ③

갑오개혁 다음 해인 1895년에 총무국에서 수화소방에 관한 사항을 관장하도록 함으로써 처음으로 소방이란 용어를 사용하였다.

16 난이도 ●●○ 답 ④

대구지하철 화재 발생(2003) 당시에는 시·도(광역)자치소방체제였다.

> ✓ 확인학습 제도의 변천과정
>
> 1. 조선시대: 세종 8년 ~ 구한말
> 2. 과도기[미군정시대(1945 ~ 1948년)]: 자치소방체제
> 3. 초창기 정부수립 이후(1948 ~ 1970년): 국가소방체제
> 4. 발전기(1970 ~ 1992년): 국가·자치이원화
> 5. 정착기(1992 ~ 2020년): 시·도(광역)자치소방

17 난이도 ●○○ 답 ②

우리나라에 최초로 독립된 자치소방체제가 성립된 시기는 1945 ~ 1948년이다.

POINT 65 소방조직

정답 p.154

01	②	02	⑤	03	①	04	④	05	④
06	①	07	③	08	③	09	②	10	③
11	③	12	⑤	13	①	14	③	15	①
16	③	17	③						

01 난이도 ●●○ 답 ②

도 소방위원회(1946년) – 내무부 소방국(1975년) – 시·도 소방본부(1992년) – 소방방재청(2004년) 순이다.

| 선지분석 |

① [×] 내무부 소방과(1948년), 내무부 소방국(1975년), 도 소방위원회(1946년), 시·도 소방본부(1992년)
③ [×] 중앙소방위원회(1946년), 내무부 소방국(1975년), 도 소방위원회(1946년), 소방방재청(2004년)
④ [×] 내무부 소방국(1975년), 중앙소방위원회(1946년), 소방방재청(2004년), 소방청(1947년/2017년)

> ✓ 확인학습 소방조직의 변천 과정
>
> 1. 조선시대: 금화도감(1426.02), 수성금화도감(1426.06), 경무청 총무국(1895년)
> 2. 미군정시기(1945년~1948년): 중앙소방위원회/도 소방위원회/소방부(1946년), 중앙소방위원회 집행기구로 소방청(1947년)
> 3. 정부수립 이후 초창기(1948년~1970년): 중앙 – 내무부 치안국 소방과(1948년) 지방 – 도 소방청 지방경찰국
> 4. 발전기(1970년~1992년): 내무부 치안본부 소방과(1974년), 내무부 민방위본부 소방국(1975년)
> 5. 광역소방행정체계: 전국 시·도 소방본부(1992년)
> 6. 소방방재청(2004년~2014년) – 국민안전처 중앙소방본부(2014년~2017년) – 소방청(2017년~)

02 난이도 ●●● 답 ⑤

내무부 치안국 소방과(1948년), 내무부 소방국(1975년), 소방방재청(2004년), 국민안전처 중앙소방본부(2014년), 소방청(2017년) 순이다.

> ✓ 확인학습 소방조직의 변천 과정
>
> 1. 미군정시기(1945년~1948년): 중앙소방위원회(1946년), 중앙소방위원회 집행기구로 소방청(1947년)
> 2. 정부수립 이후 초창기(1948년~1970년): 내무부 치안국 소방과(1948년), 내무부 (지방)경찰국 소방과
> 3. 발전기(1970년~1992년): 내무부 치안본부 소방과(1974년), 내무부 민방위본부 소방국(1975년)
> 4. 소방방재청(2004년~2014년) – 국민안전처 중앙소방본부(2014년~2017년) – 소방청(2017년~)

03 난이도 ●●● 　　　　　　　　　　　　　　　　답 ①

소방조직 변천과정은 ㄱ. 미군정과도기 정부(1945 ~ 1948년) → ㄴ. 초창기 정부수립 이후(1948 ~ 1970년) → ㄷ. 국가소방과 자치소방의 이원화시기(1972 ~ 1992년) → ㄹ. 시·도 광역자치소방체제(1992 ~ 2020년) 순이다.

04 난이도 ●●● 　　　　　　　　　　　　　　　　답 ④

제4류 위험물을 저장·취급하는 제조소에 반드시 자체소방대를 설치하여야 하는 것은 아니다.

> **「위험물안전관리법 시행령」 제18조【자체소방대를 설치하여야 하는 사업소】** ① 법 제19조에서 "대통령령이 정하는 제조소등"이란 다음 각 호의 어느 하나에 해당하는 제조소등을 말한다.
> 1. 제4류 위험물을 취급하는 제조소 또는 일반취급소. 다만, 보일러로 위험물을 소비하는 일반취급소 등 행정안전부령으로 정하는 일반취급소는 제외한다.
> 2. 제4류 위험물을 저장하는 옥외탱크저장소
> ② 법 제19조에서 "대통령령이 정하는 수량 이상"이란 다음 각 호의 구분에 따른 수량을 말한다.
> 1. 제1항 제1호에 해당하는 경우: 제조소 또는 일반취급소에서 취급하는 제4류 위험물의 최대수량의 합이 지정수량의 3천배 이상
> 2. 제1항 제2호에 해당하는 경우: 옥외탱크저장소에 저장하는 제4류 위험물의 최대수량이 지정수량의 50만배 이상

| 선지분석 |
① [O] 제조소등(허가를 받지 아니하는 제조소등과 이동탱크저장소를 제외)의 관계인은 위험물의 안전관리에 관한 직무를 수행하게 하기 위하여 제조소등마다 대통령령이 정하는 위험물의 취급에 관한 자격이 있는 자를 위험물안전관리자로 선임하여야 한다(「위험물안전관리법」 제15조).
② [O] 소방안전관리대상물의 관계인은 소방안전관리업무를 수행하기 위하여 소방안전관리자 자격증을 발급받은 사람을 소방안전관리자로 선임하여야 한다(「화재의 예방 및 안전관리에 관한 법률」 제24조).
③ [O] 시·도지사 또는 소방서장은 재난현장에서 화재진압, 구조·구급 등의 활동과 화재예방활동에 관한 업무(소방업무)를 보조하기 위하여 의용소방대를 설치할 수 있다(「의용소방대설치에 관한 법률」 제2조).

05 난이도 ●○○ 　　　　　　　　　　　　　　　　답 ④

「소방공무원법」상 소방령의 계급정년은 14년이다.

✅ **확인학습 소방공무원 계급 구분에 따른 주요 내용**

계급	근속승진	계급정년	시보기간	승진소요 최저근무연수	임용권자
소방총감	-	-		-	
소방정감	-	-		-	소방청장의 제청으로 국무총리를 거쳐 대통령이 임용한다.
소방감	-	4년		-	
소방준감	-	6년	1년간	-	
소방정	-	11년		4년	
소방령	-	14년		3년	
소방경	-	-		3년	
소방위	8년 이상	-		2년	소방청장
소방장	6년 6개월 이상	-		2년	
소방교	5년 이상	-	6개월간	1년	
소방사	4년 이상	-		1년	

06 난이도 ●○○ 　　　　　　　　　　　　　　　　답 ①

의무소방대는 지방소방행정조직에 해당한다.

07 난이도 ●●● 　　　　　　　　　　　　　　　　답 ③

중앙소방행정조직 중 간접적 소방행정기관으로는 한국소방안전원, 대한소방공제회, 한국소방산업기술원 등이 있다. 대한소방공제회는 「대한소방공제회법」에 명시되어 있다.

✅ **확인학습 (국가)중앙소방행정조직**

직접적 소방행정기관	간접적 소방행정기관
소방청 중앙소방학교 중앙119구조본부	한국소방안전원 대한소방공제회 한국소방산업기술원 소방산업공제조합

08 난이도 ●○○ 　　　　　　　　　　　　　　　　답 ③

소방청은 (국가)중앙소방행정조직 중 직접적 소방행정기관에 해당한다. 소방본부와 소방서는 지방행정조직에 해당한다.

09 난이도 ●○○ 　　　　　　　　　　　　　　　　답 ②

소방공무원은 경력직공무원 중 특정직공무원에 해당한다.

✅ **확인학습 우리나라의 공직분류**

1. **경력직공무원**: 일반직공무원, 특정직공무원
2. **특수경력직공무원**: 정무직공무원, 별정직공무원

10 난이도 ●○○ 답 ③

명령통일의 원리가 해당한다.

> ✅ 확인학습 **소방조직의 원리**
>
> 1. 계층제의 원리
> 2. 통솔범위의 원리
> 3. 명령통일의 원리: 오직 한 사람의 상관으로부터 명령을 받고 그에게 보고해야 한다는 것이다. 어느 조직에서든 수장이 있어야 하고, 하위 조직에서도 같은 원리가 적용된다. 상관으로 하여금 통제를 용이하게 하여 부하의 안전과 복지를 확보할 수 있다.
> 4. 분업의 원리
> 5. 조정의 원리
> 6. 계선의 원리

11 난이도 ●●○ 답 ③

의용소방대의 임무에 소방시설 점검업무의 보조는 해당하지 않는다.

> ✅ 확인학습 **의용소방대의 임무**
>
> 1. 화재의 경계와 진압업무의 보조
> 2. 구조·구급 업무의 보조
> 3. 화재예방업무의 보조
> 4. 화재 등 재난 발생 시 대피 및 구호업무의 보조

12 난이도 ●●○ 답 ⑤

의용소방대의 대장 및 부대장은 관할 소방서장의 추천에 따라 시·도지사가 임명한다.

> ✅ 확인학습 **의용소방대의 정년 및 조직**
>
> 1. 정년: 의용소방대원의 정년은 65세로 한다.
> 2. 조직
>   • 의용소방대에는 대장·부대장·부장·반장 또는 대원을 둔다.
>   • 대장 및 부대장은 의용소방대원 중 관할 소방서장의 추천에 따라 시·도지사가 임명한다.
>   • 그 밖에 의용소방대의 조직 등에 필요한 사항은 행정안전부령으로 정한다.

13 난이도 ●●○ 답 ①

소방본부장 또는 소방서장은 소방업무를 보조하게 하기 위하여 필요한 때에는 의용소방대원을 소집할 수 있다.

> ✅ 확인학습 **의용소방대의 근무 등**
>
> 1. 의용소방대원은 비상근으로 한다.
> 2. 소방본부장 또는 소방서장은 소방업무를 보조하게 하기 위하여 필요한 때에는 의용소방대원을 소집할 수 있다.

> ✅ 확인학습 **의용소방대의 설치 등**
>
> 1. 시·도지사 또는 소방서장은 재난현장에서 화재진압, 구조·구급 등의 활동과 화재예방활동에 관한 업무(소방업무)를 보조하기 위하여 의용소방대를 설치할 수 있다.
> 2. 의용소방대는 시·도, 시·읍 또는 면에 둔다.

14 난이도 ●●○ 답 ③

시·도지사는 의용소방대원이 임무를 수행하는 때에는 예산의 범위에서 수당을 지급할 수 있다.

> ✅ 확인학습 **의용소방대원의 경비 및 재해보상 등(「의용소방대 설치 및 운영에 관한 법률」)**
>
> 1. 의용소방대의 운영과 활동 등에 필요한 경비는 해당 시·도지사가 부담한다.
> 2. 시·도지사는 의용소방대원이 「의용소방대 설치 및 운영에 관한 법률」 제7조에 따른 임무를 수행하는 때에는 예산의 범위에서 수당을 지급할 수 있다.
> 3. 시장·군수·구청장(자치구의 구청장)은 관할 구역에서 의용소방대원이 「의용소방대 설치 및 운영에 관한 법률」 제7조에 따른 임무를 수행하는 경우 그 임무 수행에 필요한 비용의 전부 또는 일부를 지원할 수 있다.
> 4. 시·도지사는 의용소방대원이 「의용소방대 설치 및 운영에 관한 법률」 제7조에 따른 임무의 수행 또는 같은 법 제13조에 따른 교육·훈련으로 인하여 질병에 걸리거나 부상을 입거나 사망한 때에는 행정안전부령으로 정하는 범위에서 시·도의 조례로 정하는 바에 따라 보상금을 지급하여야 한다.

15 난이도 ●●○ 답 ①

계선의 원리에 대한 설명이다.

> ✅ 확인학습 **소방조직의 원리**
>
> 1. **계층제의 원리**: 가톨릭의 교권제도에서 유래된 것으로 업무에 대한 권한과 책임의 정도에 따라 상하의 계층을 설정하는 것이다.
> 2. **통솔범위의 원리**: 한 명의 상관이 부하를 효과적으로 직접 통솔할 수 있는가가 통솔범위이다. 한 사람이 효과적으로 통솔할 수 있는 부하의 수는 7~12명이 적당하고, 비상시에는 3~4명이 적당하다고 본다.
> 3. **명령통일의 원리**: 오직 한 사람의 상관으로부터 명령을 받고 그에게 보고해야 한다는 것이다. 어느 조직에서든 수장이 있어야 하고, 하위 조직에서도 같은 원리가 적용된다. 상관으로 하여금 통제를 용이하게 하여 부하의 안전과 복지를 확보할 수 있다.
> 4. **분업의 원리**: 한 가지 주된 업무를 분담시키는 것이 분업의 원리이다. 기능의 원리 또는 전문화의 원리라고도 한다.
> 5. **조정의 원리**: 각 부분이 공동목표를 달성하기 위해 행동을 통일하고 공동체의 노력으로 질서정연하게 배열하는 것을 말한다. 무니(J. Mooney)는 조직의 원리 중 조정의 원리가 제1원리라고 주장한다.
> 6. **계선의 원리**: 특정 사안에 대한 결정에 있어서 의사결정과정에서는 개인의 의견이 참여되지만 결정을 내리는 것은 개인이 아닌 소속 기관의 장이다.

16 난이도 ●○○ 답 ③

소방관서는 전통적으로 (준군사적) 형식으로 조직되어 있다. 이것은 소방조직이 다른 조직에 비하여 순응적 조직문화를 가지고 있다는 것을 의미하지만 반대로 자발적이고 상향적 혁신의 장애가 될 수 있다는 것을 의미한다.

소방행정의 특수성에 독립성은 해당되지 않는다. 업무적 특성에는 현대성, 대기성, 신속성, 전문성, 일체성, 가외성, 위험성 및 결과성 등이 있다.

CHAPTER 2 소방공무원법 등

POINT 66 소방공무원법 등

정답   p.158

01	①	02	①	03	②	04	①	05	①
06	③	07	①	08	④	09	③	10	②
11	④	12	④	13	②	14	①	15	④
16	①	17	④						

---

01 난이도 ●●○   답 ①

| 선지분석 |

	근속승진	계급정년
① [○]	소방사를 소방교로: 해당 계급에서 4년 이상 근속자	소방령: 14년
② [×]	소방장을 소방위로: 해당 계급에서 6년 6개월 이상 근속자	소방준감: 6년
③ [×]	소방위를 소방경으로: 해당 계급에서 8년 이상 근속자	소방경: 규정 없음
④ [×]	소방교를 소방장으로: 해당 계급에서 5년 이상 근속자	소방감: 4년
⑤ [×]	소방경을 소방령으로: 규정없음	소방정: 11년

✔ **확인학습 소방공무원 계급 구분에 따른 주요 내용**

계급	근속승진	계급정년	시보기간	승진소요 최저근무연수	임용권자
소방총감	-	-		-	소방청장의 제청으로 국무총리를 거쳐 대통령이 임용한다.
소방정감	-	-		-	
소방감	-	4년		-	
소방준감	-	6년	1년간	-	
소방정	-	11년		4년	
소방령	-	14년		3년	
소방경	-	-		3년	
소방위	8년 이상	-		2년	소방청장
소방장	6년 6개월 이상	-	6개월간	2년	
소방교	5년 이상	-		1년	
소방사	4년 이상	-		1년	

---

02 난이도 ●●○   답 ①

선임신고는 그 날로부터 14일 이내에 소방본부장 또는 소방서장에게 신고하여야 한다. 해임신고는 관련 규정이 없다.

✔ **확인학습 특정소방대상물의 관계인과 소방안전관리대상물의 소방안전관리자의 업무**

1. 피난계획에 관한 사항과 대통령령으로 정하는 사항이 포함된 소방계획서의 작성 및 시행
2. 자위소방대 및 초기대응체계의 구성·운영·교육
3. 피난시설, 방화구획 및 방화시설의 유지·관리
4. 소방훈련 및 교육
5. 소방시설이나 그 밖의 소방 관련 시설의 유지·관리
6. 화기 취급의 감독

---

03 난이도 ●●○   답 ②

소방경 이하의 소방공무원은 소방청장이 임용한다.

| 선지분석 |

① [×] 소방공무원은 경력직공무원 중 경력직공무원 중 특정직공무원이다.
③ [×] 「소방공무원법」상 임용에는 퇴직은 해당하지 않는다.
④ [×] 소방공무원 중징계에는 파면, 해임, 정직, 강등이다. 감봉은 경징계에 해당한다.
⑤ [×] 소방령 이상의 임용권자는 대통령이다.

✔ **확인학습 징계처분의 종류**

1. 징계의 종류는 파면, 해임, 강등, 정직, 감봉, 견책 6가지가 있으며, 중징계는 파면, 해임, 강등, 정직이 있고 경징계는 감봉과 견책이 있다.
2. 신분은 유지하나 이익 일부를 제한하는 교정징계는 강등, 정직, 감봉, 견책이 있으며, 신분을 배제하는 배제징계는 파면과 해임이 있다.

---

04 난이도 ●○○   답 ①

소방공무원은 「국가공무원법」상 경력직공무원 중 특정직공무원에 해당한다.

---

05 난이도 ●●○   답 ①

강등은 1계급 아래로 직급을 내리고(고위공무원단에 속하는 공무원은 3급으로 임용하고, 연구관 및 지도관은 연구사 및 지도사로 한다) 공무원신분은 보유하나 3개월간 직무에 종사하지 못하며 그 기간 중 보수는 전액을 감한다.

✔ **확인학습 강임**

강임(降任)이란 같은 직렬 내에서 하위 직급에 임명하거나 하위 직급이 없어 다른 직렬의 하위 직급으로 임명하거나 고위공무원단에 속하는 일반직공무원(「국가공무원법」 제4조 제2항에 따라 같은 조 제1항의 계급 구분을 적용하지 아니하는 공무원은 제외한다)을 고위공무원단 직위가 아닌 하위 직위에 임명하는 것을 말한다.

06 난이도 ●○○ 답 ③

복직이란 휴직·직위해제 또는 정직(강등에 따른 정직 포함) 중에 있는 소방공무원을 직위에 복귀시키는 것을 말한다.

✔ **확인학습** 「소방공무원법」상 용어의 정의
1. 임용이란 신규채용·승진·전보·파견·강임·휴직·직위해제·정직·강등·복직·면직·해임 및 파면을 말한다.
2. 전보란 소방공무원의 같은 계급·자격 내에서의 근무기관이나 부서를 달리하는 임용을 말한다.
3. 강임이란 동종의 직무 내에서 하위의 직위에 임명하는 것을 말한다.
4. 복직이란 휴직·직위해제 또는 정직 중에 있는 소방공무원을 직위에 복귀시키는 것을 말한다.

07 난이도 ●○○ 답 ①

소방기관이라 함은 소방청, 특별시·광역시·특별자치시·도·특별자치도(시·도)와 중앙소방학교·중앙119구조본부·국립소방연구원·지방소방학교·서울종합방재센터 및 소방서를 말한다. 「소방공무원임용령」상 소방본부는 소방기관에 해당되지 않는다.

08 난이도 ●●● 답 ④

「소방공무원임용령」상 소방청장은 시·도 소속 소방경 이하의 소방공무원에 대한 임용권을 시·도지사에게 위임한다.

✔ **확인학습** 임용권자(「소방공무원법」 제6조)
1. 소방령 이상의 소방공무원은 소방청장의 제청으로 국무총리를 거쳐 대통령이 임용한다. 다만, 소방총감은 대통령이 임명하고, 소방령 이상 소방준감 이하의 소방공무원에 대한 전보, 휴직, 직위해제, 강등, 정직 및 복직은 소방청장이 한다.
2. 소방경 이하의 소방공무원은 소방청장이 임용한다.
3. 대통령은 임용권의 일부를 대통령령으로 정하는 바에 따라 소방청장 또는 시·도지사에게 위임할 수 있다.
4. 소방청장은 임용권의 일부를 대통령령으로 정하는 바에 따라 시·도지사 및 소방청 소속기관의 장에게 위임할 수 있다.
5. 시·도지사는 위임받은 임용권의 일부를 대통령령으로 정하는 바에 따라 그 소속기관의 장에게 다시 위임할 수 있다.

✔ **확인학습** 임용권의 위임(「소방공무원임용령」)
1. 대통령은 소방청과 그 소속기관의 소방정 및 소방령에 대한 임용권과 소방정인 지방소방학교장에 대한 임용권을 소방청장에게 위임하고, 시·도 소속 소방령 이상의 소방공무원(소방본부장 및 지방소방학교장은 제외)에 대한 임용권을 시·도지사에게 위임한다.
2. 소방청장은 중앙소방학교 소속 소방공무원 중 소방령에 대한 전보·휴직·직위해제·정직 및 복직에 관한 권한과 소방경 이하의 소방공무원에 대한 임용권을 중앙소방학교장에게 위임한다.
3. 소방청장은 중앙119구조본부 소속 소방공무원 중 소방령에 대한 전보·휴직·직위해제·정직 및 복직에 관한 권한과 소방경 이하의 소방공무원에 대한 임용권을 중앙119구조본부장에게 위임한다.
4. 중앙119구조본부장은 119특수구조대 소속 소방경 이하의 소방공무원에 대한 해당 119특수구조대 안에서의 전보권을 해당 119특수구조대장에게 다시 위임한다.

5. 소방청장은 다음의 권한을 시·도지사에게 위임한다.
   • 시·도 소속 소방령 이상 소방준감 이하의 소방공무원(소방본부장 및 지방소방학교장은 제외)에 대한 전보, 휴직, 직위해제, 강등, 정직 및 복직에 관한 권한
   • 소방정인 지방소방학교장에 대한 휴직, 직위해제, 정직 및 복직에 관한 권한
   • 시·도 소속 소방경 이하의 소방공무원에 대한 임용권

09 난이도 ●●○ 답 ③

소방총감은 대통령이 임명한다.

10 난이도 ●○○ 답 ②

소방공무원의 계급은 소방총감, 소방정감, 소방감, 소방준감, 소방정, 소방령, 소방경, 소방위, 소방장, 소방교, 소방사의 순으로 구분한다(높은 계급에서 낮은 계급순).

11 난이도 ●○○ 답 ④

소방공무원의 계급은 소방총감, 소방정감, 소방감, 소방준감, 소방정, 소방령, 소방경, 소방위, 소방장, 소방교, 소방사의 순으로 구분한다(높은 계급에서 낮은 계급순).

12 난이도 ●○○ 답 ④

견책은 경징계에 해당한다. 중징계는 파면, 해임, 강등, 정직이 있고, 경징계는 감봉과 견책이 있다.

13 난이도 ●○○ 답 ②

징계의 종류는 파면, 해임, 강등, 정직, 감봉, 견책 6가지가 있다. 훈계는 징계에 해당되지 않는다.

✔ **확인학습** 징계처분 구분
1. 신분은 유지하나 이익 일부를 제한하는 교정징계는 강등, 정직, 감봉, 견책이 있다.
2. 신분을 배제하는 배제징계는 파면과 해임이 있다.
3. 훈계, 경고, 계고, 엄중주의, 권고 등은 징계의 종류는 아니다.

✔ **확인학습** 징계처분의 종류
1. 견책: 잘못된 행동에 대해 훈계하고 회개하게 하는 처분으로, 가장 가벼운 징계에 해당되지만 공식적인 징계절차를 거쳐 처분하고 그 결과를 인사기록에 기재한다.
2. 감봉: 1개월 이상 3개월 이하의 기간 동안 보수의 1/3을 삭감하여 지급하는 것이다.
3. 정직: 1개월 이상 3개월 이하의 기간 동안 공무원의 신분은 보유하지만 직무에 종사할 수 없도록 하는 것이다. 정직기간 중 보수의 전액을 삭감한다.
4. 강등: 직급을 1단계 강등, 신분 보유, 3개월의 직무정지, 강등기간 중 보수의 전액을 삭감한다.

5. **해임**: 공무원 신분을 상실하게 하는 처분이며, 해임 후 <u>3년</u> 내에는 공무원으로 재임용될 수 없지만 연금법상의 불이익은 없다.
6. **파면**: 공무원 신분을 상실하게 하는 처분이며, <u>5년</u> 내에는 공무원으로 재임용될 수 없고, <u>퇴직급여액의 1/2</u>을 삭감하는 가장 무거운 벌이다.

14 난이도 ●○○ 답 ①

연봉에 대한 설명이다.

15 난이도 ●○○ 답 ④

「소방공무원법」상 임용이란 신규채용 · 승진 · 전보 · 파견 · 강임 · 휴직 · 직위해제 · 정직 · 강등 · 복직 · 면직 · 해임 및 파면을 말한다. 면직은 소방공무원 신분의 소멸에 해당한다.

> ✅ **확인학습 소방공무원 신분의 발생 · 변경 · 소멸**
>
> 1. **소방공무원 신분의 발생**: 신규채용
> 2. **소방공무원 신분의 변경**: 승진 · 전보 · 파견 · 강임 · 휴직 · 직위해제 · 정직 · 강등 및 복직
> 3. **소방공무원 신분의 소멸**: 면직, 해임 및 파면

16 난이도 ●○○ 답 ①

소방경 이하의 소방공무원은 소방청장이 임용한다.

> ✅ **확인학습 임용권자**
>
> 1. 소방령 이상의 소방공무원은 소방청장의 제청으로 국무총리를 거쳐 대통령이 임용한다. 다만, 소방총감은 대통령이 임명하고, 소방령 이상 소방준감 이하의 소방공무원에 대한 전보, 휴직, 직위해제, 강등, 정직 및 복직은 소방청장이 한다.
> 2. 소방경 이하의 소방공무원은 소방청장이 임용한다.
> 3. 대통령은 1.에 따른 임용권의 일부를 대통령령으로 정하는 바에 따라 소방청장 또는 시 · 도지사에게 위임할 수 있다.
> 4. 소방청장은 1. 단서 후단 및 2.에 따른 임용권의 일부를 대통령령으로 정하는 바에 따라 시 · 도지사 및 소방청 소속기관의 장에게 위임할 수 있다.
> 5. 시 · 도지사는 3. 및 4.에 따라 위임받은 임용권의 일부를 대통령령으로 정하는 바에 따라 그 소속기관의 장에게 다시 위임할 수 있다.
> 6. 임용권자(임용권을 위임받은 사람을 포함한다. 이하 같다)는 대통령령으로 정하는 바에 따라 소속 소방공무원의 인사기록을 작성 · 보관하여야 한다.

17 난이도 ●●● 답 ④

정직은 1개월 이상 3개월 이하의 기간으로 하고, 정직 처분을 받은 자는 그 기간 중 공무원의 신분은 보유하나 직무에 종사하지 못하며 보수는 전액을 감한다.

| 선지분석 |
① [×] 중징계의 종류에는 파면, 해임, 강등, 정직이 있다. <u>감봉은 경징계에 해당한다.</u>

② [×] 경징계의 종류에는 견책, 감봉이 있다. 훈계, 경고는 징계에 해당하지 않는다.
③ [×] 소방정인 지방소방학교장에 관한 징계는 소방청에 설치된 징계위원회에서 심의 · 의결한다.
⑤ [×] 감봉은 1개월 이상 3개월 이하의 기간 동안 보수의 <u>3분의 1</u>을 감한다.

CHAPTER 3 소방관계법규

POINT 67 소방관계법규

정답   p.161

01	②	02	⑤	03	④	04	④	05	②
06	⑤	07	②	08	②	09	④	10	②
11	①	12	④	13	④	14	①	15	②

01 난이도 ●○○ 답 ②

소방용수시설에서 급수탑의 개폐밸브 설치기준은 1.5m 이상 1.7m 이하이다.

02 난이도 ●●○ 답 ⑤

옳은 것은 ㄴ, ㄹ, ㅁ이다.

| 선지분석 |
ㄱ. [×] 노유자시설 및 수련시설: 200제곱미터 이상
ㄷ. [×] 승강기 등 기계장치에 의한 주차시설로서 자동차 <u>20대</u> 이상을 주차할 수 있는 시설

> 「소방시설 설치 및 관리에 관한 법률 시행령」 제7조 【건축허가등의 동의대상물의 범위 등】 ① 법 제6조 제1항에 따라 건축물 등의 신축 · 증축 · 개축 · 재축 · 이전 · 용도변경 또는 대수선의 허가 · 협의 및 사용승인(「주택법」 제15조에 따른 승인 및 같은 법 제49조에 따른 사용검사, 「학교시설사업 촉진법」 제4조에 따른 승인 및 같은 법 제13조에 따른 사용승인을 포함하며, 이하 "건축허가등"이라 한다)을 할 때 미리 소방본부장 또는 소방서장의 동의를 받아야 하는 건축물 등의 범위는 다음 각 호와 같다.
> 1. 연면적(「건축법 시행령」 제119조 제1항 제4호에 따라 산정된 면적을 말한다. 이하 같다)이 400제곱미터 이상인 건축물이나 시설. 다만, 다음 각 목의 어느 하나에 해당하는 건축물이나 시설은 해당 목에서 정한 기준 이상인 건축물이나 시설로 한다.
>   가. 「학교시설사업 촉진법」 제5조의2 제1항에 따라 건축등을 하려는 학교시설: 100제곱미터
>   나. [별표 2]의 특정소방대상물 중 노유자(老幼者) 시설 및 수련시설: 200제곱미터
>   다. 「정신건강증진 및 정신질환자 복지서비스 지원에 관한 법률」 제3조 제5호에 따른 정신의료기관(입원실이 없는 정신건강의학과 의원은 제외하며, 이하 "정신의료기관"이라 한다): 300제곱미터
>   라. 「장애인복지법」 제58조 제1항 제4호에 따른 장애인 의료재활시설(이하 "의료재활시설"이라 한다): 300제곱미터

2. 지하층 또는 무창층이 있는 건축물로서 바닥면적이 150제곱미터(공연장의 경우에는 100제곱미터) 이상인 층이 있는 것
3. 차고·주차장 또는 주차 용도로 사용되는 시설로서 다음 각 목의 어느 하나에 해당하는 것
   가. 차고·주차장으로 사용되는 바닥면적이 200제곱미터 이상인 층이 있는 건축물이나 주차시설
   나. 승강기 등 기계장치에 의한 주차시설로서 자동차 20대 이상을 주차할 수 있는 시설
4. 층수(「건축법 시행령」 제119조 제1항 제9호에 따라 산정된 층수를 말한다. 이하 같다)가 6층 이상인 건축물
5. 항공기 격납고, 관망탑, 항공관제탑, 방송용 송수신탑
6. [별표 2]의 특정소방대상물 중 의원(입원실이 있는 것으로 한정한다)·조산원·산후조리원, 위험물 저장 및 처리 시설, 발전시설 중 풍력발전소·전기저장시설, 지하구(地下溝)
7. 1. 나목에 해당하지 않는 노유자 시설 중 다음 각 목의 어느 하나에 해당하는 시설. 다만, 가목 2) 및 나목부터 바목까지의 시설 중 「건축법 시행령」 [별표 1]의 단독주택 또는 공동주택에 설치되는 시설은 제외한다.
   가. [별표 2] 제9호 가목에 따른 노인 관련 시설 중 다음의 어느 하나에 해당하는 시설
      1) 「노인복지법」 제31조 제1호에 따른 노인주거복지시설, 같은 조 제2호에 따른 노인의료복지시설 및 같은 조 제4호에 따른 재가노인복지시설
      2) 「노인복지법」 제31조 제7호에 따른 학대피해노인 전용쉼터
   나. 「아동복지법」 제52조에 따른 아동복지시설(아동상담소, 아동전용시설 및 지역아동센터는 제외한다)
   다. 「장애인복지법」 제58조 제1항 제1호에 따른 장애인 거주시설
   라. 정신질환자 관련 시설(「정신건강증진 및 정신질환자 복지서비스 지원에 관한 법률」 제27조 제1항 제2호에 따른 공동생활가정을 제외한 재활훈련시설과 같은 법 시행령 제16조 제3호에 따른 종합시설 중 24시간 주거를 제공하지 않는 시설은 제외한다)
   마. [별표 2] 제9호 마목에 따른 노숙인 관련 시설 중 노숙인자활시설, 노숙인재활시설 및 노숙인요양시설
   바. 결핵환자나 한센인이 24시간 생활하는 노유자 시설
8. 「의료법」 제3조 제2항 제3호 라목에 따른 요양병원(이하 "요양병원"이라 한다). 다만, 의료재활시설은 제외한다.
9. [별표 2]의 특정소방대상물 중 공장 또는 창고시설로서 「화재의 예방 및 안전관리에 관한 법률 시행령」 [별표 2]에서 정하는 수량의 750배 이상의 특수가연물을 저장·취급하는 것
10. [별표 2] 제17호 나목에 따른 가스시설로서 지상에 노출된 탱크의 저장용량의 합계가 100톤 이상인 것

03 난이도 ●●○ 답 ④

제4류 위험물을 취급하는 제조소 또는 일반취급소에서 취급하는 제4류 위험물의 최대수량의 합이 지정수량의 3천배 이상인 경우

| 선지분석 |
① [×] 용기에 위험물을 옮겨 담는 일반취급소: 제외대상에 해당한다.
② [×] 이동저장탱크 그 밖에 이와 유사한 것에 위험물을 주입하는 일반취급소: 제외대상에 해당한다.
③ [×] 보일러, 버너 그 밖에 이와 유사한 장치로 위험물을 소비하는 일반취급소: 제외대상에 해당한다.
⑤ [×] 제4류 위험물을 저장하는 옥외탱크저장소에 저장하는 제4류 위험물의 최대수량이 지정수량의 50만배 이상인 경우

✅ 확인학습 자체소방대에 두는 화학소방자동차 및 인원

사업소의 구분(지정수량)	화학소방자동차	자체소방대원의 수
제조소 또는 일반취급소에서 취급하는 제4류 위험물의 최대수량의 합이 12만배 미만	1대	5인
제조소 또는 일반취급소에서 취급하는 제4류 위험물의 최대수량의 합이 12만배 이상 24만배 미만	2대	10인
제조소 또는 일반취급소에서 취급하는 제4류 위험물의 최대수량의 합이 24만배 이상 48만배 미만	3대	15인
제조소 또는 일반취급소에서 취급하는 제4류 위험물의 최대수량의 합이 48만배 이상	4대	20인
옥외탱크저장소에 저장하는 제4류 위험물의 최대수량이 지정수량의 50만배 이상	2대	10인

* 화학소방자동차에는 소화능력 및 설비를 갖춰야 하고, 소화활동에 필요한 소화약제 및 기구를 비치하여야 한다.

✅ 확인학습 자체소방대의 설치 제외대상인 일반취급소(행정안전부령으로 정하는 일반취급소)

1. 보일러, 버너 그 밖에 이와 유사한 장치로 위험물을 소비하는 일반취급소
2. 이동저장탱크 그 밖에 이와 유사한 것에 위험물을 주입하는 일반취급소
3. 용기에 위험물을 옮겨 담는 일반취급소
4. 유압장치, 윤활유순환장치 그 밖에 이와 유사한 장치로 위험물을 취급하는 일반취급소
5. 「광산안전법」의 적용을 받는 일반취급소

04 난이도 ●●○ 답 ④

제조소 또는 일반취급소에서 취급하는 제4류 위험물의 최대수량의 합이 48만배 이상은 화학소방자동차 4대 자체소방대원 20명 이상이다.

✅ 확인학습 자체소방대에 두는 화학소방자동차 및 인원

사업소의 구분(지정수량)	화학소방자동차	자체소방대원의 수
제조소 또는 일반취급소에서 취급하는 제4류 위험물의 최대수량의 합이 12만배 미만	1대	5인
제조소 또는 일반취급소에서 취급하는 제4류 위험물의 최대수량의 합이 12만배 이상 24만배 미만	2대	10인
제조소 또는 일반취급소에서 취급하는 제4류 위험물의 최대수량의 합이 24만배 이상 48만배 미만	3대	15인
제조소 또는 일반취급소에서 취급하는 제4류 위험물의 최대수량의 합이 48만배 이상	4대	20인
옥외탱크저장소에 저장하는 제4류 위험물의 최대수량이 지정수량의 50만배 이상	2대	10인

* 화학소방자동차에는 소화능력 및 설비를 갖춰야 하고, 소화활동에 필요한 소화약제 및 기구를 비치하여야 한다.

05 난이도 ●○○ 답 ②

옳은 것은 ②이다.

| 선지분석 |

① [×] 넝마: 1,000킬로그램 이상
② [○] 사류: 1,000킬로그램 이상
③ [×] 면화류: 200킬로그램 이상
④ [×] 가연성고체류: 3,000킬로그램 이상
⑤ [×] 석탄·목탄류: 10,000킬로그램 이상

✔ 확인학습 특수가연물의 종류와 수량 기준

품명	수량(이상)	품명	수량(이상)
면화류	200kg	가연성 고체류	3천kg
나무껍질	400kg	대팻밥	400kg
넝마 및 종이부스러기	1천kg	가연성 액체류	2m³
사류(絲類)	1천kg	목재가공품 및 나무부스러기	10m³
볏짚류	1천kg	고무류·플라스틱류	발포 20m³
석탄·목탄류	1만kg		그 외 3천kg

06 난이도 ●○○ 답 ⑤

모두 해당한다.

✔ 확인학습 화재예방강화지구의 지정 등

1. 시장지역
2. 공장·창고가 밀집한 지역
3. 목조건물이 밀집한 지역
4. 노후·불량건축물이 밀집한 지역
5. 위험물의 저장 및 처리 시설이 밀집한 지역
6. 석유화학제품을 생산하는 공장이 있는 지역
7. 산업단지
8. 소방시설·소방용수시설 또는 소방출동로가 없는 지역
9. 소방관서장이 화재예방강화지구로 지정할 필요가 있다고 인정하는 지역

07 난이도 ●○○ 답 ②

해당 층의 바닥면으로부터 개구부 밑부분까지의 높이가 1.2m 이내이어야 하고, 내부 또는 외부에서 쉽게 부수거나 열 수 있어야 한다.

✔ 확인학습 무창층

무창층은 지상층 중 다음의 요건을 모두 갖춘 개구부의 면적의 합계가 해당 층의 바닥면적의 30분의 1 이하가 되는 층을 말한다.
1. 크기는 지름 50cm 이상의 원이 통과할 수 있는 크기일 것
2. 해당 층의 바닥면으로부터 개구부 밑부분까지의 높이가 1.2m 이내일 것
3. 도로 또는 차량이 진입할 수 있는 빈터를 향할 것
4. 화재 시 건축물로부터 쉽게 피난할 수 있도록 창살이나 그 밖의 장애물이 설치되지 아니할 것

08 난이도 ●●● 답 ②

옳은 것은 ㄱ, ㄴ, ㄹ이다.

| 선지분석 |

ㄷ. [×] 연결송수관설비는 소방시설 중 소화활동설비에 해당한다.
ㅁ. [×] 자동화재탐지설비는 내진설계대상 소방시설에 해당하지 않는다.

09 난이도 ●●● 답 ④

의료시설에 강화된 기준을 적용해야 하는 소방시설로는 간이스프링클러설비, 자동화재탐지설비, 자동화재속보설비, 스프링클러설비가 해당한다. 단독경보형감지기는 해당되지 않는다.

✔ 확인학습 강화된 소방시설기준의 적용대상

1. 「국토의 계획 및 이용에 관한 법률」 제2조 제9호에 따른 공동구에 설치하는 소화기, 자동소화장치, 자동화재탐지설비, 통합감시시설, 유도등 및 연소방지설비
2. 전력 및 통신사업용 지하구에 설치하는 소화기, 자동소화장치, 자동화재탐지설비, 통합감시시설, 유도등 및 연소방지설비
3. 노유자(老幼者)시설에 설치하는 간이스프링클러설비, 자동화재탐지설비 및 단독경보형 감지기
4. 의료시설에 설치하는 스프링클러설비, 간이스프링클러설비, 자동화재탐지설비 및 자동화재속보설비

10 난이도 ●○○ 답 ②

내진설계기준에 맞게 소방시설을 설치해야 하는 경우 대통령령으로 정하는 소방시설은 옥내소화전설비, 스프링클러설비, 물분무등소화설비를 말한다. 옥외소화전설비는 해당되지 않는다.

11 난이도 ●●● 답 ①

옥내소화전설비 설치기준으로 연면적 1천500m² 이상인 판매시설이 해당한다.

✔ 확인학습 옥내소화전설비의 설치기준

1. 연면적 3천m² 이상(지하가 중 터널은 제외한다)이거나 지하층·무창층(축사는 제외한다) 또는 층수가 4층 이상인 것 중 바닥면적이 600m² 이상인 층이 있는 것은 전층에 설치한다.
2. 지하가 중 터널로서 길이가 1천m 이상인 터널에 설치한다.
3. 1.에 해당하지 않는 근린생활시설, 판매시설, 운수시설, 의료시설, 노유자시설, 업무시설, 숙박시설, 위락시설, 공장, 창고시설, 항공기 및 자동차 관련 시설, 교정 및 군사시설 중 국방·군사시설, 방송통신시설, 발전시설, 장례식장 또는 복합건축물로서 연면적 1천500m² 이상이거나 지하층·무창층 또는 층수가 4층 이상인 층 중 바닥면적이 300m² 이상인 층이 있는 것은 전 층에 설치한다.
4. 건축물의 옥상에 설치된 차고 또는 주차장으로서 차고 또는 주차의 용도로 사용되는 부분의 면적이 200m² 이상인 것에 설치한다.
5. 1. 및 3.에 해당하지 않는 공장 또는 창고시설로서 「소방기본법 시행령」 [별표 2]에서 정하는 수량의 750배 이상의 특수가연물을 저장·취급하는 것에 설치한다.

12 난이도 ●○○   답 ④

안전관리자를 선임한 제조소등의 관계인은 그 안전관리자를 해임하거나 안전관리자가 퇴직한 때에는 해임하거나 퇴직한 날부터 (30)일 이내에 다시 안전관리자를 선임하여야 한다. 안전관리자를 선임한 경우에 선임한 날부터 (14)일 이내에 행정안전부령으로 정하는 바에 따라 소방본부장 또는 소방서장에게 신고하여야 한다.

> 「위험물안전관리법」 제15조 【위험물안전관리자】 ② 제1항의 규정에 따라 안전관리자를 선임한 제조소등의 관계인은 그 안전관리자를 해임하거나 안전관리자가 퇴직한 때에는 해임하거나 퇴직한 날부터 30일 이내에 다시 안전관리자를 선임하여야 한다.
> ③ 제조소등의 관계인은 제1항 및 제2항에 따라 안전관리자를 선임한 경우에는 선임한 날부터 14일 이내에 행정안전부령으로 정하는 바에 따라 소방본부장 또는 소방서장에게 신고하여야 한다.

13 난이도 ●●○   답 ④

소방안전관리대상물의 관계인이 수립하여 시행하여야 할 피난계획에 피난 시 소화설비의 작동과 사용계획은 해당되지 않는다.

> ✅ 확인학습 피난계획 포함사항(「소방시설 설치 및 관리에 관한 법률 시행규칙」 제14조의4)
> 1. 화재경보의 수단 및 방식
> 2. 층별, 구역별 피난대상 인원의 현황
> 3. 장애인, 노인, 임산부, 영유아 및 어린이 등 이동이 어려운 사람(재해약자)의 현황
> 4. 각 거실에서 옥외(옥상 또는 피난안전구역 포함)로 이르는 피난경로
> 5. 재해약자 및 재해약자를 동반한 사람의 피난동선과 피난방법
> 6. 피난시설, 방화구획, 그 밖에 피난에 영향을 줄 수 있는 제반 사항

14 난이도 ●○○   답 ①

소방대는 소방공무원, 의용소방대원 및 의무소방원으로 구성된 조직체이다.

> ✅ 확인학습 소방대(「소방기본법」 제2조)
> 소방대란 화재를 진압하고 화재, 재난·재해, 그 밖의 위급한 상황에서 구조·구급 활동 등을 하기 위하여 다음의 사람으로 구성된 조직체를 말한다.
> 1. 「소방공무원법」에 따른 소방공무원
> 2. 「의무소방대설치법」 제3조에 따라 임용된 의무소방원
> 3. 「의용소방대 설치 및 운영에 관한 법률」에 따른 의용소방대원

15 난이도 ●●○   답 ②

소방대의 비상소집을 하는 경우에는 훈련신호를 사용할 수 있다.

| 선지분석 |
① [×] 소방신호의 방법으로는 타종신호, 싸이렌신호가 있다. 게시판을 철거하거나 통풍대 또는 기를 내리는 것으로 소방활동이 해제되었음을 알린다. 음성신호 방법은 해당하지 않는다.
③ [×] 사이렌신호로 하는 경우 경계신호는 5초 간격을 두고 30초씩 3회로 한다.
④ [×] 소방신호의 종류에는 발화신호, 훈련신호, 해제신호, 경계신호가 있다.

> ✅ 확인학습 소방신호별 신호방법
>
> | 종별 \ 신호방법 | 타종신호 | 사이렌신호 |
> |---|---|---|
> | 경계신호 | 1타와 연2타를 반복 | 5초 간격을 두고 30초씩 3회 |
> | 발화신호 | 난타 | 5초 간격을 두고 5초씩 3회 |
> | 해제신호 | 상당한 간격을 두고 1타씩 반복 | 1분간 1회 |
> | 훈련신호 | 연3타 반복 | 10초 간격을 두고 1분씩 3회 |
>
> 1. 소방신호의 방법은 그 전부 또는 일부를 함께 사용할 수 있다.
> 2. 게시판을 철거하거나 통풍대 또는 기를 내리는 것으로 소방활동이 해제되었음을 알린다.
> 3. 소방대의 비상소집을 하는 경우에는 훈련신호를 사용할 수 있다.

CHAPTER 1 119구조 · 구급에 관한 법률

POINT 68 119구조 · 구급에 관한 법률

정답   p.166

01	②	02	①	03	④	04	⑤	05	④

01 난이도 ●●○   답 ②

38℃ 이상의 고열 또는 호흡곤란이 있는 경우는 구조 또는 구급 요청을 거절할 수 있는 경우에 해당하지 않는다.

> ✅ **확인학습 이송거절사유**
> 1. 단순 치통환자
> 2. 단순 감기환자. 다만, 38℃ 이상의 고열 또는 호흡곤란이 있는 경우는 제외한다.
> 3. 혈압 등 생체징후가 안정된 타박상 환자
> 4. 술에 취한 사람. 다만, 강한 자극에도 의식이 회복되지 아니하거나 외상이 있는 경우는 제외
> 5. 만성질환자로서 검진 또는 입원 목적의 이송 요청자
> 6. 단순 열상 또는 찰과상으로 지속적인 출혈이 없는 외상환자
> 7. 병원 간 이송 또는 자택으로의 이송 요청자. 다만, 의사가 동승한 응급환자의 병원 간 이송은 제외한다.
> 8. 구급대원은 응급환자가 구급대원에 폭력을 행사하는 등 구급활동을 방해하는 경우

02 난이도 ●○○   답 ①

구조대 및 구급대 편성 · 운영권자는 소방청장, 소방본부장 및 소방서장이다.

03 난이도 ●○○   답 ④

특수구조대에 해당하는 것은 ㄱ, ㄴ, ㄷ, ㄹ, ㅁ이다.

> 「119구조 · 구급에 관한 법률 시행령」 제5조 【119구조대의 편성과 운영】 ① 법 제8조 제1항에 따른 119구조대(이하 "구조대"라 한다)는 다음 각 호의 구분에 따라 편성 · 운영한다.
> 1. 일반구조대: 시 · 도의 규칙으로 정하는 바에 따라 소방서마다 1개 대(隊) 이상 설치하되, 소방서가 없는 시 · 군 · 구(자치구를 말한다. 이하 같다)의 경우에는 해당 시 · 군 · 구 지역의 중심지에 있는 119안전센터에 설치할 수 있다.

> 2. 특수구조대: 소방대상물, 지역 특성, 재난 발생 유형 및 빈도 등을 고려하여 시 · 도의 규칙으로 정하는 바에 따라 다음 각 목의 구분에 따른 지역을 관할하는 소방서에 다음 각 목의 구분에 따라 설치한다. 다만, 라목에 따른 고속국도구조대는 제3호에 따라 설치되는 직할구조대에 설치할 수 있다.
>   가. 화학구조대: 화학공장이 밀집한 지역
>   나. 수난구조대: 「내수면어업법」 제2조 제1호에 따른 내수면지역
>   다. 산악구조대: 「자연공원법」 제2조 제1호에 따른 자연공원 등 산악지역
>   라. 고속국도구조대: 「도로법」 제10조 제1호에 따른 고속국도(이하 "고속국도"라 한다)
>   마. 지하철구조대: 「도시철도법」 제2조 제3호 가목에 따른 도시철도의 역사(驛舍) 및 역 시설

04 난이도 ●○○   답 ⑤

특수구조대에는 화학구조대, 수난구조대, 산악구조대, 고속국도구조대 및 지하철구조대가 있다.

> ✅ **확인학습 테러대응구조대**
> 테러 및 특수재난에 전문적으로 대응하기 위하여 소방청과 시 · 도 소방본부에 각각 설치하며, 시 · 도 소방본부에 설치하는 경우에는 시 · 도의 규칙으로 정하는 바에 따른다.

05 난이도 ●●○   답 ④

국제구조대의 임무는 인명 탐색 및 구조, 응급의료, 안전평가, 시설관리, 공보연락 등이다.

> ✅ **확인학습 국제구조대의 편성과 운영**
> 1. 소방청장은 국제구조대를 편성 · 운영하는 경우 인명 탐색 및 구조, 응급의료, 안전평가, 시설관리, 공보연락 등의 임무를 수행할 수 있도록 구성하여야 한다.
> 2. 소방청장은 구조대의 효율적 운영을 위하여 필요한 경우 국제구조대를 소방청에 설치하는 직할구조대에 설치할 수 있다.
> 3. 국제구조대의 파견 규모 및 기간은 재난유형과 파견지역의 피해 등을 종합적으로 고려하여 외교부장관과 협의하여 소방청장이 정한다.

CHAPTER 2 구조·구급 장비 등

POINT 69 로프기술 등

정답

p.167

01	③	02	②	03	③	04	①	05	④
06	②								

01 난이도 ●○○   답 ③

정기적으로 로프를 세척하여 이물질을 제거하도록 한다. 로프의 섬유 사이에 끼는 먼지나 모래가루는 로프 자체를 상하게 하고 카라비너나 하강기 등 관련 장비의 마모를 촉진시킨다.

02 난이도 ●○○   답 ②

매듭에 절(마디)을 만드는 매듭을 결절매듭(마디짓기)이라 한다. 2본의 로프를 서로 결합하는 매듭은 연결(결합)매듭, 로프의 한쪽 끝을 다른 물체에 감아 붙이는 매듭을 결착매듭이라 한다.

03 난이도 ●○○   답 ③

줄사다리매듭에 대한 설명이다.

| 선지분석 |
① 터벅매듭은 로프의 끝이나 중간에서 물체를 묶을 경우 사용한다.
② 나비매듭은 로프의 중간에 고리를 만들 필요가 있을 경우 사용한다.
④ 고정매듭은 로프의 굵기에 관계없이 안전벨트에 로프를 묶을 때 쓰는 매듭이다.

04 난이도 ●○○   답 ①

인명구조사는 구급대원의 자격기준에 해당하지 않는다.

> ✅ 확인학습 **구급대원의 자격기준**
> 1. 「의료법」 제2조 제1항에 따른 의료인
> 2. 「응급의료에 관한 법률」 제36조 제2항에 따라 1급 응급구조사 자격을 취득한 사람
> 3. 「응급의료에 관한 법률」 제36조 제3항에 따라 2급 응급구조사 자격을 취득한 사람
> 4. 소방청장이 실시하는 구급업무에 관한 교육을 받은 사람

05 난이도 ●○○   답 ④

소방청장이 실시하는 구급업무에 관한 교육을 받은 사람이 구급대원의 자격기준에 해당한다.

06 난이도 ●○○   답 ②

국가·지방자치단체·공공기관 의료기관에서 2년 근무한 경력자는 구급대원의 자격기준에 해당하지 않는다.

> ✅ 확인학습 **구조대원의 자격기준**
> 1. 소방청장이 실시하는 인명구조사 교육을 받았거나 인명구조사 시험에 합격한 사람
> 2. 국가·지방자치단체 및 공공기관의 구조 관련 분야에서 근무한 경력이 2년 이상인 사람
> 3. 응급구조사 자격을 가진 사람으로서 소방청장이 실시하는 구조업무에 관한 교육을 받은 사람

POINT 70 응급처치 등

정답

p.168

01	④	02	③	03	①	04	④	05	③
06	①	07	③	08	④	09	③	10	①
11	①	12	②	13	④				

01 난이도 ●○○   답 ④

옳은 것은 ④이다.

| 선지분석 |
① [×] 사망: 흑색, 십자가 표시
② [×] 긴급: 적색, 토끼 그림
③ [×] 응급: 황색, 거북이 그림
④ [○] 비응급: 녹색, 구급차 그림에 × 표시
⑤ [×] 응급: 황색, 구급차 거북이 그림

> ✅ 확인학습 **중증도 분류**
>
> | 분류 | 치료순서 | 색깔 | 심볼 |
> |------|------|------|------|
> | Critical(긴급환자) | 1 | 적색(Red) | 토끼 그림 |
> | Urgent(응급환자) | 2 | 황색(Yellow) | 거북이 그림 |
> | Minor(비응급환자) | 3 | 녹색(Green) | × 표시 |
> | Dead(지연환자) | 4 | 흑색(Black) | 십자가 표시 |

02 난이도 ●●○   답 ③

사망 또는 생존의 가능성이 없는 환자는 지연환자로 흑색으로 구분한다.

03 난이도 ●○○   답 ①

수분, 수시간 내에 처치하지 않으면 생명이 위험한 중증환자는 긴급환자이다.

확인학습 중증도 분류에 따른 환자

1. **긴급환자**: 수분, 수시간 이내의 응급처치를 요하는 중증환자
2. **응급환자**: 수시간 이내의 응급처치를 요하는 중증환자
3. **비응급환자**: 수시간, 수일 후 치료해도 생명에 관계가 없는 환자
4. **지연환자**: 사망하였거나 생존의 가능성이 없는 환자

04 난이도 ●○○ 답 ④

적색은 긴급환자에 해당한다.

확인학습 중증도 분류

분류	치료순서	색깔	심볼
Critical(긴급환자)	1	적색(Red)	토끼 그림
Urgent(응급환자)	2	황색(Yellow)	거북이 그림
Minor(비응급환자)	3	녹색(Green)	× 표시
Dead(지연환자)	4	흑색(Black)	십자가 표시

05 난이도 ●●○ 답 ③

단순 골절환자는 구급대상자가 비응급환자인 경우 구급출동 요청을 거절할 수 있는 대상에 해당하지 않는다.

06 난이도 ●●○ 답 ①

38℃ 이상의 고열 또는 호흡곤란이 있는 경우는 해당하지 않는다.

확인학습 구급대상자가 비응급환자인 경우 구급요청을 거절할 수 있는 경우

1. 단순 치통환자
2. 단순 감기환자(38℃ 이상의 고열 또는 호흡곤란이 있는 경우는 제외)
3. 혈압 등 생체징후가 안정된 타박상 환자
4. 술에 취한 사람(강한 자극에도 의식이 회복되지 아니하거나 외상이 있는 경우는 제외)
5. 만성질환자로서 검진 또는 입원 목적의 이송 요청자
6. 단순 열상 또는 찰과상으로 지속적인 출혈이 없는 외상환자
7. 병원 간 이송 또는 자택으로의 이송 요청자(의사가 동승한 응급환자의 병원 간 이송은 제외)

07 난이도 ●○○ 답 ③

3도 화상에 대한 설명이다.

확인학습 심도에 따른 분류

1도 화상(홍반성)	표피와 진피의 화상으로 피부의 손상 부위가 빨간색이 되고 약간의 부종과 통증을 느끼는 상태이다. 대부분 치료가 가능하다.
2도 화상(수포성)	진피 이하 부분까지 손상을 입는 화상으로 물집이 생긴다.
3도 화상(괴사성)	피하조직 전체가 화상으로 검게 되기도 하며, 말초신경 부분도 화상을 입고, 통증이 없으며 피부는 창백색이다.
4도 화상(탄화)	뼈까지 화상을 입으며, 전기화재에서 주로 나타난다.

08 난이도 ●○○ 답 ④

의식상태평가(AVPU)의 두문자 중 U는 무반응을 나타낸다.

| 선지분석 |

① [×] A는 의식명료를 나타낸다.
② [×] V는 언어지시반응을 나타낸다.
③ [×] P는 통증자극반응을 나타낸다.

확인학습 의식상태평가(AVPU)

AVPU 척도를 이용하여 의식상태를 판단한다. AVPU는 Alert, response to Verbal order, response to Pain, Un-response에서 따온 것으로 4가지 의식상태로 구분된다.

1. 의식명료(Alert): 환자의 의식이 깨어 있는 상태로 눈을 뜰 수 있고 질문에 정확히 대답할 수 있으며, 날짜, 장소, 자신의 이름을 아는 환자는 의식이 명료하다고 할 수 있다.
2. 언어지시반응(response to Verbal order): 소리에 반응하는 상태로 환자는 현재 시간, 장소, 자신의 이름을 모를 수도 있으나 말을 건넸을 때 조리있게 대답한다.
3. 통증자극반응(response to Pain): 통증에만 반응하는 상태로 눈을 뜨지 않고 질문에 답하지도 않지만, 피부를 꼬집는다든지 할 때만 반응을 보인다.
4. 무반응(Un-response): 눈을 뜨지 않고 피부를 꼬집어도 반응이 없는 상태를 말한다.

09 난이도 ●●○ 답 ③

의료소장은 의료소가 설치된 지역을 관할하는 보건소장이 된다.

확인학습 현장응급의료소의 설치 등(「긴급구조대응활동 및 현장지휘에 관한 규칙」 제20조)

1. **설치권자**: 통제단장은 응급의료관련자원을 총괄, 지휘, 조정, 통제하고 응급의료소를 설치 및 운영한다.
2. **응급의료소**
   - 소장 1명, 분류반, 응급처치반, 이송반을 둔다.
   - 의료소장은 의료소가 설치된 지역을 관할하는 보건소장이 된다.
   - 분류반, 응급처치반, 이송반에는 반장을 두되, 반장은 의료소 요원 중에서 의료소장이 임명한다.
   - 의료소는 응급의학 전문의를 포함한 의사 3명, 간호사 또는 1급 응급구조사 4명 및 지원요원 1명 이상으로 편성한다.

10 난이도 ●○○ 답 ①

구조활동의 우선순위는 ㄱ. 구명 → ㄷ. 신체구출 → ㄴ. 상태 악화 방지 → ㄹ. 재산 보전 순이다. 구조활동의 최우선은 요구자의 구명이다.

확인학습 구조활동의 우선순위

1. 요구조자의 구명에 필요한 조치를 한다.
2. 안전구역으로 신체구출 활동을 침착히 개시한다.
3. 요구조자의 상태 악화 방지에 필요한 조치를 한다.
4. 위험현장에서 격리하여 재산을 보전한다.

11 난이도 ●○○   답 ①

응급처치의 일반원칙으로는 자신의 안전을 최우선으로 하면서 환자를 보호하고 구명하여야 한다.

12 난이도 ●●○   답 ②

의식이 없는 환자 또는 심한 출혈환자의 경우에는 아무것도 투여하지 않는다.

13 난이도 ●○○   답 ④

인공호흡기를 이용한 호흡의 유지는 1급 응급구조사의 업무범위에 해당한다.

> ✅ **확인학습** 1급 응급구조사의 업무범위
> 1. 심폐소생술의 시행을 위한 기도유지[기도기(Airway)의 삽입, 기도 삽관(Intubation), 후두마스크 삽관 등을 포함한다]
> 2. 정맥로의 확보
> 3. 인공호흡기를 이용한 호흡의 유지
> 4. **약물투여**: 저혈당성 혼수 시 포도당의 주입, 흉통 시 니트로글리세린(나이트로글리세린)의 혀 아래 투여, 쇼크 시 일정량의 수액투여, 천식 발작 시 기관지확장제 흡입
> 5. 2급 응급구조사의 업무

> ✅ **확인학습** 2급 응급구조사의 업무범위
> 1. 구강 내 이물질의 제거
> 2. 기도기(Airway)를 이용한 기도유지
> 3. 기본 심폐소생술
> 4. 산소투여
> 5. 부목·척추고정기·공기 등을 이용한 사지 및 척추 등의 고정
> 6. 외부출혈의 지혈 및 창상의 응급처치
> 7. 심박·체온 및 혈압 등의 측정
> 8. 쇼크방지용 하의(MAST) 등을 이용한 혈압의 유지
> 9. 자동제세동기를 이용한 규칙적 심박동의 유도
> 10. 흉통 시 니트로글리세린(나이트로글리세린)의 혀 아래 투여 및 천식발작시 기관지 확장제 흡입(환자가 해당 약물을 휴대하고 있는 경우에 한함) 등

CHAPTER 1 총칙

POINT 71 재난관리론

정답 p.172

01	④	02	③	03	③	04	③	05	②
06	④	07	⑤	08	①	09	④	10	②
11	②	12	③	13	④	14	②		

01 난이도 ●●○ 답 ④

ㄱ. 하인리히의 도미노이론에서는 재해 발생을 방지하기 위해 불안전한 행동 및 상태를 제거해야 한다.
ㄴ. 버드의 도미노이론에서는 재해 발생을 방지하기 위해 기본원인을 제거해야한다.

✅ 확인학습 도미노이론

단계	하인리히의 도미노이론	버드의 도미노이론
1단계	사회적·유전적(간접원인)	관리상 결함(관리 부족)
2단계	개인적 결합(간접원인)	기본원인
3단계	불안전한 행동, 불안전한 상태(직접원인)	직접원인(불안전한 행동, 불안전한 상태)
4단계	사고(접촉)	사고(접촉)
5단계	재해(손실)	재해(손실)
재해예방	직접원인의 제거	기본원인의 제거

✅ 확인학습 하인리히의 안전사고의 예방

1. 사고의 원인이 되는 불안전한 행동이나 기계적 또는 물리적 결함에 가장 큰 관심을 두고 이의 제거에 노력하여 사고를 예방해야 한다고 한다.
2. 즉, 세 번째 도미노를 제거하면, 첫 번째와 두 번째 도미노가 쓰러지더라도 사고는 발생하지 않는다고 본다.

✅ 확인학습 버드의 연쇄성이론(도미노이론)

버드의 연쇄성이론은 안전관리결함과 기본원인인 4M관리 부족으로 연쇄적으로 손실과 재해가 발생된다는 연쇄성이론이다. 재해를 제거하기 위해서는 철저한 안전관리와 기본원인 관리가 중요하다.

1단계	2단계	3단계	4단계	5단계
사회적 유전적	개인적 결함	불안전한 행동 불안전한 상태	사고	재해
통제의 부족	기본적원인	직접원인	접촉	손실

02 난이도 ●●○ 답 ③

「재난 및 안전관리 기본법」제3조 제1호에 따른 재난은 자연재난, 사회재난으로 구분된다. 해외재난은 해당하지 않는다.

✅ 확인학습 재해분류

1. 존스(Jones)의 재해분류(자연재해)

대분류	세분류		재해의 종류
자연 재해	지구 물리학적 재해	지질학적	지진, 화산, 쓰나미 등
		지형학적	산사태, 염수토양 등
		기상학적	안개, 눈, 해일, 번개, 토네이도, 폭풍, 태풍, 가뭄, 이상기온 등
	생물학적 재해	–	세균, 질병, 유독식물, 유독동물 등
준자연 재해	–		스모그, 온난화, 사막화, 염수화 현상, 눈사태, 산성화, 홍수, 토양침식 등
인위 재해	–		공해, 폭동, 교통사고, 폭발사고 전쟁 등

2. 아네스(Anesth)의 재해분류

대분류	세분류	재해의 종류
자연 재해	기후성 재해	태풍
	지진성 재해	지진, 화산폭발, 해일
인위 재해	사고성 재해	교통사고, 산업사고, 폭발사고, 생물학적 재해, 화학적 재해(유독물질), 방사능재해, 화재사고
	계획적 재해	테러, 폭동, 전쟁

✅ 확인학습 자연재난

1. 태풍, 홍수, 호우(豪雨)
2. 강풍, 풍랑, 해일(海溢)
3. 대설, 한파
4. 낙뢰
5. 가뭄, 폭염
6. 지진
7. 황사(黃砂)
8. 조류(藻類) 대발생, 조수(潮水)
9. 화산활동
10. 소행성·유성체 등 자연우주물체의 추락·충돌

✅ 확인학습 사회재난

1. 화재·붕괴·폭발·교통사고(항공사고·해상사고 포함)·화생방사고·환경오염사고 등으로 인하여 발생하는 대통령령으로 정하는 규모 이상의 피해
2. 국가핵심기반의 마비
3. 「감염병의 예방 및 관리에 관한 법률」에 따른 감염병
4. 「가축전염병예방법」에 따른 가축전염병의 확산
5. 「미세먼지 저감 및 관리에 관한 특별법」에 따른 미세먼지 등으로 인한 피해

✅ 확인학습 하인리히(H. W. Heinrich)의 연쇄성 이론(도미노 이론)

사회환경 → 개인적 결함 → 불안전 행동 및 불안전 상태 → 사고 → 재해

03 답 ③

존스(Jones)의 재해분류 중 쓰나미는 지구물리학적 재해 중 지질학적 재해로 분류하고 있다.

✅ **확인학습 재해분류**

1. 존스(Jones)의 재해분류(자연재해)

대분류	세분류		재해의 종류
자연재해	지구물리학적 재해	지질학적	지진, 화산, 쓰나미 등
		지형학적	산사태, 염수토양 등
		기상학적	안개, 눈, 해일, 번개, 토네이도, 폭풍, 태풍, 가물, 이상기온 등
	생물학적 재해	-	세균, 질병, 유독식물, 유독동물 등
준자연재해	-		스모그, 온난화, 사막화, 염수화 현상, 눈사태, 산성화, 홍수, 토양침식 등
인위재해	-		공해, 폭동, 교통사고, 폭발사고 전쟁 등

2. 아네스(Anesth)의 재해분류

대분류	세분류	재해의 종류
자연재해	기후성 재해	태풍
	지진성 재해	지진, 화산폭발, 해일
인위재해	사고성 재해	교통사고, 산업사고, 폭발사고, 생물학적 재해, 화학적 재해(유독물질), 방사능재해, 화재사고
	계획적 재해	테러, 폭동, 전쟁

04 답 ③

작업정보의 부적절은 작업·환경적 요인에 해당한다.

| 선지분석 |

① [×] 재해의 원인을 Man, Machine, Media, Management 요인으로 구분하여 분석한다.
② [×] 기계·설비의 설계상 결함은 기계·설비적 요인에 해당한다.
④ [×] 표준화의 부족은 관리적 요인에 해당한다.
⑤ [×] 심리적 요인은 인적 요인에 해당한다.

✅ **확인학습 재해발생 기본원인인 "4M"**

구분	내용
Man (사람)	• 심리적 요인: 억측판단, 착오, 생략행위, 무의식행동, 망각 등 • 생리적 요인: 수면부족, 질병, 고령 등 • 사회적 요인: 사업장 내 인간관계, 리더십, 팀워크, 소통 등의 문제
Machine (기계·설비)	• 점검, 정비의 결함 • 위험방호 불량 등 • 구조 불량 • 기계, 설비의 설계상 결함 등
Media (작업정보, 방법, 환경)	• 작업계획, 작업절차 부적절 • 정보 부적절 • 보호구 사용 부적절 • 작업 공간 불량 • 작업 자세, 작업 동작의 결함 등
Management (관리)	• 관리조직의 결함 • 건강관리의 불량 • 배치의 불충분 안전보건교육 부족 • 규정, 매뉴얼 불철저 • 자율안전보건활동 추진 불량 등

05 답 ②

긴급통신수단의 구축은 재난관리 중 대비단계에 해당한다.

✅ **확인학습 재난관리의 단계별 활동내용**

예방단계 (완화)	위험성 분석 및 위험지도 작성, 건축법 정비 및 제정, 재난보험, 토지의 이용관리, 안전관련법 제정, 조세유도(행정·이론적 행위)
대비단계 (준비)	재난대응계획의 수립, 비상경보체계의 구축, 통합대응체계의 구축, 비상통신망의 구축, 대응자원의 준비, 교육과 훈련 및 연습
대응단계	재난대응계획의 적용, 재난 진압, 구조 및 구급, 주민 홍보 및 교육, 응급의료체계의 운영, 사고대책본부의 가동, 환자 수용, 간호, 보호 및 후송
복구단계	잔해물의 제거, 전염 예방, 이재민의 지원, 임시주거지의 마련, 시설 복구

06 답 ④

재난관리 활동 중 재난 현장에서 재산 및 인명보호를 위해 소방이 주도적인 역할을 하는 단계는 대응단계이다.

07 답 ⑤

대응단계에서는 각종 재난관리계획의 실행, 재해대책본부의 활동개시, 긴급대피계획의 실천, 긴급의약품 조달 등의 활동을 한다.

08 답 ①

위험구역의 설정은 대응 단계에 해당한다.

✅ **확인학습 재난관리 단계와 활동내용**

예방단계	• 재난관리책임기관의 장의 재난예방조치 등 • 국가핵심기반의 지정 및 관리 • 특정관리대상지역의 지정 및 관리 • 재난방지시설의 관리 • 재난안전분야 종사자 교육 • 재난예방을 위한 긴급안전점검 등 • 재난예방을 위한 안전조치 • 정부합동 안전점검 • 집중 안전점검 기간 운영 등 • 재난관리 실태 공시 등
대비단계	• 재난관리자원의 비축·관리 • 재난현장 긴급통신수단의 마련 • 국가재난관리기준의 제정·운용 등 • 기능별 재난대응 활동계획의 작성·활용 • 재난분야 위기관리 매뉴얼 작성·운용 • 다중이용시설 등의 위기상황 매뉴얼 작성·관리 및 훈련 • 안전기준의 등록 및 심의 등 • 재난안전통신망의 구축·운영 • 재난대비훈련 기본계획 수립 및 실시

대응단계 (응급조치 등)	• 재난사태 선포 • 응급조치 • 위기경보의 발령 등 • 재난 예보·경보체계 구축·운영 등 • 동원명령 등 • 대피명령 • 위험구역의 설정 • 강제대피조치 • 통행제한 등 • 응원
대응단계 (긴급구조)	• 긴급구조 현장지휘 • 긴급구조대응계획의 수립 • 재난대비능력 보강 • 항공기 등 조난사고 시의 긴급구조 등 • 긴급구조지원기관의 능력에 대한 평가
복구단계	• 특별재난지역의 선포 • 특별재난지역에 대한 지원

---

09 난이도 ●●○　　　　　　　　　　　　답 ④

재난의 대비에 해당하는 것은 ㄹ, ㅁ이다.

| 선지분석 |

ㄱ. [×] 국가핵심기반의 지정: 예방단계
ㄴ. [×] 재난안전분야 종사자 교육: 예방단계
ㄷ. [×] 지방자치단체에 대한 지원 – 해당없음
ㄹ. [○] 재난현장 긴급통신수단의 마련: 대비단계
ㅁ. [○] 재난분야 위기관리 매뉴얼 작성·운용: 대비단계

✅ 확인학습 재난관리 단계와 활동내용

예방단계	• 재난관리책임기관의 장의 재난예방조치 등 • 국가핵심기반의 지정 및 관리 • 특정관리대상지역의 지정 및 관리 • 재난방지시설의 관리 • 재난안전분야 종사자 교육 • 재난예방을 위한 긴급안전점검 등 • 재난예방을 위한 안전조치 • 정부합동 안전점검 • 집중 안전점검 기간 운영 등 • 재난관리 실태 공시 등
대비단계	• 재난관리자원의 비축·관리 • 재난현장 긴급통신수단의 마련 • 국가재난관리기준의 제정·운용 등 • 기능별 재난대응 활동계획의 작성·활용 • 재난분야 위기관리 매뉴얼의 작성·운용 • 다중이용시설 등의 위기상황 매뉴얼의 작성·관리 및 훈련 • 안전기준의 등록 및 심의 등 • 재난안전통신망의 구축·운영 • 재난대비훈련 기본계획의 수립 및 실시
대응단계 (응급조치 등)	• 재난사태의 선포 • 응급조치 • 위기경보의 발령 등 • 재난 예보·경보체계의 구축·운영 등 • 동원명령 등 • 대피명령 • 위험구역의 설정 • 강제대피조치 • 통행제한 등 • 응원

---

10 난이도 ●●○　　　　　　　　　　　　답 ②

하인리히의 안전사고 연쇄성 이론은 사회적 환경 및 유전적 요소 → 개인적 결함 → 불안전 행동 및 상태 → 사고 → 상해 순이다.

---

11 난이도 ●○○　　　　　　　　　　　　답 ②

하인리히(H. W. Heinrich)의 도미노 이론에 따르면 사고의 원인이 되는 불안전한 행동이나 기계적 또는 물리적 결함에 가장 큰 관심을 두고 이의 제거에 노력하여 사고를 예방해야 한다. 즉, 세 번째 도미노를 제거하면, 첫 번째와 두 번째 도미노가 쓰러지더라도 사고는 발생하지 않는다고 본다.

✅ 확인학습 하인리히(H. W. Heinrich)의 연쇄성 이론(도미노 이론)

사회환경 → 개인적 결함 → 불안전 행동 및 불안전 상태 → 사고 → 재해

---

12 난이도 ●○○　　　　　　　　　　　　답 ③

재난관리 방식 중 IEMS란 통합적 접근방식에 의한 시스템을 말한다.

✅ 확인학습 재난유형별 비교

구분	분산적 접근방법 (유형별)	통합적 접근방법
관련부처 및 기관	다수부처	병렬적 다수부처(소수부처)
책임범위와 부담	관리책임 및 부담 분산	관리책임 및 부담이 과도함
관련부처의 활동범위	특정재난	종합적 관리와 독립적 병행
정보전달체계	다양화	일원화
체계의 재난에 대한 인지능력	미약하고 단편적	강력하고 종합적
장점	• 업무수행의 전문성 • 업무의 과다 방지	• 동원과 신속한 대응성 확보 • 인적자원의 효과적 활용
단점	• 재난 대처의 한계 • 업무 중복 및 연계 미흡 • 재원 마련과 배분이 복잡	• 종합관리체계 구축의 어려움 • 업무와 책임의 과도와 집중성

---

13 난이도 ●●○　　　　　　　　　　　　답 ④

재난발생시 책임기관이 적절히 대응할 수 다양한 자원동원 체계와 자원유형이 필요하다.

14 난이도 ●○○   답 ②

재해 예방의 4원칙에는 <u>손실우연의 법칙</u>이 해당한다.

> ✅ 확인학습 재해 예방의 4원칙
>
> 1. 예방가능의 원칙
> 2. 손실우연의 법칙
> 3. 원인계기의 원칙(원인연계성의 원칙)
> 4. 대책선정의 원칙

POINT 72 재난관리 단계별 조치 사항

정답   p.176

01	②	02	③	03	③	04	②	05	④
06	②								

01 난이도 ●●●   답 ②

재난유형에 따라 위기관리매뉴얼을 작성하는 단계는 <u>대비단계</u>이다.

| 선지분석 |
① [×] 재난대비훈련은 예방단계가 아닌 대비단계에 해당한다(「재난
   및 안전관리 기본법」 제34조의9 및 제35조).
③ [×] 재난피해 신고 및 조사는 재난의 피해복구 단계에 해당한다
   (「재난 및 안전관리 기본법」 제58조).
④ [×] 재난관리자원의 비축·관리는 재난의 대비단계에 해당한다
   (「재난 및 안전관리 기본법」 제34조).

> ✅ 확인학습 재난대비훈련
>
> 1. **재난대비훈련 기본계획 수립**(「재난 및 안전관리 기본법」 제34조의9):
>   행정안전부장관은 매년 재난대비훈련 기본계획을 수립하고 재난관
>   리책임기관의 장에게 통보하여야 한다.
> 2. **재난대비훈련의 실시**(「재난 및 안전관리 기본법」 제35조): 행정안
>   전부장관, 중앙행정기관의 장, 시·도지사, 시장·군수·구청장 및 긴
>   급구조기관의 장은 대통령령으로 정하는 바에 따라 매년 정기적으로
>   또는 수시로 재난관리책임기관, 긴급구조지원기관 및 군부대 등 관
>   계 기관과 합동으로 재난대비훈련을 실시하여야 한다.

02 난이도 ●●○   답 ③

특별재난지역의 선포는 복구단계에 해당한다.

> ✅ 확인학습 재난관리
>
> | | |
> |---|---|
> | 예방단계 | • 재난관리책임기관의 장의 재난예방조치 등
• 국가핵심기반의 지정 및 관리
• 특정관리대상지역의 지정 및 관리
• 재난방지시설의 관리
• 재난안전분야 종사자 교육
• 재난예방을 위한 긴급안전점검 등
• 재난예방을 위한 안전조치
• 정부합동 안전점검
• 집중 안전점검 기간 운영 등
• 재난관리 실태 공시 등 |

대비단계	• 재난관리자원의 비축·관리 • 재난현장 긴급통신수단의 마련 • 국가재난관리기준의 제정·운용 등 • 기능별 재난대응 활동계획의 작성·활용 • 재난분야 위기관리 매뉴얼 작성·운용 • 다중이용시설 등의 위기상황 매뉴얼 작성·관리 및 훈련 • 안전기준의 등록 및 심의 등 • 재난안전통신망의 구축·운영 • 재난대비훈련 기본계획 수립 및 실시
대응단계 (응급조치 등)	• 재난사태 선포 • 응급조치 • 위기경보의 발령 등 • 재난 예보·경보체계 구축·운영 등 • 동원명령 등 • 대피명령 • 위험구역의 설정 • 강제대피조치 • 통행제한 등 • 응원
대응단계 (긴급구조)	• 긴급구조 현장지휘 • 긴급구조대응계획의 수립 • 재난대비능력 보강 • 항공기 등 조난사고 시의 긴급구조 등 • 긴급구조지원기관의 능력에 대한 평가
복구단계	• 특별재난지역의 선포 • 특별재난지역에 대한 지원

03 난이도 ●○○   답 ③

이재민의 지원은 복구단계에 해당한다.

| 선지분석 |
①, ②, ③ 대비단계에 해당하는 내용이다.

04 난이도 ●●○   답 ②

사전에 대응활동을 위한 메커니즘을 구성하는 등 운영적인 장치들을
갖추는 단계는 <u>준비(대비)단계</u>에 해당한다.

| 선지분석 |
① [×] 재해상황이 어느 정도 안정된 후 취하는 활동단계로 재해로
   인한 피해지역을 재해 이전의 상태로 회복시키는 활동을 포함하는
   단계는 복구단계이다.
③ [×] 신속한 활동을 통하여 재해로 인한 인명 및 재산피해를 최소
   화하고, 재해의 확산을 방지하며, 순조롭게 복구가 이루어질 수 있
   도록 활동하는 단계는 <u>대응단계</u>이다.
④ [×] 미래에 발생할 가능성이 있는 재난을 사전에 예방하기 위한
   활동은 예방단계에 해당한다.

05 난이도 ●●●   답 ④

> ※ 관련규정 재·개정
> 제34조 재난관리자원의 비축·관리는 제34조 재난관리자원으로 변
> 경됨

예방단계에 포함되는 것은 ㄱ, ㄴ, ㄷ, ㄹ이다.

| 선지분석 |

ㅁ. [×] 재난관리자원의 비축·관리는 재난관리 단계별 활동 내용 중 대비단계에 해당한다.

06 난이도 ●●○   답 ②

대비단계에 해당하는 것은 ㄱ, ㄹ이다.

| 선지분석 |

ㄴ. [×] 대응단계이다.
ㄷ. [×] 예방단계이다.

POINT 73 재난관련 용어의 정의

정답   p.178

01	②	02	⑤	03	②	04	②	05	①
06	②	07	③						

01 난이도 ●○○   답 ②

황사로 인하여 발생하는 재해는 자연재난에 해당한다.

| 선지분석 |

① 「감염병의 예방 및 관리에 관한 법률」에 따른 감염병의 확산은 사회재난에 해당한다.
③ 환경오염사고로 인하여 발생하는 대통령령으로 정하는 규모 이상의 피해는 사회재난에 해당한다.
④ 「미세먼지 저감 및 관리에 관한 특별법」에 따른 미세먼지 등으로 인한 피해는 사회재난에 해당한다.

02 난이도 ●○○   답 ⑤

모두 재난관리정보에 해당한다. 재난관리정보란 재난관리를 위하여 필요한 재난관리정보는 재난상황정보, 동원가능 자원정보, 시설물정보, 지리정보를 말한다.

03 난이도 ●●○   답 ②

긴급구조기관은 소방청, 소방본부 및 소방서를 말한다. 다만, 해양에서 발생한 재난의 경우에는 해양경찰청·지방해양경찰청 및 해양경찰서를 말한다. 경찰청, 지방경찰청 및 경찰서는 해당하지 않는다.

04 난이도 ●○○   답 ②

환경오염사고 등으로 인하여 발생하는 대통령령으로 정하는 규모 이상의 피해는 사회재난에 해당한다.

✅ **확인학습 재난의 분류**

1. 자연재난: 태풍, 홍수, 호우, 강풍, 풍랑, 해일, 대설, 한파, 낙뢰, 가뭄, 폭염, 지진, 황사, 조류 대발생, 조수, 화산활동, 소행성·유성체 등 자연우주물체의 추락·충돌, 그 밖에 이에 준하는 자연현상으로 인하여 발생하는 재해
2. 사회재난: 화재·붕괴·폭발·교통사고(항공사고 및 해상사고 포함)·화생방사고·환경오염사고 등으로 인하여 발생하는 대통령령으로 정하는 규모 이상의 피해와 국가핵심기반의 마비, 감염병 또는 가축전염병의 확산, 미세먼지 등으로 인한 피해

05 난이도 ●○○   답 ①

환경오염사고는 사회재난에 해당한다.

06 난이도 ●●○   답 ②

"재난관리"란 재난의 예방·대비·대응 및 복구를 위하여 하는 모든 활동을 말한다. 재난이나 그 밖의 각종 사고로부터 사람의 생명·신체 및 재산의 안전을 확보하기 위하여 하는 모든 활동은 안전관리이다.

✅ **확인학습 재난 및 안전관리 기본법상 용어의 정의**

1. 국가재난관리기준: 모든 유형의 재난에 공통적으로 활용할 수 있도록 재난관리의 전 과정을 통일적으로 단순화·체계화한 것으로서 행정안전부장관이 고시한 것을 말한다.
2. 안전기준: 각종 시설 및 물질 등의 제작, 유지관리 과정에서 안전을 확보할 수 있도록 적용하여야 할 기술적 기준을 체계화한 것을 말한다.
3. 긴급구조: 재난이 발생할 우려가 현저하거나 재난이 발생하였을 때에 국민의 생명·신체 및 재산을 보호하기 위하여 긴급구조기관과 긴급구조지원기관이 하는 인명구조, 응급처치, 그 밖에 필요한 모든 긴급한 조치를 말한다.
4. 안전취약계층: 어린이, 노인, 장애인, 저소득층 등 신체적·사회적·경제적 요인으로 인하여 재난에 취약한 사람을 말한다.

07 난이도 ●○○   답 ③

자연재난에 해당하지 않는 것은 미세먼지이다. 미세먼지는 사회재난에 해당한다.

| 선지분석 |

① 가뭄: 자연재난
② 폭염: 자연재난
④ 황사(黃砂): 자연재난
⑤ 조류(藻類) 대발생: 자연재난

✅ **확인학습 자연재난**

1. 태풍, 홍수, 호우(豪雨)
2. 강풍, 풍랑, 해일(海溢)
3. 대설, 한파
4. 낙뢰
5. 가뭄, 폭염
6. 지진
7. 황사(黃砂)
8. 조류(藻類) 대발생, 조수(潮水)
9. 화산활동
10. 소행성·유성체 등 자연우주물체의 추락·충돌

확인학습 사회재난

1. 화재 · 붕괴 · 폭발 · 교통사고(항공사고 · 해상사고 포함) · 화생방사고 · 환경오염사고 등으로 인하여 발생하는 대통령령으로 정하는 규모 이상의 피해
2. 국가핵심기반의 마비
3. 「감염병의 예방 및 관리에 관한 법률」에 따른 감염병
4. 「가축전염병예방법」에 따른 가축전염병의 확산
5. 「미세먼지 저감 및 관리에 관한 특별법」에 따른 미세먼지 등으로 인한 피해

POINT 74 재난관리주관기관

정답   p.180

01	①	02	①	03	②	04	①	05	②

01 난이도 ●●○   답 ①

저수지 사고 의 재난관리주관기관은 농림축산식품부이다.

✔ 확인학습 재난관리주관기관(농림축산식품부)

1. 가축 질병
2. 저수지 사고

02 난이도 ●●○   답 ①

내륙에서 발생한 유도선 등의 수난 사고의 재난관리주관기관은 행정안전부이다.

✔ 확인학습 재난관리주관기관(행정안전부)

1. 정부중요시설 사고
2. 공동구 재난(국토교통부가 관장하는 공동구 제외)
3. 내륙에서 발생한 유도선 등의 수난 사고
4. 풍수해(조수 제외) · 지진 · 화산 · 낙뢰 · 가뭄 · 한파 · 폭염으로 인한 재난 및 사고

03 난이도 ●●○   답 ②

가스 수급 및 누출 사고의 재난관리주관기관은 산업통상자원부이다.

| 선지분석 |
① [×] 도로터널 사고의 재난관리주관기관은 국토교통부이다.
③ [×] 해양 분야 환경오염 사고의 재난관리주관기관은 해양수산부이다.
④ [×] 금융 전산 및 시설 사고의 재난관리주관기관은 금융위원회이다.
⑤ [×] 경기장 및 공연장에서 발생한 사고의 재난관리주관기관은 문화체육관광부이다.

04 난이도 ●●○   답 ①

가축질병의 재난관리주관기관은 농림축산식품부이다.

✔ 확인학습 재난관리주관기관

재난관리주관기관	재난 및 사고의 유형
교육부	학교 및 학교시설에서 발생한 사고
법무부	법무시설에서 발생한 사고
행정안전부	• 정부중요시설 사고 • 공동구 재난(국토교통부가 관장하는 공동구 제외) • 내륙에서 발생한 유도선 등의 수난 사고 • 풍수해(조수 제외) · 지진 · 화산 · 낙뢰 · 가뭄 · 한파 · 폭염으로 인한 재난 및 사고로서 다른 재난관리주관기관에 속하지 아니하는 재난 및 사고
농림축산식품부	가축질병, 저수지 사고

05 난이도 ●●○   답 ②

자연우주물체의 추락 · 충돌의 재난관리주관기관은 과학기술정보통신부이다.

✔ 확인학습 재난관리주관기관

재난관리주관기관	재난 및 사고의 유형
과학기술정보통신부	• 우주전파 재난 • 정보통신 사고 • 위성항법장치(GPS) 전파혼신 • 자연우주물체의 추락 · 충돌
산업통상자원부	• 가스 수급 및 누출 사고 • 원유수급 사고 • 원자력안전 사고(파업에 따른 가동중단으로 한정한다) • 전력 사고 • 전력생산용 댐의 사고
환경부	• 수질분야 대규모 환경오염 사고 • 식용수 사고 • 유해화학물질 유출 사고 • 조류 대발생(녹조 한정) • 황사 • 환경부가 관장하는 댐의 사고 • 미세먼지
해양수산부	• 조류 대발생(적조 한정) • 조수(潮水) • 해양 분야 환경오염 사고 • 해양 선박 사고
금융위원회	금융 전산 및 시설 사고
원자력안전위원회	• 원자력안전 사고(파업에 따른 가동중단 제외) • 인접국가 방사능 누출 사고
소방청	• 화재 · 위험물 사고 • 다중 밀집시설 대형화재
문화재청	문화재 시설 사고
산림청	• 산불 • 산사태
해양경찰청	해양에서 발생한 유도선 등의 수난 사고

POINT 75 긴급구조기관

정답
p.181

01	①	02	④	03	②	04	③

01 난이도 ●○○   답 ①

경찰청은 긴급구조기관에 해당하지 않는다.

02 난이도 ●○○   답 ④

해양수산부는 긴급구조기관에 해당하지 않는다.

03 난이도 ●○○   답 ②

경찰청은 긴급구조기관에 해당하지 않는다.

04 난이도 ●○○   답 ③

경찰서는 긴급구조기관에 해당하지 않는다.

CHAPTER 2 안전관리기구 및 기능

POINT 76 중앙안전관리위원회

정답
p.182

01	③	02	②	03	⑤	04	③	05	③

01 난이도 ●●○   답 ③

소방서는 긴급구조기관에 해당한다.

✅ 확인학습 **긴급구조지원기관**

1. 교육부, 과학기술정보통신부, 국방부, 산업통상자원부, 보건복지부, 환경부, 국토교통부, 해양수산부, 방송통신위원회, 경찰청, 기상청 및 산림청
2. 국방부장관이 탐색구조부대로 지정하는 군부대와 그 밖에 긴급구조지원을 위하여 국방부장관이 지정하는 군부대
3. 대한적십자사
4. 종합병원
5. 응급의료기관, 응급의료정보센터 및 구급차등의 운용자
6. 전국재해구호협회
7. 긴급구조기관과 긴급구조활동에 관한 응원협정을 체결한 기관 및 단체
8. 긴급구조에 필요한 인력과 장비를 갖춘 기관 및 단체로서 행정안전부령으로 정하는 기관·단체

02 난이도 ●●○   답 ②

특별재난지역의 선포는 중앙안전관리위원회 심의사항이다. 재난 및 안전관리에 관한 사항을 심의하기 위하여 국무총리 소속으로 중앙안전관리위원회(중앙위원회)를 둔다.

✅ 확인학습 **중앙안전관리위원회 심의사항**

1. 재난 및 안전관리에 관한 중요 정책에 관한 사항
2. 국가안전관리기본계획에 관한 사항
3. 재난 및 안전관리 사업 관련 중기사업계획서, 투자우선순위 의견 및 예산요구서에 관한 사항
4. 중앙행정기관의 장이 수립·시행하는 계획, 점검·검사, 교육·훈련, 평가 등 재난 및 안전관리업무의 조정에 관한 사항
5. 안전기준관리에 관한 사항
6. 재난사태의 선포에 관한 사항
7. 특별재난지역의 선포에 관한 사항
8. 재난이나 그 밖의 각종 사고가 발생하거나 발생할 우려가 있는 경우 이를 수습하기 위한 관계 기관 간 협력에 관한 중요 사항
9. 중앙행정기관의 장이 시행하는 대통령령으로 정하는 재난 및 사고의 예방사업 추진에 관한 사항

03 난이도 ●●○   답 ⑤

중앙재난방송협의회의 구성 및 운영에 필요한 사항은 대통령령으로 정한다.

✅ 확인학습 **중앙재난방송협의회**

1. 재난에 관한 예보·경보·통지나 응급조치 및 재난관리를 위한 재난방송이 원활히 수행될 수 있도록 중앙위원회에 중앙재난방송협의회를 둘 수 있다.
2. 지역 차원에서 재난에 대한 예보·경보·통지나 응급조치 및 재난방송이 원활히 수행될 수 있도록 지역위원회에 시·도 또는 시·군·구 재난방송협의회(지역재난방송협의회)를 둘 수 있다.
3. 중앙재난방송협의회의 구성 및 운영에 필요한 사항은 대통령령으로 정하고, 지역재난방송협의회의 구성 및 운영에 필요한 사항은 해당 지방자치단체의 조례로 정한다.

04 난이도 ●●○   답 ③

중앙위원회의 간사는 행정안전부장관이 된다.

05 난이도 ●●○   답 ③

중앙긴급구조통제단의 단장은 소방청장이다.

POINT 77 중앙재난안전대책본부

정답 p.183

01	⑤	02	④	03	①

01 난이도 ●○○

답 ⑤

대통령령으로 정하는 대규모 재난의 대응·복구(수습) 등에 관한 사항을 총괄·조정하고 필요한 조치를 하기 위하여 행정안전부에 중앙재난안전대책본부(중앙대책본부)를 둔다.

| 선지분석 |

① 안전관리자문단: 재난 및 안전관리업무의 기술적 자문을 위하여 민간전문가로 구성된 안전관리자문단을 구성·운영할 수 있다.
② 중앙안전관리위원회: 재난 및 안전관리에 관한 관련 사항을 심의하기 위하여 국무총리 소속으로 중앙안전관리위원회("중앙위원회")를 둔다.
③ 안전정책조정위원회: 중앙위원회에 상정될 안건을 사전에 검토하고 관련 사무를 수행하기 위하여 중앙위원회에 안전정책조정위원회("조정위원회")를 둔다.
④ 중앙긴급구조통제단: 긴급구조에 관한 사항의 총괄·조정, 긴급구조기관 및 긴급구조지원기관이 하는 긴급구조활동의 역할 분담과 지휘·통제를 위하여 소방청에 중앙긴급구조통제단("중앙통제단")을 둔다.

✅ 확인학습 안전관리자문단의 구성·운영(법 제75조)

1. 지방자치단체의 장은 재난 및 안전관리업무의 기술적 자문을 위하여 민간전문가로 구성된 안전관리자문단을 구성·운영할 수 있다.
2. 제1항에 따른 안전관리자문단의 구성과 운영에 관하여는 해당 지방자치단체의 조례로 정한다.

02 난이도 ●○○

답 ④

재난사태인 경우 행정안전부장관은 중앙위원회의 심의를 거쳐 재난지역을 선포할 수 있다.

✅ 확인학습 재난안전상황실

1. 행정안전부장관, 시·도지사 및 시장·군수·구청장은 재난정보의 수집·전파, 상황관리, 재난 발생 시 초동조치 및 지휘 등의 업무를 수행하기 위하여 다음의 구분에 따른 상시 재난안전상황실을 설치·운영하여야 한다.
   • 행정안전부장관: 중앙재난안전상황실
   • 시·도지사 및 시장·군수·구청장: 시·도별 및 시·군·구별 재난안전상황실
2. 중앙행정기관의 장은 소관 업무분야의 재난상황을 관리하기 위하여 재난안전상황실을 설치·운영하거나 재난상황을 관리할 수 있는 체계를 갖추어야 한다.
3. 재난관리책임기관의 장은 재난에 관한 상황관리를 위하여 재난안전상황실을 설치·운영할 수 있다.

03 난이도 ●●○

답 ①

재난의 효과적인 수습을 위하여 국무총리가 범정부적 차원의 통합 대응이 필요하다고 인정하는 경우에는 국무총리가 중앙대책본부장의 권한을 행사한다.

| 선지분석 |

② [○] 해외재난의 경우에는 외교부장관이 중앙대책본부장의 권한을 행사한다.
③ [○] 대통령령으로 정하는 대규모 재난의 대응·복구 등에 관한 사항을 총괄·조정하고 필요한 조치를 하기 위하여 행정안전부에 중앙재난안전대책본부를 둔다.
④ [○] 「원자력시설 등의 방호 및 방사능 방재 대책법」에 따른 방사능재난의 경우에는 중앙방사능방재대책본부의 장이 중앙대책본부장의 권한을 행사한다.
⑤ [○] 행정안전부장관이 국무총리에게 건의하거나 수습본부장의 요청을 받아 행정안전부장관이 국무총리에게 건의하는 경우에는 국무총리가 중앙대책본부장의 권한을 행사할 수 있다.

✅ 확인학습 중앙재난안전대책본부의 구성

1. 중앙대책본부에 본부장과 차장을 둔다.
2. 중앙대책본부장: 행정안전부장관
3. 해외재난과 방사능재난의 경우
   • 해외재난의 경우: 외교부장관
   • 방사능재난의 경우: 중앙방사능방재대책본부의 장

CHAPTER 3 안전관리계획

POINT 78 안전관리기본계획 등

정답 p.184

01	①	02	⑤	03	③	04	③	05	③
06	⑤								

01 난이도 ●●●

답 ①

국무총리는 국가안전관리기본계획을 5년마다 수립하여야 한다.

02 난이도 ●●●

답 ⑤

긴급구조지원기관에서 긴급구조업무와 재난관리업무를 담당하는 부서의 담당자 및 관리자는 신규교육을 받은 후 2년마다 정기적으로 긴급구조교육을 받아야 한다.

「재난 및 안전관리 기본법 시행령」제66조【긴급구조에 관한 교육】
① 긴급구조지원기관에서 긴급구조업무와 재난관리업무를 담당하는 부서의 담당자 및 관리자는 법 제55조 제3항에 따라 다음 각 호의 구분에 따른 긴급구조에 관한 교육(이하 "긴급구조교육"이라 한다)을 받아야 한다.
1. 신규교육: 해당 업무를 맡은 후 1년 이내에 받는 긴급구조교육
2. 정기교육: 신규교육을 받은 후 2년마다 받는 긴급구조교육
② 제1항에서 규정한 사항 외에 재난관리업무에 종사하는 사람의 교육에 필요한 세부 사항은 행정안전부령으로 정한다.

「재난 및 안전관리 기본법」제71조의2【재난 및 안전관리기술개발 종합계획의 수립 등】① 행정안전부장관은 제71조 제1항의 재난 및 안전관리에 관한 과학기술의 진흥을 위하여 5년마다 관계 중앙행정기관의 재난 및 안전관리기술개발에 관한 계획을 종합하여 조정위원회의 심의와 「국가과학기술자문회의법」에 따른 국가과학기술자문회의의 심의를 거쳐 재난 및 안전관리기술개발 종합계획(이하 "개발계획"이라 한다)을 수립하여야 한다.

「재난 및 안전관리 기본법」제71조의2【재난 및 안전관리기술개발 종합계획의 수립 등】① 행정안전부장관은 제71조 제1항의 재난 및 안전관리에 관한 과학기술의 진흥을 위하여 5년마다 관계 중앙행정기관의 재난 및 안전관리기술개발에 관한 계획을 종합하여 조정위원회의 심의와 「국가과학기술자문회의법」에 따른 국가과학기술자문회의의 심의를 거쳐 재난 및 안전관리기술개발 종합계획(이하 "개발계획"이라 한다)을 수립하여야 한다.
② 관계 중앙행정기관의 장은 개발계획에 따라 소관 업무에 관한 해당 연도 시행계획을 수립하고 추진하여야 한다.
③ 개발계획 및 시행계획에 포함하여야 할 사항 및 계획수립의 절차 등에 관하여는 대통령령으로 정한다.

「재난 및 안전관리 기본법 시행령」제26조【국가안전관리기본계획 수립】① 국무총리는 법 제22조 제1항에 따른 국가의 재난 및 안전관리업무에 관한 기본계획(이하 "국가안전관리기본계획"이라 한다)의 수립지침을 5년마다 작성해야 한다.
② 국무총리는 법 제22조 제4항에 따라 국가안전관리기본계획을 5년마다 수립해야 한다. 이 경우 관계 기관 및 전문가 등의 의견을 들을 수 있다.
③ 삭제
④ 관계 중앙행정기관의 장은 국가안전관리기본계획을 이행하기 위하여 필요한 예산을 반영하는 등의 조치를 하여야 한다.
⑤ 행정안전부장관은 법 제22조 제4항에 따라 통보받은 국가안전관리기본계획을 행정안전부의 인터넷 홈페이지에 공개해야 한다.

03 난이도 ●●●   답 ③

국가와 지방자치단체로부터 재난으로 피해를 입은 시설의 복구와 피해주민의 생계 안정을 위해 지원되는 금품 또는 이를 지급받을 권리는 양도하거나 담보로 제공할 수 없다(「재난 및 안전관리 기본법」제66조).

04 난이도 ●○○   답 ③

3년 동안 보통세의 수입결산액의 평균연액의 1/100(1%)에 해당하는 금액으로 한다.

> ✔ 확인학습 재난관리기금의 적립
> 1. 지방자치단체는 재난관리에 드는 비용에 충당하기 위하여 매년 재난관리기금을 적립하여야 한다.
> 2. 1.에 따른 재난관리기금의 매년도 최저적립액은 최근 3년 동안의 「지방세법」에 의한 보통세의 수입결산액의 평균연액의 1/100에 해당하는 금액으로 한다.

05 난이도 ●○○   답 ③

시·군·구긴급구조통제단장은 소방서장이다.

06 난이도 ●●●   답 ⑤

(가) (행정안전부장관)은/는 재난 및 안전관리에 관한 과학기술의 진흥을 위하여 (5)년마다 관계 중앙행정기관의 재난 및 안전관리기술개발에 관한 계획을 종합하여 조정위원회의 심의와 「국가과학기술자문회의법」에 따른 국가과학기술자문회의의 심의를 거쳐 재난 및 안전관리기술개발 종합계획을 수립하여야 한다.
(나) (국무총리)은/는 국가안전관리기본계획을 (5)년마다 수립해야 한다.

CHAPTER 4 재난의 예방

POINT 79 특정관리대상지역 등

정답 p.186

01	③	02	①

01 난이도 ●●○   답 ③

안전등급 C등급의 정기안전점검 실시기준은 반기별 1회 이상이다.

> ✔ 확인학습 정기안전점검
> 1. A등급, B등급 또는 C등급에 해당하는 특정관리대상지역: 반기별 1회 이상
> 2. D등급에 해당하는 특정관리대상지역: 월 1회 이상
> 3. E등급에 해당하는 특정관리대상지역: 월 2회 이상

02 난이도 ●●○   답 ①

즉시 퇴피명령은 해당하지 않는다.

> ✔ 확인학습 재난예방을 위한 안전조치
> 1. 정밀안전진단(시설만 해당한다)
> 2. 보수 또는 보강 등 정비
> 3. 재난을 발생시킬 위험요인의 제거

CHAPTER 5 재난의 대비

POINT 80 위기관리 매뉴얼 등

정답   p.187

01	②	02	②	03	②	04	①

01 난이도 ●●○   답 ②

(위기관리 표준매뉴얼)은 국가적 차원에서 관리가 필요한 재난에 대하여 재난관리 체계와 관계 기관의 임무와 역할을 규정한 문서이고, (현장조치 행동매뉴얼)은 재난현장에서 임무를 직접 수행하는 기관의 행동조치 절차를 구체적으로 수록한 문서이다.

✔ **확인학습** 재난분야 위기관리 매뉴얼(「재난 및 안전관리 기본법」제34조의5)

1. 위기관리 표준매뉴얼: 국가적 차원에서 관리가 필요한 재난에 대하여 재난관리 체계와 관계 기관의 임무와 역할을 규정한 문서로 위기대응 실무매뉴얼의 작성 기준이 되며, 재난관리주관기관의 장이 작성한다. 다만, 다수의 재난관리주관기관이 관련되는 재난에 대해서는 관계 재난관리주관기관의 장과 협의하여 행정안전부장관이 위기관리 표준매뉴얼을 작성할 수 있다.
2. 위기대응 실무매뉴얼: 위기관리 표준매뉴얼에서 규정하는 기능과 역할에 따라 실제 재난대응에 필요한 조치사항 및 절차를 규정한 문서로 재난관리주관기관의 장과 관계 기관의 장이 작성한다. 이 경우 재난관리주관기관의 장은 위기대응 실무매뉴얼과 1.에 따른 위기관리 표준매뉴얼을 통합하여 작성할 수 있다.
3. 현장조치 행동매뉴얼: 재난현장에서 임무를 직접 수행하는 기관의 행동조치 절차를 구체적으로 수록한 문서로 위기대응 실무매뉴얼을 작성한 기관의 장이 지정한 기관의 장이 작성하되, 시장·군수·구청장은 재난유형별 현장조치 행동매뉴얼을 통합하여 작성할 수 있다.

02 난이도 ●○○   답 ②

실제 재난대응에 필요한 조치사항 및 절차를 규정한 문서는 위기대응 실무매뉴얼이다.

03 난이도 ●○○   답 ②

현장조치 행동매뉴얼은 재난현장에서 임무를 직접 수행하는 기관의 행동조치 절차를 구체적으로 수록한 문서이다.

04 난이도 ●●●   답 ①

바닥면적의 합계가 5천m² 이상인 판매시설이 해당한다.

「재난 및 안전관리 기본법」제34조의6【다중이용시설 등의 위기상황 매뉴얼 작성·관리 및 훈련】① 대통령령으로 정하는 다중이용시설 등의 소유자·관리자 또는 점유자는 대통령령으로 정하는 바에 따라 위기상황에 대비한 매뉴얼(이하 "위기상황 매뉴얼"이라 한다)을 작성·관리하여야 한다. 다만, 다른 법령에서 위기상황에 대비한 대응계획 등의 작성·관리에 관하여 규정하고 있는 경우에는 그 법령에서 정하는 바에 따른다.

② 제1항에 따른 소유자·관리자 또는 점유자는 대통령령으로 정하는 바에 따라 위기상황 매뉴얼에 따른 훈련을 주기적으로 실시하여야 한다. 다만, 다른 법령에서 위기상황에 대비한 대응계획 등의 훈련에 관하여 규정하고 있는 경우에는 그 법령에서 정하는 바에 따른다.

「재난 및 안전관리 기본법 시행령」제43조의8【위기상황 매뉴얼 작성·관리 대상】법 제34조의6 제1항 본문에서 "대통령령으로 정하는 다중이용시설 등의 소유자·관리자 또는 점유자"란 다음 각 호의 어느 하나에 해당하는 건축물 또는 시설(이하 "다중이용시설등"이라 한다)의 관계인을 말한다.

1. 「건축법 시행령」제2조 제17호 가목에 따른 다중이용 건축물
2. 그 밖에 제1호에 따른 건축물에 준하는 건축물 또는 시설로서 행정안전부장관이 법 제34조의6 제1항 본문에 따른 위기상황에 대비한 매뉴얼(이하 "위기상황 매뉴얼"이라 한다)의 작성·관리가 필요하다고 인정하여 고시하는 건축물 또는 시설

「건축법 시행령」제2조【정의】이 영에서 사용하는 용어의 뜻은 다음과 같다.

17. "다중이용 건축물"이란 다음 각 목의 어느 하나에 해당하는 건축물을 말한다.
  가. 다음의 어느 하나에 해당하는 용도로 쓰는 바닥면적의 합계가 5천m² 이상인 건축물
    1) 문화 및 집회시설(동물원 및 식물원은 제외한다)
    2) 종교시설
    3) 판매시설
    4) 운수시설 중 여객용 시설
    5) 의료시설 중 종합병원
    6) 숙박시설 중 관광숙박시설
  나. 16층 이상인 건축물

CHAPTER 6 재난의 대응

POINT 81 중앙긴급구조통제단

정답   p.188

01	①	02	③	03	②	04	②	05	③
06	②	07	②	08	④	09	②	10	④

01 난이도 ●○○   답 ①

중앙긴급구조통제단의 단장은 소방청장이 된다.

02 난이도 ●●○   답 ③

긴급구조기관이란 소방청·소방본부 및 소방서를 말한다. 다만, 해양에서 발생한 재난의 경우에는 해양경찰청·지방해양경찰청 및 해양경찰서를 말한다.

03 난이도 ●○○   답 ②

중앙통제단장은 소방청장, 시·도통제단장은 소방본부장, 시·군·구통제단장은 소방서장이다.

04 난이도 ●●○   답 ②

경찰청, 기상청 및 산림청은 긴급구조지원기관에 해당한다.

05 난이도 ●○○   답 ③

중앙긴급구조통제단의 단장은 소방청장이다.

06 난이도 ●○○   답 ②

지역통제단장의 경우 응급조치는 진화, 긴급수송 및 구조 수단의 확보 및 현장지휘통신체계의 확보이다.

> ✔ 확인학습 **지역통제단장과 시장·군수·구청장의 응급조치**
> 1. 경보의 발령 또는 전달이나 피난의 권고 또는 지시
> 2. 「재난 및 안전관리 기본법」제31조에 따른 안전조치
> 3. 진화(지역통제단장)·수방·지진방재, 그 밖의 응급조치와 구호
> 4. 피해시설의 응급복구 및 방역과 방범, 그 밖의 질서 유지
> 5. 긴급수송 및 구조 수단의 확보(지역통제단장)
> 6. 급수 수단의 확보, 긴급피난처 및 구호품의 확보
> 7. 현장지휘통신체계의 확보(지역통제단장)
> 8. 그 밖에 재난 발생을 예방하거나 줄이기 위하여 필요한 사항으로서 대통령령으로 정하는 사항

07 난이도 ●●○   답 ②

재난관리책임기관 간의 역할분담 등 피해복구계획의 수립은 해당하지 않는다.

> ✔ 확인학습 **중앙통제단의 기능**
> 1. 국가 긴급구조대책의 총괄·조정
> 2. 긴급구조활동의 지휘·통제(긴급구조활동에 필요한 긴급구조기관의 인력과 장비 등의 동원을 포함한다)
> 3. 긴급구조지원기관간의 역할분담 등 긴급구조를 위한 현장활동계획의 수립
> 4. 긴급구조대응계획의 집행
> 5. 중앙통제단의 장이 필요하다고 인정하는 사항

08 난이도 ●○○   답 ④

시·군·구긴급구조통제단장은 소방서장이다.

09 난이도 ●●●   답 ②

경보의 발령은 시장·군수·구청장의 응급조치에 해당한다.

10 난이도 ●●●   답 ④

응급지원에 필요한 비용부담은 응급조치사항에 해당하지 않는다.

> ✔ 확인학습 **지역통제단장과 시장·군수·구청장의 응급조치**
> 1. 경보의 발령 또는 전달이나 피난의 권고 또는 지시
> 2. 「재난 및 안전관리 기본법」제31조에 따른 안전조치
> 3. 진화(지역통제단장)·수방·지진방재, 그 밖의 응급조치와 구호
> 4. 피해시설의 응급복구 및 방역과 방범, 그 밖의 질서 유지
> 5. 긴급수송 및 구조 수단의 확보(지역통제단장)
> 6. 급수 수단의 확보, 긴급피난처 및 구호품의 확보
> 7. 현장지휘통신체계의 확보(지역통제단장)
> 8. 그 밖에 재난 발생을 예방하거나 줄이기 위하여 필요한 사항으로서 대통령령으로 정하는 사항

POINT 82 긴급구조대응계획

정답   p.190

01	⑤	02	④	03	④	04	④	05	정답 없음
06	③								

01 난이도 ●●●   답 ⑤

재난유형별 긴급구조대응계획은 ㄷ, ㄹ, ㅂ이다.

| 선지분석 |

ㄱ. [×] 긴급구조대응계획의 기본방침과 절차는 기본계획에 포함되어야 할 사항이다.

ㄴ. [×] 긴급구조대응계획의 목적 및 적용범위는 기본계획에 포함되어야 할 사항이다.

ㅁ. [×] 긴급구조대응계획의 운영책임에 관한 사항은 기본계획에 포함되어야 할 사항이다.

> ✔ 확인학습 **긴급구조대응계획의 수립(「재난 및 안전관리 기본법 시행령」제63조)**
> 긴급구조기관의 장이 수립하는 긴급구조대응계획은 기본계획, 기능별 긴급구조대응계획, 재난유형별 긴급구조대응계획으로 구분한다.
> 1. 기본계획
>   • 긴급구조대응계획의 목적 및 적용범위
>   • 긴급구조대응계획의 기본방침과 절차
>   • 긴급구조대응계획의 운영책임에 관한 사항
> 2. 기능별 긴급구조대응계획
>   • 지휘통제: 긴급구조체제 및 중앙통제단과 지역통제단의 운영체계 등에 관한 사항
>   • 비상경고: 긴급대피, 상황 전파, 비상연락 등에 관한 사항
>   • 대중정보: 주민보호를 위한 비상방송시스템 가동 등 긴급 공공정보 제공에 관한 사항 및 재난상황 등에 관한 정보 통제에 관한 사항
>   • 피해상황분석: 재난현장상황 및 피해정보의 수집·분석·보고에 관한 사항

- **구조 · 진압**: 인명 수색 및 구조, 화재진압 등에 관한 사항
- **응급의료**: 대량 사상자 발생 시 응급의료서비스 제공에 관한 사항
- **긴급오염통제**: 오염 노출 통제, 긴급 전염병 방제 등 재난현장 공중보건에 관한 사항
- **현장통제**: 재난현장 접근 통제 및 치안 유지 등에 관한 사항
- **긴급복구**: 긴급구조활동을 원활히 하기 위한 긴급구조차량 접근도로 복구 등에 관한 사항
- **긴급구호**: 긴급구조요원 및 긴급대피 수용주민에 대한 위기 상담, 임시 의식주 제공 등에 관한 사항
- **재난통신**: 긴급구조기관 및 긴급구조지원기관 간 정보통신체계 운영 등에 관한 사항
3. **재난유형별 긴급구조대응계획**
- 재난 발생 단계별 주요 긴급구조대응활동 사항
- 주요 재난유형별 대응 매뉴얼에 관한 사항
- 비상경고 방송메시지 작성 등에 관한 사항

02 난이도 ●●○ 답 ④

긴급구조기관 및 긴급구조지원기관의 인력 · 장비의 배치와 운용에 관한 사항이 해당한다.

03 난이도 ●●● 답 ④

모두 해당한다.

> ✅ **확인학습 긴급구조현장지휘 사항**
> 1. 재난현장에서 인명의 탐색 · 구조
> 2. 긴급구조기관 및 긴급구조지원기관의 인력 · 장비의 배치와 운용
> 3. 추가 재난의 방지를 위한 응급조치
> 4. 긴급구조지원기관 및 자원봉사자 등에 대한 임무의 부여
> 5. 사상자의 응급처치 및 의료기관으로의 이송
> 6. 긴급구조에 필요한 물자의 관리
> 7. 현장접근 통제, 현장 주변의 교통정리, 그 밖에 긴급구조활동을 효율적으로 하기 위하여 필요한 사항

04 난이도 ●●● 답 ④

비상경고는 긴급대피, 상황 전파, 비상연락 등을 담당하는 긴급구조대응계획이다.

> ✅ **확인학습 기능별 긴급구조대응계획**
> 1. 지휘통제: 긴급구조체제 및 중앙통제단과 지역통제단의 운영체계 등에 관한 사항
> 2. 비상경고: 긴급대피, 상황 전파, 비상연락 등에 관한 사항
> 3. 대중정보: 주민보호를 위한 비상방송시스템 가동 등 긴급 공공정보 제공에 관한 사항 및 재난상황 등에 관한 정보 통제에 관한 사항
> 4. 피해상황분석: 재난현장상황 및 피해정보의 수집 · 분석 · 보고에 관한 사항

05 난이도 ●●○ 답 ①

※ 관련규정 재·개정		정답없음
개정 전	1. 신속기동요원: 대응계획부 2. 자원지원요원: 자원지원부 3. 통신지휘요원: 구조진압반 4. 안전담당요원: 연락공보담당 또는 안전담당 5. 경찰파견 연락관: 현장통제반 6. 응급의료파견 연락관: 응급의료반	
개정 후	1. 현장지휘요원: 현장지휘부 2. 자원지원요원: 자원지원부 3. 통신지원요원: 현장지휘부 4. 안전관리요원: 현장지휘부 5. 상황조사요원: 대응계획부 6. 구급지휘요원: 현장지휘부	

바르게 연결된 것은 ㄱ, ㄴ이다.

| 선지분석 |
ㄷ. [×] 안전담당요원 – 연락공보담당 또는 안전담당
ㄹ. [×] 경찰파견 연락관 – 현장통제반

> ✅ **확인학습 긴급구조요원의 통제단 부서배치**
> 1. 신속기동요원: 대응계획부
> 2. 자원지원요원: 자원지원부
> 3. 통신지휘요원: 구조진압반
> 4. 안전담당요원: 연락공보담당 또는 안전담당
> 5. 경찰파견 연락관: 현장통제반
> 6. 응급의료파견 연락관: 응급의료반

06 난이도 ●●● 답 ③

소방청장은 항공기 조난사고가 발생한 경우 항공기 수색과 인명구조를 위하여 항공기 수색 · 구조계획을 수립 · 시행하여야 한다. 다만, 다른 법령에 항공기의 수색 · 구조에 관한 특별한 규정이 있는 경우에는 그 법령에 따른다.

> 「재난 및 안전관리 기본법」 제56조 【해상에서의 긴급구조】 해상에서 발생한 선박이나 항공기 등의 조난사고의 긴급구조활동에 관하여는 「수상에서의 수색 · 구조 등에 관한 법률」 등 관계 법령에 따른다.
> 「수상에서의 수색 · 구조 등에 관한 법률」 제13조 【수난구호의 관할】 해수면에서의 수난구호는 구조본부의 장이 수행하고, 내수면에서의 수난구호는 소방관서의 장이 수행한다. 다만, 국제항행에 종사하는 내수면 운항선박에 대한 수난구호는 구조본부의 장과 소방관서의 장이 상호 협조하여 수행하여야 한다.
> 「재난 및 안전관리 기본법」 제57조 【항공기 등 조난사고 시의 긴급구조 등】 ① 소방청장은 항공기 조난사고가 발생한 경우 항공기 수색과 인명구조를 위하여 항공기 수색 · 구조계획을 수립 · 시행하여야 한다. 다만, 다른 법령에 항공기의 수색 · 구조에 관한 특별한 규정이 있는 경우에는 그 법령에 따른다.
> ② 항공기의 수색 · 구조에 필요한 사항은 대통령령으로 정한다.
> ③ 국방부장관은 항공기나 선박의 조난사고가 발생하면 관계 법령에 따라 긴급구조업무에 책임이 있는 기관의 긴급구조활동에 대한 군의 지원을 신속하게 할 수 있도록 다음 각 호의 조치를 취하여야 한다.
> 1. 탐색구조본부의 설치 · 운영
> 2. 탐색구조부대의 지정 및 출동대기태세의 유지
> 3. 조난 항공기에 관한 정보 제공
> ④ 제3항 제1호에 따른 탐색구조본부의 구성과 운영에 필요한 사항은 국방부령으로 정한다.

POINT 83 재난사태 및 특별재난지역

정답
p.192

01	③	02	③	03	③	04	②	05	④
06	③								

01 난이도 ●●○
답 ③

재난사태 선포권자는 행정안전부장관이다.

> ✔ 확인학습 **재난사태의 선포**
> 1. 행정안전부장관은 대통령령으로 정하는 재난이 발생하거나 발생할 우려가 있는 경우 사람의 생명·신체 및 재산에 미치는 중대한 영향이나 피해를 줄이기 위하여 긴급한 조치가 필요하다고 인정하면 중앙위원회의 회의를 거쳐 재난사태를 선포할 수 있다. 다만, 행정안전부장관은 재난상황이 긴급하여 중앙위원회의 심의를 거칠 시간적 여유가 없다고 인정하는 경우에는 중앙위원회의 심의를 거치지 아니하고 재난사태를 선포할 수 있다.
> 2. 그럼에도 불구하고 시·도지사는 관할 구역에서 재난이 발생하거나 발생할 우려가 있는 등 대통령령으로 정하는 경우 사람의 생명·신체 및 재산에 미치는 중대한 영향이나 피해를 줄이기 위하여 긴급한 조치가 필요하다고 인정하면 시·도위원회의 심의를 거쳐 재난사태를 선포할 수 있다. 이 경우 시·도지사는 지체 없이 그 사실을 행정안전부장관에게 통보하여야 한다.

> ✔ 확인학습 **재난사태의 선포대상 재난**
> 법 제36조 제1항 본문에서 "대통령령으로 정하는 재난"이란 재난 중 극심한 인명 또는 재산의 피해가 발생하거나 발생할 것으로 예상되어 시·도지사가 중앙대책본부장에게 재난사태의 선포를 건의하거나 중앙대책본부장이 재난사태의 선포가 필요하다고 인정하는 재난(「노동조합 및 노동관계조정법」 제4장에 따른 쟁의행위로 인한 국가핵심기반의 일시 정지는 제외한다)을 말한다.

> ✔ 확인학습 **재난사태가 선포된 지역에 대한 조치 사항**
> 1. 재난경보의 발령, 재난관리자원의 동원, 위험구역 설정, 대피명령, 응급지원 등 이 법에 따른 응급조치
> 2. 해당 지역에 소재하는 행정기관 소속 공무원의 비상소집
> 3. 해당 지역에 대한 여행 등 이동 자제 권고
> 4. 「유아교육법」 제31조, 「초·중등교육법」 제64조 및 「고등교육법」 제61조에 따른 휴업명령 및 휴원·휴교 처분의 요청
> 5. 그 밖에 재난예방에 필요한 조치

02 난이도 ●●○
답 ③

해당 지역에 대한 여행 등 이동 자제 권고 조치를 할 수 있다.

> ✔ 확인학습 **재난사태가 선포된 지역에 대한 조치**
> 1. 재난경보의 발령, 인력·장비 및 물자의 동원, 위험구역 설정, 대피명령, 응급지원 등 「재난 및 안전관리 기본법」에 따른 응급조치
> 2. 해당 지역에 소재하는 행정기관 소속 공무원의 비상소집
> 3. 해당 지역에 대한 여행 등 이동 자제 권고

4. 휴업명령 및 휴원·휴교 처분의 요청
5. 재난예방에 필요한 조치

03 난이도 ●●○
답 ③

특별재난지역의 선포를 위해서는 중앙안전관리위원회의 심의를 거쳐야 한다.

> ✔ 확인학습 **특별재난지역의 선포**
> 1. 중앙대책본부장은 대통령령으로 정하는 규모의 재난이 발생하여 국가의 안녕 및 사회질서의 유지에 중대한 영향을 미치거나 피해를 효과적으로 수습하기 위하여 특별한 조치가 필요하다고 인정하거나 지역대책본부장의 요청이 타당하다고 인정하는 경우에는 중앙위원회의 심의를 거쳐 해당 지역을 특별재난지역으로 선포할 것을 대통령에게 건의할 수 있다.
> 2. 1.에 따라 대통령령으로 재난의 규모를 정할 때에는 다음의 사항을 고려하여야 한다.
>   • 인명 또는 재산의 피해 정도
>   • 재난지역 관할 지방자치단체의 재정 능력
>   • 재난으로 피해를 입은 구역의 범위
> 3. 1.에 따라 특별재난지역의 선포를 건의받은 대통령은 해당 지역을 특별재난지역으로 선포할 수 있다.
> 4. 지역대책본부장은 관할지역에서 발생한 재난으로 인하여 1.에 따른 사유가 발생한 경우에는 중앙대책본부장에게 특별재난지역의 선포 건의를 요청할 수 있다.

04 난이도 ●○○
답 ②

(행정안전부장관)은 대통령령으로 정하는 재난이 발생하거나 발생할 우려가 있는 경우 사람의 생명·신체 및 재산에 미치는 중대한 영향이나 피해를 줄이기 위하여 긴급한 조치가 필요하다고 인정하면 (중앙안전관리위원회)의 심의를 거쳐 (재난사태)를 선포할 수 있다.

05 난이도 ●○○
답 ④

(중앙재난안전대책본부장)은 대통령령으로 정하는 규모의 재난이 발생하여 특별한 조치가 필요하다고 인정하거나 지역대책본부장의 요청이 타당하다고 인정하는 경우에는 (중앙안전관리위원회)의 심의를 거쳐 해당 지역을 특별재난지역으로 선포할 것을 대통령에게 건의할 수 있다.

06 난이도 ●○○
답 ③

특별재난지역 선포권자는 대통령이다.

1회 2024년 3월 30일 공채·경채

정답
p.196

01	②	02	③	03	①	04	④	05	①
06	③	07	③	08	①	09	④	10	②
11	④	12	①	13	②	14	①	15	③
16	①	17	①	18	②	19	④	20	②
21	정답 없음	22	③	23	④	24	②	25	③

01 난이도 ●●●○○
답 ②

🏛 [소방역사 및 소방조직] 소방조직

도 소방위원회(1946년) – 내무부 소방국(1975년) – 시·도 소방본부(1992년) – 소방방재청(2004년) 순이다.

| 선지분석 |

① [×] 내무부 소방과(1948년), 내무부 소방국(1975년), 도 소방위원회(1946년), 시·도 소방본부(1992년)

③ [×] 중앙소방위원회(1946년), 내무부 소방국(1975년), 도 소방위원회(1946년), 소방방재청(2004년)

④ [×] 내무부 소방국(1975년), 중앙소방위원회(1946년), 소방방재청(2004년), 소방청(1947년/2017년)

✓ 확인학습 소방조직의 변천 과정

1. 조선시대: 금화도감(1426.02), 수성금화도감(1426.06), 경무청 총무국(1895년)
2. 미군정시기(1945년~1948년): 중앙소방위원회/도 소방위원회/소방부(1946년), 중앙소방위원회 집행기구로 소방청(1947년)
3. 정부수립 이후 초창기(1948년~1970년): 중앙 – 내무부 치안국 소방과(1948년) 지방 – 도 소방청 지방경찰국
4. 발전기(1970년~1992년): 내무부 치안본부 소방과(1974년), 내무부 민방위본부 소방국(1975년)
5. 광역소방행정체계: 전국 시·도 소방본부(1992년)
6. 소방방재청(2004년~2014년) – 국민안전처 중앙소방본부(2014년~2017년) – 소방청(2017년~)

02 난이도 ●●○○○
답 ③

🏛 [소방역사 및 소방조직] 소방행정조직

1975년 내무부 민방위본부 설치로 민방위제도를 실시하게 되면서, 소방이 경찰로부터 분리되었다.

✓ 확인학습 정부수립 이후 초창기(1948년~1970년)

1. 정부수립과 동시에 소방은 다시 국가소방체제로 경찰사무에 포함되어 운영되었다.
2. 중앙소방위원회는 내무부 치안국 소방과에 소방계와 훈련계를 두고 사무를 분장하였다.
3. 1969년 1월 7일 「경찰공무원법」이 제정됨에 따라 소방계장을 소방총경으로 보하도록 하였다.

4. 미군정 과도정부 시기에는 소방서 수가 50개소에 달하였다. 이후 1950년에는 23개소 소방서만 존치시키고 27개 소방서를 폐지하였으나 그 후에 소방서의 수는 계속 증가하였다.

✓ 확인학습 최근 소방의 중앙정부조직

1. 소방방재청(2004년~2014년)
2. 국민안전처 중앙소방본부(2014년~2017년)
3. 소방청(2017년~)

✓ 확인학습 갑오경장의 경찰관제와 소방

1. 1894년 갑오경장을 통하여 종래의 좌우 포도청을 없애고 한성 5부의 경찰 사무를 합하여 경무청을 설치하였다. 이때의 경무청은 한성 5부 관내를 담당하는 기구였다.
2. 1895년 4월 29일에는 경무청 직제를 제정하여 경무청에 경무사 밑 제2보 아래 총무국을 두도록 하였으며 총무국에서 수화소방에 관한 사무를 분장하도록 하였다. 그해 5월 3일 「경무청 처무 세칙」을 만들어 수화소방은 난파선 및 출화·홍수 등에 관계하는 구호에 관하는 사항으로 규정하였다. 이때가 현재까지는 소방이라는 용어를 처음으로 사용하였던 기록이다.

03 난이도 ●●○○○
답 ①

🏛 [재난관리론] 재난관리주관기관

저수지 사고의 재난관리주관기관은 농림축산식품부이다.

✓ 확인학습 재난관리주관기관(농림축산식품부)

1. 가축 질병
2. 저수지 사고

04 난이도 ●●●○○
답 ④

🏛 [재난관리론] 재해발생과정

ㄱ. 하인리히의 도미노이론에서는 재해 발생을 방지하기 위해 불안전한 행동 및 상태를 제거해야 한다.

ㄴ. 버드의 도미노이론에서는 재해 발생을 방지하기 위해 기본원인을 제거해야한다.

✓ 확인학습 도미노이론

단계	하인리히의 도미노이론	버드의 도미노이론
1단계	사회적·유전적(간접원인)	관리상 결함(관리 부족)
2단계	개인적 결합(간접원인)	기본원인
3단계	불안전한 행동, 불안전한 상태(직접원인)	직접원인(불안전한 행동, 불안전한 상태)
4단계	사고(접촉)	사고(접촉)
5단계	재해(손실)	재해(손실)
재해예방	직접원인의 제거	기본원인의 제거

1. 사고의 원인이 되는 불안전한 행동이나 기계적 또는 물리적 결함에 가장 큰 관심을 두고 이의 제거에 노력하여 사고를 예방해야 한다고 한다.
2. 즉, 세 번째 도미노를 제거하면, 첫 번째와 두 번째 도미노가 쓰러지더라도 사고는 발생하지 않는다고 본다.

✅ 확인학습 버드의 연쇄성이론(도미노이론)

버드의 연쇄성이론은 안전관리결함과 기본원인인 4M관리 부족으로 연쇄적으로 손실과 재해가 발생된다는 연쇄성이론이다. 재해를 제거하기 위해서는 철저한 안전관리와 기본원인 관리가 중요하다.

1단계	2단계	3단계	4단계	5단계
사회적 유전적	개인적 결함	불안전한 행동 불안전한 상태	사고	재해
통제의 부족	기본적원인	직접원인	접촉	손실

05 난이도 ●●○○○ 답 ①

🏛 [연소론] 연소

작열연소: 화염이 없는 표면연소이다.

| 선지분석 |

② [×] 증발연소: 유황(황)이나 나프탈렌이 열분해되면서 일어나는 연소이다.
③ [×] 증발연소: 액체에서만 발생하는 연소형태로서 액면에서 비등하는 기체에서 발생한다. → 유황(황)이나 나프탈렌과 같은 고체연료에서도 증발연소를 한다.
④ [×] 자기연소: 제5류 위험물과 같이 물질 자체 내의 산소를 소모하는 연소로서 연소속도가 빠르다.

06 난이도 ●●●○○ 답 ③

🏛 [폭발론] 블레비 현상

블래비 현상은 탱크 균열로 인한 액상, 기상의 동적 평형상태가 깨지는 물리적 폭발을 말한다.

✅ 확인학습 블레비 현상

블래비 현상(비등액체팽창 증기폭발)은 가연성 액체가 들어있는 액화가스저장탱크가 화재로부터 열을 공급받아 압력상승으로 인하여 탱크의 일부가 파열되고, 탱크 균열로 인한 액상, 기상의 동적 평형상태가 깨지는 물리적 폭발을 말한다. 블레비 현상으로 대기 중으로 기화된 가스가 점화원에 의하여 폭발할 수 있다.

✅ 확인학습 블레비(BLEVE) 발생의 메커니즘

1. 저장탱크의 온도가 상승한다.
2. 내부 압력이 상승한다.
3. 탱크의 벽면에 연성파괴가 발생한다.
4. 일시적인 압력감소 현상이 발생한다.
5. 급격한 비등팽창이 발생한다.
6. 압력이 급격히 재상승한다.
7. 탱크 외벽의 취성이 파괴되는 현상까지이다.

07 난이도 ●●●○○ 답 ③

🏛 [화재론] 실내 일반화재 진행과정

최성기에는 실내 화염이 최고조에 도달하나 실내 산소 부족으로 연소속도가 느려진다.

| 선지분석 |

① [×] 화재 성장기에는 실내 온도가 급격하게 상승하기 시작한다.
② [×] 성장기에는 급속한 연소 진행으로 연료지배형 화재 양상이 나타난다.
④ [×] 감쇠기에는 화염의 급격한 소멸로 훈소 상태가 되어 백드래프트(Back draft)의 위험이 있다.

✅ 확인학습 실내 일반화재의 진행 단계

1. 초기: 발화기(초기단계)는 연소가 시작될 때의 시기를 말한다. 발화시점에는 화재 규모는 작고 처음 발화된 가연물에 한정된다.
2. 성장기: 급속한 연소 진행으로 연료지배형 화재 양상이 나타난다. 화재의 진행 변화가 급속히 이루어지고, 개구부에서는 검은 연기가 분출된다.
3. 플래시오버: 연료지배화재에서 환기지배화재로 전이될 수 있다.
4. 최성기: 실내 화염이 최고조에 도달하나 실내 산소 부족으로 연소속도가 느려진다.
5. 감쇠기: 화염의 급격한 소멸로 훈소 상태가 되어 백드래프트(Back draft)의 위험성이 있다.

✅ 확인학습 플래시오버 현상

1. 실내의 온도 상승에 의해서 일시에 연소하여 화재의 진행을 순간적으로 실내 전체에 확산시키는 현상이다. 실내 모든 가연물의 동시발화현상이 나타난다. 전실화재(순발연소)라고도 한다.
2. 국부화재로부터 구획 내 모든 가연물이 연소되기 시작하는 큰 화재로 전이된다. 플래시오버 시점에서 실내의 온도는 약 800 ~ 900℃가 된다.
3. 플래시오버 현상으로 연료지배형 화재에서 환기지배형 화재로 전이될 수 있다.

08 난이도 ●○○○○ 답 ①

🏛 [연소론] 불완전연소

산소가 충분히 공급되지 않아 불완전한 연소가 진행된다.

✅ 확인학습 불완전연소

1. 산소가 충분히 공급되지 않아 불완전한 연소가 진행되면, 가연물질로부터 열분해가 되어 발생되는 생성물에 가연성 물질이 남아 있는 것을 말한다.
2. 불완전연소할 때의 대표적인 생성물로 일산화탄소(CO), 그을음, 유리탄소 등이 있다.

09 난이도 ●●●●○ 답 ④

🏛 [위험물] 지정수량 및 위험등급

과염소산 – 300 kg – Ⅰ등급

| 선지분석 |

① [○] 황린 – 20 kg – Ⅰ등급
② [○] 마그네슘 – 500 kg – Ⅲ등급
③ [○] 유기과산화물 – 10 kg – Ⅰ등급

✅ 확인학습 위험등급 Ⅰ의 위험물

1. 제1류 위험물 중 아염소산염류, 염소산염류, 과염소산염류, 무기과산화물 그 밖에 지정수량이 50kg인 위험물
2. 제3류 위험물 중 칼륨, 나트륨, 알킬알루미늄, 알킬리튬, 황린 그 밖에 지정수량이 10kg 또는 20kg인 위험물
3. 제4류 위험물 중 특수인화물
4. 제5류 위험물 중 유기과산화물, 질산에스테르류(질산에스터류), 그 밖에 지정수량이 10kg인 위험물
5. 제6류 위험물

✅ 확인학습 위험등급 Ⅱ의 위험물

1. 제1류 위험물 중 브롬산염류(브로민산염류), 질산염류, 요오드산염류(아이오딘산염류), 그 밖에 지정수량이 300kg인 위험물
2. 제2류 위험물 중 황화인, 적린, 유황(황), 그 밖에 지정수량이 100kg인 위험물
3. 제3류 위험물 중 알칼리금속(칼륨 및 나트륨을 제외한다) 및 알칼리토금속, 유기금속화합물(알킬알루미늄 및 알킬리튬을 제외한다), 그 밖에 지정수량이 50kg인 위험물
4. 제4류 위험물 중 제1석유류 및 알코올류
5. 제5류 위험물 중 제1호 라목에 정하는 위험물 외의 것

※ 위험등급 Ⅲ의 위험물: 위험등급 Ⅰ 및 위험등급 Ⅱ에 정하지 아니한 위험물

10 난이도 ●●○○○ 답 ②

🏛 [연소론] 발화온도와 발화에너지

점화원을 제거해도 자력으로 연소를 지속할 수 있는 최저 온도를 연소점(Fire point)이라고 한다.

| 선지분석 |

① [×] 점화원에 의해서 가연물이 발화하기 시작하는 최저 온도를 인화점(Flash point)이라고 한다.
③ [×] 가연물의 최소발화에너지가 작을수록 더 위험하다.
④ [×] 일반적인 온도 관계는 인화점 < 연소점 < 발화점이다.

11 난이도 ●●●○○ 답 ④

🏛 [화재론] 백드래프트

건물 내 연기가 소용돌이치거나 맴도는 현상이 나타난다.

✅ 확인학습 백드래프트(Back draft)의 발생 징후

1. 폐쇄된 공간에서 산소의 부족으로 불꽃이 약화되어 가는 상태가 된다.
2. 거의 완전히 폐쇄된 건물에서 훈소 상태가 지속되며 높은 열이 집적되는 상태가 지속된다.
3. 외부에 설치되어 있는 개구부의 유리창 안쪽에서 타르와 같은 물질이 흘러내린다.
4. 건물 내 연기가 소용돌이치거나 맴도는 현상이 나타난다.
5. 문 주위 또는 개구부의 틈에서 압력차에 의하여 공기가 빨려들어 오는 특이한 소리(휘파람 소리) 또는 심한 진동이 발생한다.

12 난이도 ●●●○○ 답 ①

🏛 [폭발론] 폭연 및 폭굉

착화 → (화염전파) → (압축파) → (충격파) → 폭굉파

✅ 확인학습 폭연에서 폭굉으로의 전이과정(메커니즘)

1. 점화원에 의하여 화재가 발생하면 미연소부분으로의 화염전파가 시작된다.
2. 연소파에 의하여 화염의 전방에서 압축파가 발생한다.
3. 압축파는 계속해서 발생하는 압축파와 중첩되면서 강한 충격파로 전이된다.
4. 충격파는 단열압축을 수반하면서 발화점 이상으로 온도가 상승하게 되어 발화를 촉진한다.
5. 충격파가 배후에 연소를 수반하면서 엄청난 폭굉파를 발생한다.

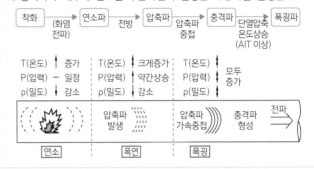

13 난이도 ●●○○○ 답 ②

🏛 [화재론] 일반화재

일반화재에 해당하는 것은 ㄴ이다.

| 선지분석 |

ㄱ. [×] 통전 중인 배전반에서 불이 난 경우: 전기화재
ㄷ. [×] 실외 난로가 넘어지면서 새어 나온 석유에 불이 붙은 경우: 유류화재
ㄹ. [×] 실험실 시험대 위 나트륨 분말에서 불이 난 경우: 금속화재

✅ 확인학습 전기화재(C급 화재)

1. 전기화재는 전류가 흐르는 전기장비와 관련된 화재이다.
2. 전기화재의 발생원으로는 단락(합선), 전기스파크, 과전류, 접속부 과열, 지락, 낙뢰, 누전, 열적경과, 절연불량 등이 있다.
3. 전기화재는 할로겐화합물 소화약제, 분말소화약제 또는 이산화탄소와 같은 비전도성 소화약제를 사용하여 진압할 수 있다.

✅ 확인학습 유류화재(B급 화재)

1. 유류화재는 가솔린, 등유 등과 같은 인화성 액체(제4류 위험물)의 화재이다. 그 외에 오일, 라커, 페인트 등과 같은 가연성 액체와 관련된 화재도 포함된다.
2. 연소 후 재를 남기지 않으며, 연소열이 크고 인화성이 좋기 때문에 일반화재보다 위험하다.
3. 포를 이용한 질식소화가 효과적이다.

✅ 확인학습 금속화재(D급 화재)

1. 금속분자가 적절히 집중되어 있는 상태에서 적절한 발화원이 제공된다면 강력한 폭발을 일으킬 수 있다.
2. 가연성 금속화재는 알루미늄, 마그네슘, 티타늄 등과 같은 가연성 금속과 관련된 화재이다.
3. 금속화재를 통제하기 위한 특수한 D형 소화약제들을 이용할 수 있다.

14 난이도 ●●○○○○　　　　　　　　　답 ①

🏛 [화재론] 유류화재

보일오버(Boil over)에 대한 설명이다.

> ✅ **확인학습 유류화재의 이상현상**
> 1. **오일오버(Oil over)**: 제4류 위험물의 양이 내용적의 2분의 1 이하로 충전되어 있을 때 화재로 인한 증기압력이 상승하면서 저장탱크 내의 유류를 외부로 분출하면서 탱크가 파열되는 현상
> 2. **보일오버(Boil over)**: 탱크 아래의 물의 비등으로 기름이 탱크 밖으로 화재를 동반하여 방출하는 현상
> 3. **프로스오버(Froth over)**: 상부에 지붕이 없는 유류저장탱크에서 장기간 화재가 발생하여 고온의 열류층이 형성된 상태에서 소화작업으로 소화수가 주수되면 유류표면으로부터 물의 급격한 증발 현상
> 4. **슬롭오버(Slop over)**: 점성을 가진 뜨거운 유류 표면의 아래 부분에서 물이 비등할 경우 비등하는 물이 저장탱크 내의 유류를 외부로 넘쳐흐르게 하는 현상(화재를 수반하지 않는 현상)

15 난이도 ●●●○○　　　　　　　　　답 ③

🏛 [화재론] 구획실 화재

연료지배형 화재는 환기지배형 화재보다 산소 공급이 원활하고 연소속도가 빠르다.

| 선지분석 |

① [×] 플래시오버(Flash over)는 성장기와 최성기 사이에서 발생하며 충격파를 수반하지 않는다.
② [×] 굴뚝효과가 발생할 때는 개구부에 형성된 중성대 하부에서 공기가 유입되고, 중성대 상부에서 연기가 유출된다.
④ [×] 롤오버 현상은 실내 공기의 압력 차이로 가연성 가스가 천장을 따라 화재가 발생하지 않은 복도 쪽으로 굴러다니는 것처럼 뿜어져 나오는 현상이다.

> ✅ **확인학습 롤오버(Roll over) 현상**
> 1. 롤오버 현상은 연소과정에서 발생된 가연성 가스가 공기 중 산소와 혼합되어 천장부분에 집적된 상태에서 발화온도에 도달하여 발화함으로써 화재의 선단부분이 매우 빠르게 확대되는 현상이다.
> 2. 롤오버 현상은 화재지역의 상층(천장)에 집적된 고압의 뜨거운 가연성 가스가 화재가 발생되지 않은 저압의 다른 부분으로 이동하면서 화재가 매우 빠르게 확대되는 원인이 된다.

> ✅ **확인학습 화재플럼(Fire plume)**
> 1. 부력이란 무거운 유체 속에 가벼운 유체(물체)가 잠겨 있는 경우 밀도 차에 의하여 가벼운 유체가 중력의 반대방향으로 상승하려는 힘을 말한다.
> 2. 주변보다 가벼워진 고온기체는 상대적으로 차가운 주변기체와의 밀도 차에 의하여 수직으로 상승하는 고온연소가스 유동을 형성하게 되는데 이를 화재플럼(Fire plume)이라고 한다.
> 3. 부력에 의하여 연소가스와 유입되는 공기가 상승하면서 화염이 섞인 기둥형태를 나타내는 현상이다.

16 난이도 ●●○○○○　　　　　　　　　답 ①

🏛 [연소론] 위험도

위험도가 낮은 것에서 높은 순서는 A, B, C이다.
A: 연소하한계 = 2 vol%, 연소상한계 = 22 vol%이므로

$$위험도_A = \frac{22 - 2}{2} ≒ 10.00이다.$$

B: 연소하한계 = 4 vol%, 연소상한계 = 75 vol%이므로

$$위험도_B = \frac{75 - 4}{4} ≒ 17.80이다.$$

C: 연소하한계 = 1 vol%, 연소상한계 = 44 vol%이므로

$$위험도_C = \frac{44 - 1}{1} ≒ 43.00이다.$$

17 난이도 ●●○○○○　　　　　　　　　답 ①

🏛 [소방시설] 감지기

차동식 분포형 감지기에 대한 설명이다.

> ✅ **확인학습 열감지기**
> 1. **차동식 스포트형**: 주위온도가 일정 상승률 이상이 되는 경우에 작동하는 것으로서 일국소에서의 열 효과에 의하여 작동되는 것을 말한다.
> 2. **차동식 분포형**: 주위온도가 일정 상승률 이상이 되는 경우에 작동하는 것으로서 넓은 범위 내에서의 열 효과의 누적에 의하여 작동되는 것을 말한다.
> 3. **정온식 감지선형**: 일국소의 주위온도가 일정한 온도 이상이 되는 경우에 작동하는 것으로서 외관이 전선으로 되어 있는 것을 말한다.
> 4. **정온식 스포트형**: 일국소의 주위온도가 일정한 온도 이상이 되는 경우에 작동하는 것으로서 외관이 전선으로 되어 있지 아니한 것을 말한다.
> 5. **보상식 스포트형**: 1.과 4.의 성능을 겸한 것으로서 1.의 성능 또는 4.의 성능 중 어느 한 기능이 작동되면 작동신호를 발하는 것을 말한다.

18 난이도 ●●●●○　　　　　　　　　답 ②

🏛 [소방시설] 경보설비

P형 수신기는 감지기 또는 발신기에서 1 : 1 접점방식으로 전송된 신호를 수신한다.

> ✅ **확인학습 P형 수신기**
> 감지기 또는 P형 발신기에서 보낸 신호를 받으면 화재등과 지구등이 점등되며 동시에 수신기 측 주경종과 해당 지구경종이 경보를 발하는 시스템이다.
> 1. **P형 1급 수신기**: P형 1급 수신기는 회로수의 제한이 없다.
> 2. **P형 2급 수신기**: P형 2급 수신기는 회로수가 5회로 이하이다.

> ✅ **확인학습 R형 수신기**
> 감지기 및 발신기로부터의 신호를 중계기를 통하여 관계자에게 통보하는 수신기로서 증·개축이 많거나 횟수가 많은 대규모 건물이나 다수의 동이 있는 건축물에 적합하지만 가격이 비싸다는 단점이 있다.
> 1. 통신전선이 적게 들어 경제적이다.
> 2. 통신선로의 길이를 길게 할 수 있다.
> 3. 신호의 전달이 명확하다.
> 4. 신호전달방식이 다중신호 방식이다(P형은 개별신호방식).
> 5. 고유의 신호를 전달하는 중계기가 설치되어 있다(P형은 공통신호방식).
> 6. 회로의 이상, 고장, 단락 등을 판단하는 자기진단 기능이 있다.

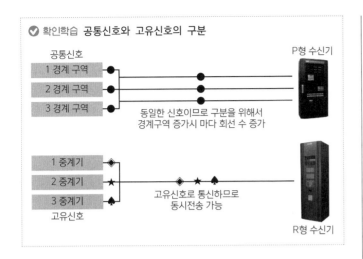

19 난이도 ●●●○○ 답 ④

🏛 [위험물] 소화방법

모두 옳다.

| 선지분석 |

ㄱ. [○] 황린: 물을 이용한 냉각소화
ㄴ. [○] 유황(황): 물을 이용한 냉각소화
ㄷ. [○] 경유, 휘발유: 포 소화약제를 이용한 질식소화
ㄹ. [○] 탄화알루미늄, 알킬알루미늄: 건조사, 팽창질석을 이용한 질식소화

20 난이도 ●●●○○ 답 ②

🏛 [소화론] 이산화탄소 소화약제

질식소화 효과와 기화열 흡수에 의한 냉각효과가 있다.

| 선지분석 |

① [×] 무색, 무취로 비전도성이며 독성이 없다.
③ [×] 제3류 위험물, 제5류 위험물의 소화에 사용을 금한다.
④ [×] 자체 증기압이 매우 높아 별도의 가압원이 필요하지 않다.

✓ 확인학습 이산화탄소 소화약제의 특성

1. 무색, 무취로 비전도성이며 독성이 없다.
2. 질식소화 효과와 기화열 흡수에 의한 냉각효과가 있다.
3. 제3류 위험물, 제5류 위험물의 소화에 사용을 금한다.
4. 자체 증기압이 매우 높아 별도의 가압원이 필요하지 않다.

✓ 확인학습 이산화탄소 소화약제 사용제한장소

1. 방재실·제어실 등 사람이 상시 근무하는 장소
2. 소화약제에 의해 질식 또는 인체의 위해가 발생할 우려가 있는 밀폐장소
3. 제5류 위험물을 저장·취급하는 장소
4. 이산화탄소를 분해시키는 반응성이 큰 금속(Na, K, Mg, Ti, Zr 등)과 금속수소화물(LiH, NaH, CaH$_2$)

21 난이도 ●●●●○ 정답없음

🏛 [소화론] 할론 소화약제

「소방공무원 채용시험에 관한 예규」 별표1 소방학개론의 범위 중 소화이론 – 소화약제 분야에 할론 소화약제에 관한 내용이 없기 때문에, 모두 정답처리되었다.

22 난이도 ●●●●○ 답 ③

🏛 [소화론] 포 소화약제

단백포 소화약제는 포의 유동성이 좋지 않아 유면을 신속하게 덮지 못하므로 소화 속도가 느리다. 또한 분말소화약제와 병용할 수 없다는 단점이 있고, 유류를 오염시킨다.

✓ 확인학습 단백포 소화약제(Protein foaming agents)

1. 동물의 뿔, 발톱 등을 알칼리로 가수분해한 생성물에 금속염인 염화철과 그 밖의 첨가제 등을 혼합·제조하여 사용한다.
2. 신속하게 다량의 포가 연소유면에 전개되면 단백질과 안정제가 결합하여 내열성이 우수한 포가 유면을 질식소화한다.
3. 포의 유동성이 좋지 않아 유면을 신속하게 덮지 못하므로 소화 속도가 느리다.
4. 부패의 우려가 있어 저장기간이 길지 않다.
5. 단백포는 점성이 있어 안정되고 두꺼운 포막을 형성하기 때문에 인화성·가연성 액체의 위험물 저장탱크, 창고, 취급소 등의 포소화설비에 사용된다.
6. 분말소화약제와 병용할 수 없다는 단점이 있고, 유류를 오염시킨다.

23 난이도 ●●●●● 답 ④

🏛 [연소론] 복사열 유속

$$Q = \frac{X_r \dot{Q}}{4\pi r^2} = \frac{0.5 \times 120kW}{4 \times 3 \times 1m^2} = 5[kW/m^2]$$

✓ 확인학습 화염직경의 두 배 이상 떨어진 목표물에 대한 복사열 계산

$$Q = \frac{X_r \dot{Q}}{4\pi r^2}$$

- $\dot{Q}$: 화재의 연소에너지 방출(kW)
- X_r: 총 방출에너지 중 복사된 에너지 분율(0.15~0.6)
- r: 화재중심과 목표물의 거리(m)
- $4\pi r^2$: 구의 표면적

24 난이도 ●●○○○ 답 ②

🏛 [연소론] 혼합가스의 연소하한계

$$연소의\ 하한계(\%) = \frac{100}{\frac{20}{4} + \frac{40}{20} + \frac{40}{10}} ≒ 9.1[\%]$$

$$LFL(\%) = \frac{100}{\dfrac{V_1}{L_1} + \dfrac{V_2}{L_2} + \dfrac{V_3}{L_3} + \cdots}$$

- LFL: 혼합가스의 폭발하한계(vol%)
- V_1: 각 단독성분의 혼합가스 중의 농도(vol%)
- L_1: 혼합가스를 형성하는 각 단독 성분의 폭발하한계(vol%)

25 난이도 ●●●●○ 답 ③

🏛 [위험물] 물과 반응

과산화나트륨: $2Na_2O_2 + 2H_2O \rightarrow 4NaOH + O_2$

| 선지분석 |

① [×] 칼륨: $2K + 2H_2O \rightarrow 2KOH + H_2$
② [×] 탄화칼슘: $CaC_2 + 2H_2O \rightarrow Ca(OH)_2 + C_2H_2\uparrow$
④ [×] 오황화인: $P_2S_5 + 8H_2O \rightarrow 5H_2S + 2H_3PO_4$

✅ 확인학습 오황화인

1. 연소반응식: $2P_2S_5 + 15O_2 \rightarrow 2P_2O_5 + 10SO_2$
2. 물과의 반응식: $P_2S_5 + 8H_2O \rightarrow 5H_2S + 2H_3PO_4$
3. 발생증기의 연소반응식: $2H_2S + 3O_2 \rightarrow 2SO_2 + 2H_2O$

2회 2024년 1월 13일 간부

정답   p.200

01	②	02	①	03	④	04	②	05	④
06	⑤	07	④	08	③	09	④	10	②
11	④	12	④	13	①	14	⑤	15	⑤
16	①	17	④	18	③	19	③	20	①
21	②	22	⑤	23	②	24	①	25	⑤

01 난이도 ●●●○○ 답 ②

🏛 [소화론] 단백포 소화약제

옳은 것은 ㄷ, ㄹ이다.

| 선지분석 |

ㄱ. [×] 유동성이 좋지 않다.
ㄴ. [×] 내열성이 우수하다.
ㄷ. [○] 유류를 오염시킨다.
ㄹ. [○] 유면 봉쇄성이 좋다.

✅ 확인학습 단백포 소화약제

장점	• 내열성이 우수함 • 봉쇄성 및 내화성이 우수함 • 윤화(Ring fire)의 발생 위험이 없음
단점	• 유동성이 좋지 않아서 소화속도가 느림 • 소화약제의 저장기간이 짧음(3년 이내) • 분말과 병용할 수 없으며, 유류를 오염시킴

02 난이도 ●○○○○ 답 ①

🏛 [위험물] 지정수량

황린의 지정수량은 20kg이다. 다른 물질의 지정수량은 10kg이다.

| 선지분석 |

① 황린: 20kg
② 칼륨: 10kg
③ 나트륨: 10kg
④ 알킬리튬: 10kg
⑤ 알킬알루미늄: 10kg

03 난이도 ●●○○○ 답 ④

🏛 [화재론] 목조건축물 화재

보기는 발화에서 최성기 단계에 대한 설명이다.

✅ 확인학습 목조건축물의 화재진행과정

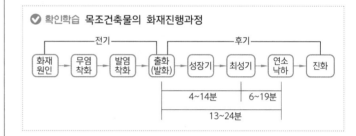

✅ 확인학습 발화 및 발화에서 최성기 단계

1. 발화(출화): 출화(발화)란 단순히 가연물에 불이 붙은 것을 의미하는 것이 아니고 천장이나 벽 속에 착화되었을 때를 말한다. 그러므로 가옥의 천장까지 불이 번져 가옥 전체에 불기가 확대되는 단계이다.
2. 발화(출화)에서 최성기
   • 플래시오버가 발생하는 단계로, 연기의 색은 백색에서 흑색으로 변한다.
   • 최고온도가 1,300℃까지 올라가게 된다.

04 난이도 ●●●○○ 답 ②

🏛 [폭발론] 분진폭발

입도가 작을수록 비표면적이 증가하므로 폭발성이 증가한다.

✅ 확인학습 분진폭발의 영향 인자

1. 분진의 화학적 성질: 분진의 발열량과 휘발성이 클수록 폭발성이 크다.
2. 분진의 부유성
   • 부유성이 클수록 공기 중에 체류시간이 길고 위험성도 커진다.
   • 공기 중에서 산화피막을 형성할 수 있는 가연성 분진은 공기 중의 부유시간이 길어지면 폭발성이 감소할 수도 있다.
   • 분진 중에 존재하는 수분은 분진의 부유성을 억제할 수 있다. 이에 따라 가연성 분진의 폭발하한계가 높아져 폭발성을 약하게 할 수 있다.
   • 수분과의 반응성이 있는 금수성 물질의 분진은 가연성 가스의 발생을 촉진시킬 수 있어 폭발의 위험성이 커질 수 있다.
3. 입도 및 형상
   • 입도가 작을수록 비표면적이 증가하므로 폭발성이 증가한다.
   • 분진폭발을 일으키는 분진입자의 크기는 약 100마이크로(μ) 또는 76μm(200mesh) 이하이다.
   • 평균 입경이 동일한 분진일 경우 분진의 형상에 따라 폭발성이 달라진다.
4. 산소의 농도: 산소의 농도가 낮아지면 최소점화에너지는 증가한다.

05 난이도 ●●○○○○　　　　　　　　　　답 ④

🔥 [연소론] 연소형태

파라핀만 증발연소를 한다.

| 선지분석 |

① 목재: 분해연소
② 종이: 분해연소
③ 석탄: 분해연소
④ 파라핀: 증발연소
⑤ 합성수지: 분해연소

> ✅ 확인학습 **고체연료의 연소형태**
>
> | 연소형태 | 물질 |
> |---|---|
> | 표면연소 | 숯, 목탄, 금속분, 코크스 |
> | 분해연소 | 목재, 종이, 석탄, 플라스틱 |
> | 자기연소 | 셀룰로이드, TNT |
> | 증발연소 | 유황(황), 나프탈렌, 파라핀(양초) |

06 난이도 ●●●●○　　　　　　　　　　답 ⑤

🔥 [연소론] 완전연소 조성식

- 프로페인 1mol이 완전연소하는 데 필요한 공기 중 질소의 양은 이론 공기량×0.79이다. 따라서, 필요한 공기량 중 질소의 양 23.8[mol]×0.79[vol%]≒18.8[mol]이다.
- 프로페인 0.5mol일 때는 18.8[mol]×0.5≒9.4[mol]이다.

| 선지분석 |

① [O] 프로페인 1mol이 완전연소하면 약 72g의 물이 생성된다. → 4몰의 H_2O가 생성된다[4×18 = 72(g)].
② [O] 프로페인 0.5mol이 완전연소하는 데 약 2.5mol의 산소가 필요하다. → 프로페인 1mol이 완전연소하는 데 5몰의 산소가 필요하므로 0.5mol일 경우 약 2.5mol의 산소가 필요하다.
③ [O] 프로페인 44g이 완전연소하면 약 132g의 이산화탄소가 생성된다. → 프로페인 44g은 1몰이다. 따라서 3mol의 CO_2가 생성된다. 3mol의 CO_2는 132g이다[3×44 = 132(g)].
④ [O] 프로페인 1mol이 완전연소하는 데 약 23.8mol의 공기가 필요하다. → 이론공기량 = $\dfrac{5}{0.21}$ ≒ 23.8[mol]

> ✅ 확인학습 **프로페인(C_3H_8)의 완전연소 조성식**
>
> 1. 프로페인(C_3H_8)의 완전연소 반응식
>
> $$C_3H_8 + 5O_2 \rightarrow 3CO_2 + 4H_2O$$
>
> 2. 프로페인 1mol 완전연소할 때
>   - 5mol의 O_2 [5×36 = 180(g)]
>   - 3mol의 CO_2 [3×44 = 132(g)]
>   - 4mol의 H_2O [4×18 = 72(g)]
>   - 필요한 공기량 $\dfrac{5}{0.21}$ ≒ 23.8[mol]
>   - 필요한 공기량 중 질소의 양 23.8[mol]×0.79[vol%]≒18.8[mol]
>   ※ 프로페인 0.5mol 완전연소할 때는 산출된 값의 0.5를 곱하여 값을 얻을 수 있다.

07 난이도 ●●●○○　　　　　　　　　　답 ④

🔥 [소방역사 및 소방조직] 자체소방대

제4류 위험물을 취급하는 제조소 또는 일반취급소에서 취급하는 제4류 위험물의 최대수량의 합이 지정수량의 3천배 이상인 경우

| 선지분석 |

① [×] 용기에 위험물을 옮겨 담는 일반취급소: 제외대상에 해당한다.
② [×] 이동저장탱크 그 밖에 이와 유사한 것에 위험물을 주입하는 일반취급소: 제외대상에 해당한다.
③ [×] 보일러, 버너 그 밖에 이와 유사한 장치로 위험물을 소비하는 일반취급소: 제외대상에 해당한다.
⑤ [×] 제4류 위험물을 저장하는 옥외탱크저장소에 저장하는 제4류 위험물의 최대수량이 지정수량의 50만배 이상인 경우

> ✅ 확인학습 **자체소방대에 두는 화학소방자동차 및 인원**
>
> | 사업소의 구분(지정수량) | 화학소방자동차 | 자체소방대원의 수 |
> |---|---|---|
> | 제조소 또는 일반취급소에서 취급하는 제4류 위험물의 최대수량의 합이 12만배 미만 | 1대 | 5인 |
> | 제조소 또는 일반취급소에서 취급하는 제4류 위험물의 최대수량의 합이 12만배 이상 24만배 미만 | 2대 | 10인 |
> | 제조소 또는 일반취급소에서 취급하는 제4류 위험물의 최대수량의 합이 24만배 이상 48만배 미만 | 3대 | 15인 |
> | 제조소 또는 일반취급소에서 취급하는 제4류 위험물의 최대수량의 합이 48만배 이상 | 4대 | 20인 |
> | 옥외탱크저장소에 저장하는 제4류 위험물의 최대수량이 지정수량의 50만배 이상 | 2대 | 10인 |
>
> * 화학소방자동차에는 소화능력 및 설비를 갖춰야 하고, 소화활동에 필요한 소화약제 및 기구를 비치하여야 한다.

> ✅ 확인학습 **자체소방대의 설치 제외대상인 일반취급소**
> **(행정안전부령으로 정하는 일반취급소)**
>
> 1. 보일러, 버너 그 밖에 이와 유사한 장치로 위험물을 소비하는 일반취급소
> 2. 이동저장탱크 그 밖에 이와 유사한 것에 위험물을 주입하는 일반취급소
> 3. 용기에 위험물을 옮겨 담는 일반취급소
> 4. 유압장치, 윤활유순환장치 그 밖에 이와 유사한 장치로 위험물을 취급하는 일반취급소
> 5. 「광산안전법」의 적용을 받는 일반취급소

08 난이도 ●●●○○　　　　　　　　　　답 ③

🔥 [재난관리론] 특별재난지역

특별재난지역의 선포를 위해서는 중앙안전관리위원회의 심의를 거쳐야 한다.

> ✅ 확인학습 **특별재난지역의 선포**
>
> 1. 중앙대책본부장은 대통령령으로 정하는 규모의 재난이 발생하여 국가의 안녕 및 사회질서의 유지에 중대한 영향을 미치거나 피해를 효과적으로 수습하기 위하여 특별한 조치가 필요하다고 인정하거나 지역대책본부장의 요청이 타당하다고 인정하는 경우에는 중앙위원회의 심의를 거쳐 해당 지역을 특별재난지역으로 선포할 것을 대통령에게 건의할 수 있다.

2. 1.에 따라 대통령령으로 재난의 규모를 정할 때에는 다음의 사항을 고려하여야 한다.
   - 인명 또는 재산의 피해 정도
   - 재난지역 관할 지방자치단체의 재정 능력
   - 재난으로 피해를 입은 구역의 범위
3. 1.에 따라 특별재난지역의 선포를 건의받은 대통령은 해당 지역을 특별재난지역으로 선포할 수 있다.
4. 지역대책본부장은 관할지역에서 발생한 재난으로 인하여 1.에 따른 사유가 발생한 경우에는 중앙대책본부장에게 특별재난지역의 선포 건의를 요청할 수 있다.

09 난이도 ●●○○○   답 ④

🏛 [연소론] 연소범위

가연성 가스 D의 위험도가 약 35.7로 가장 높다.

가연성 가스	연소범위(vol%)	위험도
A	3~12.5	$\frac{12.5-3}{3} \fallingdotseq 3.2$
B	4~75	$\frac{75-4}{4} \fallingdotseq 17.8$
C	5~15	$\frac{15-5}{5} \fallingdotseq 2.0$
D	1.2~44	$\frac{44-1.2}{1.2} \fallingdotseq 35.7$
E	2.5~81	$\frac{81-2.5}{2.5} \fallingdotseq 31.4$

✓ 확인학습 위험도

$$H=\frac{U-L}{L}$$

- H: 위험도
- U: 상한계 값
- L: 하한계 값

10 난이도 ●○○○○   답 ②

🏛 [연소론] 연소형태

해당하는 것은 ㄱ, ㄹ이다.

| 선지분석 |

ㄴ. [×] 분무연소: 액체연료
ㄷ. [×] 폭발연소: 기체연료
ㅁ. [×] 예혼합연소: 기체연료

✓ 확인학습 가연물 상태에 따른 연소의 형태

가연물의 상태	종류
고체연료 (가연성 고체)	표면연소, 분해연소, 자기연소, 증발연소
액체연료 (가연성 액체)	증발연소, 분해연소, 분무연소
기체연료 (가연성 기체)	확산연소, 예혼합연소

11 난이도 ●●○○○   답 ④

🏛 [위험물] 황린(P_4)

황린은 물속에 저장하며, 화재 시에는 물로 냉각소화하되 가급적 분무 주수한다. 황린은 물에 대해 위험한 반응을 초래하는 물질이 아니다.

✓ 확인학습 황린(Yellow phosphorus, White phosphorus, P_4, 백린)

1. 화재 시에는 물로 냉각소화하되 가급적 분무주수한다. 초기소화에는 포·CO_2, 분말소화약제도 유효하며, 젖은 모래·흙 등으로 질식소화할 수 있다.
2. 미분상의 발화점은 34℃이고, 고형상의 발화점은 60℃(습한 공기 중에서는 30℃)이다.
3. 물에 불용하여 벤젠·이황화탄소에 녹는다. 따라서 물속에 저장한다 (알칼리제를 넣어 pH9 정도 유지).
4. 발화점이 매우 낮아 공기 중에 노출되면 서서히 자연발화를 일으키고 어두운 곳에서 청백색의 인광을 낸다.
5. 공기 중에 격렬하게 연소하여 유독성 가스인 오산화인(P_2O_5)의 백연을 낸다.

$$P_4 + 5O_2 \rightarrow 2P_2O_5 \uparrow + Qkcal$$

12 난이도 ●●●○○   답 ④

🏛 [소방시설] 스프링클러설비

준비작동식 스프링클러설비 방식에 대한 설명이다.

✓ 확인학습 스프링클러설비 분류

구분		습식	건식	준비작동식	부압식	일제살수식
사용 헤드		폐쇄형	폐쇄형	폐쇄형	폐쇄형	개방형
배관	1차측	가압수(물)	가압수(물)	가압수(물)	가압수	가압수(물)
	2차측	가압수(물)	압축공기	저압·대기압공기	부압수	대기압(개방)
경보밸브		알람체크밸브	건식밸브	준비작동밸브	준비작동밸브	일제개방밸브
감지기의 유무		없음	없음	있음	있음	있음

13 난이도 ●●●●○   답 ①

🏛 [소방역사 및 소방조직] 근속승진과 계급정년

| 선지분석 |

		근속승진	계급정년
①	[O]	소방사를 소방교로: 해당 계급에서 4년 이상 근속자	소방령: 14년
②	[×]	소방장을 소방위로: 해당 계급에서 6년 6개월 이상 근속자	소방준감: 6년
③	[×]	소방위를 소방경으로: 해당 계급에서 8년 이상 근속자	소방경: 규정 없음
④	[×]	소방교를 소방장으로: 해당 계급에서 5년 이상 근속자	소방감: 4년
⑤	[×]	소방경을 소방령으로: 규정없음	소방정: 11년

확인학습 소방공무원 계급 구분에 따른 주요 내용

계급	근속승진	계급정년	시보기간	승진소요 최저근무연수	임용권자
소방총감	–	–		–	소방청장의 제청으로 국무총리를 거쳐 대통령이 임용한다.
소방정감	–	–		–	
소방감	–	4년		–	
소방준감	–	6년	1년간	–	
소방정	–	11년		4년	
소방령	–	14년		3년	
소방경	–	–		3년	
소방위	8년 이상	–		2년	소방청장
소방장	6년 6개월 이상	–		2년	
소방교	5년 이상	–	6개월간	1년	
소방사	4년 이상	–		1년	

14 난이도 ●●●●○ 답 ⑤

🏛 [소방역사 및 소방조직] 중앙소방조직

내무부 치안국 소방과(1948년), 내무부 소방국(1975년), 소방방재청(2004년), 국민안전처 중앙소방본부(2014년), 소방청(2017년) 순이다.

✅ 확인학습 소방조직의 변천 과정

1. **미군정시기(1945년~1948년)**: 중앙소방위원회(1946년), 중앙소방위원회 집행기구로 소방청(1947년)
2. **정부수립 이후 초창기(1948년~1970년)**: 내무부 치안국 소방과(1948년), 내무부 (지방)경찰국 소방과
3. **발전기(1970년~1992년)**: 내무부 치안본부 소방과(1974년), 내무부 민방위본부 소방국(1975년)
4. **소방방재청(2004년~2014년)** – 국민안전처 중앙소방본부(2014년~2017년) – 소방청(2017년~)

✅ 확인학습 행정안전부 명칭의 변천사

1. **내무부**: 대한민국임시정부 수립이후
2. **행정자치부**: 1998년 김대중 정부(총무처와 내무부가 통합)
3. **행정안전부**: 2008년 이명박 정부(자치를 빼고 안전을 강조)
4. **안전행정부**: 2013년 박근혜 정부(안전이란 가치를 더욱 강조)
   ※ 2014년 4월 세월호 참사 이후 '안전행정부' → '행정자치부', 안전과 관련된 기능은 국민안전처 신설
5. **행정안전부**: 2017년 문재인 정부(국민안전처는 행정안전부로 흡수, 국민안전처 산하 중앙소방본부는 소방청으로 분리, 해안경비안전본부는 해양경찰청으로 복원)

15 난이도 ●●●●○ 답 ⑤

🏛 [화재론] 화재건수의 결정

발화지점이 한 곳인 화재현장이 둘 이상의 관할구역에 걸친 화재는 발화지점이 속한 소방서에서 1건의 화재로 정한다. 다만 발화지점의 확인이 어려운 경우에는 화재피해금액이 큰 관할구역 소방서의 화재 건수로 산정한다.

✅ 확인학습 화재건수의 결정

1건의 화재란 1개의 발화지점에서 확대된 것으로 발화부터 진화까지를 말한다. 다만, 다음의 경우에는 당해 기준에 의한다.
1. 동일범이 아닌 각기 다른 사람에 의한 방화, 불장난은 동일 대상물에서 발화했더라도 각각 별건의 화재로 한다.
2. 동일 소방대상물의 발화점이 2개소 이상 있는 다음의 화재는 1건의 화재로 한다.
   - 누전점이 동일한 누전에 의한 화재
   - 지진, 낙뢰 등 자연현상에 의한 다발화재

16 난이도 ●●●○○ 답 ①

🏛 [재난관리론] 재난관리주관기관

내륙에서 발생한 유도선 등의 수난 사고의 재난관리주관기관은 행정안전부이다.

✅ 확인학습 재난관리주관기관(행정안전부)

1. 정부중요시설 사고
2. 공동구 재난(국토교통부가 관장하는 공동구 제외)
3. 내륙에서 발생한 유도선 등의 수난 사고
4. 풍수해(조수 제외) · 지진 · 화산 · 낙뢰 · 가뭄 · 한파 · 폭염으로 인한 재난 및 사고

17 난이도 ●●●○○ 답 ③

🏛 [재난관리론] 재난사태와 특별재난지역의 선포

재난사태 선포권자는 행정안전부장관이다.

✅ 확인학습 재난사태의 선포

1. 행정안전부장관은 대통령으로 정하는 재난이 발생하거나 발생할 우려가 있는 경우 사람의 생명 · 신체 및 재산에 미치는 중대한 영향이나 피해를 줄이기 위하여 긴급한 조치가 필요하다고 인정하면 중앙위원회의 회의를 거쳐 재난사태를 선포할 수 있다. 다만, 행정안전부장관은 재난상황이 긴급하여 중앙위원회의 심의를 거칠 시간적 여유가 없다고 인정하는 경우에는 중앙위원회의 심의를 거치지 아니하고 재난사태를 선포할 수 있다.
2. 그럼에도 불구하고 시 · 도지사는 관할 구역에서 재난이 발생하거나 발생할 우려가 있는 등 대통령으로 정하는 경우 사람의 생명 · 신체 및 재산에 미치는 중대한 영향이나 피해를 줄이기 위하여 긴급한 조치가 필요하다고 인정하면 시 · 도위원회의 심의를 거쳐 재난사태를 선포할 수 있다. 이 경우 시 · 도지사는 지체 없이 그 사실을 행정안전부장관에게 통보하여야 한다.

✅ 확인학습 재난사태의 선포대상 재난

법 제36조제1항 본문에서 "대통령으로 정하는 재난"이란 재난 중 극심한 인명 또는 재산의 피해가 발생하거나 발생할 것으로 예상되어 시 · 도지사가 중앙대책본부장에게 재난사태의 선포를 건의하거나 중앙대책본부장이 재난사태의 선포가 필요하다고 인정하는 재난(「노동조합 및 노동관계조정법」 제4장에 따른 쟁의행위로 인한 국가핵심기반의 일시 정지는 제외한다)을 말한다.

18 난이도 ●●●●● 답 ③

🏛️ **[재난관리론] 재해원인 분석방법**

작업정보의 부적절은 작업·환경적 요인에 해당한다.

| **선지분석** |

① [×] 재해의 원인을 Man, Machine, Media, Management 요인으로 구분하여 분석한다.
② [×] 기계·설비의 설계상 결함은 기계·설비적 요인에 해당한다.
④ [×] 표준화의 부족은 관리적 요인에 해당한다.
⑤ [×] 심리적 요인은 인적 요인에 해당한다.

✅ **확인학습** 재해발생 기본원인인 "4M"

구분	내용
Man (사람)	• 심리적 요인: 억측판단, 착오, 생략행위, 무의식행동, 망각 등 • 생리적 요인: 수면부족, 질병, 고령 등 • 사회적 요인: 사업장 내 인간관계, 리더십, 팀워크, 소통 등의 문제
Machine (기계·설비)	• 점검, 정비의 결함 • 위험방호 불량 등 • 구조 불량 • 기계, 설비의 설계상 결함 등
Media (작업정보, 방법, 환경)	• 작업계획, 작업절차 부적절 • 정보 부적절 • 보호구 사용 부적절 • 작업 공간 불량 • 작업 자세, 작업 동작의 결함 등
Management (관리)	• 관리조직의 결함 • 건강관리의 불량 • 배치의 불충분 안전보건교육 부족 • 규정, 매뉴얼 불철저 • 자율안전보건활동 추진 불량 등

19 난이도 ●●●●● 답 ③

🏛️ **[재난관리론] 긴급구조**

소방청장은 항공기 조난사고가 발생한 경우 항공기 수색과 인명구조를 위하여 항공기 수색·구조계획을 수립·시행하여야 한다. 다만, 다른 법령에 항공기의 수색·구조에 관한 특별한 규정이 있는 경우에는 그 법령에 따른다.

「재난 및 안전관리 기본법」 제56조 【해상에서의 긴급구조】 해상에서 발생한 선박이나 항공기 등의 조난사고의 긴급구조활동에 관하여는 「수상에서의 수색·구조 등에 관한 법률」 등 관계 법령에 따른다.

「수상에서의 수색·구조 등에 관한 법률」 제13조 【수난구호의 관할】 해수면에서의 수난구호는 구조본부의 장이 수행하고, 내수면에서의 수난구호는 소방관서의 장이 수행한다. 다만, 국제항행에 종사하는 내수면 운항선박에 대한 수난구호는 구조본부의 장과 소방관서의 장이 상호 협조하여 수행하여야 한다.

「재난 및 안전관리 기본법」 제57조 【항공기 등 조난사고 시의 긴급구조 등】 ① 소방청장은 항공기 조난사고가 발생한 경우 항공기 수색과 인명구조를 위하여 항공기 수색·구조계획을 수립·시행하여야 한다. 다만, 다른 법령에 항공기의 수색·구조에 관한 특별한 규정이 있는 경우에는 그 법령에 따른다.
② 항공기의 수색·구조에 필요한 사항은 대통령령으로 정한다.
③ 국방부장관은 항공기나 선박의 조난사고가 발생하면 관계 법령에 따라 긴급구조업무에 책임이 있는 기관의 긴급구조활동에 대한 군의 지원을 신속하게 할 수 있도록 다음 각 호의 조치를 취하여야 한다.
1. 탐색구조본부의 설치·운영
2. 탐색구조부대의 지정 및 출동대기태세의 유지
3. 조난 항공기에 관한 정보 제공
④ 제3항 제1호에 따른 탐색구조본부의 구성과 운영에 필요한 사항은 국방부령으로 정한다.

20 난이도 ●●●○○ 답 ①

🏛️ **[폭발론] 폭굉**

폭굉은 폭발적 연소반응으로서 화염의 전파속도가 음속보다 빠른 것을 말하며 일반적으로 화염의 전파속도는 1,000 ~ 3,500m/s이다. 이때의 온도의 상승은 열에 의한 전파라기보다는 충격파의 압력에 기인한다.

✅ **확인학습** 폭굉유도거리(DID)

1. 점화에너지가 강할수록 짧아진다.
2. 연소속도가 큰 가스일수록 짧아진다.
3. 관경이 가늘거나 관 속에 이물질이 있을 경우 짧아진다.
4. 압력이 높을수록 짧아진다.

✅ **확인학습** 폭연과 폭굉의 비교

구분	폭연(Deflagration)	폭굉(Detonation)
화염의 전파속도	0.1 ~ 10m/s, 음속 이하	1,000 ~ 3,500m/s, 음속 이상
폭발압력	초기압력의 10배 이하	10배 이상
충격파	없음	있음
에너지 방출속도 (온도 상승)	물질(열)의 전달속도에 영향을 받는다.	열에 의한 전파보다 충격파에 의한 압력에 영향을 받는다.
화염면	화염면에서 상대적으로 완만한 에너지 변화에 의해서 온도, 압력, 밀도가 연속적으로 나타난다.	화염면에서 급격한 에너지 변화에 의해서 온도, 압력, 밀도가 불연속적으로 나타난다.
화염전파 원리	반응면이 열의 분자 확산 이동과 반응물과 연소생성물의 난류혼합에 의해 전파된다.	충격파에 의해 전파된다.

21 난이도 ●●●●○   답 ②

🔥 [연소론] 최소발화에너지
파라핀계 탄화수소는 분자량이 클수록 발화온도가 낮아진다.

> ✔ 확인학습 CxHy 수의 증가[파라핀계]
>
> 1. 인화점이 높아진다.
> 2. 발열량이 증가한다.
> 3. 발화점이 낮아진다.
> 4. 분자구조가 복잡해진다.
> 5. 휘발성(증기압)이 감소하고 비점은 상승한다.
> 6. 연소범위가 좁아지고 하한계는 낮아진다.

> ✔ 확인학습 최소발화에너지(Minimun Ignition Energy) 영향 인자
>
> 1. 압력이 높을수록 분자 간의 거리가 가까워져 MIE가 작아진다.
> 2. 온도가 높을수록 분자 운동이 활발해져 MIE가 작아진다. MIE가 작아진다.
> 3. 가연성 혼합기의 농도가 양론농도 부근일 때 계나 하한계로 향함에 따라 MIE는 증가한다.
> 4. 열전도율이 낮으면 MIE가 작아진다. MIE가 작아진다. 일반적으로 이것보다 상한
> 5. 전극 간 거리가 짧을수록 MIE가 감소되나 어떤 거리 이하로 짧아지면 방열량이 커져서 아무리 큰 에너지를 가해도 인화되지 않는다. 이 거리를 소염거리라 한다.
> 6. 일반적으로 연소속도가 클수록 MIE값은 작아진다.
> 7. 매우 압력이 낮아서 어느 정도 착화원에 의해 점화하여도 점화할 수 없는 한계가 있는데 이를 최소착화압력이라 한다.

22 난이도 ●○○○○   답 ⑤

🔥 [폭발론] 기상폭발과 응상폭발
증기폭발은 응상폭발에 해당한다.

| 선지분석 |
① 분무폭발: 기상폭발
② 분진폭발: 기상폭발
③ 분해폭발: 기상폭발
④ 증기운폭발: 기상폭발
⑤ 증기폭발: 응상폭발

> ✔ 확인학습 기상폭발과 응상폭발
>
> 폭발을 일으키는 원인물질의 상태에 따라 기상폭발과 응상폭발로 분류할 수 있다. 여기서 응상이란 고체상과 액체상을 모두 포함하는 말이며 기상이란 기체상을 말한다.
> 1. 기상폭발: 원인물질의 상태가 기체상태인 폭발현상을 말하며, 가스폭발, 분무폭발, 분진폭발, 가스의 분해폭발, 증기운폭발(UVCE)이 해당한다.
> 2. 응상폭발: 원인물질의 상태가 액체 또는 고체인 폭발현상을 말하며, 증기폭발, 수증기폭발, 전선폭발, 물질의 혼합에 의한 폭발, 폭발성 물질의 폭발이 해당한다.

23 난이도 ●●○○○   답 ②

🔥 [소화론] 제거소화
"식용유 화재 시 주변의 야채를 집어넣어 소화하는 방법"은 냉각소화에 해당한다.

> ✔ 확인학습 냉각소화 및 제거소화
>
> 1. 냉각소화
>   • 일반화재 시 옥내소화전 사용
>   • 발화점 또는 인화점 이하로 냉각하여 소화
>   • 연소가 진행되고 있는 열을 빼앗아 소화하는 방법
>   • 열을 흡수하여 가연성 연소생성물의 생성을 줄여 소화하는 방법
>   • 일반적으로 봉상주수에 의한 방법
>   • 물리적 소화에 해당
> 2. 제거소화
>   • 전기화재 시 전원차단
>   • 가스화재 시 가스공급 차단
>   • 산불화재 시 방화선(도로) 구축
>   • 연소물이나 화원을 제거하여 연소반응을 중지시켜 소화
>   • 촛불을 입으로 불어서 소화하는 방법
>   • 물리적 소화에 해당

24 난이도 ●●●●○   답 ①

🔥 [소화론] 물 소화약제
물은 수소 2원자와 산소 1원자로 이루어져 있으며 이들 사이의 화학결합은 극성 공유결합이고, 물은 극성 분자이기 때문에 분자 간의 결합은 수소결합에 의하여 이루어진다.

> ✔ 확인학습 물의 화학적 특성
>
> 1. 물은 수소 2원자와 산소 1원자로 이루어져 있으며 이들 사이의 화학 결합은 극성 공유결합이다.
> 2. 물은 극성 분자이기 때문에 분자 간의 결합은 수소결합에 의하여 이루어진다.
> 3. 물이 비교적 큰 표면 장력을 가지는 것도 분자 간의 인력의 세기와 직접적인 관계가 있으며, 비교적 큰 비열도 수소 결합을 끊는 데 큰 에너지가 필요하기 때문이다.

> ✔ 확인학습 물의 물리적 특성
>
> 1. 물의 비열은 1cal/g℃로 다른 물질에 비하여 상대적으로 크다.
>
> | 물질명 | 비열(cal/g℃) | 물질명 | 비열(cal/g℃) |
> |---|---|---|---|
> | 물 | 1.00 | 할론 1301 | 0.20 |
> | 수소 | 3.41 | 할론 1211 | 0.12 |
> | 헬륨 | 1.25 | 할론 2402 | 0.18 |
> | 이산화탄소 | 0.55 | 공기 | 0.24 |
>
> 2. 물의 증발잠열(기화열)은 539.6cal/g으로 다른 물질에 비하여 크고, 물의 용융열 79.7cal/g과 비교하여도 기화열은 상당히 크다.
>
> | 구분 | 증발잠열 | 용융열 | 구분 | 증발잠열 | 용융열 |
> |---|---|---|---|---|---|
> | 물 | 539.6 | 79.7 | 에틸 알코올 | 204.0 | 24.9 |
> | 아세톤 | 124.5 | 23.4 | LPG | 98.0 | – |
>
> 3. 대기압하에서 100℃의 물이 액체에서 수증기의 상태로 변할 때 체적은 약 1,700배 정도 증가한다.

4. 물의 비중은 1기압을 기준으로 4℃일 때 가장 크고 이를 기준으로 높아지거나 낮아질 때 비중은 작아진다.
5. 물의 표면장력은 온도가 상승하면 작아진다.

25 난이도 ●○○○○　　　　　　　　　　　　　답 ⑤

🏛 [소방시설] 소방시설의 분류
옳은 것은 ㄴ, ㄹ, ㅁ이다.

| 선지분석 |
ㄱ. [×] 소화설비: 소화기구, 스프링클러설비등 → 연소방지설비는 소화활동설비에 해당한다.
ㄴ. [○] 경보설비: 자동화재속보설비, 누전경보기, 가스누설경보기 등
ㄷ. [×] 피난구조설비: 유도등, 비상조명등 및 휴대용비상조명등 → 비상방송설비는 경보설비에 해당한다.
ㄹ. [○] 소화용수설비: 상수도소화용수설비, 소화수조·저수조, 그 밖의 소화용수설비
ㅁ. [○] 소화활동설비: 비상콘센트설비, 제연설비, 연결살수설비 등

3회 2023년 03월 18일 공채·경채

정답　　　　　　　　　　　　　　　　　　　　　　p.205

01	④	02	②	03	③	04	①	05	③
06	②	07	④	08	④	09	④	10	②
11	④	12	③	13	③	14	③	15	②
16	④	17	①	18	①	19	①	20	②
21	①	22	②	23	④	24	②	25	①

01 난이도 ●●○○○　　　　　　　　　　　　　　답 ④

🏛 [소방역사 및 소방조직] 소방역사
대구지하철 화재 발생(2003) 당시에는 시·도(광역)자치소방체제였다.

✔ 확인학습 제도의 변천과정
1. 조선시대: 세종 8년 ~ 한말
2. 과도기[미군정시대(1945 ~ 1948년)]: 자치소방체제
3. 초창기 정부수립 이후(1948 ~ 1970년): 국가소방체제
4. 발전기(1970 ~ 1992년): 국가·자치이원화
5. 정착기(1992 ~ 2020년): 시·도(광역)자치소방

02 난이도 ●●○○○　　　　　　　　　　　　　　답 ②

🏛 [소방역사 및 소방조직] 소방기본법(소방신호)
소방대의 비상소집을 하는 경우에는 훈련신호를 사용할 수 있다.

| 선지분석 |
① [×] 소방신호의 방법으로는 타종신호, 싸이렌신호가 있다. 게시판을 철거하거나 통풍대 또는 기를 내리는 것으로 소방활동이 해제되었음을 알린다. 음성신호 방법은 해당하지 않는다.
③ [×] 사이렌신호로 하는 경우 경계신호는 5초 간격을 두고 30초씩 3회로 한다.
④ [×] 소방신호의 종류에는 발화신호, 훈련신호, 해제신호, 경계신호가 있다.

✔ 확인학습 소방신호별 신호방법

종별 ＼ 신호방법	타종신호	사이렌신호
경계신호	1타와 연2타를 반복	5초 간격을 두고 30초씩 3회
발화신호	난타	5초 간격을 두고 5초씩 3회
해제신호	상당한 간격을 두고 1타씩 반복	1분간 1회
훈련신호	연3타 반복	10초 간격을 두고 1분씩 3회

1. 소방신호의 방법은 그 전부 또는 일부를 함께 사용할 수 있다.
2. 게시판을 철거하거나 통풍대 또는 기를 내리는 것으로 소방활동이 해제되었음을 알린다.
3. 소방대의 비상소집을 하는 경우에는 훈련신호를 사용할 수 있다.

03 난이도 ●●○○○　　　　　　　　　　　　　　답 ③

🏛 [재난관리론] 재난(재해)
「재난 및 안전관리 기본법」 제3조 제1호에 따른 재난은 자연재난, 사회재난으로 구분된다. 해외재난은 해당하지 않는다.

✔ 확인학습 재해분류
1. 존스(Jones)의 재해분류

대분류	세분류		재해의 종류
자연 재해	지구 물리학적 재해	지질학적	지진, 화산, 쓰나미 등
		지형학적	산사태, 염수토양 등
		기상학적	안개, 눈, 해일, 번개, 토네이도, 폭풍, 태풍, 가뭄, 이상기온 등
	생물학적 재해	–	세균, 질병, 유독식물, 유독동물 등
준자연 재해	–		스모그, 온난화, 사막화, 염수화 현상, 눈사태, 산성화, 홍수, 토양침식 등
인위 재해	–		공해, 폭동, 교통사고, 폭발사고, 전쟁 등

2. 아네스(Anesth)의 재해분류

대분류	세분류	재해의 종류
자연 재해	기후성 재해	태풍
	지진성 재해	지진, 화산폭발, 해일
인위 재해	사고성 재해	교통사고, 산업사고, 폭발사고, 생물학적 재해, 화학적 재해(유독물질), 방사능재해, 화재사고
	계획적 재해	테러, 폭동, 전쟁

✅ 확인학습 자연재난

1. 태풍, 홍수, 호우(豪雨)
2. 강풍, 풍랑, 해일(海溢)
3. 대설, 한파
4. 낙뢰
5. 가뭄, 폭염
6. 지진
7. 황사(黃砂)
8. 조류(藻類) 대발생, 조수(潮水)
9. 화산활동
10. 소행성·유성체 등 자연우주물체의 추락·충돌

✅ 확인학습 사회재난

1. 화재·붕괴·폭발·교통사고(항공사고·해상사고 포함)·화생방사고·환경오염사고 등으로 인하여 발생하는 대통령령으로 정하는 규모 이상의 피해
2. 국가핵심기반의 마비
3. 「감염병의 예방 및 관리에 관한 법률」에 따른 감염병
4. 「가축전염병예방법」에 따른 가축전염병의 확산
5. 「미세먼지 저감 및 관리에 관한 특별법」에 따른 미세먼지 등으로 인한 피해
6. 「우주개발 진흥법」에 따른 인공우주물체의 추락·충돌 등으로 인한 피해

✅ 확인학습 하인리히(H. W. Heinrich)의 연쇄성 이론(도미노 이론)

사회환경 → 개인적 결함 → 불안전 행동 및 불안전 상태 → 사고 → 재해

04 난이도 ●●●○○   답 ①

🏛 [재난관리론] 재난관리 단계와 활동내용

위험구역 설정은 대응단계에 해당한다.

✅ 확인학습 재난관리 단계와 활동내용

예방단계	• 재난관리책임기관의 장의 재난예방조치 등 • 국가핵심기반의 지정 및 관리 • 특정관리대상지역의 지정 및 관리 • 재난방지시설의 관리 • 재난안전분야 종사자 교육 • 재난예방을 위한 긴급안전점검 등 • 재난예방을 위한 안전조치 • 정부합동 안전점검 • 집중 안전점검 기간 운영 등 • 재난관리 실태 공시 등
대비단계	• 재난관리자원의 비축·관리 • 재난현장 긴급통신수단의 마련 • 국가재난관리기준의 제정·운용 등 • 기능별 재난대응 활동계획의 작성·활용 • 재난분야 위기관리 매뉴얼 작성·운용 • 다중이용시설 등의 위기상황 매뉴얼 작성·관리 및 훈련 • 안전기준의 등록 및 심의 등 • 재난안전통신망의 구축·운영 • 재난대비훈련 기본계획 수립 및 실시

대응단계 (응급조치 등)	• 재난사태 선포 • 응급조치 • 위기경보의 발령 등 • 재난 예보·경보체계 구축·운영 등 • 동원명령 등 • 대피명령 • 위험구역의 설정 • 강제대피조치 • 통행제한 등 • 응원
대응단계 (긴급구조)	• 긴급구조 현장지휘 • 긴급구조대응계획의 수립 • 재난대비능력 보강 • 항공기 등 조난사고 시의 긴급구조 등 • 긴급구조지원기관의 능력에 대한 평가
복구단계	• 특별재난지역의 선포 • 특별재난지역에 대한 지원

05 난이도 ●●○○○   답 ③

🏛 [연소론] 최소발화(점화)에너지

열전도율이 낮아지면 최소발화에너지는 작아진다.

✅ 확인학습 최소발화에너지(Minimum Ignition Energy) 영향 인자

점화원에 의해 가연성 혼합기가 발화하기 위해서는 점화원이 일정 크기 이상의 에너지를 가할 수 있어야 한다. 이러한 착화에 필요한 최소 에너지를 최소발화에너지(MIE)라 한다. 최소발화에너지는 물질의 종류, 혼합기의 온도, 압력, 농도(혼합비) 등에 따라 변화한다. 또한 공기 중의 산소가 많은 경우 또는 가압 하에서는 일반적으로 작은 값이 된다.
1. 압력이 높을수록 분자 간의 거리가 가까워져 MIE가 작아진다.
2. 온도가 높을수록 분자 운동이 활발해져서 MIE가 작아진다.
3. 가연성 혼합기의 농도가 양론농도 부근일 때 MIE가 작아진다. 일반적으로 이것보다 상한계나 하한계로 향함에 따라 MIE는 증가한다.
4. 열전도율이 낮으면 MIE가 작아진다.
5. 전극 간 거리가 짧을수록 MIE가 감소되지만 어떤 거리 이하로 짧아지면 방열량이 커져서 아무리 큰 에너지를 가해도 인화되지 않는다. 이 거리를 소염거리라 한다.
6. 일반적으로 연소속도가 클수록 MIE값은 작아진다.
7. 매우 압력이 낮아서 어느 정도 착화원에 의해 점화하여도 점화할 수 없는 한계가 있는데 이를 최소착화압력이라 한다.

06 난이도 ●●●○○   답 ②

🏛 [연소론] 가연성 액체의 연소현상

인화점과 발화점이 가까운 액체일수록 재점화가 쉽고 냉각에 의한 소화활동이 용이하지 않다.

✅ 확인학습 인화점 및 연소점

1. 인화점: 가연물에 점화원을 가하였을 때 불이 붙을 수 있는 최저온도를 말한다.
2. 연소점: 점화원을 제거한 후에도 계속적으로 연소를 일으킬 수 있는 최저온도를 말한다.

1. 점화원 없이도 스스로 불이 붙을 수 있는 최저온도이다.
2. 착화점, 발화온도, 자연발화점, 착화온도라 부르기도 한다.
3. 실내장식물의 모양, 가연성 가스의 비중은 발화점과 관계없다.

07 난이도 ●●●○○   답 ④

🏛️ [소방시설] 소방펌프 및 관로의 수격현상
관 지름을 크게하여 유체(물)의 유속을 줄이고 관성력을 떨어뜨려야 한다.

✅ 확인학습 소방펌프 및 관로의 수격현상

1. **발생원인**: 긴 수송관으로 액체를 수송 중 정전 등으로 펌프의 운전이 갑자기 멈춘 경우 송수관 내의 액체는 관성력에 의하여 유동하려 하지만 펌프 송출 구 직후의 액체는 흐름이 약해져 멈추려고 한다. 이에 따라 펌프의 와류실에는 압력강하가 발생하고, 펌프 송출 구로부터 와류실에의 역류가 발생하게 되면, 급격한 압력강하와 상승이 발생한다.
2. **수격현상 방지대책**
   - **압력 강하 방지법**
     - 펌프에 flywheel을 붙여 관성효과를 이용하여 회전수와 관내 유속 변화를 느리게 한다.
     - 서지탱크(surge tank) 즉 조압수조를 설치하여 축적된 에너지를 방출하거나 관내의 에너지를 흡수한다.
     - 관 지름을 크게 하여 유체(물)의 유속을 줄이고 관성력을 떨어뜨린다.
   - **압력 상승 방지법**
     - check valve를 쓰지 않고 유체(물)를 역류시킨다.
     - 역류가 발생 전에 강제적으로 밸브를 차단하여 압력 상승을 줄인다.
     - 상승된 압력을 안전밸브로 직접 배출한다.
     - 송출구에 설치된 메인 밸브를 정전과 동시에 자동으로 급속히 닫는다.

08 난이도 ●●●○○   답 ④

🏛️ [연소론] 독성가스
독성가스의 허용농도는 암모니아, 시안화수소, 불화수소, 포스겐 순으로 높다.

- 불화수소: 3ppm
- 시안화수소: 10ppm
- 암모니아: 25ppm
- 포스겐: 0.1ppm

✅ 확인학습 일산화탄소

1. 탄화수소 · 셀룰로오스로 구성된 가연물질인 석유류 · 나무 · 고무류 · 종이 · 석탄 등이 불완전연소할 때 발생하는 유독성 가스이다.
2. 독성의 허용농도는 50ppm(g/m³)이다.
3. 무취 · 무미의 환원성이 강한 가스로서 상온에서 염소와 작용하여 유독성 가스인 포스겐($COCl_2$)을 생성한다.
4. 혈액 중 헤모글로빈과의 결합력이 산소의 210배에 이르고 흡입하면 산소결핍상태가 된다.

5. 증기 밀도는 0.97로 공기보다 다소 가볍다.
6. 일산화탄소의 공기 중의 농도가 0.64%인 상태에서는 두통 · 현기증이 심하게 일어나고 15 ~ 30분 이내에 사망할 수 있다. 또한 약 1.28%의 상태에서는 1 ~ 3분 내에 사망할 수 있다.

✅ 확인학습 포스겐

1. 열가소성 수지인 폴리염화비닐(PVC), 수지류 등이 연소할 때 발생하는 연소생성물로서 발생량은 많지 않다.
2. 독성이 큰 맹독성 가스로서 독성의 허용농도는 0.1ppm이다.
3. 불연성 가스로 공기보다 무거워 지면을 타고 확산된다.
4. 물과 접촉 시 분해되어 독성, 부식성 가스를 생성한다.
5. 질식성 독가스, 강한 자극제로서 폐수종을 유발할 수 있고 질식에 이르게 할 수 있다.
6. 증기상의 물질은 공기보다 무거워 공기와 교체되어 질식을 유발할 수 있으며, 액체 접촉 시 동상을 일으킬 수 있다.

✅ 확인학습 암모니아

1. 질소함유물이 연소할 때 발생하는 연소생성물로서 유독성이 있으며, 상온 · 상압에서 강한 자극성을 가진 무색의 기체로서 물에 잘 용해된다.
2. 용해도는 54g/100ml(20℃)이다.
3. 비료공장 · 냉매공업 분야에 많이 사용되고 있으므로 이러한 공장에서는 암모니아를 흡입하지 않도록 주의해야 한다(허용농도 25ppm).
4. 물리적 상태는 압축액화가스 상태이고, 증기밀도는 공기보다 가볍다.
5. 가연성 가스로 불에 탈 수는 있으나 쉽게 점화되지 않는다.
6. 증기상 물질은 극도로 자극적이며 부식성이 있다.

✅ 확인학습 불화수소(Hydrogen fluoride, HF)

1. 합성수지인 불소수지가 연소할 때 발생하며 무색의 자극성 기체로 유독성이 강하다(허용농도 3ppm).
2. 물에 잘 녹고 부식성이 있으며, 인화성 폭발성 가스를 발생시킨다.
3. 불연성 물질로 타지는 않지만 열에 의해 분해되어 부식성 및 독성 증기를 생성할 수 있다.
4. 모래나 유리를 부식시키는 성질이 있다.

✅ 확인학습 시안화수소(HCN)

1. 청산가스라고도 불리는 시안화수소는 질소성분을 가지고 있는 합성수지, 동물의 털, 인조견, 모직물 등의 섬유가 불완전연소할 때 발생하는 무색의 맹독성 가스이다.
2. 일산화탄소와 달리 헤모글로빈과 결합하지 않고도 호흡의 저해를 통한 질식을 유발한다.
3. 시안화수소의 독성허용농도(TLV-TWA 기준)는 10ppm(g/m³)으로, 0.3% 이상의 농도에서는 즉시 사망한다.

09 난이도 ●●●○○   답 ④

🏛️ [폭발론] 폭발에 관한 설명
가스폭발은 분진폭발보다 최소발화에너지가 작다.

✅ 확인학습 분진폭발의 특징

1. 가스폭발과 같이 조연성 가스의 균일한 상태에서 반응하는 것이 아니고 가연물 주위에서 불균일한 상태에서 반응한다. 즉, 분진폭발은 가스폭발에 비하여 불완전연소가 많이 발생하기 때문에 일산화탄소의 발생량이 상대적으로 크다고 볼 수 있다.

2. 가스폭발보다 착화를 일으킬 수 있는 <u>최소발화에너지가 크다.</u>
3. 2차 폭발, 3차 폭발을 일으킬 수 있다.
4. 일반적으로 연소속도와 폭발압력은 가스폭발에 비교하여 작다고 할 수 있다. 반면에 연소시간이 길고 발생에너지가 크기 때문에 연소규모가 크다고 할 수 있다.

10 난이도 ●●○○○○   답 ②

⚖ [폭발론] 폭연과 폭굉
화염전파속도는 폭연의 경우 음속보다 느리며, 폭굉의 경우 음속보다 빠르다.

| 선지분석 |
① [×] 예혼합가스의 초기압력이 높을수록 폭굉 유도거리가 짧아진다.
③ [×] 폭연은 폭굉으로 전이될 수 있다.
④ [×] 폭굉은 화염면에서 온도, 압력, 밀도의 변화가 불연속적으로 나타난다. 폭연은 화염면에서 상대적으로 완만한 에너지 변화에 의해서 온도, 압력, 밀도가 연속적으로 나타난다.

✅ 확인학습 폭굉유도거리(DID)
1. 점화에너지가 강할수록 짧아진다.
2. 연소속도가 큰 가스일수록 짧아진다.
3. 관경이 가늘거나 관 속에 이물질이 있을 경우 짧아진다.
4. 압력이 높을수록 짧아진다.

✅ 확인학습 폭연과 폭굉
1. 폭연
   • 폭연에서는 반응면이 열의 분자확산 이동, 반응물과 연소생성물의 난류혼합에 의해 전파된다.
   • 폭연은 폭굉으로 변화될 수 있으며, 에너지 방출속도가 열전달속도 (물질의 전달속도)에 영향을 받는다.
   • 폭연은 폭굉과 달리 충격파를 형성하지 않는다.
2. 폭굉
   • 에너지 방출속도는 열전달속도에 기인하지 않고 압력파에 의존한다.
   • 폭굉파는 음파와 달리 폭굉파가 통과한 곳은 화학적 조성이 변하므로, 가역적인 탄성파로 취급되지 않는다.

✅ 확인학습 폭연과 폭굉의 비교

구분	폭연(Deflagration)	폭굉(Detonation)
화염의 전파속도	0.1 ~ 10m/s, 음속 이하	1,000 ~ 3,500m/s, 음속 이상
폭발압력	초기압력의 10배 이하	10배 이상
충격파	없다.	있다.
에너지 방출속도 (온도 상승)	물질(열)의 전달속도에 영향을 받는다.	열에 의한 전파보다 충격파에 의한 압력에 영향을 받는다.
화염면	화염면에서 상대적으로 완만한 에너지 변화에 의해서 온도, 압력, 밀도가 연속적으로 나타난다.	화염면에서 급격한 에너지 변화에 의해서 온도, 압력, 밀도가 불연속적으로 나타난다.
화염전파 원리	반응면이 열의 분자 확산 이동과 반응물과 연소생성물의 난류혼합에 의해 전파된다.	충격파에 의해 전파된다.

11 난이도 ●●●○○○   답 ④

⚖ [폭발론] 분진폭발의 영향인자
입도가 작을수록 비표면적이 증가하므로 폭발성이 증가한다. 분진의 단위체적당 표면적이 작아지면 비표면적이 감소하므로 폭발이 용이해지지 않는다.

✅ 확인학습 분진폭발
1. 가연성 고체의 미분이 공기 중에 부유하고 있을 때 착화원에 의해 에너지가 주어지면 폭발하는 현상을 말한다.
2. 분진폭발 물질로는 유황(황), 플라스틱, 사료, 석탄, 알루미늄, 철, 쌀, 보리의 곡물 등 100여 종이 넘는 물질이 있으며, 분진폭발을 일으키지 않는 물질로는 석회석, 생석회, 소석회, 산화알루미늄, 시멘트 가루, 대리석 가루, 가성소다, 유리 등이 있다.

✅ 확인학습 분진폭발의 영향 인자
1. 분진의 화학적 성질: 분진의 발열량과 휘발성이 클수록 폭발성이 크다.
2. 분진의 부유성
   • 부유성이 클수록 공기 중에 체류시간이 길고 위험성도 커진다.
   • 공기 중에서 산화피막을 형성할 수 있는 가연성 분진은 공기 중의 부유시간이 길어지면 폭발성이 감소할 수도 있다.
   • 분진 중에 존재하는 수분은 분진의 부유성을 억제할 수 있다. 이에 따라 가연성 분진의 폭발하한계가 높아져 폭발성을 약하게 할 수 있다.
   • 수분과의 반응성이 있는 금수성 물질의 분진은 가연성 가스의 발생을 촉진시킬 수 있어 폭발의 위험성이 커질 수 있다.
3. 입도 및 형상
   • 입도가 작을수록 비표면적이 증가하므로 폭발성이 증가한다.
   • 분진폭발을 일으키는 분진입자의 크기는 약 100마이크로(μ) 또는 $76\mu m$(200mesh) 이하이다.
   • 입도가 동일한 경우 구상 → 침상 → 평편상 순으로 폭발성이 증가한다.
4. 산소의 농도: 산소의 농도가 낮아지면 최소점화에너지는 증가한다.

12 난이도 ●●●○○   답 ③

⚖ [화재론] 전기화재 및 주방화재
식용유로 인한 화재 시 발화점이 비점보다 낮은 상태이므로 유면상의 화염을 제거하는 것만으로는 충분하지 않다. 재발화할 가능성이 높으므로 산소를 차단하는 질식소화와 함께 온도를 발화점 이하로 낮추는 냉각소화가 요구된다.

✅ 확인학습 식용유(주방)화재(K급 화재)
1. 식용유화재는 끓는점보다 발화점이 낮아 불꽃을 제거하더라도 재발화할 가능성이 높다.
2. K급 소화기는 산소를 차단하는 질식소화와 함께 온도를 발화점 이하로 낮추는 냉각소화에 적합한 강화액 약제로 비누처럼 막을 형성하여 재발화를 차단한다.

✅ 확인학습 전기화재(C급 화재)
1. 전류가 흐르는 전기장비와 관련된 화재를 말한다.
2. 전기화재의 발생원인으로는 단락(합선), 전기스파크, 과전류, 접속부 과열, 지락, 낙뢰, 누전, 열적경과, 절연불량 등이 있다.
3. 할로겐화합물 소화약제, 분말 소화약제 또는 이산화탄소와 같은 비전도성 소화약제를 사용하여 진압할 수 있다.

13 난이도 ●●●○○　　　　　　　　　　답 ③

🏛 **[화재론] 구획화재**

준불연성이나 불연성의 내장재를 사용할 경우 플래시오버 발생까지의 소요시간이 길어진다(불연재료 < 준불연재료 < 난연재료 < 가연물 순으로 빨리 진행).

| **선지분석** |

① [×] 개구부의 크기는 플래시오버 발생과 관련이 있다(구획건물에서 개구부가 클수록 빨리 진행).
② [×] 구획실의 창문과 문손잡이의 온도로 백드래프트의 발생 가능성을 예측할 수 있다(방화문의 온도가 높아 방화문이 뜨겁다).
④ [×] 구획실 내의 산소가 부족하여 훈소 상태에서 공기가 갑자기 다량 공급될 때 가연성 가스가 순간적으로 폭발하듯 발화하는 현상은 백드래프트이다.

✅ **확인학습 플래시오버 현상**

1. 실내의 온도 상승에 의해서 일시에 연소하여 화재의 진행을 순간적으로 실내 전체에 확산시키는 현상이다. 실내 모든 가연물의 동시발화현상이 나타난다. 전실화재(순발연소)라고도 한다.
2. 국부화재로부터 구획 내 모든 가연물이 연소되기 시작하는 큰 화재로 전이된다. 플래시오버 시점에서 실내의 온도는 약 800 ~ 900℃가 된다.
3. 플래시오버가 발생하면, 이동식 소화기로 화재를 진압하는 것은 불가능 하며 관창호스에 의해 진압하여야 한다.
4. 플래시오버 현상으로 연료지배형 화재에서 환기지배형 화재로 전이될 수 있다.
5. 열의 재방출로 발생되는 플래시오버 현상은 연기와 열이 화염으로 전환되는 것을 의미한다.
6. 화점 주위에서 화재가 서서히 진행하다가 어느 정도 시간이 경과함에 따라 대류와 복사현상에 의해 일정 공간 안에 있는 가연물이 발화점까지 가열되어 일순간에 걸쳐 동시 발화되는 현상을 의미한다.

✅ **확인학습 플래시오버 현상에 영향을 미치는 요인**

1. **개구부의 크기**: 구획건물에서 개구부가 클수록 빨리 진행
2. **내장재료**: 불연재료 < 준불연재료 < 난연재료 < 가연물 순으로 빨리 진행
3. **화원의 크기**: 화원이 크고 강할수록 빨리 진행
4. **가연물의 종류**: 가연물의 열전도율이 작을수록 빨리 진행
5. **건축물의 형태**: 층고가 높은 대규모 공간에서는 늦게 진행
6. **마감재**: 벽마감재보다 천장마감재의 영향이 큼

✅ **확인학습 백드래프트의 징후**

1. 닫힌 문 주위에서 무겁고 검은 연기가 관찰된다.
2. 개구부 틈새로 빨려 들어오는 공기의 영향으로 건물 내로 되돌아오거나 맴도는 현상이 관찰된다.
3. 창문에 농연 응축물이 흘러내리거나 얼룩이 진 자국이 관찰된다.
4. 화재 압력에 의한 내부 압력차로 외부 공기가 빨려 들어오면서 발생하는 휘파람 소리 또는 진동이 발생하는 현상이 관찰된다.
5. 방화문의 온도가 높아 방화문이 뜨겁다.

14 난이도 ●●○○○　　　　　　　　　　답 ③

🏛 **[화재론] 화재하중**

$$화재하중(Q) = \frac{\Sigma(G_t H_t)}{HA} \, [kg/m^2] \, (\Sigma: 합)$$

$$= \frac{200kg \times 2,000kcal/kg + 100kg \times 9,000kcal/kg}{8 \times 10 \times 4,500kcal/kg} ≒ 3.61$$

✅ **확인학습 화재하중 관계식**

$$화재하중(Q) = \frac{\Sigma(G_t H_t)}{HA} \, [kg/m^2] \, (\Sigma: 합)$$

- G_t: 가연물의 양(kg)
- H_t: 단위발열량(kcal/kg)
- H: 목재 단위발열량(4,500kcal/kg)
- A: 화재실 바닥면적(m^2)

✅ **확인학습 화재하중**

1. 건물화재 시 발열량 및 화재의 위험성을 나타내는 용어이다.
2. 화재의 규모를 결정하는 데 사용한다.
3. 화재하중은 단위면적당 가연물의 중량이다(단위: kg/m^2).
4. 화재하중을 감소시키는 방법은 내장재의 불연화이다.
5. 단위면적당 가연물의 발열량을 목재(등가가연물)의 무게로 환산한 것이다.

15 난이도 ●●●○○　　　　　　　　　　답 ②

🏛 **[화재론] 구획실 화재**

환기가 잘되지 않으면 가연물(연료량)에 비해 환기량이 부족한 경우에 해당한다. 즉, 연료는 정상이나 환기량이 부족한 상태이다. 따라서, 연료지배형 화재에서 환기지배형 화재로 바뀌며 연기 발생이 늘어난다.

✅ **확인학습 연료지배형 화재(Fuel controlled fire)**

1. 일반적으로 연료지배형 화재는 발화 이후 전실화재(Flash over) 이전까지 초기화재 성장단계에서 주로 형성된다.
2. 화재실 내부에 연소에 필요한 공기량은 충분한 상태이기 때문에 화재특성은 연료 자체에 의존하며 연료지배형 화재로 불린다.
3. 가연물(연료량)에 비해 환기량(공기량)이 충분한 경우에 해당한다. 즉, 환기는 정상이나 연료가 부족한 상태이다.
4. 연료지배형 화재는 공기공급이 충분한 조건에서 발생한 화재가 일반적이다.
5. 연료지배형 화재가 지속되면 화재실 내부의 열적 피드백(Heat feedback)이 증가하여 화원의 연소율이 증가하고 발열량이 지속적으로 상승하는 경우 연료를 완전연소시키기에 공기의 양이 부족한 환기부족 화재(Under-ventilated fire) 상태가 된다.
6. 연료지배형 화재는 주로 큰 창문이나 개방된 공간에서, 환기지배형 화재는 내화구조 및 콘크리트 지하층에서 발생하기 쉽다.

✅ **확인학습 환기지배형 화재(Ventilation controlled fire)**

1. 완전연소시키기에 공기의 양이 부족한 환기 부족화재 상태가 되면 생성된 연료가스는 화재실 상층부에서 미연소가스(Unburned fuel gas) 형태로 존재하고 이로 인해 공간 내의 화재특성은 부족한 공기의 양에 의해 결정되기 때문에 환기지배형 화재로 불린다.
2. 가연물(연료량)에 비해 환기량이 부족한 경우에 해당한다. 즉, 연료는 정상이나 환기량이 부족한 상태이다.
3. 환기지배형 화재의 경우는 연소속도가 비교적 느리다.
4. 환기지배형 화재는 공기공급이 충분하지 않으므로 불완전연소가 심하다.

16 난이도 ●●●●○   답 ④

🏛 [위험물] 위험물의 유별 특성

모두 옳은 지문이다.

| 선지분석 |

ㄴ. 마그네슘은 끓는 물과 접촉 시 수소가스를 발생시킨다.

$$Mg + 2H_2O \rightarrow Mg(OH)_2 + H_2\uparrow$$

✅ **확인학습 제1류 위험물**

1. 일반적으로 불연성이며 산소를 함유하고 있는 강산화제이다.
2. 대부분 무색 결정 또는 백색 분말이며 비중이 1보다 크고, 물에 잘 녹는다.
3. 물과 반응하여 열과 산소를 발생시키는 것도 있다.
4. KNO_3, $NaNO_3$, NH_4NO_3와 같은 질산염류는 조해성이 있다.
5. 조연성 물질로서 반응성이 풍부하여 열, 충격, 마찰 또는 분해를 촉진하는 약품과의 접촉으로 폭발의 위험성이 있다.
6. 대부분 산소를 포함하는 무기화합물이다[염소화이소시아눌산(염소화이소시아누르산)은 제외].
7. 단독으로 분해·폭발하는 경우는 적지만 가연물이 혼합되어 있을 때는 연소·폭발한다.

✅ **확인학습 마그네슘**

1. 산과 반응하여 수소(H_2)를 발생한다($Mg + 2HCl \rightarrow MgCl_2 + H_2\uparrow$).
2. 마그네슘 폭발 매커니즘
   - 1차(연소) $2Mg + O_2 \rightarrow 2MgO + (2\times143.7)kcal$
   - 2차(주수) $Mg + 2H_2O \rightarrow Mg(OH)_2 + H_2\uparrow$
   - 3차(폭발) $2H_2 + O_2 \rightarrow 2H_2O$

✅ **확인학습 제3류 위험물의 일반적인 성질**

1. 무기 화합물과 유기 화합물로 구성되어 있다.
2. 칼륨(K), 나트륨(Na), 알킬알루미늄(RAl), 알킬리튬(RLi)을 제외하고 물보다 무겁다.
3. 대부분이 고체이다(단, 알킬알루미늄, 알킬리튬은 고체 또는 액체이다).
4. 칼륨, 나트륨, 알칼리금속, 알칼리토금속은 보호액(석유) 속에 보관한다.
5. 알킬알루미늄, 알킬리튬은 물 또는 공기와 접촉하면 폭발한다. 저장방법으로는 헥산 속에 저장한다.
6. 황린은 공기와 접촉하면 자연발화한다. 따라서 물 속에 저장에 저장·보관한다.

17 난이도 ●●●○○   답 ①

🏛 [위험물] 위험물 유별 소화방법

탄화칼슘 화재 시 다량의 물로 냉각소화할 수 없다.

$$CaC_2 + 2H_2O \rightarrow Ca(OH)_2 + C_2H_2 + Qkcal$$

| 선지분석 |

② [O] 수용성 메틸알코올 화재에는 내알코올포를 사용한다.
③ [O] 알킬알루미늄은 마른모래, 팽창질석, 팽창진주암으로 소화한다. 물과 반응하여 에탄가스가 발생하므로 주수소화하면 안 된다.

$$(C_2H_5)_3Al + 3H_2O \rightarrow Al(OH)_3 + 3C_2H_6\uparrow$$

④ [O] 적린은 다량의 물로 냉각소화하며, 소량의 적린인 경우에는 마른모래나 이산화탄소 소화약제도 일시적인 효과가 있다. 적린은 황린과 달리 안정적이다.

18 난이도 ●●●○○   답 ①

🏛 [화재론] 화재조사 및 보고규정

건물의 소실면적 산정은 소실 바닥면적으로 산정한다.

✅ **확인학습 소실정도**

1. 전소: 건물의 70% 이상(입체면적에 대한 비율을 말한다. 이하 같다)이 소실되었거나 또는 그 미만이라도 잔존부분을 보수하여도 재사용이 불가능한 것
2. 반소: 건물의 30% 이상 70% 미만이 소실된 것
3. 부분소: 1., 2.에 해당하지 아니하는 것

✅ **확인학습 소실면적 산정**

1. 건물의 소실면적 산정은 소실 바닥면적으로 산정한다.
2. 수손 및 기타 파손의 경우에도 제1항의 규정을 준용한다.

✅ **확인학습 발화일시 결정**

1. 발화일시의 결정은 관계인등의 화재발견 상황통보(인지)시간 및 화재발생 건물의 구조, 재질 상태와 화기취급 등의 상황을 종합적으로 검토하여 결정한다.
2. 다만, 자체진화 등 사후인지 화재로 그 결정이 곤란한 경우에는 발화시간을 추정할 수 있다.

✅ **확인학습 최종잔가율**

1. 화재피해금액은 화재 당시의 피해물과 동일한 구조, 용도, 질, 규모를 재건축 또는 재구입하는데 소요되는 가액에서 경과연수 등에 따른 감가공제를 하고 현재가액을 산정하는 실질적·구체적 방식에 따른다. 다만, 회계장부상 현재가액이 입증된 경우에는 그에 따른다.
2. 1.의 규정에도 불구하고 정확한 피해물품을 확인하기 곤란한 경우에는 소방청장이 정하는 「화재피해금액 산정매뉴얼」(이하 "매뉴얼"이라 한다)의 간이평가방식으로 산정할 수 있다.
3. 건물 등 자산에 대한 최종잔가율은 건물·부대설비·구축물·가재도구는 20%로 하며, 그 이외의 자산은 10%로 정한다.
4. 건물 등 자산에 대한 내용연수는 매뉴얼에서 정한 바에 따른다.

19 난이도 ●●●○○   답 ①

🏛 [소화론] 소화방법

옳은 것은 ㄱ, ㄷ, ㄹ이다.

| 선지분석 |

ㄴ. [X] 물은 비열, 증발잠열의 값이 크므로 주로 냉각소화에 사용된다.
ㅁ. [X] 물에 침투제를 첨가하는 이유는 표면장력을 감소시켜 소화능력을 향상하기 위함이다.

20 난이도 ●●●○○   답 ②

🏛 [소화론] 분말 소화약제

제1·2종 분말 소화약제는 열분해 반응에서 CO_2가 생성된다. 제3종 분말 소화약제는 CO_2가 생성되지 않는다.

○ 확인학습 분말 소화약제의 열분해 반응

1. 탄산수소나트륨의 열분해 반응
   • 270℃에서 $2NaHCO_3 \rightarrow Na_2CO_3 + H_2O + CO_2$
   • 850℃에서 $2NaHCO_3 \rightarrow Na_2O + H_2O + 2CO_2$
2. 탄산수소칼륨의 열분해반응
   • 190℃에서 $2KHCO_3 \rightarrow K_2CO_3 + H_2O + CO_2$
   • 260℃에서 $2KHCO_3 \rightarrow K_2O + H_2O + 2CO_2$

○ 확인학습 제3종 분말 소화약제의 방진소화작용

1. 제1인산암모늄으로부터 360℃ 이상의 온도에서 열분해하는 과정에서 액체상태의 점성을 가진 메타인산(HPO_3)이 생성된다.
2. 메타인산(HPO_3)은 일반가연물질인 나무·종이·섬유 등의 연소과정인 잔진상태의 숯불표면에 유리(Glass)상의 피막을 이루어 공기 중의 산소의 공급을 차단시키며, 숯불모양으로 연소하는 작용을 방지한다.

○ 확인학습 분말 소화약제의 분류

종별	주성분	색상	소화대상	특징
제1종	탄산수소나트륨	백색	B급, C급	비누화반응
제2종	탄산수소칼륨	담자색	B급, C급	–
제3종	제1인산암모늄	담홍색	A급, B급, C급	메탄인산
제4종	중탄산칼륨+요소	회색	B급, C급	–

21 난이도 ●●●○○   답 ①

🏛 [소화론] 할로겐화합물 및 불활성기체 소화약제

IG-01, IG-55, IG-100, IG-541 중 질소를 포함하지 않은 약제는 IG-01이다.

○ 확인학습 IG-01·IG-55·IG-100(불연성·불활성기체 혼합가스)

1. IG-01은 아르곤이 99.9vol% 이상이다.
2. IG-55는 질소가 50vol%, 아르곤이 50vol%인 성분으로 되어 있다.
3. IG-100은 질소가 99.9vol% 이상이다.

소화약제	화학식
IG-01	Ar
IG-100	N_2
IG-541	N_2(52%), Ar(40%), CO_2(8%)
IG-55	N_2(50%), Ar(50%)

○ 확인학습 할로겐화합물 및 불활성기체 소화약제

1. 할로겐화합물 소화약제는 순도가 99% 이상이고 불소, 염소, 브롬(브로민), 요오드(아이오딘) 중 하나 이상의 원소를 포함하고 있는 유기화합물을 기본성분으로 하는 소화약제이다.
2. 불활성기체 소화약제는 헬륨, 네온, 아르곤, 질소 중 하나 이상의 원소를 기본성분으로 하는 소화약제를 말한다.

22 난이도 ●●●●○   답 ②

🏛 [소화론] 포 소화약제

그림은 표면하 주입방식에 의한 설비이다. 유류에 오염을 주지 않는 수성막포와 불화단백포가 적합한 포 소화약제이다.

○ 확인학습 기계포 소화약제

1. **단백포 소화약제**: 단백질을 가수분해한 것을 주원료로 하는 포 소화약제를 말한다.
2. **합성계면활성제포 소화약제**: 합성계면활성제를 주원료로 하는 포 소화약제를 말한다.
3. **수성막포 소화약제**: 수합성계면활성제를 주원료로 하는 포 소화약제 중 기름표면에서 수성막을 형성하는 포 소화약제를 말한다.
4. **알코올형포 소화약제**: 단백질의 가수분해물이나 합성계면활성제 중에 지방산 금속염이나 타계통의 합성계면활성제 또는 고분자겔 생성물 등을 첨가한 포 소화약제로서 제4류 위험물 중 수용성용제의 소화에 사용하는 약제를 말한다.
5. **불화단백포 소화약제**: 단백포 소화약제의 소화성능을 향상시키기 위하여 불소계통의 계면활성제를 첨가한 포 소화약제를 말한다.

✅ 확인학습 수성막포 소화약제

1. 불소계 계면활성제를 주성분으로 한 것으로 물과 혼합하여 사용한다.
2. 수성막포 소화약제는 유류표면에 도달하면 불소계 계면활성제수용액이 유류표면에 물과 유류의 중간 성질을 가지는 수성막을 형성한다.
3. 방출 시 유면에서 얇은 물의 막인 수성막을 형성하여 가연성 증기의 발생을 억제한다.
4. 유류표면 위에 뜨는 가벼운 수성의 막(Aqueous film)을 형성하기 때문에 질식과 냉각작용이 우수하다. 대표적으로 미국 3M사의 라이트 워터(Light water)라는 상품명의 제품이 많이 팔리고 있는데 유면상에 형성된 수성막이 기름보다 가벼운 것처럼 보이기 때문에 만들어진 상품명이다.
5. 수성막포 소화약제는 유류화재에 대해 질식소화작용·냉각소화작용을 가지며, 분말과 겸용하면 7 ~ 8배 소화효과가 있다.
6. 유류에 오염되지 않으므로 저장탱크의 하부에서 방출시켜주는 표면하주입방식으로의 사용이 가능하다.

✅ 확인학습 불화단백포 소화약제

1. 불화단백포 소화약제는 단백포 소화약제에 소화성능을 향상시키기 위해서 불소계 계면활성제를 첨가한 것이다.
2. 유류에 오염되지 않으므로 수성막포와 같이 저장탱크의 하부에서 방출시켜주는 표면하주입방식으로의 사용이 가능하다.
3. 수성막포와 같이 포가 타오르거나 열에 의해 소멸되지 않아 대형 유류저장탱크 시설에 가장 적합하다.
4. 유류저장탱크 화재 시 윤화(Ring fire)현상도 발생하지 않으며, 포의 유동성이 우수하여 방출된 포는 신속하게 유류표면을 덮어 공기 중의 산소의 공급을 차단시켜 주는 질식소화작용을 한다.

23 난이도 ●○○○○   답 ④

🏛 [소방시설] 차동식 분포형 감지기

차동식 분포형 감지기는 열감지기이다. 공기관식, 열전대식, 열반도체식은 열감지기에 해당한다. 광전식은 연기감지기에 해당한다.

✅ 확인학습 감지기의 구분

1. 열감지기: 화재에 의해서 발생되는 열을 감지하여 화재신호를 발신하는 감지기를 말한다.
2. 연기감지기: 화재에 의해서 발생되는 연기를 감지하여 화재신호를 발신하는 감지기를 말한다.
3. 불꽃감지기: 화재에 의해서 발생되는 불꽃(적외선 및 자외선을 포함한다)을 감지하여 화재신호를 발신하는 감지기를 말한다.
4. 복합형 감지기: 화재 시 발생하는 열, 연기, 불꽃을 자동적으로 감지하는 기능 중 두 가지 이상의 성능(동일 생성물이나 다른 연소생성물의 감지 기능)을 가진 것으로서 두 가지 이상의 성능이 함께 작동할 때 화재신호를 발신하거나 또는 두개 이상의 화재신호를 각각 발신하는 감지기를 말한다.

✅ 확인학습 열감지기

1. 차동식스포트형: 주위온도가 일정 상승률 이상이 되는 경우에 작동하는 것으로서 일국소에서의 열 효과에 의하여 작동되는 것을 말한다.
2. 차동식분포형: 주위온도가 일정 상승률 이상이 되는 경우에 작동하는 것으로서 넓은 범위 내에서의 열 효과의 누적에 의하여 작동되는 것을 말한다.
3. 정온식감지선형: 일국소의 주위온도가 일정한 온도 이상이 되는 경우에 작동하는 것으로서 외관이 전선으로 되어 있는 것을 말한다.
4. 정온식스포트형: 일국소의 주위온도가 일정한 온도 이상이 되는 경우에 작동하는 것으로서 외관이 전선으로 되어 있지 아니한 것을 말한다.

5. 보상식스포트형: 1.과 4.의 성능을 겸한 것으로서 1.의 성능 또는 4.의 성능 중 어느 한 기능이 작동되면 작동신호를 발하는 것을 말한다.

✅ 확인학습 연기감지기

1. 이온화식스포트형: 주위의 공기가 일정한 농도의 연기를 포함하게 되는 경우에 작동하는 것으로서 일국소의 연기에 의하여 이온전류가 변화하여 작동하는 것을 말한다.
2. 광전식스포트형: 주위의 공기가 일정한 농도의 연기를 포함하게 되는 경우에 작동하는 것으로서 일국소의 연기에 의하여 광전소자에 접하는 광량의 변화로 작동하는 것을 말한다.
3. 광전식분리형: 발광부와 수광부로 구성된 구조로 발광부와 수광부 사이의 공간에 일정한 농도의 연기를 포함하게 되는 경우에 작동하는 것을 말한다.
4. 공기흡입형: 감지기 내부에 장착된 공기흡입장치로 감지하고자 하는 위치의 공기를 흡입하고 흡입된 공기에 일정한 농도의 연기가 포함된 경우 작동하는 것을 말한다.

24 난이도 ●○○○○   답 ②

🏛 [소방시설] 소화활동설비

화재를 진압하거나 인명구조활동을 위하여 사용하는 설비는 소화활동설비이다. 소화활동설비는 연결송수관설비, 제연설비, 연소방지설비, 연결살수설비, 무선통신보조설비 및 비상콘센트설비이다. 인명구조설비는 피난구조설비에 해당한다.

✅ 확인학습 소화활동설비

1. 연결송수관설비
2. 연결살수설비
3. 연소방지설비
4. 무선통신보조설비
5. 비상콘센트설비
6. 제연설비

✅ 확인학습 피난구조설비

1. 피난기구: 피난사다리, 구조대, 완강기, 소방청장이 정하여 고시하는 화재안전기준으로 정하는 것
2. 인명구조기구: 방열복, 방화복(안전헬멧, 보호장갑 및 안전화 포함), 공기호흡기, 인공소생기
3. 유도등: 피난유도선, 피난구유도등, 통로유도등, 객석유도등, 유도표지
4. 비상조명등 및 휴대용비상조명등

25 난이도 ●●●○○   답 ①

🏛 [소방시설] 포 소화설비

팽창비란 최종 발생한 포 체적을 원래 포수용액 체적으로 나눈 값을 말한다.

✅ 확인학습 용어의 정의

1. 팽창비: 최종 발생한 포 체적을 원래 포 수용액 체적으로 나눈 값을 말한다.
2. 공기포비: 포 수용액과 가압공기를 혼합한 경우의 비율(포 수용액의 양에 대한 공급공기량을 배수로 표시한 것)을 말한다.
3. 포 수용액: 포 소화약제에 물을 가한 수용액을 말한다.

✅ 확인학습 진공계와 연성계

1. 진공계: 대기압 이하의 압력을 측정하는 계측기를 말한다.
2. 연성계: 대기압 이상의 압력과 대기압 이하의 압력을 측정할 수 있는 계측기를 말한다.

✅ 확인학습 전역방출방식 및 국소방출방식

1. "전역방출방식"이란 소화약제 공급장치에 배관 및 분사헤드를 등을 고정 설치하여 밀폐 방호구역 내에 소화약제를 방출하는 방식을 말한다.
2. "국소방출방식"이란 소화약제 공급장치에 배관 및 분사헤드를 설치하여 직접 화점에 소화약제를 방출하는 방식을 말한다.

✅ 확인학습 프레져 사이드 프로포셔너 방식(Pressure side proportioner)

1. 펌프의 토출관에 압입기를 설치하여 포 소화약제 압입용 펌프로 포 소화약제를 압입시켜 혼합하는 방식을 말한다.
2. 비행기 격납고, 대규모 유류저장소, 석유화학 Plant 시설 등과 같은 대단위 고정식 포 소화설비에 사용하며 압입혼합방식이라 한다.
3. 소화용수와 약제의 혼합 우려가 없어 장기간 보존하며 사용할 수 있다.
4. 시설이 거대해지며 설치비가 비싸다.
5. 원액펌프의 토출압력이 급수펌프의 토출압력보다 낮으면 원액이 혼합기에 유입하지 못한다.

4회 2023년 01월 14일 간부

정답
p.210

01	③	02	②	03	①	04	②	05	⑤
06	⑤	07	②	08	③	09	⑤	10	③
11	②	12	④	13	②	14	①	15	⑤
16	④	17	⑤	18	④	19	④	20	⑤
21	④	22	④	23	④	24	②	25	⑤

---

01 난이도 ●●○○○   답 ③

🏛 [소방시설] 펌프성능시험

펌프의 성능은 체절운전 시 정격토출압력의 (140)%를 초과하지 않고, 정격토출량의 (150)%로 운전 시 정격토출압력의 (65)% 이상이 되어야 하며, 펌프의 성능을 시험할 수 있는 성능시험배관을 설치할 것

✅ 확인학습 체절운전

펌프의 성능시험을 목적으로 펌프토출측의 개폐밸브를 닫은 상태에서 펌프를 운전하는 것을 말한다.

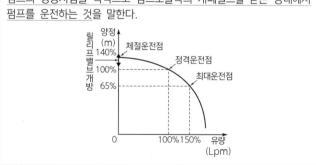

---

02 난이도 ●○○○○   답 ②

🚒 [위험물] 지정수량

지정수량이 가장 적은 것은 유기과산화물이다.

| 선지분석 |

① 아조화합물: 200kg
② 유기과산화물: 10kg
③ 니트로화합물(나이트로화합물): 200kg
④ 디아조화합물(다이아조화합물): 200kg
⑤ 히드라진(하이드라진) 유도체: 200kg

---

03 난이도 ●●●○○   답 ①

🏛 [소방시설] 고정포 방출구

특형 방출구에 대한 설명이다.

✅ 확인학습 고정식 포방출구의 종류

I형 방출구	I형 포방출구
II형 방출구	봉판, 탱크, 디플렉터, 폼챔버, 액면, 발포기, 완충장치, 스트레이너
특형 방출구	봉판, 탱크측판, 2.5m, 굽도리판 0.9m 이상, 씰(Seal)
표면하 주입방식	30m, 포방출구, 포방출구, 1.2m, foam 흐름
반표면하 주입방식	폼형상, 호스, 베이스호스, 호스콘테이너, 에어소켓파이프, 체크밸브

✅ 확인학습 **고정식 포방출구의 종류**

1. **I형 방출구**
   • 콘루프탱크(Cone roof tank)에 사용된다.
   • 통계단(활강로) 등을 설치한 방출구 방식이다.
   • 방출된 포가 유면상에서 신속히 전개되도록 유면상을 덮어 소화한다.
   • 방출된 포가 위험물과 섞이지 않고 탱크의 액면 위로 흘러 들어가서 소화작용을 한다.

2. **II형 방출구**
   • 콘루프탱크(Cone roof tank)에 사용된다.
   • 반사판(디플렉터)에 의하여 포가 탱크벽면을 따라 소화되도록 설치된다.

3. **특형 방출구**
   • 고정포방출구로서 플로우팅루프탱크(Floating roof tank)에 설치한다.
   • 부상식 탱크에 사용하는 방출구로서 탱크의 측면과 굽도리판에 의하여 형성된 환상부분에 포를 방출하여 소화작용을 한다.

4. **표면하 주입방식(SSI방식; Sub-Surface Injection Method)**
   • 포를 탱크 밑으로 주입하여 포가 탱크 내의 유류를 통하여 표면으로 떠올라 소화하도록 한 것이다.
   • 표면하 주입방식은 방사압이 높아 수용성 액체 위험물의 경우 포가 파괴되기 쉬운 관계로 사용하지 않는다.

---

04 난이도 ●●●○○ 답 ②

🏛 **[폭발론] 폭연**
폭연은 폭굉으로 변화될 수 있으며, 에너지 방출속도가 열전달속도(물질의 전달속도)에 영향을 받는다.

✅ 확인학습 **폭연과 폭굉**

1. **폭연**
   • 폭연에서는 반응면이 열의 분자확산 이동, 반응물과 연소생성물의 난류혼합에 의해 전파된다.
   • 폭연은 폭굉으로 변화될 수 있으며, 에너지 방출속도가 열전달속도(물질의 전달속도)에 영향을 받는다.
   • 폭연은 폭굉과 달리 충격파를 형성하지 않는다.

2. **폭굉**
   • 에너지 방출속도는 열전달속도에 기인하지 않고 압력파에 의존한다.
   • 폭굉파는 음파와 달리 폭굉파가 통과한 곳은 화학적 조성이 변하므로, 가역적인 탄성파로 취급되지 않는다.

---

05 난이도 ●●●○○ 답 ⑤

🏛 **[화재론] 내화구조**
고온·고압의 증기로 양생된 경량기포 콘크리트 패널 또는 경량기포 콘크리트 블록조로서 두께가 10cm 이상인 것이 해당된다.

✅ 확인학습 **내화구조(내력벽)**

1. 철근콘크리트조·철골철근콘크리트조로서 두께가 10cm 이상인 것
2. 골구를 철골조로 하고 그 양면을 두께 4cm 이상의 철망모르타르(그 바름바탕을 불연재료로 한 것으로 한정한다. 이하 같다) 또는 두께 5cm 이상의 콘크리트블록·벽돌 또는 석재로 덮은 것
3. 벽돌조로서 두께가 19cm 이상인 것

---

4. 고온·고압의 증기로 양생된 경량기포 콘크리트패널 또는 경량기포 콘크리트블록조로서 두께가 10cm 이상인 것
5. 철재로 보강된 콘크리트블록조·벽돌조 또는 석조로서 철재에 덮은 콘크리트블록등의 두께가 5cm 이상인 것

---

06 난이도 ●○○○○ 답 ⑤

🏛 **[재난관리론] 중앙재난안전대책본부**
대통령령으로 정하는 대규모 재난의 대응·복구(수습) 등에 관한 사항을 총괄·조정하고 필요한 조치를 하기 위하여 행정안전부에 중앙재난안전대책본부(중앙대책본부)를 둔다.

| 선지분석 |
① 안전관리자문단: 재난 및 안전관리업무의 기술적 자문을 위하여 민간전문가로 구성된 안전관리자문단을 구성·운영할 수 있다.
② 중앙안전관리위원회: 재난 및 안전관리에 관한 관련 사항을 심의하기 위하여 국무총리 소속으로 중앙안전관리위원회("중앙위원회")를 둔다.
③ 안전정책조정위원회: 중앙위원회에 상정될 안건을 사전에 검토하고 관련 사무를 수행하기 위하여 중앙위원회에 안전정책조정위원회("조정위원회")를 둔다.
④ 중앙긴급구조통제단: 긴급구조에 관한 사항의 총괄·조정, 긴급구조기관 및 긴급구조지원기관이 하는 긴급구조활동의 역할 분담과 지휘·통제를 위하여 소방청에 중앙긴급구조통제단("중앙통제단")을 둔다.

✅ 확인학습 **안전관리자문단의 구성·운영(법 제75조)**

1. 지방자치단체의 장은 재난 및 안전관리업무의 기술적 자문을 위하여 민간전문가로 구성된 안전관리자문단을 구성·운영할 수 있다.
2. 제1항에 따른 안전관리자문단의 구성과 운영에 관하여는 해당 지방자치단체의 조례로 정한다.

---

07 난이도 ●○○○○ 답 ②

🏛 **[폭발론] 응상폭발**
응상폭발에 해당하는 것은 ㄱ, ㄹ이다.

| 선지분석 |
ㄱ. [O] 증기폭발: 응상폭발
ㄴ. [×] 분진폭발: 기상폭발
ㄷ. [×] 분해폭발: 기상폭발
ㄹ. [O] 전선폭발: 응상폭발
ㅁ. [×] 분무폭발: 기상폭발

✅ 확인학습 **기상폭발과 응상폭발**
폭발을 일으키는 원인물질의 상태에 따라 기상폭발과 응상폭발로 분류할 수 있다. 여기서 응상이란 고체상과 액체상을 모두 포함하는 말이며 기상이란 기체상을 말한다.
1. **기상폭발**: 원인물질의 상태가 액체 또는 고체인 폭발현상을 말하며, 가스폭발, 분무폭발, 분진폭발, 가스의 분해폭발, 증기운폭발(UVCE)이 해당한다.
2. **응상폭발**: 원인물질의 상태가 기체 상태인 폭발현상을 말하며, 증기폭발, 수증기폭발, 전선폭발, 물질의 혼합에 의한 폭발, 폭발성 물질의 폭발이 해당한다.

08 난이도 ●○○○○   답 ③

🏛 [연소론] 가연물 구비조건
활성화에너지가 작고 발열량이 커야 가연성 물질이 되기 쉽다.

> ✅ **확인학습 가연물의 구비조건**
> 1. 탄소(C) · 수소(H) · 산소(O) 등으로 구성된 유기화합물이 많다.
> 2. 일반적으로 산화되기 쉬운 물질로서 산소와 결합할 때 발열량이 커야 한다.
> 3. 열전도율이 작아야 한다(기체 < 액체 < 고체).
> 4. 연속적으로 연쇄반응을 일으키는 물질이어야 한다.
> 5. 산소와 접촉할 수 있는 비표면적이 큰 물질이어야 한다.
> 6. 조연성 가스인 산소 · 염소와의 결합력이 강한 물질이어야 한다.
> 7. 연소반응을 일으키는 점화원의 활성화에너지(최소발화에너지)의 값이 적어야 한다.
> 8. 한계산소농도(LOI)가 낮을수록 낮은 농도의 산소 조건에서도 연소가 가능하므로 가연물이 되기 쉽다.
> 9. 건조도가 높아야 한다.
> 10. 화학적 활성도가 높아야 한다.

09 난이도 ●●○○○   답 ⑤

🏛 [소방역사 및 소방조직] 소방역사
옳은 것은 ㄷ, ㄹ이다.

| 선지분석 |

ㄱ. [×] 조선시대: 금화도감을 설치하였다.

ㄴ. [×] 조선시대: 최초의 장비 수입은 중국으로부터 수입한 수총기이다(경종 3년, 1723년).

> ✅ **확인학습 금화도감의 설치**
> 1. 설치의 계기 및 의의: 한성부의 대형화재를 계기로 병조에 금화도감을 설치하게 되었는데[세종 8년(1426년 2월)], 상비 소방제도로서의 관서는 아니지만 화재를 방비하는 독자적 기구로서 우리나라 최초의 소방기구라 볼 수 있다.
> 2. 구성: 금화도감은 제조 7명, 사 5명, 부사 6명, 판관 6명으로 구성되었다.

> ✅ **확인학습 제도의 변천과정**
> 1. 조선시대: 세종 8년 ~ 구한말
> 2. 과도기[미군정시대(1945 ~ 1948년)]: 자치소방체제
> 3. 초창기 정부수립 이후(1948 ~ 1970년): 국가소방체제
> 4. 발전기(1970 ~ 1992년): 국가 · 자치이원화
> 5. 정착기(1992 ~ 2020년): 시 · 도(광역)자치소방

10 난이도 ●●●○○   답 ③

🏛 [연소론] 최소산소농도
에틸알코올의 최소산소농도는 12.9%이다.

$$C_2H_5OH + 3O_2 \rightarrow 2CO_2 + 3H_2O$$

에틸알코올의 연소 범위는 4.3~19Vol%

최소산소농도(MOC) = 연소의 하한계 × $\dfrac{\text{산소의 몰수}}{\text{가연물의 몰수}}$

최소산소농도 = $4.3 \times \dfrac{3}{1}$ = 12.9%

> ✅ **확인학습 최소소화농도(MOC)**
> 1. 화염을 전파하기 위해서는 최소한의 산소농도가 요구되며, 이를 최소산소농도(MOC; Minimum Oxygen Concentration)라 한다.
> 2. 가연성가스 농도가 얼마든지 산소 농도를 MOC 이하로 낮추면 연소는 불가능하게 된다.
> 3. 최소산소농도는 폭발 화재 방지에 유용한 기준이 된다.
> 4. MOC는 공기와 연료의 혼합기 중 산소의 부피를 나타내며 %의 단위를 갖는다.
> 5. 실험 데이터가 충분치 못할 때 MOC 값은 연소반응식 중의 산소의 양론계수와 연소하한계의 곱을 이용하여 추산되며 이 방법은 많은 탄화수소에 적용된다. 즉, MOC = 산소몰수×연소하한계이다.
> 6. 불활성기체가 첨가되면 연소범위가 좁아진다.

11 난이도 ●●●●●   답 ②

🏛 [소방시설] 특정소방대상물별 소화기구의 능력단위
판매시설이 해당한다.

| 선지분석 |

① [×] 문화재: 50제곱미터 마다 1단위 이상
② [O] 판매시설: 100제곱미터 마다 1단위 이상
③ [×] 의료시설: 50제곱미터 마다 1단위 이상
④ [×] 장례식장: 50제곱미터 마다 1단위 이상
⑤ [×] 위락시설: 30제곱미터 마다 1단위 이상

> ✅ **확인학습 소화기구 및 자동소화장치(NFPC 101)**
> 1. 특정소방대상물의 설치장소에 따라 화재 종류별 적응성 있는 소화약제의 것으로 할 것
> 2. 특정소방대상물별 소화기구의 능력단위는 다음에 따른 바닥면적마다 1단위 이상으로 한다.
>   • 위락시설: 30제곱미터
>   • 문화 및 집회시설(전시장 및 동 · 식물원은 제외한다) · 의료시설 · 장례시설 중 장례식장 및 문화재: 50제곱미터
>   • 공동주택 · 근린생활시설 · 문화 및 집회시설 중 전시장 · 판매시설 · 운수시설 · 노유자시설 · 업무시설 · 숙박시설 · 공장 · 창고시설 · 항공기 및 자동차 관련 시설 · 방송통신시설 및 관광휴게시설: 100제곱미터
>   • 그 외 위의 시설에 해당하지 않는 시설: 200제곱미터
> 3. 2.에 따른 능력단위 외에 부속용도별로 사용되는 부분에 대하여는 소화기구 및 자동소화장치를 추가하여 설치할 것
> 4. 소화기는 다음의 기준에 따라 설치할 것
>   • 특정소방대상물의 각 층마다 설치하되, 각 층이 둘 이상의 거실로 구획된 경우에는 각 층마다 설치하는 것 외에 바닥면적이 33제곱미터 이상으로 구획된 각 거실에도 배치할 것
>   • 특정소방대상물의 각 부분으로부터 1개의 소화기까지의 보행거리가 소형소화기의 경우에는 20미터 이내, 대형소화기의 경우에는 30미터 이내가 되도록 배치할 것
> 5. 능력단위가 2단위 이상이 되도록 소화기를 설치해야 할 특정소방대상물 또는 그 부분에 있어서는 간이소화용구의 능력단위가 전체 능력단위의 2분의 1을 초과하지 않게 할 것

6. 소화기구(자동확산소화기를 제외한다)는 거주자 등이 손쉽게 사용할 수 있는 장소에 바닥으로부터 높이 1.5미터 이하의 곳에 비치하고, 소화기구의 종류를 표시한 표지를 보기 쉬운 곳에 부착할 것. 다만, 소화기 및 투척용소화용구의 표지는 「축광표지의 성능인증 및 제품검사의 기술기준」에 적합한 축광식표지로 설치하고, 주차장의 경우 표지를 바닥으로부터 1.5미터 이상의 높이에 설치할 것
7. 자동확산소화기는 다음 기준에 따라 설치할 것
   • 방호대상물에 소화약제가 유효하게 방사될 수 있도록 설치할 것
   • 작동에 지장이 없도록 견고하게 고정할 것

---

12 난이도 ●○○○○   답 ④

🏛 **[재난관리론] 중증도 분류별 표시방법**
옳은 것은 ④이다.

| 선지분석 |

① [×] 사망: 흑색, 십자가 표시
② [×] 긴급: 적색, 토끼 그림
③ [×] 응급: 황색, 거북이 그림
④ [○] 비응급: 녹색, 구급차 그림에 × 표시
⑤ [×] 응급: 황색, 구급차 거북이 그림

> ✔ **확인학습 중증도 분류**

분류	치료순서	색깔	심볼
Critical(긴급환자)	1	적색(Red)	토끼그림
Urgent(응급환자)	2	황색(Yellow)	거북이그림
Minor(비응급환자)	3	녹색(Green)	×표시
Dead(지연환자)	4	흑색(Black)	십자가표시

---

13 난이도 ●●●●●   답 ②

🏛 **[소방시설] 비상콘센트설비의 전원회로**
비상콘센트설비의 전원회로는 (단상)교류 (220)볼트인 것으로서, 그 공급용량은 (1.5)킬로볼트암페어 이상인 것으로 할 것

> ✔ **확인학습 비상콘센트설비의 전원회로[비상콘센트설비의 화재안전기술기준(NFTC 504)]**
>
> 1. 비상콘센트설비의 전원회로는 단상교류 220V인 것으로서, 그 공급용량은 1.5kVA 이상인 것으로 할 것
> 2. 전원회로는 각층에 2 이상이 되도록 설치할 것. 다만, 설치해야 할 층의 비상콘센트가 1개인 때에는 하나의 회로로 할 수 있다.
> 3. 전원회로는 주배전반에서 전용회로로 할 것. 다만, 다른 설비회로의 사고에 따른 영향을 받지 않도록 되어 있는 것은 그렇지 않다.
> 4. 전원으로부터 각 층의 비상콘센트에 분기되는 경우에는 분기배선용 차단기를 보호함 안에 설치할 것
> 5. 콘센트마다 배선용 차단기(KS C 8321)를 설치해야 하며, 충전부가 노출되지 않도록 할 것
> 6. 개폐기에는 "비상콘센트"라고 표시한 표지를 할 것
> 7. 비상콘센트용의 풀박스 등은 방청도장을 한 것으로서, 두께 1.6mm 이상의 철판으로 할 것
> 8. 하나의 전용회로에 설치하는 비상콘센트는 10개 이하로 할 것. 이 경우 전선의 용량은 각 비상콘센트(비상콘센트가 3개 이상인 경우에는 3개)의 공급용량을 합한 용량 이상의 것으로 해야 한다.

---

14 난이도 ●●●●●   답 ①

🏛 **[소방시설] 부착높이에 따른 감지기**
옳은 것은 ㄱ, ㄴ이다.

| 선지분석 |

ㄱ. [○] 부착 높이 4m 미만: 광전식 스포트형 감지기
ㄴ. [○] 부착 높이 4m 이상 8m 미만: 정온식 감지 선형 1종 감지기
ㄷ. [×] 부착 높이 8m 이상 15m 미만: 차동식 분포형 감지기
ㄹ. [×] 부착 높이 15m 이상 20m 미만: 이온화식 1종 또는 광전식(스포트형, 분리형, 공기흡입형) 1종

> ✔ **확인학습 부착높이에 따른 감지기의 설치기준**
>
> 자동화재탐지설비의 감지기는 부착높이에 따라 다음 표에 따른 감지기를 설치하여야 한다.

부착높이	감지기의 종류
4m 미만	• 차동식(스포트형, 분포형) • 보상식 스포트형 • 정온식(스포트형 감지선형) • 이온화식 또는 광전식(스포트형, 분리형, 공기흡입형) • 열복합형 • 연기복합형 • 열연기복합형 • 불꽃감지기
4m 이상 8m 미만	• 차동식(스포트형, 분포형) • 보상식 스포트형 • 정온식(스포트형 감지선형) 특종 또는 1종 • 이온화식 1종 또는 2종 • 광전식(스포트형, 분리형, 공기흡입형) 1종 또는 2종 • 열복합형 • 연기복합형 • 열연기복합형 • 불꽃감지기
8m 이상 15m 미만	• 차동식 분포형 • 이온화식 1종 또는 2종 • 광전식(스포트형, 분리형, 공기흡입형) 1종 또는 2종 • 연기복합형 • 불꽃감지기
15m 이상 20m 미만	• 이온화식 1종 • 광전식(스포트형, 분리형, 공기흡입형) 1종 • 연기복합형 • 불꽃감지기
20m 이상	• 불꽃감지기 • 광전식(스포트형, 분리형, 공기흡입형) 중 아날로그 방식

> 1) 감지기별 부착높이 등에 대하여 별도로 형식승인 받은 경우에는 그 성능 인정범위 내에서 사용할 수 있다.
> 2) 부착높이 20m 이상에 설치되는 광전식 중 아날로그 방식의 감지기는 공칭감지농도 하한값이 감광율 5%/m 미만인 것으로 한다.

---

15 난이도 ●●○○○   답 ⑤

🏛 **[소방역사 및 소방조직] 건축허가등의 동의대상물**
옳은 것은 ㄴ, ㄹ, ㅁ이다.

| 선지분석 |

ㄱ. [×] 노유자시설 및 수련시설: 200제곱미터 이상
ㄷ. [×] 승강기 등 기계장치에 의한 주차시설로서 자동차 20대 이상을 주차할 수 있는 시설

① 법 제6조 제1항에 따라 건축물 등의 신축·증축·개축·재축·이전·용도변경 또는 대수선의 허가·협의 및 사용승인(「주택법」 제15조에 따른 승인 및 같은 법 제49조에 따른 사용검사, 「학교시설사업 촉진법」 제4조에 따른 승인 및 같은 법 제13조에 따른 사용승인을 포함하며, 이하 "건축허가등"이라 한다)을 할 때 미리 소방본부장 또는 소방서장의 동의를 받아야 하는 건축물 등의 범위는 다음 각 호와 같다.

1. 연면적(「건축법 시행령」 제119조 제1항 제4호에 따라 산정된 면적을 말한다. 이하 같다)이 400제곱미터 이상인 건축물이나 시설. 다만, 다음 각 목의 어느 하나에 해당하는 건축물이나 시설은 해당 목에서 정한 기준 이상인 건축물이나 시설로 한다.
   가. 「학교시설사업 촉진법」 제5조의2 제1항에 따라 건축등을 하려는 학교시설: 100제곱미터
   나. [별표 2]의 특정소방대상물 중 노유자(老幼者) 시설 및 수련시설: 200제곱미터
   다. 「정신건강증진 및 정신질환자 복지서비스 지원에 관한 법률」 제3조 제5호에 따른 정신의료기관(입원실이 없는 정신건강의학과 의원은 제외하며, 이하 "정신의료기관"이라 한다): 300제곱미터
   라. 「장애인복지법」 제58조 제1항 제4호에 따른 장애인 의료재활시설(이하 "의료재활시설"이라 한다): 300제곱미터
2. 지하층 또는 무창층이 있는 건축물로서 바닥면적이 150제곱미터(공연장의 경우에는 100제곱미터) 이상인 층이 있는 것
3. 차고·주차장 또는 주차 용도로 사용되는 시설로서 다음 각 목의 어느 하나에 해당하는 것
   가. 차고·주차장으로 사용되는 바닥면적이 200제곱미터 이상인 층이 있는 건축물이나 주차시설
   나. 승강기 등 기계장치에 의한 주차시설로서 자동차 20대 이상을 주차할 수 있는 시설
4. 층수(「건축법 시행령」 제119조 제1항 제9호에 따라 산정된 층수를 말한다. 이하 같다)가 6층 이상인 건축물
5. 항공기 격납고, 관망탑, 항공관제탑, 방송용 송수신탑
6. [별표 2]의 특정소방대상물 중 의원(입원실이 있는 것으로 한정한다)·조산원·산후조리원, 위험물 저장 및 처리 시설, 발전시설 중 풍력발전소·전기저장시설, 지하구(地下溝)
7. 1. 나목에 해당하지 않는 노유자 시설 중 다음 각 목의 어느 하나에 해당하는 시설. 다만, 가목 2) 및 나목부터 바목까지의 시설 중「건축법 시행령」 [별표 1]의 단독주택 또는 공동주택에 설치되는 시설은 제외한다.
   가. [별표 2] 제9호 가목에 따른 노인 관련 시설 중 다음의 어느 하나에 해당하는 시설
      1)「노인복지법」 제31조 제1호에 따른 노인주거복지시설, 같은 조 제2호에 따른 노인의료복지시설 및 같은 조 제4호에 따른 재가노인복지시설
      2)「노인복지법」 제31조 제7호에 따른 학대피해노인 전용쉼터
   나. 「아동복지법」 제52조에 따른 아동복지시설(아동상담소, 아동전용시설 및 지역아동센터는 제외한다)
   다. 「장애인복지법」 제58조 제1항 제1호에 따른 장애인 거주시설
   라. 정신질환자 관련 시설(「정신건강증진 및 정신질환자 복지서비스 지원에 관한 법률」 제27조 제1항 제2호에 따른 공동생활가정을 제외한 재활훈련시설과 같은 법 시행령 제16조 제3호에 따른 종합시설 중 24시간 주거를 제공하지 않는 시설은 제외한다)
   마. [별표 2] 제9호 마목에 따른 노숙인 관련 시설 중 노숙인자활시설, 노숙인재활시설 및 노숙인요양시설
   바. 결핵환자나 한센인이 24시간 생활하는 노유자 시설
8. 「의료법」 제3조 제2항 제3호 라목에 따른 요양병원(이하 "요양병원"이라 한다). 다만, 의료재활시설은 제외한다.

9. [별표 2]의 특정소방대상물 중 공장 또는 창고시설로서 「화재의 예방 및 안전관리에 관한 법률 시행령」 [별표 2]에서 정하는 수량의 750배 이상의 특수가연물을 저장·취급하는 것
10. [별표 2] 제17호 나목에 따른 가스시설로서 지상에 노출된 탱크의 저장용량의 합계가 100톤 이상인 것

16 난이도 ●●●○○ 답 ④

🏛 [재난관리론] 재난의 대비

재난의 대비에 해당하는 것은 ㄹ, ㅁ이다.

| 선지분석 |
ㄱ. [×] 국가핵심기반의 지정: 예방단계
ㄴ. [×] 재난안전분야 종사자 교육: 예방단계
ㄷ. [×] 지방자치단체에 대한 지원 – 해당없음
ㄹ. [○] 재난현장 긴급통신수단의 마련: 대비단계
ㅁ. [○] 재난분야 위기관리 매뉴얼 작성·운용: 대비단계

✅ 확인학습 재난관리 단계와 활동내용

단계	활동내용
예방단계	• 재난관리책임기관의 장의 재난예방조치 등 • 국가핵심기반의 지정 및 관리 • 특정관리대상지역의 지정 및 관리 • 재난방지시설의 관리 • 재난안전분야 종사자 교육 • 재난예방을 위한 긴급안전점검 등 • 재난예방을 위한 안전조치 • 정부합동 안전점검 • 집중 안전점검 기간 운영 등 • 재난관리 실태 공시 등
대비단계	• 재난관리자원의 비축·관리 • 재난현장 긴급통신수단의 마련 • 국가재난관리기준의 제정·운용 등 • 기능별 재난대응 활동계획의 작성·활용 • 재난분야 위기관리 매뉴얼의 작성·운용 • 다중이용시설 등의 위기상황 매뉴얼의 작성·관리 및 훈련 • 안전기준의 등록 및 심의 등 • 재난안전통신망의 구축·운영 • 재난대비훈련 기본계획의 수립 및 실시
대응단계 (응급조치 등)	• 재난사태의 선포 • 응급조치 • 위기경보의 발령 등 • 재난 예보·경보체계의 구축·운영 등 • 동원명령 등 • 대피명령 • 위험구역의 설정 • 강제대피조치 • 통행제한 등 • 응원
대응단계 (긴급구조)	• 긴급구조 현장지휘 • 긴급구조대응계획의 수립 • 재난대비능력 보강 • 항공기 등 조난사고 시의 긴급구조 등 • 긴급구조지원기관의 능력에 대한 평가
복구단계	• 특별재난지역의 선포 • 특별재난지역에 대한 지원

🏛 [연소론] 인화점

인화점이 낮은 것부터 높은 순은 디에틸에테르, 이황화탄소, 아세톤, 메틸알코올, 글리세린이다.

| 선지분석 |

ㄱ. 아세톤: 제1석유류(수용성), 인화점 −18℃

ㄴ. 글리세린: 제3석유류(수용성), 인화점 160℃

ㄷ. 이황화탄소: 특수인화물, 인화점 −30℃

ㄹ. 메틸알코올: 알코올류, 인화점 11℃

ㅁ. 디에틸에테르: 특수인화물, 인화점 −45℃

✅ 확인학습 **제4류 위험물의 종류**

종류		지정수량
특수인화물	디에틸에테르, 이황화탄소	50L
제1석유류	비수용성: 휘발유, 벤젠, 톨루엔	200L
	수용성: 아세톤, 시안화수소	400L
알코올류	메틸알코올, 에틸알코올, 변성알코올	400L
제2석유류	비수용성: 등유, 경유	1천L
	수용성: 아세트산(초산), 히드라진(하이드라진)	2천L
제3석유류	비수용성: 중유, 클레오소트유(크레오소트유)	2천L
	수용성: 글리세린, 에틸렌글리콜	4천L
제4석유류	기어유, 실린더유	6천L
동·식물유류	정어리 기름	1만L

✅ 확인학습 **인화점**

종류		인화점(℃)
특수인화물	디에틸에테르	−45
	이황화탄소	−30
	아세트알데히드	−38
	산화프로필렌	−37
제1석유류	휘발유	−40 ~ −20
	벤젠	−11
	톨루엔	4
	아세톤	−18
알코올류	메틸알코올	11
	에틸알코올	13
	이소프로필알코올	11.7
제2석유류	등유	40 ~ 70
	경유	50 ~ 70
	아세트산(초산)	40
제3석유류	중유	60 ~ 150
	클레오소트유(크레오소트유)	74
	글리세린	160
제4석유류	기어유	170 ~ 310

🏛 [소화론] 수성막포 소화약제

옳은 것은 ㄱ, ㄷ, ㄹ이다.

| 선지분석 |

ㄴ. [×] 알코올류, 케톤류, 에스테르류 등과 같은 수용성 위험물 화재에 소화적응성이 아주 우수하다 → 알코올형 포 소화약제에 대한 설명이다.

✅ 확인학습 **수성막포 소화약제**

1. 불소계 계면활성제를 주성분으로 한 것으로 물과 혼합하여 사용한다.
2. 수성막포 소화약제는 유류표면에 도달하면 불소계 계면활성제수용액이 유류표면에 물과 유류의 중간 성질을 가지는 수성막을 형성한다.
3. 방출 시 유면에서 얇은 물의 막인 수성막을 형성하여 가연성 증기의 발생을 억제한다.
4. 유류표면 위에 뜨는 가벼운 수성의 막(Aqueous film)을 형성하기 때문에 질식과 냉각작용이 우수하다. 대표적으로 미국 3M사의 라이트 워터(Light water)라는 상품명의 제품이 많이 팔리고 있는데 유면상에 형성된 수성막이 기름보다 가벼운 것처럼 보이기 때문에 만들어진 상품명이다.
5. 수성막포 소화약제는 유류화재에 대해 질식소화작용·냉각소화작용을 가지며, 분말과 겸용하면 7 ~ 8배 소화효과가 있다.

✅ 확인학습 **알코올형 포 소화약제**

1. 수용성 가연물질인 알코올류·에테르류·에스테르류·케톤류·알데히드류 등의 화재 시 단백포·합성계면활성제포·수성막포 소화약제 및 불화단백포 소화약제는 소포성(消泡性)이 있으므로 소화약제로서 부적합하다.
2. 수용성 가연물질에 용해되지 않는 성질을 가진 포 소화약제에는 금속비누형 알코올포 소화약제·고분자겔 생성형 알코올형 포 소화약제·불화단백형 알코올형 포 소화약제 등이 있다.
3. 불화단백형 알코올형 포 소화약제는 불소계 계면활성제를 결속시킨 포 소화약제로서 알코올류와 같은 수용성의 액체가연물질의 화재에 대해 소화성능이 우수하다.
4. 불화단백형 알코올형 포 소화약제는 대형의 알코올 저장탱크의 화재시 소화약제로 사용하여도 윤화(Ring Fire) 현상이 발생하지 않으며, 표면하방출방식으로의 사용도 가능하므로 화재를 신속하게 소화할 수 있고 내화성이 우수하다.

🏛 [위험물] 위험물에 대한 규정(비고)

"금속분"이라 함은 알칼리금속·알칼리토류금속·철 및 마그네슘외의 금속의 분말을 말하고, 구리분·니켈분 및 150마이크로미터의 체를 통과하는 것이 50중량퍼센트 미만인 것은 제외한다.

🏛 [소방시설] 피난기구의 화재안전성능기준

4층 이상의 층에 피난사다리(하향식 피난구용 내림식사다리는 제외한다)를 설치하는 경우에는 금속성 고정사다리를 설치하고, 당해 고정사다리에는 쉽게 피난할 수 있는 구조의 노대를 설치할 것

21 난이도 ●○○○○　　　　답 ④

🏛 **[연소론] 점화원(열에너지원)의 종류**
화학열(에너지원)에 해당하는 것은 ㄱ, ㄴ, ㄹ이다.

| 선지분석 |

ㄱ. [O] 분해열: 화학적 점화원(열에너지)
ㄴ. [O] 연소열: 화학적 점화원(열에너지)
ㄷ. [×] 압축열: 기계적 점화원(열에너지)
ㄹ. [O] 산화열: 화학적 점화원(열에너지)

✅ **확인학습 점화원(열에너지)의 종류**

열적 점화원	고온표면, 적외선, 복사열
기계적 점화원	단열압축(압축열), 마찰스파크, 충격
화학적 점화원	용해열, 연소열, 분해열, 자연발화에 의한 열
전기적 점화원	정전기, 전기저항열, 낙뢰에 의한 열, 전기스파크, 유도열, 유전열

22 난이도 ●○○○○　　　　답 ④

🏛 **[연소론] 위험도**
보기 중 위험도가 가장 큰 것은 이황화탄소이다.

| 선지분석 |

① 수소: 4 ~ 74(vol)% → $\frac{74-4}{4} = 17.50$

② 메탄: 5 ~ 15(vol)% → $\frac{15-5}{5} = 2.00$

③ 아세틸렌: 2.5 ~ 81(vol)% → $\frac{81-2.5}{2.5} = 31.40$

④ 이황화탄소: 1.2 ~ 44(vol)% → $\frac{44-1.2}{1.2} = 35.7$

⑤ 산화에틸렌:: 3 ~ 80(vol)% → $\frac{80-3}{3} = 25.7$

23 난이도 ●●○○○○

🏛 [소방역사 및 소방조직] 위험물안전관리법(자체소방대)

제조소 또는 일반취급소에서 취급하는 제4류 위험물의 최대수량의 합이 48만배 이상은 화학소방자동차 4대 자제소방대원 20명 이상이다.

✔ 확인학습 자체소방대에 두는 화학소방자동차 및 인원

사업소의 구분(지정수량)	화학소방 자동차	자체소방 대원의 수
제조소 또는 일반취급소에서 취급하는 제4류 위험물의 최대수량의 합이 12만배 미만	1대	5인
제조소 또는 일반취급소에서 취급하는 제4류 위험물의 최대수량의 합이 12만배 이상 24만배 미만	2대	10인
제조소 또는 일반취급소에서 취급하는 제4류 위험물의 최대수량의 합이 24만배 이상 48만배 미만	3대	15인
제조소 또는 일반취급소에서 취급하는 제4류 위험물의 최대수량의 합이 48만배 이상	4대	20인
옥외탱크저장소에 저장하는 제4류 위험물의 최대수량이 지정수량의 50만배 이상	2대	10인

* 화학소방자동차에는 소화능력 및 설비를 갖춰야 하고, 소화활동에 필요한 소화약제 및 기구를 비치하여야 한다.

24 난이도 ●○○○○

🏛 [소방역사 및 소방조직] 화재예방법(특수가연물)

옳은 것은 ②이다.

| 선지분석 |

① [×] 넝마: 1,000킬로그램 이상
② [○] 사류: 1,000킬로그램 이상
③ [×] 면화류: 200킬로그램 이상
④ [×] 가연성고체류: 3,000킬로그램 이상
⑤ [×] 석탄·목탄류: 10,000킬로그램 이상

✔ 확인학습 특수가연물의 종류와 수량 기준

품명	수량(이상)	품명	수량(이상)
면화류	200kg	가연성 고체류	3천kg
나무껍질	400kg	대팻밥	400kg
넝마 및 종이부스러기	1천kg	가연성 액체류	2m³
사류(絲類)	1천kg	목재가공품 및 나무부스러기	10m³
볏짚류	1천kg	고무류· 플라스틱류 발포	20m³
석탄·목탄류	1만kg	고무류· 플라스틱류 그 외	3천kg

25 난이도 ●○○○○

🏛 [화재예방법] 소방기본법(화재예방강화지구)

모두 해당한다.

✔ 확인학습 화재예방강화지구의 지정 등

1. 시장지역
2. 공장·창고가 밀집한 지역
3. 목조건물이 밀집한 지역
4. 노후·불량건축물이 밀집한 지역
5. 위험물의 저장 및 처리 시설이 밀집한 지역
6. 석유화학제품을 생산하는 공장이 있는 지역
7. 산업단지
8. 소방시설·소방용수시설 또는 소방출동로가 없는 지역
9. 소방관서장이 화재예방강화지구로 지정할 필요가 있다고 인정하는 지역

5회 2022년 04월 09일 공채·경채

정답

p.214

01	④	02	②	03	③	04	④	05	③
06	①	07	②	08	③	09	④	10	②
11	①	12	④	13	②	14	①	15	③
16	③	17	정답 없음	18	③	19	①	20	①

01 난이도 ●●○○○

🏛 [화재론] 화재조사

화재원인조사에 소방·방화시설의 조사는 포함된다.

✔ 확인학습 화재조사의 특징

1. 현장성: 화재현장에서 조사가 이루어져야 하므로 현장성을 갖는다.
2. 강제성: 화재현장에서 관계인의 동의를 얻기는 쉽지 않으므로 강제성의 특징이 있다.
3. 프리즘식: 다양한 측면에서 화재조사를 하여 정확한 조사가 이루어져야 한다.
4. 신속성: 정확한 화재조사의 감식을 위함과 시간이 지날수록 현장보존이 어려워지므로 신속성이 필요하다.
5. 정밀과학성: 정확하게 판단되어야 하므로 정밀과학성이 요구된다.
6. 보존성: 화재현장에서의 증거물은 보존이 잘 되어야 화재조사가 정확하게 이루어질 수 있다.
7. 안전성: 화재조사는 소화활동과 동시에 하므로, 화재현장에서의 안전성이 요구된다.

✔ 확인학습 소실면적 산정 기준

1. 건물의 소실면적 산정은 소실바닥면적으로 산정한다.
2. 화재피해 범위가 건물의 6면 중 2면 이하인 경우에는 6면 중의 피해면적의 합에 5분의 1을 곱한 값을 소실면적으로 한다.

02 난이도 ●●○○○ 답 ②

🏛 [재난관리론] 현장조치 행동매뉴얼

현장조치 행동매뉴얼: 재난현장에서 임무를 직접 수행하는 기관의 행동조치 절차를 구체적으로 수록한 문서이다.

✅ 확인학습 재난분야 위기관리 매뉴얼(「재난 및 안전관리 기본법」 제34조의5)

1. 위기관리 표준매뉴얼: 국가적 차원에서 관리가 필요한 재난에 대하여 재난관리 체계와 관계 기관의 임무와 역할을 규정한 문서로 위기대응 실무매뉴얼의 작성 기준이 되며, 재난관리주관기관의 장이 작성한다. 다만, 다수의 재난관리주관기관이 관련되는 재난에 대해서는 관계 재난관리주관기관의 장과 협의하여 행정안전부장관이 위기관리 표준매뉴얼을 작성할 수 있다.
2. 위기대응 실무매뉴얼: 위기관리 표준매뉴얼에서 규정하는 기능과 역할에 따라 실제 재난대응에 필요한 조치사항 및 절차를 규정한 문서로 재난관리주관기관의 장과 관계 기관의 장이 작성한다. 이 경우 재난관리주관기관의 장은 위기대응 실무매뉴얼과 위기관리 표준매뉴얼을 통합하여 작성할 수 있다.
3. 현장조치 행동매뉴얼: 재난현장에서 임무를 직접 수행하는 기관의 행동조치 절차를 구체적으로 수록한 문서로 위기대응 실무매뉴얼을 작성한 기관의 장이 지정한 기관의 장이 작성하되, 시장·군수·구청장은 재난유형별 현장조치 행동매뉴얼을 통합하여 작성할 수 있다.

03 난이도 ●●●○○ 답 ③

🏛 [연소론] 인화점

A점은 인화점을 말한다. 인화점은 점화원(외부에너지)에 의해 발화하기 시작하는 최저연소온도이다. 즉, 온도(에너지조건)과 가연성기체의 농도(물적조건)이 충족된 상황에서 점화원이 주어지면 연소할 수 있는 최저연소온도이다. 따라서, 가연성 혼합기를 형성하는 최저연소온도도 옳은 내용이다.

✅ 확인학습 화학양론농도(조성비)(Stoichiometric ratio)

1. 화학양론농도는 물질의 반응 반응이 가장 일어나는 완전연소 혼합비율 말한다[NTP(21℃, 1기압) 상태에서 가연성 가스, 공기계에서 완전연소에 필요한 농도비율이다].
2. 연료와 공기의 최적합의 조성 비율이다.

04 난이도 ●●●○○ 답 ④

🏛 [화재론] 화재가혹도

화재가혹도는 화재실이나 화재구획의 단열성에 영향을 받는다.

✅ 확인학습 화재가혹도

1. 화재의 발생으로 건물 내 수용재산 및 건물자체에 손상을 입히는 정도를 말한다.
2. 최고온도는 화재가혹도의 질적개념으로 화재강도와 관련이 있다.
3. 지속시간은 화재가혹도의 양적개념으로 화재하중과 관련이 있다.

05 난이도 ●●●●● 답 ③

🏛 [연소론] 최소산소농도

$$2CH_3OH + 3O_2 \rightarrow 2CO_2 + 4H_2O$$

연소의 범위는 3~37%(연소의 상한계는 37%이고, 연소범위의 상·하한의 폭은 30%이므로 연소의 하한계는 7%)이다.

최소산소농도(MOC) = 연소의하한계 × $\dfrac{\text{산소의 몰수}}{\text{가연물의 몰수}}$ 이므로

$7 \times 1.5 = 10.5\%$이다.

✅ 확인학습 최소소화농도(MOC)

1. 화염을 전파하기 위해서는 최소한의 산소농도가 요구되며 이를 최소산소농도 (MOC; Minimum Oxygen Concentration)라 한다.
2. 가연성가스 농도가 얼마든지 산소 농도를 MOC 이하로 낮추면 연소는 불가능하게 된다.
3. 최소산소농도는 폭발 화재 방지에 유용한 기준이 된다.
4. MOC는 공기와 연료의 혼합기 중 산소의 부피를 나타내며 %의 단위를 갖는다.
5. 실험 데이터가 충분하지 못할 때 MOC 값은 연소반응식 중의 산소의 양론계수와 연소하한계의 곱을 이용하여 추산되며 이 방법은 많은 탄화수소에 적용된다. 즉, MOC = 산소몰수 × 연소하한계이다.
6. 불활성기체가 첨가되면 연소범위가 좁아진다.

06 난이도 ●●○ 답 ①

🏛 [폭발론] 폭발의 개념

아세틸렌과 산화에틸렌은 분해폭발을 일으키기 쉬운 물질이다.

| 선지분석 |

② [×] 상온에서 탱크에 저장된 중유가 유출되어 증기운 폭발이 발생하기는 어렵다.
③ [×] 조연성가스는 자신은 연소하지 않으면서 다른 물질이 타는 것을 도와주는 역할을 한다. 가스폭발을 일으키지 않는다.
④ [×] 다량의 고온물질이 물속에 투입되었을 때 물의 갑작스러운 상변화에 의한 폭발현상을 수증기폭발이라 한다.

✅ 확인학습 분해폭발

1. 공기가 섞이지 않은 상태에서도 폭발이 가능하므로 폭발상한계는 100%가 될 수 있다.
2. 아세틸렌, 산화에틸렌, 히드라진(하이드라진), 에틸렌, 오존, 아산화질소, 산화질소, 시안화수소

⚓ [소화론] 소화약제
아세톤은 알코올형포 소화약제로 소화적응성이 있다.

| 선지분석 |
① [×] 탄화칼슘은 아세틸렌가스가 발생하여 주수소화하면 안 된다.
③ [×] 나트륨 같은 반응성이 큰 금속에 사용하면 안 된다.
④ [×] 마그네슘 같은 반응성이 큰 금속에 사용하면 안 된다.

> ✅ 확인학습 할론 소화약제 사용 제한 대상
> 1. 셀룰로오스, 질산염 등과 같은 자기 반응성 물질
> 2. 나트륨, 마그네슘, 칼륨 같은 반응성이 큰 금속
> 3. 금속의 수소 화합물
> 4. 유기과산화물, 히드라진(하이드라진) 등과 같이 스스로 발열 분해하는 화합물

08 난이도 ●●●○○   답 ③

⚓ [위험물] 위험물의 특징
제4류 위험물 중 제1석유류는 인화점 및 연소하한계가 낮아 적은 양으로도 화재의 위험이 있다.

| 선지분석 |
① [×] 제1류 위험물은 불연성 물질이며, 질산염류에는 질산칼륨, 질산나트륨, 질산암모늄 등이 있다. 일반적으로 가열하면 열분해하여 산소를 방출한다.
② [×] 황린은 인의 동소체의 하나이다. 공기 중에서는 산화되어 발화하므로 수중에 저장한다. 물에는 거의 불용이고 벤젠, 이황화탄소에 잘 녹는다. 공기 중에서 발화하여 오산화인(P_2O_5)으로 된다.
④ [×] 유기과산화물은 소화전, 물분무(자동 스프링클러설비), 모래 등 사용하여 냉각소화한다. 일반적으로 이산화탄소 소화약제에 의한 질식소화는 효과가 없으므로 다량 사용하는 방법이 적절하다.

09 난이도 ●●●●○   답 ④

⚓ [소방시설] 솔레노이드밸브
솔레노이드밸브는 옥내소화전설비의 구성요소에 해당하지 않는다.

> ✅ 확인학습 솔레노이드밸브
> 전자밸브로서 전기가 통하면 플랜지가 올라가 밸브가 열리고 전기가 차단되면 플랜지 무게에 의하여 자동적으로 밸브가 닫힌다.

10 난이도 ●●●○○   답 ②

⚓ [재난관리론] 재난관리 대비단계
대비단계에 해당하는 것은 ㄱ, ㄹ이다.

| 선지분석 |
ㄴ. 대응단계이다.
ㄷ. 예방단계이다.

11 난이도 ●●●   답 ①

⚓ [위험물] 금수성 물질
탄화알루미늄은 물과 반응하여 메탄가스를 발생한다.

$$Al_4C_3 + 12H_2O \rightarrow 4Al(OH)_3 + 3CH_4$$

| 선지분석 |
② 인화칼슘 연소반응식

$$Ca_3P_2 + 6H_2O \rightarrow 3Ca(OH)_3 + 2PH_3\uparrow$$

③ 수소화알루미늄리튬 연소반응식

$$LiAlH_4 + 4H_3O \rightarrow LiOH + Al(OH)_3 + 4H_2\uparrow + Qkcal$$

④ 트리에틸알루미늄 연소반응식

$$(C_2H_5)_3Al + 3H_2O \rightarrow Al(OH)_3 + 3C_2H_6\uparrow$$

12 난이도 ●●●○○   답 ④

⚓ [연소론] 연소반응
1. 황의 완전연소반응식은 $S + O_2 = SO_2$이다.
2. 황 1kg이 공기 중에서 완전 연소할 때 발생되는 이산화황의 발생량은 2kg이다.
   - 황 1kg은 $1,000g \times \dfrac{1몰}{32g} = 31.25$몰이다.
   - 황의 완전연소반응식에 따라 이산화황은 31.25몰이 생성된다.
   - SO_2은 $31.25몰 \times \dfrac{64g}{1몰} = 2,000g$이 생성된다.)
3. SO_2의 발생량 2kg(2,000g), SO_2의 분자량 64
   따라서 $n = \dfrac{w(무게)}{M(분자량)} = \dfrac{2,000}{64} = 31.25$(몰)
4. 이상기체반응식 $PV = nRT$

$$V = nRT/p = \frac{w}{M}RT/p$$
$$= 31.25(몰) \times 0.082(atm \cdot L/mol \cdot K)$$
$$\times (800 + 273)K/1atm$$
$$= 2,749(L) \times (\frac{1m^3}{1000L} : 환산인자)$$

따라서, 이산화황의 발생량(m^3)은 2.75(m^3)이다.

13 난이도 ●●○○○   답 ②

⚓ [소화론] 유화소화
중유화재 시 무상주수하면 질식소화 또는 유화소화를 기대할 수 있다.

> ✅ 확인학습 유화소화
> 1. 유화소화는 유류표면에 유화층을 형성하여 산소의 공급을 차단하여 소화하는 방법을 말한다.
> 2. 유화층은 유류표면에 물과 유류의 중간 성질을 가지는 엷은 층을 말한다.
> 3. 일반적으로 비중이 물보다 큰 중유 화재 시 무상으로 주수하면 유화층을 형성 공기 중의 산소의 공급을 차단시켜 질소화소효과를 기대할 수 있다.

14 난이도 ●●●○○ 답 ④

🏛 [재난관리론] 분산적 접근방법과 통합적 접근방법

재난발생시 책임기관이 적절히 대응할 수 다양한 자원동원 체계와 자원유형이 필요하다.

✅ 확인학습 분산적 접근방법과 통합적 접근방법

구분	분산적 접근방법	통합적 접근방법
관련부처	다수부처	소수부처
책임범위	분산	과도함
정보전달	다양화	일원화
장점	• 업무수행의 전문성 • 업무의 과다 방지	• 동원과 신속한 대응성 • 인적자원의 효과적 활용
단점	• 재난 대처의 한계 • 업무 중복 및 연계 미흡 • 재원 마련과 배분 복잡함	• 종합관리체계 구축 어려움 • 업무와 책임의 과도와 집중성

15 난이도 ●●●○○ 답 ③

🏛 [연소론] 가연성 물질의 화재 위험성

가연성 물질의 화재 위험성으로 표면장력, 인화점, 발화점은 낮을수록 위험하다.

✅ 확인학습 가연성 물질의 화재 위험성 인자

1. 비열, 비점(끓는점), 비중, 융점(녹는점), 증발열은 낮을수록 위험하다.
2. 연소열, 압력은 높을수록 위험하다.
3. 연소속도는 빠를수록 위험하다.
※ 열전도도, 활성화에너지는 작을수록 위험하고 온도, 열량, 화학적활성도, 폭발범위는 높을수록(넓을수록) 위험하다.

16 난이도 ●●●●○ 답 ③

🏛 [연소론] 비정상연소

연료노즐에서 흐름이 층류인 경우, 확산연소에서 화염의 높이는 분출속도에 비례한다. 연료노즐에서 흐름이 완전성장 난류화염인 경우, 분출속도가 증가하여도 화염의 높이는 일정하다.

✅ 확인학습 이상연소 현상

1. 역화: 연료의 연소속도가 분출속도보다 빠를 때 불꽃이 연료노즐 속으로 빨려 들어가 연료노즐 속에서 연소하는 현상이다.
2. 선화: 불꽃이 연료노즐 위에 들뜨는 현상으로 연료노즐에서 연료기체의 연소속도가 분출속도보다 느릴 때 발생하는 현상이다.
3. 황염: 분출하는 기체연료와 공기의 화학양론비에서 공기량이 적을 때 발생한다.

✅ 확인학습 비정상연소 등

비정상연소	연소속도와 분출속도의 관계
역화	연소속도 〉 가스분출속도
선화	연소속도 〈 가스분출속도
블로우오프	연소속도 《 가스분출속도

✅ 확인학습 층류연소

1. 층류(예혼합) 화염의 연소 특성 영향인자: 연료와 산화제의 혼합비, 압력 및 온도, 혼합기의 물리·화학적 특성 등 (연소실의 응력과는 무관하다)
2. 층류 연소속도: 연료의 종류, 혼합기의 조성, 압력, 온도에 대응하는 고유값을 가지며 흐름과는 무관하다.
3. 영향인자
   • 비례요인: 온도, 압력, 열전도율, 산소농도
   • 반비례요인: 비열, 비중, 분자량, 층류화염의 예열대 두께

✅ 확인학습 난류연소

1. 층류일 때보다 연소가 잘되며 화염이 짧아진다.
2. 난류유동은 화염 전파를 증가시키지만 화학적 내용은 거의 변하지 않는다.
3. 유속이나 유량이 증대할 경우 시간의 지남에 따라 화염의 높이는 거의 변화가 없다.

✅ 확인학습 층류(예혼합) 연소와 난류(예혼합) 연소

구분	층류(예혼합) 연소	난류(예혼합) 연소
연소속도	느림	빠름
화염	원추상의 청색, 얇음	짧고 두꺼움
미연소분	미존재	존재
휘도	낮음	높음

17 난이도 ●●● 정답없음

🏛 [화재론] 화재건수

문제의 심의위원 전원 "출제오류" 의견으로 정답없음으로 처리되었다. 당초 ②로 가답안을 제시한 문제이다.

A위원: 문제 서두에 '화재피해조사 산정기준'이라 제시하면서, 수험자가 선택해야 할 선택은 '화재건수의 기준'을 물어보아 문제 오류로 판단

B위원: '화재피해조사 산정기준'이라고 명확히 제시하고 있어, 「화재조사 및 보고규정」 제26조를 따를 수 없어 출제오류로 판단

C위원: 문제의 근거 제시와 이어진 내용 불일치 등으로 문제와 선택지 간에 인과관계 불성립으로 인한 출제오류로 판단

「화재조사 및 보고규정」 제26조【화재건수의 결정】 1건의 화재란 1개의 발화지점에서 확대된 것으로 발화부터 진화까지를 말한다. 다만, 다음 각 목의 경우에는 당해 각 호에 의한다.
  1. 동일범이 아닌 각기 다른 사람에 의한 방화, 불장난은 동일 대상물에서 발화했더라도 각각 별건의 화재로 한다.
  2. 동일 소방대상물의 발화점이 2개소 이상 있는 다음의 화재는 1건의 화재로 한다.
     가. 누전점이 동일한 누전에 의한 화재
     나. 지진, 낙뢰 등 자연현상에 의한 다발화재

18 난이도 ●●●○○ 답 ③

🏛 [소화론] 할로겐화합물

대기 중에 잔존 시간이 짧을수록 좋다.

✅ 확인학습 친환경 소화약제 요구조건

1. 우수한 소화성능을 갖추어야 한다.
2. 독성이 적을수록 좋다.
3. ODP, GWP, ALT가 낮아야 한다.
4. ALT는 온실가스가 발산된 후 대기권에서 분해되지 않고 제류하는 잔류기간이다.

19 난이도 ●●●● 답 ①

🏛 [소화론] 포(foam) 소화약제

불화단백포 및 수성막포는 표면하 주입방식에 사용할 수 있다.

| 선지분석 |

② [×] 합성계면활성제포는 유동성이 양호하나 내유성이 약하다.
③ [×] 단백포는 내열성이 우수하나 유동성이 좋지 않아서 소화속도가 느리다.
④ [×] 알콜형포 사용 시 금속비누를 계면활성제로 사용하여 유화·분산시키는 금속비누형 알코올형포 소화약제가 있다.

20 난이도 ●●●○○ 답 ①

🏛 [소화론] 이산화탄소 소화설비

기동용기의 가스는 소화약제의 밸브를 개방하는데 사용된다.

✅ 확인학습 이산화탄소 기동방식(가스압력식)

가장 많이 사용하는 방식으로 액체 이산화탄소가 충전된 기동용기를 별도로 설치하고 화재 시 이 용기를 개방하여 분출된 가스압력 에너지로 약제 저장용기의 밸브를 개방한다.

6회 2022년 01월 15일 간부

정답
p.217

01	④	02	정답 없음	03	③	04	③	05	①
06	③	07	④	08	⑤	09	②	10	③
11	④	12	④	13	②	14	③	15	③
16	④	17	정답 없음	18	③	19	⑤	20	⑤
21	②	22	①	23	①	24	②	25	④

01 난이도 ●●○○○ 답 ④

🏛 [연소론] 가연성 물질과 불연성 물질

시안화수소는 독성가스이면서 가연성 가스이다.

✅ 확인학습 가연물이 될 수 없는 물질

1. 완전산화물질: 이산화탄소(CO_2), 오산화인(P_2O_5), 삼산화크롬(삼산화크로뮴)(CrO_3), 삼산화황(SO_3) 산화알루미늄(Al_2O_3), 규조토(SiO_2), 물(H_2O) 등
2. 산화흡열반응물질: 질소
3. 주기율표 18족(0족, 8A족)의 비활성 기체: 헬륨(He), 네온(Ne), 아르곤(Ar), 크립톤(Kr), 크세논(Xe), 라돈(Rn) 등
4. 자체가 연소하지 않는 불연성 물질: 흙, 돌 등

02 난이도 ●●●○○ 답 ①

🏛 [재난관리론] 긴급구조대응활동

※ 관련규정 재·개정		정답없음
개정 전	1. 신속기동요원: 대응계획부 2. 자원지원요원: 자원지원부 3. 통신지휘요원: 구조진압반 4. 안전담당요원: 연락공보담당 또는 안전담당 5. 경찰파견 연락관: 현장통제반 6. 응급의료파견 연락관: 응급의료반	
개정 후	1. 현장지휘요원: 현장지휘부 2. 자원지원요원: 자원지원부 3. 통신지원요원: 현장지휘부 4. 안전관리요원: 현장지휘부 5. 상황조사요원: 대응계획부 6. 구급지휘요원: 현장지휘부	

바르게 연결된 것은 ㄱ, ㄴ이다.

| 선지분석 |

ㄷ. 안전담당요원 – 연락공보담당 또는 안전담당
ㄹ. 경찰파견 연락관 – 현장통제반

✅ 확인학습 긴급구조요원의 통제단 부서배치

1. 신속기동요원: 대응계획부
2. 자원지원요원: 자원지원부
3. 통신지휘요원: 구조진압반
4. 안전담당요원: 연락공보담당 또는 안전담당
5. 경찰파견 연락관: 현장통제반
6. 응급의료파견 연락관: 응급의료반

03 난이도 ●●●○○ 답 ③

🏛 [연소론] 연소범위

연소범위는 가연물의 특성으로 가연성 가스의 종류마다 다르다. 연소범위는 온도, 압력, 공기 중의 산소의 농도 등의 조건에 따라 달라진다.

| 선지분석 |

ㄱ. [O] 연소범위는 가연성가스가 공기 중에서 연소할 수 있는 적적정한 농도범위를 말한다.
ㄴ. [O] 온도가 올라가면 분자의 운동이 활발해지므로 분자 간 유효충돌 가능성이 커지며, 연소범위는 넓어져 위험성은 증가된다.
ㄷ. [×] 일산화탄소는 압력이 증가하면 연소범위가 일시적으로 좁아진다.

ㄹ. [O] 가연성 가스의 혼합가스에 비활성 가스를 투입하면 공기 중 산소농도가 저하되므로 연소상한계는 크게 낮아지고 연소하한계는 작게 높아져 전체적으로 연소범위가 좁아진다.

> ✅ 확인학습 연소범위에 영향을 주는 요인
>
> 가연성 가스의 농도가 너무 희박하거나 너무 농후해도 연소는 잘 일어나지 않는다. 연소범위는 연소 발생 시 온도, 압력, 산소농도 및 비활성 가스의 주입 등에 따라 달라진다.
> 1. **온도:** 온도가 올라가면 분자의 운동이 활발해지므로 분자 간 유효충돌 가능성이 커지며, 연소범위는 넓어져 위험성은 증가된다.
> 2. **압력**
>   • 압력이 높아지면 분자 간의 평균거리가 축소되어 유효충돌이 증가되며 화염의 전달이 용이하여 연소한계는 넓어진다.
>   • 연소하한계 값은 크게 변하지 않으나 연소상한계가 높아져 전체적으로 범위가 넓어진다.
>   • 예외적으로 수소(H_2)와 일산화탄소(CO)는 압력이 높아질 때 일시적으로 연소범위가 좁아진다.
> 3. **산소농도:** 산소농도가 증가하면 연소하한계의 변화는 거의 없고, 연소상한계가 넓어져 연소범위가 넓어진다.
> 4. **비활성 가스:** 가연성 가스의 혼합가스에 비활성 가스를 투입하면 공기 중 산소농도가 저하되므로 연소상한계는 크게 낮아지고 연소하한계는 작게 높아져 전체적으로 연소범위가 좁아진다.

04 난이도 ●●○○○ 답 ③

🏛 [연소론] 연소범위
연소의 범위가 가장 넓은 것은 아세틸렌이고, 위험도가 가장 낮은 것은 메탄이다.

구분	연소범위(%)		위험도	
수소	4~75	71.0	$\dfrac{75-4}{4}$	17.8
아세틸렌	2.5~81	78.5	$\dfrac{81-2.5}{2.5}$	31.4
메탄	5~15	10.0	$\dfrac{15-5}{5}$	2.0
프로판	2.1~9.5	7.4	$\dfrac{9.5-2.1}{2.1}$	3.5

05 난이도 ●○○○○ 답 ①

🏛 [연소론] 복사열전달 현상
복사열전달 현상이란 열에너지가 전자기파의 형태로 전달되는 현상이다.

| 선지분석 |
② [×] 푸리에의 법칙은 전도와 관련이 있다. 열전달속도는 열전달면적, 고온부와 저온부의 온도차이에 비례하고 열이 전달되는 거리에 반비례한다.

> ✅ 확인학습 푸리에의 법칙에 의한 열전달량
>
> $$열전달량 \ Q = kA\dfrac{(T_1 - T_2)}{L}$$
>
> • k: 열전도율(W/mK)   • L: 물체의 두께
> • A: 열전달 부분의 면적   • ($T_1 - T_2$): 각 벽면의 온도 차
> • T_1: 고온 측 표면온도(K) • T_2: 저온 측 표면온도(K)

③ [×] 전도에 관한 내용이다.

> ✅ 확인학습 전도
>
> 1. 물질의 이동 없이 고온의 물체와 저온의 물체를 직접 접촉시킬 때 고온의 물체에서 활발하게 일어나는 분자운동이 접촉면에서의 충돌에 따른 자유전자의 이동이나 분자의 진동운동에 의해 저온 물체의 분자운동을 활발하게 하여 에너지를 전달한다.
> 2. 금속이 비금속에 비해 열전도율이 큰 이유는 자유전자의 이동성 때문이다.
> 3. 열전도도는 고체 → 액체 → 기체의 순서이다.
> 4. 콘크리트가 철근보다 열전도율이 작다.

④ [×] 액체나 기체 내에서 밀도차에 의해 분자들의 집단 흐름이 생기는 대류 대한 설명이다.

> ✅ 확인학습 대류
>
> 1. 유체의 흐름이 층류일 때보다는 난류일 때 열전달이 잘 이루어진다.
> 2. 열복사 수준이 낮은 화재초기 상태에서 중요한 현상으로 부력의 영향을 받는다.

⑤ [×] 복사열은 진공상태에서도 전달된다.

> ✅ 확인학습 열전달 방식의 비교
>
> | 구분 | 전도 | 대류 | 복사 |
> | --- | --- | --- | --- |
> | 원리 | • 분자 간 충돌
• 자유전자의 이동 | 액체·고체 상의 온도 차에 의한 유체운동 | 전자기파의 이동 |
> | 특징 | 고체 > 액체 > 기체 | 유체를 통한 열전달 | – |
> | 단계 | 연소 초기 | 성장기 초기 | 플래시오버 현상 |

06 난이도 ●●●○○ 답 ③

🏛 [위험물] 유별 소화방법
제3류 위험물 중에 황린은 공기 중 산화를 방지하기 위해 물 속에 저장한다.

| 선지분석 |
① [×] 제1류 위험물 중에 무기과산화물은 주수를 이용한 냉각소화가 부적합하다. 금수성이 있으므로 물을 절대 사용하면 안 되고, 건조사나 팽창질석 등을 사용하여 소화하여야 한다.
② [×] 제2류 위험물은 조연성 물질이 아닌 가연성 물질이다.
④ [×] 제4류 위험물은 수용성과 비수용성으로 구분할 수 있다. 수용성 액체인 경우에는 물에 의한 희석소화가 가능하나 비수용성의 경우에는 적합하지 않다. 또한 제4류 위험물의 유별 성질은 인화성 액체이다.
⑤ [×] 제5류 위험물은 산소를 함유하고 있어 포, 이산화탄소에 의한 질식소화가 적합하지 않고, 많은 양의 물에 의한 냉각소화가 가장 적합하다.

07 난이도 ●○○○○ 답 ④

🏛 [위험물] 위험물 지정수량

| 선지분석 |
① 마그네슘은 지정수량은 500kg이다.

② 유기과산화물은 제5류 위험물이다.
③ 제4석유류의 지정수량은 6,000ℓ이다.
⑤ 과염소산염류는 제1류 위험물이며 지정수량은 50kg이고, 나트륨은 제3류 위험물이며 지정수량은 10kg이다.

08 난이도 ●●●○○ 답 ⑤

🏛 [소화론] 수성막포 소화약제

수성막포는 (내유성)이 강하여 표면하 주입방식에 효과적이며, 내약품성으로 (분말) 소화약제와 Twin Agent System이 가능하다. 반면에 내열성이 약해 탱크 내벽을 따라 잔불이 남게 되는 (윤화)현상이 일어날 우려가 있으며, 대형화재 또는 고온화재 시 수성막 생성이 곤란한 단점이 있다.

> ✅ 확인학습 기계포 소화약제
> 1. **단백포 소화약제**: 단백질을 가수분해한 것을 주원료로 하는 포 소화약제를 말한다.
> 2. **합성계면활성제포 소화약제**: 합성계면활성제를 주원료로 하는 포 소화약제를 말한다.
> 3. **수성막포 소화약제**: 수합성계면활성제를 주원료로 하는 포 소화약제 중 기름표면에서 수성막을 형성하는 포 소화약제를 말한다.
> 4. **알코올형포 소화약제**: 단백질의 가수분해물이나 합성계면활성제 중에 지방산 금속염이나 타계통의 합성계면활성제 또는 고분자겔 생성물 등을 첨가한 포 소화약제로서 제4류 위험물 중 수용성제의 소화에 사용하는 약제를 말한다.
> 5. **불화단백포 소화약제**: 단백포 소화약제의 소화성능을 향상시키기 위하여 불소계통의 계면활성제를 첨가한 포 소화약제를 말한다.

> ✅ 확인학습 수성막포 소화약제
> 1. 불소계 계면활성제를 주성분으로 한 것으로 물과 혼합하여 사용한다.
> 2. 수성막포 소화약제는 유류표면에 도달하면 불소계 계면활성제수용액이 유류표면에 물과 유류의 중간 성질을 가지는 수성막을 형성한다.
> 3. 방출 시 유면에서 얇은 물의 막인 수성막을 형성하여 가연성 증기의 발생을 억제한다.
> 4. 유류표면 위에 뜨는 가벼운 수성의 막(Aqueous film)을 형성하기 때문에 질식과 냉각작용이 우수하다. 대표적으로 미국 3M사의 라이트 워터(Light water)라는 상품명의 제품이 많이 팔리고 있는데 유면상에 형성된 수성막이 기름보다 가벼운 것처럼 보이기 때문에 만들어진 상품명이다.
> 5. 수성막포 소화약제는 유류화재에 대해 질식소화작용·냉각소화작용을 가지며, 분말과 겸용하면 7 ~ 8배 소화효과가 있다.

09 난이도 ●●●●○ 답 ②

🏛 [소화론] 할로겐화합물 소화약제(HCFC BLEND A)

HCFC BLEND A는 HCFC-123, HCFC-22, HCFC-124와 $C_{10}H_{16}$의 혼합물로 이루어진 소화약제이다. 할로겐화합물 소화약제 중 'HCFC BLEND A'의 구성 요소가 아닌 것은 C_3HF_7이다.

> ✅ 확인학습 HCFC BLEND A
>
> | 소화약제 | 화학식 |
> |---|---|
> | HCFC BLEND A | HCFC-123($CHCl_2CF_3$): 4.75%
HCFC-22($CHClF_2$): 82%
HCFC-124($CHClFCF_3$): 9.5%
$C_{10}H_{16}$: 3.75% |

10 난이도 ●○○○○ 답 ③

🏛 [소방시설] 소방시설 분류

옳은 것은 ㄱ, ㄴ, ㄹ이다.

| 선지분석 |

ㄱ. [O] 소화설비에는 자동소화장치, 옥내소화전설비, 물분무등소화설비 등이 있다.

> ✅ 확인학습 소화설비
> 1. 소화기구
> 2. 자동소화장치
> 3. 옥내소화전설비
> 4. 옥외소화전설비
> 5. 스프링클러설비·간이스프링클러설비 및 화재조기진압용 스프링클러설비
> 6. 물분무등소화설비: 물분무 소화설비, 포 소화설비, 이산화탄소 소화설비, 할론 소화설비, 할로겐화합물 및 불활성기체 소화설비, 분말 소화설비, 미분무 소화설비, 강화액 소화설비 및 고체에어로졸 소화설비

ㄴ. [O] 경보설비에는 통합감시시설, 시각경보기, 단독경보형 감지기 등이 있다.

> ✅ 확인학습 경보설비
> 1. 비상경보설비
> 2. 단독경보형감지기
> 3. 비상방송설비
> 4. 누전경보기
> 5. 자동화재탐지설비
> 6. 자동화재속보설비
> 7. 가스누설경보기
> 8. 통합감시시설
> 9. 시각경보기

ㄷ. [X] 제연설비는 소화활동설비에 해당한다.

> ✅ 확인학습 피난구조설비
> 1. **피난기구**: 피난사다리, 구조대, 완강기, 소방청장이 정하여 고시하는 화재안전기준으로 정하는 것
> 2. **인명구조기구**: 방열복, 방화복(안전헬멧, 보호장갑 및 안전화 포함), 공기호흡기, 인공소생기
> 3. **유도등**: 피난유도선, 피난구유도등, 통로유도등, 객석유도등, 유도표지
> 4. **비상조명등 및 휴대용비상조명등**

ㄹ. [O] 소화활동설비에는 연결송수관설비, 비상콘센트설비, 무선통신보조설비 등이 있다.

> ✅ 확인학습 소화활동설비
> 1. 연결송수관설비
> 2. 연결살수설비
> 3. 연소방지설비
> 4. 무선통신보조설비
> 5. 비상콘센트설비
> 6. 제연설비

11 난이도 ●●●●○ 답 ④

🏛 [소방역사 및 소방조직] 소방공무원의 징계

소방공무원의 정직은 1개월 이상 3개월 이하의 기간으로 하고, 정직 처분을 받은 자는 그 기간 중 공무원의 신분은 보유하나 직무에 종사하지 못하며 보수는 전액을 감한다.

| 선지분석 |

① [×] 중징계의 종류에는 파면, 해임, 강등, 정직이 있다. 감봉은 경징계에 해당한다.
② [×] 경징계의 종류에는 견책, 감봉이 있다. 훈계, 경고는 징계에 해당하지 않는다.
③ [×] 소방정인 지방소방학교장에 관한 징계는 소방청에 설치된 징계위원회에서 심의·의결한다.
⑤ [×] 감봉은 1개월 이상 3개월 이하의 기간 동안 보수의 3분의 1을 감한다.

✅ 확인학습 징계처분의 종류

1. **견책**: 잘못된 행동에 대해 훈계하고 회개하게 하는 처분으로, 가장 가벼운 징계에 해당하지만 공식적인 징계절차를 거쳐 처분하고 그 결과를 인사기록에 기재한다.
2. **감봉**: 1개월 이상 3개월 이하의 기간 동안 보수의 1/3을 삭감하여 지급하는 것이다.
3. **정직**: 1개월 이상 3개월 이하의 기간 동안 공무원의 신분은 보유하지만 직무에 종사할 수 없도록 하는 것이다. 정직기간 중 보수의 전액을 삭감한다.
4. **강등**: 직급을 1단계 강등, 신분 보유, 3개월의 직무정지, 강등기간 중 보수의 전액을 삭감한다.
5. **해임**: 공무원 신분을 상실하게 하는 처분이며, 해임 후 3년 내에는 공무원으로 재임용될 수 없지만 연금법상의 불이익은 없다.
6. **파면**: 공무원 신분을 상실하게 하는 처분이며, 5년 내에는 공무원으로 재임용될 수 없고, 퇴직급여액의 1/2을 삭감하는 가장 무거운 벌이다.

✅ 확인학습 소방공무원 징계령

1. "중징계"란 파면, 해임, 강등 또는 정직을 말한다.
2. "경징계"라 함은 감봉 또는 견책을 말한다.

「소방공무원법」 제28조【징계위원회】 ① 소방준감 이상의 소방공무원에 대한 징계의결은 「국가공무원법」에 따라 국무총리 소속으로 설치된 징계위원회에서 한다.
② 소방정 이하의 소방공무원에 대한 징계의결을 하기 위하여 소방청 및 대통령령으로 정하는 소방기관에 소방공무원 징계위원회를 둔다.
③ 제1항 및 제2항에도 불구하고 제6조 제3항 및 같은 조 제4항에 따라 시·도지사가 임용권을 행사하는 소방공무원에 대한 징계의결을 하기 위하여 시·도 및 대통령령으로 정하는 소방기관에 징계위원회를 둔다.
④ 소방공무원 징계위원회의 구성·관할·운영, 징계의결의 요구 절차, 징계 대상자의 진술권, 그 밖에 필요한 사항은 대통령령으로 정한다.

「소방공무원임용령」 제3조【임용권의 위임】 ① 대통령은 「소방공무원법」(이하 "법"이라 한다) 제6조 제3항에 따라 소방청과 그 소속기관의 소방정 및 소방령에 대한 임용권과 소방정인 지방소방학교장에 대한 임용권을 소방청장에게 위임하고, 시·도 소속 소방령 이상의 소방공무원(소방본부장 및 지방소방학교장은 제외한다)에 대한 임용권을 특별시장·광역시장·특별자치시장·도지사·특별자치도지사(이하 "시·도지사"라 한다)에게 위임한다.

✅ 확인학습 소방공무원 징계령 제2조(징계위원회의 관할)

소방청에 설치된 소방공무원 징계위원회는 다음의 소방공무원에 대한 징계 또는 「국가공무원법」 제78조의2에 따른 징계부가금(이하 "징계부가금"이라 한다) 부과 사건을 심의·의결한다.
1. 소방청 소속 소방정 이하의 소방공무원
2. 소방청 소속기관의 소방정 또는 소방령인 소방공무원. 다만, 국립소방연구원의 경우에는 소방정인 소방공무원을 말한다.
3. 소방정인 지방소방학교장

12 난이도 ●○○○○ 답 ④

🏛 [소화론] 분말 소화약제

제3종 분말 소화약제가 열분해될 때 생성되는 물질로써 방진작용을 하는 물질은 메타인산(HPO_3)이다.

✅ 확인학습 제3종 분말 소화약제의 방진소화작용

1. 제1인산암모늄으로부터 360℃ 이상의 온도에서 열분해하는 과정에서 액체상태의 점성을 가진 메타인산(HPO_3)이 생성된다.
2. 메타인산(HPO_3)은 일반가연물질인 나무·종이·섬유 등의 연소과정인 잔진상태의 숯불표면에 유리(Glass)상의 피막을 이루어 공기 중의 산소의 공급을 차단시키며, 숯불모양으로 연소하는 작용을 방지한다.

✅ 확인학습 분말 소화약제의 분류

종별	주성분	색상	소화대상	특징
제1종	탄산수소나트륨	백색	B급, C급	비누화반응
제2종	탄산수소칼륨	담자색	B급, C급	−
제3종	제1인산암모늄	담홍색	A급, B급, C급	메탄인산
제4종	중탄산칼륨+요소	회색	B급, C급	−

13 난이도 ●●○○○ 답 ②

🏛 [재난관리론] 용어 정의

"재난관리"란 재난의 예방·대비·대응 및 복구를 위하여 하는 모든 활동을 말한다. 재난이나 그 밖의 각종 사고로부터 사람의 생명·신체 및 재산의 안전을 확보하기 위하여 하는 모든 활동은 안전관리이다.

✅ 확인학습 재난 및 안전관리 기본법상 용어의 정의

1. 국가재난관리기준: 모든 유형의 재난에 공통적으로 활용할 수 있도록 재난관리의 전 과정을 통일적으로 단순화·체계화한 것으로서 행정안전부장관이 고시한 것을 말한다.
2. 안전기준: 각종 시설 및 물질 등의 제작, 유지관리 과정에서 안전을 확보할 수 있도록 적용하여야 할 기술적 기준을 체계화한 것을 말한다.
3. 긴급구조: 재난이 발생할 우려가 현저하거나 재난이 발생하였을 때에 국민의 생명·신체 및 재산을 보호하기 위하여 긴급구조기관과 긴급구조지원기관이 하는 인명구조, 응급처치, 그 밖에 필요한 모든 긴급한 조치를 말한다.
4. 안전취약계층: 어린이, 노인, 장애인, 저소득층 등 신체적·사회적·경제적 요인으로 인하여 재난에 취약한 사람을 말한다.

14 난이도 ●○○○○ 답 ③

🏛 [재난관리론] 자연재난과 사회재난

자연재난에 해당하지 않는 것은 미세먼지이다. 미세먼지는 사회재난에 해당한다.

| 선지분석 |
① 가뭄: 자연재난
② 폭염: 자연재난
④ 황사(黃砂): 자연재난
⑤ 조류(藻類) 대발생: 자연재난

✅ 확인학습 자연재난

1. 태풍, 홍수, 호우(豪雨)
2. 강풍, 풍랑, 해일(海溢)
3. 대설, 한파
4. 낙뢰
5. 가뭄, 폭염
6. 지진
7. 황사(黃砂)
8. 조류(藻類) 대발생, 조수(潮水)
9. 화산활동
10. 소행성·유성체 등 자연우주물체의 추락·충돌

✅ 확인학습 사회재난

1. 화재·붕괴·폭발·교통사고(항공사고·해상사고 포함)·화생방사고·환경오염사고 등으로 인하여 발생하는 대통령령으로 정하는 규모 이상의 피해
2. 국가핵심기반의 마비
3. 「감염병의 예방 및 관리에 관한 법률」에 따른 감염병
4. 「가축전염병예방법」에 따른 가축전염병의 확산
5. 「미세먼지 저감 및 관리에 관한 특별법」에 따른 미세먼지 등으로 인한 피해

15 난이도 ●●○○○ 답 ③

🏛 [연소론] 혼합기체의 연소하한계

$$연소의 하한계(\%) = \frac{100}{\frac{60}{3} + \frac{30}{1.5} + \frac{10}{1}} = 2.0\%$$

✅ 확인학습 르샤틀리에 공식

$$LFL(\%) = \frac{100}{\frac{V_1}{L_1} + \frac{V_2}{L_2} + \frac{V_3}{L_3} + \cdots}$$

- LFL: 혼합가스의 폭발하한계(vol%)
- V_1: 각 단독성분의 혼합가스 중의 농도(vol%)
- L_1: 혼합가스를 형성하는 각 단독 성분의 폭발하한계(vol%)

16 난이도 ●○○○○ 답 ④

🏛 [소방시설] 자동화재속보설비

자동화재탐지설비 수신기의 화재신호와 연동으로 작동하여 관계인에게 화재발생을 경보함과 동시에 소방관서에 자동적으로 통신망을 통한 당해 화재발생 및 당해 소방대상물의 위치 등을 음성으로 통보하여 주는 것은 자동화재속보설비이다.

17 난이도 ●●○○○ 답 ②

🏛 [재난관리론] 긴급상황보고

> ※ 관련규정 재·개정   정답없음
> 관련규정 제·개정으로 삭제되어 정답이 없다.

화재조사활동 중 본부장 또는 서장이 소방청장에게 긴급상황을 보고하여야 할 화재에 이재민이 100명 발생한 화재가 해당된다.

✅ 확인학습 긴급상황보고

1. 대형화재
   - **인명피해**: 사망자가 5명 이상이거나 사상자가 10명 이상 발생한 화재
   - **재산피해**: 50억원 이상 추정되는 화재
2. 중요화재
   - 관공서, 학교, 정부미 도정공장, 문화재, 지하철, 지하구 등 공공건물 및 시설의 화재
   - 관광호텔, 고층건물, 지하상가, 시장, 백화점, 대량위험물을 제조·저장·취급하는 장소, 중점관리대상 및 화재경계지구
   - 이재민이 100명 이상 발생한 화재
3. 특수화재
   - 철도, 항구에 매어둔 외항선, 항공기, 발전소 및 변전소의 화재
   - 특수사고, 방화 등 화재원인이 특이하다고 인정되는 화재
   - 외국공관 및 그 사택

18 난이도 ●●●○○ 답 ③

🏛 [연소론] 정전기

정전기 예방대책으로 옳은 것은 ㄱ, ㄴ이다.

| 선지분석 |
ㄷ. [×] 접촉하는 전기의 전위차를 작게해야 한다.

✅ 확인학습 정전기

1. 정전기의 발생원인
   - 비전도성 부유 물질이 많을 때 발생한다.
   - 휘발유, 경유 등의 비전도성 유류의 유속이 빠를 때 발생한다.
   - 좁은 공간·필터 등을 통과할 때 쉽게 발생할 수 있다.
   - 낙차가 크거나 와류가 생성될 때 발생하기도 한다.
2. 정전기의 예방대책
   - 공기를 이온화하여 방지한다.
   - 전기전도성이 큰 물체를 사용하여 전하의 발생을 방지한다.
   - 접지시설을 한다.
   - 상대습도를 70% 이상으로 한다.
   - 전기의 전위차를 작게 하여 정전기 발생을 억제한다.

19 난이도 ●●●●○　　　　　　　　답 ⑤

🏛 [재난관리론] 국가안전관리기본계획 등

(가) (행정안전부장관)은/는 재난 및 안전관리에 관한 과학기술의 진흥을 위하여 (5)년마다 관계 중앙행정기관의 재난 및 안전관리기술개발에 관한 계획을 종합하여 조정위원회의 심의와 「국가과학기술자문회의법」에 따른 국가과학기술자문회의의 심의를 거쳐 재난 및 안전관리기술개발 종합계획을 수립하여야 한다.

(나) (국무총리)은/는 국가안전관리기본계획을 (5)년마다 수립해야 한다.

「재난 및 안전관리 기본법」 제71조의2 【재난 및 안전관리기술개발 종합계획의 수립 등】① 행정안전부장관은 제71조 제1항의 재난 및 안전관리에 관한 과학기술의 진흥을 위하여 5년마다 관계 중앙행정기관의 재난 및 안전관리기술개발에 관한 계획을 종합하여 조정위원회의 심의와 「국가과학기술자문회의법」에 따른 국가과학기술자문회의의 심의를 거쳐 재난 및 안전관리기술개발 종합계획(이하 "개발계획"이라 한다)을 수립하여야 한다.
② 관계 중앙행정기관의 장은 개발계획에 따라 소관 업무에 관한 해당 연도 시행계획을 수립하고 추진하여야 한다.
③ 개발계획 및 시행계획에 포함하여야 할 사항 및 계획수립의 절차 등에 관하여는 대통령령으로 정한다.

「재난 및 안전관리 기본법 시행령」 제26조 【국가안전관리기본계획 수립】① 국무총리는 법 제22조 제1항에 따른 국가의 재난 및 안전관리업무에 관한 기본계획(이하 "국가안전관리기본계획"이라 한다)의 수립지침을 5년마다 작성해야 한다.
② 국무총리는 법 제22조 제4항에 따라 국가안전관리기본계획을 5년마다 수립해야 한다. 이 경우 관계 기관 및 전문가 등의 의견을 들을 수 있다.
③ 삭제
④ 관계 중앙행정기관의 장은 국가안전관리기본계획을 이행하기 위하여 필요한 예산을 반영하는 등의 조치를 하여야 한다.
⑤ 행정안전부장관은 법 제22조 제4항에 따라 통보받은 국가안전관리기본계획을 행정안전부의 인터넷 홈페이지에 공개해야 한다.

---

20 난이도 ●●○○○　　　　　　　　답 ⑤

🏛 [폭발론] 방폭구조

정상시 및 사고시(단선, 단락, 지락 등)에 발생하는 전기불꽃, 아크 또는 고온에 의하여 폭발성 가스 또는 증기에 점화되지 않는 것이 점화시험 및 기타에 의하여 확인된 방폭구조는 본질안전 방폭구조를 말한다.

✔ 확인학습 방폭구조

1. 내압 방폭구조: 전폐구조로 용기 내부에서 폭발성 가스 또는 증기가 폭발하였을 때 용기가 그 폭발압력에 파손되지 않고 견디며, 폭발한 고열의 가스가 접합면, 개구부 등을 통하여 외부로 나가는 일이 발생하여도 그동안에 냉각되어 외부의 폭발성 가스에 인화될 우려가 없도록 한 구조이다.
2. 압력 방폭구조: 점화원이 될 우려가 있는 부분을 용기 내에 넣고 신선한 공기 또는 불연성 가스 등의 보호기체를 용기의 내부에 넣어 줌으로써 용기 내부에는 압력이 형성되어 외부로부터 폭발성 가스 또는 증기가 침입하지 못하도록 한 구조이다.
3. 유입 방폭구조: 전기기기의 불꽃, 아크 또는 고온이 발생하는 부분을 기름(절연유) 속에 넣고 기름면 위에 존재하는 폭발성 가스 또는 증기에 인화될 우려가 없도록 한 구조이다.

---

4. 안전증가 방폭구조: 정상운전 중에 폭발성 가스 또는 증기에 점화원이 될 전기불꽃, 아크 또는 고온이 되어서는 안 될 부분에 이러한 것의 발생을 방지하기 위하여 기계적·전기적 구조 상 또는 온도 상승에 대해서 특히 안전도를 증가한 구조이다.
5. 본질안전 방폭구조: 정상 시 및 사고 시(단선, 단락, 지락 등)에 발생하는 전기불꽃, 아크 또는 고온에 의하여 폭발성 가스 또는 증기에 점화되지 않는 것이 점화시험 및 기타에 의하여 확인된 구조를 말한다.

---

21 난이도 ●●●●○　　　　　　　　답 ②

🏛 [소방시설] 스프링클러설비 종류별 구성품

스프링클러설비 종류별 주요 구성품의 연결이 옳은 것은 ㄴ, ㄹ이다.

| 선지분석 |

ㄱ. [×] 습식스프링클러설비의 헤드는 폐쇄형 헤드를 사용한다.
ㄷ. [×] 준비작동식 스프링클러설비는 폐쇄형 헤드가 설치되는 국소방출방식의 수계시스템이다. 선택밸브는 구성요소에 해당하지 않는다. 하나의 특정소방대상물 또는 그 부분에 2 이상의 방호구역이 있어 소화약제의 저장용기를 공용하는 경우에 있어서 방호구역마다 선택밸브를 설치하고 선택밸브에는 각각의 방호구역을 표시하여야 한다. 일반적으로 이산화탄소 소화설비, 할로겐할로겐화합물 및 불활성기체 소화설비 등의 구성요소이다.

✔ 확인학습 스프링클러설비

스프링클러설비는 화재가 발생하면 천장이나 반자에 설치된 헤드가 감열 작동하거나 자동적으로 화재를 발견함과 동시에 주변에 적상주수를 하여 효과적으로 화재를 진압할 수 있는 고정식 소화설비이다.

1. 스프링클러설비의 종류

구분	1차측	유수검지장치	2차측	헤드	감지기 유무
습식	가압수	알람밸브 Alarm valve	가압수	폐쇄형	×
건식	가압수	드라이밸브 Dry valve	압축공기	폐쇄형	×
준비작동식	가압수	프리액션밸브 Pre-action valve	대기압	폐쇄형	○
부압식	가압수	프리액션밸브 Pre-action valve	부압	폐쇄형	○
일제살수식	가압수	일제살수식밸브 Deluge valve	대기압	개방형	○

2. 스프링클러설비의 장·단점
   • 장점
     - 사람이 없는 야간에도 자동적으로 화재를 감지하여 소화 및 경보를 해준다.
     - 물을 사용하므로 소화약제의 가격이 저렴하다.
     - 초기소화에 절대적으로 우수하다.
     - 감지부에 의한 작동으로 수동과 자동 모두 가능하다.
   • 단점
     - 다른 소화설비보다 구조가 비교적 복잡하다.
     - 물로 인한 수손피해가 발생할 수 있다.
     - 동절기에 동파가 될 수도 있다.
     - 건축물의 층고에 영향을 줄 수 있다.

22 난이도 ●●●●○ 답 ①

🏛 **[재난관리론] 중앙재난안전대책본부**

재난의 효과적인 수습을 위하여 국무총리가 범정부적 차원의 통합 대응이 필요하다고 인정하는 경우에는 국무총리가 중앙대책본부장의 권한을 행사한다.

| 선지분석 |

② [✕] 해외재난의 경우에는 외교부장관이 중앙대책본부장의 권한을 행사한다.

③ [✕] 대통령령으로 정하는 대규모 재난의 대응·복구 등에 관한 사항을 총괄·조정하고 필요한 조치를 하기 위하여 행정안전부에 중앙재난안전대책본부를 둔다.

④ [✕] 「원자력시설 등의 방호 및 방사능 방재 대책법」에 따른 방사능재난의 경우에는 중앙방사능방재대책본부의 장이 중앙대책본부장의 권한을 행사한다.

⑤ [✕] 행정안전부장관이 국무총리에게 건의하거나 수습본부장의 요청을 받아 행정안전부장관이 국무총리에게 건의하는 경우에는 국무총리가 중앙대책본부장의 권한을 행사할 수 있다.

✔ **확인학습 중앙재난안전대책본부의 구성**

1. 중앙대책본부에 본부장과 차장을 둔다.
2. **중앙대책본부장**: 행정안전부장관
3. **해외재난과 방사능재난의 경우**
   - 해외재난의 경우: 외교부장관
   - 방사능재난의 경우: 중앙방사능방재대책본부의 장

✔ **확인학습 중앙재난안전대책본부장**

1. 중앙대책본부의 본부장(중앙대책본부장)은 행정안전부장관이 되며, 중앙대책본부장은 중앙대책본부의 업무를 총괄하고 필요하다고 인정하면 중앙재난안전대책본부회의를 소집할 수 있다.
2. 다만, 해외재난의 경우에는 외교부장관이, 「원자력시설 등의 방호 및 방사능 방재 대책법」 제2조 제1항 제8호에 따른 방사능재난의 경우에는 같은 법 제25조에 따른 중앙방사능방재대책본부의 장이 각각 중앙대책본부장의 권한을 행사한다.

「재난 및 안전관리 기본법」 제14조 【중앙재난안전대책본부 등】 ① 대통령령으로 정하는 대규모 재난(이하 "대규모재난"이라 한다)의 대응·복구(이하 "수습"이라 한다) 등에 관한 사항을 총괄·조정하고 필요한 조치를 하기 위하여 행정안전부에 중앙재난안전대책본부(이하 "중앙대책본부"라 한다)를 둔다.
② 중앙대책본부에 본부장과 차장을 둔다.
③ 중앙대책본부의 본부장(이하 "중앙대책본부장"이라 한다)은 행정안전부장관이 되며, 중앙대책본부장은 중앙대책본부의 업무를 총괄하고 필요하다고 인정하면 중앙재난안전대책본부회의를 소집할 수 있다. 다만, 해외재난의 경우에는 외교부장관이, 「원자력시설 등의 방호 및 방사능 방재 대책법」 제2조 제1항 제8호에 따른 방사능재난의 경우에는 같은 법 제25조에 따른 중앙방사능방재대책본부의 장이 각각 중앙대책본부장의 권한을 행사한다.
④ 제3항에도 불구하고 재난의 효과적인 수습을 위하여 다음 각 호의 어느 하나에 해당하는 경우에는 국무총리가 중앙대책본부장의 권한을 행사할 수 있다. 이 경우 행정안전부장관, 외교부장관(해외재난의 경우에 한정한다) 또는 원자력안전위원회 위원장(방사능 재난의 경우에 한정한다)이 차장이 된다.
  1. 국무총리가 범정부적 차원의 통합 대응이 필요하다고 인정하는 경우
  2. 행정안전부장관이 국무총리에게 건의하거나 제15조의2 제2항에 따른 수습본부장의 요청을 받아 행정안전부장관이 국무총리에게 건의하는 경우

23 난이도 ●○○○○ 답 ①

🏛 **[폭발론] 폭발의 종류(분류)**

수증기폭발은 물리적 폭발에 해당한다.

✔ **확인학습 압력상승에 원인에 따른 분류**

물리적 폭발	화학적 폭발
• 양적변화	• 질적변화
• 상변화에 따른 폭발	• 화학반응에 따른 폭발
• 액화가스 증기폭발	• 분진폭발
• 수증기폭발	• 분해폭발
• 전선폭발(알루미늄 전선)	• 가스폭발
• 감압폭발	• 분무폭발
• 과열액체 증기폭발(블래비)	• 박막폭발
• 고상간 전이에 의한 폭발	

24 난이도 ●●●○○ 답 ②

🏛 **[위험물] 위험물의 유별 성질**

제1류 위험물 산화성고체: 고체로서 (산화력)의 잠재적인 위험성 또는 (충격)에 대한 민감성을 판단하기 위하여 소방청장이 정하여 고시하는 시험에서 고시로 정하는 성질과 상태를 나타내는 것을 말한다.

✔ **확인학습 위험물의 유별 성질**

제1류 위험물 (산화성 고체)	고체로서 산화력의 잠재적인 위험성 또는 충격에 대한 민감성을 판단하기 위하여 소방청장이 정하여 고시하는 시험에서 고시로 정하는 성질과 상태를 나타내는 것을 말한다.
제2류 위험물 (가연성 고체)	고체로서 화염에 의한 발화의 위험성 또는 인화의 위험성을 판단하기 위하여 고시로 정하는 시험에서 고시로 정하는 성질과 상태를 나타내는 것을 말한다.
제3류 위험물 (자연발화성 및 금수성 물질)	고체 또는 액체로서 공기 중에서 발화의 위험성이 있거나 물과 접촉하여 발화하거나 가연성 가스를 발생하는 위험성이 있는 것을 말한다.
제4류 위험물 (인화성 액체)	액체(제3석유류, 제4석유류 및 동·식물유류에 있어서는 1기압과 20℃에서 액상인 것에 한한다)로서 인화의 위험성이 있는 것을 말한다.
제5류 위험물 (자기반응성 물질)	고체 또는 액체로서 폭발의 위험성 또는 가열분해의 격렬함을 판단하기 위하여 고시로 정하는 시험에서 고시로 정하는 성질과 상태를 나타내는 것을 말한다.
제6류 위험물 (산화성 액체)	액체로서 산화력의 잠재적인 위험성을 판단하기 위하여 고시로 정하는 시험에서 고시로 정하는 성질과 상태를 나타내는 것을 말한다.

25 난이도 ●●●●○ 답 ④

🏛 **[소방역사 및 소방조직] 소방특별조사**

❋ **관련규정 재·개정**

「화재의 예방 및 안전관리에 관한 법률」 제11조 【화재안전조사위원회의 구성·운영 등】 ① 법 제10조 제1항에 따른 화재안전조사위원회(이하 "위원회"라 한다)는 위원장 1명을 포함하여 7명 이내의 위원으로 성별을 고려하여 구성한다.

소방특별조사위원회는 위원장 1명을 포함한 7명 이내의 위원으로 성별을 고려하여 구성하고, 위원장은 소방본부장이 된다.

| 선지분석 |
① [O] 소방특별조사는 관계인이 이 법 또는 다른 법령에 따라 실시하는 소방시설등, 방화시설, 피난시설 등에 대한 자체점검 등이 불성실하거나 불완전하다고 인정되는 경우 실시한다.
② [O] 소방특별조사는 국가적 행사 등 주요 행사가 개최되는 장소 및 그 주변의 관계 지역에 대하여 소방안전관리 실태를 점검할 필요가 있는 경우 실시한다.
③ [O] 소방청장, 소방본부장 또는 소방서장은 필요하면 소방기술사, 소방시설관리사, 그 밖에 소방·방재 분야에 관한 전문지식을 갖춘 사람을 소방특별조사에 참여하게 할 수 있다.
⑤ [O] 소방본부장은 소방특별조사의 대상을 객관적이고 공정하게 선정하기 위하여 필요하면 소방특별조사위원회를 구성하여 소방특별조사의 대상을 선정할 수 있다.

7회 2021년 04월 03일 공채·경채

정답

p.222

01	④	02	③	03	②	04	①	05	①
06	①	07	정답 없음	08	②	09	③	10	③
11	②	12	③	13	①	14	③	15	④
16	④	17	①	18	②	19	④	20	④

01 난이도 ●●●○○　　　　　　　　답 ④

🏛 [재난관리론] 긴급구조통제단
모두 해당한다.

✅ 확인학습 긴급구조현장지휘 사항
1. 재난현장에서 인명의 탐색·구조
2. 긴급구조기관 및 긴급구조지원기관의 인력·장비의 배치와 운용
3. 추가 재난의 방지를 위한 응급조치
4. 긴급구조지원기관 및 자원봉사자 등에 대한 임무의 부여
5. 사상자의 응급처치 및 의료기관으로의 이송
6. 긴급구조에 필요한 물자의 관리
7. 현장접근 통제, 현장 주변의 교통정리, 그 밖에 긴급구조활동을 효율적으로 하기 위하여 필요한 사항

02 난이도 ●●○○○　　　　　　　　답 ③

🏛 [화재론] 연기의 특성
건물에 화재가 발생했을 때, 연소가스와 연기 등은 밀도의 감소로 부력이 증가하므로 위쪽으로 상승하게 된다. 아래쪽에서는 신선한 공기가 건물의 안쪽으로 들어오게 되고 상승한 연소가스, 연기 등은 위쪽에서 나가게 되며 이때 압력차가 0이 되는 곳이 형성되는데 이를 중성대라고 한다.

03 난이도 ●●●○○　　　　　　　　답 ②

🏛 [소방시설] 소화설비의 구성품
이산화탄소 소화설비의 구성요소는 화재감지기, 선택밸브, 방출표시등, 압력스위치 등으로 구성된다.

| 선지분석 |
① 산·알칼리 소화기는 수계 소화기로 분류된다.
③ 슈퍼바이저리패널은 준비작동식스프링클러설비의 구성요소이다. 습식에는 해당되지 않는다.
④ 순환배관은 수온의 상승을 방지하기 위해 설치한다.

04 난이도 ●●○○○　　　　　　　　답 ①

🏛 [소방역사 및 소방조직] 소방역사
옳은 것은 ㄱ, ㄴ이다.

| 선지분석 |
ㄷ. [×] 1925년에 우리나라 최초 소방서인 경성소방서를 설치하였다.
ㄹ. [×] 1946년에 중앙소방위원회, 1947년 소방청을 설치하였다.

✅ 확인학습 중앙소방위원회
1. 중앙소방위원회는 상무부 토목국(1946년 8월 7일)을 설치하였으며, 위원회는 7인의 위원으로 구성하였다.
2. 1947년 남조선 과도정부로 개칭된 후에는 중앙소방위원회 집행기구로 소방청을 설치하였다. 소방청에는 청장 1인, 서기관 1인을 두고 군정고문 1인을 두었고 조직으로는 총무과·소방과·예방과를 두었다.

05 난이도 ●●○○○　　　　　　　　답 ①

🏛 [화재론] 백드래프트의 특성
백드래프트는 불완전연소에 의해 발생된 일산화탄소가 가연물로 작용하여 폭발하는 현상이다.

| 선지분석 |
② [×] 상부를 개방하는 것이 효과적인 전술이다.
③ [×] 출입문을 한 번에 완전히 개방하는 것은 산소의 공급으로 백드래프트를 촉진시킬 수 있다.
④ [×] 연료지배형화재는 환기량이 충분한 상태이므로 백드래프트 현상의 발생조건으로는 옳지 않다.

06 난이도 ●●○○○　　　　　　　　답 ①

🏛 [위험물] 유별 소화대책
알칼리금속의 과산화물을 물로 소화하면 산소의 발생으로 위험하므로 냉각소화를 금지한다.

07 난이도 ●●○○○   답 ②

🏛 [화재론] 특수화재

> ※ 관련규정 재·개정   정답없음
> 관련규정 제·개정으로 삭제되어 정답이 없다.

이재민 100명 이상 발생화재는 중요화재에 해당한다.

> ✅ 확인학습 긴급상황보고
>
> 1. 대형화재
>   • 인명피해: 사망 5명 이상이거나 사상자 10명 이상 발생화재
>   • 재산피해: 50억원 이상 추정되는 화재
> 2. 중요화재
>   • 관공서, 학교, 정부미 도정공장, 문화재, 지하철, 지하구 등 공공 건물 및 시설의 화재
>   • 관광호텔, 고층건물, 지하상가, 시장, 백화점, 대량위험물을 제조·저장·취급하는 장소, 중점관리대상 및 화재경계지구
>   • 이재민 100명 이상 발생화재
> 3. 특수화재
>   • 철도, 항구에 매어둔 외항선, 항공기, 발전소 및 변전소의 화재
>   • 특수사고, 방화 등 화재원인이 특이하다고 인정되는 화재
>   • 외국공관 및 그 사택
>   • 대상이 특수하여 사회적 이목이 집중될 것으로 예상되는 화재

08 난이도 ●○○○○   답 ②

🏛 [재난관리론] 재난사태의 선포

(행정안전부장관)은 대통령령으로 정하는 재난이 발생하거나 발생할 우려가 있는 경우 사람의 생명·신체 및 재산에 미치는 중대한 영향이나 피해를 줄이기 위하여 긴급한 조치가 필요하다고 인정하면 (중앙위원회)의 심의를 거쳐 (재난사태)를 선포할 수 있다.

09 난이도 ●○○○○   답 ③

🏛 [소방조직] 소방조직의 원리

명령통일의 원리가 해당한다.

> ✅ 확인학습 소방조직의 원리
>
> 1. 계층제의 원리
> 2. 통솔범위의 원리
> 3. **명령통일의 원리**: 오직 한 사람의 상관으로부터 명령을 받고 그에게 보고해야 한다는 것이다. 어느 조직에서든 수장이 있어야 하고, 하위 조직에서도 같은 원리가 적용된다. 상관으로 하여금 통제를 용이하게 하여 부하의 안전과 복지를 확보할 수 있다.
> 4. 분업의 원리
> 5. 조정의 원리
> 6. 계선의 원리

10 난이도 ●●●○○   답 ③

🏛 [폭발론] 블레비 현상

블레비 현상의 영향인자로 탱크의 용량과 기화량은 해당된다.

11 난이도 ●●●○○   답 ②

🏛 [소방시설] 포혼합장치(펌프 프로포셔너 방식)

펌프의 토출관과 흡입관 사이의 배관에 설치된 흡입기로 펌프에서 토출된 물의 일부를 보내고 농도조절밸브에서 조절된 포 소화약제의 필요량을 포 소화약제 탱크에서 펌프 흡입부 측으로 보내어 혼합하는 방법이다. 위험물제조소 등의 포 소화설비에는 사용하지 않으며, 소방펌프차에 주로 사용되고 있다. 특히 농도조절밸브가 있으며, 원액을 사용하기 위한 손실이 적고 보수가 용이하다.

12 난이도 ●●●●○   답 ③

🏛 [재난관리론] 재난관리 단계별 사항

특별재난지역의 선포는 복구단계에 해당한다.

> ✅ 확인학습 재난관리
>
> | 예방단계 | • 재난관리책임기관의 장의 재난예방조치 등
• 국가핵심기반의 지정 및 관리
• 특정관리대상지역의 지정 및 관리
• 재난방지시설의 관리
• 재난안전분야 종사자 교육
• 재난예방을 위한 긴급안전점검 등
• 재난예방을 위한 안전조치
• 정부합동 안전 점검
• 집중 안전점검 기간 운영 등
• 재난관리 실태 공시 등 |
> |---|---|
> | 대비단계 | • 재난관리자원의 비축·관리
• 재난현장 긴급통신수단의 마련
• 국가재난관리기준의 제정·운용 등
• 기능별 재난대응 활동계획의 작성·활용
• 재난분야 위기관리 매뉴얼 작성·운용
• 다중이용시설 등의 위기상황 매뉴얼 작성·관리 및 훈련
• 안전기준의 등록 및 심의 등
• 재난안전통신망의 구축·운영
• 재난대비훈련 기본계획 수립 및 실시 |
> | 대응단계
(응급조치 등) | • 재난사태 선포
• 응급조치
• 위기경보의 발령 등
• 재난 예보·경보체계 구축·운영 등
• 동원명령 등
• 대피명령
• 위험구역의 설정
• 강제대피조치
• 통행제한 등
• 응원 |
> | 대응단계
(긴급구조) | • 긴급구조 현장지휘
• 긴급구조대응계획의 수립
• 재난대비능력 보강
• 항공기 등 조난사고 시의 긴급구조 등
• 긴급구조지원기관의 능력에 대한 평가 |
> | 복구단계 | • 특별재난지역의 선포
• 특별재난지역에 대한 지원 |

13 난이도 ●●●○○ 답 ①

🏛 [연소론] 최소산소농도(MOC)

연소에 있어서 산소도 핵심적인 요소이며, MOC는 공기와 가연가스의 혼합기 중 산소의 %이다. 가연물질의 종류나 연소 환경에 따라 다르지만 일반적으로 연소하고 있는 가연물질이 소화되기 위해서는 공급되는 공기 중의 산소의 양을 15(vol)% 이하로 낮추면 산소결핍에 의하여 연소가 더 이상 진행되지 못하는 것으로 알려져 있다. 예를 들어 프로판의 MOC를 구하는 방식은 연소하한계×산소몰수이다.

14 난이도 ●●●○○ 답 ③

🏛 [연소론] 연소반응식

메탄(CH_4)의 연소반응식은 $CH_4 + 2O_2 \rightarrow CO_2 + 2H_2O$이다. 따라서, 메탄 $2m^3$이 연소할 때 필요한 산소의 부피는 $4m^3$이다.

15 난이도 ●●●○○ 답 ④

🏛 [연소론] 연소속도의 영향 요소

모두 옳은 지문이다.

16 난이도 ●●○○○ 답 ④

🏛 [폭발론] 폭발의 분류

분무폭발은 공기 중에 분출된 가연성 액체의 미세한 액적이 무상으로 되어 공기 중에 부유하고 있을 때에 발생한다.

✅ 확인학습 중합폭발

1. 불포화탄화수소 등이 급격한 중합반응을 일으켜 중합열에 의해 폭발하는 경우를 말한다.
2. 산화에틸렌(분해폭발도 가능), 부타디엔, 염화비닐, 시안화수소(분해폭발도 가능) 등

17 난이도 ●●○○○ 답 ①

🏛 [소화론] 소화의 기본원리

옳은 지문은 ㄱ, ㄴ이다.

| 선지분석 |

ㄷ. [×] 유화소화는 비중이 물보다 큰 비수용성 유류화재 시 무상주수 하여 소화하는 방법을 말한다.

ㄹ. [×] 제거소화는 가스화재 시 가스공급을 차단하여 소화하는 방법을 말한다.

18 난이도 ●●○○○ 답 ②

🏛 [소화론] 물 소화약제

무상으로 주수 시 유류화재와 전기화재에 적응성이 있다.

| 선지분석 |

① [×] 질식소화 효과가 있다.
③ [×] 비열과 기화열이 크다.
④ [×] 수용성 가연물질의 화재에 적응성이 있다.

19 난이도 ●○○○○ 답 ④

🏛 [소방시설] 피난구조설비

승강식 피난기란 사용자의 몸무게에 의하여 자동으로 하강하고 내려서면 스스로 상승하여 연속적으로 사용할 수 있는 무동력 승강식 피난기구를 말한다.

20 난이도 ●●●●○ 답 ④

🏛 [화재론] 실내화재의 진행 과정

감퇴기에서 열발산율은 감소하기 시작한다.

8회 2021년 01월 16일 간부

정답 p.226

01	②	02	①	03	①	04	②	05	④
06	②	07	②	08	④	09	⑤	10	②
11	⑤	12	④	13	②	14	정답 없음	15	④
16	①	17	③	18	④	19	①, ②	20	④
21	⑤	22	⑤	23	③	24	④	25	③

01 난이도 ●○○○○ 답 ②

🏛 [연소론] 자연발화

열전도율이 낮을수록 자연발화가 쉽다.

02 난이도 ●●○○○ 답 ①

🏛 [화재론] 화재화중

화재하중을 산출하는 요소에 가연물의 배열상태는 해당하지 않는다.

✅ 확인학습 화재하중 관계식

$$화재하중(Q) = \frac{\Sigma(G_t H_t)}{HA}[kg/m^2] (\Sigma: 합)$$

• G_t: 가연물의 양[kg]
• H_t: 단위발열량[kcal/kg]
• H: 목재 단위발열량[4,500kcal/kg]
• A: 화재실 바닥면적[m^2]

03 난이도 ●○○○○ 답 ①

🏛 **[소방시설] 소방시설의 분류**
상수도소화용수설비는 <u>소화용수설비</u>에 해당한다.

> ✅ **확인학습 소화활동설비**
> 1. 연결송수관설비
> 2. 연결살수설비
> 3. 연소방지설비
> 4. 무선통신보조설비
> 5. 비상콘센트설비
> 6. 제연설비

04 난이도 ●●●○○ 답 ②

🏛 **[재난관리론] 하인리히의 도미노 이론**
하인리히의 도미노 이론에 따르면 사고의 원인이 되는 <u>불안전한 행동</u>이나 기계적 또는 물리적 결함에 가장 큰 관심을 두고 이의 제거에 노력하여 사고를 예방해야 한다고 한다. 즉, 세 번째 도미노를 제거하면, 첫 번째와 두 번째 도미노가 쓰러지더라도 사고는 발생하지 않는다고 본다.

> ✅ **확인학습 하인리히의 도미노 이론**
> 사회환경 → 개인적 결함 → 불안전 행동 및 불안전 상태 → 사고 → 재해

05 난이도 ●●●●○ 답 ④

🏛 **[소방역사 및 소방조직] 위험물안전관리자**
안전관리자를 선임한 제조소등의 관계인은 안전관리자가 여행·질병 그 밖의 사유로 인하여 일시적으로 직무를 수행할 수 없거나 <u>안전관리자의 해임 또는 퇴직과 동시에 다른 안전관리자를 선임하지 못하는 경우에는 국가기술자격법에 따른 위험물의 취급에 관한 자격취득자 또는 위험물안전에 관한 기본지식과 경험이 있는 자로서 행정안전부령이 정하는 자를 대리자(代理者)로 지정하여</u> 그 직무를 대행하게 하여야 한다 (「위험물안전관리법」 제15조 제5항).

06 난이도 ●●●○○ 답 ②

🏛 **[재난관리론] 위기관리 매뉴얼**
(위기관리 표준매뉴얼)은 <u>국가적 차원</u>에서 관리가 필요한 재난에 대하여 재난관리 체계와 관계 기관의 임무와 역할을 규정한 문서이고, (현장조치 행동매뉴얼)은 재난현장에서 임무를 직접 수행하는 기관의 행동조치 절차를 구체적으로 수록한 문서이다.

> ✅ **확인학습 재난분야 위기관리 매뉴얼**
> 1. 위기관리 표준매뉴얼: 국가적 차원에서 관리가 필요한 재난에 대하여 재난관리 체계와 관계 기관의 임무와 역할을 규정한 문서로 위기대응 실무매뉴얼의 작성 기준이 되며, 재난관리주관기관의 장이 작성한다.

> 2. 위기대응 실무매뉴얼: 위기관리 표준매뉴얼에서 규정하는 기능과 역할에 따라 실제 재난대응에 필요한 조치사항 및 절차를 규정한 문서로 재난관리주관기관의 장과 관계 기관의 장이 작성한다.
> 3. 현장조치 행동매뉴얼: 재난현장에서 임무를 직접 수행하는 기관의 행동조치 절차를 구체적으로 수록한 문서로 위기대응 실무매뉴얼을 작성한 기관의 장이 지정한 기관의 장이 작성하되, 시장·군수·구청장은 재난유형별 현장조치 행동매뉴얼을 통합하여 작성할 수 있다.

07 난이도 ●●●●○ 답 ②

🏛 **[재난관리론] 재난관리주관기관**
가스 수급 및 누출 사고는 산업통상자원부에서 담당한다.

> ✅ **확인학습 재난 및 사고유형별 재난관리주관기관**
> 1. 도로터널 사고 – 국토교통부
> 2. 가스 수급 및 누출 사고 – 산업통상자원부
> 3. 해양 분야 환경오염 사고 – 해양수산부
> 4. 금융 전산 및 시설 사고 – 금융위원회
> 5. 경기장 및 공연장에서 발생한 사고 – 문화체육관광부

08 난이도 ●●●●○ 답 ④

🏛 **[연소론] 독성가스**
브롬화수소(브로민화수소)(HBr)는 방염수지류 등이 연소할 때 발생되는 연소생성물로서 유독성이 있어 독성 가스로 취급되며 독성의 허용농도는 5ppm이다. <u>상온·상압에서 무색의 자극성 기체로 물에 잘 용해된다.</u>

09 난이도 ●●●○○ 답 ⑤

🏛 **[소방역사 및 소방조직] 운반용기 외부표시 사항**
제5류 위험물은 "<u>화기엄금</u>" 및 "<u>충격주의</u>" 표시를 하여야 한다.

> ✅ **확인학습 수납하는 위험물의 주의사항**
> 1. 제1류 위험물 중 알칼리금속의 과산화물 또는 이를 함유한 것에 있어서는 "화기·충격주의", "물기엄금" 및 "가연물접촉주의", 그 밖의 것에 있어서는 "화기·충격주의" 및 "가연물접촉주의"
> 2. 제2류 위험물 중 철분·금속분·마그네슘 또는 이들 중 하나 이상을 함유한 것에 있어서는 "화기주의" 및 "물기엄금", 인화성 고체에 있어서는 "화기엄금", 그 밖의 것에 있어서는 "화기주의"
> 3. 제3류 위험물 중 자연발화성 물질에 있어서는 "화기엄금" 및 "공기접촉엄금", 금수성 물질에 있어서는 "물기엄금"
> 4. 제4류 위험물에 있어서는 "화기엄금"
> 5. 제5류 위험물에 있어서는 "<u>화기엄금</u>" 및 "<u>충격주의</u>"
> 6. 제6류 위험물에 있어서는 "가연물접촉주의"

10 난이도 ●○○○○ 답 ②

🏛 **[소방시설] 포 소화설비**
펌프와 발포기의 중간에 설치된 벤추리관의 벤추리작용과 펌프가압수의 포 소화약제 저장탱크에 대한 압력에 따라 포 소화약제를 흡입·혼합하는 방식은 <u>프레져 프로포셔너(Pressure proportioner) 방식</u>이다.

🏛 [소화론] 소화약제별 적응성

팽창질석·팽창진주암의 적응대상은 일반화재와 유류화재이다.

✅ 확인학습 소화기구의 소화약제별 적응성

구분		일반화재	유류화재	전기화재	주방화재
가스	이산화탄소	-	○	○	-
	할론	○	○	○	-
	할로겐화합물 및 불활성기체	○	○	○	-
분말	인산염류 소화약제	○	○	○	-
	중탄산염류 소화약제	-	○	○	*
액체	산알칼리 소화약제	○	○	*	-
	강화액 소화약제	○	○	*	*
	포 소화약제	○	○	*	*
	윤화제·물 소화약제	○	○	*	*
기타	고체에어로졸화합물	○	○	○	-
	마른모래	○	○	-	-
	팽창질석·팽창진주암	○	○	-	-
	그 밖의 것	-	-	-	*

12 난이도 ●○○○○　　　　　　　　　　답 ④

🏛 [소방시설] 스프링클러설비 종류

일제살수식 스프링클러설비의 헤드의 경우 개방형 스프링클러헤드를 사용하고 보기 중 나머진 폐쇄형 스프링클러헤드를 사용한다.

13 난이도 ●●●●●　　　　　　　　　　답 ②

🏛 [소방역사 및 소방조직] 스프링클러설비 설치 대상

지하층에 있는 영화상영관은 $500m^2$ 이상인 경우 스프링클러설비를 설치한다.

✅ 확인학습 스프링클러설비를 설치하여야 하는 특정소방대상물

1. **수용인원이 200명인 박물관**: 문화 및 집회시설 수용인원 100명 이상인 것
2. **지하층에 있는 바닥면적이 $300m^2$인 영화상영관**: 문화 및 집회시설 영화상영관의 용도로 쓰이는 층의 바닥면적이 지하층 또는 무창층인 경우에는 $500m^2$ 이상, 그 밖의 층의 경우에는 1천m^2 이상인 것
3. **바닥면적 합계가 1천m^2인 한방병원**: 의료시설 중 종합병원, 병원, 치과병원, 한방병원 및 요양병원(정신병원은 제외), 바닥면적의 합계가 $600m^2$ 이상인 것은 모든 층
4. **바닥면적 합계가 6천m^2인 물류터미널**: 판매시설, 운수시설 및 창고시설(물류터미널에 한정)로서 바닥면적의 합계가 5천m^2 이상이거나 수용인원이 500명 이상인 경우에는 모든 층
5. **바닥면적 합계가 1만m^2인 농수산물공판장**: 농수산물공판장은 판매시설 중 도매시장에 해당한다. 따라서 판매시설은 바닥면적의 합계가 5천m^2 이상이거나 수용인원이 500명 이상인 경우에는 모든 층

14 난이도 ●○○○○　　　　　　　　　　정답없음

🏛 [구조·구급론] 특수구조대의 종류

출제 오류로 모두 정답 처리되었다.

✅ 확인학습 특수구조대(「119구조·구급에 관한 법률 시행령」 제5조 제1항 제2호)

소방대상물, 지역 특성, 재난 발생 유형 및 빈도 등을 고려하여 시·도의 규칙으로 정하는 바에 따라 다음 구분에 따른 지역을 관할하는 소방서에 다음 구분에 따라 설치한다. 다만, 고속국도구조대는 규정에 따라 설치되는 직할구조대에 설치할 수 있다.
1. 화학구조대: 화학공장이 밀집한 지역
2. 수난구조대: 「내수면어업법」 제2조 제1호에 따른 내수면지역
3. 산악구조대: 「자연공원법」 제2조 제1호에 따른 자연공원 등 산악지역
4. 고속국도구조대: 「도로법」 제10조 제1호에 따른 고속국도
5. 지하철구조대: 「도시철도법」 제2조 제3호 가목에 따른 도시철도의 역사(驛舍) 및 역 시설

15 난이도 ●●○○○　　　　　　　　　　답 ④

🏛 [재난관리론] 재난관리 단계별 활동 내용(예방 단계)

> ※ **관련규정 재·개정**
> 제34조 재난관리자원의 비축·관리는 제34조 재난관리자원으로 변경됨

예방단계에 포함되는 것은 ㄱ, ㄴ, ㄷ, ㄹ이다.

| 선지분석 |

ㅁ. 재난관리자원의 비축·관리는 재난관리 단계별 활동 내용 중 대비단계에 해당한다.

16 난이도 ●●○○○　　　　　　　　　　답 ①

🏛 [위험물] 위험물의 분류

제5류 위험물에 대한 설명으로 유기과산화물이 해당한다.

| 선지분석 |
② 이황화탄소는 제4류 위험물에 해당한다.
③ 과염소산은 제6류 위험물에 해당한다.
④ 염소산염류는 제1류 위험물에 해당한다.
⑤ 알칼리금속은 제3류 위험물에 해당한다.

17 난이도 ●●●○○　　　　　　　　　　답 ③

🏛 [소화론] 할로겐화합물 및 불활성기체 소화약제

"할로겐화합물 소화약제"란 불소, 염소, 브롬(브로민) 또는 요오드(아이오딘) 중 하나 이상의 원소를 포함하고 있는 유기화합물을 기본 성분으로 하는 소화약제를 말한다.

18 난이도 ●●○○○ 답 ④

🏛 **[폭발론] 폭발의 분류**

화학적 폭발에 해당하는 것은 ㄱ, ㄷ, ㄹ이다.

| 선지분석 |

ㄴ. [×] 수증기폭발은 물리적 폭발에 해당한다.

19 난이도 ●○○○○ 답 ②

🏛 **[소방역사 및 소방조직] 무창층**

※ 관련규정 재·개정	답 ①, ②
개정 전	"무창층"(無窓層)이란 지상층 중 다음 요건을 모두 갖춘 개구부(건축물에서 채광·환기·통풍 또는 출입 등을 위하여 만든 창·출입구, 그 밖에 이와 비슷한 것을 말한다. 이하 같다)의 면적의 합계가 해당 층의 바닥면적(「건축법 시행령」 제119조 제1항 제3호에 따라 산정된 면적을 말한다. 이하 같다)의 30분의 1 이하가 되는 층을 말한다. 1. 크기는 지름 50센티미터 이상의 원이 내접할 수 있을 것 2. 해당 층의 바닥면으로부터 개구부 밑부분까지의 높이가 1.2미터 이내일 것 3. 도로 또는 차량이 진입할 수 있는 빈터를 향할 것 4. 화재 시 건축물로부터 쉽게 피난할 수 있도록 창살이나 그 밖의 장애물이 설치되지 않을 것 5. 내부 또는 외부에서 쉽게 부수거나 열 수 있을 것
개정 후	"무창층"(無窓層)이란 지상층 중 다음 요건을 모두 갖춘 개구부(건축물에서 채광·환기·통풍 또는 출입 등을 위하여 만든 창·출입구, 그 밖에 이와 비슷한 것을 말한다. 이하 같다)의 면적의 합계가 해당 층의 바닥면적(「건축법 시행령」 제119조 제1항 제3호에 따라 산정된 면적을 말한다. 이하 같다)의 30분의 1 이하가 되는 층을 말한다. 1. 크기는 지름 50센티미터 이상의 원이 통과할 수 있을 것 2. 해당 층의 바닥면으로부터 개구부 밑부분까지의 높이가 1.2미터 이내일 것 3. 도로 또는 차량이 진입할 수 있는 빈터를 향할 것 4. 화재 시 건축물로부터 쉽게 피난할 수 있도록 창살이나 그 밖의 장애물이 설치되지 않을 것 5. 내부 또는 외부에서 쉽게 부수거나 열 수 있을 것

무창층의 개구부 요건으로 해당 층의 바닥면으로부터 개구부 밑부분까지의 높이가 1.2m 이내이다.

20 난이도 ●●●○○ 답 ④

🏛 **[연소론] 연소반응식**

a+b+c의 값은 31이다.

✔ **확인학습 부탄의 연소반응식**

$$2C_4H_{10} + 13O_2 \rightarrow 8CO_2 + 10H_2O$$

21 난이도 ●●●●● 답 ⑤

🏛 **[소방시설] 스프링클러설비 설치 제외 장소**

스프링클러헤드를 설치하지 아니할 수 있는 장소로 천장·반자중 한쪽이 불연재료로 되어 있고 천장과 반자사이의 거리가 1m 미만인 부분이 해당된다.

✔ **확인학습 스프링클러설비 화재안전기준 제15조(헤드의 설치 제외)**

1. 계단실·경사로·승강기의 승강로·비상용승강기의 승강장·파이프덕트 및 덕트피트·목욕실·수영장·화장실·직접 외기에 개방되어 있는 복도·기타 이와 유사한 장소
2. 통신기기실·전자기기실·기타 이와 유사한 장소
3. 발전실·변전실·변압기·기타 이와 유사한 전기설비가 설치되어 있는 장소
4. 병원의 수술실·응급처치실·기타 이와 유사한 장소
5. 천장과 반자 양쪽이 불연재료로 되어 있는 경우로서 그 사이의 거리 및 구조가 다음의 어느 하나에 해당하는 부분
   • 천장과 반자사이의 거리가 2m 미만인 부분
   • 천장과 반자사이의 벽이 불연재료이고 천장과 반자사이의 거리가 2m 이상으로서 그 사이에 가연물이 존재하지 아니하는 부분
6. 천장·반자 중 한쪽이 불연재료로 되어있고 천장과 반자사이의 거리가 1m 미만인 부분
7. 천장 및 반자가 불연재료 외의 것으로 되어 있고 천장과 반자사이의 거리가 0.5m 미만인 부분
8. 펌프실·물탱크실 엘리베이터 권상기실 그 밖의 이와 비슷한 장소
9. 현관 또는 로비 등으로서 바닥으로부터 높이가 20m 이상인 장소
10. 영하의 냉장창고의 냉장실 또는 냉동창고의 냉동실
11. 고온의 노가 설치된 장소 또는 물과 격렬하게 반응하는 물품의 저장 또는 취급장소
12. 불연재료로 된 특정소방대상물 또는 그 부분으로서 다음의 어느 하나에 해당하는 장소
    • 정수장·오물처리장 그 밖의 이와 비슷한 장소
    • 펄프공장의 작업장·음료수공장의 세정 또는 충전하는 작업장 그 밖의 이와 비슷한 장소
    • 불연성의 금속·석재 등의 가공공장으로서 가연성물질을 저장 또는 취급하지 아니하는 장소
13. 실내에 설치된 테니스장·게이트볼장·정구장 또는 이와 비슷한 장소로서 실내 바닥·벽·천장이 불연재료 또는 준불연재료로 구성되어 있고 가연물이 존재하지 않는 장소로서 관람석이 없는 운동시설(지하층은 제외한다)
14. 「건축법 시행령」 제46조 제4항에 따른 공동주택 중 아파트의 대피공간

22 난이도 ●●●○○ 답 ⑤

🏛 **[소화론] 이산화탄소 소화약제**

이산화탄소 농도계산 관계식에 따라 이산화탄소의 농도는 53(vol)%이다.

$$CO_2(\%) = \frac{21 - O_2}{21} \times 100(\%)$$

계산식은 $\frac{(21-10)}{21} \times 100(\%) = 52.38(vol)\% = 53(vol)\%$이다.

23 난이도 ●●●○○   답 ③

🏛 [위험물] 위험물의 유별 성질

제6류 위험물은 자신은 불연성이지만 지연성 물질이며, 염기와 반응하거나 물과 접촉할 때 발열한다(단, 과산화수소는 물과 반응하지 않는다).

24 난이도 ●●○○○   답 ④

🏛 [소방시설] 옥내소화전설비 가압송수장치

옥내소화전설비 가압송수장치의 체절운전 시 수온의 상승을 방지하기 위해 설치하는 것은 순환배관이다.

> ✅ 확인학습 옥내소화전설비 화재안전기준
>
> 1. 진공계: 대기압 이하의 압력을 측정하는 계측기를 말한다.
> 2. 연성계: 대기압 이상의 압력과 대기압 이하의 압력을 측정할 수 있는 계측기를 말한다.
> 3. 체절운전: 펌프의 성능시험을 목적으로 펌프토출측의 개폐밸브를 닫은 상태에서 펌프를 운전하는 것을 말한다.
> 4. 기동용수압개폐장치: 소화설비의 배관 내 압력변동을 검지하여 자동적으로 펌프를 기동 및 정지시키는 것으로서 압력챔버 또는 기동용압력스위치 등을 말한다.
> 5. 물올림장치: 수원의 수위가 펌프보다 낮은 위치에 있는 가압송수장치에는 다음 기준에 따른 물올림장치(공회전 방지)를 설치한다.
>   • 물올림장치에는 전용의 탱크를 설치한다.
>   • 탱크의 유효수량은 100L 이상으로 한다.
>   • 구경 15mm 이상의 급수배관에 따라 해당 탱크에 물이 계속 보급되도록 한다.
> 6. 소방용스트레이너: 소화설비의 배관에 설치하여 오물등의 불순물을 여과시켜 원활하게 소화용수를 공급하는 장치(스트레이너)를 말한다.

25 난이도 ●●●○○   답 ③

🏛 [소방시설] 감지기

주위온도가 일정 상승률 이상이 되는 경우에 작동하는 것으로서 일국소의 열효과에 의하여 작동하는 것을 (차동식 스포트형) 감지기라 하고, 일국소의 주위온도가 일정한 온도 이상이 되는 경우에 작동하는 것으로서 외관이 전선으로 되어 있지 아니한 것을 (정온식 스포트형) 감지기라 한다. 이들 두 감지기의 성능을 겸한 것으로서 두 성능 중 어느 하나가 작동되면 화재신호를 발하는 것을 (보상식 스포트형) 감지기라고 한다.

> ✅ 확인학습 열감지기
>
> 1. 차동식 스포트형: 주위온도가 일정 상승률 이상이 되는 경우에 작동하는 것으로서 일국소에서의 열 효과에 의하여 작동되는 것을 말한다.
> 2. 차동식 분포형: 주위온도가 일정 상승률 이상이 되는 경우에 작동하는 것으로서 넓은 범위 내에서의 열 효과의 누적에 의하여 작동되는 것을 말한다.
> 3. 정온식 감지선형: 일국소의 주위온도가 일정한 온도 이상이 되는 경우에 작동하는 것으로서 외관이 전선으로 되어 있는 것을 말한다.
> 4. 정온식 스포트형: 일국소의 주위온도가 일정한 온도 이상이 되는 경우에 작동하는 것으로서 외관이 전선으로 되어 있지 아니한 것을 말한다.
> 5. 보상식 스포트형: 1.과 4.의 성능을 겸한 것으로서 1.의 성능 또는 4.의 성능 중 어느 한 기능이 작동되면 작동신호를 발하는 것을 말한다.

> ✅ 확인학습 연기감지기
>
> 1. 이온화식 스포트형: 주위의 공기가 일정한 농도의 연기를 포함하게 되는 경우에 작동하는 것으로서 일국소의 연기에 의하여 이온전류가 변화하여 작동하는 것을 말한다.
> 2. 광전식 스포트형: 주위의 공기가 일정한 농도의 연기를 포함하게 되는 경우에 작동하는 것으로서 일국소의 연기에 의하여 광전소자에 접하는 광량의 변화로 작동하는 것을 말한다.
> 3. 광전식 분리형: 발광부와 수광부로 구성된 구조로 발광부와 수광부 사이의 공간에 일정한 농도의 연기를 포함하게 되는 경우에 작동하는 것을 말한다.
> 4. 공기흡입형: 감지기 내부에 장착된 공기흡입장치로 감지하고자 하는 위치의 공기를 흡입하고 흡입된 공기에 일정한 농도의 연기가 포함된 경우 작동하는 것을 말한다.

9회 2020년 06월 20일 공채·경채

정답   p.231

01	②	02	③	03	④	04	④	05	③
06	①	07	정답없음	08	①	09	④	10	②
11	①	12	④	13	②	14	②	15	③
16	③	17	④	18	④	19	④	20	③

01 난이도 ●●○○○   답 ②

🏛 [소화론] 부촉매소화방법

가연물의 화학적 연쇄반응 속도를 줄여 소화하는 방법으로 할론 소화약제를 사용하여 소화하는 것이다.

| 선지분석 |

① [×] 다량의 물을 주수하여 소화하는 소화 작용원리는 냉각소화이다.
② [×] 할론 소화약제를 사용하여 소화하는 소화 작용원리는 부촉매소화이다.
③ [×] 연소물이나 화원을 제거하여 소화하는 소화 작용원리는 제거소화이다.
④ [×] 에멀션(Emulsion) 효과를 이용하여 소화하는 소화 작용원리는 질식소화(유화소화)이다.

02 난이도 ●●●○○   답 ③

🏛 [소화론] 물 소화약제의 첨가제

침투제에 대한 설명이다.

> ✅ 확인학습 물 소화약제의 첨가제
>
> 1. 부동제: 동결방지제, 에틸렌글리콜을 많이 사용한다.
> 2. 증점제: 점성을 향상시키며, 주로 산림화재에 사용된다.
> 3. 침투제: 물의 침투성을 증가시키는 Wetting agents(합성계면활성제)를 혼합한 수용액으로서 물의 침투가 용이하지 않은 면의 원료인 원면화재에 적합하다. 침투성을 높여주기 위하여 표면장력을 작게 한다.
> 4. 유화제: 가연성 증기의 증발을 억제하여 소화효과를 증대시킨다.

03 난이도 ●●●○○   답 ④

🏛 [연소론] 위험도
위험도는 연소범위를 연소범위 하한계 값으로 나눈 값으로 위험도가
클수록 위험하다. 부탄이 3.66으로 문항 중 위험도가 가장 크다.

| 선지분석 |

① 메탄: 5 ~ 15(vol)% → $\dfrac{15-5}{5}=2.00$

② 에탄: 3 ~ 12.4(vol)% → $\dfrac{12.4-3}{3}=3.13$

③ 프로판: 2.1 ~ 9.5(vol)% → $\dfrac{9.5-2.1}{2.1}=3.52$

④ 부탄: 1.8 ~ 8.4(vol)% → $\dfrac{8.4-1.8}{1.8}=3.66$

> ✅ 확인학습 연소범위
>
> $$H=\dfrac{U-L}{L}$$
>
> • H: 위험도
> • U: 상한계 값
> • L: 하한계 값

04 난이도 ●○○○○   답 ④

🏛 [소방역사 및 소방조직] 소방의 역사
「소방법」의 제정은 1958년이다.

05 난이도 ●●●○○   답 ③

🏛 [소방시설] 구성품(리타딩챔버)
리타딩챔버는 스프링클러설비의 구성품에 해당하며, 자동경보밸브에
설치되어 경보밸브의 오동작을 방지하는 역할을 한다.

06 난이도 ●○○○○   답 ①

🏛 [소방시설] 소방시설의 분류
소방시설은 소화설비, 경보설비, 피난구조설비, 소화용수설비 및 소화
활동설비로 분류된다.

| 선지분석 |
② 제연설비는 소화활동설비에 해당한다.
③ 연결살수설비는 소화활동설비에 해당한다.
④ 시각경보기는 경보설비에 해당한다.

07 난이도 ●●●○○   답 ①

🏛 [화재론] 화재조사 및 보고규정

> ※ 관련규정 재·개정   정답없음
> 관련규정 제·개정으로 삭제되어 정답이 없다.

방화는 긴급상황보고를 하는 대상에 해당하지 않는다. 방화는 특수화
재에 해당한다.

> ✅ 확인학습 긴급상황보고
>
> 1. 대형화재
>   • 인명피해: 사망 5명 이상이거나 사상자 10명 이상 발생화재
>   • 재산피해: 50억원 이상 추정되는 화재
> 2. 중요화재
>   • 관공서, 학교, 정부미 도정공장, 문화재, 지하철, 지하구 등 공공건
>   물 및 시설의 화재
>   • 관광호텔, 고층건물, 지하상가, 시장, 백화점, 대량위험물을 제조·
>   저장·취급하는 장소, 중점관리대상 및 화재경계지구
>   • 이재민 100명 이상 발생화재
> 3. 특수화재
>   • 철도, 항구에 매어둔 외항선, 항공기, 발전소 및 변전소의 화재
>   • 특수사고, 방화 등 화재원인이 특이하다고 인정되는 화재
>   • 외국공관 및 그 사택
>   • 대상이 특수하여 사회적 이목이 집중될 것으로 예상되는 화재

08 난이도 ●●○○○   답 ①

🏛 [소방조직] 소방조직등
미군정시대에는 소방행정을 경찰에서 분리하여 자치소방행정체제를
도입하였다.

| 선지분석 |
② [×] 1992년 전국 시·도에 소방본부를 설치·운영하고 광역소방
행정체제로 전환하였다.
③ [×] 소방공무원은 공무원 분류상 경력직공무원 중 특정직공무원
에 해당한다.
④ [×] 소방공무원의 징계 중 정직은 중징계에 해당한다.

09 난이도 ●●●○○   답 ④

🏛 [화재론] 화재이론
옳은 것은 ㄱ, ㄷ, ㄹ이다.

| 선지분석 |
ㄴ. [×] 목조건축물은 일반 유류화재와 달리 무염착화를 거친 후 발염
착화로 이어진다.

10 난이도 ●●●○○   답 ②

🏛 [위험물] 위험물의 소화대책
제5류 위험물은 화재초기에 대량의 물을 이용한 냉각소화를 한다.

| 선지분석 |
① [×] 오황화린(오황화인)의 경우 물과 반응하여 황화수소와 인산을
발생한다. 금속분, 철분, 마그네슘, 황화린(황화인) 등은 마른모래,
건조분말에 의한 질식소화를 한다.
③ [×] 제3류 위험물로 황린을 제외한 물질은 물과 반응할 때 가연성
가스를 발생시킨다.
④ [×] 알칼리금속의 과산화물(무기과산화물), 무수크롬산[삼산화크
롬(삼산화크로뮴)]은 금수성이 있으므로 물을 사용하여서는 안 되
고 마른모래 등을 사용한다.

✅ **확인학습 제5류 위험물의 소화대책**

1. 물질 자체에 산소를 함유하고 있기 때문에 이산화탄소·할로겐화합물·분말·포 소화약제 등에 의한 질식소화 효과가 없으며, 많은 양의 물에 의한 냉각소화가 가장 효과적이다.
2. 초기 화재 시에는 분말로 일시에 화염을 제거하여 소화할 수 있으나 재발화가 염려되므로 결국 최종적으로는 물로 냉각소화하여야 한다.

11 난이도 ●●●○○　　　　　　　　　　　　답 ①

🏛 **[폭발론] 폭발의 분류**

증기폭발은 폭발물질의 물리적 상태에 따른 분류 중 응상폭발에 해당한다.

✅ **확인학습 기상폭발과 응상폭발**

폭발을 일으키는 원인물질의 상태에 따라 기상폭발과 응상폭발로 분류할 수 있다. 여기서 응상이란 고체상과 액체상을 모두 포함하는 말이며 기상이란 기체상을 말한다.

1. **응상폭발**: 응상폭발에는 증기폭발, 수증기폭발, 전선폭발, 물질의 혼합에 의한 폭발, 폭발성 물질의 폭발 등이 있다.
2. **기상폭발**: 기상폭발에는 가스폭발(혼합가스 폭발), 분무폭발, 분진폭발, 가스의 분해폭발(가스의 폭발적 분해), 증기운폭발(UVCE)이 있다.

12 난이도 ●●●○○　　　　　　　　　　　　답 ③

🏛 **[재난관리론] 긴급구조기관**

긴급구조기관은 소방청·소방본부 및 소방서를 말한다. 다만, 해양에서 발생한 재난의 경우에는 해양경찰청·지방해양경찰청 및 해양경찰서를 말한다.

13 난이도 ●●●○○　　　　　　　　　　　　답 ②

🏛 **[재난관리론] 자연재난**

황사로 인하여 발생하는 재해는 자연재난에 해당한다.

| 선지분석 |

① 「감염병의 예방 및 관리에 관한 법률」에 따른 감염병의 확산은 사회재난에 해당한다.
③ 환경오염사고로 인하여 발생하는 대통령령으로 정하는 규모 이상의 피해는 사회재난에 해당한다.
④ 「미세먼지 저감 및 관리에 관한 특별법」에 따른 미세먼지 등으로 인한 피해는 사회재난에 해당한다.

14 난이도 ●●●●●　　　　　　　　　　　　답 ②

🏛 **[재난관리론] 재난관리 단계**

재난유형에 따라 위기관리매뉴얼을 작성하는 단계는 대비단계에 해당한다.

| 선지분석 |

① [×] 예방단계가 아닌 대비단계에 해당한다.
③ [×] 「재난 및 안전관리 기본법」 제58조 재난피해 신고 및 조사는 재난의 피해복구 단계에 해당된다.
④ [×] 「재난 및 안전관리 기본법」 제34조 재난관리자원의 비축·관리는 재난의 대비단계에 해당된다.

✅ **확인학습 재난대비훈련**

1. 재난대비훈련 기본계획 수립(「재난 및 안전관리 기본법」 제34조의9): 행정안전부장관은 매년 재난대비훈련 기본계획을 수립하고 재난관리책임기관의 장에게 통보하여야 한다.
2. 재난대비훈련의 실시(「재난 및 안전관리 기본법」 제35조): 행정안전부장관, 중앙행정기관의 장, 시·도지사, 시장·군수·구청장 및 긴급구조기관의 장은 대통령령으로 정하는 바에 따라 매년 정기적으로 또는 수시로 재난관리책임기관, 긴급구조지원기관 및 군부대 등 관계 기관과 합동으로 재난대비훈련을 실시하여야 한다.

15 난이도 ●●●○○　　　　　　　　　　　　답 ③

🏛 **[소방시설] 팽창비**

제2종 기계포의 팽창비는 250배 이상 500배 미만이므로 300배 이상 400배 이하가 해당된다.

✅ **확인학습 기계포의 팽창비**

포의 명칭		포의 팽창비율
저발포		20배 이하
고발포	제1종 기계포	80배 이상 250배 미만
	제2종 기계포	250배 이상 500배 미만
	제3종 기계포	500배 이상 1천배 미만

16 난이도 ●●●○○　　　　　　　　　　　　답 ③

🏛 **[화재론] 화재화중**

화재하중은 25.56kg/m²이다.

1. 관계식

$$화재하중(Q) = \frac{\Sigma(G_t H_t)}{HA}[kg/m^2]\ (\Sigma: 합)$$

- G_t: 가연물의 양[kg]
- H_t: 단위발열량[kcal/kg]
- H: 목재 단위발열량[4,500kcal/kg]
- A: 화재실 바닥면적[m²]

2. 풀이식

$$화재하중 = \frac{1,000 \times 5,000 + 2,000 \times 9,000}{4,500 \times 200}(kg/m^2)$$
$$= 25.56(kg/m^2)$$

17 난이도 ●●●○○   답 ④

🔥 [화재론] 화재가혹도 및 환기인자

환기인자는 개구부 면적에 비례하고 개구부 높이의 평방근(제곱근)에 비례한다.

> ✅ 확인학습 화재가혹도
>
> 1. 화재의 발생으로 건물 내 수용재산 및 건물 자체에 손상을 입히는 정도를 말한다.
> 2. 최고온도(질적개념)×지속시간(양적개념)
> 3. 화재가혹도와 관련인자
>   - 화재하중
>   - 개구부의 크기
>   - 가연물의 배열상태

18 난이도 ●●●○○   답 ④

🔥 [연소론] 연기유동

ㄱ. 부력효과, ㄴ. 바람에 의한 압력차, ㄷ. 굴뚝효과, ㄹ. 공기조화설비의 영향은 모두 고층건축물에서 연기유동을 일으키는 요인이다.

> ✅ 확인학습 연기를 이동시키는 요인
>
> 1. 연돌효과(굴뚝효과)
> 2. 바람의 영향
> 3. 건물 내 강제적인 공기이동[공기조화설비(HVAC시스템)]
> 4. 온도에 의한 팽창
> 5. 건물 내·외 온도차
> 6. 화재로 인한 부력

19 난이도 ●●●●○   답 ④

🔥 [연소론] 연소이론

탄소수가 많을수록 발화점이 낮아진다.

20 난이도 ●●○○○   답 ③

🔥 [위험물] 위험물의 유별 성질

제4류 위험물은 인화성 액체이며 발생증기는 가연성의 성질이 있으며 대부분 공기보다 무겁다.

10회 2020년 01월 18일 간부

정답

01	①	02	②	03	②	04	①	05	④
06	④	07	③	08	⑤	09	⑤	10	④
11	①	12	①	13	⑤	14	④	15	②
16	⑤	17	④	18	②	19	⑤	20	③
21	정답없음	22	③	23	④	24	정답없음	25	④

01 난이도 ●●●○○   답 ①

🔥 [화재론] 유류화재 이상현상

프로스오버(Froth over)는 점성이 큰 뜨거운 유류 표면 아래에서 물이 끓을 때 화재를 수반하지 않고 유류가 넘치는 현상을 말한다.

| 선지분석 |

② [×] 오일오버(Oil over)에 대한 설명이다.
③ [×] 보일오버(Boil over)에 대한 설명이다.
④ [×] 물리적 폭발에 대한 설명이다.
⑤ [×] 슬롭오버(Slop over)에 대한 설명이다.

02 난이도 ●●○○○   답 ②

🔥 [소화론] 소화방법

제거소화방법으로 옳은 것은 ㄱ, ㄴ, ㅁ이다.

| 선지분석 |

ㄷ. [×] 일반화재 시 옥내소화전 사용은 냉각소화이다.
ㄹ. [×] 유류화재 시 포 소화약제 사용은 질식소화이다.

03 난이도 ●●●○○   답 ②

🔥 [소방시설] 소방시설의 분류

옳은 것은 ㄱ, ㄴ, ㄹ이다.

| 선지분석 |

ㄷ. [×] 연결송수관설비는 소방시설 중 소화활동설비에 해당한다.
ㅁ. [×] 자동화재탐지설비는 내진설계대상 소방시설에 해당하지 않는다.

04 난이도 ●●○○○   답 ①

🔥 [폭발론] 폭발의 분류(물리적 폭발)

물질의 상변화에 의한 에너지 방출이 짧은 시간에 이루어지는 폭발은 물리적 폭발을 말한다. 분해폭발은 화학적 폭발에 해당되며, 화학적 폭발은 산화폭발, 분해폭발, 중합폭발 등이 있다.

05 난이도 ●●●●○   답 ④

🏛 [소방시설] 우선경보방식

> ※ 관련규정 재·개정
> 층수 11층 이상(공동주택은 16층 이상)이면 우선경보하여야 한다.

고층건축물의 1층에서 발화한 경우에는 발화층 및 그 직상 4개층 및 지하층에 우선경보하여야 한다.

> ✅ 확인학습 우선경보방식
>
> | 화재층 | 우선 경보할 층 | |
> |---|---|---|
> | | 일반 건축물 | 고층 건축물 |
> | 2층 이상 | 발화층 및 그 직상층 | 발화층 및 그 직상 4개층 |
> | 1층 | 발화층, 그 직상층 및 지하층 | 발화층, 그 직상 4개층 및 지하층 |
> | 지하층 | 발화층, 그 직상층 및 기타의 지하층 | 발화층, 그 직상층 및 기타의 지하층 |

06 난이도 ●●●○○   답 ④

🏛 [소방시설] 자동화재탐지설비의 경계구역

하나의 경계구역의 면적은 (600)m² 이하로 하고 한 변의 길이는 (50)m 이하로 할 것. 다만, 해당 특정소방대상물의 주된 출입구에서 그 내부 전체가 보이는 것에 있어서는 한 변의 길이가 (50)m의 범위 내에서 (1천)m² 이하로 할 수 있다.

> ✅ 확인학습 자동화재탐지설비 수평적 경계구역
>
> 1. 하나의 경계구역이 2개 이상의 건축물에 미치지 아니하도록 한다.
> 2. 하나의 경계구역이 2개 이상의 층에 미치지 아니하도록 한다. 다만, 500m² 이하의 범위 안에서는 2개의 층을 하나의 경계구역으로 할 수 있다.
> 3. 하나의 경계구역의 면적은 600m² 이하로 하고 한 변의 길이는 50m 이하로 한다. 다만, 당해 소방대상물의 주된 출입구에서 그 내부 전체가 보이는 것에 있어서는 한 변의 길이가 50m의 범위 내에서 1천m² 이하로 할 수 있다.

07 난이도 ●●●○○   답 ③

🏛 [연소론] 연소 형태

옳은 것은 ㄱ, ㄷ, ㅁ이다.

| 선지분석 |
ㄴ. [×] 증발연소: 나프탈렌, 황
ㄹ. [×] 예혼합연소: 가솔린엔진, 분젠버너

08 난이도 ●●○○○   답 ⑤

🏛 [위험물] 위험물의 품명 및 지정수량

금속의 인화물은 제3류 위험물로 지정수량이 300kg이다.

| 선지분석 |
① [×] 나트륨의 지정수량은 10kg이다.
② [×] 황린의 지정수량은 20kg이다.
③ [×] 알칼리토금속의 지정수량은 50kg이다.
④ [×] 알킬리튬의 지정수량은 10kg이다.

09 난이도 ●●●●○   답 ⑤

🏛 [화재론] 화재용어

전체 가연물의 양(발열량)이 동일할 때 화재실의 바닥면적이 커지면 화재하중은 작아진다.

10 난이도 ●●●●○   답 ④

🏛 [화재론] 플래시오버와 롤오버

롤오버는 실내화재에서 연소되지 않은 열분해 가스가 천장 부근에 모여 있다가 화재가 발생되지 않은 쪽으로 파도 같이 빠른 속도로 굴러다니는 현상을 말한다. 이러한 현상은 플래시오버 이전에 발생하기도 한다. 일반적으로 플래시오버 시 발생되는 복사열이 롤오버 때보다 크다.

11 난이도 ●●●●○   답 ①

🏛 [소방역사 및 소방조직] 옥내소화전설비의 설치대상

옥내소화전설비를 설치하여야 하는 특정소방대상물로 연면적 1천 500m² 이상인 판매시설이 해당한다.

> ✅ 확인학습 옥내소화전설비를 설치하여야 하는 특정소방대상물(가스 시설 및 지하구는 제외)
>
> 1. 연면적 3천m² 이상(지하가 중 터널은 제외한다)이거나 지하층·무창층(축사는 제외한다) 또는 층수가 4층 이상인 것 중 바닥면적이 600m² 이상인 층이 있는 것은 전 층에 설치한다.
> 2. 지하가 중 터널로서 길이가 1천m 이상인 터널에 설치한다.
> 3. 1.에 해당하지 않는 근린생활시설, 판매시설, 운수시설, 의료시설, 노유자시설, 업무시설, 숙박시설, 위락시설, 공장, 창고시설, 항공기 및 자동차 관련 시설, 교정 및 군사시설 중 국방·군사시설, 방송통신시설, 발전시설, 장례식장 또는 복합건축물로서 연면적 1천 500m² 이상이거나 지하층·무창층 또는 층수가 4층 이상인 층 중 바닥면적이 300m² 이상인 층이 있는 것은 전층에 설치한다.
> 4. 건축물의 옥상에 설치된 차고 또는 주차장으로서 차고 또는 주차의 용도로 사용되는 부분의 면적이 200m² 이상인 것에 설치한다.

12 난이도 ●●●○○   답 ①

🏛 [재난관리론] 재난관리주관기관

가축질병의 재난관리주관기관은 농림축산식품부이다.

13 난이도 ●●●●● 답 ⑤

🔥 **[재난관리론] 재난관리 단계**

긴급구조지원기관에서 긴급구조업무와 재난관리업무를 담당하는 부서의 담당자 및 관리자는 신규교육을 받은 후 2년마다 정기적으로 긴급구조교육을 받아야 한다.

> **「재난 및 안전관리 기본법 시행령」 제66조【긴급구조에 관한 교육】**
> ① 긴급구조지원기관에서 긴급구조업무와 재난관리업무를 담당하는 부서의 담당자 및 관리자는 「재난 및 안전관리 기본법」 제55조 제3항에 따라 다음의 구분에 따른 긴급구조에 관한 교육(긴급구조교육)을 받아야 한다.
> 1. 신규교육: 해당 업무를 맡은 후 1년 이내에 받는 긴급구조교육
> 2. 정기교육: 신규교육을 받은 후 2년마다 받는 긴급구조교육

14 난이도 ●●●●○ 답 ④

🔥 **[소방역사 및 소방조직] 소방시설 기준 적용의 특례**

> ※ **관련규정 재·개정**
>
> ✔ **확인학습 강화된 소방시설기준의 적용대상**
> 1. 「국토의 계획 및 이용에 관한 법률」 제2조 제9호에 따른 공동구에 설치하는 소화기, 자동소화장치, 자동화재탐지설비, 통합감시시설, 유도등 및 연소방지설비
> 2. 전력 및 통신사업용 지하구에 설치하는 소화기, 자동소화장치, 자동화재탐지설비, 통합감시시설, 유도등 및 연소방지설비
> 3. 노유자(老幼者)시설에 설치하는 간이스프링클러설비, 자동화재탐지설비 및 단독경보형 감지기
> 4. 의료시설에 설치하는 스프링클러설비, 간이스프링클러설비, 자동화재탐지설비 및 자동화재속보설비

의료시설에 변경으로 강화된 기준을 적용해야 하는 소방시설은 간이스프링클러설비, 자동화재탐지설비, 자동화재속보설비, 스프링클러설비이다. 단독경보형감지기는 해당되지 않는다.

> ✔ **확인학습 변경으로 강화된 기준을 적용하는 대상**
> 1. 다음 소방시설 중 대통령령으로 정하는 것: 소화기구, 비상경보설비, 자동화재속보설비, 피난구조설비
> 2. 지하구에 설치하는 소방시설
>   • 공동구
>   • 전력 또는 통신사업용 지하구
> 3. 노유자시설, 의료시설에 설치하여야 하는 소방시설 중 대통령령으로 정하는 것
>   • 노유자시설: 간이스프링클러설비, 자동화재탐지설비 및 단독경보형 감지기
>   • 의료시설: 간이스프링클러설비, 자동화재탐지설비, 자동화재속보설비 및 스프링클러설비

15 난이도 ●●●●○ 답 ②

🔥 **[연소론] 연소생성물**

암모니아(NH_3)는 질소 함유물이 연소할 때 발생하고, 냉동시설의 냉매로 많이 쓰이고 있으므로 냉동창고 화재 시 누출 가능성이 크며, 독성의 허용 농도는 25ppm이다.

| 선지분석 |

① [×] 황화수소(H_2S): 고무, 동물의 털, 가죽 등 유황(황)이 함유되어 있는 물질이 불완전 연소할 때 발생하며, 계란 썩는 듯한 냄새가 후각을 마비시켜 유해가스의 흡입을 증가시킨다(허용농도 10ppm).

③ [×] 염화수소(HCl): 염소성분이 함유되어 있는 염화비닐수지(PVC), 건축물에 설치된 전선의 피복이 연소할 때 발생하며, 유독성이 있어 독성 가스로 취급하고 있다.

④ [×] 포스겐($COCl_2$): 열가소성 수지인 폴리염화비닐(PVC), 수지류 등이 연소할 때 발생되는 연소생성물로서 발생량은 그리 많지 않다. 유독성이 큰 맹독성 가스로서 독성의 허용농도는 0.1ppm이다.

⑤ [×] 시안화수소(HCN): 청산가스라고도 불리는 시안화수소는 질소성분을 가지고 있는 합성수지, 동물의 털, 인조견, 모직물 등의 섬유가 불완전연소할 때 발생하는 무색의 맹독성 가스이며 가연성 가스이다.

16 난이도 ●●●○○ 답 ⑤

🔥 **[소방역사 및 소방조직] 소방자동차 전용구역**

「주차장법」 제19조에 따른 부설주차장의 주차구획 내에 주차하는 행위는 소방자동차 전용구역 방해행위 기준에 해당하지 않는다.

> ✔ **확인학습 전용구역 방해행위의 기준(「소방기본법 시행령」 제7조의14)**
> 1. 전용구역에 물건 등을 쌓거나 주차하는 행위
> 2. 전용구역의 앞면, 뒷면 또는 양 측면에 물건 등을 쌓거나 주차하는 행위(「주차장법」에 따른 부설주차장의 주차구획 내에 주차하는 경우는 제외)
> 3. 전용구역 진입로에 물건 등을 쌓거나 주차하여 전용구역으로의 진입을 가로막는 행위
> 4. 전용구역 노면표지를 지우거나 훼손하는 행위
> 5. 소방자동차가 전용구역에 주차하는 것을 방해하거나 전용구역으로 진입하는 것을 방해하는 행위

17 난이도 ●●●○○ 답 ④

🔥 **[연소론] 비정상연소**

역화현상은 일반적으로 기체 연소에서 발생하는데 연료가스의 분출속도가 연소속도보다 느릴 때 불꽃이 연소기 내부로 들어가는 연소를 말한다. 일반적으로 용기 밖의 압력이 높을 때 또는 혼합가스량이 너무 적을 때 발생한다.

> ✔ **확인학습 역화의 원인**
> 1. 버너가 과열될 때
> 2. 혼합가스량이 너무 적을 때
> 3. 용기 밖에 압력이 높을 때
> 4. 연료의 분출속도가 연소속도보다 느릴 때
> 5. 노즐의 부식 등으로 분출 구멍이 커진 경우

18 난이도 ●●●○○   답 ③

🏛 [폭발론] 기상폭발과 응상폭발

옳은 것은 ㄴ, ㄷ, ㄹ이다.

폭발을 일으키는 원인물질의 상태에 따라 기상폭발과 응상폭발로 분류할 수 있다. 여기서 <u>응상이란 고체상과 액체상을 모두 포함하는 말</u>이며 <u>기상이란 기체상</u>을 말한다. 기상폭발에는 가스폭발, 분진폭발, 분해폭발, 분무폭발, 증기운폭발 등이 있다.

| 선지분석 |

ㄱ. [×] 응상폭발에 해당한다.

ㄴ. [○] 가스폭발은 기상폭발에 해당한다.

ㄷ. [○] 가스폭발은 기상폭발에 해당한다.

ㄹ. [○] 분무폭발은 기상폭발에 해당한다.

ㅁ. [×] 응상폭발에 해당한다.

19 난이도 ●●●●●   답 ⑤

🏛 [재난관리론] 긴급구조대응계획

재난유형별 긴급구조대응계획의 포함사항은 ㄷ, ㄹ, ㅂ이다.

> ✅ 확인학습 긴급구조대응계획의 수립
>
> 1. 기본계획
>   - 긴급구조대응계획의 목적 및 적용범위
>   - 긴급구조대응계획의 기본방침과 절차
>   - 긴급구조대응계획의 운영책임에 관한 사항
> 2. 기능별 긴급구조대응계획
>   - **지휘통제**: 긴급구조체제 및 중앙통제단과 지역통제단의 운영체계 등에 관한 사항
>   - **비상경고**: 긴급대피, 상황 전파, 비상연락 등에 관한 사항
>   - **대중정보**: 주민보호를 위한 비상방송시스템 가동 등 긴급 공공정보 제공에 관한 사항 및 재난상황 등에 관한 정보 통제에 관한 사항
>   - **피해상황분석**: 재난현장상황 및 피해정보의 수집·분석·보고에 관한 사항
>   - **구조·진압**: 인명 수색 및 구조, 화재진압 등에 관한 사항
>   - **응급의료**: 대량 사상자 발생 시 응급의료서비스 제공에 관한 사항
>   - **긴급오염통제**: 오염 노출 통제, 긴급 전염병 방제 등 재난현장 공중보건에 관한 사항
>   - **현장통제**: 재난현장 접근 통제 및 치안 유지 등에 관한 사항
>   - **긴급복구**: 긴급구조활동을 원활히 하기 위한 긴급구조차량 접근도로 복구 등에 관한 사항
>   - **긴급구호**: 긴급구조요원 및 긴급대피 수용주민에 대한 위기 상담, 임시 의식주 제공 등에 관한 사항
>   - **재난통신**: 긴급구조기관 및 긴급구조지원기관 간 정보통신체계 운영 등에 관한 사항
> 3. 재난유형별 긴급구조대응계획
>   - 재난 발생 단계별 주요 긴급구조 대응활동 사항
>   - 주요 재난유형별 대응 매뉴얼에 관한 사항
>   - 비상경고 방송메시지 작성 등에 관한 사항

20 난이도 ●●●●○   답 ③

🏛 [화재론] 특수화재현상

파이어볼(Fire ball)의 특수화재현상은 밸브나 배관에서 누출되는 가스가 연소하는 화염은 소화하지 않고, 그 화염에 의해서 가열되는 면을 냉각한다.

21 난이도 ●●●●○   답 ②

🏛 [화재론] 소실면적의 산정

※ 관련규정 재·개정	정답없음
개정 전	건물의 소실면적 산정은 소실바닥면적으로 산정 한다. 다만, 화재피해 범위가 건물의 6면 중 2면 이하인 경우에는 6면 중의 피해면적의 합에 5분의 1을 곱한 값을 소실면적으로 한다.
개정 후	• 건물의 소실면적 산정은 소실 바닥면적으로 산정한다. • 수손 및 기타 파손의 경우에도 위 규정을 준용한다.

건물의 소실면적 산정은 소실바닥면적으로 산정 한다. 다만, 화재피해 범위가 건물의 6면 중 2면 이하인 경우에는 6면 중 피해면적의 합에 (5)분의 1을 곱한 값을 소실면적으로 한다.

22 난이도 ●○○○○   답 ③

🏛 [위험물] 위험물 용어 정의

위험물이라 함은 (인화성) 또는 (발화성) 등의 성질을 가지는 것으로서 (대통령령)이 정하는 물품을 말한다.

23 난이도 ●●○○○   답 ④

🏛 [연소론] 연소범위

가연성 가스의 압력이 높아지면 <u>연소범위는 넓어진다.</u>

24 난이도 ●●●○○   답 ①

🏛 [화재론] 화재조사 및 보고규정

※ 관련규정 재·개정	정답없음
관련규정 제·개정으로 삭제되어 정답이 없다.	

소방활동구역의 설정은 필요한 최소의 범위로 한다.

> ✅ 확인학습 소방활동구역의 설정 및 현장보존
>
> 1. 본부장 또는 서장은 현장조사를 위하여 필요하다고 인정될 때에는 「소방기본법」 제23조에 따른 소방활동구역을 설정할 수 있다.
> 2. 소방활동구역의 설정은 필요한 최소의 범위로 한다.
> 3. 소방활동구역의 관리는 수사기관과 상호 협조하여야 한다.
> 4. 소방활동구역의 표시는 로프 등으로 범위를 한정하고 경고판을 부착하며 「소방기본법 시행령」 제8조에 따라 출입을 통제하는 등 현장보존에 최대한 노력하여야 한다.
> 5. 본부장 또는 서장은 소화 활동 시 현장물건 등의 이동 또는 파괴를 최소화하여 원활한 화재조사활동이 이루어 질 수 있도록 현장보존에 노력하여야 한다.

25 난이도 ●●●○○   답 ④

🏛 [연소론] 연기의 유동(중성대)

중성대 하부 개구부를 개방하면 신선한 공기의 유입으로 실내의 연소가 원활해져 내부의 압력이 증가하면서 중성대가 아래로 내려온다.

정답

p.239

01	④	02	①	03	③	04	④	05	③
06	④	07	③	08	③	09	①	10	④
11	②	12	③	13	①	14	③	15	②
16	③	17	④	18	③	19	④	20	①

01 난이도 ●○○○○   답 ④

🏛 [소방시설] 소방시설의 분류
비상콘센트설비는 소화활동설비에 해당한다.

| 선지분석 |
① [×] 비상조명등은 피난구조설비에 해당한다.
② [×] 연소방지설비는 소화활동설비에 해당한다.
③ [×] 비상방송설비는 경보설비에 해당한다.

02 난이도 ●●●○○   답 ①

🏛 [소화론] 이산화탄소 소화약제
이산화탄소 소화약제에 대한 설명이다.

✔ 확인학습 이산화탄소 소화약제

1. 이산화탄소를 소화약제로 이용하는 가장 큰 목적은 소화약제로 인하여 연소되지 아니한 피연소 물질에 물리·화학적 피해를 주지 않기 때문이다.
2. 구입비용이 저렴하고 수명이 반영구적이어서 장기간 저장이 가능하여 유류화재·가스화재용의 소화약제로 많이 사용되고 있다.
3. 이산화탄소는 배관 내에서는 액상이지만, 분사헤드에서는 기화되어 분사되며, 완전산화물질이므로 활성을 가지지 않기 때문에 산소와 반응할 수 없고, 따라서 질식성을 가지고 있기 때문에 가연물질의 연소에 필요한 산소의 공급을 차단할 수 있다.
4. 이산화탄소 소화약제의 소화작용은 질식소화, 냉각소화, 피복소화 등이 있다.

03 난이도 ●●○○○   답 ③

🏛 [화재론] 화재용어
화재실의 단위 시간당 축적되는 열의 양을 의미하는 것은 화재강도에 대한 설명이다.

✔ 확인학습 화재용어

1. 화재하중: 단위면적당 가연물의 발열량을 목재(등가가연물)의 무게로 환산한 것이다.
2. 화재가혹도: 화재의 발생으로 건물 내 수용재산 및 건물 자체에 손상을 입히는 정도를 말한다.
3. 훈소: 가연물이 열분해에 의해서 가연성 가스를 발생시켰을 때 공간의 밀폐로 산소의 양이 부족하거나 바람에 의해 그 농도가 현저히 저하된 경우 다량의 연기를 내며 고체 표면에서 발생하는 느린 연소과정을 말한다.

04 난이도 ●●●○○   답 ④

🏛 [소방시설] 포 혼합방식
펌프의 토출관에 압입기를 설치하여 압입용 펌프로 포 소화약제를 압입시켜 혼합하는 방식은 프레져 사이드 프로포셔너 방식이다.

✔ 확인학습 프레져 사이드 프로포셔너 방식

1. 가압송수용 펌프와 소화원액펌프가 별도로 설치되어 있고 압력이 변동되면 차압밸브에서 자동조절, 즉 약제펌프를 가동시켜 송수관로에 소화원액을 강제로 유입시켜 주는 방식(위험물제조소 등에 설치된 포 소화설비는 주로 대형옥외저장탱크에 설치)으로 수용액의 혼합비율을 가장 정확하게 한다.
2. 소화원액이 용량 800L 이상 되는 대형설비에서 주로 적용되는 방식이다.

05 난이도 ●○○○○   답 ③

🏛 [재난관리론] 존스의 재해분류
존스의 재해분류 중 쓰나미는 지구물리학적 재해 중 지질학적 재해로 분류하고 있다.

✔ 확인학습 존스의 재해 분류

구분			재해의 종류
자연재해	지구물리학적 재해	지질학적	지진, 화산, 쓰나미 등
		지형학적	산사태, 염수토양 등
		기상학적	안개, 눈, 해일, 번개, 토네이도, 폭풍, 태풍, 가뭄, 이상기온 등
	생물학적 재해		세균, 질병, 유독식물, 유독동물 등
	준자연재해		스모그, 온난화, 사막화, 염수화 현상, 눈사태, 산성화, 홍수, 토양침식 등
	인위재해		공해, 폭동, 교통사고, 폭발사고 전쟁 등

06 난이도 ●●●○○   답 ④

🏛 [위험물] 위험물의 성상
자기반응성 물질은 연소 또는 폭발을 일으킬 수 있는 물질이며 유기과산화물, 질산에스테르류(질산에스터류)를 포함한다.

| 선지분석 |
① [×] 산화성 고체는 강산화제이며, 황린은 제3류 위험물, 철분은 제2류 위험물에 해당된다.
② [×] 인화성 액체는 전기적으로 부도체이므로 정전기의 축적이 용이하다.
③ [×] 산화성 고체는 불연성 물질이며 질산염류와 무기과산화물을 포함한다.

07 난이도 ●●●○○ 　　　　　　　 답 ③

🏛 [위험물] 위험물 품명 및 지정수량

마그네슘은 제2류 위험물로 지정수량은 500kg이다.

| 선지분석 |

① 탄화칼슘의 지정수량은 300kg이다.
② 과염소산의 지정수량은 300kg이다.
④ 금속 인화물의 지정수량은 300kg이다.

✅ 확인학습 위험물 품명 및 지정수량(제2조 및 제3조 관련)

유별/성질	품명/지정수량			
일산고	아염과무	브질요(아)	과중(다이)	–
	50	300	1천	–
이가고	황건 적 有(황)	철금 馬	인고	–
	100	500	1천	–
삼자수	칼나알알	황린	알유	금수인칼슘알탄
	10	20	50	300
사인액	특	석(1, 2, 3, 4)	알	동
	50L	2백, 1천, 2천, 6천L	400L	1만L
오자	유질	나소아다하	하하록	–
	10	200	100	–
육사액	과과질	–	–	–
	300	–	–	–

08 난이도 ●●●○○ 　　　　　　　 답 ③

🏛 [위험물] 제4류 위험물(제1석유류)

제1석유류는 아세톤, 휘발유 그 밖에 1기압에서 (인화점)이 (21)℃ 미만인 것이다.

✅ 확인학습 인화성 액체

인화성 액체	종류	그 밖의 것(1기압 상태에서)
특수인화물	이황화탄소, 디에틸에테르	• 발화점 100℃ 이하 • 인화점 −20℃ 이하 비점 40℃ 이하
알코올류	–	탄소원자 수 1 ~ 3개 포화1가 알코올(변성알코올 포함)
제1석유류	아세톤, 휘발유	인화점 21℃ 미만
제2석유류	등유, 경유	인화점 21℃ 이상 ~ 70℃ 미만
제3석유류	중유, 클레오소트유 (크레오소트유)	인화점 70℃ 이상 ~ 200℃ 미만
제4석유류	기어유, 실린더유	인화점 200℃ 이상 ~ 250℃ 미만
동식물유류	동물의 지육·식물의 종자 추출한 것	인화점 250℃ 미만

09 난이도 ●●●○○ 　　　　　　　 답 ①

🏛 [소방조직] 소방조직 변천과정

해방 이후의 소방조직 변천과정은 ㄱ → ㄴ → ㄷ → ㄹ 순이다.

| 선지분석 |

ㄱ. 중앙에는 중앙소방위원회를 두고, 지방에는 도소방위원회를 두어 독립된 자치소방제도를 시행하였다. → 미군정과도기 정부(1945 ~ 1948년)

ㄴ. 소방행정이 경찰행정 사무에 포함하여 시·군까지 일괄적으로 관리하는 국가소방체제로 전환하였다. → 초창기 정부수립 이후(1948 ~ 1970년)

ㄷ. 서울과 부산은 소방본부를 설치하였고, 다른 지역은 국가소방체제로 국가소방과 자치소방의 이원화시기였다. → 1972 ~ 1992년

ㄹ. 소방사무가 시·도 사무로 전환되어 전국 시·도에 소방본부가 설치되었다. → 1992 ~ 2020년

10 난이도 ●●●○○ 　　　　　　　 답 ④

🏛 [화재론] 연료지배형화재와 환기지배형화재

일반적으로 플래시오버 전에는 연료지배형화재가, 이후에는 환기지배형화재가 지배적이다.

11 난이도 ●●●○○ 　　　　　　　 답 ②

🏛 [재난관리론] 중앙안전관리위원회

특별재난지역의 선포에 관한 사항은 중앙안전관리위원회 심의사항이다.

✅ 확인학습 중앙안전관리위원회 심의사항

1. 재난 및 안전관리에 관한 중요 정책에 관한 사항
2. 국가안전관리기본계획에 관한 사항
3. 재난 및 안전관리 사업 관련 중기사업계획서, 투자우선순위 의견 및 예산요구서에 관한 사항
4. 중앙행정기관의 장이 수립·시행하는 계획, 점검·검사, 교육·훈련, 평가 등 재난 및 안전관리업무의 조정에 관한 사항
5. 안전기준관리에 관한 사항
6. 재난사태의 선포에 관한 사항
7. 특별재난지역의 선포에 관한 사항
8. 재난이나 그 밖의 각종 사고가 발생하거나 발생할 우려가 있는 경우 이를 수습하기 위한 관계 기관 간 협력에 관한 중요 사항
9. 중앙행정기관의 장이 시행하는 대통령령으로 정하는 재난 및 사고의 예방사업 추진에 관한 사항
10. 그 밖에 위원장이 회의에 부치는 사항

12 난이도 ●○○○○ 　　　　　　　 답 ③

🏛 [소화론] 분말 소화약제

분말 소화약제 중 방진소화작용과 관련이 있는 것은 제3종 분말 소화약제이다.

✅ 확인학습 제3종 소화분말 소화약제(방진소화작용)

제1인산암모늄으로부터 360℃ 이상의 온도에서 열분해하는 과정에서 생성되는 액체상태의 점성을 가진 메타인산(HPO_3)이 일반가연물질인 나무·종이·섬유 등의 연소과정인 잔진상태의 숯불표면에 유리(Glass)상의 피막을 이루어 공기 중의 산소의 공급을 차단시키며, 숯불모양으로 연소하는 작용을 방지한다.

13 난이도 ●●●○○

🏛 [재난관리론] 긴급구조
중앙긴급구조통제단의 단장은 소방청장이 된다.

14 난이도 ●●●●○
답 ③

🏛 [연소론] 연소이론
옳은 것은 ㄱ, ㄷ, ㅁ이다.
공기 중의 산소농도가 증가하면 연소속도가 빨라지고, 화염의 온도가 높아진다. 반면에 점화에너지는 작아진다.

| 선지분석 |
ㄴ. [×] 발화점이 작아진다.
ㄹ. [×] 폭발범위가 넓어진다.

15 난이도 ●●○○○
답 ②

🏛 [연소론] 연소생성물
시안화수소(HCN)에 대한 설명이다.

✅ 확인학습 시안화수소(HCN)
1. 청산가스라고도 불리는 시안화수소는 질소성분을 가지고 있는 합성 수지, 동물의 털, 인조견, 모직물 등의 섬유가 불완전연소할 때 발생하는 무색의 맹독성 가스이며 가연성 가스이다.
2. 독성은 시안화이온(CN^-)이 생체조직의 탄화효소에 영향을 주기 때문에 일산화탄소와 달리 헤모글로빈과 결합하지 않고도 호흡의 저해를 통한 질식을 유발한다.
3. 화재에서 발생한 시안화수소를 한번만 마시면 독성 때문에 기도와 폐가 부어 숨을 제대로 못 쉬고 정신이 혼미해지며 기도나 폐가 연기 가스 증기에 의해 손상을 입는 흡인 화상 및 이로 인한 폐부종, 기도 부종 등의 증상을 보이게 되므로 구조된 후에도 여러 가지 합병증을 유발한다.
4. 시안화수소의 독성의 허용농도는 $10ppm(g/m^3)$으로, 0.3% 이상의 농도에서는 즉시 사망한다.

16 난이도 ●●●○○
답 ③

🏛 [소화론] 불활성기체 소화약제
불활성기체 소화약제는 헬륨, 네온, 아르곤, 질소 중 하나 이상의 원소를 기본성분으로 하는 소화약제를 말한다.

✅ 확인학습 불활성기체 소화약제

소화약제	화학식
IG-01	Ar
IG-100	N_2
IG-541	N_2: 52%, Ar: 40%, CO_2: 8%
IG-55	N_2: 50%, Ar: 50%

17 난이도 ●●○○○
답 ④

🏛 [소방시설] 스프링클러설비의 분류
감지기 연동되는 스프링클러설비는 ㄷ, ㄹ, ㅁ이다.

✅ 확인학습 스프링클러설비의 분류

구분		습식	건식	준비작동식	부압식	일제살수식
사용 헤드		폐쇄형	폐쇄형	폐쇄형	폐쇄형	개방형
배관	1차측	가압수(물)	가압수(물)	가압수(물)	가압수	가압수(물)
	2차측	가압수(물)	압축공기	저압공기	부압수	대기압(개방)
경보밸브		알람체크밸브	건식밸브	준비작동밸브	준비작동밸브	일제개방밸브
감지기의 유무		없다	없다	있다	있다	있다

18 난이도 ●●●○○
답 ③

🏛 [연소론] 연소반응식
프로판 $1m^3$를 완전연소시키는 데 필요한 20℃, 1기압의 산소 부피는 $5m^3$이다.

✅ 확인학습 탄화수소로 이루어진 가연물의 연소반응식
탄화수소(C_mH_n)로 이루어진 가연물이 완전연소하면 이산화탄소(CO_2)와 수증기(H_2O)가 생성된다.

$$C_mH_n + (m + \frac{n}{4})O_2 \rightarrow mCO_2 + \frac{n}{2}H_2O$$

1. 메탄(CH_4): $CH_4 + 2O_2 \rightarrow CO_2 + 2H_2O$
2. 에탄(C_2H_6): $C_2H_6 + \frac{7}{2}O_2 \rightarrow 2CO_2 + 3H_2O$
3. 프로판(C_3H_8): $C_3H_8 + 5O_2 \rightarrow 3CO_2 + 4H_2O$
4. 부탄(C_4H_{10}): $C_4H_{10} + \frac{13}{2}O_2 \rightarrow 4CO_2 + 5H_2O$

19 난이도 ●●○○○
답 ④

🏛 [화재론] 화재조사 및 보고규정
이재민이 발생한 화재는 100인 이상인 경우 보고사항이 된다.

20 난이도 ●●○○○
답 ①

🏛 [연소론] 가연성 기체의 인화점
인화점(Flash point, 유도발화점)은 증기가 연소범위의 하한계에 이르러 점화되는 최저온도를 말한다.

12회 2019년 01월 19일 간부

정답

p.242

01	③	02	⑤	03	①	04	④	05	③
06	①	07	②	08	⑤	09	⑤	10	①
11	①	12	⑤	13	⑤	14	정답없음	15	②
16	④	17	②	18	④	19	②	20	②
21	①	22	①	23	④	24	②	25	④

01 난이도 ●●●○○   답 ③

🏛 [소방역사 및 소방조직] 의용소방대

의용소방대의 임무로 소방시설 점검업무의 보조는 해당하지 않는다.

✓ 확인학습 의용소방대의 임무

1. 화재의 경계와 진압업무의 보조
2. 구조·구급 업무의 보조
3. 화재 등 재난 발생 시 대피 및 구호업무의 보조
4. 화재예방업무의 보조
5. 그 밖에 행정안전부령으로 정하는 사항

02 난이도 ●●○○○   답 ⑤

🏛 [위험물] 위험물 및 지정수량

제5류 위험물 자기반응성 물질이다. 지정수량은 10kg이다.

| 선지분석 |

	유별	품명	지정수량
①	제1류	과망간산염류(과망가니즈산염류)	50kg
②	제2류	마그네슘	500kg
③	제6류	과염소산	300kg
④	제4류	알코올류	400kg

03 난이도 ●●●●●   답 ①

🏛 [재난관리론] 위기상황에 대비한 매뉴얼

대통령령으로 정하는 다중이용시설 중 판매시설은 바닥면적의 합계가 5천m² 이상인 경우에 해당된다.

✓ 확인학습 다중이용시설 등의 위기상황 매뉴얼 작성·관리 및 훈련

대통령령으로 정하는 다중이용시설 등의 소유자·관리자 또는 점유자는 대통령령으로 정하는 바에 따라 위기상황에 대비한 매뉴얼(위기상황 매뉴얼)을 작성·관리하여야 한다. 다만, 다른 법령에서 위기상황에 대비한 대응계획 등의 작성·관리에 관하여 규정하고 있는 경우에는 그 법령에서 정하는 바에 따른다.

✓ 확인학습 위기상황 매뉴얼 작성·관리 대상

대통령령으로 정하는 다중이용시설 등의 소유자·관리자 또는 점유자란 다음의 어느 하나에 해당하는 건축물 또는 시설(다중이용시설등)의 관계인을 말한다.

1. 「건축법 시행령」 제2조 제17호 가목에 따른 다중이용 건축물
2. 그 밖에 1.에 따른 건축물에 준하는 건축물 또는 시설로서 행정안전부장관이 법 제34조의6 제1항 본문에 따른 위기상황에 대비한 매뉴얼(위기상황 매뉴얼)의 작성·관리가 필요하다고 인정하여 고시하는 건축물 또는 시설

✓ 확인학습 다중이용 건축물(「건축법 시행령」 제2조 제17호 가목)

1. 다음의 어느 하나에 해당하는 용도로 쓰는 바닥면적의 합계가 5천m² 이상인 건축물
   • 문화 및 집회시설(동물원 및 식물원은 제외한다)
   • 종교시설
   • 판매시설
   • 운수시설 중 여객용 시설
   • 의료시설 중 종합병원
   • 숙박시설 중 관광숙박시설
2. 16층 이상인 건축물

04 난이도 ●●●○○   답 ④

🏛 [연소론] 가연물의 위험도

ㄹ > ㄴ > ㄱ > ㄷ 순으로 위험도가 높다.

위험도는 연소범위(폭발한계)를 연소범위 하한계 값으로 나눈 값으로 위험도가 클수록 위험하다. 각종 가연성 가스의 위험성을 나타낸 척도로 사용한다.

ㄱ: 4 ~ 16(vol)% → $\dfrac{16-4}{4} = 3$

ㄴ: 3 ~ 33(vol)% → $\dfrac{33-3}{3} = 10$

ㄷ: 1 ~ 14(vol)% → $\dfrac{14-1}{1} = 13$

ㄹ: 6 ~ 36(vol)% → $\dfrac{36-6}{6} = 5$

05 난이도 ●●●○○ 답 ③

🏛 [연소론] 연소의 개념

연소범위는 가연성 가스가 공기와 혼합하여 연소반응을 일으킬 수 있는 적정한 농도범위를 말한다. 이러한 연소범위는 가연성 가스의 종류마다 다르다. 또한 연소범위를 연소한계, 폭발범위 또는 폭발한계라고도 한다. 수소의 연소범위는 아세틸렌의 연소범위보다 작다.

06 난이도 ●●●○○ 답 ①

🏛 [폭발론] 폭발의 분류(응상폭발)

폭발을 일으키는 원인물질의 상태에 따라 기상폭발과 응상폭발로 분류할 수 있다. 여기서 응상이란 고체상과 액체상을 모두 포함하는 말이며 기상이란 기체상을 말한다.

| 선지분석 |

② [×] 분무폭발이란 공기 중에 분출된 가연성 액체의 미세한 액적이 무상으로 되어 공기 중에 있을 때 점화원에 의해 착화되어 일어나는 폭발현상을 말한다.
③ [×] 분진폭발이란 가연성 고체의 미분이 공기 중에 부유하고 있을 때에 착화원에 의해 발생하는 폭발현상을 말한다.
④ [×] 분해폭발이란 공기나 산소가 섞이지 않더라도 가연성 가스 자체의 분해 반응열에 의해 발생하는 폭발현상을 말한다.
⑤ [×] 증기운폭발(UVCE)이란 대기 중에 기화하기 쉬운 가연성 액체가 유출되어 가연성 혼합기체가 대량으로 형성되었을 때 점화원에 의해 착화되어 일어나는 폭발현상을 말한다.

> ✅ 확인학습 폭발의 분류
>
> 1. 기상폭발: 가스폭발(혼합가스 폭발), 분무폭발, 분진폭발, 가스의 분해폭발(가스의 폭발적 분해), 증기운폭발(UVCE)
> 2. 응상폭발: 증기폭발, 수증기폭발, 전선폭발, 물질의 혼합에 의한 폭발, 폭발성 물질의 폭발
> 3. 증기폭발: 액화가스(LPG, LNG 등)가 사고로 인해 물 위에 분출되었을 때에는 조건에 따라서 급격한 기화에 동반하는 비등현상을 나타내는 것으로 액상에서 기상으로의 급격한 상변화에 의한 폭발현상이다.

07 난이도 ●○○○○ 답 ②

🏛 [소화론] 소화방법

유화소화에 대한 설명이다.

> ✅ 확인학습 유화소화
>
> 1. 비중이 물보다 큰 중유(重油) 등으로 인한 화재시 무상(구름모양)으로 방사하거나 포 소화약제를 유류화재시 방사하는 경우 유류 표면에 엷은 층(유화층)을 형성하여 공기 중의 산소의 공급을 차단시켜 소화하는 작용을 말한다.
> 2. 유류 표면에 형성된 유화층은 물과 유류의 중간 성질을 가지며, 엷은 막(층)으로서 가연물질인 중유에 공급되고 있는 산소를 차단시키는 역할을 한다.

08 난이도 ●●○○○ 답 ⑤

🏛 [재난관리론] 재난관리정보

모두 재난관리정보에 해당한다. 재난관리를 위하여 필요한 재난관리정보는 재난상황정보, 동원가능 자원정보, 시설물정보, 지리정보를 말한다.

09 난이도 ●●●○○ 답 ⑤

🏛 [소방시설] 스프링클러설비의 종류별 특징

준비작동식의 경우 감지기와 폐쇄형 스프링클러헤드가 설치된다.

| 선지분석 |

① [×] 일제살수식의 경우 개방형 스프링클러헤드가 설치된다.
② [×] 건식의 경우 2차측 배관에 압축공기를 충전시킨다.
③ [×] 습식 스프링클러설비에는 감지기는 구성요소가 아니다.
④ [×] 준비작동식의 경우 슈퍼비조리패널(Supervisory panel)이 설치된다.

> ✅ 확인학습 슈퍼비조리패널(Supervisory panel)
>
> 준비작동식 스프링클러설비의 제어 기능을 하며 밸브를 작동시키고(스위치 작동 시 솔레노이드밸브를 전기적으로 개방함으로서 가압부의 압력배출 및 클래퍼 개방) 전원차단, 자체고장 시 경보장치작동 및 개구부 폐쇄작동 기능도 한다.

10 난이도 ●●○○○ 답 ①

🏛 [연소론] 열과 연기의 특성

감광계수가 증가할수록 가시거리는 감소한다.

> ✅ 확인학습 감광계수
>
> | 감광계수 | 가시거리(m) | 현상 |
> |---|---|---|
> | 0.1 | 20 ~ 30 | 연기감지기가 작동할 때의 정도 |
> | 0.3 | 5 | 건물 내부에 익숙한 사람이 피난에 지장을 느낄 정도 |
> | 0.5 | 3 | 어두침침한 것을 느낄 정도 |
> | 1 | 1 ~ 2 | 거의 앞이 보이지 않을 정도 |
> | 10 | 0.2 ~ 0.5 | 화재 최성기 때의 정도 |
> | 30 | – | 출화실에서 연기가 분출될 때의 연기 농도 |

11 난이도 ●●○○○ 답 ①

🏛 [연소론] 자연발화

자연발화에 영향을 주는 요인으로는 공기유통, 온도, 퇴적방법, 습도, 열전도도, 발열량 등이 있다. 공기의 유통이 잘 될수록 열의 축적이 어려워 자연발화가 어렵다.

> ✅ 확인학습 자연발화 방지법
>
> 1. 공기유통이 잘 되게 한다.
> 2. 저장실의 온도를 낮게 유지한다.
> 3. 퇴적 수납 시 열축적이 용이하지 않도록 한다.
> 4. 습도를 낮춘다.

12 난이도 ●●○○○ 답 ⑤

🏛 [소방역사 및 소방조직] 국고보조
국고보조 대상사업의 범위에 소방관서용 청사의 건축은 해당이 되나, 소방관서용 청사의 대수선은 해당되지 않는다.

13 난이도 ●●●●○ 답 ⑤

🏛 [위험물] 제2석유류
제2석유류는 등유, 경유 그 밖에 1기압에서 인화점이 (21)℃ 이상 70℃ 미만인 것이다. 다만, 도료류 그 밖의 물품에 있어서 가연성 액체량이 (40)wt.% 이하이면서 인화점이 40℃ 이상인 동시에 연소점이 (60)℃ 이상인 것은 제외한다.

14 난이도 ●●○○○ 답 ④

🏛 [화재론] 화재원인조사

※ 관련규정 재·개정 **정답없음**
관련규정 제·개정으로 삭제되어 정답이 없다.

열에 의한 탄화, 파손 등 재산피해조사는 화재피해조사에 해당한다.

15 난이도 ●○○○○ 답 ②

🏛 [소방역사 및 소방조직] 운송책임자의 감독·지원
운송책임자의 감독·지원을 받아 운송하여야 하는 위험물은 ㄱ. 알킬알루미늄, ㅁ. 알킬리튬이 해당한다.

16 난이도 ●●○○○ 답 ④

🏛 [소방역사 및 소방조직] 위험물안전관리자
안전관리자를 선임한 제조소등의 관계인은 그 안전관리자를 해임하거나 안전관리자가 퇴직한 때에는 해임하거나 퇴직한 날부터 (30)일 이내에 다시 안전관리자를 선임하여야 한다. 안전관리자를 선임한 경우에 선임한 날부터 (14)일 이내에 행정안전부령으로 정하는 바에 따라 소방본부장 또는 소방서장에게 신고하여야 한다.

17 난이도 ●●○○○ 답 ②

🏛 [소방역사 및 소방조직] 내진설계기준
내진설계기준에 맞게 소방시설을 설치해야 하는 대통령령으로 정하는 소방시설은 옥내소화전설비, 스프링클러설비, 물분무등소화설비를 말한다.

18 난이도 ●●●○○ 답 ④

🏛 [소방역사 및 소방조직] 피난계획
소방안전관리대상물의 관계인이 수립하여 시행하여야 할 피난계획에 포함되지 않는 것은 피난 시 소화설비의 작동과 사용계획은 해당되지 않는다.

19 난이도 ●●●○○　　　답 ③

🏛 [재난관리론] 특정관리대상지역
안전등급 C등급의 정기안전점검 실시기준은 반기별 1회 이상이다.

> ✅ 확인학습 정기안전점검
>
> 1. A등급, B등급 또는 C등급에 해당하는 특정관리대상지역: 반기별 1회 이상
> 2. D등급에 해당하는 특정관리대상지역: 월 1회 이상
> 3. E등급에 해당하는 특정관리대상지역: 월 2회 이상

20 난이도 ●●●○○　　　답 ②

🏛 [재난관리론] 재난관리주관기관
자연우주물체의 추락·충돌의 재난관리주관기관은 과학기술정보통신부이다.

> ✅ 확인학습 과학기술정보통신부
>
> 1. 우주전파 재난
> 2. 정보통신 사고
> 3. 위성항법장치(GPS) 전파혼신
> 4. 자연우주물체의 추락·충돌

21 난이도 ●○○○○　　　답 ①

🏛 [연소론] 가연물의 구비조건
가연물의 구비조건으로 열전도율이 작아야 한다.

> ✅ 확인학습 가연물의 구비조건
>
> 1. 탄소(C)·수소(H)·산소(O) 등으로 구성된 유기화합물이 많다.
> 2. 산화되기 쉬운 물질로서 산소와 결합할 때 발열량이 커야 한다.
> 3. 열전도율이 작아야 한다(기체 < 액체 < 고체).
> 4. 연속적으로 연쇄반응을 일으키는 물질이어야 한다.
> 5. 산소와 접촉할 수 있는 비표면적이 큰 물질이어야 한다.
> 6. 조연성(지연성) 가스인 산소·염소(Cl_2)와의 결합력이 강한 물질이어야 한다.
> 7. 연소반응을 일으키는 점화원의 활성화에너지의 값이 적어야 한다.
> 8. 한계산소농도가 낮을수록 낮은 농도의 산소 조건에서도 연소가 가능하므로 가연물이 되기 쉽다.
> 9. 화학적 활성도가 높아야 한다.

22 난이도 ●●○○○　　　답 ①

🏛 [화재론] 화재조사 용어의 정의
감정이란 화재와 관계되는 물건의 형상, 구조, 재질, 성분, 성질 등 이와 관련된 모든 현상에 대하여 과학적 방법에 의한 필요한 실험을 행하고 그 결과를 근거로 화재원인을 밝히는 자료를 얻는 것을 말한다.

> ✅ 확인학습 감식
>
> 화재원인의 판정을 위하여 전문적인 지식, 기술 및 경험을 활용하여 주로 시각에 의한 종합적인 판단으로 구체적인 사실관계를 명확하게 규명하는 것을 말한다.

23 난이도 ●●●○○　　　답 ④

🏛 [화재론] 화재의 분류
금속화재는 D급 화재로 나트륨, 칼륨 금속가연물의 화재로서 절대적으로 주수소화가 불가능하며, 질식소화를 주로 한다.

> ✅ 확인학습 물과 반응하여 가연성 가스 및 조연성 가스가 발생
>
> 1. 나트륨, 칼륨은 물과 반응하여 가연성 가스인 수소가스(H_2)가 발생한다.
> 2. 무기과산화물은 물과 반응하여 조연성 가스인 산소(O_2)가 발생한다.
> 3. 탄화칼슘(카바이트)은 물과 반응하여 가연성 가스인 아세틸렌가스(C_2H_2)가 발생한다.
> 4. 인화석회(인화칼슘)는 물과 반응하여 가연성 가스인 인화수소(PH_3, 포스핀)가 발생한다.

24 난이도 ●●●○○　　　답 ②

🏛 [구조·구급론] 구조 또는 구급 요청 거절 사유
구조·구급의 이송 거절 사유로 38℃ 이상의 고열 또는 호흡곤란이 있는 경우는 제외한다.

> ✅ 확인학습 이송거절사유
>
> 1. 단순 치통환자
> 2. 단순 감기환자. 다만, 38℃ 이상의 고열 또는 호흡곤란이 있는 경우는 제외한다.
> 3. 혈압 등 생체징후가 안정된 타박상 환자
> 4. 술에 취한 사람. 다만, 강한 자극에도 의식이 회복되지 아니하거나 외상이 있는 경우는 제외한다.
> 5. 만성질환자로서 검진 또는 입원 목적의 이송 요청자
> 6. 단순 열상 또는 찰과상으로 지속적인 출혈이 없는 외상환자
> 7. 병원 간 이송 또는 자택으로의 이송 요청자. 다만, 의사가 동승한 응급환자의 병원 간 이송은 제외한다.
> 8. 구급대원은 응급환자가 구급대원에 폭력을 행사하는 등 구급활동을 방해하는 경우에는 구급활동을 거절할 수 있다.

25 난이도 ●●○○○　　　답 ④

🏛 [소방시설] 감지기
보상식 스포트형 감지기에 대한 설명이다.

정답

p.246

01	④	02	④	03	②	04	①	05	②
06	④	07	①	08	③	09	②	10	①
11	④	12	③	13	①	14	②	15	정답 없음
16	②	17	①	18	②	19	①	20	③

01 난이도 ●●○○○

답 ④

🏛 **[소방역사 및 소방조직] 소방의 발전 과정**

초창기 정부수립 이후(1948~1970년) <u>중앙</u>은 내무부 치안국 소방과에서 업무를 취급하였다. <u>지방</u>은 경찰국 소방과에서 업무를 취급하였다.

02 난이도 ●●●○○

답 ④

🏛 **[소방역사 및 소방조직] 민간 소방조직**

자체소방대는 다량의 위험물을 저장·취급하는 제조소등으로서 <u>대통령령이 정하는 제조소등이 있는 동일한 사업소에서 대통령령이 정하는 수량 이상의 위험물을 저장 또는 취급하는 경우</u> 당해 사업소의 관계인은 대통령령이 정하는 바에 따라 당해 사업소에 자체소방대를 설치하여야 한다.

03 난이도 ●○○○○

답 ②

🏛 **[소방역사 및 소방조직] 소방신호**

소방신호의 종류는 <u>경계신호, 발화신호, 해제신호 및 훈련신호</u>이다.

> ✅ **확인학습 소방신호의 종류**
>
> 1. **경계신호**: 화재예방상 필요하다고 인정되거나, 화재위험경보 시 발령
> 2. **발화신호**: 화재가 발생한 때 발령
> 3. **해제신호**: 소화활동이 필요 없다고 인정되는 때 발령
> 4. **훈련신호**: 훈련상 필요하다고 인정되는 때 발령

> ✅ **확인학습 소방신호의 방법**
>
> | 종별＼신호방법 | 타종신호 | 사이렌신호 |
> |----|----|----|
> | 경계신호 | 1타와 연2타를 반복 | 5초 간격을 두고
30초씩 3회 |
> | 발화신호 | 난타 | 5초 간격을 두고
5초씩 3회 |
> | 해제신호 | 상당한 간격을 두고
1타씩 반복 | 1분간 1회 |
> | 훈련신호 | 연3타 반복 | 10초 간격을 두고
1분씩 3회 |

04 난이도 ●●○○○

답 ①

🏛 **[위험물] 제5류 위험물의 소화대책**

자기연소성 물질이기 때문에 질식소화의 효과가 없다.

> ✅ **확인학습 자기 반응성 물질**
>
> 1. 자기연소성 물질이기 때문에 질식소화는 효과가 없으며, 대량주수에 의한 냉각소화가 가장 효과적이다.
> 2. 화재시 폭발위험이 상존하므로 화재진압 시에는 충분히 안전거리를 유지하고, 접근 시에는 엄폐물을 이용하며 방수 시에는 무인방수포 등을 이용하여 화재를 소화한다.

05 난이도 ●●●○○

답 ②

🏛 **[재난관리론] 재난관리의 단계별 주요 활동**

긴급통신수단 구축이 해당되는 단계는 재난관리의 단계별 주요 활동 중 대비단계에 해당한다.

> ✅ **확인학습 재난관리의 단계별 활동내용**
>
> | | |
> |----|----|
> | 예방
(완화) | 위험성 분석 및 위험지도 작성, 건축법 정비 및 제정, 재난보험, 토지의 이용관리, 안전 관련법 제정, 조세유도(행정·이론적 행위) |
> | 준비
(대비) | 재난대응계획의 수립, 비상경보체계의 구축, 통합대응체계의 구축, 비상통신망의 구축, 대응자원의 준비, 교육과 훈련 및 연습 |
> | 대응 | 재난대응계획의 적용, 재난 진압, 구조 및 구급, 주민 홍보 및 교육, 응급의료체계의 운영, 사고대책본부의 가동, 환자 수용, 간호, 보호 및 후송 |
> | 복구 | 잔해물의 제거, 전염 예방, 이재민의 지원, 임시주거지의 마련, 시설 복구 |

06 난이도 ●●○○○

답 ④

🏛 **[재난관리론] 특별재난지역**

(<u>중앙재난안전대책본부장</u>)은 대통령령으로 정하는 규모의 재난이 발생하여 특별한 조치가 필요하다고 인정하거나 지역대책본부장의 요청이 타당하다고 인정하는 경우에는 (<u>중앙안전관리위원회</u>)의 심의를 거쳐 해당 지역을 <u>특별재난지역으로 선포할 것을 대통령</u>에게 건의할 수 있다.

07 난이도 ●●○○○

답 ①

🏛 **[연소론] 표면연소**

표면연소에 해당하는 것은 ㄱ, ㄴ, ㄷ이다. 가연성 고체가 그 표면에서 산소와 반응하여 연소하는 경우이며, 숯·목탄·코크스·금속분(분·박·리본 포함)과 같은 <u>고체 가연물질이 열분해 하지 않고 증발도 하지 않는 것으로 고체 표면에서 산소와 반응하여 연소하는 현상을 표면연소 또는 직접연소</u>라고 한다.

08 난이도 ●○○○○ 답 ③

⚜ [연소론] 자연발화
가연물의 구비조건으로 열전도율은 낮아야 한다.

> ✅ 확인학습 자연발화에 영향을 주는 요인
> 1. 공기유통: 공기의 유통이 잘 될수록 열의 축적이 어려워 자연발화가 어렵다.
> 2. 온도: 온도가 높으면 반응속도가 빨라지기 때문에 자연발(화)열 발생이 빨라진다.
> 3. 퇴적방법: 열의 축적이 용이하게 퇴적될수록 자연발화가 쉽다.
> 4. 습도(수분): 적당한 수분은 촉매 역할을 하기 때문에 반응속도를 빠르게 하여 자연발화가 쉽다.
> 5. 열전도도: 열전도도가 작을수록 열 축적이 용이하여 자연발화가 쉽다.
> 6. 발열량: 열 발생량이 클수록 축적되는 열의 양이 많아져 자연발화가 쉽다.

09 난이도 ●●○○○ 답 ②

⚜ [연소론] 연소생성물
암모니아(NH_3)에 대한 설명이다.

> ✅ 확인학습 암모니아(NH_3)
> 1. 질소함유물이 연소할 때 발생하는 연소생성물로서 유독성이 있으며, 상온·상압에서 강한 자극성을 가진 무색의 기체로서 물에 잘 용해된다.
> 2. 비료공장·냉매공업 분야에 많이 사용되고 있으므로 이러한 공장에서는 암모니아를 흡입하지 않도록 주의하여야 한다(허용농도 25ppm).

10 난이도 ●●●○○ 답 ①

⚜ [연소론] 열의 전달 형태
가. 일반적으로 화재의 초기단계에서 열의 전달은 (전도)에 기인한다.
나. 화재 시 연기가 위로 향하는 것이나 화로(火爐)에 의해 실내의 공기가 따뜻해지는 것은 (대류)에 의한 현상이다.

> ✅ 확인학습 전도와 대류
> 1. 전도(Conduction): 물질의 이동 없이 고온의 물체와 저온의 물체를 직접 접촉시킬 때 고온물체에서 활발하게 일어나는 분자운동이 접촉면에서의 충돌로 자유전자의 이동이나 분자의 진동운동에 의해 저온 물체의 분자운동을 활발하게 하여 에너지가 전달된다. 이와 같이 열은 분자들의 충돌에 의하여 물질 내부로 차례로 전달되는데 이러한 현상을 열의 전도라고 한다.
> 2. 대류(Convection): 기체나 액체 상태에 있는 분자는 열을 받아서 온도가 높아지면 그 운동이 활발해지기 때문에 분자들 사이의 평균 간격이 넓어진다. 그러므로 온도가 높은 분자의 물질은 밀도가 작아져서 위로 올라가고 온도가 낮은 물질은 밀도가 커져서 아래로 내려오게 된다. 따라서 액체나 기체 내에서는 밀도 차에 의해 분자들의 집단 흐름이 생긴다. 이러한 순환적인 흐름에 의해 열이 전파되는 현상을 대류라고 한다.

11 난이도 ●○○○○ 답 ④

⚜ [폭발론] 폭발의 분류(분진폭발)
분진폭발에 대한 설명이다.

> ✅ 확인학습 분진폭발
> 1. 분진폭발은 가연성 고체의 미분이 공기 중에 부유하고 있을 때에 어떤 착화원에 의해 에너지가 주어지면 폭발하는 현상으로 탄광에 있어서의 분진폭발이 대표적인 예이다.
> 2. 분진폭발의 조건은 가연성, 미분상태, 조연성 가스(공기) 중에서의 교반과 운동, 점화원의 존재 등이 있다.

12 난이도 ●○○○○ 답 ③

⚜ [소화론] 화재별 소화방법
소화약제로 팽창질석 또는 팽창진주암을 사용하였을 때, 적응성이 가장 좋은 화재는 금속화재이다.

13 난이도 ●○○○○ 답 ①

⚜ [위험물] 위험물의 분류
제2류 위험물이 아닌 것은 황린이다. 황린은 제3류 위험물인 자연발화성 및 금수성 물질에 해당한다.

14 난이도 ●●●○○ 답 ②

⚜ [위험물] 제1류 위험물
제1류 위험물은 강산화제이다. 강력한 환원제에 해당하는 위험물은 제2류 위험물이다.

> ✅ 확인학습 제1류 위험물
> 1. 모두 산소를 가지고 있는 무기화합물로서 산화제이다.
> 2. 조연성 또는 지연성 물질이다.
> 3. 대부분 무색 결정이거나 백색 분말이다.
> 4. 가열, 충격, 마찰에 의해 분해되어 산소(O_2)가 발생하고 가연물과 혼합되어 있을 때는 연소, 폭발이 일어나기도 한다.
> 5. 물보다 비중이 커서 무거우며 물에 녹는 것이 많고 수용액 상태에서도 산화성이 있다.
> 6. 조해성이 있는 것도 있다.
> 7. 무기과산화물 중 알칼리 금속 과산화물(Na_2O_2, K_2O_2 등)과 삼산화크롬(삼산화크로뮴)(CrO_3, 무수크롬산)은 물과 반응하여 산소(O_2)를 방출하고 발열한다.

15 난이도 ●●○○○ 답 ①

⚜ [화재론] 화재원인조사

※ 관련규정 재·개정	정답없음
관련규정 제·개정으로 삭제되어 정답이 없다.	

화재원인조사의 범위에 화재보험 가입 여부 등의 상황은 포함되지 않는다.

✅ 확인학습 화재원인조사

종류	조사범위
발화원인조사	화재가 발생한 과정, 화재가 발생한 지점 및 불이 붙기 시작한 물질
발견·통보 및 초기 소화상황조사	화재의 발견·통보 및 초기소화 등 일련의 과정
연소상황조사	화재의 연소경로 및 확대원인 등의 상황
피난상황조사	피난경로, 피난상의 장애요인 등의 상황
소방시설 등 조사	소방시설의 사용 또는 작동 등의 상황

16 난이도 ●○○○○ 답 ②

🏛 [소화론] 소화의 기본원리

질식소화에 대한 설명이다.

17 난이도 ●●○○○ 답 ①

🏛 [소화론] 제3종 분말 소화약제

제3종 분말 소화약제의 담홍색으로 착색되어 있다.

✅ 확인학습 분말 소화약제의 분류

종별	주성분	색상	소화대상	특징
제1종	탄산수소나트륨	백색	B급, C급	비누화반응
제2종	탄산수소칼륨	담자색	B급, C급	–
제3종	제1인산암모늄	담홍색	A급, B급, C급	메탄인산 (방진작용)
제4종	중탄산 칼륨+요소	회색	B급, C급	–

18 난이도 ●●●○○ 답 ②

🏛 [소방시설] 스프링클러설비

폐쇄형 스프링클러헤드를 사용하는 방식은 ㄱ. 습식, ㄴ. 건식, ㄹ. 준비작동식이 해당된다.

✅ 확인학습 폐쇄형 스프링클러헤드를 사용하는 방식

구분		습식	건식	준비작동식	부압식	일제살수식
사용 헤드		폐쇄형	폐쇄형	폐쇄형	폐쇄형	개방형
배관	1차측	가압수 (물)	가압수 (물)	가압수 (물)	가압수	가압수 (물)
	2차측	가압수 (물)	압축공기	저압공기	부압수	대기압 (개방)
경보밸브		알람체크밸브	건식밸브	준비작동밸브	준비작동밸브	일제개방밸브
감지기의 유무		없다	없다	있다	있다	있다

19 난이도 ●●●○○ 답 ①

🏛 [소방시설] 포 소화약제의 혼합방식

포 소화약제의 혼합방식 중 펌프와 발포기의 중간에 설치된 벤츄리(Venturi) 관의 벤츄리(Venturi) 작용에 의하여 포 소화약제를 흡입·혼합하는 것은 라인 프로포셔너(Line Proportioner)을 말한다.

✅ 확인학습 포소화원액의 혼합장치

1. 펌프 프로포셔너 방식: 농도조절밸브
2. 라인 프로포셔너 방식: 벤츄리 관의 벤츄리 작용
3. 프레져 프로포셔너 방식: 벤츄리 관의 벤츄리 작용 + 펌프가압수의 포 소화약제 저장탱크에 대한 압력
4. 프레져 사이드 프로포셔너 방식: 펌프 2개, 압입기

20 난이도 ●●○○○ 답 ③

🏛 [소방시설] 열감지기의 종류

광전식은 연기감지기에 해당한다.

✅ 확인학습 감지기의 종류

열	차동식	일정 상승률 이상 작동: 사무실 → 공기팽창	
	정온식	일정 온도가 되었을 때 작동: 주방, 보일러실 → 금속의 용융	
	보상식	차동식 + 정온식	
연기	광전식	축적식	어느 정도 연기가 축적되어 있다가 작동
		비축적식	연기가 들어오면 작동
	이온화식	–	

목표 점수 단번에 달성,
지텔프도 역시 해커스!

해커스 지텔프 교재 시리즈

유형 + 문제

32점+	43점+	47~50점+	65점+	75점+

목표 점수에 맞는 교재를 선택하세요! ⟷ : 교재별 학습 가능 점수대

한 권으로 끝내는
해커스 지텔프 32-50+
(Level 2)

해커스 지텔프 문법
정답 찾는 공식 28
(Level 2)

2주 만에 끝내는
해커스 지텔프 문법
(Level 2)

2주 만에 끝내는
해커스 지텔프 독해
(Level 2)

보카

해커스 지텔프
기출 보카

기출 · 실전

지텔프 기출문제집
(Level 2)

지텔프 공식
기출문제집 7회분
(Level 2)

해커스 지텔프
최신기출유형
실전문제집 7회
(Level 2)

해커스 지텔프
실전모의고사
문법 10회
(Level 2)

해커스 지텔프
실전모의고사
독해 10회
(Level 2)

해커스 지텔프
실전모의고사
청취 5회
(Level 2)